中国历史故事集

雪岗

雪岗／编著

○ 晋朝南北朝故事
○ 隋唐故事
○ 宋元故事
○ 明朝故事
○ 清朝故事

中国少年儿童新闻出版总社
中国少年儿童出版社
北京

图书在版编目（CIP）数据

中国历史故事集：珍藏版/雪岗编著．—北京：中国少年儿童出版社，2015.9（2022.1重印）
ISBN 978-7-5148-2638-8

Ⅰ.①中… Ⅱ.①雪… Ⅲ.①中国历史–少儿读物 Ⅳ.①K209

中国版本图书馆CIP数据核字（2015）第210224号

ZHONGGUO LISHI GUSHI JI

出版发行：	中国少年儿童新闻出版总社 中国少年儿童出版社
出 版 人：	孙 柱
执行出版人：	马兴民

插　　　图：张 健	美术编辑：缪 惟
责任编辑：何强伟　赵 勇　张 靖	责任印务：厉 静
责任校对：赵聪兰	

社　　　址：北京市朝阳区建国门外大街丙12号	邮政编码：100022
总 编 室：010-57526070	编 辑 部：010-57526271
官方网址：www.ccppg.cn	发 行 部：010-57526568

印刷：北京中科印刷有限公司

开本：880mm×1230mm　　1/32	印张：31.75
版次：2015年9月第1版	印次：2022年1月北京第16次印刷
字数：800千字	印数：316001-346000册
ISBN 978-7-5148-2638-8	定价：80.00元

图书出版质量投诉电话010-57526069，电子邮箱：cbzlts@ccppg.com.cn

雪岗 1945年出生于天津，1949年迁居北京。编审。国务院特殊津贴专家。曾任中国少年儿童出版社副总编辑，中国编辑学会少年儿童读物专业委员会主任、总顾问。编辑作品有《中国通史故事》《中华人物故事全书》《神圣抗战》《中华五千年》（有声读物）《中国儿童启蒙名著通览》《百科小史博览丛书》《少年儿童读物编辑学初探》等。著有《祖先的遗产》《荀子·评注本》《漱玉清芬李清照》《动物日记》《中国故事》《雪岗文集》《名著情览》等。曾根据林汉达遗稿《三国故事新编》（50万字）改写成《三国故事》（8万字），后又写出《晋朝南北朝故事》《隋唐故事》《宋元故事》《明朝故事》《清朝故事》，使《中国历史故事集》得以完成。

参观历史遗迹留影

在《中国历史故事集》研讨会上发言

1962年版"编者的话"(节选)

  咱们中国有文字记载的历史,比哪一个国家都长,有意思和有趣儿的历史故事,比哪一个国家都多。我们打算从古到今,编一套《中国历史故事集》,一个时代编一本,一共编十来本。中国历史上重要的事件和人物,这一套故事集里大抵都要讲到。也有些事件和人物,在历史上虽然不算太重要,但是故事很有意思,可以作为现代人的借镜,或者现在还常常有人讲起,文章里常常提到,舞台上常常演唱,这样的故事也要尽可能编进这一套故事集里。当然,单讲故事是不可能反映各个时代的整体面貌的,只希望少年朋友们读了这些故事,对中国历史上的各个时代能有个大体的印象,那么在学习历史的时候就会感到容易得多,方便得多了。

  作者在选择这些故事的时候,是费了一番功夫的。在写这些故事的时候,特别注意运用以北京方言为基础的普通话,所以读起来都能上口,听着就像听人在讲故事一般。故事中讲到当时的地名,大都把相应的现代地名注在地名后面的括号内了。故事讲到的一些难字,大多注了音;有些并不是难字,可是古时候的读音不同,所以也注了音。

编辑部
一九六二年一月

1978年版"后记"(节选)

咱们中国有文字记载的历史很长很长,有意思的历史故事很多很多。一九六一年,我们曾打算给少年朋友们编一套《中国历史故事集》,从古到今,一个时期编一本,一共编十来本。我们请林汉达先生来编写这套故事集,他答应了,并先后编写出《春秋故事》《战国故事》《西汉故事》《东汉故事》。当时出版了前三种。一直到"文化大革命"开始后,工作才停顿下来。

现在,我们决定再版《春秋故事》《战国故事》《西汉故事》,并出版《东汉故事》。因为一则,这几本历史故事曾受到少年朋友们的普遍欢迎,说明我们原来的打算是符合大家要求的;二则,把许多历史故事还它本来面目,可以帮助少年朋友们识破并揭露"四人帮"歪曲和伪造历史的险恶用心。林汉达先生已经去世了,所以,这套书只能出四本,基本上还是按照他生前写的样子出版。

编辑部
一九七八年七月

1981年版《三国故事》"后记"

　　林汉达先生编写的《春秋故事》《战国故事》《西汉故事》《东汉故事》出版以后，受到了广大读者的欢迎。很多人写信希望把这套《中国历史故事集》继续编下去。为此，出版社让我们根据林汉达先生生前写的《三国故事新编》的手抄稿（近50万字），整理缩写出这本《三国故事》。

　　为了使本书中的故事情节符合史实，我们在整理的时候，对有些地方作了更改和补充。虽然这样，书的主要内容和基本格调还是以林先生原稿为基础的。所以林先生依旧是这本书的主要作者。

　　在整理这本书的过程中，我们得到了林先生的夫人谢立林同志的热情支持。曾任林先生秘书的贾援同志对本书的文字作了润色。我们在这里一并表示感谢。

边继石
一九八〇年十一月

从编辑到作者，
我与《中国历史故事集》的不解之缘

雪 岗

这部合卷本包含的五种书，是前五种的续书，作者就是我自己。我从当责任编辑到当作者，其间的故事在寻常中又现非常，就来讲讲我和《中国历史故事集》这套书的关系。

1978年初春，我来到中国少年儿童出版社当编辑。入社后不久，编辑室主任就把编辑《中国历史故事集》的工作交给我。《中国历史故事集》是出版社在1960年策划和组织的一套书，准备一个时代写一本。主要策划者有叶至善、遇衍滨等前辈编辑。选择作者的时候就找到了擅长写通俗读物的林汉达先生。林先生曾写过《东周列国故事新编》，后又写了《前后汉故事新编》，很有名气。约稿之后，他很快写出了《春秋故事》《战国故事》和《西汉故事》并出版。《东汉故事》也已写完，因"文革"发生，没有出版。

在钻研过这几本书之后，我首先对前三种书做了一些文字上的订正，还根据当时的修订方案，模仿林先生手笔，写了一篇"周游列国"，替换《春秋故事》中"夹谷之会"。通过实践，我初步掌握了他编排故事一线贯穿（我把它比喻为"串珠式"）的方法，掌握了他的语言特点和用词造句的一些习惯。林先生写过一篇谈语言使

用的文章，我也仔细读过。

修订再版了"春秋""战国""西汉"三种书以后，我开始编辑加工《东汉故事》。林先生这部遗著，写作时间靠近"文革"，由于当时的政治形势等原因，写得不像前三种那么精致，选择的故事不够丰富，语言也比较平淡，显然有所顾虑。在请教了叶至善先生等人之后，我修改了一些只交代史实而没有情节的文字，在编排方法和语言风格上则按照前几本的路子进行整理。加工后的稿子，故事铺开也好读了。叶先生和领导们看了很满意。

这期间，我到林先生家中拜访林夫人。从此，我与林家有了三十几年的交往。在林夫人那里，我看到了林先生的遗稿《三国故事新编》（50万字），随即产生了一个想法：把它按《中国历史故事集》前四本的篇幅进行改写，出一本《三国故事》。这个想法立刻得到领导的支持，林夫人也很高兴。我本想请担任过林汉达秘书的贾援写这本书。贾援曾帮助林先生审看书稿，熟悉他的语言风格。但是贾先生表示对历史不熟悉，年纪又大了，写不了。他鼓励我说：做此事非你莫属，你写，我可以帮助把把关。上级也建议我自己写这本书。我毫不犹豫地答应了，很快开始构思框架，读史书以补充订正史实。三个月后，我写出了书稿。

《三国故事》在1981年4月出版。林夫人看了很满意，认为"这正是汉达的东西"。贾援也和我说，看书稿的时候就像当年看林先生文稿一样的感觉。同时，它也使《中国历史故事集》的续编有了希望。同事们都把希望给了我。其中的缘由自然是因为我和林汉达在学问和文化修养上有很多相通之处，又有写作经验。叶至善、遇衍滨等领导提出，由我负责这套书的续编工作。编辑部还接到了

几百封读者来信，都希望把它编完。

1982年，当时的国家出版局组织了全国少儿读物评奖活动。中少社的《三国故事》被评为优秀读物一等奖，评委会主任林默涵先生在发奖会上见到我说：你写得很好，应当继续下去，当年恩格斯为马克思续写《资本论》，成就了大事。你续下去，也很有意义。

为满足读者需求，我们在1983年以后把这五种书合卷出版，以《中国历史故事集》为书名，并把"林汉达"三个字用不同字号标在书名之前，以扩大作者的影响。但是续编一事并不容易。我当时工作繁忙，后又成了室和社负责人，不可能专事写作。本想让熟悉历史的专家先写出情节，我再来翻成口语化的文字。可试了一本，不成功，反倒增加了难度和负担。领导和同事都认为还是我自己来写，才能把握住历史和语言的双重关口。我也多次表示，历史读物是常青的，一定不会让大家的希望落空。

一晃过了二十多年，直到退休之后，我才有了整块时间做这件事。几年中，我写出了后五种，即《晋朝南北朝故事》《隋唐故事》《宋元故事》《明朝故事》《清朝故事》。后五种仍然延续了前五种的写作方法，特别是故事的一线贯穿和口语化的讲述，然而它不是也不可能是完全的模仿。后五种所写朝代的时间要长得多，史料要丰富得多，而像《左传》《国策》《史记》那样文学性极强的史书又没有，需要作者看大量的史料，并加以筛选组织，编成故事。当今的读者，不再满足传统的慢节奏，希望了解更多信息和知识点。人们交流的机会大增，口语也在变化，只靠老套子就不够用了。因此续书必然有出新的地方，在选材、组材、节奏、语速、语汇、引文、注释等方面都有发展和变化。

选材上，在以军国大事为主的前提下，也选了一些经济、思想、科学、文学、艺术方面的故事来讲，对宫廷生活也有适当讲述，并揭示了这些"皇家事"给国家命运和民众生活带来的影响，更全面地反映了古代社会的面貌。写法上，除沿用"串珠式"方法之外，还运用了倒叙、插叙、追记、伏笔、预告等方法，使之前后呼应，详略得当。在讲历史真情之后，也把一些民间传说加以介绍，以分清真伪。增加页下注释，对一些有关的知识和人物结局补充说明。引用名家诗词和文章名段时，不再翻成白话，而是欣赏原文。语言上，较多地使用了活跃在民间的新句法和新词汇，并注意历史时代感。但是那些滑稽庸俗的网络语和手机语，是被拒之文外的。续书的情节转换和语速加快了，句子尽量贴近口语的语气，十个字以内的短句较多，往往根据语气的要求断句或连句。

运用口语化语言讲述历史，通过历史来认识古代社会。这个过程是要讲究方法的。我相信，这套书的写作方法，既能表达好所写的内容，也能使读者阅读起来更容易理解。还是我在单行本序言里说的一句话：语言是心灵的窗户，也是一支画笔；历史是社会的镜子，也是一把梳子。这些都将在书中给读者实实在在的感受。让我们一起心听无声的讲述，意观无形的演变，接受历史之梳的篦击，体验文化圣水的洗涤，完成一次人生的学问积累。

二〇一五年九月

目 录

晋朝南北朝故事

行赏争功	3
可惜此座	9
富人斗富	16
百日血灾	22
周处赴难	29
藩王之祸	36
二十四友	44
刘渊立汉	50
青衣行酒	57
渡江击楫	65
共坐天下	72
磊落丈夫	79
无功北伐	87
大秦天王	94
兵败淝水	101
世外桃源	108

复晋亡晋……………………………………… 115
修史遭祸……………………………………… 123
盱眙之围……………………………………… 131
如此皇家……………………………………… 137
西邸答辩……………………………………… 144
迁都易俗……………………………………… 150
舍身入佛……………………………………… 157
两面高欢……………………………………… 163
侯景作乱……………………………………… 171
自毁藩篱……………………………………… 177
改制兴周……………………………………… 185
靡靡之乐……………………………………… 192

隋唐故事

文帝治国……………………………………… 201
南国圣母……………………………………… 208
隋皇父子……………………………………… 215
江都之游……………………………………… 223

瓦岗起义	230
李渊建唐	237
扫北平南	244
宫门对射	252
居安思危	260
君明臣直	267
圣者西行	274
礼乐相和	280
女皇登基	286
开元天宝	293
安史之乱	300
马嵬哗变	307
李杜诗风	314
治河理财	321
下诏罪己	328
天子不语	335
雪夜破蔡	341
韩柳文章	349
甘露之变	356
黄巢反唐	363
朱李结仇	370
契丹南下	378
柴荣新政	386
陈桥兵变	393

宋元故事

饮酒交权	401
卧榻之忧	409
金匮盟约	416
杨业殉国	423
辽主图强	430
澶渊之盟	437
西夏割据	444
第一人物	451
阎罗包老	458
熙宁变法	464
党争苦民	471
乌台诗案	477
引金入宋	484
靖康之耻	490
义民抗金	499
江南大捷	505
岳飞被害	512

世章之治	520
填词抒怀	527
蒙宋灭金	534
改制建元	541
祸国君臣	549
崖山决战	556
正气浩然	563
大都曲声	571
让兄杀兄	577
脱脱更化	584
建明赶元	591

明朝故事

奢香修路	601
立案治贪	608
废相杀将	614
叔侄反目	621
郑和远航	629

- 征北迁都 …… 637
- 仁宣之治 …… 645
- 能臣清官 …… 652
- 于谦卫京 …… 659
- 南宫复辟 …… 666
- 豹房新宅 …… 673
- 另类学问 …… 681
- 壬寅宫变 …… 687
- 平定海患 …… 695
- 备棺上疏 …… 703
- 汉蒙互市 …… 710
- 夺情改革 …… 717
- 开矿敛财 …… 723
- 梃击疑案 …… 729
- 阉党专权 …… 736
- 苏州民反 …… 743
- 宁远大战 …… 749
- 用将疑将 …… 756
- 天下游客 …… 763
- 大顺大西 …… 769
- 自缢煤山 …… 776
- 志士抗清 …… 783
- 南明残喘 …… 790

清朝故事

行痴天子	801
学贯中西	808
收权撤藩	815
台湾回归	822
豆豉青菜	829
治河定边	836
皇储之争	843
撰文自辩	851
武举状元	858
容妃进京	865
编书毁书	872
达赖班禅	878
千叟大宴	887
和珅跌倒	894
平冤求雨	901
查赈遇害	907
禁门之变	914

启蒙先生…………………………………………… 921

鸦片之祸…………………………………………… 927

太平天国…………………………………………… 934

权归太后…………………………………………… 941

开办洋务…………………………………………… 949

明耻变法…………………………………………… 956

庚子大难…………………………………………… 964

革命潮起…………………………………………… 972

蹊跷驾崩…………………………………………… 978

武昌起义…………………………………………… 986

帝制归终…………………………………………… 994

晋朝南北朝故事

雪岗 ◎ 编著

行赏争功

公元280年，晋朝灭了吴国。晋武帝司马炎在洛阳听说吴主孙皓投降了，咧开嘴直乐，接着又抹眼泪。大臣们忙问他怎么了，晋武帝叹着气说："我是想起了去世的羊祜（hù）老将军，要不是他当年的计策，哪会有今天呐？这都是羊太傅的功劳啊！"于是，他下令加封羊祜的夫人夏侯氏为万岁乡君，还赐给帛一万匹，谷一万斛（hú）。晋武帝又说要对将士们论功行赏。朝廷上上下下议论起来，都觉着这次灭吴功劳最大的，要数杜预、王濬（jùn）和王浑他们三个。

杜预虽说没有最先攻进建业，可他一直镇守江北，又打到广州，还出了不少主意，所以挺让大家佩服。晋武帝就封杜预为当阳县侯，爵位不算高，可杜预不看重这些，很快就回驻地去了。他知道天下平定之后，君王对武将往往存着戒心，索性又上书，请求免去自己的军权。上书好几次，晋武帝都没答应，杜预只好还当荆州都督。可他把精神头儿放在兴修水利上，带着军民挖渠引水，灌溉农田，还开了几条水道。末了儿粮食增加了，交通方便了，当地老

百姓高兴得什么似的,都管他叫"杜父"。杜预还有一个外号,叫"杜武库"。因为他平日爱看书,研究各种学问,自己也写了不少书。学问多了,他对名利那些事儿看得就淡了。晋武帝知道杜预的脾气,对他挺放心。

王濬和王浑就另一样了,晋武帝为他俩费了大心思。王濬率水军沿长江东下,直奔建业,逼得吴主孙皓投降,按说功劳应排在第一。王濬自己也这么看,满以为能把王浑比下去。可王浑不服气。王浑在朝廷上有势力,是晋武帝的儿女亲家(亲qìng)。晋武帝的女儿常山公主从小两只眼就瞎了,晋武帝疼她,老想给她找个好人家。王浑就让儿子王济娶了常山公主,了了晋武帝的一件心事。他仗着这层关系,地位一个劲儿往上升,许多朝臣也来巴结。

这回灭吴,王浑的功劳本来也不小,在江北领兵把吴国丞相张悌(tì)打得大败,消灭了吴军好几万人。他对手下人说:"不是我打败了吴军主力,王濬能那么顺就攻下建业吗?如今倒让他占了上风,我能服他吗?"还有一件事,让王浑想起来更气不打一处来。王濬水军快到建业的时候,朝廷下诏书,让他听王浑节制。王浑派人驾小船找见王濬,要一起商量攻打建业的事,可王濬不但不听,还敢拿主意进攻建业,抢了头功。这么一想,王浑就向晋武帝上书,告发王濬违背朝廷,对抗上级,应当治罪。

晋武帝想了想,下了一道诏书给王濬,批评他没有按朝廷旨意办,不听王浑指挥。王濬看了诏书,别提心里有多别扭了。想着自己七十多岁还率水军打仗,为国家立了大功,临了儿不但没落好,还被王浑告了一状,他气得直哼哼。他很快上书给晋武帝,为自己辩白。信写得挺长,大意是说:"陛下让我攻吴的时候,说出兵要猛气十足,直达建业。我没敢耽搁,立刻出兵东下。后来又接到诏书，让我归太尉贾充管，没叫我受王浑指挥。快到建业的时候，王浑派人来说要先停下来，等他过来商议再说，可也没有提起要我受他节制的话。我那会儿就说，水军顺流直下，气势正盛，如果中途停住，就会首尾断开，误了军机。这么着才继续进军，攻下了建业。我当天中午进建业城，下半晌儿才接到让我受王浑节制的诏书，当时孙皓已经投降了。王浑他们在江北驻扎那么多日子，一直没过江取建业，还说是小过失。我一到就得胜，反而受责怪，真让人想不通，希望陛下明察。"

王濬以为说明真相就没事了，哪承想王浑又把部下周浚写的一封信抄下来，报给晋武帝说："王濬的兵将进建业以后，放火烧了吴主孙皓的王宫，还抢了许多库房里的宝物，这罪过实在太大了。"王濬听说以后，只好又写了一封信解释说："伪吴的君臣都活着，陛下可以查对，是不是我的兵将在放火抢劫。据伪吴的中郎将孔摅（shū）说，孙皓的侍从嚷嚷着要替他决一死战，孙皓就把库房里的财宝分给他们，没想到那些人拿了财宝都跑了，孙皓这才决定投降。侍从还放火烧了王宫，倒是我进城后派部下去救火的。我素来治军严明，您都知道。我的部下先到，秋毫无犯。有个别军士犯了军法，被我斩了十三个。别处来的军队有抢东西的，让我的部下马潜抓住二十多个，一问都是那个周浚的部下。我马上叫人把他们送还周浚，让他处置。万没想到他反来诬告我。"

晋武帝看了王濬的信，心里明白了一大半，不想再追究。可王浑不死心，到处说王濬的不是。他儿子王济依仗是皇家的女婿，也四处散布流言，说王濬在益州当刺史的时候，就很会收买人心，现在打下建业，又在收买当地的人心，说不定要造反呐！晋武帝根本不信这些话，可又不想让亲家下不了台。过了两个多月，晋武帝才

决定给功臣评功行赏：王浑晋爵为公，拜征东大将军；王濬为侯，拜辅国大将军。明摆着，王浑在王濬之上。

这么一来，王浑得意了，王濬差点儿气破肚皮。过了些日子，王濬回到洛阳，一想起自己平白无故被压制，就气不平，见人就发牢骚。每次见到晋武帝，他也是阴沉着脸，不住嘴地说受了冤枉，说封赏不公平。那一天，他越说越来气，忍不住提高了嗓门儿吼起来，说着就转身"噌噌"走出去了，连个告辞的话也没有。晋武帝虽然很不高兴，可一寻思，人家是功臣，快八十岁的人了，就没有计较。

这事儿让王濬的部下护军范通知道了，他直替老将担心，就对王濬说："您平吴有功，可不能守功自保，这就不好了。这么下去，会出乱子的。"王濬瞪起眼睛说："我说的不是实话吗？你说我该怎么办？"范通放低了声音说："依我看，您应该好好在家里歇着，别到处说自己的功劳。人家问起，就说那都是主上的圣德，众将的合力，老夫有什么能耐呀！当年蔺相如就是这么做让廉颇服气的，王浑听了也会自愧的。"王濬想了想，点点头说："你说的也是。我是记起了邓艾老将平蜀的时候，本来是先攻进成都，功在第一，可被钟会陷害反丢了性命。我怕落得个同样下场，才不得不说的。可说了又怎么样呐？心里头还是堵得慌。看来我的气量是小了点儿。好了，今后就按你说的办！"

打这儿以后，王濬果然不提自己的功劳了，倒是老说皇上多英明，将士多勇敢。这话传到宫里，晋武帝挺高兴。大臣们见王濬这么谦让，反倒为他鸣不平，认为是功重报轻。博士秦秀、太子洗马孟康几个还上书说："辅国大将军的称号，过去都是给那些功劳不大可对皇家有恩的人。如今封王濬辅国大将军，就不是荣耀，反倒是

行赏争功

王濬越说越生气,大声吼起来,转身走了出去。

让他受辱了，天下人都想不通。王濬率水军几十天平了东吴，就算把吴国的财宝都给他，也不多。"晋武帝本来就觉得怪对不住王濬的，见了上书，就升王濬为镇国大将军，不久又升为抚军大将军，成了能参与朝政的人。这么着，人心才平服了。王濬自然也心满意足，暗地里特别感谢范通。

经过这件事，王濬也想明白了，什么功啊名啊的，还不是皇帝说了算，不能看得太重。自己这把年纪了，还能活多久？于是乎，他就像变了个人似的，整天享受起来，吃喝那叫讲究，日子过得很快活。他还用心修了自己的坟墓，占地挺大不说，还栽上松柏，看上去十分茂盛。果然没过几年，王濬就病死了，终年八十岁。

晋武帝封赏了有功之臣，想着今后最该做的事，就是把国家管好。他下令各郡县不许自设军队，以发展农业生产为主，让百姓过安稳日子。全国统一后，晋武帝改年号为"太康"，又颁布了占田制度和课田制度，主要是对王侯官员占地做了限制，让普通农民都有田地可种，开垦的荒地归自己所有，鼓励多生产。这么一来，粮食多了，人口多了，赋税收入也增加了，国家渐渐富裕起来。有些人就把这些年叫"太康繁荣"。朝臣都念叨皇帝圣明，晋武帝也感觉自己真是了不起。可这么一来，他贪图享乐的本相就露出来了。

可惜此座

晋武帝刚即位那会儿,挺注意节俭,要求文武百官生活俭朴。有一天上朝,他让侍卫拿出一件雉头裘(雉zhì;裘qiú)给大臣们看。雉头裘是用野鸡头上的毛编织的衣服,五色六彩的,漂亮极了,是顶贵重顶值钱的东西。大臣们头一次看见这么华美的衣服,眼睛都花了。晋武帝说:"这件雉头裘是医官程据献给我的。我下过禁令,不准奢侈铺张,怎么能自己违反呐?把它给我烧了吧!"侍卫们就当着众人的面,一把火点着了雉头裘,不一会儿就烧成了灰。文武百官吓得不敢言声。晋武帝接着又下诏书说,今后有谁再送这类豪华东西,定要判罪。

可天下统一以后,国家渐渐富裕起来,晋武帝就觉着该享受一番,再不说节俭的话。他想起来所住的宫殿还是魏明帝曹叡(ruì)时候盖的,应该见见新,还有祖上的陵庙,也要好好修饰一番,于是就下令大修宫殿和陵庙。皇家修建宫殿陵庙,当然要选用最好的木料石头。晋武帝派人到全国四处采伐,不管路程多远,都得运到洛阳来。为了华丽庄严,金银珠宝是少不了的。庙里十二根大铜

柱，都要涂上金粉，再镶上珠宝。对送礼的事，晋武帝也不那么在意了。有的官员想升官，悄悄地送钱送物，晋武帝都收下，根本不提要判罪的事。

晋武帝好色也出了名。平定吴国以后，他把建业王宫里的宫女都留下，连同原有的，人数超过了一万。没事儿的时候，晋武帝就坐上羊拉的车在宫里转悠，羊走到哪个妃子门前停住了，他就走进去玩乐一番，或许就住一夜。

皇帝贪图享乐，懒得管国事，让一些正直的大臣很不高兴。有一天，晋武帝到南郊祭拜天地，见到官员刘毅也来了，想起刘毅是汉朝皇家的后代，就问："你看我可比汉朝哪个皇帝呐？"刘毅眼皮都没抬，耷拉着脸说："可比桓灵。"桓灵指的是桓帝和灵帝，东汉皇帝最荒淫的两位，谁都知道的昏君。晋武帝急赤白脸地说："这是怎么话说的？我虽然德行不如古代圣贤，可也是用心为政，又平东吴统一了天下，你哪能把我比桓灵呐？"没想到刘毅又说出了更难听的话："桓灵那会儿卖官，得到的钱都交到国库；您卖官的钱都归了自己。这么看，您还不如桓灵呐！"晋武帝刚要发火儿，又想人家刘毅说的是实情，只好嘿嘿笑了几声说："桓灵那时候，没有敢直言的臣子。我现在有你这样的直臣，看来我和桓灵不一样。"

不管别人怎么看，晋武帝自个儿对自个儿挺满意。可一想到太子，他又特不满意。二儿子司马衷九岁那年就被立为太子，准备接着当皇帝。可他从小就傻乎乎的，什么事都不会做，话也说不明白，读书写字更别提。老师教他认字，不到一天就都给忘了。这么个呆傻子，只因为是杨皇后生的，就被立为太子。

太子从小长在皇宫里，除了吃香的、穿好的以外，别的满不懂。有一天，他在花园里玩儿，听见蛤蟆乱叫，就问左右人："这叫

的东西,是官府的,还是私人的?"左右人忍住笑说:"在官地叫就是官府的,在私地叫就是私人的。"有一年发生饥荒,一些地方田地里没有收成,好多百姓没饭吃,给饿死了。太子听说了以后说:"没饭吃,干吗不让他们吃肉糜(mí)呀?"肉糜是肉末做的粥,他整天吃这个,不知百姓活得有多么艰难。

太子笨成这个样儿,往后怎么能管理国家大事呐?满朝文武都担着心,希望废了太子,另找一个能干的子弟接班。晋武帝那么聪明的人,当然也看出来了。有一次,他对亲近的大臣张华说:"你看让谁接替我好呐?"张华是个正派人,就说了实话:"以臣看来,无论是德是才,还是和陛下的亲情,齐王最合适。"没想到晋武帝听了,脸上挂了霜似的。

齐王司马攸是晋武帝的亲弟弟,正在朝廷里帮着管事。他待人厚道,关心百姓的疾苦,名声一直挺好。百官中有不少人希望他接替皇位。可是晋武帝只想把皇位传给儿子,听了就动了气。侍中荀勖(xù)和冯𬘓(dǎn)早跟张华不和,一看皇上生张华的气,就背地里踩咕他,还悄悄对晋武帝说:"齐王在朝,张华那种人都向着他,对太子不利,不如让齐王回到封地去吧!"晋武帝真就下令,把张华调到幽州当都督,让齐王回齐国去,别再管朝廷里的事了。好多大臣还有皇亲国戚听说后,都来为齐王求情,劝晋武帝不要赶走齐王。晋武帝更火儿了,再三催齐王快走人。齐王平白无故受了冤屈,气得吐了血,没两天就死了。晋武帝想起手足之情,才忍不住哭了一场。

司空卫瓘(guàn)对太子的能力也是不放心,可见晋武帝为这事赶走了张华,逼死了齐王,就不敢直接劝说。有一天,晋武帝在凌云台开宴会,卫瓘也参加了。他就假装喝酒喝醉了,跪坐在晋武

晋朝南北朝故事

太子说:"没饭吃,干吗不让他们吃肉糜呀?"

可惜此座

帝面前说:"我……我有,有话禀告……陛下!"卫瓘是当年司马昭重用的老臣,晋武帝一向敬重他,就让他有话快说。卫瓘用手摸着皇帝的座床说:"哎呀,此座可惜啦,此座可惜啦!"晋武帝明白他这话的意思,也不想说破,就笑了笑说:"您真是喝多了,醉了,快歇着去吧!"

这以后,晋武帝就想换一个太子。他把心思对杨皇后说了,杨皇后急得直哭,说:"自古以来,立太子只问大小,不问贤能不贤能。"晋武帝左右为难,想对太子的智力考察一番。有一天,他特地把东宫(太子的住处)的官员找来,还把卫瓘等老臣也请了来,一起开宴会,然后暗地里派人给太子送去几件公文,让他阅批。因为官员都不在身边,没人帮忙,太子只能自己阅批,行不行就看得出来了。

太子见到公文,看都看不懂,更甭提写批文了,急得胖脸满是汗。他的妃子贾南风比他还着急。贾妃是权臣贾充的女儿,嫁给傻太子就为了将来能当皇后。如果这一关过不去,太子被废,她也别想当皇后了。贾妃忙派心腹把公文带出宫去,找了几个会写的文人,请他们代写,答应多多给钱。那几个人引经据典写了一大篇。心腹拿回来给贾妃看,贾妃也不知道写得怎么样,倒是宦官张泓看出了毛病。张泓说:"皇上早就知道太子不读古书,怎么能写这么多古诗典故呐?一看就是假的,还不如写几句实在话好。"贾妃赶紧说:"来不及了,你就代写几句得了!日后有你的好处。"张泓就草草写了一些话,让太子抄写一遍。贾妃忙派人给晋武帝送了去。

晋武帝看了批文,虽然字不多,可明白通顺,就顺手递给了身边的卫瓘,扬了扬下巴颏儿说:"这是太子写的批文,您看看,还行吧?"卫瓘接过来仔细看了一遍,心想,这是太子自己写的吗?可抬

眼一看，晋武帝正瞧着自己，他就勉强乐了一声，说："还行，还行，太子近来很有长进！"晋武帝哈哈大笑。

过了几天，荀勖和中书令和峤（qiáo）来见晋武帝。晋武帝想起和峤对太子一直有看法，就对他们说："太子近来有长进，你们到东宫瞅瞅他去吧。"荀勖跟和峤去了一会儿就回来了，晋武帝问起来，荀勖满脸是笑地说："您说的一点儿也不错，太子比过去好多了，真叫人高兴！"晋武帝点点头，又看着和峤，要听他怎么说，不料和峤板着脸说："我看太子跟以前没什么两样！"晋武帝一听，气得一甩袖子，转身就走了。荀勖一个劲儿地呲儿和峤，说他不该让皇上这么扫兴。和峤使劲瞪了瞪荀勖，没理他。以往，他们俩经常坐一辆牛车上朝，这回见荀勖这么爱说假话，和峤就再不和他坐一辆车了。

晋武帝到了儿也下不了废太子的决心，一来杨皇后不愿意，二来他觉得心里有底。刚登基那会儿，他担心部下会像自己强迫曹家皇帝让位一样，有一天也逼自己的子孙让位，于是就封本家人为藩王，一气儿封了二十七个，有他的叔叔、弟弟和儿子。他寻思着，即便太子将来能力差一点儿，还有那么多本家王爷帮忙呐！一旦朝中有事，各地藩王都会出力帮忙，都是一家人嘛！这么一想，晋武帝就决定不换太子了。

过了些日子，杨皇后病死了。临死之前，她央求晋武帝说："我死了，您把我妹妹娶过来当皇后吧！她会照顾好太子的。"晋武帝真就答应了。

原来，杨皇后叫杨艳，她的堂妹叫杨芷（zhǐ）。杨家是有名的富户，还特别爱权势。晋武帝把杨芷接进皇宫，封她做了皇后。杨芷的父亲杨骏也跟着抖起来了，每天腆着胸脯出入皇宫，把谁也不

放在眼里。晋武帝见新的杨皇后虽然和太子岁数差不多，可对太子很好，也就放心了，照旧每天寻欢作乐。贵族和权臣们见皇帝这样，也放开胆子折腾，四处搜刮金银财宝，享受起来不说，还变着法儿地摆阔气。

富人斗富

晋朝的贵族和官员讲吃讲穿出了名了。不管是老臣还是新贵,都把有钱敢花当成了本事。开国老臣何曾,本来名声还挺好,可到了晚年,七老八十的人了,对吃穿摆设一点儿也不能将就。他穿的衣裳说不上来的华丽,吃的更是精细,比皇宫里的还好。每天光饭食的花销就有一万钱,够一个农民吃好多日子的。就这么着,他还嫌吃得不好,味道差一丁点儿都不吃,有时候看见那些饭食就说:"哎呀,我都没有想下筷子的地方。"他是吃腻了。何曾的儿子何劭(shào)当官以后,比老子更会吃,每天饭食的花销达到两万钱,山珍海味都给他吃遍了。

还有那个王浑的儿子王济,仗着自己是皇帝的女婿,只要能享受,什么事他都敢干。洛阳的地皮价贵得邪乎,好多官员都买不起,更别提百姓了。王济家里房子有的是,可为显摆有钱,就花大价钱买了一块地,当跑马场用,还把铜钱穿起来围成矮墙,叫"金沟"。吃的花样更让他想绝了。有一次,晋武帝到他家看女儿,王济让厨子做了许多上等菜肴,都放在琉璃碗里。有一道菜是蒸小猪,

富人斗富

肉特别嫩，晋武帝挺爱吃，就问是怎么做出来的。王济一说出来，让晋武帝差点儿吐了。原来小猪是用人奶喂养又用人奶蒸熟的。晋武帝听了怪恶心的，没等吃完就退了席。

当官的这样，官二代也跟着学。吃穿不愁，又没别的能耐，闲得没事干，他们就整天聚在一块儿，当着男男女女的面儿脱个精光，一丝不挂地胡吃海塞。贵族们还有个爱好，就是比阔斗富，看谁最有钱，最会享受。司徒石苞的儿子石崇从小好读书会写诗，还能带兵打仗。后来他在平东吴的时候立了战功，接着就封侯做官。名声大了，搜刮钱财的胆子也大了。没几年工夫，石崇就成了大财主。家里的金银财宝多得数不过来，所用的丝竹木石都是最好的料，还有好多田产宅院和家奴。他还嫌不阔气，又在洛阳郊外修建了一处别馆，起名叫"金谷园"。里面供享乐用的东西应有尽有，豪华得别提。

石崇家的茅房也布置得跟卧室似的。有一次，官员刘寔（shí）到他家拜访，内急了就进去用。看见里面挂着绣锦的蚊帐，还有几套新被褥，两个侍女手捧香囊站在一边，他吓了一跳，连忙退出来，向石崇道歉说："不好意思，我走错了，进了你的内室了。"石崇摆摆手说："没错，就是茅房。"里面还预备着好多新衣裳，客人进去，先得把身上的衣裳脱光，用厕完了，由几个侍女擦洗熏香后，换上新衣裳才能出来。刘寔听这么一说，不敢再进去，只好憋着，告辞后才到别处方便。

有个叫王恺的大官，是晋武帝的舅舅，家里也透着有钱，爱摆阔气。听说石崇成了富豪，很不服气，总想把他比下去。王恺先派人到石崇那里看了看，心里有了底，于是让家人用米浆和麦芽糖水刷锅洗碗，又故意把这件事叫石崇知道。石崇听说后，对下人说：

"那能值几个钱？咱们家白蜡有的是，以后你们生炉子就烧白蜡，甭烧柴火了！"过了不久，石崇打听到王恺家里把赤石脂（一种土制的药材）涂在墙上，又好看又有香味儿。他马上叫人用花椒粉和上泥把家里的墙刷了一遍。这种椒房的香味儿更好闻，还能保暖。当时花椒很珍贵，一般人家根本见不到。王恺也较上劲儿了，有一天带着全家人出门，他就让仆人事先用紫色的丝布做成步障，把要经过的路挡了起来，一挡挡了四十里。那天，他和亲眷走在步障里头，见好多百姓在外边看热闹，心里得意极了。这事马上传到了石崇耳朵里，他当时就吩咐说："咱们也拉一次步障，可一定要比他的长，比他的好。"结果，石家的步障拉了足有五十里，还是用锦缎做的，看上去眼都花了。石崇领着家眷在步障里走，看热闹的人比王恺那次多了不少。

王恺几次不占上风，脸上挂不住，就去见外甥晋武帝，说："我这个皇亲国戚还没有石崇那小子阔气，不但我的脸上无光，皇家也丢人呐！"晋武帝拍着脑门儿想了想说："我给你看一样宝贝。"说完就叫宦官进去抬出来一件东西。王恺一看，那东西白里透着红，像树又不大像，二尺多高，伸出好多枝枝杈杈，可那不是木头的，也没有叶子。他正纳闷儿，晋武帝笑笑说："这是外国进贡来的，叫珊瑚树，只长在大海里。石崇哪见过这个？我送给你，你拿去给他看，他准服你了。"

王恺乐不唧儿地把珊瑚树抱回家，装在盒子里。过了几天，他带上珊瑚树去拜访石崇。两个人吃着喝着，相互恭维了一番。王恺说："您见多识广，我有一件宝贝，让您也开开眼。"说着就把珊瑚树拿了出来。石崇忙上前左看右看，王恺心想，这回看你还逗能不逗能！没想到石崇转过身拿起一个铁如意来，照着珊瑚树就砸，一

下子就给砸得七零八碎儿了。王恺差点儿背过气去,跺着脚直喊:"你穷疯啦!嫉妒我有珊瑚树,你赔!"石崇撇着嘴说:"您用不着生气,我现在就还您一个。"他马上吩咐家人:"把咱家的珊瑚树都搬出来,让客人见识见识,挑一个走。"不一会儿,家人就抬出六七棵珊瑚树,摆在堂上,光彩照人。王恺细细一看,每个都有三四尺,都比自己的那个高,样子也更好看。他呆呆愣了好一会儿,说不出话来。

打这儿起,王恺再也不和石崇比富了,倒是处处跟人家学。有几件事,他一直想弄明白。一件是石崇家的豆粥熟得很快,吩咐下去不一会儿就端来了。可自己家的豆粥总要熬挺长时间。一件是到了冬天就没有韭菜吃了,可在石崇家还能吃到新鲜的韭菜末儿,所以他家在冬天也总有客人去。大家吃了韭菜末儿,还要夸几句好听的话。这也让王恺羡慕极了。还有一件是他经常和石崇驾牛车到郊外打猎,回来的时候,两个人都争着先进城门,把牛车赶得飞快。不过石崇的车老是跑在前头,让王恺没法儿忍受。

就为了这个,王恺让手下人去想办法探听石家的秘密。手下人买通了石崇的家人,那个家人告诉他说:"其实没什么诀窍。豆子难煮,就早早煮熟了,主人一吩咐,赶紧煮白米粥,米粥好熟,煮好了把豆子放进去,当然就快啦!夏天把韭菜根保存好,冬天想吃了就加上些麦苗儿,切碎了端出来。至于牛车跑得快,那是有点儿委屈牛了。平时不要赶得太快,等要赛车的时候,驾车人把车辕往旁边一偏,牛不舒服,就飞跑起来。"王恺听手下人回来一报告,高兴地说:"咱们也这么办。"果然这么一学,来他家吃豆粥和韭菜末儿的客人也多了起来。他和石崇赛车的时候,也把石崇的车落下很远,先进了城。这么一来,石崇又纳闷儿了。他暗里一查问,知道

晋朝南北朝故事

王恺呆呆愣了好一会儿，说不出话来。

是家人泄露了机密，气得牙咬得咯吱响，把那个家人杀了。

为了摆阔耍威风杀人，王恺也做过不止一回。他开宴会的时候，老是让家养的歌伎在旁边弹曲，或是给客人劝酒。有一天，一个歌伎吹笛子，不小心吹错了调，王恺觉得丢了面子，当时就把她拉出去杀了。他还对歌伎们说："哪位客人不喝干酒，就是你们的罪过，我就要把劝酒的杀了。"有一回，王恺的朋友王敦和王导来做客。王导本来不会喝酒，可怕给劝酒的歌伎惹麻烦，只好把酒喝干了。王敦铁了心，就是一口酒不喝。劝酒的歌伎吓得跪在地上哭着央求，他看都不看一眼。王恺立刻杀了歌伎。

石崇为了当上第一富豪，胆子越来越大。他在荆州当刺史的时候，敢让手下人去抢劫客商和外国使臣进贡的货物，发了大财，家产多得没法儿计算。有钱人这么胡来，自然有人看不惯。车骑司马傅咸给晋武帝上书说："当今奢侈的危害，比天灾还要大得多！"有个叫鲁褒（bāo）的隐士，写了一篇《钱神论》，把爱钱的风气讽刺了一顿。他说：钱内方外圆，爱钱的叫它孔方兄。有了钱，本来办不到的事，都能办了，就像谚语说的，"有钱可以使鬼"。现在的人，心里除了钱，不知道还有别的。

权贵们都这么个品行，国家还好得了吗？就有个奇闻从民间传出来，说石崇家的米饭一夜间都变成了田螺，还说这是石家要败家灭族的兆头。虽说是传言，可也不是瞎猜。官员和贵族由着性子折腾，哪有不出乱子的呐？没多久，一场大祸就降临了。

百日血灾

公元289年年底,晋武帝得了重病,躺在床上昏昏迷迷的。消息传出来,满朝文武都发了慌。皇帝快不行了,太子又指望不上,国事让人担忧。大家都等着晋武帝下遗诏,看让谁辅佐朝政。杨骏见机会来了,整天在皇宫里侍候,出来进去忙个不停。王公大臣有来探望的,他一律不让见。晋武帝身边的侍从也让他换成了自己的心腹。

有一天,晋武帝醒过来,见在身边侍候的人挺面生,就起了疑心。他知道杨骏想独揽大权,可是杨骏究竟是外戚,不如本家人可靠,就马上下了道诏书,让自己的叔叔汝南王司马亮和杨骏一同辅政。他还下令说:"叫汝南王赶快进宫见我。"说完就又迷糊过去。杨骏知道以后,就从中书监华廙(yì)那里把诏书要过来,扣下不让发。华廙找他要,他也不还。其实,汝南王就住在洛阳,进宫不难。可杨骏寻思着:"汝南王资格老,如果让他主事,我不就成了配搭了吗?"恰好,杨皇后和他想的完全一样。

晋武帝昏迷了好长时间以后,睁开眼睛向四周乱踅摸

(xuémo)，问："汝南王来了吗?"杨皇后小声说："他没来。陛下还是让太子的外公辅佐吧!"晋武帝听不清，胡乱点了点头。杨皇后马上让人写诏书，封杨骏为太子太傅，还是大都督，主持朝中一切大事。诏书写好了，她拿给晋武帝看，晋武帝已经不能说话了。隔了没几天，晋武帝就咽了气。

太子司马衷即位，就是晋惠帝。杨皇后成了太后，贾妃成了皇后，太傅杨骏不用说，掌了朝廷大权，凡事都由他说了算。诏书也是他叫人写好了，再跟晋惠帝说一声，就发出去了。傻皇帝对什么事都点头答应，倒省了他好多口舌。杨骏明白，自己权力大，可威信不高。他就下令把全国的官吏都提一级，参加办理皇帝丧事的提两级，还给许多大官封了侯。他满以为这么一来，上上下下的官吏都会念自己的好处，可没想到不少官员出来反对。大伙儿说："自打三皇五帝到如今，从没有老皇帝刚升天就大加封赏的。我朝像开国和平吴这么大的事也没有。照这么下去，每个新皇帝即位都加封，过不了几代，岂不每个人都是公侯了吗?"杨骏听不进去，可他对皇家的人倒是严加防范。听说有人劝汝南王司马亮发兵夺权，他就赶紧安排人去抓汝南王，后来才知道，汝南王已经离开洛阳到许昌去了，这才放心。可这事让司马家的藩王们很生气。

杨骏最不放心的是贾皇后。贾皇后的父亲贾充是开国元老，当年带人杀了魏帝曹髦（máo）。贾皇后挺随她爸，心狠手毒还特好嫉妒。她一直没生个儿子，又怕别的妃子生儿子，就经常留着心眼儿。有一个侍妾怀孕了，大家说像是男孩儿，她恨得要命，拿着戟就朝侍妾的肚子扔过去。结果，那个侍妾流了产。晋武帝知道后，气得要废了她，把她关到金墉城（墉 yōng）去。金墉城是洛阳西北角的一个小城堡，专门关着被废的皇亲国戚。这事还是让杨皇后劝

住了。如今杨骏掌了权，就处处防着这个女人，什么事都不让她知道，还派人监视她。

贾皇后恨得没法儿。本想自己能代替傻皇帝掌权，不想让太后和杨骏占了先，她就憋了一口气。杨太后虽然为她求过情，可有时候也呲叨她，她也都记着。论辈分，杨太后是长辈。可论年龄，太后比她这个皇后还小两岁，凭什么要看太后的脸色呐？贾皇后越想越觉得自己有理。过了几个月，她看杨骏胡乱封赏遭到反对，就决定动手，先找了几个对杨骏不满的朝臣私下商量。那几个人说："要除掉杨骏，光靠我们几个不行，最好是让那些在外地的藩王发难，他们都有兵权。杨骏这回把他们得罪了，他们肯定愿意。"贾皇后拍着手说："这主意好，我这就派人去，先找汝南王，还有楚王他们。"

派去的人叫李肇（zhào）。他见到汝南王，说明来意，不料汝南王不敢发兵。李肇知道汝南王向来胆子小，也没再说什么，又去见楚王司马玮。司马玮是晋惠帝的异母兄弟，才二十出头，是个愣头青。一听让带兵进京除杨骏，他立刻就说："这事好办，就交给我吧！"他还联络了在扬州的淮南王司马允（晋惠帝另一个异母兄弟），然后就写报告要求进京。杨骏不知底细，真就答应了。

公元291年的春天，楚王的兵马到了洛阳，贾皇后早把皇帝的诏书准备好了。诏书说杨骏阴谋篡位，命令楚王去除掉他。楚王马上就带人朝杨骏的府邸杀过去。杨骏一直蒙在鼓里，听到消息后，大吃一惊，马上召集大臣商量。主簿朱振着急地说："还商量什么？这事一定是贾南风指使的。皇帝让她劫持了，咱们就把皇宫的云龙门烧了，再把皇太子夺到手，跟他们打！"杨骏犹豫着说："造云龙门花了不少钱，烧了太可惜啦！"大臣们见他没主意的样子，打心眼儿里瞧不起，一个个都找借口溜了。

杨太后得到信儿也急了，连忙让人找来好些黄缎子，在上面写字："救太傅的，重赏！"然后再用弓箭把黄缎子射到宫外去。有人拾到黄缎子，交给了贾皇后。贾皇后立刻派人向士兵说："谁听太后的，死罪！"太后和皇后两个女人，这回真撕破脸了。这时候，楚王的人马已经把杨骏的府邸围住，四面攻打。杨骏只好顾命逃跑。不一会儿，士兵冲进来，见人就杀，见东西就抢，可没见到杨骏。一队士兵冲进马厩，看马槽下面有个人，就一阵乱扎乱砍。那人一声惨叫就再没出声。士兵拉他出来一看，正是杨骏。

贾皇后听说杨骏被杀，别提多解气了。她马上想要了杨太后的命，可是大臣们不同意，说太后够不上死罪，把她废为平民，让她住到金墉城去就行了。杨芷听说自己被废，哭得跟泪人儿似的，就准备带着母亲庞氏到金墉城去。不料外面闯进一队禁军官兵，为首的军官指着庞氏说："皇后说了，这老婆子是杨骏的老婆，应当处死。你现在不是太后了，护不了她啦！"杨芷吓得把母亲抱住不放，庞氏已经吓晕了。杨芷就跪在地上冲皇宫磕头，叫着说："贾皇后！妾身向你请罪不行吗？你饶了我娘的老命吧！"士兵们听了，都低下头挺难过，可谁也不敢违抗命令。庞氏还是给杀了。

杨骏被杀，大臣们议论说："既然先皇帝有意让汝南王辅佐新皇上，就该把他请回来。再让老臣卫瓘一起辅政，国家才稳定。"贾皇后只好点头。这一回，汝南王倒挺痛快，很快就回到了洛阳，当上了太宰。这位胆小的太宰做起事来胆子倒特大。他也学着杨骏的样子，封起官爵来，一下子就把一千零八十一个武将封了侯，有的连升了三级。处理国事，汝南王照样也是独断专行，比杨骏没好到哪儿去。朝臣们太失望了，曾经上书反对奢侈的傅咸又上书说："这次有很多没有功劳的也受了封。这么一来，有些人就会希望国家多出

乱子，好借机会得到封赏。大家本来希望殿下改正以往的做法，没想到您封得更滥。"汝南王看了，根本不往心里去。他觉得自己是皇帝的祖辈，对贾皇后也瞧不起。

汝南王封了那么多亲信，可对楚王司马玮很小气。楚王本想借着这回的功劳，留在朝廷里。可汝南王嫌他脾气太坏，就给了他几个虚职，让他还回自己的封地去。这么一来，楚王给惹火儿了，不但不走，还琢磨着再干一件大事。他找手下人商量，怎么能把权力夺过来，自己掌握。手下人悄悄找到了贾皇后的心腹李肇。李肇这次除杨骏有功，已经升为积弩将军，指挥着两千多精兵。结果，双方说好了，由李肇去报告贾皇后。

贾皇后听李肇说了楚王的心思，跟着也想起来，那次卫瓘装醉反对太子继承皇位，差点儿让自己当不成皇后，这个仇得报。她又来了狠劲儿，咬咬牙说："好，这事就让楚王去办吧！"于是，她以皇帝的名义给楚王下了诏书说，汝南王和卫瓘要废掉皇帝，应当判罪，由楚王去执行。楚王得到诏书，马上命令李肇等人包围了汝南王的住所。汝南王稀里糊涂地就被冲进来的士兵逮住了。夏天天气真热，汝南王偏是个胖子，热得浑身冒汗，直喘粗气。因为他是皇帝的叔祖，士兵们不敢杀他，还把他放在车的阴影下面，给他扇扇子。楚王等了半天不见回报，就下令说："谁杀了汝南王，赏布一千匹！"这一来，士兵们就一拥而上，杀了汝南王。他一大家子也都完了。抓卫瓘的一拨人，也把卫瓘和他的全家杀得没剩几个。

汝南王和卫瓘突然被杀，惊动了全城人，文武百官都闹了起来。大伙儿对汝南王不满，可谁都没有觉得他就该杀，这么一来，反倒为汝南王叫屈了。至于卫瓘，不但治国有功，还是当时顶有名的书法家，没来由被杀，更让人可惜。于是，满朝文武都把楚王恨

百日血灾

司马玮掏出诏书连声喊："我冤枉啊！"

透了，很多人上书，要求治他的罪。贾皇后见惹了祸，也有点儿害怕，就把责任全推给了楚王。太子少傅张华说："楚王擅杀汝南王和卫公，如果让他掌握大权，皇上就没好日子了。应该把他处死，才能平民愤。"贾皇后马上答应，索性让张华去办这件事。

张华让将军王宫带领禁军，举着驺虞幡（zōuyúfān）到楚王府去。原来这驺虞幡是代表皇帝威权的标志。驺虞是传说中的神兽，样子像老虎，可心地和善，从不踩踏青苗，也不吃活的动物。在幡上画着驺虞，就是招降或调解的意思。见到了驺虞幡，谁都得跪下听从命令。王宫领着禁军，举着驺虞幡，到了楚王府。里面的人吓得连忙出来跪下。王宫高声说："楚王假造圣旨，擅自杀害他的叔祖，应当问罪。你们不要跟着他作恶了！"话音一落，楚王府的军士一哄而散，唯恐跑得不快。楚王当场就给绑上了。

接着，晋惠帝的圣旨下来，楚王给判了死罪。司马玮掏出那份贾皇后派人送来的诏书，连声喊着："我冤枉，我冤枉啊！"可贾皇后不承认，没人敢信他。司马玮年轻轻地就给砍了头。他和他的亲信都被灭族，一下子牵连了好几百人，刑场上杀人杀了好几天。贾皇后又说要给汝南王和卫瓘平反昭雪，可那两家人差不多死光了。

从杨骏被杀，到汝南王司马亮、卫瓘被杀，再到楚王司马玮被杀，前前后后也就是一百天，死的人多了去了，洛阳城里到处是血腥味儿。从官员到百姓，没一个不提心吊胆的。好不容易平静了，今后国事由谁主持呐？大臣们议论说："别让皇亲国戚瞎掺和了。张华为人正派又能干，应该让他辅佐皇上才对。"

周处赴难

贾皇后借刀杀人,一气儿除掉了杨骏、汝南王司马亮、卫瓘和楚王司马玮,掌握了朝中大权。她心里头乐,可还显出挺难受的样子。大家说让张华辅政,她也连说行。贾皇后这会儿老想着另一个女人,就是杨芷,不能让她待在世上当活口,就悄悄派人把在金墉城里侍候的人赶走。杨芷没人管了,没几天就饿死了。大臣们都忙活着帮张华整顿朝政,没人注意这事儿。

提起张华,得从他小时候说起。张华是范阳方城人(方城在河北固安),家里挺穷,才几岁就去给人家放羊。后来他父亲当了魏国的渔阳太守,家境好起来,张华才开始读书。多年以后,他成了一个有学问的人,写过一篇《鹪鹩赋》(鹪鹩 jiāoliáo)。内容是说,有一种叫鹪鹩的鸟,个头很小,羽毛不好看,肉也不好吃,所以不让人喜欢。可它从不伤害其他动物,也不为自己被伤害担心,每天活得好自在。别的鸟就不一样了:鹦鹉会学人说话,就被关到笼子里,顺着人的要求发声;老鹰能逮兔子,就让绳子拴起来,替人当猎手。它们都活得不自在。鹪鹩的处世方法很聪明,比它大的、比

它小的都不如它。这就是"上方不足而下比有余"(成语"比上不足,比下有余")。

这篇文章其实说出了张华自己对处世的看法,好多人看了挺受启发,《鹪鹩赋》从此流传开来。张华还喜欢琢磨各种自然现象。别人不知道的事,他能讲得清清楚楚;别人不懂的怪事,他能分析出道理来。这么着,他的名声远扬,连晋武帝都知道了。晋武帝把他调到朝廷里做了中书令,专门为皇帝写诏书。有一次,晋武帝问张华:"你知道汉朝宫室的制度吗?说给我听听。"张华就把汉朝宫室的各种制度详细地讲了一遍,说到兴头上,还把宫里的门户画了张草图,给晋武帝看。晋武帝和身边的侍从听得入了迷,不时提问。张华对答如流,让大伙儿高兴得忘了睡觉。晋武帝手点着他说:"这是个奇异的人呐!"

可是张华对晋武帝立傻太子的事不赞成,又受到荀勖和冯统的排挤,后来被调到幽州当都督去了。过了些年,晋武帝得知张华在幽州政绩优良,就又把他调回洛阳,可不再像以前那么重用。张华趁着有闲空的机会,把自己知道的天下奇闻轶事、神怪传说都写出来,编成了一套书,取名《博物志》,一共四百卷,后来缩减为十大卷。《博物志》中有的记载很珍贵,是晋朝挺有名的书。

打这儿以后,张华因为学问出众,地位跟着上升。这一次出计策平了楚王之乱,他的威信又超过以往,就被大臣们推举出来主持朝政。张华寻思着,皇帝是个没主见的傻子,皇后是个狠毒的女人,外地的藩王也都两只眼盯着京城,一旦自己有个差错,或者惹了谁,都会招来杀身之祸。所以他办事特别小心,遇到难事老是想来想去,直到想出个万全的办法才说。对贾皇后,他也是大事小事都向她报告。好在他是个小门户出身,没有那么大的势力,这倒让

上边放心。所以张华主事好几年,朝廷上没出什么大乱子。

国家稳定了,张华就想在文治上做点儿事,最紧要的是修一部"三国"的史书。按照以往的先例,每个朝代的历史要由后一个朝代负责编修。如今,"三国"时代过去了,三国史就该由晋朝人来修。张华正想着这事,恰巧有人向他报告,蜀地有个叫陈寿的正在写三国史。张华高兴极了,就打听起陈寿的情况。原来陈寿做过蜀汉的官,因为看不惯专权的宦官黄皓,不肯巴结他,被贬成了平民。陈寿对蜀汉丞相诸葛亮和文臣武将很熟悉,搜集了不少史料,想写一部史书。张华觉得陈寿是个人才,就向朝廷推荐他当了著作郎,让他写三国史。陈寿从此就能看很多官方的史料,特别是有关魏国和吴国的。几年之后,他果然写出了一部《三国志》。《三国志》记的历史比较简略,可脉络清楚,文笔也挺生动,被看成是与《史记》《汉书》《后汉书》并列的四大史书。可惜陈寿写完以后不久就死了,张华连忙派人到他家里誊抄《三国志》,又严加保管,这才使这部史书流传下来。

张华还想再做些有意义的事,可从西边传来消息,那里的民众起来反抗官府,他只好撂下别的,去操心这件事。西北凉州、雍州那一带住着许多匈奴、氐、羌各族的人。本来,朝廷拜晋惠帝的叔祖,赵王司马伦为镇西大将军,专管那片地界。赵王身边有个叫孙秀的,因为会写文章,受到赵王重用。可孙秀净瞎出主意,帮着赵王从百姓身上搜刮钱粮,还杀了好多部族头领,结果把人家给逼急了。公元296年,一支匈奴队伍起来造反,赵王抵挡不住,只好向朝廷告急。朝廷见赵王无能,就决定派梁王司马肜(róng)为征西大将军,去把赵王换回来。梁王临走前找张华说:"你有什么法子吗?"张华说:"赵王信用奸人孙秀才激起乱子来,殿下到了那里应

该先处置孙秀，解了民怨，事情才好办。"梁王答应了。

赵王回到了洛阳，一点儿不腆得慌，仗着自己的辈分大，反而提出想当尚书令。尚书令相当于丞相，是个很要紧的职位。张华和大臣裴頠（wěi）都认为他不合适。赵王没当成，就把他俩恨死了。再说梁王到了西北，就有人来为孙秀求情。结果他不但没处置孙秀，还比孙秀做得更绝，对当地人严厉镇压，杀了好多人。这么一来，乱子就闹大了。民众推举一个叫齐万年的氐族人当皇帝，跟朝廷对抗起来。两边一开打，梁王就吃了大败仗。

消息传到洛阳，朝臣可急坏了。有人就说："建威将军周处有勇有谋，派他去帮帮梁王吧！"此话一出，就有几个人说好。中书令陈准摇摇头说："周处虽然胜任，可这一次让他去，怕就回不来了，应当另派他人。"可没人听他的，让周处出征的命令很快发出去了。

这位周处，是晋朝特出名的人物。周处家在吴兴阳羡（在江苏宜兴），很小的时候父亲就死了，因为没人管教，他养成了暴躁的脾气。往后，他练了一身好武艺，力气又大，就经常打架欺负人。乡邻们对他又恨又怕，背地里把他和南山的猛虎、江里的恶蛟称为当地的"三害"。这话传到周处的耳朵里，他难受极了，心想我一个堂堂男子汉，本应为乡邻多做好事，怎么就跟野兽一样为害呐？既然有三害，我就去除三害。于是他拿着弓箭到南山杀了吃人的老虎，又握剑跳进江里追赶恶蛟，把它杀了。他自己也被江水冲走老远。乡邻们以为周处死了，都庆贺三害已除。过了几天，周处回来，听见大家盼着自己死，没脸再待着。他就离开家到吴郡（在江苏苏州）找到当地名士陆云，不好意思地说："我白活了这么些年，现在想从头做起，不知道还来得及吗？"陆云诚恳地说："有一句俗话叫'朝闻夕改'，您还这么年轻，今后的路远着呐，怎么来不及？"

打这儿以后,周处就安心读书,修养品德。几年后,他就像换了一个人似的,能文能武,待人有礼貌,一身正气,被吴国招去做了官。吴国灭亡后,他又当了晋朝的新平(在陕西彬县)和广汉(在四川遂宁)的太守。广汉的前任给他留下了好些没审理完的案子,有的拖了三十年还没弄清是非。周处到任以后,仔细勘察,很快就处理完了。这一来,朝廷也知道他有能耐。不久,周处因为母亲年老,辞官回家照料。可是没过多少日子,朝廷命令下来,让他到楚地任职。他刚要去赴任,又接到让他到洛阳当官的诏书。朋友们劝他说:"进京可比去楚地好得多了,你这回算出了头了!"周处笑笑说:"自古以来,贤能的人都是辞大不辞小,我想我还是先到楚地去。"

楚地经过多年战乱,死了好多人,田野里到处是死人骨头。老百姓缺吃少穿,打架闹事成了风。周处到了楚地,就给百姓讲相互帮助的道理,劝大家平和处事,又下令收殓死人骨头,埋葬起来。然后他就安排种地的事,让农民好好生产。这几件事办妥当了,楚地就安定多了。周处这才离开楚地到洛阳去。

周处在洛阳当御史中丞(负责监察官吏的官员)的时候,有一次,梁王司马肜犯了法。不少同僚觉得还是不惹事为好,主张替他瞒下来。可是周处不害怕,把他的罪状如实报告了朝廷。朝廷没有处置梁王,可梁王从此就记恨着,老想找碴儿报复周处。有些官员也觉着周处做事过于强直,挺怕他。这一回,梁王在前方吃了败仗,他们提出让周处去支援,中书令陈准就直替他担心。明摆着,周处去了要听梁王指派,还有他的好儿吗?

周处心里明镜似的,知道此去凶多吉少。有人给他出主意说:"你家有老母,干吗不把这当理由不去呐?"周处摇摇头说:"自古忠

晋朝南北朝故事

周处说:"忠孝难以两全,这次去就算是死得其所吧!"

孝难以两全,我既然辞别了老母来为国家办事,就顾不得那么多。我也是奔六十的人了,这次去就算是死得其所吧!"

齐万年听说周处要来,对手下人说:"我太知道这个周处了,当年他在新平做过官,是个文武全才。这次如果他是挂帅的,咱们肯定打不过。可如果他被人管着,就一定当咱们俘虏啦!"果不其然,周处到军中向梁王报到,梁王就待搭不理的,饭也不让吃,就命令他马上出战。齐万年有七万人马,周处才带了五千人,梁王还不派后援。结果不说就能明白,周处的人马被围住,连累带饿,怎么打呀!周处不愿逃回来也不愿当俘虏,就战死在了疆场上。这个英雄就这么被人算计了。

周处死后,朝廷又派大军增援,才把齐万年镇压下去。张华和大臣们都松了口气。可谁都没想到,从后宫里又传来一个奇怪的消息,说是贾皇后怀孕了。这是怎么回事呐?

藩王之祸

晋惠帝还当太子的时候,妃子谢玖怀了孕,怕被贾妃害了,她就离开了东宫。不多久,她在后宫内院生下了儿子司马遹(yù)。因为有爷爷晋武帝护着,小孩儿就在后宫里长大了。几年后的一天,太子到了后宫,看见晋武帝正和几个小孩儿逗着玩儿,也和孩子们拉拉手。晋武帝指着一个三四岁的男孩儿对他说:"不知道吧,他是你的儿子!"太子这才知道自己有了儿子。司马遹在晋武帝身边长大,不但没有他爸的傻劲儿,还特别聪明懂事。晋武帝挺喜欢这个长孙,说他像自己的祖父司马懿,希望他将来当皇帝。所以晋惠帝登基后,就让司马遹当了太子。贾皇后心里别扭,可自己没生儿子,又知道他受先皇帝的宠爱,也就不敢反对。司马遹那阵儿才十二三岁,对皇后很恭顺,俩人相处还不错。

过了几年,司马遹长大了,被奢华的风气一吹,他就贪图起享受来,整天和宦官宫女吃喝玩乐,特别喜欢做买卖赚钱,搜集宝贝。仗着太子身份,他还买了不少田产。可一到读书的时候,他就没了精神,怎么都读不下去。管太子读书的官员杜锡,为了这事挺

藩王之祸

着急，劝过他多少回。司马遹嫌他唠叨，就把针插在杜锡的坐垫上，见把他扎得腿直流血，还偷偷儿乐。这哪点儿像司马懿呐？日子一长，司马遹对皇宫里的那些乱事也有点儿明白，知道了贾皇后的为人歹毒，对她也不爱搭理了。

贾皇后看在眼里，想着以后如果司马遹掌了大权，自己肯定没个好了。如今司马遹不长脸，让朝臣们很不满意，这倒正是个机会。她就打算着除掉太子。要除掉太子，就得另有一个换他。贾皇后把自己的心腹找来商量。这些心腹主要就是她的妹妹贾午、妹夫韩寿和外甥贾谧（mì），还有几个宦官和宫女。贾谧本来叫韩谧，因为外公贾充没有儿子，就让他姓了贾，成了贾家的孙子，还继承了爵位。这几个人凑到一起，七嘴八舌给贾皇后出主意，定下了一条毒计。

没过几天，贾皇后怀孕的事就传开了，宫里宫外的人都不大相信。可有人说亲眼看见她肚子大了，不像是假的。从那天起，皇后就不再露面，过了几个月，真就生出了一个男孩儿，取名叫慰祖。原来，真怀孕的是贾午，贾皇后为有个儿子，就用布把肚子裹起来，看上去像怀了孕。贾午生出了小孩儿，马上送到宫里，算作贾皇后生的。晋惠帝一直给蒙在鼓里。可这么一来，太子司马遹就倒了霉了。

公元300年年初，一天晚上，贾皇后派人对司马遹说，皇帝不舒服，让他进宫探望。司马遹到了宫里，没见到晋惠帝。宫女陈舞送来一碗枣和一壶酒，说是皇帝赏赐的，让他享用。司马遹说不会喝酒。陈舞撇着嘴说："皇上赐酒，你不喝就是不孝。你怕有毒啊？"司马遹喝到一半就有点儿头晕，说："我带回去慢慢喝吧！"陈舞说不行，他只好喝完了。不一会儿，他觉着心里发慌坐不稳，趴

在案上就睡过去了。这时候,一个宫女拿来两张纸,推醒司马遹说:"皇上让你把这文书抄一遍。"说完就研墨铺纸。司马遹勉强睁开眼,就照着上面的字写起来,写得七扭八歪,还丢了好些字。写完了,他就被送回东宫去了。

不想第二天一早,傻皇帝就把满朝文武召集起来,气哼哼地说:"反了反了,太子大逆不道,我要赐他一死!"原来昨天晚上,贾皇后把司马遹抄写的那篇文书拿给晋惠帝看,晋惠帝没看完就气得直翻白眼儿,马上下了杀太子的诏书。大臣们问太子写了什么,晋惠帝就把那张纸给大家传看。大家伙儿一看,上面写着:"陛下宜自了,不自了,我当入了之;中宫(指皇后)又宜自了,不自了,我当手了之。"这不明明是说要杀皇帝皇后吗?群臣看完都慌了神,没人言语。半晌,张华才小心地说:"自古以来,废太子杀太子都会引起天下大乱,何况太子平日也没什么大错,陛下还是三思而行。"裴頠说:"这上面的字迹太乱,要和太子的笔迹核对才好。"于是有人拿来太子亲笔写的批文,仔细查对。众人看了都直摇头,可都不敢说那是假造的。

贾皇后在后面等得不耐烦,叫人用长广公主(晋武帝的姐姐)的名义写了道奏章,送到前面。奏章说:"此事应速决,群臣有反对的,要以军法从事!"大臣们一听这口气,就知道是皇后的话,可眼看太阳都快下山了,还是议论不决。贾皇后只好亲自出来说:"陛下就别杀太子了吧,把他废了就算了,让他到金墉城住着去。"晋惠帝又点点头,当下就派人把司马遹赶出了东宫,关进了金墉城。

这件事一传出去,好多人就看出了毛病。以往在东宫当差的司马雅、许超和士猗(yī)几个官员在一块儿议论说:"太子不会糊涂到那个地步,这事不是贾南风捣鬼才怪呐。咱们得想法儿把太子救

出来!"可他们官卑职小,就想找个有权势的人挑头,想来想去,想到了赵王司马伦。赵王被调回洛阳以后,很快巴结上了贾皇后,虽然没当上尚书令,可当上了车骑将军,职位也不算小,手里还有兵权。司马雅知道赵王图的是什么,就想冒一次险,找到赵王的亲信孙秀,对他说:"贾皇后已经失了人心,赵王怎么还跟她来往呐?一旦她完了,就会遭祸。不如……"孙秀一听就明白了,答应去说服赵王起兵。

其实孙秀另有想法,见到赵王,学说了司马雅的意思,又皱着眉头说:"如果您现在起兵除掉皇后,太子将来即位,可就不是这个傻皇上了,没准儿还要追究咱们和皇后来往的事儿,有点儿吃亏。"赵王忙问:"你有什么主意?"孙秀眨巴着眼睛说:"我看皇后肯定不会让太子活下去,咱们先等等,等她把太子害了以后,再发兵问罪,就没了后患了。"赵王一听就乐了,说:"你真是我的诸葛亮啊,就听你的!"孙秀就去找贾谧几个,不但不给太子求情,反倒撺掇他们赶快下手,除了太子。

过了些日子,贾皇后让人把司马遹转移到许昌的旧宫里住,不准出来。接着,她又派宦官孙虑带有毒的巴豆杏子丸去毒死他。司马遹也提防着有人下毒,每当做饭的时候他都在一旁监视,还要做饭的先尝尝再吃。孙虑就把他关进小院,不给饭吃。可有些同情司马遹的人偷偷把吃的从墙头上递给他。孙虑没招儿了,干脆进去逼司马遹吃毒药。司马遹逃进茅房,孙虑追上去,用石杵打他的脑袋,司马遹惨叫一声倒在地下。孙虑又打了几下,直到他断了气。司马遹到了儿被害死了,死的时候才二十三岁。

赵王听说太子遇害,马上在洛阳做了准备。十几天以后,他联络上梁王司马肜、齐王司马冏(jiǒng),宣布讨伐贾皇后。皇亲国

戚和满朝文武恨透了贾皇后，都起来响应。那一天，赵王带人冲进皇宫，把晋惠帝拉到殿上，对他说："贾皇后害死了东宫太子，该杀不该？"晋惠帝张大嘴"啊啊"了半天，又点了点头。赵王就派人把贾谧先叫来。贾谧进来看见士兵拿刀对着自己，掉头就跑，叫着："阿后快救我！"士兵几步上前宰了他。贾皇后听到叫声，赶忙跑出来，正好和前来捉她的齐王碰上了，就问："你们要干什么？"齐王说："奉诏捉拿皇后！"贾皇后说："你胡说！诏书要从我这儿发，你哪儿来的？"齐王不想和她啰唆，一挥手，士兵就上前把她抓住，带到殿上。贾皇后见晋惠帝傻傻地坐在那儿，扯着脖子喊："陛下，你不明白呀！没了我这个皇后，你这个皇帝还能当吗？"赵王下令，把她也关到金墉城里去。五天以后，赵王派人逼着她喝下了混有金粉的酒，要了她的命。贾午、韩寿和参加害死太子的太监宫女都被活活打死。

赵王除掉了贾南风一伙儿，挺得人心的。大臣就拥护他掌握了大权。按说他就应该先把国家安定下来，可是他的做法和当初的杨骏、司马亮没两样，一上台就大封王侯，给好几千人升了官。当时的大官都在帽子上插貂的大尾巴，好显示身份，可封的官太多了，貂尾不够，就只好用狗尾巴代替（成语"狗尾续貂"）。赵王还要借机会杀和他有过节的人。这么一来，张华、裴𬱟那样正直的大臣就活不了啦。

赵王想起张华和裴𬱟都反对过自己当尚书令，还不参加这次的起事，就下令处死他俩。张华是有成就的学者，不用说了。裴𬱟的父亲裴秀不但是开国老臣，还是少有的地理学家，创造了画地图的好方法，就是有名的"制图六体"，一直流传下来。裴𬱟自己也挺有学问，写过好些文章，反对当时空谈的学风和奢侈的风气。这两个

藩王之祸

贾皇后扯着脖子喊:"没了我这个皇后,你这个皇帝还能当吗?"

有才能的人被害死，让人可惜得不得了。

　　赵王开始掌权的时候，还是以晋惠帝的名义下命令，叫司马遹刚几岁的儿子司马臧当皇太孙。可他自封为相国，就让人想起来，当初曹丕和司马炎就是先当的相国，然后当的皇帝。这么一来，赵王的心思就给人看出来了。还不到一年，他就忍不住了，急着要登基。公元301年年初，他派义阳王司马威到皇宫索要玉玺。晋惠帝不懂别的，可懂得玉玺是宝贝，抱住玉玺不撒手。司马威急了，上前掰开晋惠帝的手就抢了过来。晋惠帝的手指疼得要命，气得嗷嗷大叫。司马威又逼他下了禅让的诏书。赵王得到了玉玺，选了个日子就坐上宝座。晋惠帝也给送到了金墉城。

　　赵王这么一折腾，一场天大的祸事就闹起来了。各地的藩王都是司马家的后代，都有自己的军队，就有好多人不服赵王。首先不服的就是齐王司马冏。齐王在这次兵变当中，出力最多，可赵王只让他当了个"游击将军"，还把他派到许昌去，不准他参与国事。现在赵王又篡夺皇位，他哪能甘做臣子呐？齐王就发出了檄文说："司马伦被孙秀一伙儿逆臣引诱，做了天地不容的事。我决定起兵讨伐，有敢不从的，灭三族！"他一开头，有很多地方响应，起兵反赵王。也有的人支持赵王，与齐王对抗。这么一来，司马家的藩王们就分了好几派，各有各的心思。齐王和成都王司马颖、河间王司马颙（yóng）三家联合，带兵杀向洛阳。两边的人马打起来，一场混战从此开始了。

　　这以后的事情就太复杂了，细说得说上一大篇。大概过程是这个样：齐王、成都王、河间王三王打败了赵王，赵王被迫退位，晋惠帝被接回皇宫。赵王也给关到金墉城，喝了金粉酒死了。不久，三王之间又闹不和，打起来互有胜败，他们仨先后掌握了朝中大

权。别的王不认账，又有长沙王司马乂（yì）、东海王司马越起兵参战，到洛阳掌了权。这些藩王都把晋惠帝当招牌，抢来抢去。结果，战争一直打了六年。如果从公元290年算起，就有八个藩王出来作乱，先后长达十六年。历史上把这件事叫"八王之乱"。其实，参加进来的可不止八个王，少说也有十好几个。不过有些人没有掌过权，有的中途退出了。八王折腾了多少年，最后的结局都挺惨。除了东海王司马越是病死的以外，其余的不是被杀死就是被毒死。最惨的要算长沙王，被活活烤死了。

争权是当权者的习性，打仗是军队之间的常事，这倒没什么奇怪的。可是在这场争权大战当中，有许多文人也掺和进来，让人提起来就直摇头。

二十四友

在赵王兵变中被杀的那个贾谧，二十岁出头就当上了挺大的官，成了皇帝的红人儿。加上有贾皇后在背后撑腰，他简直就把眼睛长到头顶上去了。讲究吃喝穿戴，满屋子奇珍异宝，男仆女佣侍候着，歌童舞女跟随着，这就不用说了。就说他的权势，谁都不敢惹。有一次，一个黄门侍郎（侍候皇帝、传达诏书的官员）不小心惹他生了气，他就又打又骂，还动手把人家绑起来。还有一次，贾谧和太子司马遹下棋，为了点儿小事拌起了嘴。恰好成都王司马颖过来听到了，就呲叨他说："太子是将来的国主，你不得无理！"不想他跑到贾皇后那儿告了状，成都王没几天就给调到外地去了。大伙儿背地里说，贾谧的权力比皇上还大呐！

贾谧能写诗作文，自从有了权势以后，就喜欢结交名士，老在家里招待贵族公子哥儿，还有一帮清谈雅士，凑一起吃喝瞎聊。这么一来，贾谧的名气越来越大，好像他是文坛领袖似的。就有那么一些文人找上门来，想从他这儿得些好处。日子长了，他们都成了贾谧的好友。有人数了数，和贾谧来往最多的文人有二十四个，就

叫他们是"二十四友"。

二十四友当中，真有几个写诗写文章的高手，像挺有名的潘岳、陆机、陆云、左思、刘琨，还有爱比富的石崇和他的外甥欧阳建等等。论年龄，这些人都比贾谧大，可他们在贾谧面前，都是点头哈腰，顺着他的心思说话，有的还写了好些夸他的诗。最逗笑的是潘岳和石崇，他们俩经常一起坐车到外面游玩。如果半道上碰上了贾谧的车队，两个人就赶紧下车，站在道旁向车上的贾谧作揖，还不顾尘土飞扬，跪在地下磕头，直到车队走远才站起来。这样的文人，有谁瞧得起呐？

潘岳的才华是二十四友中顶高的，长相还挺好，是个美男子，可他的人品也最次。他不但写诗巴结贾谧，还替贾谧写了不少诗，送给别人。谁会想得到呐？他还参加了谋害太子司马遹的事，司马遹那天晚上奉命抄写的文书，就是潘岳写的草底。司马遹迷迷糊糊抄得七扭八歪，漏了不少字，事后又是潘岳照着他的笔迹添了上去。潘岳净干这种没脸的事，连他的老娘都恶心。潘母训斥他说："你该知足了，别没完没了啦！"可他一直不改。结果，贾谧被杀了以后，朝廷追查起来，潘岳给定了死罪。潘母和一家人也受了连累，被处死灭了族。

石崇的下场也和潘岳差不太多。赵王和孙秀掌权以后，石崇因为和贾谧好过，被免了职。孙秀这就想起来，石崇在金谷园里养着好些歌伎美女，其中有个叫绿珠的，特别好看。他想依仗势力把绿珠抢到手，派了一个使者去向石崇要人。石崇把园里的歌伎美女都叫来，站在一起，他指着她们对使者说："人都在这儿，看中哪几个，你领走得了。"使者说："我是奉命而来，只要绿珠一个，别的不要！"石崇沉下脸说："绿珠是我最喜欢的，不能送人！"使者觍着

晋朝南北朝故事

潘岳和石崇不顾尘土飞扬,跪在地下磕头。

46

脸对他说:"你也算是个明白人,想想后果再说吧!"见石崇就是不点头,使者只好往外走,不一会儿又回来了,还是要绿珠。这么去去回回好几趟,嘴都快磨破了,就是不行,他嘟嘟囔囔地走了。

孙秀听了报告,气了个倒仰,派士兵去捉拿石崇。那天石崇正和绿珠在金谷园的清凉台上享乐,见士兵冲了进来,吓得对绿珠说:"我为了你得罪了他们,这下全完了!"绿珠狠着心说:"既然如此,我这就为你死了吧!"说完就从台上跳了下去,把自个儿摔死了。士兵上来把石崇绑了个结实。没几天,他被判了死罪,还灭了族,全家人都跟着上了刑场。这倒应验了那个民间奇闻了。石崇万没想到这个下场,对押送的士兵说:"我哪有罪呀,他们是看上我那么多的财产啦!"士兵觉得可笑,就问他:"你知道财产太多是祸根,怎么不早一点儿散发了呐?"石崇听了,点点头又摇摇头,不知说什么好。

到了刑场,石崇看见潘岳全家也给绑来了,就没话找话地对潘岳说:"你怎么也到这儿来了?"潘岳一听,眼泪不断线地流了下来,说:"咱们俩都年过五十了,头发都白了,想不到今天同路而归啦!"和石崇一起被杀的还有他的外甥欧阳建。欧阳建是有名的学者,不但会写诗,在哲学上也很有见解,因为和贾谧混在一起,就断送了性命。

陆机和陆云兄弟俩,本来是吴国人。他们的祖父就是大名鼎鼎的陆逊,当年率兵打败过刘备;父亲陆抗也是东吴名将。他俩从小就爱读诗书,在文学上下了很大功夫,写了不少诗文,名气跟着就大了。吴国灭亡后,他们来到洛阳,想谋个职位,就去拜访张华。张华早听说陆机和陆云的名声,一见面就好像老相识似的,说:"晋朝平了东吴,最大的收获就是得到了你们哥儿两个。"陆机和陆云从

此就在洛阳住下，不久就出了名。不过他们跟贾谧来来往往多了，对争权夺利的事很有兴趣，而且越陷越深。

八王之乱中，各派势力相互利用勾结，翻脸的事常有，正派的人都躲得远远的。陆机和陆云反倒找上门去，想一展才华。陆机先是跟赵王接近，被任命为中书郎，负责写诏书。赵王倒台之后，他被抓起来判了死罪。幸亏成都王替他求情，才免去一死。不久，成都王起事夺权，要和长沙王打仗，就让陆机当河北大都督，率军去攻打洛阳。陆机写诗作文是好手，可打仗就外行了。他自己也心虚，想推辞不干。可成都王看中了他，说非他不可。陆机也想露一手，就真领兵出发了。

那一仗，长沙王带着晋惠帝一起出城来决战。双方刚一交手，陆机的兵将就乱了阵脚，死的死，逃的逃。陆机给打蒙了，也跟着往后跑。几个部下压根儿不服他，这会儿就把打败仗的责任一股脑儿推给他。成都王一发怒，下令处死陆机和陆云。陆机这才想起来，当初有朋友劝他别掺和司马家的事，还是回江南避难好。他没听进去，如今后悔也来不及了。陆机的老家在吴县华亭（在上海松江），那边的白鹤特别多，被叫作"鹤巢"。他们兄弟俩小时候常听见白鹤叫。如今上了刑场，陆机好像又听见鹤叫了，就仰天长叹说："华亭鹤唳，哪能再听到呐！"

在二十四友当中，也有人把争权的事看透了，早早退了出去。左思就是一个。左思是齐地临淄人（临淄在山东），从小家里就穷，人也笨笨的。可他读书刻苦，肯下死功夫，学问底子特别厚实，谁都没法儿比。后来他写了一篇《齐都赋》，把才华露了一点儿，就有了名气。左思的妹妹左芬是个才女，被晋武帝召进皇宫成了嫔妃。左思也跟着沾了光，到洛阳当了秘书郎。从此他有机会看到很多书

和资料，就想写一篇《三都赋》。三都，指的是魏、蜀、吴三国的都城邺城、成都和建业，各有各的妙处。左思写起来特别认真，花了十年工夫才写完。《三都赋》写完之后，因为文章挺长，里面有许多知识和词句很深奥，一般人读着费劲，左思又请了几个名人做了注解。这一来，《三都赋》很快就流传开了，洛阳城的人都想看看，就买来纸传抄。买纸的人越来越多，连纸的价钱也贵了起来（成语"洛阳纸贵"）。

　　洛阳的纸贵了，左思自个儿的身价也涨了。他想借着这件事，改变自己的处境，就和贾谧一伙儿交往起来，还认识了潘岳、石崇那些人。可是不久，他感觉和那些人说不到一块儿。因为不是贵族豪门出身，尽管才华没说的，他还是得不到重用。于是他写了一首《咏史》诗，说出了心中不平。他打比方说："深涧里的青松，被山顶的小树苗遮住了；有权势人家的子弟占着高位，有才华的英俊沉到了底下。"打这儿起，他就不再和贾谧他们来往，后来又离开洛阳到外地住着去了。这一来，左思就躲过了八王之乱，保全了自己的名声。

　　二十四友当中变化最大的要数刘琨。刘琨家里是贵族，年轻的时候喜欢享乐，诗写得也不错。他对做官很在意，就跟贾谧有了来往。八王之乱那会儿，他看到国势衰落，百姓的日子太苦了，就决心振作起来，为安民救国出力。后来他给朝廷派到并州（治所在山西太原西南的晋阳）当了刺史，就一门心思管好地方。那个时候，匈奴人刘渊在并州起兵反晋，建立了汉国，势力越来越大。刘琨就担负起保卫并州的重任来了。

刘渊立汉

几百年以前,西汉开初的时候,北方匈奴人经常到内地抢劫。汉高祖刘邦用和亲的办法跟他们友好相处,还跟单于冒顿(mòdú)约为兄弟。那以后,有些匈奴人就迁到了内地居住。到东汉三国时代,住在并州的匈奴人多了起来,朝廷把他们分成五个部,分别叫左部、右部、南部、北部和中部。这时候,很多家族已经改为汉姓,左部的头领姓了刘。他们这么说:"既然当年汉匈两家结为兄弟,就是亲戚了,我们也算是刘邦的后代。"晋朝建立的时候,左部帅叫刘豹,刘豹的儿子就是刘渊。

刘渊的字叫元海,他小时候读书也读的是汉族经典,像《诗经》《尚书》《左传》《孙子兵法》什么的,对诸子百家和《史记》《汉书》,更是反复通读。读的书多了,心胸也大了。看到书上讲的古代文臣武将的故事,他就寻思,一个有志气的人,只懂文不会武不行,只会武不懂文也成不了事。他对几个好友说:"无文无武都不好,我要当个文武双全的人,长大做大事。"从此他下功夫练骑马、学射箭、习兵书。过了些年,刘渊长成了大高个儿,还留了长长的

刘渊立汉

胡须。有意思的是，胡须里有三根红色的，特别显眼。见过他的人没有不夸他的，刘豹也替儿子高兴。

后来，晋朝让刘豹派人住到洛阳来，实际就是当人质。刘豹想让儿子见见世面，就派刘渊去了。这么一来，他就有机会和文武大臣议论国事，自己的本事也显露出来。晋武帝接见他的时候，和他说了半天话，过后对大臣们说："刘元海人品出众，别的部族头领都比不了他。"有的大臣就建议，可以让他带兵平定吴国，或者领五部人马去镇守边地。可也有的大臣对刘渊不放心，说他不是汉人，怕他有了兵权就会有二心，对朝廷不利。晋武帝思虑很久，到了儿没有重用刘渊。刘渊挺不高兴，对身边的人发牢骚说："没想到他们这么看待我，在皇上那儿挑拨是非。我恐怕要困死洛阳了！"打这儿起，他就动了回并州的念头。

恰好不久，他爸刘豹病死了。晋武帝就让刘渊回去接着当左部帅，不久又改任北部都尉。刘渊回到家乡，制定法律，惩恶扬善，什么事都处置得挺有条理。不但本部人高兴，其他各部的豪杰也都佩服，来找他请教的人一个挨一个，汉族的学者名士也来拜访他。朝廷知道了，就封他为建威将军，让他当五部大都督。这么着，他成了匈奴人的最高首领。

不料在公元294年，匈奴人郝散、郝度元兄弟俩起兵反晋，虽然没有成功，可朝廷追究下来，说刘渊有管教不严的责任，罢了他的官。过了三年，驻守在邺城的成都王司马颖奏请朝廷，还让刘渊监管五部军事，让他住到邺城。刘渊来到邺城不久，晋朝就乱了套，藩王之间打成了一锅粥。五部的人看到晋朝内部不和，也动起了心思。刘渊的堂祖父刘宣对大家说："咱们老祖宗和汉朝约为兄弟，可直到现在，连尺寸地盘都没有。现在司马家自相残杀，到处

乱糟糟的，这可是兴邦立业的好机会！元海才能过人，咱们何不推他当大单于干他一场！"众人齐声叫好。刘宣就派一个叫呼延攸的亲信到邺城找刘渊商量。

　　刘渊听呼延攸说了大伙儿的想法，高兴得都坐不住了，恨不得马上就回去。第二天，他求见成都王说："我家里有长辈死了，您让我回去奔丧吧，我很快就回来。"成都王说："我守邺城离不开你，你哪能走呐？"刘渊只好回来对呼延攸说："成都王不让我走。你就先回去，让我堂祖父把五部的好汉都召集起来，再去联络氐、羌、鲜卑的人马，快点儿打出旗号，说要帮成都王打天下。我在这里再想办法。"

　　恰巧有一支人马前来攻打邺城。成都王让刘渊负责北城的防务。刘渊趁机对成都王说："敌人有十万之多，都是骑兵，咱们城里的人马恐怕打不过。您让我去把五部的人召来救援吧！"成都王半信半疑地说："五部的人马真能来吗？就是来了，也未必能抵挡得住那些骑兵。我看咱们还是避开锋芒，先到洛阳去，以退为进，你看怎么样？"刘渊一听，心里特别着急，他可不想跟着到洛阳去，就拣好听的话说起来："殿下是武皇帝的亲儿子，功劳那么大，威望那么高，天下人心都向着您。您如果离开邺城，不就等于对人家示弱了吗？再说了，到洛阳以后，您就没有在这儿的威权了，谁还听您的呐？五部的人都拥戴您，肯定比这伙敌人强，只要他们一到，贼首的脑袋就会悬在城门上啦！"成都王给他说动了心，说："那好。我就封你是北单于，赶快回去召集人马。你可别冤我！"他想不到，刘渊这一走就不回来了。

　　刘渊很快离开了邺城，连夜返回了本部。他马上就被立为大单于，号令五部人马集合，不到二十天就来了五万人，都集中在离石

刘渊立汉

（在山西吕梁）。消息传出去，附近好多有本事的人都来投靠他。成都王见刘渊真冤了自己，就派心腹大将王育去找他，催他回来。没想到刘渊看王育能征善战，硬是劝他也留下，还封他做了太傅。这么一来，晋朝好多不受重用的将领和名士，也跑来投奔刘渊了。

过了些日子，刘渊听说成都王打了败仗，放弃了邺城，就对大家说："成都王对我不错，我不能说了不算数。如今他有难，我应该带人马接应他。"他就点了两万人马，准备出发。刘宣等人听说了，死乞白赖地劝他说："晋朝已经丧失人心，司马家兄弟自相鱼肉，咱们还顾他们干吗？上天给了咱机会，就应该赶快恢复祖宗传统，继承呼韩邪单于的事业，建国立邦才对！"呼韩邪单于就是娶了王昭君的那个匈奴首领，和汉朝挺好。刘宣的意思是要恢复匈奴人的地方政权，好歹先占一块地方。

可是刘渊不这么想。他闭眼定定神儿说："不出兵就不出吧。可咱们要干就干最大的，要成就帝王大业！帝王又不是非哪个当不可，我怎么就不行呐？当年大禹、周文王都不是中原的人，可德行服众，就成了帝王。咱们既然是汉家刘氏的兄弟，兄亡弟承，理所当然。所以咱们要立国，就还叫汉朝，要继承汉高祖的大业！"刘渊这一番话，真是惊天动地，说得大家伙儿没了二话。

公元304年秋天，刘渊在离石正式建立汉国，自称汉王，让刘宣当丞相，其他职位也都按汉朝的样子设置。刘渊发布公告，大意是说："我太祖高皇帝（刘邦）开拓大业，孝文皇帝（刘恒）治国有方，孝武皇帝（刘彻）开疆辟壤，孝宣皇帝（刘询）招揽英才，使我大汉朝强盛无比。后来王莽篡位，幸有光武皇帝（刘秀）恢复基业。董卓和曹操父子逆行，昭烈皇帝（刘备）在蜀地即位。如今司马氏内乱，祸害百姓。我听从诸公所议，即位汉王，就是要把三祖

晋朝南北朝故事

刘渊说:"咱们要立国,就还叫汉朝,继承汉高祖的大业!"

刘渊立汉

（指西汉、东汉、蜀汉）的事业继续下去，安定天下。"刘渊虽是匈奴人，可他要以汉朝为祖先，让百姓知道自己才是正统。部下都挺佩服刘渊的见识。

这会儿拥兵自立的，可不止刘渊一个，造反的起义的到处都有，像山东的王弥、刘灵，河北的汲桑、石勒什么的，都带人满世界和晋军打仗。就在刘渊建国的同一年，蜀地也出现了一个政权，是流民建立的。原来前几年，秦雍（在陕西甘肃一带）地方连着大旱，粮食绝收，当地百姓没吃的，就逃荒到巴蜀（在重庆四川）一带，被称为"流民"。晋朝官员不但不救济流民，还要流民限期返回。流民给逼急了，就发动起义，为首的有李特、李流、李雄等人。李特和李流战死了，李雄领着人攻进了成都，就自己称王，建立了"大成国"。由于能善待百姓，大成国挺受当地人拥护，中原人也有好多到那儿避难。

刘渊建汉以后，想早一点儿把晋朝灭了，统一全国。可这时候，并州还在晋朝手里。他就决定先拿下并州，把后方稳定了再去进攻洛阳。晋朝得知刘渊自立以后，满朝文武都大吃一惊，没想到当年做人质的那个"大胡子"这么厉害。大家都说，并州地处要害，一定不能让刘渊抢走，就让并州刺史司马腾赶快发兵，消灭汉国。司马腾命令将军聂玄带重兵前去征讨。汉军正在势头上，一见晋军来了，抢先冲杀过去。晋军掉头就跑，汉军乘胜追出好远。在后方的司马腾吓坏了，他也连忙逃跑。

刘渊没料到晋军这么不禁打，捋着大胡子哈哈大笑，说："看来拿下并州太容易了，咱们这就杀过去！"他让底下人加把劲儿，赶紧向并州发起进攻。果然，汉军接连攻占了好些地方。晋军打了四仗，败了四回，最后连作战的心气儿都没了。汉军全胜，将士们神

气得不得了，还得到了好多战利品。可是再往后，仗越来越难打。刘渊直纳闷儿，查问下来，才知道晋朝调走了司马腾，派来了一个新的并州刺史，就是大大有名的刘琨。

刘琨当了并州刺史以后，带着一队人马，很快来到了晋阳。一进城，他就给吓了一跳。城里房倒屋塌，到处是断墙破壁，枯树野草，还躺着好些死人。活着的连喘气都挺费劲儿。刘琨难过极了，对部下说："眼下顶要紧的，是让乡亲们安心住下，再把庄稼种上，有饭吃。咱们就先干这些事吧！"大伙儿就去帮百姓除草修房子，埋死人骨头，还把种子分下去，安排好种地的事。这么干了大半年，晋阳一带才有了起色。汉国的人马再过来攻打，这边的军民合伙儿起来反抗，就把汉军给打败了。

刘渊早知道刘琨是个有志向的人，这一回遇上他，算是碰上对手了。他就让汉军先停下来，等看看形势再说。

青衣行酒

　　刘琨到并州当刺史这一年，晋朝有了一个新皇帝。在藩王之乱中，晋惠帝跟活木偶似的，让别人争来抢去，从洛阳到了邺城，又去了长安，吃够了苦头。他过去光知道吃肉糜，后来在战乱中东跑西颠儿的，有时候饭也吃不上，饿得肚子乱叫，什么也都吃了。最后，他被东海王司马越抢到手里，跟着回到了洛阳。东海王是晋惠帝的远房叔叔，早就看他多余。这些年，要不是傻皇帝没有主见，乱下诏书，还不至于闹到这分儿上。东海王这么一想，晋惠帝就活到头了。公元306年初冬的一天晚上，晋惠帝吃了一块面饼。到了半夜，他肚子疼得厉害，叫唤了几声就没了气，原来有人在面饼里下了毒药。大家暗地里都说："这种事，除了东海王以外，谁有那么大的胆子？"晋惠帝窝窝囊囊地当了十七年皇帝，就这么死了。东海王马上让皇太弟司马炽即位，就是晋怀帝。他自己当太傅、丞相，掌握大权。

　　晋怀帝是晋武帝的第二十五个儿子，才二十二岁。打从记事那时候起，他净看见打仗、杀人、抢劫的事，心里厌恶极了。他就关

起门来，在家里专心读书。晋惠帝原来的太子司马遹被害死了，谁来当未来的皇帝呐？大家就让司马炽当了皇太弟。现在成了皇帝，他就想把朝政好好整顿一下，即位后做的第一件事，就是把灭族的做法给废除了，为的是少杀些人。过了一阵子，晋怀帝又把舅舅王延、尚书何绥（suí）、中书令缪播（缪miào）、太仆卿缪胤（yìn）等人召集起来，让他们参与朝政。他自己也打起精神头儿，认真料理国事。缪播、缪胤兄弟俩都挺有才干，特别是缪播，聪明机灵又忠心耿耿，东海王一直很重用他。晋怀帝以为这么一来，朝廷上下齐心，国家就会好起来。

万没想到这就把东海王得罪了。东海王虽然正在外地打仗，可他早在晋怀帝身边安插了亲信，皇帝说什么干什么，他都能知道。听说皇帝重用王延这些人，什么事都瞒着自己的亲信，就起了疑心。想起前几个藩王都是被皇帝的禁军所杀，他更坐不住了。身边的人劝他说："皇上这是要独揽朝政。您要不想遭算计，就得先动手！"东海王说："对！我这就回洛阳去！"他让部将王景带着三千精兵连夜跟自己赶回洛阳，也不通报，就进了皇宫。见到晋怀帝，他就吼着说："王延、缪播他们要谋反，应该处死！"晋怀帝忙说："没有这事儿，您别这么着。"可东海王已经命令王景去抓人了。不一会儿，王延、何绥和缪播、缪胤兄弟十几个人都被带到。东海王对晋怀帝说："陛下降旨吧！"晋怀帝半天不说话，东海王不耐烦地对王景说："你去把他们交廷尉执行吧！"说完，头也不回地走了出去。晋怀帝跺着脚说："奸臣贼子没有朝代没有，怎么不在我前不在我后啊！真叫人伤心透了！"他走下位子，拉着缪播等人的手，眼泪止不住往下流。可这管什么用呐，当着东海王的面，他就不敢吭声了。东海王还把禁军头领换成自己的人，晋怀帝也成了摆设。

缪播他们无缘无故给杀了,就惊动了皇宫内外。官员也好,百姓也好,提起这事儿就气愤地说:"良臣是国家的纪纲,怎么能想杀就杀呐?看来这晋朝是好不了啦!"打这儿起,晋怀帝对国事也不爱管了,文武大臣都各自想各自的出路,人心就散了。有个叫朱诞的将军感到晋朝没希望,索性投奔汉国去了。

汉王刘渊自从建国以后,名声一天比一天大。不久,有两个挺有名的起义首领也投奔了他,一个是王弥,一个是石勒。王弥是汉人,家在东莱(在山东莱州),是当地有名的大户。看到晋朝乱成这模样,他就聚众造反,一下子有了几万人。朝廷忙调来凉州兵,才把王弥打退。王弥就带人投奔了汉国。石勒是羯人,家在上党武乡(在山西榆社),他和一个叫汲桑的牧马人起来造反,手下人也有不少,打了几次胜仗。后来汲桑被杀,石勒也投奔了汉国。刘渊立刻封他俩当了将军。到这时候,刘渊的部下,加上王弥、石勒,都撺掇他说:"晋朝眼看就完了,天下就是您的了,您还不紧着称帝,等什么呐?"刘渊也这么想。公元308年秋天,他就宣布即皇帝位,国号大汉。历史上还叫它汉国。汉国先定都在蒲子城(在山西隰县;隰xí),后来又迁都到了平阳(在山西临汾西南)。

这会儿,刘渊听说晋朝将军朱诞来投靠,立刻召见了他,问他:"晋朝怎么样了?我要是打它,有几成把握呐?"朱诞说:"东海王乱杀大臣,已经失去人心。晋皇软弱无能,洛阳城跟空城差不太多,陛下大军一到,定能夺取中原!"刘渊大喜,当下就决定,让将军刘景当大都督,朱诞为前锋都督,率军讨伐晋朝。

刘渊知道人心所向比刀枪更厉害,所以非常看重军纪,不许部下胡乱杀人。可是他的部下不懂这些,只图杀个痛快。刘景带兵沿黄河杀向洛阳,很快占领了沿河的好几座城。他的军队见人就杀,

不管是兵是民，男女老少，一个不留。有时候杀不过来，就把人往黄河里赶，又淹死好多。几仗下来，杀了三万多人。刘渊接到报告，气得浑身打哆嗦，说："我要灭的是司马家，百姓有什么罪？刘景这么滥杀无辜百姓，天地不容！"他立即下令，把刘景降了职，让四儿子楚王刘聪和王弥率军，石勒为先锋，攻打洛阳。

刘聪一路大军南下，在长平（在山西高平北）和晋军相遇。双方大打一仗，汉军得胜，又乘胜追击，渡过了黄河，连着攻占了几座城。晋军被打得没了脾气，干脆就过来投降。汉军顺利地来到了宜阳（在洛阳西南）。刘聪一高兴，可就放松了警惕。一天夜里，汉军将士正睡着，一支投降的晋军在内部闹腾起来，汉军一点儿没防备，死伤好多人。原来人家是来假投降的。汉军前功尽弃，刘聪只好撤退，回平阳向父皇请罪。

刘渊穿着白衣，戴着白帽，亲自迎接将士归来。他不但没有降罪，连一句责备的话都没有。刘聪感动得起誓说："父皇放心，我会很快洗雪这个耻辱的！"过了才二十多天，刘聪就又率军出发了。一开始还是很顺利，先头部队一个急行军就到了洛阳城外。晋朝文武大臣没想到汉军这么快就回来了，急得没办法。幸亏凉州的援军赶到，才把汉军挡在西门外。刘聪这回又犯了老毛病，那天半夜里没防备，让凉州兵来了个突袭，全军不战自乱，一口气跑了几十里。等他把人马召集起来围攻洛阳的时候，城里已经做好了准备。这一次，汉军又尝了失败的果子，可晋朝也给消耗尽了。

还是汉国内部出了一件大事，晋朝才有了喘口气的机会。原来汉皇刘渊在公元310年夏天得了重病，匆匆忙忙地安排了后事，很不甘心地死了。这位匈奴首领到了儿没能实现统一全国的愿望。刘渊死后没几天，他的儿子们就相互残杀起来。太子刘和刚即位，就

跟几个亲信密谋,要杀掉几个掌握实权的藩王,都是他的兄弟。楚王刘聪文武双全,兼着大司马、大单于,是刘和第一个要拔的眼中钉。不料,刘聪得到心腹密报,先下了手,反把刘和他们几个杀了。刘聪登上皇位,汉国这才稳定下来。不少官员私下说:"自家人打自家人,要照这么下去,咱们跟晋朝没什么两样,长不了!"

这时候,王弥在山东、河北一带活动,石勒在洛阳东边到处出击,已经占据了大片地盘。晋朝能管的地界越来越小。偏偏旱灾、蝗灾接连不断,农田没了收成,农民逃荒要饭,哪有粮食向官府缴纳呐?国库里没有了吃的用的,晋怀帝忙下诏书,让各地赶快援救。可各地官员自个儿还管不了自个儿,都没心思顾朝廷。东海王看见洛阳待不住,也想一走了之。他对晋怀帝说:"石勒的势力太大了。我要亲自率军去讨伐他,才能保洛阳不失。"晋怀帝带着哭音儿说:"现在京城人心惶惶,您是国家的柱子,怎么能离开我不管呐?"东海王听都不听,领着亲信大臣和精锐部队就离开了洛阳,往东方走了,只给晋怀帝留下一丁点儿人马。

刘聪得到洛阳空虚的消息,命令堂弟刘曜和王弥、石勒合力,马上杀奔洛阳。东海王刚走到项城(在河南周口),石勒的大军就包抄过来,把他的人马团团围住。坏消息一个接一个。青州刺史苟晞发出通告,要清算东海王的罪过。晋怀帝也下了诏书,让各地讨伐他。东海王闹得里外不是人,憋了一口气,就病死在了项城。石勒趁机冲杀过来,把东海王带来的人杀的杀,抓的抓,连他的尸首也给烧了。晋怀帝听说东海王死了,马上命令给缪播等被冤杀的大臣平反。可是汉军说到就到,他在洛阳一点儿法子也没有。

公元311年春天,汉军几路人马,由刘曜、王弥、石勒和呼延晏率领,攻到了洛阳城下。城里的将士早已经逃得没了影儿,粮食

也吃光了。汉军没怎么打就进了城，洛阳就遭了殃。皇宫里的财宝被抢空不说，老百姓的住处也挨了抢。宫殿宅院都给点着了，大火连烧了几天。死的人数也数不清，尸体都被堆在洛水北岸，用土封起来，说这是"京观"。汉军将士杀红了眼，就是刘渊在世，也拦不住。晋怀帝和几个大臣跑到花园里，想溜出城外，可很快被汉兵发现，都当了俘虏。

刘曜派人把晋怀帝司马炽押送到平阳。汉皇刘聪早就认识他，见了面就问："我那年在洛阳做官，你是豫章王，我拜访过你，还记得吗？"司马炽忙点着头说："记得，记得。"刘聪边想边说："那天见面以后，你说早听说过我的名字，还把你写的乐府歌给我看，我也把写的《盛德颂》给你看，你夸了半天。临了儿，你送给我一张柘木弓（柘zhè），一块银砚台。这些你还记得？"司马炽站起来，弓着腰说："臣怎么能忘了呐，只恨我当时没有认出陛下龙颜来。"刘聪收起笑容说："你们司马家骨肉相残，怎么到了这个地步啊！"司马炽低下头说："这是上天的安排。大汉应得天下，就让我们自己赶走自己。如果我们家族和睦了，陛下怎会有今天呐？"刘聪哈哈大笑。他俩一直聊到了天黑才分手。过了几天，刘聪宣布，封司马炽为平阿公，位置不低。转过了年，刘聪又晋封他为会稽公。司马炽寻思着，刘聪对自己挺好，往后的日子比当皇帝省心多了。

不想到了正月过年的时候，糟心的事就来了。那天，刘聪大宴群臣，想显显大汉国的威严，就让司马炽穿上奴仆的黑衣裳，拿着酒壶，挨个儿给大臣们斟酒。司马炽臊得脸通红，可还是忍了，在宴会上低头行酒。跟他一起来的庾珉（yǔmín）、王俊这几个晋朝大臣，看见本朝皇帝受到这样的侮辱，哪有不难受的？当场就大哭起来。刘聪听了直皱眉头，真是扫兴。

青衣行酒

司马炽臊得脸通红，在宴会上低头行酒。

过了些日子，刘聪又听到一个消息，驻守晋阳的刘琨要和鲜卑人合伙，来进攻汉国。庾珉他们也暗地里和刘琨联络，要救司马炽出去。这么一来，他觉得留着司马炽太冒险了，就下令把司马炽毒死。庾珉他们也都给杀了。

渡江击楫

　　晋怀帝当了汉军俘虏以后,晋朝上下没了章法。不少地方就找司马家的人当头儿,自立行台。行台本来是在京师以外的临时办事机构,都是在打仗时候设立的。现在冒出好多行台,皇太子也有好几个。势力最大的,要数在长安的行台。先是司空荀藩拥立秦王司马邺到了许昌,后来司马邺又被豫州刺史阎鼎和安定太守贾疋(yǎ)控制。贾疋领兵夺回了长安,就把司马邺带到长安,立为皇太子。再后来,别处的行台纷纷倒了台,长安的行台占了上风,司马邺的身份就被认可了。司马邺是晋武帝的孙子,才十几岁。不久,汉国传来晋怀帝被害的信儿,司马邺在长安即位,就是晋愍帝(愍 mǐn)。洛阳回不去,长安成了京师。

　　这会儿,刘曜、石勒、王弥在各地紧着攻打,北方大部分都丢了。但是在南方,晋朝的统治还挺稳当,虽然也发生过战事,可没出大乱子。守在建邺(在江苏南京)的琅玡王(琅玡 lángyá)司马睿(ruì)就成了救星。晋愍帝和朝臣商议以后,任命司马睿为左丞相、大都督,让他出师北上收复失地。晋愍帝还给南阳王司马保、

幽州刺史王浚、并州刺史刘琨等加了官,让他们发兵来保卫朝廷。可这些命令跟废纸差不多少。过了很长日子,琅玡王才上书说:"现在江东刚稳定下来,有很多事要做,我实在没有工夫北上。"

琅玡王说的是实话。有件小事挺耐琢磨,他的儿子司马绍从小就聪明,有一次,朝廷从长安派来使者,琅玡王把儿子放在膝盖上坐着,指着使者问他:"你说长安远还是太阳远呐?"儿子想了想说:"太阳远,有人从长安来,可没见过从太阳来人,可见是太阳远。"琅玡王高兴得什么似的。第二天,他当着群臣又问儿子这个事,没想到儿子改口说:"太阳近,长安远。"琅玡王奇怪地问:"你怎么跟昨天说得不一样啊?"儿子大声说:"我抬眼能看见太阳,可从没看过长安,可见长安更远。"其实儿子的话说到琅玡王的心里去了,长安那么远,北上太难了。所以他一直就不想到北方收复失地。

当权的吃不住劲儿,民众就遭了殃,整天价在战乱中东躲西藏的,谁都受不了。一场大逃难就这么开始了。富家大户害怕挨抢,都带财产举家南逃;穷苦百姓担心被杀,也拖儿带女往南方跑。长江两岸,挤满了逃难的人群。这些人当中,有个叫祖逖(tì)的大户首领,实在看不下去,就动起了救国的心思。

祖逖是范阳遒县人(遒县在河北涞水;遒 qiú)。他家境挺宽裕,可跟爱摆阔的富人不一路,经常拿自家的钱粮接济邻里朋友,所以大家都挺敬重他。祖逖年轻的时候,有个要好的朋友,就是后来当了并州刺史的刘琨。两个人在一起共过事,因为都有大志向,就喜欢谈论国家大事、个人抱负什么的,挺说得来。有时候,他们晚上睡在一起,就合着盖一床被,聊到半夜才睡。那一天,他们刚睡着,远处就传来雄鸡的叫声,天要亮了。祖逖用脚把刘琨踢醒说:"鸡叫个不停,是催人早起练功呐!"刘琨说:"好啊,咱俩就别

睡了!"他们就起床,到屋外舞起剑来。打这以后,每天早晨鸡一叫,他俩就"闻鸡起舞"了。

后来,祖逖做了官,可八王之乱把国家搅得不像样,他索性辞去官职,回到家乡。洛阳失守以后,祖逖就把乡里几百户人家召集起来,到南方避难。半路上,看见同行的老人和病人走不动了,他就把自己的车马让给人家,自己步行。带来的粮食、衣服和药物,他也让大家伙儿一块儿用。乡邻们都把他当成主心骨,推举他为行主。琅玡王司马睿听说祖逖南下,特意让他当了徐州刺史。他也想为重振国家干一番事业,过江以后,把家安顿在京口(在江苏镇江),就到建康(为避司马邺名讳,建邺已改称建康)拜见琅玡王。

祖逖诚恳地对琅玡王说:"晋室的乱子,不是别的原因,就是藩王争权夺利、相互残杀给闹的。自己乱了,外族才趁机进犯,带来这么大的祸害。现在北方百姓灾难深重,都想起来抗争。您如果能下令发兵,让我等率领渡江北上,他们肯定会响应,洗雪国耻就有望了。"他满以为琅玡王听了会很高兴,没想到琅玡王不冷不热地说:"你的想法挺好啊,可惜我的兵力不足,帮不了你。这样吧,我给你一千人的粮饷和三千匹布。至于士兵和武器,你还是自己筹措去吧!"他还封祖逖为奋威将军、豫州刺史。可他这个将军,连一个兵都没有。

祖逖没灰心,回到京口,从自己的家族里挑了一些志同道合的,一共有百十来人,都是想报国的壮士,凑到一起就开始练兵。不久,他们坐船渡江到北方去。那天,祖逖坐在船头,遥望着北方,除了白茫茫的江水以外,什么也看不见。他回过头一瞧,南岸的山水连成一片,真是好看。想到这次回北方的志向,他禁不住心要往外蹦,顺手从船工手里拿过船楫(船桨;楫jí),自己划起来。

晋朝南北朝故事

船到了江心，祖逖忽地站起来，用船楫使劲敲打着船头（成语"中流击楫"），对伙伴们大声说："我祖逖这次北上，如果不能收复中原，就跟这江水一样，一去不回！"伙伴们听了都说："将军有这个志气，我们就跟你跟到底了！"

公元313年初秋，祖逖一行渡过大江，来到淮阴（在江苏淮安）落了脚。他们一边开荒种田，积攒粮食，打造兵器；一边招募士兵。当地人听说是要收复失地，很多青壮年都来参军，祖逖很快就有了一支军队，两千多人。经过训练，他就带着将士们往豫州方向进军。这时候，豫州一带除了有石勒的军队以外，还有好多当地人组织的武装，叫坞堡。有的坞堡向着晋朝，有的坞堡跟石勒好。他们之间也是乱打一气。祖逖就派人给他们说和，让大家共同对敌。这一来，很多坞堡就表示听从祖逖的指挥。祖逖率领大家发起进攻，很快收复了好几座城，再往西追击。

石勒听说后，派侄子石虎率五万人马前来增援，在浚仪（在河南开封）和祖逖军碰上了。双方激战一场，石虎大败，留下部将桃豹守浚仪，自己跑了。祖逖的军队也进了浚仪城，占据着东台，从东门出入；桃豹的人马占据着西台，从南门出入。两军共占一座城，相持了一个多月，两边的粮食都快吃完了。

祖逖心想："看来，要稳住军心，就得想法儿弄到粮食。"他就想了个办法，先让士兵把粮食口袋装满沙土，装了一千多袋，再挑着往城上运。桃豹那边看见了，以为是粮食，都眼馋极了。这一天，几个挑粮的祖军士兵，好像走累了，在路边歇息。桃豹的人发现以后，立刻冲上来抢粮，把挑粮的士兵吓跑了。桃豹的人抢回来一看，果然是米，就嘀咕开了："瞧人家，有那么多吃的，咱们可没有，这仗怎么打呐！"人心就散了。恰巧，石勒这时候派人用上千头

渡江击楫

祖逖说：“不能收复中原，我就和江水一样，一去不回！”

毛驴驮着粮食送来了。祖逖听到消息，立刻派兵把粮食劫下来。桃豹一听粮食没了，自己就泄了气，连夜带人溜了。祖逖军一下子就夺取了浚仪，士气大振，又接连收复了好多地方。原来投靠石勒的坞堡，很多都归顺了祖逖。

一转眼过了好几年，祖逖他们把黄河南边的地方差不多都收复了。石勒再没敢向河南派兵。祖逖知道，要想完全恢复国家，要有后劲儿才行。所以他在收复的地界里，减轻了百姓的负担，让农民好好生产，多打粮食，还开展通商活动。经济发达起来，当地百姓的生活比前几年好过多了。可祖逖自己，没有一点儿要享乐的心思。他对自家子弟们说："咱们过江来，是为了社稷江山，不是为发家，所以我不会置办什么家产，吃的穿的和大家一样。你们也要靠自己，种田打粮，上山砍柴。"百姓见祖逖一家这么简朴，都感动得没法儿。大家就编成歌儿到处唱，说在这战乱年头，遇上祖逖这样的"慈父"，真是太幸运了。

祖逖收复失地的消息，很快传到各地，晋军和民众都高兴极了。正在并州对抗汉国的刘琨听说以后，忙写信给祖逖，称赞老朋友为国立了大功。刘琨对身边人说："我当年和祖逖在一起的时候，就看出他是有大志的人。这些年，我经常夜里枕着兵器睡觉到天亮，随时准备打仗（成语"枕戈待旦"），就怕落在祖逖后面。不想他还是走到我前面去了，真叫我惭愧！"

其实，刘琨这些年在并州孤立无援，可拖住了刘聪的很多兵力，也是很大的功劳。洛阳失守以后，他本来想联络北方鲜卑人的兵马攻打汉国，救出晋怀帝。不料，汉国先发兵过来，刘琨带兵出城迎战，正杀得起劲儿，不承想有个叫高乔的官儿叛变，把晋阳献给了汉国。刘琨回不了城，他的父母也给匈奴人逮住杀了。

刘琨忍住悲痛，逃到山里，过后又凑齐了几千人马。可巧鲜卑首领猗卢带人马来了，他们就一起进攻汉军。这一次打了胜仗，刘琨夺回了晋阳，对猗卢说："大王帮了我，我太感谢了，就请大王再辛苦一趟，咱们一起去把汉国都城平阳拿下来吧！"没想到猗卢不愿意。猗卢说："这回我来晚了，害得你父母没了，挺对不住的。可我的人马跑这么远打仗，也累得够呛。好在晋阳收复了，我再送你一些牲畜、兵器，你有了地盘也就行了。"刘琨只好送走了猗卢。他想休整些日子再打汉国。可从长安传来的消息让他的心又揪了起来。

共坐天下

晋朝在长安另立朝廷以后,汉皇刘聪几次命令大将军刘曜进攻长安,要灭掉晋朝。可刘曜前几次都没成功。公元316年秋天,他带着更多兵马把长安包围起来,加紧攻打。晋军拼死抵抗,可几个月过去了,城里吃的东西都没了,饿死了一大半人。晋愍帝也只能吃点儿面儿粥。于是街上就发生了人吃人的事。晋愍帝吓得直哭,对大臣们说:"吃没吃的,打又打不过,还守着有什么劲儿呀?不如投降算了,让百姓也有条活路。"不管大臣们赞成还是反对,他就派使者出城送降书。大臣索綝把使者拦下,让自己的儿子去见刘曜。他儿子对刘曜说:"长安城里的粮食足够吃一年,您一时打不下来。我父亲说了,如果您能让他当车骑将军,封为郡公,他就会把城献出来。"刘曜一听就明白了,瞪大了眼说:"我打了十五年的仗,都是靠武力打败对手,从不用诡计取胜。索綝这么说,分明是天下第一恶人,该杀!"他下令把索綝的儿子斩首,把人头送回长安。

晋愍帝又派使者去送降表,这回刘曜答应了。十一月的一天,晋愍帝光了膀子,让人把自己绑上,口含玉璧,坐着羊车,车上放

着棺材,带着大臣出城来到刘曜军中。刘曜说:"你这才做对了。"让人给他松绑,把棺材也烧了,然后派人把他送到平阳。晋朝从晋武帝到晋愍帝一共五十二年,历史上叫西晋。晋愍帝司马邺投降汉国,西晋就亡了国。

刘聪看见晋朝的降臣里有索綝,就把他拉出来,说他卖国求荣,下令杀了。随后,刘聪封司马邺为怀安侯,像前几年对待司马炽那样,叫他在自己身边侍候着。刘聪出外打猎,叫司马邺握着长戟,站在车上当护卫,引来了好多人来看热闹。小孩儿是想看看晋朝皇帝的长相,老一点儿的就直抹眼泪。刘聪开宴会,也让司马邺穿黑衣裳给大家行酒;出恭的时候,叫司马邺拿着马桶盖儿站在旁边。这么过了一年多,就有一些晋朝人在外面闹事,说要抓住汉国太子刘粲(càn),换司马邺出去。刘粲害怕,对他爸说:"您赶快让司马邺死了吧,晋朝人就绝望了。"刘聪派人给司马邺送去了毒酒。司马邺知道活不成了,一口气喝了毒酒,然后说:"让我见见侍中许肃吧!"许肃赶来,瞧他难受的样子,抱住他哭着说:"陛下还认得我吗?"司马邺握着许肃的手不放,不一会儿就咽了气,死的时候还不到十八岁。

晋愍帝被俘的一年多里,晋朝文武推举琅玡王司马睿为晋王,在建康主持国事。按辈分,琅玡王是晋愍帝的叔叔,本来也在北方住着。因为他不是直系,没有掌握过实权,所以一直没什么名气。后来被派到江南坐镇,他就想把江南经营一番,作为晋朝退守的根基。但是他的名望不高,江南的贵族大户很少跟他来往。江南原本是吴国的地界,吴国虽然被晋朝灭了,可当地有势力的人对司马家的人都瞧不起。这让琅玡王挺犯愁。

犯愁的不光琅玡王一个人,还有跟他一起到江南来的王导。王

导的家就在司马睿的封地琅玡（在山东临沂），是个有名的大士族，家里钱有的是，好几代都当大官。王导和琅玡王老早就认识，在一块儿无话不谈。他对国事很精通，遇事挺有主意。后来琅玡王被派到江南主事，就请王导当自己的助手，一起到了建邺。琅玡王性子发蔫，不大爱出头露面，所以凡事就推给王导。王导总是把事情办得挺周全。这么一来，王导的名声反倒超过了琅玡王。可王导心里明白，晋朝要想在江南站住脚，还得把皇家的人抬出来才行。

恰好这时候，王导的堂兄王敦也到南方来了。王敦是晋武帝的女婿，镇东大将军，手上有兵权，名气比王导又大得多了。王导就对王敦说："琅玡王仁德还行，就是名望不高。兄长现在八面威风，何不帮帮他呐？"王敦答应了，兄弟俩就想了点儿办法。

三月初三那一天，是当地的修禊节（禊xì）。不管是做官的还是老百姓，都要到江边水边洗澡洗衣裳，祈求除灾，别提多热闹了。王敦王导就请琅玡王去街上看热闹，其实是借机会巡游一番，摆摆架子，抖抖威风。琅玡王坐着好几个人抬的轿子，前后有仪仗队护拥，士兵开道。王敦王导和官员们骑着高头大马跟在后面。这一队人马走到哪儿，就把祭祀的人群招引到哪儿。大家指指画画，都知道原来是琅玡王和百姓来共庆节日。人群中有不少当地贵族和名士，见到王敦王导都这么尊敬琅玡王，连忙上前拜见。琅玡王也从轿子里探出头，和他们打招呼。这么着，琅玡王的名声就大了，谁都知道他才是最有权势的。

王导见这一招儿挺有效，就对琅玡王说："过去，帝王每到一个地方，都要敬老寻贤，礼拜名士，招揽人才。现在国家分裂，咱们初到此地，正是有求于人的时候，殿下更应该如此。像顾荣、贺循两位，都是江南名士，如果把他们请出来做官，别的人就会跟着来

共坐天下

贵族名士见王敦王导这么尊敬琅琊王,连忙上前拜见。

了。"琅玡王连连点头。王导又说："还有从北方来的大户名士，很多有才能的，对他们也要多关照。"琅玡王高兴地说："你说的我看都行，就拜托你去办吧！"

　　王导就去拜访了顾荣、贺循。他们两个本来在洛阳做过官，因为战乱才回到江南。现在见王导亲自来访，觉得挺有面子。顾荣就对王导说："当今天下丧乱，不是一般人可以平复的，只有孙权那样的人物才能成事，重振华夏。"王导说："对极了，现在琅玡王就是有心重振华夏，先生何不出来相助呐？"顾荣答应了，贺循也一样。王导就请琅玡王任命他们为军司、军谘祭酒一类官职，凡事都向他们咨询请教。他们又推荐了好多名人。琅玡王还听从王导的建议，选用了一百多个北方来的名人担任各类官职，像河南的周颙（yǐ）、庾亮，河北的刁协，等等，都受到重用。

　　那些从北方来的贵族官僚，在家乡享乐惯了，刚到江南，觉得哪儿哪儿都不如过去，又担心家族的安全，心里难过，掉了魂儿似的。他们就经常到江边的新亭聚会，喝酒解愁。有一天，王导也来参加。大家看着大江上的景色，自然想起在洛阳的时候来了。那时候，他们经常在黄河边上开宴会，观景赏月，甭提多自在了。现在到南方就没了那种感觉。有人就说："唉，风景差不多，可地方不一样，以往的日子没了！"说着泪就下来了。他这么一哭，把大伙儿的眼泪都引了出来。宴席上，哭声连成一片（成语"新亭对泣"）。王导看不下去，就站起来很严肃地说："这算什么呀！一个个囚犯似的，哭丧着脸。现在最要紧的，是一起辅佐王室，重振山河，哭管什么用呐！"哭的人挺不好意思，都止住泪说："您说得对，咱们都应该为国家出力才是。"王导又说："琅玡王德能兼备，咱们要像管仲帮齐桓公那样，帮着琅玡王统一天下。"这以后，好多人就称呼王

导是"管夷吾（管仲名夷吾）"。

有王导王敦他们捧场，琅玡王的威信提高了。晋愍帝被害以后，江南人士都拥护他称帝，把晋朝继续下去。在北方的刘琨和鲜卑、乌丸首领也上书，劝琅玡王登基。公元318年开春，司马睿在建康正式即位，就是晋元帝。这以后的晋朝，历史上叫东晋。

西晋大乱的年月里，有五个藩王到了南方，只有琅玡王被推举出来当了皇帝。晋元帝心里明白，自己能有这份荣耀，全靠王导他们的支持谋划。所以他给了王导王敦弟兄特别大的权力，让王导当丞相，掌管朝廷大权，王敦总管六个州的军事，王家子弟也都担任要职。晋元帝对王敦说："我和你们兄弟俩真是管鲍之交啊！"不光是如此，在登基大典上，文武百官护拥着晋元帝坐上龙床，他还招呼王导说："来，你也坐上来吧！"这个举动让满朝文武大吃一惊，真是从没有过的事。王导吓得连连摆手说："太阳只有一个，我哪敢和陛下坐在一起呀！"晋元帝这才独自接受百官的朝拜。这事传出去以后，有人就编出一句话，叫"王与马，共天下"。王导帮着晋元帝把南北士族大户笼络在身边，着实对稳定人心起了作用。可后来这些士族争权夺利，给东晋也带来很大的祸害。

晋元帝即位以后，从并州传来了大不幸的消息，刘琨被害身亡了。原来不久前，刘琨和汉国的大将石勒打了一仗，被打得大败。他只好去投奔了幽州（在河北北部和辽宁一带）刺史段匹䃅（dī）。段匹䃅是东部鲜卑族首领，本来答应和刘琨一起对付石勒，可不久他听信谣言，以为刘琨要谋害自己，就抢先把刘琨杀了。刘琨死的时候四十八岁。虽说他有过贪图享乐的毛病，可他一直在北方抗敌，所以还是被人看作英雄。

刘琨死了，祖逖的日子近来也不好过。祖逖在江北的威信那么

高，让晋元帝觉得不好控制。他就派自己的心腹戴渊当征西将军，总管北方六州的军事，让祖逖听戴渊的指挥。祖逖感觉自己不被信任，窝了一肚子火儿。这当儿，他听说王敦和朝廷里的大臣又起了内讧，就担心东晋也像西晋那样发生战乱。如果那样，他收复失地的愿望就悬了。几件事搅在一起，祖逖连闷带急，就害了重病。不久，这个英雄也死在了北方，那年五十五岁。坚持抗敌的刘琨和祖逖都离了世，晋朝在北方的地盘越来越小。北方从此成了各个边地民族的天下。

磊落丈夫

从西晋末年开始,一些边地民族趁着乱劲儿,纷纷起兵占地,建立自己的国家。到了东晋时候,国家一个接一个。历史上把这个时期叫"十六国"。当时边地民族主要是匈奴、鲜卑、羯、氐、羌几个,建的国家先后有前凉、汉(前赵)、成(成汉)、代、后赵、前燕、冉魏、前秦、后秦、后燕、西燕、西秦、后凉、翟魏、南凉、南燕、西凉、北凉、夏、北燕,实际上不止十六国。而且建国的也不光是边地民族,还有汉人。在这些国家的头领当中,除了汉国的刘渊算个有见识的以外,后赵国的石勒也是个挺聪明的君主。

羯人石勒大高个儿,相貌也挺威武,鼻子高,眼窝深,胡子密。羯人本是匈奴人的一支,后来才成了独立的一族,住在上党一带。石勒小时候家里穷,连姓名也没有,别人都叫他匐(bèi)。那些年闹饥荒,他在家里吃不上饭,就和别人一起出外逃荒,不想又被官府抓住。官府把抓来的羯人用枷锁住,一个枷锁两个(两块木板合在一起,中间挖两个洞,套在两个奴隶的脖子上),卖到山东做苦工。匐给卖到茌平(茌chí)一个叫师懽(huān)的人家里当奴

隶。后来师懽把他放了，他到附近一个牧场给人相马，认识了牧马人的头儿汲桑。两个人都觉得活得太苦了，就谋划造反的事。汲桑听说他祖先是西域石国人，就让他以石为姓，以勒为名，石勒这才有了自己的姓名。不久，他和汲桑拉起一队人马，就和官府打了起来。汲桑当大将军，石勒当扫虏将军。

　　石勒一伙儿对当官的恨得要命，打起仗来，见官就杀，见财物就抢。参加石勒队伍的人越来越多，他就去攻打城镇，接连攻破了好几座城，连重镇邺城也被他们占领了，还点把火把有名的邺宫烧成了废墟。官府调来大军前来镇压，到了儿把起义军打败了。汲桑被杀，石勒就带部下投奔了汉国。汉王刘渊很看重石勒，封他为平晋王，让他到家乡上党招兵买马，扩大军队，还命令他和刘聪一同去进攻洛阳。这么过了不久，石勒又有了十几万兵力，回到老地方接着打。

　　有一次，石勒带人打到了常山郡（在河北南部一带），刚扎下营盘，就有一个书生模样的人闯了进来，说要找石勒。石勒和他见面一问，才知道他叫张宾。张宾读过很多书，自比汉朝谋士张良，总想找个刘邦那样能用人才的帝王。他看中了石勒，对朋友们说："乱世出英雄，可让我瞧得起的实在不多，能共事的就是这位胡将军。"当时汉人管外族叫胡人，所以张宾就叫石勒是胡将军。石勒见张宾这么看得起自己，就把他留在身边，经常和他聊天儿。日子一长，他感觉读过书的人就是有见识，所以遇事就喜欢听张宾的主意。

　　公元311年年初，晋朝东海王司马越带着大队人马和王公大臣离开洛阳，石勒马上领兵把他们包围了。东海王病死军中，其他人带着东海王的棺材往东走，可全被石勒逮住了。石勒见领头的太尉长得白白胖胖，不像个带兵打仗的军官，一问才知道，这个太尉就

是大名鼎鼎的王衍（yǎn）。王衍是王敦王导的远房哥哥，做了几十年的高官。朝廷里争得死去活来，可王衍抱定主意，谁当权跟谁好，所以一直能当大官。他还是个出了名的清谈能手，专门研究玄学，说起话来玄而又玄，一般人都听不明白。就是这么个文人，当了管打仗的太尉，结果他带的人都成了石勒的俘虏。

石勒审问俘虏，对王衍说："你怎么带的兵啊，把国家闹到这个分儿上？"王衍哆哆嗦嗦地说："我一直不想做官，可东海王硬逼着，不敢不当，充个位子罢了。"石勒扯着嗓门儿说："你以为我不知道你呀！你在朝廷上当大官当了几十年了，如今头发都白了，还说不想当官儿？天下就是让你们这些人闹坏的。"王衍抬起大胖脸苦笑着说："晋朝大乱是天意，将军功劳没人可比，如果立国称帝，我等都拥戴您！"石勒大笑起来说："看来你还想当当我的官儿呐！"他让人先把王衍一伙儿关在一间屋子里，随后对部将孔苌（cháng）说："我打了这么多年仗，见的人多了，还真没见过这么多养得白胖干净的大官王爷，你说还让他们活下去吗？"孔苌撇着嘴说："这些人都是皇亲士族，对咱们没用，干脆全宰了算了！"石勒想了想说："你说得对，不过别砍头，给他们一个全尸吧！"

王衍也感觉到自己是活到头了，叹着气对身边人说："这些年来，要不是整天讲玄学爱清谈，而是做点儿实事，咱们也不至于落到这个地步啊！"半夜，他们在屋子里听见外面有凿墙的声音，吓得浑身直打哆嗦。原来石勒命人把房子推倒，把这些大官砸死。墙"轰隆"倒了以后，王衍他们就都闷死在下面。

石勒收拾了晋朝的大官，又四处出击，打了很多胜仗，一直打到长江边上。他想渡过长江消灭琅玡王的势力，不料遇到了连雨天。大雨下了几个月，把瘟疫也带来了，粮食也快吃完了，军队饿

死病死了好多人。石勒急得要吐血,想不出办法。张宾对他说:"我有个看法一直想说。将军老是这么东打西战,靠打仗过日子,太危险了。应该有个立足之地。那样进可以攻,退可以守,粮草兵力也有保证了。"石勒高兴地说:"这个主意好!你看咱们到哪儿落脚?"张宾说:"邺城是曹操经营过的地方,地势高,还有屯兵的台子,到那里最好。"石勒答应了,就带兵前往邺城。不巧,邺城已经被别人占了,他和张宾一商量,就往北到了襄国城(在河北邢台)。从这以后,石勒把襄国当作基地,有了自己的地盘,胃口也越来越大。他又接连打败了并州刺史刘琨和幽州刺史王浚。到这时候,石勒已经占领了洛阳以东的大片土地。汉国皇帝刘聪看他势力见长,心里不高兴,可不得不封他为大都督、大将军。而石勒到了这会儿,已经有了自个儿坐天下的打算。

　　刘聪虽说能文能武,可性子太毒,当上皇帝以后,为一点儿小事就杀人,好多忠臣都死在他手里。单这一条,他就忒招人恨,连太后和皇后都埋怨他。公元318年,刘聪病死,太子刘粲即位,没几天就被外戚靳准杀了。掌实权的刘曜联络了石勒,又杀了靳准。刘曜当了皇帝,要封石勒为王。石勒瞧不起刘曜,心想我要当王还用你封吗?他就离开平阳走了,此后不再听汉国的调遣。不久,刘曜把都城迁到了长安。他寻思着,叔叔刘渊建立汉国是为了笼络汉人,可现在汉人还是把晋朝看作正统,所以他就把国名改为"赵",历史上称为前赵。石勒听说了,过了不久(公元319年)也宣布自立,国名也叫"赵",建都襄国,历史上称为后赵。石勒和刘曜本来是一头的,共同作战多少次了,这么一来反成了对头。

　　石勒虽然杀人不带眨眼的,可对部下朋友很讲义气。有一次,他带兵打败了一拨对手,想到对方老跟自己作对,恨不得把俘虏活

磊落丈夫

埋了。可他看见俘虏里有个人挺面熟，细一想，想起来了，那人正是自己的恩人郭敬。原来石勒当奴隶的时候，郭敬多次接济过他；石勒被卖到山东，郭敬又托付弟弟郭阳一路照顾。后来郭敬家里败落，只好当了兵，不想又成了俘虏。石勒记起郭敬对自己的好处，不觉满眼是泪，哗哗往外流，马上封郭敬做将军，俘虏一个没杀，都拨给郭敬当了部下。此事传出去以后，有好几千敌兵投降了石勒。

石勒建国以后，没忘了家乡的父老，就派人把乡亲们接到襄国来，和自己同享快乐。乡亲们来了之后，石勒陪着大伙儿喝酒，一个个叫他们的名字，可不见老邻居李阳，就问："李阳怎么没来？"有人小声说："他……怕。"原来李阳小时候跟石勒打过架，怕石勒记仇杀自己，就不敢来。石勒哈哈大笑说："怕什么？我俩打架是什么时候？现在我是一国之主，能跟老百姓记仇吗？"他马上派人把李阳接来，对他说："我当初挨过你的硬拳，你也尝了我的毒手，现在就不要提那些事啦！"他还给了李阳一所房子。

石勒当了国王，渐渐懂得了很多道理，知道坐天下不单要有武功，更要会文治，会用智谋。他识字不多，可非常爱听书里讲的事，就让人给自己读书，听得多了，也有了看法。有一次，他在外行军，骑在马上听部下读《汉书》。部下边读边讲，说汉高祖的谋士郦食其（lìyìjī）出主意，让汉高祖封原六国后代为王，请他们来帮助汉军。石勒一听就着急地说："糟了，这是个坏主意。高祖不能这么办！"部下说："您别着急。书上说，张良听说后，马上告诉高祖，如果这么办，六国有能力的人就会离开，帮助各自的主人去了，对汉军不利。高祖觉得很对，就没有封王。"石勒长出一口气，说："幸亏有张良啊，这么做才对啦！"

石勒听书长见识，治国的办法也多了。他把羯人叫"国人"，抬

晋朝南北朝故事

石勒在外行军，骑在马上听部下读《汉书》。

高了羯人的地位；可又重用汉人，按照汉人的法子管理国家，恢复魏晋两朝的制度和法令，查实户口，奖励农桑，征收租税。石勒自己信佛，对儒学也看得重，在各地办了许多学校，有小学，还有太学。他从小没上过学，对上学的事特有兴致，经常亲自到学校考学生，按成绩好坏发给奖品。有一天夜里，石勒想出城去查看兵营。他穿上百姓的衣裳，来到永昌城门口，让卫士开城门。卫士王假没认出他，就说："按规定，没有大王命令，谁也不能半夜出城！"石勒拿出金银丝绸给王假，求他放行，不想王假要把他抓起来。石勒的卫兵赶来，才说了真相。转天早上，石勒就宣布，王假能依法办事，升为都尉。

石勒把国家管理得挺像回事儿，后赵国很快强盛起来。石勒趁机出兵，灭了段氏鲜卑，重新占领了河南，还夺取了青州（在山东东北部）。这时候，他的主要对手就是刘曜的前赵了。刘曜治理前赵也挺有成效，但是他改不了爱喝酒的毛病。公元328年，前赵和后赵进行决战。在洛阳附近，刘曜和石勒两个打得难分胜负，可刘曜在阵前还喝酒，醉醺醺地被石勒军射伤拿住。他宁死不投降，给杀了。这么着，后赵灭了前赵，差不多把北方都占了。从全国来看，南方的东晋和北方的后赵成了最大的势力。石勒的部下都觉得他们的大王应该再高升一步，石勒也有了当皇帝的瘾头，就在公元330年宣布自己是皇帝。

从当奴隶到当皇帝，石勒回想起来，觉得怪有意思。有一天，他接见外地使者的时候，喝酒喝得挺高兴，就问大臣们："你们看我能跟古代哪个开国皇帝比呐？"大臣徐光说："您的韬略胜过高祖（刘邦），雄才超过魏祖（曹操），自三皇以来，没人能和您比，您和轩辕黄帝一个样！"石勒哈哈一乐说："人哪能没自知之明呐？你说

得也太过了。我要是遇到高祖，就当他的臣下，顶多跟韩信和彭越（都是刘邦手下大将）比比高低。要是遇到光武（刘秀），就要和他在中原较量一番，不知鹿死谁手（鹿在这里代表政权）。大丈夫做事应当磊磊落落，像太阳像月亮那样，总不能像曹操父子、司马懿父子似的，欺负人家孤儿寡妇，靠诡计得天下吧！我就在二刘之间，怎敢和轩辕相比呀！"在场的群臣听了，都高呼万岁。

就在说这话以后不久，公元333年，石勒病死了，这位奴隶出身的皇帝活了五十九岁。不过他没有料到，他死后，后赵国很快就灭亡了。

无功北伐

石勒死后，他的儿子石弘即位，可最有权势的还是他的侄子石虎。石虎带兵打仗多年，手下有一帮人拥护他，根本不把石弘放在眼里。石弘不敢惹石虎，不到两年就把皇位让给了他。石虎改称赵天王，一上台先把石勒的儿子都杀了，连石弘也没放过，然后迁都邺城。他下令在邺城、长安、洛阳三处大造宫殿，还把民间女子顺眼点儿的都抢来，让她们住到三个城的后宫，供他一人享乐。享乐够了，他就去打仗，为他打造兵器、盔甲的工匠也有几十万。至于粮饷，自然要老百姓出。有一次，石虎下令进攻东晋，让每五个人出车一辆、牛两头、米十五斛、绢十匹，缴不出来就杀头。一般百姓家缴不出，只好卖儿卖女。就这样，被杀的还是很多，道路上经常有死人躺着。

石虎实实在在是个暴君，无论是汉人还是羯人，没人不恨他。他当政的十几年里，国内造反不断，好不容易安定的局面又乱了。北方鲜卑人慕容皝（huàng）趁机宣布独立，建立燕国，历史上称前燕。前燕定都龙城（在辽宁朝阳），开垦农田，租借耕牛，发展生

产,把内地农民都吸引过去了,弄得后赵一天不如一天。

公元349年,石虎刚死,他的几个儿子就掐起来,为的是争夺王位。不到一年,石世、石遵、石鉴兄弟三人先后当了大王,又都被杀死。最后夺到王位的是石虎的养孙石闵。石闵本来姓冉,是汉人的后代。他父亲冉瞻小的时候被石勒收养,又拜石虎为养父。冉闵出生后就姓了石,成了石虎的养孙。石闵长大以后,文武双全,很早就当了将军。可他看见石虎欺压屠杀汉人,心里很不舒服,就起了为汉人报仇的念头。趁着石虎几个儿子自相残杀的机会,他联合一些汉人大臣起兵,拿到了政权。石闵兵变成功,马上就改叫冉闵,用的大臣也是汉人。他对大家说:"咱们本是晋朝人,应该把晋朝皇帝请回来。"大臣们不赞成,说:"晋朝远在南方,又没力量,您还是自个儿登基吧!"冉闵就当了皇帝,改国号叫"魏"。历史上称"冉魏"。后赵到这儿就完了。

冉闵要恢复汉人的天下,发出布告说:"凡是和朝廷同心的留在城里,不同心的都离开。"这么一来,周围一百多里以内的汉人都往城里跑,羯人、匈奴人都往城外跑。冉闵又下令,不听话的一律处死。结果好些"胡人"被杀,有些汉人鼻子高、胡须多,也给当成胡人杀了。冉闵这么做,挑唆得各个民族不和,引起外族的不满。石家的后代也不断闹事,骂他篡权。冉闵派人到东晋朝廷,希望晋朝赶快出兵,自己愿意响应,一起收复北方。没想到晋朝内部看法不一样,就没理会冉闵。冉闵地位不稳,晋朝又不支持,他的日子很难过。

这时候,长安那边又冒出一个政权,宣布独立,就是氐人苻健建立的"秦",历史上称前秦。前燕国王慕容儁(jùn)也把都城往南迁移,建在了蓟城(在北京),还占领了幽州。冉魏地盘不断缩

无功北伐

小，到了公元352年，前燕出兵攻灭了冉魏。冉闵被杀，只做了三年皇帝。

东晋看到北方大乱，才想起北伐的事。自打晋元帝以后，经过晋明帝、晋成帝、晋康帝，到晋穆帝，东晋有一段时间比较平稳，经济上也有了底气。就有一些将领想出兵北伐，最上心的要算桓温。桓温的父亲桓彝也是北方士族大家，渡江以后当了大官。桓温长大以后，娶了晋明帝的南康公主，成了驸马，还有了军权。他就雄心勃勃地开始收复失地。

桓温先把目标对着蜀地的成汉国。李雄在成都建立大成国以后，他的堂弟李寿被封为汉王。后来李寿自立为皇帝，改国号为"汉"，历史上叫"成汉"。李寿和他的儿子李势在位的时候，剥削百姓太厉害，奢侈腐败更别提，就失了人心。公元347年，桓温亲自率军到了彭模（在四川彭山），又领着一队步兵直逼成都，正好碰见前来迎战的成汉军。晋军三战三捷，打到成都城下，李势只好投降。晋朝恢复了对蜀地的统治，这份功劳不算小，桓温的威望提高了一大截，北伐的决心也更大了。公元354年春天，他就出兵攻打西北方的前秦。

桓温率四万步骑兵从江陵向关中进发，另有一支水军沿汉水北上，从头看不到尾。前秦建国刚两年，哪见过这阵势呐？人马都缩进长安城里。晋军到了离长安不远的蓝田和白鹿原，到霸上扎了营。秦王苻健只好死守在长安城，让人加高城墙，又在城下挖了挺深的壕沟。长安附近的百姓听说晋军打过来了，都跑到路上迎接，好多上了年纪的哭着说："没想到今天还能看见官军，好几十年啦！"桓温听了，感到民心在自己这儿，特别高兴，盼着当地的名人都来投奔。

晋朝南北朝故事

有一天，有个壮实汉子来到兵营外，要求见桓温。桓温看他穿的衣裳破烂，还打着补丁，就有点儿瞧不起，拿白眼珠儿瞅着他说："你要见我有什么事？"汉子说："我叫王猛，是本地人。今儿个来是想听听将军的打算。"桓温听他这么不客气，很不高兴。这时候，王猛撩开衣服角，伸手捏出一只虱子，用手指一掐，"叭！"虱子被弄死了。桓温斜着眼，忍住笑说："你问我呀，我是奉皇帝的命令到这儿收复长安的。可关中豪杰都不来见我，只有你来了。"王猛绷起脸说："将军已经到了霸上，长安就在眼前，为什么还不攻城呐？大家不知道您的想法，所以不敢来投奔。"他接着一边不停地掐虱子，一边说起全国的形势，说得特有道理（成语"扪虱而谈"）。桓温听了不得不佩服，口气也变了，说："想不到您这么有见识，南方就是缺您这样的人！"他就让王猛留在身边。

可是攻城的事，桓温还想等等再说。原来他带来的粮草不多，想等关中的春麦熟了，补充粮草后再动手。没想到这就给前秦抓到了机会。苻健知道桓温想抢收麦子，早就安排人把麦子割了，拉回城里，一点儿也没给晋军留下。晋军后备不足，人就发了慌。桓温琢磨这个仗不好打，又担心朝廷出事，就下令退兵。这次北伐半途而废，让关中百姓白欢喜了。桓温让王猛跟自己到南方去。王猛没答应，他看出桓温不是个有魄力的人，也知道东晋朝廷是士族掌权，自个儿一个穷汉子，去了也得受挤对，就留在了北方。

王猛的感觉没有错。原来桓温虽然主张北伐，可还有个小心眼儿，就是想取代晋朝，自己当皇帝。他对亲近的人说："我在北方立了功，回去好接受九锡[1]呀！"皇帝和朝中大臣看出他的心思，就想

---

[1] 九锡指的是九件贵重器物，是皇帝给大臣的最高奖赏，往往意味着将让位给他。

无功北伐

王猛一边掐虱子，一边说起全国的形势。

晋朝南北朝故事

法子不给他。这么一来，国家大事成了赌输赢条件，北伐怎么能成功呐？

公元356年夏天，桓温听说有一支羌族人马占据了洛阳，就决定再次北伐，带兵到达了洛阳南边的伊河。羌族首领姚襄领兵前来，双方打了一仗。晋军得胜，羌军往西边跑了，晋军乘胜攻进洛阳。洛阳本是晋朝都城，四十多年前被汉国夺走之后，这次又回到晋军手里。这个胜利太让人高兴了，桓温眉毛尖儿都飞起来了。他上书请朝廷尽快还都洛阳，说："朝廷回到洛阳，南迁的国人也可以返回故乡，国家就有恢复的希望了。"

没想到，皇帝和士族不但不高兴，反倒犯了愁：一来担心桓温功劳这么大，会不会篡位夺权；二来回到中原，南方的庄园家产怎么办？有个叫孙绰的大户说："这么多年了，咱们在南方有了几代人，死的也是坟场一片。现在让大家回去，田产宅院卖给谁？装东西有车马有大船吗？从安乐地到战乱地，这可不是闹着玩儿的事。"王导的侄子王羲之也说："南北以淮河为界不行了，咱们不如退到长江南边，江北就算是笼络外族的地方得了。"议论来议论去，他们都反对回迁洛阳。桓温泄了气，洛阳不久以后又让前燕夺了去。

前燕军队不断南侵，到了公元369年，已经把河南大部分占领了。桓温见形势紧急，就决定第三次北伐，攻打前燕。五万晋军从姑孰（在安徽当涂）出发，到达山东，和燕军一交锋就大获全胜。可这时候晋军粮草出了岔子，水道被燕军切断，粮草没了后续。朝廷不闻也不问，桓温只好下令后撤。燕军掉转头追过来，晋军边打边退，死伤好几万人。这次北伐，晋军由胜转败，输得挺窝囊。

这一来，朝廷反倒逮住理了，一个劲儿地责怪桓温。桓温一生气，就来到建康，把皇帝司马奕废了，贬为海西公。他另外立了一

无功北伐

个,就是晋简文帝司马昱(yù),都五十岁出头了。第二年,简文帝也病得要死。桓温希望他能把皇位禅让给自己,或是由自己摄政。简文帝只好写下遗诏,答应桓温,说如果太子不行,他可以自己当皇帝。大臣王坦之一看就撕了个粉碎。简文帝说:"天下本来就是拿过来的,谁坐都一样,何必呀!"王坦之说:"天下是元帝的,陛下怎么能私自给他人呐?"简文帝只好又写了一份,不再提让位的事。简文帝死后,太子司马曜即位,就是晋孝武帝。桓温给气病了。他已经年过六十,想在死之前得到九锡。可王坦之他们还是不愿意,拖着没给办。转过了年(公元373年)夏天,桓温很不甘心地死了,到了儿没当上皇帝。

桓温死后,谢安当了宰相,掌握了朝廷大权。谢安也是士族大家的头儿,他不像桓温那么霸道,可也没有北伐的心思,只想安稳地在南方维持。闲在的时候,他喜欢下下棋,写写字,要不就出外游玩,过得挺舒服,大家都叫他"风流宰相"。不久,从北方传来消息,前秦强盛起来,要来攻打晋朝了。"风流宰相"只好加紧做些准备,好来应付打仗的事。

大秦天王

建立前秦的氐人,老家在略阳临渭(在甘肃秦安一带)。因为和汉人杂居,他们接受了许多汉文化。西晋末年,首领苻洪聚集起十多万人,到内地闯天下。后来,苻洪的儿子苻健率领兵马进入长安,建立了国家。苻健学刘邦那样和关中父老"约法三章",说要减少租税,优待老人,推行儒学,还要开通和南方的贸易。市场上货品多,老百姓的日子安稳,对氐人统治也就接受了。可是苻健死后,他的儿子苻生即位,很快又把局面弄坏了。

苻生从小瞎了一只眼,也许就是这个原因,他看谁都不顺眼,心地特狠毒,杀人成了最喜欢的事。因为从小习武,他力气真大,能和野兽搏斗,可把这种兽性用在国事上,就成了祸害。有的大臣夸他几句,他说:"你巴结我呀!"杀了;有的大臣批评他,他说:"你是诽谤我!"也杀了。有一次,他听说天象不吉利,就硬说是皇后不好惹的事,一刀把皇后都给杀了。他杀人的法子残忍极了,经常用锤锯凿钳这些器具,把人断腿、锯脖、刨肚、割肋,有时候还剥下脸皮,让他们跳舞唱歌。苻生在位不到三年,杀的人多得没法

子计算。王公大臣怕他,只好说有病不上朝,可暗地里议论说:"再不想办法除掉他,咱们都活不了啦!"结果,大家想到一块儿了,就是让苻生的堂弟苻坚出来当国主。

　　苻坚是苻健的侄子,跟苻生太不一样了。他小时候就懂礼貌,还特别机灵。八岁那年,他对祖父苻洪说:"您给我请个老师吧,我想读书。"苻洪高兴地答应说:"咱们家本是异族,很多人就知道喝酒练武,没想到你今天想求学问了!"苻坚跟着老师读了很多经典,几年后成了博学多才的青年,武艺上也很精通。他对治理国家的事很上心,到长安以后,结交了不少有本事的汉人。有一次,他听说有个叫王猛的名士很有才华,就派人找到他,提出和他见一面。王猛就是一边捉虱子一边跟桓温谈国事的那位,他看不上桓温,可对苻坚印象挺好。俩人聊了半天,挺投缘。苻坚恭敬地说:"早听说您胸怀大志,为什么不把能耐使出来呀?"王猛说:"我要想想怎么使啊!"原来王猛本来希望晋朝能收复失地,可看到晋朝那个样儿,很失望。自从和苻坚认识以后,他觉得这个氐人真是个德才兼备的帝王料子,就决定帮他成就大业。不只是王猛这么想,朝中大臣都这么看。

　　这会儿,大臣们为了除掉苻生的事,找到苻坚说:"主上这么昏庸,天下人都恨死了他。有德昌,无德亡,这是天理。您的德行,大家都佩服。希望您学习商汤和周武,为国家除害,顺从民心才好。"苻坚想了想说:"对兄皇的恶行,我早就不满了。可杀他不是一件小事,容我再想想。"第二天,又有几个大臣来求他。一个宫女也悄悄跑来报告说:"皇上昨天晚上说,您的哥哥苻法不可靠,要杀他呐!"苻坚这才下了决心。

　　当天夜里,苻坚和苻法领着几百名壮士,悄悄进入皇宫。守卫

的将士一见，立刻放下武器，归顺了苻坚。苻生醉醺醺地正睡着，苻坚带人冲进去，把他绑起来放在另一间屋子里。天亮以后，王公大臣在一起议事，都说不能让暴君活下去了。苻坚就叫人去杀苻生。苻生听说要被处死，忙央求说："让我喝点儿酒再死吧！"他喝了几斗酒，迷迷糊糊地被勒死了。

这边，大臣们请苻坚即位。苻坚让哥哥苻法当，可苻法一向胆小，说什么也不敢。苻坚为难地说："我年纪还太小，怕不服众，还是找个老成的吧！"大臣们可都急了，说："没有人比您更合适的了，您就别推辞了！"这么着，十九岁的苻坚当了国主，改称大秦天王。十六国时期最兴盛的一段从此就开始了。

苻坚即位以后，马上任命王猛为中书侍郎，不久又升他为中书令，相当于宰相，同时还任命了一批汉人为重要官员。明摆着，他是想按照汉法把国家治理好。有一天，苻坚带着大臣来到龙门山上，查看地形。望着远处的风景，他大声对群臣说："山河太美啦！太坚固啦！古人说关中是四面有要塞的地方，果然名不虚传。"大臣权翼和薛赞忙提醒说："当年夏朝商朝的国都不是不坚固，周朝秦朝的兵将不是不多，可后来都亡了国，因为什么呐？因为不修养德行，不爱护百姓。吴起说过，国家强盛在乎有德，不在乎险要。愿陛下追随圣贤，以德治天下。"苻坚听了很高兴，连连点头说："你们说得对。我已经有了些打算。"

回到长安，苻坚马上下令，对无儿无女的老年人发给粮食和布，让他们不愁衣食；奖励开荒，乞丐开出的农田，租子减一半。这年秋天，因为天旱，农民受了灾。苻坚就把自己的饭食减少，还撤去宫里的摆设物件，把值钱的金银玉石什么的，都散发给守卫边关的将士。后宫的妃子宫女，他也叫她们把丝绸衣裳献出来，不要

苻坚说:"山河太美啦!关中四面有要塞,果然名不虚传。"

穿拖地的长衣。他还亲自下地耕田,让皇后去郊外养蚕。有的将领想出兵攻打邻国,苻坚摆摆手说:"大灾之年,咱们要与民休息,不能动刀兵。打仗的事以后再说。"

王猛自从执掌大权以后,制定了法令,把政事管得很有条理。最让他头疼的还是皇亲和豪强欺压百姓的事,一般官员都不敢管。王猛把心事对苻坚说了。苻坚说:"我想让您当京兆尹(京城长安的行政长官),您该管就管,我准会给您撑腰。"王猛上任几个月,就杀了为非作歹的豪强二十多人,连老皇帝苻健的妻弟强德也没放过,一下子把恶势力给镇住了。

苻坚很满意,可有些老氐(指氐人贵族)很生气,因为新法令限制了他们的权利,他们就朝王猛使劲。有个叫樊世的豪强,仗着立过战功,根本不把王猛放在眼里。一天,他和王猛吵起来,当着老氐的面叫着说:"王猛你算个什么东西。我们跟着先帝兴业立国,不能当权;你没有汗马功劳,就敢当大官!这不是我们种庄稼你白吃白喝是什么?"王猛没好气儿地说:"要这么说,你就是宰牛宰羊的,何止是种庄稼呐!"樊世一蹦老高说:"你反啦!我非宰了你不可!把你的脑袋挂在城门上,不然我就不活了!"王猛有点儿怕,就去向苻坚报告。苻坚发怒说:"樊世这个老氐不服新政,好多老氐就跟他学。我要杀一儆百!"

不一会儿,樊世进来说事,看见王猛也在,俩人又吵起来。樊世上前就打王猛,嘴里还骂骂咧咧,说了好多难听的话。苻坚火儿了,对樊世说:"你这么跋扈,以为我不敢杀你吗?"就下令把樊世斩首。老氐们听到消息,都闯进来向苻坚说王猛的不是,替樊世喊冤。苻坚气得把他们臭骂了一顿,才把老氐们镇住。过后,权翼对他说:"陛下能驾驭豪强,真有汉高祖遗风。可您身为国主,那些骂

人的话不应当说。"苻坚笑着说:"这是我的不对。"可打这儿以后,老氏们都不敢违抗法令了。

关中土地肥沃,就是常闹灾,不是旱灾就是水灾。苻坚寻思着,修水利的办法好是好,可需要动用劳力太多,百姓担负不起。于是,他下令让王侯和富户把家童奴隶集中起来,到泾河上修堤坝开水渠。这个法子还没人用过,用起来还真有效。不久,堤坝水渠修好了,灌溉农田就不愁了。同时,修整车道的事也做起来,从长安到各州的道路很整齐,路旁栽上树,每隔二十里造一座亭子,四十里建一处驿馆,沿途还有饭馆货摊,非常热闹。好多东晋的人到了关中,都说这儿比南方强多了。老百姓好多年没见过这么繁华的年景了,就编出歌来唱:

　　长安大街,夹树杨槐。
　　下走朱轮,上有鸾栖。
　　英彦云集,诲我萌黎。

苻坚打小信佛,自然大力推行佛教,可对儒学也挺看重。国家安定了,他又想起办学校的事,对王猛说:"自打晋朝内乱以后,学校没了秩序。我看还是要让学子留心学问,才是正道。"王猛高兴地说:"陛下说得对。从学得好的生徒里面选拔人才,官吏升降也就有规矩了。"

太学恢复授课以后,苻坚隔些日子就去巡视一番,还出题目考试,看看学子们成绩如何。有一次,他问起教授经典的事。博士卢壸(kǔn)回答说:"学校荒废太久,很多书散失了,现在大部分能开课,只有《周官礼注》还没有老师教。"苻坚问道:"没有懂得这

门课的人吗？"卢壹说："我倒是有。我知道太常（掌管礼仪的官员）韦逞的母亲宋老太太跟她的父亲学过'周官'，她父亲没儿子，就传给了她。如今只有宋老太太懂得这门学问。她虽然八十岁了，可耳聪目明，不过是个女流，不便到学校传授。"苻坚眼睛一亮说："可以在她家里立讲堂，赶快请老人家讲吧。男女有别，中间挂上纱幔不就行了吗？"于是，一百二十名太学生都到韦家听宋氏讲课，老人讲得认真极了。苻坚听说后非常高兴，马上下诏书，封宋氏为"宣文君"。

苻坚管好了内部的事，心胸更大了，就想先把北方统一起来。公元370年，他派王猛率军攻占了邺城，把最大的对手前燕灭了。转过了年，秦军又向西南发兵，夺取了汉中和益州。战事这么顺利，苻坚高兴得别提。可不久，让他难受的事出来了，王猛害了重病。苻坚亲自祷告上天，可王猛病情很重，眼看着不行了。苻坚来到王猛家里，握着他的手，眼泪止不住流下来，说："您有什么嘱咐我的？"王猛说："陛下这么英明，别的我都放心，就是南方的晋朝虽然不强，可它有正统的名分，一时难以消除。您千万不要去打它，还是先把北方管好再说。"说完他就咽了气。苻坚大哭起来，说："上天有意不让我成功吗？怎么这么快就把景略（王猛字景略）夺走了呀！"

王猛死了以后，苻坚继续用兵，几年里就把前凉（河西地区）、代（现在内蒙古和林格尔一带）和西域各地都征服了。这么一来，前秦就有了整个北方，地盘比东晋大得多。外国也都把前秦看作中央大国，派使节到长安来。到了这个时候，苻坚就忘了王猛的话，寻思着，应该去消灭晋朝了。

兵败淝水

公元382年,大秦天王苻坚在朝廷上宣布,要出兵伐晋。他对满朝文武说:"我即位二十多年,已经平定了四方,现在就剩下东南一角。我为这事儿每天都吃不好饭。现在发兵伐晋,估计大军有九十七万。这次我要亲自领兵南下。你们看怎么样?"话音刚落,大臣朱彤就说:"陛下顺天应时,这回大军南下,不等开战,晋主准得吓趴下。他要是不降,就把他消灭。陛下一统天下,就是古来没有过的大功!"苻坚点点头说:"这正是我平生的志向啊!"

哪知道,其他大臣没有一个赞成的。权翼先站出来说:"我认为不能伐晋,晋朝虽然很弱,可百姓们把它看成正统,谢家、桓家也有人才。眼下发兵,还没把握取胜。"苻坚听了,脸色挺难看,半天没言语,过了一会儿才说:"你们都说说吧!"大臣石越说:"晋朝有长江天险做依靠,不好打。我认为应该像孔子说的,远方的人不服,要以文德影响他,收取民心。现在咱们应当保境安民,练强兵,多积粮,把自己的力量壮大了,等待时机。"苻坚被浇了凉水,气得站起来说:"我不怕长江天险。当年东吴也是仗着长江,还不是

被晋军灭了吗？我的人马这么多，把马鞭投进长江，就能让江水断流！（成语"投鞭断流"）我怕它什么？"可群臣还是反对个没完。苻坚说："好了，这事儿我自己有主张！"

　　苻坚把群臣轰走了，只留下小弟弟苻融。苻融能文能武，遇事有主见，断案也挺在行，苻坚有事就喜欢和他商量。他对苻融说："自古以来凡是大事，只能一两个人决策。群臣乱说一气，不能听，此事让我和你决定吧。"不料苻融说："依我看也是不能打。一是时机不到，南方还占着天时地利；二是晋朝也没什么大错处可以抓的；三是咱们连年打仗，将士们都累了，有厌战的意思。所以群臣说的都是好话。陛下应该采纳。"苻坚真火儿了，来回快步走着说："你忒让我失望了，让我跟谁说去？我虽然不算明主，可也不是昏君，绝不能让晋朝再传宗接代了！"苻融给他说哭了，流着泪说："我是怕鲜卑、羌、羯那些人趁我们大军南下，重新反叛打过来。陛下不听我的没什么，可不能忘了王景略临终嘱咐，您不是把他比作诸葛孔明吗？"苻坚涨红了脸，扭头走进去了。

　　后宫张氏是苻坚最喜欢的妃子，听说朝廷上为伐晋的事争论不休，也过来劝苻坚说："我听说圣王总是顺着自然办事，不能反着来。现在大家都说不能打，您怎么还非要按自己的想法办呐？俗话说，天聪明我也聪明，愿陛下再好好想想。"苻坚听烦了，挥挥手说："去去去！打仗的事，妇人知道什么！"

　　此后几天，又有好些大臣求见苻坚，或是给他上书，希望不要出兵。这事儿惊动了全国顶有名的大和尚道安，他也从庙里赶了来，见了苻坚，明说暗说劝了他半天。可大伙儿把嘴皮儿都快磨破了，苻坚愣是一句都没听进去。

　　这么着，到了第二年（公元383年）秋天，苻坚亲率几十万军

队,让苻融当前锋,就往南方进发了。同时还有一支水军从蜀地沿江东下。真是浩浩荡荡,威风得不得了。万万没想到,他的大军没到长江边上,在淝水(淮河支流,在安徽合肥附近)一战就吃了大败仗。原来晋军兵力虽然比秦军少,可早就有了准备。谢安让弟弟谢石当大都督,侄子谢玄当前锋,把淮河北边的百姓迁到了南边,粮食也都运走了,不让秦军占一点儿便宜。谢石谢玄紧着练兵,准备打一场以少胜多的仗。

苻坚到了前线,让一个叫朱序的官员到谢石那里劝降。朱序本来是东晋的刺史,前不久当了俘虏投了降,还当了官。苻坚以为让朱序去劝降,晋人会动心。可没料到朱序是假投降。朱序见到谢石,先把苻坚劝降的话说了一遍,然后就说:"我本是晋人,怎么会帮他的忙呐?苻坚说他有百万大军,其实没那么多,而且大部分还在后头。将军应该趁他们兵力不齐的机会,先打他个不提防,肯定能把秦军锐气压下去,往后的仗就好打了!"谢石连连点头说:"就照你说的办!"他们又商量了具体的办法,朱序就回去了。

这一天,苻融领着秦军前锋人马刚扎下营,晋军就由大将刘牢之带着,趁天黑来了一次袭击。秦军没防着,损失不少人马,忙退到淝水西岸的寿阳(在安徽寿县)。苻坚听说后就赶到寿阳查看。朱序向他报告说:"谢石谢玄他们不但不听我的劝告,还口出狂言,要打败咱们呐!"苻坚听了挺不舒服。他和苻融登上城楼,往淝水东岸的晋军军营望过去,只见晋军营垒很整齐,成片成行地连在一起。后面的八公山上长着好多树木野草,风一吹,摇摇晃晃,猛一看,跟士兵一样(成语"草木皆兵")。苻坚倒吸了一口凉气,想起谢石说的话,就有点儿担心,对苻融说:"晋军的人马不少啊,看来还真不好打呐!"

几天以后，谢石谢玄派人来，提出让秦军后撤，在河西岸腾出一块地方，等晋军过了河再决战。苻坚没怎么想就答应了。可苻融和一些将领不同意，他们说："咱们人多，还是守住阵地，等机会冲过去好。"苻坚摇摇头说："咱们退后一点不怕，可以趁他们没完全过来就冲过去，准能打胜。"

可他没料到，这一下就乱了套。秦军士兵当中大部分是汉人或是鲜卑人，本来就心不齐，一听到后撤的命令，以为不打了，乱七八糟地就往后跑。朱序夹在士兵里，趁乱喊着："秦军败啦！快跑吧！"那么多士兵，一听这话就慌了，撒开腿猛跑起来。苻融怎么拦都拦不住。正渡河的晋军一看，反倒来了劲儿了，很快渡过河追上去，乱砍乱杀一气。这时候，秋风一阵比一阵刮得紧，发出呼呼的响声，远处又传来鹤的叫声，士兵们听着都像是喊杀声（成语"风声鹤唳"），跑得更快了。这个仗还没交锋，秦军自己先乱了套，败得一塌糊涂。苻融的马给挤得摔倒了，他掉在地下，还没来得及站起来，就被追过来的晋军杀了。苻融本来不赞成出兵，不想他先死在战场上，真够冤的。

往后的事就甭提了，秦军连死的带逃跑的，损失了一大半。伐晋刚刚开始，就这么完了。苻坚想起前前后后，这才后悔，捂着脸难过地说："我不听群臣的劝告，现在还有什么脸面管天下的事呐！"军队都散了，他只好带着一部分人回到长安。原来对前秦称臣的各地部族首领，听说苻坚败了，纷纷自立国家，统一不久的北方又分裂了。

一支鲜卑军来攻打长安，苻坚为了引开敌人，就命令部下留守长安，自己带不多人马跑到山里。不料又有一队羌人军队过来把他包围了。羌人首领姚苌本来是苻坚的部下，这会儿也拉起队伍来争

兵败淝水

这个仗还没有交锋，秦军自己先乱了套，败得一塌糊涂。

地盘。结果，苻坚人少力单，被羌军逮住了。羌军把他关在新平（在陕西彬县）的一座庙里。

姚苌派人对苻坚说："陛下只要让出王位，交出国玺，我就不会伤害您。"苻坚不答应，他说："我怎么会把国玺交给他呀！除非他把我杀了。"姚苌没别的办法，就让部下来逼苻坚自杀。苻坚对随行的爱妃张氏说："我要死了，这没什么，可我不能让他们在我死后，脏了我的女儿。"说完就拔剑杀死了女儿苻宝锦，然后自己上吊死了。张氏拿起宝剑也自刎身亡。苻坚死的时候四十七岁，姚苌下令追认他为"壮烈天王"。

姚苌攻下长安，另建了一个秦国，历史上叫"后秦"。羌人的历史很久远，早先居住在西藏高原东边，后来渐渐往东迁移。他们和氐人一样，受汉人影响挺大，后秦的统治也是用汉人的一套方法，所以很快强盛起来。苻坚的孙子苻登把前秦都城迁到了陇东（在甘肃平凉），到公元394年被后秦灭了。

前秦灭亡，晋朝的日子也不好过。淝水一战得胜以后，谢安、谢石、谢玄这些功臣先后病死，大权落到晋孝武帝的弟弟司马道子和侄子司马元显手里。这父子俩专横跋扈，变着法儿地剥削百姓，还不把皇帝放在眼里。偏偏这个时候，晋孝武帝自己出了一件丑事。

孝武帝即位的时候才十岁，不懂得怎么处理政务。一转眼三十多了，他还是没心思管理国事，整天享乐。有一天，他和张贵人一块儿喝酒，一个劲儿让张贵人对饮。张贵人说："我喝多了，实在是不能再喝了。"孝武帝吓唬她说："你敢违抗君命，我要治你的罪！"张贵人仗着酒力拉下脸说："我偏不喝，看你定我什么罪！"孝武帝醉迷糊了，笑嘻嘻地说："你已经快三十了，应该废了，我要的是年轻的。"说着就呕吐起来，喷了张贵人一身。张贵人当了真，当天夜

兵败淝水

里和宫女把孝武帝用被子活活闷死了。孝武帝死后,他的儿子司马德宗即位,就是晋安帝。晋安帝跟晋惠帝挺像,是个半大傻子,什么事都由着司马道子和司马元显。东晋君不像君,臣不像臣,跟西晋末年的情形差不多了。

世外桃源

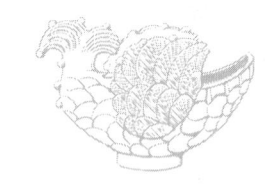

西晋灭亡的根子是皇家的内乱。到了东晋，士族专权又成了祸害。士族都是些豪门贵族，能世世代代做大官，掌握着实权，还享受国家给的优厚待遇，像土地、钱粮、奴仆什么的，有的还有自己的军队。士族专权，肯定跟皇家扭着劲儿，士族和士族之间也短不了争斗。

东晋的士族有大有小，有南方的有北方的，势力最大的是从北方南迁的王家、庾家、桓家、谢家，可说是四大家族。最早掌大权的是王家，就是王导王敦他们。王导帮助晋元帝在南方开基立业，晋元帝开始对王家特别重用，可不久就腻歪了。明摆着，凡事都得王家人说了算，他这个皇帝往哪儿搁？于是他就想法儿减少王家的权力，重用起刘隗（wěi）、周颛、刁协这些人。他们几个也出主意要除掉王家的势力。王导挺不高兴，可表面上没说什么，王敦就沉不住气了。公元322年，他仗着军权在手，领着人马从驻地武昌出发，攻进了建康，杀了周颛、刁协几个。晋元帝急得心直疼，一口气上不来就病死了。太子司马绍即位，是晋明帝。王敦趁机又

要夺权，晋明帝有点儿胆量，下令讨伐。结果王敦病死军中，他的势力也被消灭。此后，外戚庾家人当政，王家的势力就小多了。再往后，桓家、谢家先后把持朝政，其他小点儿的士族也来争权，钩心斗角的事真不少。

很多士族大官做人也没个样儿。有个叫王忱的，靠着大家族身份，当了荆州刺史。可他每天都喝酒喝得醉醺醺的，不理公事。他的老丈人家里死了人，他喝了酒带了几个朋友去吊丧。老丈人坐在屋里哭，他们几个脱光了衣裳，就那么赤条条地进去，绕着老丈人转了三圈，走了。

品行好的也有。不过，这些人都隐居在山林野村之间，不愿意跟当官的来往。晋成帝年间，有个叫郭翻的青年，伯父当过广州刺史，父亲做过安城太守，官位不低，可他看不惯官场的风气，更不想跟着瞎混，就搬到了乡下住，靠钓鱼打猎种地为生。他找到一块荒地，先插上一块木牌子，在上面写道："这块荒地有没有主人？如果没有，我就开垦了。"很长时间没人认地，他就种上了稻子。稻子熟了以后，郭翻收割回来，不料有个当地人找上门说："这块地是我的，稻子有我一份。"郭翻见那人挺穷，就笑笑说："那你就把稻子拿去吧。"有人替郭翻抱不平，到县令那儿告状。县令查问以后，叫那人把稻子还给郭翻，郭翻说什么也不要了。一天，他坐车出外打猎，回家的路上，碰到一个病人，正由亲友抬着往前走。他赶紧下车过问，知道病人离家还挺远，就把车让给病人坐，自己走回了家。一次，郭翻不小心把刀掉进河里，一个过路人见了，跳下河把刀捞上来，他过意不去，要把刀送给人家。过路人不要，郭翻说："不是你把刀捞上来，我哪能有它呐？"过路人说："我收了刀，天地鬼神都会怪罪我的。"郭翻就送给了那人一些钱，作为酬谢。

郭翻的品行传开以后，很多人都敬重他。当时正是庾家在朝廷当政，平西将军庾亮就向朝廷推荐他，荆州刺史庾翼（庾亮的弟弟）还亲自找到他说："我是当今皇帝的舅舅，这次来请你出山，你还不答应吗？"郭翻郑重地说："人各有各的志向，您不能强逼我。"他到了儿没去当官，当了一辈子老百姓。

浔阳柴桑（在江西九江西）的乡下，有个农夫，也是看透了世道的人。这个农夫不是寻常的庄稼人，而是晋朝顶有名的诗人陶潜，也叫陶渊明。陶渊明祖上是个江南士族，他的曾祖父陶侃还是东晋的元老，立过大功。陶渊明是陶家旁支，没沾了什么光，从小家里就不富裕。所以他早年的时候很想当个官，好赚钱养家。当年陶侃和大士族王导家、桓温家都有过交往。王导的侄孙王凝之（书法家王羲之的儿子）当江州刺史的时候，就让陶渊明做了祭酒。桓温的儿子桓玄当荆州刺史，也请陶渊明去当幕僚。后来，陶渊明还当过将军刘裕的参军。祭酒、幕僚、参军，都是助手一类的小官，做的杂事不少，可没有实权，赚的钱也不多。陶渊明当了不长时间，就辞了职。

陶渊明辞职回家后不久，被任命为彭泽（在江西彭泽西）县令。这可是个有实权的，不但俸禄多，还配给公田。他很快就上任去了，家里头也都盼着他多拿回些钱粮来。不想还不到三个月，陶渊明就又辞职回家了。他对家人说："这回辞官，我是再也不会出去做官了，就到乡下种田去！"家里人忙问："出了什么事吗？"他摇摇头说："也没什么事，我这个人喜欢自然天性，性子又太直，容易和人闹别扭，不适合做官。"

知道情况的朋友后来告诉大家，真出了一件事。前不久，郡里有个督邮（代表郡守检查传达的官员）要到彭泽县视察。办事的人

世外桃源

告诉陶渊明,按照规定,他必须穿戴整齐,束紧带子,正经八百地去拜见上司。陶渊明一听就火儿了。原来他这些年在官场上,见过不少爱摆架子又没真本事的官僚,从心里就腻得慌。现在让自己低三下四地去见这种官,他怎么也做不到,所以立马就辞官而去,还留下一句话说:"我哪能为了五斗米向这种人折腰啊!"

陶渊明回到乡下的老住处园田居,从此就靠种田过日子。他还写了一首《归园田居》的诗,把自己的想法说了出来:

少无适俗韵,性本爱丘山。
误落尘网中,一去三十年。
羁鸟恋旧林,池鱼思故渊。
开荒南野际,守拙归园田。
方宅十余亩,草屋八九间。
榆柳荫后檐,桃李罗堂前。
暧暧远人村,依依墟里烟。
狗吠深巷中,鸡鸣桑树巅。
户庭无尘杂,虚室有余闲。
久在樊笼里,复得返自然。

在乡下,他和农夫一样,每天老早就下地干活儿,傍晚回家以后,和邻居们说说笑笑,或者是一起喝酒,觉得比做官自在多了。有时候,朋友从外边来看他,他就跟人家聊聊天儿,要么写首诗送给他们。这些诗传出去以后,好多人知道了他,都挺佩服。可是官府派人来请他再出去做官,他怎么也不去。

陶渊明的家在庐山脚底下,他喜欢庐山的风景,经常上山转

晋朝南北朝故事

陶渊明干活儿回来,和邻居们说说笑笑,一起喝酒。

转。因为脚有毛病，有时候就让儿子或是乡邻用大篮子抬着上山。庐山上有座东林寺，寺里的住持慧远和尚本来住在北方长安，后来受他师父道安（就是劝苻坚不要伐晋的那位大和尚）指派，到南方传教，就来到了庐山。慧远写了好几本宣扬佛教的书，名气越来越大，成了江南名僧，很多名流和大官都来拜访他。有一年，慧远和几位僧人隐士要办一个白莲社，召集大家一起念佛。他知道陶渊明隐居的事，就请他加入白莲社。陶渊明开始没答应，后来慧远又派人来请，他就说："如果有酒喝，我就去。"慧远听说后说："可以让他喝酒。"陶渊明就坐着大篮子上了山。到了东林寺，他看见慧远忙里忙外，迎来送往，很会交往的那一套，就皱起了眉头：出家人怎么还这么喜欢世俗的事情呐？他喝了些酒就很快下了山，从此再也没到寺里去。

原来陶渊明虽然隐居乡下，可并不信佛。他写过几首诗，说了自己对形体和精神的看法，认为形体是根本，人没了形体，精神也就没了，这跟佛教说的就不一样。那陶渊明心里想的世界是什么样呐？他在《桃花源记》这篇短文当中，弯弯转转地说了出来。

《桃花源记》讲了一个故事，说是有个打鱼的人划船沿着小溪往前走，穿过一片桃树林，到了深山里。他下船走进去，见到里面有良田、水塘、桑树、竹林，道路整齐，鸡鸣狗叫，太太平平的。男女老少都在田间耕作，非常愉快。他们穿戴古朴，不像晋朝人。见到渔夫，他们做了饭食给他吃，说祖先是在秦朝时候为避战乱来到这里，后代再没有出去过。渔夫问他们现在的事，他们连汉朝都不知道，更不知道有魏晋。渔夫告辞回来，再带人去找那个地方，可怎么也找不到了。

这个故事明摆着是陶渊明编出来的，可他说的也不是没有一点

儿影儿。在东晋战乱年代里，好多人为逃难，就是跑到深山丛林里住着。陶渊明写这个故事，正好说出了大家的心愿，盼望世界上没有争权夺利的战争，没有贫与富的差别，没有欺压别人的人，那该多好啊！

　　盼望归盼望，可眼下的世界就是这么乱。"桃花源"里的人不知道晋朝的事，陶渊明在乡下住长了，对外面的事也知道不多。所以，陶渊明后来听朋友告诉他，他过去的上司桓玄和刘裕都当了皇帝，真想不起说什么好，也就没说什么。

复晋亡晋

　　桓玄和刘裕怎么当了皇帝呐？原来在公元399年，东晋出了一件大事，爆发了一场民众大起义。从打东汉的黄巾起义以后，还没见过这么大的起义，人多不算，占的地方还挺大。朝廷和起义军打了十二年，才勉强给镇压下去。因为起义的头领叫孙恩，历史上就叫孙恩起义。说起这次起义的原因，跟掌握朝廷大权的司马元显有很大关系。

　　司马元显一直想建立一支忠于自己的新军。那样，他就能牢牢掌握朝廷大权了。这支军队的士兵从哪儿来呐？他下令把各郡的"佃客"调到建康来当兵。佃客，原来都是皇家或士族的奴隶，后来被解放了，有了自己的耕田，成了农民。可现在又调他们来当兵，士兵的身份比农民低，和奴隶差不多。这么一来，他们等于又成了奴隶，当然就不乐意了。当了兵以后，耕田没了，还要给当官的卖苦力，大家聚在一起就议论说："朝廷不把咱们当人看，何不起来造反，找条活路呐？"一传十，十传百，想造反的佃客数都数不过来。

晋朝南北朝故事

孙恩是"五斗米道"（道教的一派）的头儿，一直在海岛上住着，自称"长生人"。看到佃客对朝廷不满，他就用神呀鬼呀的到处鼓动，让人们听他指挥，上虞、会稽等八个郡县（都在浙江东部）一下子就有几十万人参加。他们向官府发起进攻，杀了好多官吏公侯，像王家的王凝之，还有谢家一些人，都给杀了。各地官军打不过起义军，纷纷弃城逃跑。消息传到朝廷上，可把司马元显急坏了，他忙对晋安帝说："看来，只能让北府兵去镇压才行啦！"晋安帝哼唧了半天说："好，好。"司马元显早就派人调北府兵去了。

北府兵是名将谢玄最早建立的，主要是用它对付前秦，驻扎在京口一带。因为京口又称北府，所以叫北府兵。北府兵的将士都是北方逃难来的百姓子弟，打仗勇敢，是东晋顶厉害的军队。北府兵接到命令，由卫将军谢琰（谢安的儿子；琰 yǎn）率领，到了浙东，向起义军挑战。孙恩对大家说："正好，我带你们到建康坐天下享福去！"起义军就拼命跟北府兵打，把谢琰也杀了。朝廷又让前将军刘牢之统领北府兵，对付孙恩。不料孙恩带水军往北攻下了沪渎（在上海），坐着楼船直接杀向北府兵的基地京口，眼看着快到建康了。司马元显慌忙向各地求救。紧关节要上，刘牢之部下刘裕赶回京口，率军挡住了起义军。此后，刘裕几次打败起义军，孙恩只好退回海岛。后来，孙恩跳海自杀，他的妹夫卢循带领起义军去了别处，朝廷才喘了口气。这么一来，刘裕就成了大功臣。

刘裕是彭城人（彭城在江苏徐州），小名叫寄奴。据说他是刘邦的后代，可是到他这辈儿上，家里已经挺穷了。他小时候在家种地打鱼，还卖过鞋，后来逃难到京口，参加了北府兵。几年后，刘裕成了北府兵的军官，虽说不大，可挺受刘牢之的赏识。刘牢之也是彭城人，因为在淝水之战中立过功，就成了北府兵最有实权的将

领。这次镇压孙恩起义，刘牢之看刘裕挺会打仗，对部下约束也很严，就让他当了参谋。没想到他真打了胜仗。打这儿起，刘牢之对这位老乡另眼看待，让他跟自己继续追剿卢循的起义军。

哪知道，就在这会儿，建康又出了乱子。原来桓温死了以后，他儿子桓玄把军权接过来，驻扎在荆州，把建康往西的地方都控制住了。桓玄还接着做他爸爸的梦，想当皇帝。看到大家对司马道子和司马元显不满，他就趁着朝廷跟孙恩打仗的机会，从荆州发兵夺权。公元402年，桓玄的水军沿大江而下，很顺利地攻进建康。桓玄先把晋安帝管制起来，然后就数落起司马父子的罪，把他们杀了。司马父子做的坏事真是多，没人替他们求情。于是，桓玄当了楚王，政权军权都归了他。想到北府兵那么厉害，他又打起了收拾北府兵的主意。

北府兵的主将刘牢之打仗有一套，可有点儿见风使舵的毛病。早几年，北府兵的将领王恭起来反对司马元显，因为刘牢之得了司马元显的好处，在阵前反戈，失败了。这次桓玄攻打建康，刘牢之见他势力大，又投靠了他，帮他反司马元显。刘牢之满以为桓玄会重用自己，没想到桓玄下令，免去了他的兵权，让他去当文官。刘牢之生了一肚子气，就想起兵反抗桓玄。他先派外甥何无忌问刘裕的想法。刘裕说："桓玄正在势头上，现在反他不是时候。"何无忌说："你有什么高见？"刘裕说："我看，桓玄如果有心管好国事，当个尽职的大臣，咱们就和他共事。要是他另有图谋，再反他不迟。"可刘牢之听不进去，想马上就发兵。没承想他刚要下令，就遭到部下的反对。参谋刘袭不客气地对他说："您先倒戈反王恭，又转身反司马元显，现在又要反桓玄，一个人连着三反，往后您怎么取信别人呐？"刘牢之被说得满脸通红，部下这么看待自己，他受不了，心

晋朝南北朝故事

里一别扭，回家就上了吊。

刘牢之一死，刘裕成了北府兵的主心骨。有一天，桓玄的兄弟桓谦来找刘裕，挺神秘地说："楚王现在威望这么高，朝廷大臣都说应该他来当皇帝，你说怎么样？"刘裕心里一惊，可没露出来，反而点头说："百姓早就不听晋朝的话了，楚王功劳这么大，代替它有什么不成的？"桓谦捂着嘴直乐，说："你说行，那就是真行了！"

公元403年年底，桓玄宣布废掉晋安帝，自己当皇帝，改国号为"楚"。一朝天子一朝臣，桓家的人都当了大官。因为刘裕支持了桓玄，桓玄对他也不错，还让他当北府兵的主将。哪知道，刘裕暗地里已经密谋好了，要用武力推翻他。刘裕对几个最亲近的将领说："咱们要快，趁桓玄不防备打进去，带的兵不要太多，可要最精的最可靠的。"

刘裕和刘毅、何无忌、刘道规、诸葛长民等几个将领在京口、广陵等地同时发动兵变。他们各领着几百名精兵，杀奔建康。刘裕冲在最前面，没几天就到了建康城下。王元德、辛扈兴几个事先在建康城里埋伏好了。两下里一呼应，他们就攻进了建康。桓玄只好带着已经退位的晋安帝逃出建康，往荆州那边跑。刘裕下令紧追。桓玄回到荆州，召集水军和刘裕决战。可这时候，他的军心散了，没怎么打就败得稀里哗啦。桓玄又往蜀地跑，结果半道上被逮住杀死。桓玄的势力就这么完了。

刘裕决定恢复晋朝，把晋安帝接回建康，让他接着当皇帝。这一回，刘裕又为晋朝立了大功，晋安帝把内外军政大权都交给了他。以前，晋朝总是士族掌权，打刘裕这儿变了，出身贫苦的下层军官掌了权。因为他知道民众疾苦，就想法子发给农民田地，少收租税，杀了不少欺压良民的豪强，没收他们的财产给穷人。听说琥

珀能治伤，他就下令把别人送来的琥珀砸碎，分给将士们。晋安帝的皇后死了，刘裕叫他交出皇后的四十顷私田，给老百姓耕种，晋安帝乖乖地交了出来。文武大臣看刘裕这么有气魄，私下里都说："晋朝就是个空架子，还不如让刘裕当皇帝呐！"刘裕明白，自己要替换晋朝，就得有好人缘，还得做些大事，让大家心服口服。眼下最大的事就是收复北方的失地。

刘裕在公元409年夏天开始北伐，率大军攻打南燕，把南燕都城广固（在山东青州）围起来。南燕王慕容超忙派人到长安向后秦求援。后秦国主姚兴派使臣对刘裕说："我有十万铁骑驻扎洛阳，你们赶快回去，不然我就杀过去啦！"刘裕也不含糊，对使臣说："你告诉姚兴，我灭了慕容超，就进兵关中灭他。他要想早送死，就快点儿来！"不久，晋军果然灭了南燕，逮住了慕容超。刘裕又在公元416年派兵攻打后秦。大将王镇恶（王猛的孙子，后南下归晋）、檀道济率领前锋部队，很快收复了洛阳。刘裕高兴坏了，亲自带领北府兵去支援。到了洛阳之后，他对将领们说："咱们兵分两路，一路从潼关直取长安，一路绕道武关（现在陕西丹凤东），从两面进攻长安。另外，王镇恶率水军从渭河也朝长安进发。"

各路人马分头而去。王镇恶率水军到达渭桥，让士兵饱餐一顿后，就把船扔了。他对大家说："咱们的家都在南方，离这儿很远。现在船和粮食都没了，这一仗胜了，功名不会小；可要是败了，连尸首都得扔在这儿。你们看着办！"士兵们给说得血往上涌，冲上前去，把守军打得大败，与那几路军攻进了长安，后秦就灭亡了。

长安从公元316年到这一年，整整丢了一百年，又回到晋朝手里。这份功劳真是太大了。刘裕北伐比起祖逖北伐、桓温北伐来，成果也大得多。可是刘裕这时候，犯了跟桓温一样的病，担心朝廷

晋朝南北朝故事

刘裕对使臣说："你告诉姚兴，想早送死，就快点儿来！"

有变故。他只住了两个月,留下儿子刘义真和王镇恶等人守长安,就自己回南方去了。不久,守将发生内讧,王镇恶被杀,刘义真只好撤退。长安后来被匈奴人赫连勃勃建的夏国占领。

不管怎么样,刘裕把这次北伐看作自己的功劳,也有了当皇帝的心思。晋安帝听了朝臣的话,下令封他为相国、宋公,加九锡之礼。那意思挺明白了。可刘裕觉着傻皇帝真是不开窍。他让心腹王韶之买通皇帝的侍从,要弄死晋安帝。晋安帝的弟弟司马德文觉察后,就整天陪着哥哥,保护他。有一天,司马德文生病回家。王韶之逮住机会,让侍从用布带子勒死了晋安帝。刘裕马上宣布皇帝得急病不治,让司马德文即位,就是晋恭帝。

晋恭帝灵便多了,刚登基就封刘裕为宋王,请他驻扎在寿阳。公元420年开春的一天,刘裕在寿阳大摆宴席,想到自己快六十岁的人,还没坐到皇位上,有点儿不好受。他对大家说:"当年桓玄篡位,是我复兴了晋室,平定了天下。现在我老了,想退回王位,到建康去。"部下没听出他这话的意思,说了些好听话就散了。中书令傅亮刚走出宫门,忽然明白了,转身就往回跑。见到刘裕,他喘着气说:"大王,我先到建康去。"刘裕点点头说:"你要多少人?"傅亮说:"几十人就行。"傅亮先写了一份退位诏书,到建康见到晋恭帝后,用命令的口气让他马上照着写。晋恭帝叹了口气说:"桓玄篡位那会儿,晋朝其实就完了,多亏刘王给恢复了,才又延续下来。今天禅位,我心甘情愿。"说着抄了一遍,交给傅亮。

这年六月,刘裕到建康当了皇帝,改国号为"宋",他就是宋武帝。刘裕建立的宋朝,历史上也叫"刘宋"。东晋从晋元帝到晋恭帝,一百零三年,到这儿就亡了国。宋武帝有意把晋朝的毛病改一改,就削减了士族的特权,把外来的富户都编进户口,由郡县统一

管理，还限制大户兼并土地。对穷人，他就减轻些赋税，解放当奴隶的士兵，让百姓好好生产。宋武帝喜欢俭朴，不喜欢金银珠宝什么的，对女色也不大爱好，有了病自己调理，不去拜佛求仙。这样一来，官场风气好了些，刘宋很快安定下来。

修史遭祸

晋末宋初这些年，北方也有了挺大的变化。苻坚兵败淝水以后两三年，公元386年，鲜卑人拓跋珪（猗卢的后代）建立了一个国家，国号"魏"，历史上叫北魏。北魏后来迁移到平城（在山西大同）定都，国势眼看着强大起来。鲜卑人最早住在东北大兴安岭一带，开化得晚，别说比汉人，就是比匈奴人、羯人、氐人、羌人也落后了很多。北魏的皇帝也学刘渊、石勒、苻坚那样，用一些汉人管理朝政，还挺有成效。这里面，司徒崔浩的功劳不小。

崔浩祖上几代都是做官的，他也就对国事很上心，遇事总爱出个主意。他喜欢钻研学问，什么儒学经典、天文历法、五行八卦，都挺在行。所以北魏开头三代皇帝都重用他，让他参与机密大事。崔浩自己也处处小心，办事特别认真，有时候连家都不回，干个通宵。魏道武帝拓跋珪知道以后，自然挺高兴，时不时地派人给他送去一碗粥当夜宵。

有一年，平城遭旱灾，地里绝产，饿死了好多人。一些官员就建议迁都到邺城，好躲过灾荒。魏明元帝拓跋嗣（拓跋珪的儿子）

晋朝南北朝故事

让大臣们议论一下。崔浩一听就觉着不行，大臣周澹（dàn）也这么看，他俩就对魏明元帝说："迁都只能躲躲眼前的饥荒，不是长久之计。一来平城这边人多牲畜多，邺城那里安置不了，这里的人到那里也不服水土，容易生病；二来外族听说平城空虚，必然趁机来犯，引起战乱；三来到了春天青草长出来，牛羊有了吃的，奶也多了，能顶一阵子。等明年秋天地里丰收，饥荒就会过去。"魏明元帝说："你们说得有道理，可眼下仓库存粮不多，很难等到明年秋天。万一明年还是灾年，怎么办？"崔浩说："可以让灾民到丰收的地方就食，但是绝不能迁都。明年还受灾，再想办法。"魏明元帝就下令，把灾民迁到定州、相州、冀州（都在河北）一带度灾。转过了年，老天爷帮了忙，平城一带是个丰收年。魏明元帝高兴极了，从此更加重用崔浩。

刘裕北伐后秦那年，有个投降了北魏的东晋太守叫王懿的，给魏明元帝出了一条计策，说："刘裕正准备进攻长安。陛下可以发兵堵住他的后路，准能打个胜仗。"魏明元帝自己拿不准，就找崔浩商量说："咱们该不该去抄刘裕的后路呐？"崔浩摇摇头说："刘裕有超人的能力，这次肯定能胜。可他心里是想有一天自立为帝。秦地人多，人心也杂，很难管理。我看刘裕肯定守不住。那个地方早晚是咱们的，陛下不必先动刀兵。"魏明元帝说："如果我趁刘裕在关中的机会，派兵攻占晋朝的重镇彭城、寿春，他还能自立为帝吗？"崔浩微微一笑说："您千万别这么做。现在咱们西有赫连勃勃的夏国，北有柔然，都盯着咱们。您如果派兵南下，他们就会乘虚而入。说句实话，您手下的兵虽说不少，可缺少良将，肯定不是刘裕的对手。出兵远行，不如坐山观虎。刘裕灭秦之后，必然称帝。可他想用在南方的办法管北方的事，就像用衣裳包火、用网逮老虎一样，

不成。您用不着操这门子心。"魏明元帝奇怪地问:"你怎么知道这么详细呐?"崔浩说:"我经常评比古今将相,所以有个数。比如王猛帮苻坚,就像管仲帮齐桓公;可刘裕帮晋朝,就像曹操帮汉朝。都是帮,可他们的用意大不一样啊!"魏明元帝听得入了迷,也不再提出兵的事,两个人一直聊到下半夜。临了儿,魏明元帝赏给崔浩十壶酒和一两水精盐。

魏明元帝身体不壮实,老闹病。他听人说,寒食散能治病,就隔三岔五地吃这个药。其实寒食散是石头粉做的,吃多了就会中毒。魏明元帝每次吃完药,都头昏脑涨,不知人事。恰好有一次,天上又出现日食。他害怕这是冲自己来的,就派宦官悄悄去问崔浩:"我要死了,儿子都还小,国家出乱子怎么办?"崔浩说:"陛下可别听信谣言,自伤身体。我看最要紧的是早立太子。以前出过这方面的乱子(魏道武帝被儿子杀死),还是您即位后才平定了。如果让太子先替您主持国事,就能避免出乱子。现在长子十二岁,可以立为太子了。"魏明元帝就立了儿子拓跋焘为太子,让崔浩等六个大臣做辅臣,由他们处理国事,自己一边养病一边观察。结果,太子和辅臣把国事处理得很有条理。魏明元帝挺满意,对大家说:"这一回我可以放心啦!"公元423年,魏明元帝病死,太子即位,就是魏太武帝。

魏太武帝性格毒狠,不像魏明元帝那么温和,可对崔浩也特别尊重,凡事都向他请教。他顶想做的事就是统一天下。把国内的事安顿好了,他就对大臣们说:"现在咱们周围有夏国,有柔然,还有凉国(北凉)。你们看是先打哪一个好呐?"好几个大臣都说应该先打柔然。他们说:"夏国地盘大兵力强,不好打。柔然离咱们最近,兵力分散,只要不停追击就能取胜。即使追不上,到阴山抢些兽皮

回来也值了。"崔浩不同意,他说:"夏国虽然很强,可国主赫连勃勃残暴出了名,民怨很大。现在他刚死不久,他的儿子相互争斗,内部局势不稳。咱们趁着这个时候伐夏,正是难得的机会。"魏太武帝决定听崔浩的,就亲自率精兵两万,渡过黄河,加劲儿朝夏国都城统万(在陕西靖边)打过去。夏国国王赫连昌正跟部下开宴会,听说魏军已经到了城下,吓得汗都出不来。他带人出城迎战,稀里糊涂地就吃了败仗。往回撤退的时候,城门还没来得及关上,魏军已经追过来,就一块儿进了城。结果不用说,魏军大胜。魏军又乘胜追击,占领了长安,把夏国灭了,赫连昌当了俘虏。

接着,魏太武帝又想去打柔然。这一回,倒只有崔浩赞成。魏太武帝就让朝臣们辩论一番。太史令张渊和徐辩说:"柔然人只知道在荒漠当中到处乱跑。那里地也不能种,人也没什么用,何必动用人马大加讨伐呐?"崔浩说:"这话不对。柔然经常南来杀人抢掠,太危险了。咱们出兵降服它,把人归我使唤;漠北天气凉爽,不生蚊虫,水草更是肥美,是避暑热的好地方,怎么说没用呐?"有的大臣说:"如果南方趁咱们北伐柔然打过来,怎么办呐?"崔浩摆摆手说:"我料定南边不敢来。咱们是骑兵,他们是步兵,我快他慢。再说咱们打柔然不会用很长时间就会获胜。"魏太武帝一挥手说:"我的决心已定,这就出兵!"结果不出所料,魏军很快就打败了柔然。

这一来,北方就剩下北凉国还在。北凉国是匈奴人沮渠蒙逊(沮jǔ)建的,都城在张掖(在甘肃中部)。本来,北凉跟北魏挺好。沮渠蒙逊死后,他的儿子沮渠牧犍当国王。魏太武帝和沮渠牧犍都把自己的妹妹嫁给对方为妻。北魏还封沮渠牧犍为凉州刺史。可是后来沮渠牧犍有点儿不听话,魏太武帝就准备灭了他。自然,这事又得向崔浩要主意。崔浩想了想说:"沮渠牧犍以为咱们刚打了

柔然，一定不会马上打他。咱们就趁他不防备，来个突袭，肯定会取胜。"有不少大臣反对说："刚打了一仗，将士很累，不可再大举用兵。而且凉国那边土地多碱，不长水草，如果打不下来，马无草料，就太危险啦！"崔浩说："不然。《汉书》上说，凉州的牲畜是天下最好的，如果没有水草，怎么会养出好牲畜呐？"这一次，魏太武帝又听了崔浩的话，在公元439年，攻灭了北凉。

北魏就这么把北方统一了。魏太武帝打心眼儿里高兴，对崔浩更加佩服。有一次，他当着文武大臣的面说："你们看崔浩这个人，表面挺细弱，不会弯弓射箭，也不会持矛打仗，可他心里的智谋胜过雄兵十万百万。我每次打仗取胜，都是他给我的呀！"又吩咐大臣们说："今后遇到大事，你们都要问问崔浩，他赞成了再去做。"

万万没想到，过了些年，还是这个魏太武帝，下令处死了崔浩。原来，崔浩对那些鲜卑贵族不怎么瞧得起，一不小心就说出几句不好听的话，惹得人家特生气。日子一长，他们就把崔浩恨透了。魏太武帝开始没当回事，呲叨崔浩几句就完了。可这一次，魏太武帝真给气着了。鲜卑人以往没有记录历史的习惯，自从建国以后，见中原每朝每代都有史书，觉得挺好。魏太武帝也想把鲜卑的历史记下来，就让崔浩主持这件事。崔浩跟几个文官就写了起来。他们还是按照老规矩，把过去的人和事一五一十地写出来，对的写，错的也写；好事写，坏事也写。花了好些年的工夫，他们写出了三十卷的一部《魏书》（不是二十四史中的《魏书》）。写完以后，他们就找来石匠，把书里写的刻在石碑上，立在路旁。这就惹了大祸。

鲜卑的王公贵族们一看，书里把他们祖上做的烂事都写了进去，气得直蹦高。好多人马上去报告魏太武帝说："崔浩把咱们的祖

宗都骂了，这是要造反啦！陛下还能饶他吗？"魏太武帝忙派人查问，果不其然是真的，也气炸了肺，立刻下令把写史的几个抓起来，严加审问。这次，崔浩再怎么辩解，魏太武帝也听不进去了。

太子拓跋晃知道这件事以后，立刻把参加写书的高允接到东宫，保护起来。高允是太子的老师，太子不愿意让老师遭罪，就对他说："明天我带您去见父皇，您按我说的说，就没事了。"他就教给高允怎么说。

第二天，太子带着高允来见父皇，先进去说："这事都是崔浩的错，高允没写多少，您就饶了他吧！"魏太武帝叫高允进来，问他："史书都是崔浩写的吗？"高允老老实实地说："书里的《先帝记》和《今记》是我俩合写的，不过他别的事多，主要是我写的，他只是改了改。"魏太武帝瞪了太子一眼，说："他自己都说比崔浩写得多，我能饶他吗？"太子打着哆嗦说："父皇威严，他是给吓的。刚才我问过他，他还说是崔浩写得多。"不料高允大声说："不是！太子是想救我才这么说。他刚才没问过我。"太子一听，都快急哭了。魏太武帝倒乐了，对太子说："这个人死也不改口，难得。看在你的面子上，我就不杀他。可崔浩不能饶。把崔浩定死罪的诏书，就让高允去写！"

高允出去半天，一个字也不写。魏太武帝又叫他进来问："怎么回事？你怎么不写？"高允说："崔浩别的事我不知道，可写史书这件事，我认为够不上死罪。"魏太武帝气得大叫，马上叫人把高允绑起来。太子又央求了好一会儿，魏太武帝才叹着气说："要不是这个人，我非杀他几千人不可。"

公元450年，崔浩被处死的时候，已经七十岁了，头发胡须都白了。他怎么也没想到，自己为三代皇帝出了那么多主意，就落得

修史遭祸

鲜卑贵族说:"崔浩把咱们祖宗都骂了,能饶他吗?"

这么个下场。临刑的时候,好多鲜卑权贵都来看热闹,不少卫士还往崔浩身上撒尿。他们可解了气了。可是魏太武帝心里不那么舒坦,隔了没多久,他就后悔得要命。有一天,他到阴山巡查,想起崔浩当年劝自己打柔然的功劳,不由得摇摇头,对身边人说:"崔司徒可惜啦!可惜啦!"没有了崔浩,魏太武帝要统一天下,就缺了帮手。紧接着对刘宋的一仗,他就大败而回。

盱眙之围

北魏统一了北方以后，和南方的刘宋就成了对头。宋武帝只当了两年皇帝就死了。太子刘义符即位的时候，才十六岁，特别贪玩，最喜欢在宫里假装开酒店，自己当酒保，和侍从做游戏，对国事一点儿不上心。宰相徐羡之和大臣傅亮、谢晦几个人劝说好多次，他全不听。徐羡之他们寻思着这个人当皇帝不行，就联络大将檀道济等人发动政变，废了刘义符，还杀了他。大家商量着，请出宋武帝的三儿子刘义隆即位，就是宋文帝。

没想到宋文帝疑心忒重，一上台就翻了脸，把徐羡之、傅亮、谢晦都定了死罪，后来又找借口把能打仗的大将檀道济处死。好在宋文帝治国还有点儿办法，在位几十年，国力增长很快。前些年，北魏趁着宋武帝刚死，发兵打过来，占领了河南和淮河以北好大一块地方。这些年来国力强盛了，宋文帝就想出兵北伐，把失地收回来。他把想法说了，大臣们有赞成的有不赞成的。汝阴太守王玄谟上书说："北伐要靠天时也要靠人事，我愿意领兵出征，打到北方去。"他还说了好些计策。宋文帝听了很对心思，对大臣们说："听

王玄谟说的这话,我都想马上到狼居胥(山名,在内蒙古一带)那儿庆功啦!"汉武帝那会儿,霍去病带兵打败了匈奴,就在狼居胥山祭天庆祝。宋文帝也想打个大胜仗,壮壮声势。

魏太武帝跟宋文帝的想法一个样,也要和宋朝决一胜负,由他来统一天下。两边都这么想,这一仗就非打不可了。公元450年春天,魏太武帝抢先一步,领着十万人马攻打悬瓠(在河南汝南;瓠hù)。宋军将领陈宪坚守城池,打了四十多天,把魏兵拖得泄了气儿。魏太武帝只好退兵,回平城去了。宋文帝抓住机会,就在这年夏天兵分两路,大举北伐。西边一路由柳元景率领,向长安进发,打得挺顺利,很快就占领了潼关。可是东边一路情况不妙。东路主将就是王玄谟,他带兵攻打滑台(在河南滑县),受到当地百姓的欢迎。有的来送粮,有的来参军。可王玄谟不但不善待百姓,还下令让每家缴一匹布和八百个梨。他的部下军纪太坏,随便烧杀抢掠。百姓们很失望。宋军打了好几个月,滑台还在魏军手里。

眼看着冬天到了,黄河结了冰。魏太武帝缓过劲儿来,率领大军过了黄河。王玄谟吓得腿直抽筋儿,顾不得打滑台,趁夜逃走。柳元景也奉命撤退。魏军过了黄河,攻打几处城池没取胜,索性绕过城,直奔长江而来。大军很快到了长江北岸,驻扎在瓜步(在江苏六合东南)一带。魏太武帝让人放出话去,说马上就要渡江灭宋。宋文帝听到风声,慌忙下令封锁江面,建康全城戒严,每家的男人都要服兵役,准备打仗。

这一天,宋文帝走上城楼,朝江北岸望过去,只见魏军的营帐一个挨一个,望不到头。他真有点儿心虚,就想起了被自己处死的大将檀道济,对身边的大臣江湛说:"北伐的事,同意的少,现在到了这个地步,是我的过错。"又长叹了一口气说,"檀道济如果还

在,哪会让他们打到这儿呐!"左右的人听了心想:那年檀道济临死前就说过,杀他就等于毁了万里长城,如今您后悔也晚了。

可是过了好多天,魏军一直没有动静。到了春天,魏军反倒悄悄地撤走了。原来魏太武帝担心北方兵不习惯打水战,粮草又接济不上,江北还有不少宋军把守的城镇,万一抄后路来袭击可麻烦了。所以他就改了主意。宋文帝这才松了口气。不料消息很快传来,一场激战在小城盱眙(在江苏洪泽湖南;盱眙 xūyí)那儿打起来了。

盱眙太守沈璞前不久才到任。一到任上,他马上就带领大家加固城墙,深挖壕沟,积攒粮食,打造兵器,做了打仗的准备。下属怪他多此一举,他只当作没听见。魏军打过来以后,邻近的城镇官员好多都逃跑了,下属劝他说:"盱眙是个小地方,守不守的用处不大,您还是赶紧回建康去吧!"沈璞郑重地说:"魏兵要是因为盱眙是个小城不来打,咱们还跑什么呐?要是他们以为城小来攻,正是大家报国求名的机会,更不应该跑了。"下属说:"咱们兵力太少,才两千人,守城太难啦!"沈璞满有把握地说:"你们都知道古时候有以少胜多的战事,刘秀守昆阳不就是例子吗?咱们只要一条心,两千精兵,足够!"

没几天,辅国将军臧质在前方打了败仗,带着七百残兵来到盱眙,要求进城。下属又提醒说:"城小,容不下太多人。再说了,如果城守住了,他们会和咱们分功劳;守不住,人多船少,撤退又不够用。不如不让他们进来。"沈璞听了直叹气,说:"常言道,同舟共济,这个道理你们不懂吗?人多是好事,我怎么能为了功劳把自己人关在城外呐?"他下令开城门接进了臧质。臧质见到城里布防严整,兵精粮足,高兴极了,跟着的人也直喊万岁。臧质对沈璞

说:"我就在这里和你一起守城!"

盱眙城有存粮的事,让魏军知道了。魏太武帝就派出一队人马攻打盱眙,自己率大军南下。赶到他从长江撤退回来的时候,听说盱眙城还没打下来,就挺纳闷儿:小小一座城怎么这么难攻呐?他绕着城查看了一遍,心里有了底,就给臧质写了一封信。信中说:"我的大军来了,你的日子不长了,赶快送来好酒慰劳我的将士,给你记一功!"

臧质见到信,想了想,就让部下装了一桶尿送出城去。魏太武帝气得脸皮发青,命令连夜修一条围墙,足有七里多长,把盱眙城围起来;又从东山上运来土石填在壕沟里;搭一座浮桥攻城用;还把通向城里的水道堵死。准备好了,他又给臧质写信说:"我就要攻城了,你就杀吧!我的士兵都不是我们鲜卑人,城东北是丁零人、胡人,城南是氐人、羌人。你杀了丁零人,我的常山贼寇就少了;你杀了胡人,我的并州贼寇就少了;你杀了氐人羌人,我的关中贼寇就少了。你怎么杀,对我都有好处!"

魏太武帝这么一说,就把北魏内部不和给亮出来了。臧质马上回信说:"你的心眼儿太坏了,这次我绝不让你生还。如果你死在乱军中,算你侥幸。如果被我活捉,我就把你锁了放在驴上,送到建康处死。至于我自己,早就不顾生死了。你的本事能比得上当年的苻坚吗?来攻城吧,有本事就别走!"臧质又给魏军将士写了信,把魏太武帝要借刀杀人的话都写上,叫人散发出去。信上还说:"佛狸(魏太武帝的小名)这么对待你们,你们何苦替他卖命,自取灭亡?我立下赏格:斩佛狸首级的,封万户侯,赏布绢各一万匹。"

魏太武帝见了信,又是恼又是羞,一股怒火上来,咬牙切齿地吩咐说:"赶快做一架铁床,上面要带刺儿,等城破逮住臧质,就让

盱眙之围

城上的宋军又射箭又扔石头，魏军死的伤的没法儿数。

他坐上去!"然后就命令马上攻城。魏军先用钩车钩住城墙往上爬,宋军就往下射箭扔石头。魏军败下去,宋军赶快用绳子把钩车拴住。到了晚上,士兵坐着木桶下去,把钩车运进城里,缴获了好多。魏军见钩车不灵,又运来冲车,往城墙上撞,想把城墙撞塌。每撞一下,地皮都直发颤,闹地震似的。可城墙只掉下来几升土。宋军将士都说:"多亏沈太守把城墙修得这么结实,不然就真完啦!"

魏军攻了好几天,也没效果。魏太武帝就下了死命令,让士兵脱了军服,光着膀子往城上爬。掉下来再爬,谁不爬,就地斩首。城上的宋军又射箭又扔石头,魏军死的伤的没法儿数。几天下来,尸首堆得跟城墙差不多高了。心狠的魏太武帝看着也挺难受。这时候,军中闹起了疾病,传染了好多人。魏太武帝又接到报告,宋文帝已经派水军来支援,附近城镇的宋军也赶来帮臧质。他怕被宋军断了后路,只好下令撤退,临了儿把钩车冲车都烧了。

盱眙这一战,宋军大获全胜。臧质给宋文帝上书说,应该给沈璞记头功。沈璞也上书,说功劳是臧质的。末了儿,宋文帝对他俩都做了嘉奖。可是他心里明白,这次北伐其实是失败了,不但没有收复失地,还让魏军把长江北边的地方糟蹋得够呛,国力也衰弱了不少。此后,刘宋就再没人提北伐的事了。

魏太武帝带着残兵败将回到北方,一想起来就生闷气。不承想回到平城以后,他自己也丢了性命。有个叫宗爱的宦官,本来最受魏太武帝宠信,可太子拓跋晃烦他,他就造谣说太子下边的官员要谋反。魏太武帝查也不查就下令把东宫几十个官员都处死。太子受了惊吓,也病死了。过后,魏太武帝得知太子受了冤枉,后悔得别提,对宗爱有了戒心。宗爱害怕被追查罪责,就趁着魏太武帝喝醉酒的时候,把他杀了。

如此皇家

魏太武帝被杀的第二年，宋文帝也叫人给杀了。杀他的不是别人，正是他的亲生儿子刘劭（shào）。刘劭几岁的时候就被立为太子，可他长大以后品行忒次，让宋文帝很不满意。刘劭也暗地里盼着他爸早死，还让人仿照宋文帝做了个石头人，埋在宫殿地底下。宋文帝发觉后，气炸了肺，立刻下令追查，也就准备另立太子。他把心思跟潘淑妃露了几句，不想潘淑妃是刘劭一头的，马上就派人给刘劭送信。刘劭就起了杀父的念头。

转天一早，刘劭带着手下武士，来到皇宫大门，对守卫说："皇上有令，叫我进宫捉贼。"守卫不敢拦着，他就带人直朝宋文帝的寝宫走过去。宋文帝和大臣徐湛之密谈一夜，刚躺下睡觉，就听外面有人冲进来。他连忙起身，见刘劭的亲信张超之举刀杀过来，就近抄起茶几抵挡。张超之一刀砍在宋文帝手上，宋文帝疼得倒在地下，又被补上一刀，当时就没了气。刘劭立刻宣布即位。

自打刘劭这儿起，刘宋朝为了皇位骨肉残杀的事就没完了。刘劭即位以后，他的三弟刘骏最先反对，从江州浔阳起兵杀奔建康，

六弟刘诞也支持刘骏。刘劭本来人缘就差，又干出杀父的事，满朝文武都恨不得他死。刘骏的人马很顺利地攻入建康，冲进皇宫。刘劭下到井里藏起来，还是给提溜出来砍了头。刘骏当了皇帝，就是宋孝武帝。

宋孝武帝刚即位的时候，威信挺高，可没过多久，就犯了毛病。吃喝玩乐不说，乱伦那一套，他比刘劭还差劲。因为喜欢一个本家堂妹，他就让堂妹改了姓，收她做了妃子。宋孝武帝猜疑心超过了宋文帝，生怕别人对自己不忠。上朝的时候，他老是带着一个叫昆仑奴的大块头护卫，朝臣有不对心思的，就让昆仑奴上前拳打脚踢，还给人家瞎起外号。大伙儿谁不恨呐？宋孝武帝对皇家人更是严加防范，顶不放心的是他的叔叔刘义宣。

刘义宣当初在荆州起兵反刘劭，可到建康晚了一步，眼瞅着侄子当了皇帝，心里就挺别扭。宋孝武帝怕他来夺权，就想调虎离山，让他到京城当丞相。刘义宣可不想丢了兵权，没答应。偏偏这时候，宋孝武帝又干了一件丑事，和刘义宣的几个女儿乱搞。消息传到刘义宣那儿，他气昏了头，咬着牙说："我跟刘骏水火不容，非把他拉下马不可！"他的亲信臧质也劝他："您的资格威望都比刘骏强，这时候不反，等到什么时候？"这么着，宋孝武帝即位不到一年，叔侄之间就打起来了。一开始，刘义宣声势很大，连连得胜。宋孝武帝对六弟刘诞说："我不当皇帝了，让位算了。"刘诞急着说："不行！你是皇帝，怕他干什么？"结果，刘诞指挥一些将领跟刘义宣的人马死磕，到了儿把刘义宣打败了。宋孝武帝斩草除根，把刘义宣和他的十六个儿子都杀了。

刘诞帮宋孝武帝除了心头之患，按说是他顶信得过的了。可宋孝武帝怕他也来夺权，就调换了他的官位。刘诞看出苗头，在驻地

广陵（在江苏扬州）做了准备。宋孝武帝索性说他要谋反，抢先派兵进攻广陵。刘诞连忙上书，为自己辩白，还数落出宋孝武帝的罪恶，一条一条的。兄弟俩一转眼成了仇人，宋孝武帝又恼又羞，下令杀了刘诞在建康的亲友和部下好几千人。刘诞发誓报仇，在广陵死守不降。末末了儿寡不敌众，广陵失守，刘诞只好自杀。宋孝武帝还嫌不解气，下令把城里的成年男人都杀了，妇女赏给兵将当奴婢。还有两个弟弟跟他合不来，也被他扣上谋反的罪名处死。

公元464年，宋孝武帝病死。十六岁的太子刘子业即位，更是个没品行的杀人魔王。对身边的大臣、侍从，他想杀就杀。宋孝武帝临死前让自己的叔叔刘义恭帮着儿子管理朝政，可刘子业不喜欢这个叔祖父，俩人在朝政上互不相让。有人告密说刘义恭要造反，他就自个儿带兵包围了刘义恭的府第，抓住刘义恭，把他肢解了不算，还挖出眼珠，用蜜水泡起来，叫"鬼目粽"。

刘子业对自己的弟弟也不放过。弟弟刘子鸾（luán）才十岁，只因为受宋孝武帝的喜欢，就让刘子业恨得牙根儿疼。当上皇帝以后，他就赐刘子鸾一死。刘子鸾吓得哭得上气不接下气，说："下辈子我可别生在帝王家啦！"他还是被吊死了。另一个弟弟刘子师刚六岁，正在家里玩儿呐，也接到被赐死的诏书。

刘子业又想起那些叔叔，虽然被老爸杀了好些，可还有几个活着。他就挑了几个自己最恨的关起来，打得他们鼻青脸肿。刘彧（yù）、刘休仁、刘休佑三个叔叔都是胖子，刘子业就让人把他们装进竹笼里称称分量，然后分别取名叫"猪王""杀王""贼王"。还有一个叫刘祎的叔叔，傻乎乎的，被取名叫"驴王"。刘彧最胖，刘子业命人刨了个坑，灌上泥水，把刘彧的衣裳扒光，扔进坑里；又放进喂猪的木槽，里面有馊饭、杂和菜，让他像猪似的用嘴拱着吃。

晋朝南北朝故事

刘子鸾哭着说:"下辈子我可别生在帝王家啦!"

刘子业看着嘿嘿直乐。刘彧被羞辱以后，暗地里咕唧了几句什么，被刘子业知道了，又被扒光衣裳绑起来，扔到厨房里，说要杀了他，吃他的肉。刘彧只好求饶，刘休仁也替他央求说："这头猪还不到死的日子，等陛下生日那天再杀不迟，还要挖他的心肝肺呐！"刘子业这才答应过过再杀。

不料这几个叔叔很有心计，表面顺从得别提，背地里就买通了刘子业的侍从。侍从也特恨刘子业，就趁他不防备的时候，一刀要了他的命。接着，建安王刘休仁领头，拥立刘彧即位，就是宋明帝。刘休仁掌了大权。大伙儿都说："这回就好了，新皇上受过那么多罪，肯定要把风气改改了。"没想到宋明帝也要杀人。他对刘休仁说："子业死了，可他那么多的兄弟怎么办？"刘休仁说："咱们掌了权，他们肯定不甘心，陛下早做打算吧！"宋明帝就按照刘子业的办法，给侄子们下了赐死的诏书。

住在江州的侄子刘子勋不服，也自称皇帝。于是，一场叔侄争皇位的内战开打，历史上叫"昭穆之战"。起初，大多数方镇将领都支持刘子勋，宋明帝只剩下几块地方，后来他采取又打又拉的办法拆散了对手，才保住了皇位。可是有好多地方首领投降了北魏，刘宋的地盘也缩了。因为战乱死的人多了去了，宋孝武帝的儿子们差不多死绝了。

宋明帝当了七年皇帝以后，得了重病，可刘休仁还挺结实。他担心刘休仁再演一出叔叔杀侄子的戏，就派人给刘休仁送去一包毒药。刘休仁想哭都哭不出来，气得跺脚大骂："没良心的东西，他这个皇帝是怎么当的，他忘啦！"再骂也没用，他只得喝了毒药。

刘休仁死在前头，宋明帝才放心地咽了气。他的儿子刘昱即位，别看才十岁的一个孩子，杀人不带眨么眼儿的。他身上老是带

着针、锯、凿子什么的,谁惹了他,拿起家伙就杀,一天没杀人他就憋得慌。刘昱还喜欢逛大街,走到哪里看见男人女人都给弄死,看见狗马牛驴这些牲畜,就让侍从用刀劈死,或是用矛扎死。百姓吓得白天都关上门不敢出来。摊上这么个把杀人当乐的皇帝,谁受得了啊!

有一天,刘昱带人走进领军将军萧道成家里。恰好萧道成正在睡午觉,因为是大热天,就晾着肚皮睡。刘昱让人叫醒他站起来,在肚皮上画个圈儿,说:"我看你的肚脐挺大,正好让我练练箭法。"萧道成连忙捂住肚子说:"我没有死罪呀!"侍从队长王天恩也求情说:"萧将军的肚子是好射堋(箭靶;堋péng),可如果一箭把他射死了,今后就不能再射啦,还是用骨箭射吧!"刘昱就用骨箭射了一箭,正好射中肚脐眼儿,把弓一扔大笑说:"看我的箭法怎么样?"萧道成忍着疼,勉强笑了笑,可心里就起了杀心。

在刘宋皇家的争斗中,有不少能打仗的将军给卷了进去,白白丢了性命。像名将臧质、沈庆之、柳元景、卜天与、卜天生几个,都在内战中遇害被杀,让人可惜了儿的。还有名将宗悫(què),小的时候就立志要"乘长风破万里浪",为国立功,可他的本事都用在了皇家的争斗上,真不值得。萧道成这时候握着兵权,威望挺高。他可不想那么白白送死,就和手下将领们商量说:"不能让那小子再祸害人了,我这回非除掉他不可!"大伙儿没一个不赞成的,他们说:"听说刘昱早想杀您,幸亏被太后拦住了,您要快动手才好!"他们又去联络了刘昱的几个侍从,定好了计策。

七月初七这一天,刘昱吃了狗肉,对侍从们说:"今天是牛郎织女见面的日子,你们看见织女就叫我,不然我明天砍你们的狗头,挖你们的肝肺!"说完躺下就睡。他想不到活不到明天了。夜里,几

个侍从偷偷地摸进来,猛地抽出他枕边的刀,砍下了他的脑袋。萧道成主持着,让刘昱的弟弟刘准即位,就是宋顺帝。从此,朝政自然由萧道成说了算。

又过了两年,就是公元479年,萧道成看着机会已到,就叫宋顺帝让位。刘宋一共六十年,到这儿就灭亡了。萧道成自己当了皇帝,改国号为"齐"。他就是齐高帝。历史上把他建的齐朝也叫"南齐",或叫"萧齐"。

西邸答辩

齐高帝萧道成和宋武帝刘裕有点儿像,都出身寒门,知道些百姓的疾苦。所以他干什么都挺节俭,皇宫里的东西能用铁的,就不用金的铜的,平时也不戴饰物,还减少了税收,为的是让百姓过得好一点儿。他对大臣们说:"要是能给我十年的工夫,我就能让天下人富裕起来。就是金子,也让它和泥土一个价钱。"可是老天爷没给他十年,只过了四年,他就得了重病。他把太子萧赜(zé)叫到跟前嘱咐说:"我本来是个老百姓,没想到能当皇帝。要不是前朝骨肉自相残杀,外人怎么能趁乱夺权呐?你要记住这一条。我死了,你千万别像前朝似的,乱杀自己的兄弟。"萧赜含着泪说:"您放心吧,我会按您的话办的。"

齐高帝去世以后,萧赜即位,是齐武帝。他果然说到做到,没跟自家兄弟过不去,对朝政管得也很上心。南齐平静了十几年,国力增强了,百姓的日子也好过多了。国家安定,文化上的事也顾得上做了。齐武帝的二儿子萧子良,在这方面特别用心。

萧子良被封为竟陵王,当了挺大的官,可他最喜欢的还是学问

西邸答辩

上的事，不但自己爱看书，还经常请一些学者名流聊天儿，向他们请教。为了这个，他在建康西郊的鸡笼山下盖了一所房子，叫"西邸"。西邸就成了学者们常来常往的地方。萧子良召集了一些文人在西邸抄写儒家的经典，还有诸子百家的著作。因为他是皇子，做起这样的事方便。抄好以后，大家就编了一部大书，叫《四部要略》，一共一千卷。萧子良看着这些书，不知道怎么高兴好了。

有一次，他看见古书上有个记载，说有人做过一件奇怪的物件，叫欹器（欹 qī），上边宽下边尖，能盛水。把它悬着放，空着的时候是斜着的，装半罐水就立起来，装满水又一跟头翻了下去。据说孔子见过这种水罐，还说过一句挺有道理的话："哪有自满了还不翻个儿的呀？"萧子良觉着有意思，就想做一个欹器放在身边，提醒自己别自满。谁会做这种东西呐？他想起有个叫祖冲之的学者，专门研究天文算学方面的事，心灵手巧，说不定能行。于是他派人把祖冲之请来，说了自己的想法。祖冲之想了想说："这种欹器，说起来容易，做起来就要有一定的尺寸比例才行。您让我回去好好琢磨琢磨。"

过了些日子，祖冲之果然做出一个欹器送来了。萧子良试了试，真像书上说的那样。他又高兴又佩服，对祖冲之说："您是大学问家，如果有空，今后请常到西邸来，我也好向您请教。"祖冲之答应了，此后也成了西邸的客人。

说起祖冲之，可是个了不得的人物。他的老家在北方逎县（在河北涞水；逎 qiú），和祖逖是本家。战乱年间，全家逃到南方。虽然也是士族出身，可他对当官一点儿没兴致，就喜欢钻研算学天文。刘宋朝的时候，祖冲之就编出一部历法，比当时用的《元嘉历》精密多了。他把新历法献给宋孝武帝，请他颁布施行，可权臣

戴法兴出来反对。戴法兴根本不懂历法，只是一个劲儿地说不能改了古人的东西。祖冲之写文章驳斥他，说服了宋孝武帝。宋孝武帝把新历法取名《大明历》，准备颁行，没想到还没公布，他就死了，新历法也给晾到一边（梁朝时候正式颁行）。祖冲之只好不想它，钻研别的学问去了。

算学上的圆周率，一直是个难题。圆周率就是圆的周长跟圆的直径的比。很多古代学者都计算过，三国时代的算学家刘徽用"割圆术"，算出圆周率是3.14再略微大一点儿。祖冲之对这事也挺有兴趣。他和儿子祖暅（gèng）一门心思地钻研起来，在地上画出大圆形，用割圆术一遍一遍地割，一直割到24576边形，终于算出了比刘徽更精确的圆周率，应该是在3.1415926到3.1415927之间。用分数表示，是七分之二十二（约率）或是一百一十三分之三百五十五（密率）。这个发现在当时世界上是最精确的，也让祖冲之成了大科学家。萧子良能把他请来，觉得挺有面子。

到西邸的客人越来越多，萧子良的心气更高了。他从小就信佛，虽说对佛学没什么研究，可觉得里面挺深奥。于是他就到佛寺里把几个老和尚请了来，让他们给客人讲佛经。佛经劝人们止恶行善，是对的。可它又说前生来世、因果报应什么的，就有人信有人不信了。有一天，萧子良看来的客人挺多，就让和尚们讲讲佛经。

和尚就讲起前世作恶、后世受罪、因果报应的事。正说到兴头上，忽然客人中有人"扑哧""扑哧"直乐。萧子良抬头一看，见笑的那位是范缜（zhěn），也是个挺有学问的。他很不高兴地说："范先生，你不好好听，瞎乐什么？"范缜站起来说："这几位师父讲的，我听着不是那回事，也不相信，忍不住就乐了。"萧子良气得脸发青，指着屋里摆的佛像，大声说："范缜，你胆儿也忒大了，当着

佛祖的面,敢说不信,还不赶快给师父赔罪!"没想到范缜没理这个碴儿,大模大样地坐下了。萧子良丢了面子,扯开嗓门儿说:"范缜!你说你不信,你就说说,没有前生的报应,人世间怎么有人生来富贵,有人就贫贱呐?"范缜身边的客人赶紧小声对他说:"看你把王爷气成什么样儿了,认个错就完了。"

范缜站起来,很从容地说:"既然让我说,我就说说。大家看外面的树,风一吹,花儿落下来,有的飘进屋里落在被褥上,有的飘出篱笆落到粪坑里。同样的花儿落处不一样,难道是它们的前世因后世果吗?人也是一样,王爷您,好像落在被褥上的花儿;下官我呐,就像是那落到粪坑里的花儿。咱们贫富贵贱不同,可我不承认是前世造成的。在座的各位,你们谁知道自个儿前一辈子积了什么德?造了什么罪?知道的就说说。"范缜这么一说,真把大伙儿问住了,半天没人敢回答,和尚们也低下头不言语。萧子良见冷了场,忙挥挥手说:"今儿个就不说了,大家散了吧!"

范缜有很多话还没说呐,回到家里就写了一篇文章,还是这个话题。文章大意是说:人的形体和人的精神,好比刀口和刀的锋利。没有刀口,刀也就没有锋利可言;人的形体没了,他的精神也没有了。所以世上从来没有鬼神,说人死了变鬼,鬼再变成人,有前生今生来生,这些都是没影儿的事。有人给寺庙捐好多钱,可不肯拿一点儿救济穷人,因为救济穷人没有回报。国家的事说到底,是靠老百姓种田养蚕得到吃穿,不是靠建寺庙养和尚就能富的。

范缜把文章送给萧子良看,萧子良当然不喜欢,就找了几个和尚跟范缜辩论。辩论的结果就不用提了,双方各说各的,都说服不了对方。至于有没有鬼神,谁都心里明白。有个信徒叫王琰,听范缜说没有鬼神,快气死了,当面对范缜说:"叫我说什么好啊,你连

晋朝南北朝故事

范缜很从容地说:"大家看外面的树……"

你的祖宗的神灵在哪儿,都不知道!"范缜倒没生气,回答说:"听您的意思,您知道自己的祖宗神灵在哪儿,可为什么不自杀去找呐?"把王琰噎得没话说。范缜写的文章好多年以后才发表,就是历史上有名的学术著作《神灭论》。

萧子良见范缜不肯低头,挺为他可惜,就派人对他说:"你是个有才华的人。可你这么公开跟佛教过不去,还这么固执,前程就不好说了。如果你能让一让,还愁当不上中书郎(相当于皇帝的秘书)吗?"范缜一脸严肃地说:"我要是会取巧,为了升官把主见卖了,也不用等您今天来劝我了。说不定我早当大官了,也许还不止中书郎呐!"

萧子良不赞成范缜的说法,可没有以权势压人,也没给他"小鞋"穿。所以范缜一直是西邸的常客,和沈约、谢朓(tiǎo)、萧衍几个人被称为"西邸文士"。沈约在文学和史学研究上有很大成就,谢朓是有名的诗人。萧衍也有点儿文才,可更有心计。他听了范缜的答辩以后,挺气得慌,当时没说什么,可一直记在了心里,后来当了梁朝皇帝,他就要找范缜算旧账了。

齐朝在齐高帝和齐武帝期间,总算安定了十几年。但是因为国力不强,所以没有人想北伐的事。这时候,北魏的当权者忽然说要出兵南下,讨伐齐朝。南边人着实吓了一跳。

迁都易俗

北魏太武帝被宦官宗爱暗杀以后，为了皇位，朝廷内外也开始了争斗。末了儿，受屈太子拓跋晃的儿子拓跋濬（jùn）给扶上皇位，是魏文成帝。魏文成帝杀了宗爱一伙儿，把局面稳住了。他像他父亲，脾气挺好，对父亲的老师高允特别尊重，经常向他请教。高允有时候呲儿他几句，话说得严厉点儿，他也不着急。他祖父魏太武帝活着的时候，反对佛教，曾经下令禁佛。魏文成帝正好反着，特别信佛，又恢复了好多佛寺。平城西北武周山下的云冈石窟，就是他在位的时候让和尚昙曜主持开凿的。可魏文成帝刚二十五岁就病死了。

魏文成帝的皇后姓冯，是个汉人，敢作敢为。魏文成帝死后，十一岁的太子拓跋弘即位，是魏献文帝。丞相乙浑看皇帝这么小，就想谋反篡位。冯太后得到消息，立刻下令捕杀了乙浑，自己出来掌了权。赶到魏献文帝长大了，冯太后就把权力交给了他。没想到魏献文帝亲政以后，不喜欢冯太后用的人，特别是他听说大臣李弈跟太后私通，一怒之下，找了个碴儿就杀了李弈。冯太后脸上挂不

住，和皇帝大吵起来，逼着他退位。到了儿是太后占了上风，魏献文帝只好把皇位让给儿子拓跋宏，就是魏孝文帝。那会儿的人结婚早，魏献文帝十三岁就有了儿子。冯太后喜欢这个小孩儿，抱过来亲自教养。魏孝文帝刚四岁，他爸也就十七岁，已经当了太上皇。太上皇退位可没交权，照样指挥一切，还带兵出征，威信挺高。冯太后怕他复辟，就让人给魏献文帝下了毒，把他毒死了。魏献文帝死的时候才二十三岁。

原来北魏早先有个习惯，后妃当中谁的儿子被选为太子，准备当皇帝，她就要被处死，为的是不让生母干涉朝政。所以冯太后不是魏献文帝的亲妈，也不是魏孝文帝的亲奶奶。他们彼此没有那份亲情，也就舍得下毒手。不过冯太后知书达理，管理国家也有一套想法。魏献文帝一死，她就以太皇太后的身份发号施令。

冯太后对大臣们说："咱们有些习俗太旧，我看应该按中原的法子改改。"大臣们就定了几条办法，一是禁止同姓通婚；二是像汉人朝廷那样给官吏发俸禄，分出级别；三是开办学校，教礼乐拜孔子；四是释放奴婢，让他们去生产；五是鼓励开荒地和经营手工业。尚书李冲还建议说："过去没有统一的户籍，百姓都是让豪门大户管着，对国家不利，应该实行'三长法'。每五家为一邻，五邻为一里，五里为一党。分别设邻长、里长、党长，直属郡县管。这样，国家干什么事就调动方便了。"冯太后听了以后，点头说："这个办法有两个好处，一是收税有了根据，二是隐瞒户口的可以查出来。我看可以实行。"

魏孝文帝一边读书，一边跟着冯太后学着管理政事，有空还到各地巡视一番，见识越来越广，十几岁就能处理国事了。有一次，大臣李安世上了一份奏章，说大户占田太多，该制定新的土地法限

制一下。魏孝文帝觉得有理，他就找来李安世和几个大臣商量，制定颁布了新的法令，叫《均田令》。简单点儿说，就是规定十五岁以上的男子和女子，无论是平民还是奴婢，都可以领到国家发给的土地。地分露田和桑田两种，分别种粮食和果木。露田不能买卖，男的四十亩，女的二十亩，每三十亩地配一头牛；桑田可以世代相传，也可以买卖。还有好多缴租纳税的具体规定。《均田令》一实行，对经济发展起了很大作用。后来的朝代照着办，一直用了好几百年。

从这时候起，魏孝文帝又有了更新的想法，要让国家来一个大变化。冯太后死后，他独立掌了权，就决心作为一番。公元493年的一天，魏孝文帝在朝堂上对满朝文武说："我要出兵南下，讨伐齐朝，这事要快，不能耽搁。"大臣们都以为听错了，心想：皇帝是开玩笑吧？任城王拓跋澄站出来说："陛下应该想好了再决定。当年苻坚那么强大，南下还败了；我朝太武帝南征，也是损失一半人马。现在咱们国力刚恢复一点儿，千万别把打仗的事当儿戏呀！"没想到魏孝文帝翻了脸，严厉地说："国家是我的，我想干什么就干。任城王你想动摇我的军心吗？"大臣们都蒙了，不敢说话。任城王仗着自己是皇帝的叔叔，也提高了调门说："国家是陛下的不错，可我也是国家的臣子，能看着危险不说吗？"魏孝文帝给噎住了，停了一会儿才说："咱们各说各的，没什么。既然说不通，就先说到这儿。"

散朝之后，魏孝文帝把任城王留下来，对他小声说："您以为我真要南征吗？我实话告诉您吧，平城这地界天太冷，老早就下雪，风沙又大，在这儿富强国家很难。再说它离中原又那么远，控制全国也不方便。我早就想过，不如迁都到洛阳。可咱们鲜卑人在北边过惯了，我冷不丁儿地说要迁都，怕大臣们反对，就想借出兵南下

的机会,把大家带到洛阳再说。"任城王一听就乐了,连连点头说:"陛下这个主意真是深谋远虑。洛阳地处中原,又是古都,周朝汉朝都在那儿建过都,结果都强盛了。这样的大事,一般人想不到。只要您决断,大臣们也不会怎么样。"魏孝文帝想了想说:"还是以出征为名好一点儿。"

  过了几天,魏孝文帝下达命令,要带二十万军队南征,除了一部分大臣留守平城以外,其余的都随军出发。大臣们叽里呱啦地议论起来,可一看最反对出兵的任城王没言声,只好闭上嘴,跟着走了。人马渡过了黄河,就到了洛阳,魏孝文帝让大家休息几天。几天后,他命令整装出发,可大臣们不肯再走。他就一个人骑上马,往南跑了。这一来,大臣们真急了,都骑上马追上去。赶上皇帝以后,大伙儿"呼啦"下马,跪了一大片。尚书李冲大声说:"陛下这回出兵,全国上下都不愿意。现在您一个人要到哪儿去?"魏孝文帝假装生气地说:"我说要南征,你们一再反对,不怕受罚吗?"大臣们不顾一切地说起来,还是不同意。

  等大家不说了,魏孝文帝才严肃地说:"既然你们都不愿意,我可以不南征。但是伐齐的声势传出去了,南边也知道了,不能就这么蔫不出溜回去。我看这么办:不南征,就迁都,迁到洛阳。"他就把迁都洛阳的好处说了一遍。不等大臣们说什么,他一挥胳膊说:"我的决心定了,非迁都不可。愿意的都站到左边,不愿意的站到右边去!"话音儿刚落,任城王就站到左边了。好多大臣往右边走,南安王拓跋桢说:"我明白陛下的意思了,只有非常人才能做非常之事,臣等赞成迁都!"他这么一说,大家都站到左边来了。

  魏孝文帝决定马上整修洛阳宫殿,让任城王回平城,向留守的人通报,他自己先到各地巡视。任城王回平城一说,权臣贵族们都

炸了窝，气得跟任城王直嚷嚷。任城王劝不住，只好向皇帝报告。魏孝文帝就自己回平城一趟，把大家召集起来说："你们反对迁都，说说有什么理由？"权臣贵族争着说起来，大概有这么几条：一是轩辕黄帝起源在涿鹿（在河北北部），可见圣王不一定住在中原；二是舍弃祖宗家园不应该；三是打仗要靠马，可中原不产马；四是鲜卑人历来倚仗武力，不用像汉人那样读书；五是要卜卦问问神灵再说。魏孝文帝耐着心烦儿说："你们说的，我看都不对。轩辕黄帝最初住在涿鹿，可得了天下以后，就迁到了河南，可见是中原更便利。咱们的祖宗最早在北方荒漠之中，几次迁移才到了平城，祖宗能迁移，为什么我就不能迁呐？迁都洛阳以后，平城还是咱们的地方，马匹自然不用愁。还有，咱们不能老是不读书没文化的样子啦，我迁都就是为了子孙们见世面长见识。至于卜卦求神，那是有疑惑才做的，迁都的好处明摆着，用不着这个。"魏孝文帝掰开了揉碎了讲了一通，也答应今后到了夏天，可以回平城避暑。权臣贵族这才没话说了。

第二年，洛阳整修一新，魏孝文帝到新都处理国事。洛阳天气暖和，人口也多，城里大街小巷一条挨着一条，铺面集市到处都是，货品齐全，还有练把式卖艺的，外国客商常来常往，比平城热闹多了。鲜卑官吏和贵族觉得挺好，慢慢地也习惯了。魏孝文帝想着还有好多想法要赶快办，一连发布了好几道命令。一条是禁止在官场上说鲜卑话，以汉话为正音。三十岁以下的官员必须说汉话，不然就要降职免官。一条是改穿汉服。一条是把鲜卑姓氏都改成汉人的单姓。皇族拓跋改姓"元"。一条是改律法，颁布新的《魏律》，减轻刑罚，废除灭五族三族的酷刑。此外还有改官制、改礼仪、考查官吏等等，内容挺多。

迁都易俗

魏孝文帝说:"咱们是应该变风易俗呐,还是因循守旧呐?"

满朝文武一看，全明白了，原来皇帝要把鲜卑的老习惯都改成中原的样子。这么做不但能消除汉人和鲜卑人的隔阂，还让国家成为正统。大伙儿也想通了，改就改吧。说汉话好办，本来就都会说；改汉姓也不难；最麻烦的是改穿汉服这一条。胡服有胡服的好处，短衣小袖紧口，穿着利索，骑马也方便。现在都得穿汉人的长衣大袖，好多人不愿意。

有一次，魏孝文帝从外地巡视回来，见洛阳城里还有很多人穿胡服，说鲜卑话，特不高兴。他把大臣们召集起来，对大家说："你们是希望我是个比得上商周圣王的皇帝，还是个不如晋朝的呐？"咸阳王元禧说："愿陛下超过历代帝王。"魏孝文帝说："咱们是应该变风易俗呐，还是因循守旧呐？"大臣们说："当然希望日日见新啦！"魏孝文帝又问："大家是想国家到此为止，还是传给子孙后代？"大臣们齐声说："愿意传百代！"魏孝文帝说："好！那我要改改旧习气，你们就不能违抗啊！"大臣们都笑了，说："上令下从，谁敢违抗啊？"魏孝文帝就把有人违抗命令的事兜出来，处分了失职的官员。他责备说："我的话如果不对，你们应当在朝廷上争论。但是不能当面顺从，背后又不照办。"大臣们看皇帝的决心这么大，反对的人也渐渐地少了。

魏孝文帝移风易俗见了成效，又想在国家统一的事业上做点儿什么，这才带兵讨伐南齐。没想到他得了重病，死在半道儿上。这位一心让鲜卑进步开化的皇帝，死的时候也就三十二岁。他的儿子元恪即位，是魏宣武帝。南齐躲过了一场大战，可是在继承皇位的事情上又出了乱子。

舍身入佛

南齐武帝的太子死得早,很多人希望他的次子萧子良接位。萧子良开西邸讲坛,聚集不少人才,还经常参与国事,按说挺合适。可齐武帝犹豫了好久,还是让孙子萧昭业继承皇位,让萧子良和自己的堂弟萧鸾辅政。齐武帝死后,有些官员就想拥立萧子良即位。萧鸾一听,马上带人进宫,把萧昭业扶上皇位。萧子良想不开,给郁闷死了。萧鸾对新皇帝也很不满意,一年内就废杀了两个,末了儿他自个儿当了皇帝,就是齐明帝。打这儿起,南齐和刘宋一样,也开始了骨肉残杀。

齐明帝本是皇家远房,唯恐别人反对,就把齐高帝的儿子,齐武帝的儿子,一共二三十个,都赐死了。就这样,他还不放心,临死前对太子萧宝卷说:"你要多加小心,遇事千万不能落在别人后头。"萧宝卷即位后,把朝廷大臣和地方将领又杀了不少。

雍州(治所在襄阳)刺史萧衍,本是齐高帝萧道成的族弟,这会儿也成了萧宝卷要杀的一个。他可不想等着挨那一刀,就抢先发兵,攻进建康,杀了萧宝卷,另立了一个。不到一年,萧衍又废了

这个，自己坐上皇位。他把国号也改了，叫"梁"。南齐一共存在二十三年就完了，那年是公元502年。萧衍建立的梁朝，历史上也叫"南梁"，或叫"萧梁"。他就是挺有名的梁武帝。梁武帝挺能活，活到了八十六岁。南梁存在五十五年，他自己就占了四十八年。关于他的故事挺多，顶顶有名的，要算是他信佛的事。

梁武帝登基以后，想起当年在西邸的时候，听过范缜不信佛的答辩，还是气鼓鼓的。现在自己是皇帝，应该给范缜一点儿颜色瞧瞧。于是，他亲自写文章批判了范缜一通，说："无神的看法是违背天理人情的，这种话以后不许再说了。"有个叫法云的和尚，看了文章，马上誊写了好多份，送给王公大臣还有名流们。那些人也纷纷按照皇帝的调子写了文章，一起笔伐范缜。不料范缜不怕这一套，也写文章反驳，还跟批他的人辩论。梁武帝看制不服范缜，就干脆找了个碴儿把他降了级，调到老远的广州当差。这么着，范缜没法儿反驳了，梁武帝觉着自己胜利了。

梁武帝决定按佛教徒的样子过日子。他吃饭吃素的，穿衣穿麻布的，祭祀的时候也不准杀牛宰羊。生产丝绸要把蚕煮死，是杀生，他不穿。床上挂的黑帐子是木棉做的。一顶帽子，他洗了又洗，戴了三年，一床被也让他盖了两年。平日除了办公事以外，他就是念佛经，不喝酒，不听音乐，也不和大臣们来往。为了给臣下做个榜样，他每天起五更爬半夜，天不亮就开始批阅公文。到了冬天，手上冻得裂了口子，还是那么写个不停。

梁武帝在生活上俭朴得不得了，可在佛事上又大方得了不得。他最上心的就是建佛寺，光是在建康城，就建了五百多座佛寺。寺里养的和尚尼姑十几万人。每天用在造佛像、念经、烧香、做各种佛事的钱有多少，梁武帝都懒得计算。他每天早晚都要到寺里拜

舍身入佛

佛,凡是要处决犯人的时候,总是一边写批文,一边唉声叹气地念叨:"阿弥陀佛,阿弥陀佛,罪过啊!"为了这个,他会整天不高兴,还掉下眼泪。可打仗的时候,那么多士兵百姓被杀,死在荒野,他就想不起掉泪了。

梁武帝小的时候学过很多儒家的书,后来又信过道教。儒学是中国正统的思想,是以人为本的学问。道教是本土的宗教,主要是追求人怎么样长生,跟盼望来生的佛教不一样。梁武帝当皇帝以后,觉得佛教对自己更有用,就不喜欢儒学和道教了。有一次,他在佛像前发下誓愿,对和尚们说:"老子(传说老子是道教的开创者,其实不是)的法是邪法,我今后要一心向佛。"和尚们听了,乐得嘴都合不上。他又对朝臣们说:"老子,还有周公(儒学的先祖)、孔子(儒学的主要创始人)的学问都是邪门歪道,只有佛才是正道。我信佛,你们也都信佛吧!"朝臣们有的点头,有的直摇头。

有个叫郭祖深的小官见梁武帝大办佛事,非常担心,就叫人抬着棺材,到皇宫门前上奏章说:"现在佛寺华丽排场,和尚尼姑足有十几万人,有的还收子养女,不受户籍管制。这么下去,总有一天会到处见佛寺,家家剃发当和尚,国家就灭亡了。"梁武帝根本听不进去。还有个叫荀济的官员也上书说,信佛张扬得太过分,害了国家。梁武帝气得要杀他。

有一天,梁武帝到佛寺里拜佛,看见有名的画家张僧繇(yáo)正在画佛像,把几个佛和孔子画在一起。梁武帝挺奇怪,问他:"你在佛寺画佛像,怎么把孔子也画上了?"张僧繇指着孔子的像,很认真地说:"我是信佛的,可我也能看得出来,今后的世道还是要靠他呀!"梁武帝听了,不由得心里一动。其实,他怎么会不知道呐,佛教再兴盛,也代替不了儒学。可是佛教能帮他坐稳皇帝宝

晋朝南北朝故事

座,他还是铆足了劲儿做佛事。公元527年年初,他下令在皇宫的旁边建了一座寺庙,取名同泰寺,还在皇宫开了一扇门,叫大通门,正对着同泰寺的南门。这么一来,梁武帝早晚拜佛,出这个门进那个门,就忒方便了。忽然有一天,他对大臣们说:"我要舍身入佛,到寺里做和尚,为万民祈福。"大臣们不相信,也就没当回事。

不想第二天,梁武帝到同泰寺去拜佛,一直没有回来。大臣们急忙到寺里一看,原来梁武帝真剃了头发,穿上袈裟,当了和尚,还敲着木鱼念经呐。消息传开,满朝文武都急得别提,一起来到同泰寺,给皇帝和尚跪了一大片,央求说:"陛下不能舍弃国家,还是赶快回朝主政吧!"梁武帝眼也不睁,说:"我如今已经是佛门里的人了,不回去了。"大家伙儿劝了三天,他一直不松口。直到第四天,和尚们也来劝说,他才点头答应了。

过了两年,梁武帝在同泰寺主持了一次佛教大典,叫"四部无遮大会"。"四部",指的是和尚、尼姑、善男、信女;"无遮",就是没有阻挡的意思,只要信教,谁都能参加。那一天,梁武帝穿上法衣,坐着小车,来到寺里,住到一间小屋里,睡木床,用瓦盆吃饭,又当起了和尚。第二天,他坐上法座,给大家讲起了《涅槃经》,真像那么回事儿。大会完了,梁武帝又不回皇宫了,任凭大臣们怎么劝都不行。过了十几天,他才放话说:"我是寺里的人,你们想让我回去,就得做善事把我赎回不可。"大臣们一听就明白了,这是要钱呐。于是,群臣给寺里送来一亿万钱,说要赎回"皇帝菩萨"。和尚们收下钱,说可以赎回。大臣们又到寺的东门,连上三次奏章请皇帝还俗,才看见梁武帝慢腾腾地走了出来。

到公元546年,梁武帝已经活过了八十岁,又到同泰寺出家去了。大臣们只好再去请。梁武帝说:"又要开无遮大会了,我这次

舍身入佛

梁武帝眼也不睁，说："我已经是佛门里的人了，不回去了。"

来，是把我和宫里的人，还有全国的人，都舍给寺里了。你们的善事也要做大些呀！"大臣们心领神会，凑齐了二亿万钱，比上次多了一倍，交到寺里，才把皇帝赎回来。

不料，就在那天晚上，同泰寺的佛塔遭了火灾，被烧毁了。梁武帝怕得要命，颤巍巍地说："这一定是魔鬼干的，应该做更多的法事，造比原先高一倍的佛塔，才能把魔鬼镇住。"他下令，新佛塔要高高的，越华丽越好。

为了还这个愿，转过了年，梁武帝第四回到寺里舍身。这一次时间最长，一共三十七天。没说的，大臣们又把一亿万钱送过去，才把他赎回来。算下来，梁武帝出家四次，替同泰寺要来四亿万钱。这些钱从哪儿来的呐？当然是从老百姓那儿搜刮来的了。梁武帝舍身当和尚，一心想让他的江山稳固，让自己活得长久。可没想到，就在他最后一次出家那年，一场灾难从北方窜到了南方，不但给老百姓带来了祸殃，也要了他的老命。

两面高欢

梁武帝闹着当和尚的这些年，北魏正在打内战。魏宣武帝元恪在位十几年，跟梁武帝一样信佛，建了许多佛寺。官员贵族习惯了吃喝玩乐那一套，干什么都讲究排场。这么一来，百姓的负担加重，肯定积下怨气，到魏宣武帝的儿子魏孝明帝元诩即位的时候，就发生了一次民众大暴动。公元523年，这次暴动从北边六个镇（沃野、怀朔、武川、抚冥、柔玄、怀荒）最先起来，历史上就叫"六镇起义"。朝廷费了挺大的劲儿，把起义镇压下去，可参加起义的好些人，后来掌握了北魏的实权。

魏孝明帝当皇帝那年，才五岁，他的生母胡太后替他管理朝政。胡太后叫胡充华，又会射箭又会写诗，特讨魏宣武帝的喜欢。所以她儿子当了太子，可她没有被杀。现在掌了大权，她就自称"朕"，让大臣叫她"陛下"，跟当皇帝差不多。魏孝明帝长大以后，嫌她专权，母子俩就争斗起来。魏孝明帝暗地里派人去找秀容部落（在山西神池、五寨）的头领尔朱荣，让他带兵到洛阳来，把胡太后一伙儿干掉。尔朱荣在六镇起义以后，招兵买马拉起队伍，势力挺

大。现在得到皇帝密令,他高兴坏了,带着八千骑兵就直奔洛阳。不料半道上,从洛阳传来消息,说胡太后先动了手,毒死了魏孝明帝,另立了一个还怀抱着的小皇帝。

尔朱荣对部下说:"咱们正好讨伐害死皇帝的太后,进京把权夺了!"没过几天,他的人马就打进了洛阳。胡太后没法子,只好剃了头发去当尼姑。可尔朱荣不饶她,派人把她抓起来,连同小皇帝,塞到竹笼里都扔进了黄河。然后,他宣布让魏献文帝的孙子元子攸当皇帝,就是魏孝庄帝。尔朱荣看着朝中大臣,没一个顺眼的,瞪起眼睛说:"天下大乱,皇帝被杀,都是因为你们无能,一帮光知道享乐的东西,留着你们有什么用啊!"朝臣们还没醒过闷儿来,他一抬下颏儿,士兵们就冲上去,连劈带砍,杀了个痛快。据说这一次杀了两千多人。从此,尔朱荣当上了太原王,还被封为天柱大将军。

尔朱荣把亲信留在洛阳,又让魏孝庄帝娶自己的女儿当皇后,然后就回晋阳去了。可朝中什么事都得他点头才行。日子一长,魏孝庄帝嫌尔朱荣太霸道,就想除掉他。公元530年,魏孝庄帝假装说有事商量,请天柱大将军到洛阳来。尔朱荣没防备,刚进宫殿,就中了埋伏,魏孝庄帝亲手杀了老丈人。尔朱家势力那么大,哪能吃这个亏呐?尔朱荣的堂弟尔朱世隆、侄子尔朱兆一帮人立刻带兵马杀进洛阳,绞死了魏孝庄帝,改立皇族元晔当皇帝。这一次,连带被杀的人又不知有多少。随后,尔朱世隆镇守洛阳,尔朱兆在晋阳遥控,天下还是尔朱家的。尔朱家的人都是杀人杀惯了的武夫,压根儿不懂得朝政是怎么回事。国家由他们管着,真是遭了殃了。尔朱兆手下的大将高欢看着都气得慌。

高欢还有个鲜卑人的名字,叫贺六浑。是汉人还是鲜卑人,他自己也说不清。据说他祖上因为犯罪,被发配到边地,住在怀朔镇

(在内蒙古固阳)。小时候他在姐夫那儿寄养,长大以后,因为有副好长相,挺会说话,遇事有心计,他被一家鲜卑人相中,做了人家的女婿。后来他做了信使,专门到洛阳送信。这一来,他见识多了,志向也大了,看见到处都乱哄哄的,心想:我什么时候也能掌大权,把天下治理好点呐?恰好不久,六镇起义爆发,高欢就参加了起义军,不久又投奔了尔朱荣。尔朱荣见他打仗会用计谋,就连着提拔,让他当了晋州(在山西临汾)刺史。尔朱荣死后,尔朱兆也把他当成心腹,还结拜为兄弟。可高欢特讨厌尔朱家,想找机会自己单干,只是手下没兵,让他发愁。

这时候,尔朱兆也正为一件事头疼。原来六镇起义失败以后,有二十多万散兵被迁到并州和肆州(在山西忻州)一带,成了流民。吃穿没有着落,大家就起来闹事,跟官府作对。尔朱兆对高欢说:"这些流民三天两头找麻烦,成了我一块心病。你有什么主意没有?"高欢心想:这可是个机会。他拍拍脑门儿说:"我看最好大王挑一个亲信,去把这些人管起来。往后再闹事,就拿他是问。"尔朱兆说:"这是个好主意,你看让谁去呐?"旁边的大将贺拔允接茬儿说:"我看高将军顶合适了。"高欢听了,反倒是特生气的样子,冲贺拔允叫起来:"你胡说!我只配给大王当鹰,当狗。这种安天下的事,只能是大王下令才行,哪有你说话的分儿!你诬陷我又欺骗大王,该杀!"说着一拳头打过去,正打在贺拔允的嘴上,把门牙都给打掉了一颗。贺拔允不敢再言声,尔朱兆倒挺过意不去,对高欢说:"你生这么大的气干吗?我看也是你去合适。今后你就是他们的头儿了!"

高欢怕尔朱兆变卦,连忙离开晋阳,把六镇流民召集起来,驻扎在壶关(在山西黎城东北)。接着,他就派人报告尔朱兆,说天旱

晋朝南北朝故事

高欢一拳头打过去,打掉了贺拔允的一颗门牙。

缺粮，这些人只好吃田鼠，请求带他们到山东（指太行山以东地区）一带找饭吃。尔朱兆不知是计，答应了。高欢马上领着大家渡过了漳河。不料，尔朱兆听说高欢在路上抢了朝廷三百匹马，就起了疑心，亲自带兵追上来。恰好漳河水暴涨，把桥冲坏了。高欢隔着河对尔朱兆说："我是借的马，为防备山东的盗贼。大王听信谣言，前来追赶，我担心这些人又会叛乱。"尔朱兆忙说："你别多心，我没有怀疑你的意思。"说完，他就一个人骑马渡过河，跟高欢坐在一起，还把刀递给他，伸长脖子说："你要不相信我，这就把我脑袋砍了吧！"高欢需要哭就哭了，他说："我贺六浑指望什么？不就指望替大王出点儿力吗？大王怎么忍心这样啊！"尔朱兆到底少个心眼儿，马上跟高欢盟了誓，还在军营里待了一夜，第二天才回去。高欢看出来，尔朱兆有勇无谋，不难对付。

送走了尔朱兆，高欢率领部下很快到了河北地界。队伍军纪很严，不骚扰百姓，给当地人印象挺好。他就四处打听哪儿有豪强一类人物，要和他们交朋友。那些豪强都对尔朱家不满，正打算找人领头造反，听说高欢人马来了，也都纷纷找上门。

有一天，一个叫高乾（qián）的人从信都（在河北冀州）来找高欢。高乾和他的父亲高翼、弟弟高昂都是有名的豪杰，不久前领着人占领了一块地盘，反抗尔朱兆。高乾探着口气对高欢说："听说尔朱兆派你来打我们，是吗？"高欢连连摇头说："没这回事，我是带人找活路的。"高乾压低声音说："尔朱家做坏事太多，你怎么甘心在这种人手下呐？"高欢也说了心里话："我现在有人马，就是缺地盘少粮草，怕打不过他。"高乾说："我那里地盘不大，可要人有人，要粮有粮，咱们干吗不一块儿干？"这句话说到了高欢心坎儿上，他把手一拍，说："好啊，大事成了！"

他俩越说越近乎，当天晚上就合在一张床上，聊到了半夜。高欢听说高乾一家是渤海蓨县人（蓨县在河北景县；蓨tiáo），赶紧说："我老家也是那边儿的，咱们都姓高，我就认你们是同宗吧！"高乾认了这么个亲戚，也特高兴。俩人论起辈分，高乾比高欢小一岁，可辈分比他大。高欢马上说："您是长辈，我应该叫您叔父才对呐！"他就"叔父叔父"地叫起来，把高乾乐得满脸笑纹儿。

过了几天，高欢带人来到信都。高乾下令大开城门，把他们迎进来，安顿住下。高乾的三弟高昂从外地回来，听说哥哥把高欢引来，认为是屈从外人。他派人给高乾送去一件女人的布裙子，嘲笑他不硬气，没男人味儿。高欢听说以后，就派大儿子高澄去拜见高昂。高澄也挺会来事，一见高昂就跪下磕头说："我爹是您的侄子，我就是您的侄孙，请受我行祖孙之礼。"高昂马上就软和了。此后，高乾高昂他们，都成了高欢顶贴心的将领。

高欢给朝廷上书，说明六镇流民已经得到安置，可他与高乾他们的密谋，一点儿没露。尔朱兆听说后还挺满意。过了些天，尔朱家让高欢当了渤海王。这一来，高欢的势力就大了。不久，在洛阳的尔朱世隆自作主张，把皇帝元晔废了，另立元恭为帝。驻守晋阳的尔朱兆很生气，就起兵讨伐尔朱世隆，尔朱家自己闹起了内讧。高欢见时机已到，就假装对部下说，奉了尔朱兆命令，要挑出一万多人去给尔朱家当部曲（相当于家奴）。大伙儿听了直发怨言，被挑上的又哭又闹。高欢对他们说："我和你们离开家乡来到这儿，彼此就跟一家人一样。这次你们回并州，如果误了日期，就是死罪；给人家当部曲，早晚也是死。今天就是生死别离啦！"就有人嚷嚷说："横竖是个死，不如造反，死了也值！"大伙儿都让高欢领着干。高欢沉下脸来说："你们这些人散漫惯了，成不了事。当初六镇起事，

就因为互不相从,又没个奖罚,才被打得七零八落。今儿个要跟我干,就不能像过去那样了。"大伙儿说:"您说怎么着好?"高欢说:"我说,第一不能欺负汉人;第二都听我的军令,犯军令处死没二话。不然还是个失败,让天下人耻笑!"大伙儿马上跪下说:"这次造反,是生是死由您了!"

六镇流民大部分是鲜卑人。高欢就以鲜卑人的身份,用鲜卑话对大家说:"汉人是你们的奴仆,男的给你们种地,女的给你们织布,供你们吃穿。你们干吗还老是欺负他们呐?"可当着汉人的面,他又说自己是汉人,说起了汉话:"鲜卑人是你们的客人,得到你们的粮,你们的布,替你们打贼寇,保你们平安,你们干吗还恨他们呐?"高欢就这么当两面人,说两面话,两面讨好,把鲜卑人和汉人撮合在一起,为自己打天下。

有个部下叫孙腾,给高欢提醒说:"咱们离洛阳太远,朝廷又被尔朱家把持,有什么事报告他们也没用。您还是单立个皇上,发号令就名正言顺了。"高欢一听,太对了。他就找了一个皇族叫元朗的,让他当皇帝,自己当丞相、大将军。公元531年,高欢宣布讨伐尔朱家。尔朱家只好停下内讧,派出几路大军向河北进发,要消灭高欢。马上要开仗了,高欢反倒有点儿犯嘀咕。他寻思着,自己一个小人物跟尔朱家叫阵,尔朱兆对自己也不赖,这么干,别人瞧得起吗?他把心思对部下说了,大将段韶给他鼓劲儿说:"尔朱兆他们杀皇帝,杀大臣,杀百姓,谁不恨他们?您起兵讨伐,是顺了民心,谁也不会瞧不起您。"结果,部下还真争气,连打了几次胜仗,占领了邺城。

第二年春天,尔朱兆亲自带兵来了,双方约好在韩陵山(在河南安阳)决战。事先,高欢叫人把一群牛和驴拴在一起,赶到来的

路上。这样就没了退路，士兵知道只有死拼才行。尔朱兆领着精锐骑兵走过来，一眼看见高欢，气得大叫说："贺六浑！你个没良心的，我哪点儿对不起你，你凭什么反我？"高欢也扯开嗓门儿说："你们尔朱家杀了那么多人，祸乱百姓，连皇上大臣也不放过，我就是要讨伐你！"尔朱兆把手一挥，骑兵就冲杀过来。高欢这边有骑兵也有步兵，开始有点儿乱，直往后退。这时候，高昂带着骑兵从两边杀过来，把敌军打得大败。尔朱家因为不和，互不相助。高欢乘势追击，尔朱兆只好逃回晋阳。

　　不久，洛阳城里发生政变。一些将领杀了尔朱世隆，把尔朱家的人逮住，交给了高欢。高欢带人进入洛阳，把自己立的皇帝元朗废了，把尔朱世隆立的皇帝元恭也废了，让魏孝文帝的孙子元修即位，就是魏孝武帝。魏孝武帝请高欢当大丞相、天柱大将军。可高欢觉得"天柱大将军"不吉利，尔朱荣不就是当"天柱大将军"被皇帝杀了吗？所以他辞了"天柱大将军"，只当大丞相。随后，高欢派兵攻打晋阳，尔朱兆兵败，给逼得自杀了。这么着，尔朱家完了事，高欢得了势。他让高乾、高昂兄弟驻守洛阳，自己住在晋阳，也遥控起朝政来。

侯景作乱

高欢的担心果然没错。刚过了两年,魏孝武帝就对他不满意了。魏孝武帝想自个儿当政,暗地拉拢人要除掉高欢,还让高乾跟他干。高乾哪会答应呐,就秘密派人告诉高欢,劝他趁早废了魏孝武帝,改朝换代。不料走漏了风声,魏孝武帝立刻杀了高乾。高昂连夜逃到晋阳。魏孝武帝干脆给高欢写信,说如果不听自己的,宁愿跟他打一仗。高欢不想撕破脸儿,就要到洛阳和魏孝武帝当面理论。魏孝武帝吓坏了,以为高欢要来杀自己,寻思半天,索性带着心腹逃出洛阳,跑到长安去了。长安这时候由将领宇文泰把守,他也是想掌大权的主儿。见皇帝来了,宇文泰高兴得脑门儿发亮,马上宣布,长安是朝廷所在,自己就是大丞相。

高欢来到洛阳,才知道皇帝跑了,心里挺不自在。到长安去拜见吧,太丢面子了。他就派人到长安请皇帝回洛阳,可请了几次,魏孝武帝一死儿不回来。高欢赌了气,干脆废了魏孝武帝,让魏孝文帝的曾孙元善见即位,就是魏孝静帝。思谋着洛阳离长安太近,不安全,他又决定把国都迁到邺城。这一年是公元534年。转过了

年，宇文泰毒死了魏孝武帝，立了魏孝文帝的孙子元宝炬为帝，是魏文帝。这么一来，北魏就分成了两半。历史上把高欢的魏国叫"东魏"，管宇文泰的魏国叫"西魏"。北魏一共一百四十八年，以分裂告终。

东魏和西魏虽说都是魏孝文帝的后代当皇帝，可打一开始，两边就跟仇敌似的，相互讨伐，都想把对方灭了。从实力上看，东魏比西魏要强得多，打赢过好几次，高欢的部下都撺掇他当皇帝，他可没那么想，对魏孝静帝还挺好，国内也平静下来。可是高欢死了没多久，一场从北到南的大动乱又开始了。

高欢手下有个将领叫侯景，是羯人，跟高欢是同乡，一块儿长大，又一块儿参加起义。高欢干出名堂以后，没忘了老乡，又知道侯景心气儿高，就把河南十几个州的地方都交给他管，还常给他写信聊天儿。为了保密，他俩约定，高欢的信，都在背面加个小点。侯景对高欢很佩服，可对他的儿子高澄瞧不上，暗地里对人说："高王在，我没说的。高王不在了，我才不在他（指高澄）底下呐！"

公元547年，高欢病重。高澄怕侯景反叛，就用父亲的名义给侯景写信，让他进京。侯景接到信一看，背面没有小点，不是高欢亲笔，就知道高澄要对自己下手，马上做了准备。过了些日子，高欢去世了，高澄接着当了东魏丞相，侯景就秘密地派人到长安联络，想投靠西魏。他是想换个主子，自己还能占据河南。宇文泰多了个心眼儿，一面说让侯景入朝，一面趁他不防备，派兵夺了河南的七个州。侯景吃了哑巴亏，就决定改投南方的梁朝，派人上书给梁武帝，说愿意帮梁朝统一北方。

梁武帝已经八十多岁了，刚当了第四次和尚回来，一听说能收了北方，喜欢得浑身抖筛子似的，乱哆嗦，说："好，好，这是我出

家修的福分,就让侯景挂帅北伐吧!"他立刻封侯景为大将军、河南王,带本部人马征讨东魏,又命侄子萧渊明领五万人马接应。高澄听说后,派大将慕容绍宗对阵。慕容绍宗先跟萧渊明在彭城打了一仗,用水攻淹了彭城,活捉了萧渊明。接下来,慕容绍宗碰上侯景,双方在涡阳(在安徽蒙城;涡 guō)一战,侯景也叫他打败了,只带着八百骑兵逃到寿阳(在安徽寿县)。

梁武帝得知侯景败了,不但没责备,还下书给侯景说:"我是大国之主,不会因为你打败了就扔了你,那就失了信用。你需要什么,只管说。"接着又让侯景当了南豫州刺史。侯景打败仗反倒升了官,暗暗高兴,写信又要盔甲又要给养,梁武帝一一照办。侯景还是不放心,想探探梁武帝的底,就假造了一封东魏朝廷的信给梁朝。信上说,愿意送回萧渊明,条件是把侯景交出来。梁武帝回信说:"萧渊明早晨回来,我晚上就把侯景交回去。"有的大臣说:"侯景如果知道要把他交回去,会闹事的。"梁武帝撇撇嘴说:"他一个败军之将,有那个胆儿吗?到时候,我派个使者就能把他拿下。"回信自然落到了侯景手里,他牙咬得咯吱响,心想:"既是这么着,我就大干一场,到建康坐天下去!"

侯景先给梁朝临贺王萧正德写了封信,说:"我要发兵建康,如果成功,就立殿下为帝,希望您助我一臂之力。"萧正德是梁武帝的侄子,梁武帝早年没有儿子,把他过继过来当儿子,想让他继承皇位。后来梁武帝有了亲儿子萧统(昭明太子),又让萧正德回自己家去了。萧正德气得个半死,就跑到北魏,要借兵打梁武帝。北魏懒得搭理他,他只好又回来。梁武帝没计较他,还让他当了临贺王。可萧正德不领情,还想把老皇帝拉下马。侯景知道他的心思,才敢写这封信。萧正德见了信,哪有不乐意的呐?立刻回信说:"我

等这一天等得好久了。你快点儿,我给你做内应。"这么着,侯景在北方叛乱完了,又来到南方叛乱。

公元548年秋天,侯景打着反奸臣的旗号,带着人马向建康进发。梁武帝接到报告,惊得眼珠都不会动了,半天才说:"想不到侯景会这样,不过我有长江天险,他过不来!"话是这么说,他还是让邵陵王萧纶挂帅,阻挡侯景。可他没料到,各地的守将都没抵抗,不是逃跑就是投降。侯景的人马没费事儿就到了长江北岸。梁武帝真老糊涂了,偏偏就派萧正德负责防卫京师。萧正德正好利用自己的身份,说是要运苇荻,派了几十只大船到北岸,把侯景的军队接过了江,顺顺当当地到了建康城下。梁武帝这才慌了,把国事交给太子萧纲(昭明太子早死)全权处理。萧纲也不知道萧正德的底细,又让他去把守宣阳门。结果,萧正德打开城门,放叛军进了城,来到了台城(宫城)外面。

守台城的梁军拼命抵抗,没让叛军占便宜。侯景想了好些办法,火烧、砍门、爬墙、射箭,都不灵。萧正德急着要当皇帝,就随便找了个地方登基,宣布即位,封侯景当丞相。侯景让人在建康城里到处喊话:"朝廷宠信奸臣,祸害百姓,大家没受够吗?看看修的那些花园、寺庙和佛塔,花了多少钱!"又说,"侯将军这次来是为了除奸臣,给你们好处,别给他们卖命了!"他还下令,解放奴婢为平民,凡从军的给重赏。这一招儿还挺灵验。百姓们对修同泰寺佛塔本来就不满,这下都跑出来骂梁武帝,工匠们也歇了工,佛塔到了儿没建成。解放的奴隶都跟着侯景来打台城。台城守军再也顶不住了,让侯军杀进了皇宫。

起初,侯景答应过萧正德,进皇宫先杀老皇帝和太子,让他正式登基。可真进来了,侯景就变了卦。他寻思着,梁武帝在位四十

侯景作乱

萧正德趴在梁武帝脚下，哭得岔了气。

多年，名望比萧正德大多了，将来自己从他这里夺位才能让大家服气。这么一想，他就正经八百地拜见了梁武帝，对太子也挺客气。对萧正德，他连正眼都不给，不承认他是皇帝。萧正德没脸见人，趴在梁武帝脚下，哭得岔了气。梁武帝有气无力地说："哭管什么用啊，咱们都没活头了。"萧正德想杀侯景，派人去联络外地军队。侯景早防着这一手，就以梁武帝的名义绞死了萧正德。接着他就把梁武帝一个人关在净居殿里，不给吃不给喝，也不给治病。没几天工夫，梁武帝就饿得不能动弹，使劲喊着："蜜，我想吃蜜。"可没人送蜜来，这位皇帝菩萨给活活饿死了。

侯景让太子萧纲即位，就是梁简文帝。他自封是宇宙大将军，下令攻打江南各地城池。这一回，他再不说为百姓的话，而是放出话说："各处凡是敢抵抗的，破城之后，把里头的人全都杀了，壮壮我的威风。"烧杀抢掠没人管，死的人不知有多少。过了两年，侯景觉着立住了脚，就逼着简文帝让位，接着又把他弄死，立梁武帝曾孙萧栋为帝。没到三个月，他把萧栋也废了，自己当了皇帝，改国号为"汉"。可这个时候，起来反抗的梁朝势力到处都有。各路人马杀过来，侯景渐渐抵挡不住。几个月以后，建康被攻破，侯景逃出城来，在半道上被部下杀了。从北到南的这场战乱到这儿才算完。

再往后，梁朝皇族自己又打起来。梁武帝的儿子和孙子们都想当皇帝，谁都不让谁，争斗得烂糊极了。末了儿是将军陈霸先掌握了朝廷大权。到了公元557年，陈霸先看到梁朝实在扶不住，就自己当了皇帝，改国号为"陈"，他就是陈武帝。可战乱当中，地盘叫北边抢走了不少，陈朝的地界比宋、齐、梁三朝小得多，只剩下东南一小角。

自毁藩篱

侯景把战乱引到南方以后,北方也换了朝代。高欢死后,长子高澄执政,他就想自己登基做皇帝了。有了这个心思,他看见魏孝静帝就烦。有一次开宴会,高澄非让魏孝静帝喝一大杯酒不可。魏孝静帝不想喝,高澄把眼一瞪说:"你干吗不喝?"魏孝静帝忍不住顶了一句:"自古没有不亡之国,朕何必这么活着!"高澄火儿了,高声骂道:"朕,朕,什么朕?狗脚朕!"回头对亲信崔季舒说:"你替我揍他三拳!"崔季舒上前就打了魏孝静帝三下,魏孝静帝一声都不敢出。过后,他越想越气得慌,就悄悄让人在宫里挖地洞,想逃出去。这事被高澄知道了,他立刻进宫质问魏孝静帝:"我们高家哪点儿对不起你,你为什么造反?"魏孝静帝说:"我只听说臣反君,没听过君反臣的。"高澄把手一挥,命人把魏孝静帝关了起来。接着,他就和心腹商量起禅位的事来。

不料有一天,高澄正在和人密商,做饭的仆人兰京突然闯进来,给了他几刀,当时就把他砍死了。高澄一死,魏孝静帝以为日子能好过些,不想高澄的弟弟高洋马上就掌了大权,那样子更凶。

晋朝南北朝故事

魏孝静帝这才死了心。公元550年年初，高洋逼着魏孝静帝让了位，自己当了皇帝。东魏存在十七年，只有一个皇帝。高洋登基，改国号为"齐"，历史上叫"北齐"。西魏那边见东魏变了天了，也想变一变。公元557年，宇文泰的儿子宇文觉废了西魏皇帝，改国号为"周"，历史上叫"北周"。西魏存在了二十二年。此后，北齐和北周又较起劲来。

北齐有高欢打下的底儿，一开始国力就比北周强。高欢的儿子高洋、高演、高湛，都有点儿本事，懂得些治国的办法。他们接替着当皇帝，也做了些改革。可最后北齐反让北周给灭了，这是怎么回事呐？后人找了找原因，根子就在他们自己身上，是自个儿把自个儿毁了。敕勒人（敕勒chìlè）斛律（húlǜ）一家遇害，是自毁的活证据。

敕勒人又叫丁零人，最早住在大沙漠以北。因为他们喜欢坐着高轮大车出行，所以大家又称他们是高车人。后来，敕勒人陆续往南迁移，有些部落就到朔州（在山西北部）一带定居了。有个叫斛律金的武将也带着全家住在这儿。斛律金的祖上当过北魏的大官，到他这儿，又跟着高欢出生入死，成了一员大将。他从小没读过书，可练就了一身好武艺，骑马射箭顶拿手。他还爱唱歌，经常给大家唱敕勒人的民歌，士兵没不喜欢他的。

斛律金知道武功是自己一家立足的根本，对儿子们的骑射本事要求特严。有一次，大儿子斛律光和小儿子斛律羡一块儿打猎。交回的猎物，大儿子的少，小儿子的多。斛律金仔细看了看，说："明月（斛律光的小名）射得好，丰乐（斛律羡的小名）差多了。"家里人赶紧说："您看错了，是小的多！"斛律金指着猎物说："没错。你们看，明月的箭都射在野兽的背上，多准呐。丰乐的箭射在哪儿的

都有,可见是乱射的。"又有一次,他看孙子们射箭,看着看着,忽然哭起来。大家伙儿挺奇怪,问:"好好的,您哭什么呐?"斛律金难过地说:"明月和丰乐的箭法不如我,这几个孩子又不如他们。照这么下去,咱们家要完啦!"斛律金对打仗的事更是上心。每次打完仗,他老是琢磨胜败缘由,就找到了门道。在战场上,他瞧瞧地面,就能说出敌军的距离远近;瞅瞅灰尘,就能算出敌军人数多少。

北魏分成东魏西魏以后,两边打仗是常事,斛律金每次都在前面冲杀,还给高欢当参谋。有一次,高欢率军来到西魏军的腹地,不料被敌军截断,吃了败仗,士兵们四散逃奔。高欢不甘心,想把人马召集起来接茬儿打。斛律金劝他说:"现在军心散乱,再打还是个败仗。应该赶紧后撤,免得被包围,休整以后再说。"高欢不甘心,骑在马上还回头张望。眼看着西魏人马从几处地方冲过来,斛律金二话没说,举起马鞭朝高欢的马屁股抽了几鞭,马立刻飞跑起来。这一仗幸亏撤退及时,不然非陷入死地不可。高欢对斛律金特别信任,对儿子们说:"斛律老将心地忠诚,如果有谁说他的坏话,千万不能相信。"

公元546年,东魏西魏在玉壁(在山西稷山)打了一次大仗。一开始,东魏占上风,把西魏军包围起来。可西魏守将韦孝宽守城拿手,高欢用了好几招儿攻城,都没见效,损失了很多人马。他急得上火,就得了重病,只好下令撤退。西魏那边趁机造谣言,说高欢被韦孝宽一箭射中,已经不在人世了。东魏将士一听,都泄了气。宿营的时候,个个耷拉着脑袋,没话可说。

高欢知道以后,强忍着坐起来,走出营帐和将士们见面。大家看见主帅健在,这才放了心,可还是打不起精气神儿。高欢看见斛律金很严肃地站在那儿,就笑着说:"斛律老将,你会唱歌,给大家

唱个歌儿，提提神儿吧！"斛律金已经六十岁了，可比那些年轻小伙儿还精神。他上前几步，大声说："好，我就唱一个。"亮开嗓门儿就唱了起来。这歌声在野地里传开，显得那么雄壮，老远都能听见，把将士们都吸引住了，顿时振作了许多。高欢听着歌声，不由得想起这些年征战各地的日子，多艰难呐！这么一想，泪珠儿就自个儿流出了眼眶，他不由自主随着斛律金的歌声，也唱了起来。将士们都感动得血直往上涌。

斛律金唱的是什么歌呐？史书上记得不太清楚。有很多人说，他唱的就是那首顶顶有名的《敕勒歌》：

敕勒川，阴山下。
天似穹庐，笼盖四野。
天苍苍，野茫茫，风吹草低见牛羊。

这首民歌，在敕勒人当中流传很广。史书上有说是斛律金作的，有说是他唱的。可也有人认为斛律金唱的不会是这首民歌，而是另外一支雄壮的军歌。不管唱的是不是这一首，斛律金确实是一位了不起的军人歌手，要不他怎么能把高欢唱哭了呐？

高欢在玉壁大战的第二年病死了。临死之前，他叮嘱儿子们说："斛律老将做人正直，说话坦白。你们一定要相信他，也要相信别的老将。"高洋建立北齐以后，对斛律金也特别重用，封他为郡王，还让他当了丞相。这时候，斛律金的儿子斛律光，成了北齐最有名气的将领。斛律光十七岁那年就当了都督。有一次打猎，天上飞来一只大雕，斛律光弯弓搭箭射出去，正中大雕的脖子。大雕张开翅膀挣扎着，转悠着掉了下来。大家从此管他叫"落雕都督"。斛

白毁藩篱

斛律金亮开嗓门儿就唱了起来。

律光带兵很严,每次出兵,士兵军营没搭好,他决不自己先进帐,有时候就在营外站一整天,不脱铠甲。他对士兵很宽厚,士兵对他也非常敬重。

　　北齐和北周隔些日子就要打一仗。北齐差不多都是让斛律光出战,他从没有打败过,简直成了北周的克星。北周那边一提到斛律光就有点儿害怕。公元564年,北周派人马打到北齐的地界,北齐忙派兵迎战。北周将领一听北齐统帅又是斛律光,不敢恋战,急忙退兵回撤。斛律光乘势追过边界,逮住了北周好几千人。转过年,北周大司马宇文护亲自挂帅,调集各路人马围攻洛阳。北齐派斛律光救援。斛律光一战得胜,突破敌阵,进入洛阳;又和守军一起打退了敌军。北周军退到邙山(在河南洛阳西;邙máng)和北齐军对抗。有个叫王雄的北周大将,想立个大功,就骑马直朝斛律光冲过来,要活捉他。斛律光拍马跑走,王雄紧追不放。他看见斛律光身上只有一支箭,身边只有一个护兵,就高叫:"这回我非逮住你不可!"话音刚落,斛律光就把箭射过来,正中王雄的脑门儿。王雄疼得趴在马上逃回营寨,当天晚上就死了。这一仗,斛律光又大获全胜,缴获好多战利品。此后几年,斛律光又几次击败北周军,占了好多地盘。北周在几年内不敢再跟他对阵。

　　斛律光的弟弟斛律羡功劳也不小。斛律羡当幽州刺史,治军很有办法,修城练兵,兴修水利,发展农业,把边地管理得严严实实。北边的突厥人不敢来犯,都叫他"南可汗"。斛律光不但当了丞相封了王,他的女儿还当了皇帝高纬(高湛的儿子,史称后主)的皇后,还有两个女儿当了太子妃。子孙当中有三个娶了公主。好多人说:"现在除了皇上家,就数斛律家权势最大了。"可斛律金老将听了这话,一点儿也不高兴。这么多年,北齐皇帝换了一个又一

个，一个比一个残暴，不但猜疑心重，还专用会拍马的奸佞，连皇后皇妃也牵连进去。斛律金看在眼里，很为自己家担心。他对家里人说："我虽然不读书，可也知道古代的事。后汉有个叫梁冀的外戚，得势好几年，骄横得不得了，后来就给灭了门。咱们家出了皇后妃子，也是外戚了，可要小心呐。她们得宠，别的妃子就嫉妒；她们失宠，皇上就要丢弃。你们记住了，咱们家一向忠心为国，靠战场立功得到富贵，不能靠女孩子家。"

说完这些话以后不久，八十岁的斛律金去世了。他哪料得到，没过几年，斛律家就真遭了大祸殃。斛律光记住父亲的话，一直节俭管家，不跟奸臣来往。可坏人还是找上了门。原来后主高纬是个昏庸到了顶的皇帝，自己无能，就把大权交给了奶妈陆令萱和她的儿子穆提婆。这母子俩又推荐了一个瞎了眼的文人，叫祖珽(tǐng)。三个人成了皇帝的亲信，成天算计着怎么整治对手。祖珽眼瞎，可有点儿才学，能说会道，把高纬哄得说什么是什么。斛律光是丞相，又是皇帝的老丈人，看着别扭，有时候就呲叨他们几句。他对部下说："自打瞎子掌了权，什么事都不和我商量，我担心这家伙要误国害民。"这话传到祖珽那儿，他就贿赂斛律光的一个仆从，让他把斛律光说的话告诉自己。仆从说："丞相每天晚上都唉声叹气，说盲人当权，国家就快完了。"祖珽从此恨透了斛律光。可巧穆提婆也碰了钉子，他托人向斛律光求亲，想娶斛律光的女儿，没想到人家没理他的茬儿。高纬想把晋阳的土地赐给穆提婆，斛律光反对说："晋阳从神武帝（高欢）的时候起，就是种军粮养军马的地方，如果给了穆提婆，就会妨碍军备，千万使不得！"穆提婆也把斛律光恨死了。

公元571年，斛律光率军和北周大将韦孝宽交战，又是连连得

晋朝南北朝故事

胜。韦孝宽在玉壁大战那会儿造过高欢被他射死的谣言。这一回，他又想到了这个法子，就编了几句歌谣，让人到邺城四处唱："百升飞上天，明月照长安。"还有"高山不推自崩，槲木（槲hú）不扶自举。"祖珽听见以后，立刻加上了一句："盲老公背受大斧，饶舌老母不得语。"随后，他叫内兄郑道盖去报告高纬。高纬忙问祖珽和陆令萱，听过歌谣没有，他俩都说听到过。高纬问："歌谣说的是什么意思呐？"祖珽挤了挤瞎眼说："陛下还不明白吗？百升是一斛，明月是斛律光的小名。高山是指陛下的江山，槲木是指斛律一家。这是说，斛律光要造反篡位啦！至于盲老公和饶舌老母嘛，我想是说我和陆令萱为国操劳吧。"高纬给他说得半信半疑。祖珽又指使亲信密告斛律光谋反。高纬这回信了，马上和祖珽商量起杀斛律光的办法。

公元572年夏季的一天，高纬假说要赐给斛律光宝马，让他进宫。斛律光刚走进宫门，就被人从背后用弓弦套住了脖子。一代名将就这么死在了昏君奸臣手里。斛律羡和斛律全家都给扣上"谋反"的罪名被杀，斛律皇后也给废了。北周那边听说斛律光死了，高兴得当成了节日庆贺，大赦天下。北齐人可都伤了神，觉着斛律光太冤。战国时期赵国名将李牧，就是因为赵王中了秦国反间计给冤杀的，斛律光不就是现今的李牧吗？他们在底下议论说："斛律光好比一道藩篱（屏障），咱们自个儿把这道藩篱毁了，也就离亡国不远了。"

改制兴周

北齐弱了,北周倒强起来。说起北周的兴盛,得提到一个人,叫苏绰(chuò)。苏绰是个汉人,从小读书,很有学问,对算学尤其精通。西魏初年那阵儿,他被人举荐,当了丞相宇文泰的谋士,很快就露了才华。有一次,宇文泰要到昆明池观鱼,路过汉朝仓池旧地的时候,他问身边的人:"谁知道仓池的故事,说给我听听。"结果没人说上来,有的就说:"这事您得问苏绰,他准知道。"宇文泰把苏绰叫来一问,他果然说得明明白白。宇文泰高兴极了,就让苏绰并过马来,边走边聊。问起历代兴亡盛衰,苏绰好像什么都知道,还说出好些道理。宇文泰听得入了迷,索性也不观鱼了,返回来又听苏绰讲了一宿(xiǔ)。第二天上朝,他就对大家说:"苏绰这样的奇才有几个?我得重用他。"

原来,宇文泰本是匈奴人,后来让鲜卑人同化了,参加过六镇起义,投降北魏后又当了官。虽说是武将出身,可他对汉人的治国方法挺感兴趣,就是具体怎么办还不摸门儿。现在看苏绰这么有能耐,他就给苏绰升了官,让他掌管财务和农业,参与机密大事。苏

绰对户籍、计划、账目这些事很在行，没多久就把该办的事弄得有条有理。宇文泰又让他对国事整个改革一番。苏绰告诉宇文泰说："眼下最当紧的，是让百姓懂得是非。这些年战乱太多，没了秩序，好赖不分，人就容易学坏。应当教化大家伙儿懂得孝道礼义。再有就是劝课农桑，保证大家有吃有穿。这就必须奖惩分明，公平征收赋税。要做好这些，官吏就是个坎儿。自后汉以来，选官太重门第，末了儿出了好多庸官坏官；只有量才用人，国家才能管好。"宇文泰听着新鲜，高兴地说："你赶紧把说的这些写下来，我让文武百官都看看。"苏绰就把想法归纳了一下，写了六条意见。宇文泰很快以皇帝的名义发布，就是有名的"六条诏书"。

六条诏书的内容，简单点儿说，一是要重视人的思想品格；二是要培养朴实为荣的好风气；三是要搞好生产；四是要选用贤才为官，不能看门第出身；五是要公正断案；六是要公平安排赋税劳役，穷人富人一样看待。自打魏晋以后的几百年，像苏绰这么认真思谋国事的，真少有。宇文泰也觉着做了一件美事，就把六条诏书放在案头随时看，还下命令说："大小官吏，谁都得把六条诏书给我背熟了，还都得会记账算账，不然就不许他当官！"这么一来，苏绰的名气就大了，找上门向他请教的人一个挨一个。他又制定出军队制度、官吏制度、户籍制度、记账制度等等好些规章。这些制度，管了后来几百年。苏绰自己说得到也做得到，生活俭朴，办事廉洁，当了官也没置办什么家产。自身正，管起来就没人敢不听。

可是他也给累坏了。有一次，苏绰到同州（在陕西大荔）巡察，半道上得了病，结果死在公务上，还不到五十岁。宇文泰接到报告，心疼得差点儿晕过去，就亲自到同州料理丧事。他为难地对大伙儿说："苏尚书平生简朴，我想成全他的气节，又怕别人说我对

他不厚道；可要厚葬，又违背了他的心愿，真不好拿主意。"大臣史麻瑶说："春秋齐国的晏婴多有名的贤臣啊，死的时候只留下一辆破车。齐景公决定简葬，不坏他的名声。如今苏尚书也是一代廉臣，您就应该简约从事，张扬他的美德。"宇文泰就决定用布车把苏绰遗体装上，送回他的家乡武功（在陕西西安西）安葬。送葬那天，宇文泰和大臣们跟在灵车后面走，一直护送出了城门外，还洒酒祭奠。他发着颤声儿说："苏绰做的好事，有些连他的家人也不知道，可我知道。我和他是心通心的，正要跟他商量平天下的大事呐，不料他就去了呀！"说着忍不住大哭起来，把酒杯都掉在了地下。

几年之后，宇文泰也死了。他儿子宇文觉自立为皇帝，建立了北周。北周和北齐一样，前头的三个皇帝是兄弟三人，宇文觉、宇文毓（yù）、宇文邕（yōng）。可实际上，大权在他们的堂兄宇文护手里。宇文护只比宇文泰小八岁，见过些世面，也挺有本事，就是太爱专权了。他根本不把皇帝当回事，看不顺眼就杀，再换一个。宇文觉和宇文毓就这么给杀了。宇文邕即位，就是周武帝。周武帝有眼力见儿，知道两个哥哥是怎么死的，就装得很老实的样子，凡事都让宇文护拿主意。这么过了十二年，周武帝已经快三十了，看宇文护还没有交权的意思。他实在没法儿忍受，就趁宇文护不注意的时候杀了他，宣布亲政。

周武帝早就喜欢苏绰的六条诏书，觉得如果对豪门再严一点儿，对百姓再宽一点儿，更好。可巧官员们报告，说有些地方的豪门大户抢夺贫民的土地财物，隐瞒户口逃税。周武帝说："早年实行的均田制，这些年又乱了，看来不用重典就治不了豪强。"于是他让大臣制定了一个文件，叫《刑书要制》，规定隐瞒户口五户、十个人以上的处死刑；私占土地三顷以上的，也是死罪。这么一来，豪强

们给镇住了。周武帝又想起六条诏书说要发展农业的事，可种田的人太少，好多人都给官吏或是贵族当了奴婢；还有打仗的俘虏也只能当奴隶。他就下令，释放这些奴婢和奴隶，让他们成为平民，分给土地。

还有一件事，周武帝早就想好了，非干一下子不可。他看见年轻的和尚尼姑越来越多，心想："这些和尚，本来都是些青壮汉子，身强力壮，现在出家当了和尚，一不种田，二不缴税，三不当兵，还仗着佛教势力占了好多土地，这还得了！这么下去，国家的事靠谁去办呐？"他就想把佛教禁了。当年北魏太武帝（拓跋焘）在位的时候，就灭过佛教。魏太武帝信道教不信佛教，下令关了佛寺不说，还杀了不少和尚。

周武帝觉得杀和尚不对，他把大臣、和尚、道士的代表叫到一块儿，让大家辩论，看看儒学、道教、佛教三家，谁的主张好。结果和尚道士吵得不可开交。道士说："佛教说的都是虚幻的东西，和尚尼姑白吃白喝不算，还花好多钱盖寺庙、建佛塔，增加百姓负担，要他们没一点儿用处。"和尚说："道士自吹能升天，能长生不老，可从没见过谁升了天，倒是吃了他们的仙丹死了不少，应该禁止的是他们！"周武帝听得不耐烦，就宣布佛教道教一块儿禁止，和尚道士都得还俗，寺院的土地财产一律没收。

有一次，周武帝召集五百多个和尚开会，宣布禁佛。很多出家人吓得不敢反对，只是一个劲儿地小声念叨："阿弥陀佛，罪过呀！"有个老一点儿的和尚气得叫着说："陛下中了邪了，灭佛要遭报应的，要下地狱的！您就不怕下地狱吗？"周武帝笑笑说："佛生在外国，我不是外国人，不信那一套。如果真要下地狱，只要对百姓有好处，我也愿意。"这么着，有好几百万和尚道士还了俗。周武

改制兴周

和尚道士吵得不可开交。

晋朝南北朝故事

帝用禁止的法子对付出家风，也不是好办法，可确实让辛苦干活儿的老百姓松了口气，国家收入也增加了。

到了这个时候，周武帝就决定发兵灭北齐。公元576年，他亲率大军，分六路向北齐进发。周军列开队形足有二十多里长，周武帝骑在马上检阅部队，每见到一个将领，他都能叫出姓名。看见一个士兵鞋坏了，光着脚，他马上把自己的靴子脱下来，给士兵穿上。将领们心也齐，打仗都冲在前面。这样的军队，士气还能不旺盛吗？这么着，周军很快打到了北齐境内。

北齐那边正反着，后主高纬没羞没臊，整天和歌伎们胡闹。一次两军对垒，将士们正要往前冲，高纬忽然下令停下，说他要带冯淑妃去看古迹，结果让军队吃了败仗。周军攻到邺城外边，大臣劝高纬说："陛下应该去慰劳将士，给大伙儿说几句才好。"高纬本来就有点儿结巴，这一来吓得更说不整话了："我……我说什……什么呀？"大臣把该说的写出来，说："陛下看看，到时候照着说就行，最好能流下眼泪，才能打动士兵。"高纬到了阵地，面对将士刚张开嘴，就忘了词儿，一着急，倒"嘿嘿嘿"地乐起来。将士们脸都气歪了，议论说："皇上把打仗当小孩儿游戏，咱们何苦替他卖命呐！"结果不用细说，北齐的将士不是逃跑，就是投降。高纬只好把皇位让给八岁的儿子，也逃出了邺城。可在半道上，他还是被逮住了。公元577年，北齐灭亡，一共才二十七年。

周武帝来到邺城，走进北齐的皇宫，想到自己重新统一了北方，甭提多高兴了。他忽然想起了斛律光，因为高纬中了北周的反间计，被冤杀了，可斛律光不愧为一代名将。周武帝就下了一道诏书，追封斛律光为上柱国、崇国公。他指着诏书对部下说："如果斛律光还在世，我怎么可能到邺城来呐？"

改制兴周

　　高纬和儿子，还有一帮王公后妃，都给押到了长安。有一次周武帝开宴会，命令高纬给大伙儿跳舞。高纬觉得怪不错的，厚着脸皮跳了一会儿。可周武帝挺看不上眼。过了些日子，就有人报告，说高纬勾结穆提婆要造反。周武帝让他俩当面对质，高纬吓得连声喊冤。这有什么用呐？周武帝下令，把高纬他们全部处死。

　　周武帝统一了北方，本来想去南方灭陈朝，统一全国。可这时候，北面的突厥人经常到内地抢掠百姓，他就想先把突厥平定以后再说。公元578年，周武帝亲自率领五万人马出征。没想到刚走到半路上，他就害了重病，死在军营里。这位雄心勃勃的皇帝活了三十六岁。他去世后没几年，北周也变了天，引出来一位能干的人物，统一了天下。

靡靡之乐

周武帝死得这么突然，倒让一些还俗的和尚逮住理了。他们到处散布说："皇上禁佛遭了报应，这不，他下了地狱。"周武帝的儿子宇文赟（yūn）即位，是周宣帝。他被流言吓坏了，赶紧宣布恢复佛教。这么着，好些还俗的和尚尼姑又剃了头发，回到寺里去了。周宣帝跟北齐高纬差不多，一个昏庸的主儿。周武帝活着的时候，就没少剋他，一训就是半天。大臣们也说他不行，他都记在心里头。周武帝刚死，他就叨咕说："这老东西，死得太晚了！"即位之后，立马杀了议论他的大臣。不单这样，二十岁刚过，他就退位当了"太上皇"，此后就撒开了挥霍，足那么折腾。结果他很快中了风。死的时候，他儿子宇文衍已经是皇帝了，是周静帝。周静帝刚七岁，国事就请外祖父杨坚主持。

杨坚是汉人，父亲杨忠因为有功，被封为随国公。杨坚很早参与军国大事，后来继任随国公，女儿又成了周宣帝的皇后，权势越来越大。因为处理国事挺有办法，加上会笼络人，他的威望就没人可比，朝里朝外都有一帮亲信。大家到一起议论说："宇文家的皇帝

立不住，随国公有本事，天下早晚是他坐，何不让他早点儿成事呐？"杨坚的妻子独孤氏，是鲜卑的大户出身，也老是提醒他千万别错过时机。杨坚就下了夺权的决心。公元581年，他让周静帝让位。小皇帝不敢说不，就把皇位让给了外公。杨坚觉着"随"字忒不吉利，随着北周，江山也会被人夺走的，他就改国号为"隋"。杨坚就是很有作为的隋文帝。

从北魏建国（公元386年）到分成东魏西魏，又改成北齐北周，这一百九十五年的时期，历史上叫"北朝"。北朝的时间也有从北魏统一北方（公元439年）算起的，那就是一百四十二年。

隋文帝立国以后，最挂记的就是统一全国。建国头一年秋天，他派出水陆两军，同时向江南进发。恰好这时候，陈朝的皇帝陈宣帝病死了。监军高颎（jiǒng）上书给隋文帝说："按照以往的礼节，人家有了国丧，是不能发兵征讨的。陛下应下令撤军。"隋文帝答应了，就让人监视陈朝的动静，等待时机再发兵。

陈朝建立后，陈武帝当皇帝不到三年就死了。接下来的陈文帝陈蒨（qiàn）是陈武帝的侄子，有一套治国的办法，把陈朝稳定了七八年。此后，帝位被陈文帝的弟弟陈顼（xū）夺了，就是陈宣帝。打这儿以后，陈朝一天不如一天。陈宣帝死后，太子陈叔宝即位，历史上叫他陈后主。

陈叔宝当太子的时候，整天念书，背诵诗文，写的诗文也不错。凡是有学问的有才气的人，他都挺尊敬。可他有两个大毛病，一是好喝酒，二是好女色，这可都是当昏君的要件儿，那点儿才华也成了花里胡哨的东西。陈叔宝即位之前，出了一件事，差点儿要了他的命。他有个异母兄弟叫陈叔陵，也想当皇帝，就起了坏心，想把太子杀了，自己登基。陈宣帝刚死，陈叔陵趁陈叔宝趴在地下

晋朝南北朝故事

哭灵的时候，拿一把锉药刀朝他的脖子砍下来。陈叔宝"嗷"一声惨叫，昏死过去，血流了一地。陈叔陵起兵反叛被杀，可陈叔宝也伤得不轻，即位后好长时间都不能理事。这么一来，他和酒色更分不开了。偏巧，他身边那几个嫔妃特会来事，把他哄得忘了愁忘了疼，他也特宠爱她们。

有个贵妃叫张丽华，头发七尺长，黑亮黑亮的，容貌也好看。陈叔宝养伤那会儿，张贵妃寸步不离，凡事想得都挺周全，侍候得他舒服极了。还有孔贵人、龚贵嫔、张淑媛、薛淑媛、袁昭仪、何婕妤（yú）、江修容这七个，也挺讨他喜欢。他觉得跟嫔妃待在一块儿，比和大臣议国事直脖子喊叫省心，就成天和她们吃喝玩乐，写诗听曲。大臣们有事报告，先得跟宦官说，宦官到花园或是张贵妃那儿去找，他准在那儿。陈叔宝一边玩儿，一边有一句没一句地听着，就算处理了国事。嫔妃们也七嘴八舌帮着他拿主意。张贵妃更别提，凡事都得由她和陈叔宝商量以后，才能定下来。

心眼儿活泛的大臣探出了门道，就去跟嫔妃们套近乎。中书舍人施文庆仗着有点儿文才，老在陈叔宝面前耍嘴皮儿，讨了喜欢就掌了大权。他又把密友沈客卿推荐上去，当了管财务收税的官。两个人就变着法儿立项目找辙，朝百姓要钱，供陈叔宝挥霍，成了他的财神爷。都官尚书（掌管法纪的官员）孔范也有绝的，想着和孔贵人同姓，就认她是干妹妹，自然成了妹夫的红人儿。还有个诗人叫江总，学问还行，可当了尚书令以后，不用心尽职，倒成天价往后宫里跑，和陈叔宝、张贵妃一起写诗玩乐。打那儿以后，他写的诗都是些带色儿（shǎir）的，好多人腻歪他，背地里管他叫"狎客"（狎xiá）。

有一次，陈叔宝和张贵妃她们八个嫔妃，加上江总几个狎客，

靡靡之乐

又凑到一块儿。陈叔宝说："今儿个，咱们玩点儿新鲜的，让贵妃她们写诗，江尚书你们当场和诗，谁说得慢了或是说得不好，可要受罚啊！"大家齐声说："听皇上的！"于是，张贵妃那八个嫔妃写了几首，有的也不是什么诗，写完了就念，让江总这几个男的和诗。他们唯恐说的不对皇帝的心思，都拣最好听的词儿说，有人当场记下来。说得慢了，就吃罚酒。陈叔宝边听边喝，有时候也随口诌上几句。末了儿他说："我听有几首写得挺好，像《玉树后庭花》《临春乐》就不错。让乐工们制成曲子，配上舞，下回就有的乐了。"《玉树后庭花》和《临春乐》这些诗，都是说张贵妃她们长得多美，多逗人喜欢。别人看了恶心，可陈叔宝就爱听这个。

乐舞制作好了，大家都来看。乐工们奏出的曲调软软的，歌伎跳出的舞蹈扭扭的，陈叔宝看了乐颠颠儿直颤，那几个狎客也跟着拍巴掌。就有人把这种让人发软没劲儿的音乐，叫靡靡之乐（靡 mǐ），也叫它亡国之音。正派的大臣看着有气，都批评陈叔宝沉溺酒色乐舞，误了国事。结果他们不是被赶出都城，就是给罢了官。大臣傅縡（zǎi）被关进监狱，还上书说："陛下酒色过度，沉迷乐舞，宠信小人，把百姓疾苦不当回事，早晚会激起天怒人怨，众叛亲离，亡了国家。"还有个叫章华的，在奏章里说得更厉害："陛下即位这几年，不想先帝创业的艰难，只和奸佞女色混在一起。现在北方大军压境，我看亡国的日子不远了。"陈叔宝看了奏章，脸臊红了又气白了，下令把傅縡和章华都处死。大家伙儿这才明白，陈叔宝不但是昏君，还是个暴君，劝说不顶用，那就索性待在家里不管了。

早有探子把陈朝的事报告了隋文帝。隋文帝对臣子们说："陈叔宝这么昏暴，害苦了江南百姓。长江就像咱们国家的衣带，我作为一国之主，怎么能让一衣带水割断，不去拯救他们呐？"经过几年的

晋朝南北朝故事

治理,北方已经很强盛了,隋文帝就决定发兵。公元587年,他命令把在江陵(在湖北荆州)的后梁国收归隋朝,改为郡县。原来在侯景作乱的时候,梁武帝的长孙萧詧(chá)在江陵这儿建了一个小国,历史上叫"后梁"。后梁依靠着西魏和北周的支持,凑凑合合地存在了三十几年,传了三代国主。现在隋文帝嫌它太碍眼,就灭了它。

没了后梁挡着,隋朝和陈朝就隔江而望了。隋文帝下了一道诏书,列举了陈叔宝十二条罪状,宣布派大军讨伐。公元588年,他任命二儿子杨广为统帅,将领中有杨素、韩擒虎、贺若弼等名将,还有皇三子杨俊。他们率领五十万兵将,分成八路,向江南进发。这八路大军从东部沿海一直到西部巴蜀,分别在各地渡江南下,有陆军有水军,浩浩荡荡,绵延几千里。不用多说,隋军很快就打到了建康城下。

隋军南下的时候,陈朝前方将领就向上报告,请求增加兵力。陈叔宝根本不搭理。眼看报告越来越多,他才召集大臣们想主意。孔范说:"咱们有长江天堑,北军还能长翅膀飞过来吗?我看都是守边将领想立战功受奖,编造出来的军情。"陈叔宝点着头说:"是这么回事。你们不用怕,正统在我这儿。前些年,北边的齐周派兵来过几次了,哪回占了上风?这次隋军来,也没什么了不起!"孔范接着说:"陛下说得太好了。我也嫌官小,这回隋军真过来倒好,我也能去打个胜仗,捞个太尉当当!"陈叔宝给他逗得直乐。别的大臣见他这样,还说什么好呐?

公元589年,大年刚过,陈叔宝与张贵妃喝了一夜酒,听了靡靡之乐,睡到第二天下午还没醒。这时候,隋军已经渡过了长江,韩擒虎和贺若弼各率一支人马,占领了京口和采石,向建康进发。

靡靡之乐

士兵们说:"跳井还抱着俩女人,怎么能不亡国呐!"

晋朝南北朝故事

陈叔宝被这消息惊醒了，才慌了神儿，打着哆嗦对大臣们说："隋军胆子也太大了，真敢跑到咱们这儿作乱。他们是狗，是羊，是蜂，我要亲自去消灭他们！"这话只是说说，他根本没那个胆儿，守城的将士也早丢了士气。这么说着，隋军就攻到了建康城外。双方一交手，陈军掉头就跑。守将任忠索性投降隋军，又回头对部下说："我都降了，你们还打什么呀？"士兵一听就散了伙。任忠带着隋军顺顺当当进了城，又攻进了皇宫。

将士们在宫里到处找陈叔宝，哪儿都找不着。难道他钻到地底下去了？大伙儿来到宫殿后面，见有一口井，里面好像有人喘气儿，就喊："井底下有人吗？快出来！"半天没人搭腔。有个军官说："往下扔石头，看他怎么着！"井里的人这才叫唤说："别扔别扔，我上去。"大家把绳子放下去，过了好一会儿，井下的人才喊着让往上拉。士兵们使足了气力还觉得挺费劲，拉上来一看，原来是三个人，陈叔宝搂着张贵妃和孔贵人，浑身都湿透了。士兵们见了都说："跳井还抱着俩女人，这种昏君怎么能不亡国呐！"

灭陈之战，前后一共四个月就打赢了。陈叔宝和他的一帮将相王侯，被押解着到了长安。隋文帝在宫殿大门召见，一共二百多人，跪了一大片。隋文帝严厉地训斥陈叔宝荒淫无道，手下文武失职误国，可是没杀他们，还给了陈叔宝住处，让他养老。陈叔宝一丁点儿怀旧的心思也没有，还是整天喝酒吟诗，打发日子。隋文帝听说他每天能和手下人喝一石（dàn）酒，叹着气说："他不这样，还怎么活下去呐，由着他去吧！"

陈朝灭亡了。历史上把东晋以后的宋、齐、梁、陈四朝，统称为"南朝"，又把南朝和北朝合称"南北朝"。隋朝统一了全国，南北朝也就结束了。

隋唐故事

雪岗◎编著

文帝治国

隋朝开国以后，隋文帝想起早有的一个主意，就对左右仆射（相当于宰相；射 yè）高颎和苏威说："自打汉高祖建长安城以来，八百多年打仗打的，城给糟蹋得破破烂烂，地下水咸得跟盐卤差不多，加上城小路又窄，早没都城的样儿了。我想另建个新城。"高颎和苏威都说好，又问："不知道您看中哪块地方了？"隋文帝歪脖想了想说："这事儿还得听行家的，我看就让宇文恺操办去吧，他先前造的宗庙就不错。"君臣商量好了，就让高颎当总监，宇文恺当副监，营造新都。高颎是兼职，具体选址设计都是宇文恺的活儿。

宇文恺是北周皇族亲戚，祖上都是武将，几个哥哥也都耍枪弄棒，偏就他从小爱读书，钻研学问，尤其喜欢干建房修河这类工程。隋文帝知道他的长处，这次就派了他的差。宇文恺没敢耽搁，马上就去察看地形。过了几天，他向隋文帝报告说："离这儿东南二十里的龙首山，靠山临水，是个好地方，我看最适合建新城了。"隋文帝仔细问了问，也觉得不错，就说："就依你，在那儿建吧，我把新城名也想好了，叫大兴城。"

隋唐故事

没多长日子，宇文恺把大兴城的样子设计出来，分禁城和外郭城两大块。禁城在里，又有宫城和皇城之分，北边的宫城是皇帝的居所，南边的皇城是办事机构。外郭城在禁城的东西南三面外围，是老百姓住的地方。城里的街道、市场、房子整整齐齐，城门两两相对。隋文帝命令一下，工匠日夜营造，两年过后，大兴城就造好了。隋文帝住进去，甭提多高兴了。可他不是个贪图享乐的皇帝，心思都放在了治理国家上头。

隋文帝知道百姓们最烦没完没了的战乱，盼着过安宁的日子，有地可种，能吃饱饭。他就发布了一道"田令"，把以前的均田制改了改，给每家每户都分田地，不单男的有，女的和奴婢也有一份。官员按职位高低分永业田和职分田，后来又给士兵分了田，实行军垦。这么着，生产就热火起来，大田里干活儿的挺多。

隋文帝对大臣们说："眼下户籍乱得没章法，也该整治整治。"大臣们忙说："户籍乱不是现在才有，打从后汉末以来，大家族为避乱，占了大片土地，建了好多壁坞（有防御功能的小城堡），又招来穷人小户当佃客，这些人压根儿没户口，也不交税，只给大户交租，像他们的家奴似的。陛下要整治，难免引起豪强不满，要慎重些才好。"隋文帝一挥手说："大户也好，豪强也罢，这回非整治不可。"他就下令对隐瞒户口的事，来一次检查。

没多久，各地果然查出来瞒报户口一百六十多万户，瞒报岁数诈老装小的男丁四十多万人。高颎上报说："除了瞒报的要清查以外，还应该规定每家只限父母夫妻儿女，堂兄弟以外的要独门立户，这样才能堵住瞒报的口子。"隋文帝说："就这么办。要给人口少的人家减税，交给朝廷的比交给大户的地租少，百姓就愿意听朝廷的了。"这一招儿也挺管用，几年过去，全国的户数和人口大大增加,赶上了后汉时候的人口数。国家又减少劳役,奖励生产,兴修水利,所以农业年年丰收,粮库里的粮食满满的,有的粮库都装不下了。粮食多了,丝织、陶瓷、茶叶这些手工业,还有商业,都跟着兴旺起来。

隋文帝又担心遇到灾荒会饿死人,就让各地都修义仓。义仓里的粮食平时不许动,有了灾荒的时候,就开仓取粮救济灾民。那一年,关中地方发生大旱灾,地里庄稼绝了产,百姓断了顿儿,饿得没法儿。隋文帝紧着派官员到灾区查看灾情。官员查完以后,带回了一些百姓的吃食。隋文帝一看,眼泪就掉下来了,对大臣们说:"你们看看,这就是灾民吃的,米糠、豆渣、野菜,都是我无德无才害了百姓,上天才这么惩罚我呀!"文武百官劝了半天,说:"是我们没本事,才让您操这么大的心。"隋文帝止住泪说:"从今天起,我不吃肉不饮酒,要和百姓共苦。"他说到就做到,果然一年没动酒肉。

到了八月份,听说灾情加重,隋文帝就宣布:"洛阳一带今年粮食丰收,我要带着关中灾民到那里避灾就食,官吏不得阻拦驱赶。"然后,他就骑上马,率领成千上万灾民上了路。一路上,灾民和护卫队挤在一起,人挨人,把隋文帝的道儿堵了,他也不在意。看见有扶老携幼的行走艰难,隋文帝还把马引开,闪出道儿来让大伙儿先走。遇到山梁陡坡,他让卫兵去帮扶挑担背筐的灾民走过去。

隋文帝凡事都让着百姓,可把官吏管得特严,杀了不少贪官不说,对官员设置和选拔尤其上心。他推出了三省六部制度,代替以前的政府机构。三省是尚书省、内史省、门下省,分别负责政务、诏令和审查,尚书省权力最大,设吏部、礼部、兵部、刑部、户部、工部,分管官吏、教化、国防、司法、财政、营造等等,还有

隋唐故事

隋文帝把马引开，闪出道儿来让大伙儿先走。

管监察的御史，管审判的大理，管礼乐的太常等寺卿和卫府等部门。地方的官府，隋文帝决定撤销郡一级，只设州、县两级，裁减一大批官员，规定官员都由吏部提名任命，主要官员不能由当地人担任。隋朝的这一整套制度，作用太大了，后来的朝代机构，基本上都按这么来的。

选拔官吏的办法，也让隋文帝给想出来了，就是实行科举考试。以往选官，主要是靠下边往上推荐，很容易造假。科举通过考试选才，就公正多了。那些个出身低微的人，凭着才学也能出头。这个办法也管了一千多年。通过考试选拔人才，这是咱们中国的创举，对外国也有挺大影响。

有了制度，隋文帝就到处查看，注意各级官员的好歹，随时奖优罚劣。有一次，他到岐州（在陕西凤翔）视察，感觉这里安定和顺，百姓对刺史梁彦光印象挺好。他就对梁彦光说："我到过不少地方，岐州算是治理得最好的，我要向全国嘉奖你。"不久，隋文帝下诏，表彰梁彦光，奖给他很多钱和粮绢，接着又调他到相州（在河北临漳）当刺史。梁彦光到了相州，也按在岐州的办法办，对百姓挺和气。谁知道相州人不吃这一套，还编歌谣拐着弯儿骂他，给他起外号叫"戴帽饧（xíng）"，意思是像糖稀一样软弱。有人报告朝廷，说梁彦光能力太差，不称职。隋文帝直纳闷儿："怎么换个地方就不行了呐？"就把梁彦光免职，让他好好反省，一年后，又叫他去做赵州（在河北隆尧）刺史。

没想到梁彦光上书说："我请求让我还到相州当刺史。您放心，这次一定错不了。"隋文帝马上就答应了。原来梁彦光通过反省，了解到相州跟岐州不同，豪强恶霸势力很大，百姓文化低，好打架。他这一次到相州，就从改变风俗入手，连破了几件大案，惩治了豪强恶霸，还从孔子家乡请来大儒士到相州来帮助办学。每逢开学的日子，梁彦光都到学校亲自考试。他还在家里招待当地人，有学问的来了，就和他同坐同饮；好打架的来了，都让他们到当院草垫上坐着。

有个叫焦通的酒徒，经常撒酒疯，打骂父母，被堂弟告上官府。梁彦光派人把焦通带来，没打也没骂，对他说："你念过《孝经》吗？"焦通满嘴酒气说："咱不懂经不经的。"梁彦光就带他到州学参观孔庙，给他讲古人孝敬父母的故事。焦通开了窍，说："这回懂得好歹了，往后我一定戒酒，改当好人。"梁彦光就放了他。相州风气变好了，隋文帝准备往上提拔梁彦光。不料想梁彦光操劳过度，累死在了相州。隋文帝很难过，追封他为冀、定、瀛、青四州刺史，又发文件，要求当官的都学学梁彦光。

那年夏天，齐州（在山东济南）有个叫王伽的地方官，押着七十多个犯人到长安接受处罚。半路上，天热得邪乎，加上风吹雨淋的，戴着枷锁的犯人们，还有护送的民夫，都累得走不动。王伽看着可怜，就私自决定解开枷锁，放犯人们自己走，约好到长安城门口会合。他对犯人们说："你们犯了法，自己受苦不说，还连累民夫跟着遭罪。我这么做，是拿性命担着的，如果你们跑了，我只好替你们去死。你们看着办就得了。"犯人们呼啦跪下说："您讲义气，我们也不能没良心呐！"结果到了约定的日子，这些犯人一个不少，都到了。

隋文帝听说后，觉得真是件奇闻，忙吩咐左右："我要见见这个王伽，还有那些犯人。"皇帝要见犯人，官员们都觉着新鲜，从没有过的事。隋文帝在皇宫接见了王伽，对他说："你以德信感化罪犯，做得多好啊，我要重赏。"他还夸奖了那些犯人，赏给酒饭，并宣布免

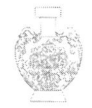

了他们的罪，释放回家。隋文帝接着下诏书，通告天下，表彰王伽。

　　隋文帝理政踏踏实实的，走一步是一步，还给后世留了好多遗产。时间不长，国家就有了繁荣安定的模样。可是从老远的岭南那边传来一个消息说，当地的民众要和朝廷对抗。这让他着了急，忙着过问起岭南的事了。

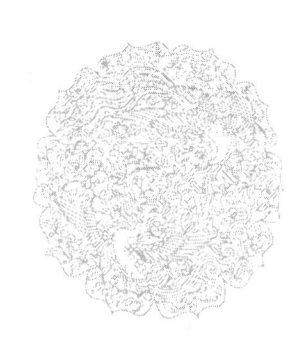

南国圣母

岭南,指的是南岭以南的地方。公元589年,隋朝大军灭了陈朝,统帅杨广下令,兵发岭南,接管那一大片地界。没想到当地人效忠陈朝,联合起来,准备抗击隋军。大家伙儿推举洗夫人(洗xiǎn)为首领,管她叫"圣母"。隋文帝接到报告,就忙着打听,这位洗夫人是怎么个人呐?

原来在南朝的时候,岭南有个部族,叫"俚(lǐ)"。洗夫人就是个俚人,家住高凉(在广东阳江西)。洗家世代是当地的首领,管着十几万人,好些都住在山洞里。她还当姑娘的时候,就武艺高强,会用兵打仗,凡事都有个主张。俚人缺教化,打架斗殴的事常有,洗姑娘经常劝他们要和睦相处,大伙儿都爱听她的。有一回,她当官的哥哥洗挺仗着势力,欺压侵扰别地方的人,招来怨恨,差点儿动起手来。洗姑娘出面劝阻了哥哥,平息了怨气。从此以后,她的名声远扬,连不少海南人都归附了洗家。

那阵子还是梁朝坐天下,梁朝的高凉太守叫冯宝,冯宝他爸冯融是罗州(在广东化州一带)刺史。冯家几代在岭南做官,可因为

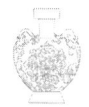

是外地人，说话不大灵。听说冼姑娘威信那么高，冯融就想让儿子娶她为妻。这样，管理地方不就好办了吗？说媒的过去一提亲，真就成了。从此，冼姑娘成了太守夫人。遇到俚人纠纷，冯宝都让夫人出面了断。冼夫人秉公办事，她告诉本家人说："你们要带头守法，遵从乡规，别给我丢人现眼。"有一回，一个头领犯了法，冼夫人和冯宝一起审案，照样把他定了罪下了狱。打那儿起，当地人都不敢胡闹了，地方有了秩序。冯宝对冼夫人说："自打你到我家以后，我这个太守才说话管用了呀！"

公元548年，梁朝发生了有名的侯景叛乱，江南乱得没了样儿。岭南因为离都城远，比较安定，朝廷就调广州都督萧勃带兵北上救援。不料高州（治所在高凉）刺史李迁仕想乘机反叛，响应侯景。他派人来叫冯宝去见他，说有要紧事商量。冯宝对冼夫人说："刺史是我的上司，要召见我，我不能不去。"冼夫人拦住他说："你不能去，按朝廷规定，刺史不能随便召见太守，我看其中有诈，说不定他要逼你一起谋反呐！"冯宝瞪大眼睛说："你怎么知道？"冼夫人说："听说朝廷调他援救，他推说有病不去。可他正招兵打造兵器，现在又要召见你。你去了，没准儿会被他当人质，逼咱们出兵帮他。这事可不能干！"冯宝说："你说怎么办好？"冼夫人说："先别去，等几天看看他的动静再说。"

几天以后，李迁仕见冯宝没来，急急忙忙地就宣布反梁，派兵攻打朝廷。冯宝听说后对冼夫人说："果不出你所料，咱们应该出兵打他，帮朝廷平叛才好。"冼夫人说："你要是明着带兵去，一定要有伤亡。李迁仕大批人马都出去了，身边兵将不多。我看不如这样……"她低声说了个主意，冯宝连说："好，好，就按夫人说的办！"

第二天，冼夫人带着一千多士兵，都换上百姓的衣服，挑着担子,上面装着很多杂物,就往李迁仕的营寨去了。到了寨门口,士兵朝里边喊:"我们太守夫人亲自来送吃的用的啦,快开门吧!"李迁仕一听,咧嘴直乐,忙下令开门。没想到,寨门刚打开,洗夫人一声令下,士兵们从担子里抽出刀枪,就杀了进来。李迁仕毫无防备,连忙逃走了,手下人哪有不乱的?洗夫人又乘胜追击,打了大胜仗。这时候,梁朝的将军陈霸先领兵前来平叛,和洗夫人的人马会合,很快打败了李迁仕叛军。陈霸先见洗夫人智勇双全,功在第一,不住嘴地夸奖。洗夫人也挺佩服陈霸先,回来对冯宝说:"陈将军气概不凡,很得人心,日后定能平定天下。咱们要帮他才好。"

过了几年,陈霸先灭了梁朝,建立了陈朝。这时候冯宝已经病死了,陈霸先想起洗夫人的功劳,就封她的儿子冯仆做阳春郡守。冯仆年纪还小,全靠洗夫人率兵镇守。不料那年广州刺史欧阳纥(hé)想自己占据岭南,起兵叛乱。他知道洗夫人势力不得了,就把冯仆叫来,吓唬他说:"你派人跟太夫人说,她帮我就没事,不然你就甭想回去了。"冯仆只好派亲信告诉母亲,洗夫人又急又气,给儿子写信说:"我一向忠心报国,不能因为舍不得你就对不起国家。"这么着,她就召集起兵马,去讨伐欧阳纥。陈朝也派来军队,和洗夫人一起打败了叛军,救出了冯仆,保住了岭南。陈朝感激洗夫人,特地封冯仆为信都侯,加石龙太守,封洗夫人为中郎将、石龙太夫人,按刺史待遇。女子当将军,古时候还真是不多。

又过了些年,冯仆也病死了。好在有洗夫人坐镇,岭南一直挺稳定,和陈朝也处得不错。岭南人把她当成了主心骨。这回隋军南下,大伙儿以为又出了叛军,就奉洗夫人为圣母,保境安民,不让隋军进岭南。隋文帝听了洗夫人的故事,叹着气说:"这位夫人真是难得的奇才,她忠于陈朝算什么错呐?只要明白真相,她一定能回

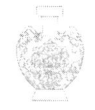

心转意的。"

于是,隋文帝派韦洸当广州总管,到岭南安抚百姓,又叫杨广命陈后主写信给洗夫人。使者带着信,拿着洗夫人献给陈朝的犀杖做凭证,去拜见夫人。洗夫人看了信,见到犀杖,才知道陈朝已经不在了,忍不住哭起来,手下的头领也跟着闷闷儿直哭。过了半晌,洗夫人擦去眼泪对大伙儿说:"陈朝没了,咱们也为它尽了忠。国家统一是天大的好事,当今圣上又这么开明,咱不能不服管。我要派孙儿冯魂迎接大军,迎接韦洸总管。"韦洸到了广州,安排一切,岭南很快恢复了平静。隋文帝接到报告,立刻封洗夫人为宋康郡夫人。

哪知岭南人还有人不服,过了两年,有个叫王仲宣的,鼓动好些部落头领,又闹腾起来。他们带兵包围了广州,韦洸困在城里,对阵的时候给乱箭射死了。叛军接着又向四处进兵。洗夫人听说以后挺着急。她知道朝廷大军要走好长时间才能到广州,就决定先动手平叛,派孙子冯暄带兵去援救广州。不承想冯暄走到半路上不走了,原来他跟叛军头领陈佛智是哥们儿,听说陈佛智要来对阵,不忍动手,就让停止进兵。洗夫人接到报告,气得脸色都变了,说:"冯暄胆敢以私废公,不给咱冯家长脸反倒丢脸,非严办不可!"她立刻派人把冯暄逮起来下狱,等朝廷来论罪;又命令孙子冯盎去征讨叛军。冯盎武艺高强出了名,挺神气地带兵杀了陈佛智。他接着进兵四方,会合朝廷兵马,打败了王仲宣。

叛军给打败了,可那些参加叛乱的头领都不敢回自己部落去,因为怕朝廷追究判罪,就带兵在山里头待着。这么一来,百姓整天提心吊胆,日子真没法儿过。隋文帝派裴矩当使臣,到岭南传旨,说对参加叛乱的人一概不追究。可裴矩到了岭南,那些头领都躲着不出来,把他急得火急火燎。裴矩就对洗夫人说:"他们不见我,皇上就是再宽大,我也没辙呀!夫人说怎么办?"洗夫人想了想说:"看来我得出面了。"

这一天,洗夫人穿上将军的铠甲,骑上骏马,和裴矩一起出发,到各地巡视。随从打着锦伞,护卫跟随左右,场面那叫壮观。他们来到各地,山里的头领听说圣母到了,都急忙赶来参拜。裴矩当场宣读朝廷的赦免令,洗夫人对他们说:"你们闹事祸害百姓,朝廷宽大不咎既往,就该悔过自新,回去好好过日子,怎么还不听话?都快给我回去吧!"头领们低着头连连说:"您老都发话了,谁敢不听呐?"一场风波就这么让洗夫人平定了。

隋文帝听说洗夫人又为国立了大功,乐得合不上嘴。他明白岭南的事离不开冯家,就封冯盎为高州刺史,赦免了冯暄,也让他做罗州刺史。追封冯宝为谯国公,洗夫人为谯国夫人。隋文帝还下了道特殊命令:"要给洗夫人开设府第,安排官员,刻印章。今后,夫人有调动岭南六州兵马的权力,遇有紧急之事,夫人可以见机行事,不必事先奏报朝廷。"这么着,隋文帝就把岭南的军事交给了洗夫人。

洗夫人有了大权,做事十分上心。有一年,番州(即广州)总管赵讷(nè)贪污受贿了好多钱财,还杀了不少当地人,引起俚人的反抗,很多人又逃走了。这一回,洗夫人没有责怪他们,倒是把赵讷做的坏事报告给了朝廷。隋文帝派人一查,果然查出赃物,就下令处死赵讷,让洗夫人召回逃亡的人。洗夫人已经上了年纪,可不顾高龄,又亲自出马,走了岭南好多地方,还过海到了海南岛。她走到哪儿,就宣示诏书。当地百姓都像过大节似的,赶来看这位女英雄。逃亡的人不用说,很快都回去了。

这个时候,洗夫人感觉自己老了,就想嘱咐后辈点儿什么。每

南国圣母

洗夫人说:"怎么还不听话,都快给我回去吧!"

到家会的日子,她就把梁、陈、隋三朝赏赐的东西拿出来,给大家看,说:"我这一辈子历经三个朝代,始终是为了国家和百姓好,反对背叛分裂的事。你们都要记住了,咱们是忠孝之家呀!"家里人记住这些嘱咐,后来又为国家立了功。这是后话。

隋皇父子

隋文帝把国家安定了，可他家里老出乱子，让他很不痛快。隋文帝有五个儿子，都是独孤皇后生的。独孤皇后虽说出身名门大户，可不喜欢奢华，生活很简朴。隋文帝也是个爱简朴的，吃穿和用物都不讲究，很少用金啊玉啊什么的做装饰。有时候病了，要吃些挺普通的药，可找遍宫里也没有。有些大臣穿华丽衣服，隋文帝看不惯，都要呲叨几句。皇帝皇后都这么简朴，文武百官也不敢太奢华。所以隋朝开头那些年，风气满不错。

隋朝颁布了新的法律，对犯法行为有一套惩治的办法。隋文帝希望人人都能守法度，没想到他自己的儿子倒经常违法犯法。五兄弟都封了王，仗着身份，哥儿几个净做些出格的事。隋文帝见儿子做的不合自己的想法，就气得心疼，非处置不可。这么一来，父子之间闹翻脸就一起接一起。

先是从三儿子杨俊那儿传来坏消息。杨俊被封为秦王，又是并州（今山西大部，治所在太原西南）总管，管着二十四个州的事。刚开始，杨俊还干得挺好，隋文帝很喜欢，给了奖励。没想到越往后越差劲，有人报告他生活奢侈，为了捞钱，在并州放高利贷，盘剥百姓。隋文帝马上派人查办，抓了一百多人，可没把杨俊怎么样。

杨俊以为没事儿，胆子更大了。隋文帝听手下人报告说："秦王近来在并州大造宫殿，想不出来的豪华。秦王聪明手巧，整天拿着斧子锯子，做些好看的小玩意儿，还镶上珠宝玉石，给妃子们玩。他还盖了一座水殿。"隋文帝问："是在水里造的？"手下人说："那倒不是。因为殿里用香粉涂墙，玉做台阶，梁柱上镶着明镜和珠宝，明晃晃的，就叫了这么个名字。秦王每天在殿里跟宾客舞女唱啊闹的，政事很少问。"隋文帝皱起眉头说："听说杨俊好女色，不会出事吧？"手下人犹豫着说："这，这还没听说。"

隋文帝正想着怎么处分杨俊，从并州来了个官员，进来就慌里慌张地说："陛下快救救秦王吧，秦王病重，快不行啦！"隋文帝心一沉，问："杨俊一向身体挺好，怎么就病成这个样儿了，出了什么事？"来人说："秦王妃子很多，先是老跟崔妃在一块儿，生了俩儿子，后来又喜欢上别的。崔妃妒忌，就在甜瓜里下了毒，给秦王吃。秦王吃了就病了，已经起不来了！"隋文帝气得脸铁青，说："杨俊忒不像话，我就知道要出事的！"他下令，让崔妃自杀，把杨俊带回京城问罪。

过了些天，杨俊病歪歪地让人搀着，回到长安，一见父皇就跪下大哭。隋文帝严厉地说："你放债盘剥，私盖豪华府第，不管政事，府里又出了这等丑事，还有什么说的！"杨俊央求说："儿臣罪该万死，念在是您的亲儿子，就饶我一回吧。"隋文帝说："我创立大业，为天下做勤俭典范，就是为了保住江山不失，不想我的儿子倒想败坏它。你还有脸在朝为官吗？从今天起，免去你一切职位，只留个秦王名号，就在京城养病吧！"

隋皇父子

隋文帝对杨俊说:"你还有脸在朝为官吗?"

武卫将军刘昇进来说:"秦王有过失不假,可也就是拿官钱盖些房子而已,为臣认为可以从宽。"隋文帝板着脸说:"国有国法,我饶他,可法不能饶。你不必说了。"老臣杨素听说后也赶来求情说:"秦王的过错,我以为还不应受这么重的处罚,何况父子呐,您就高抬手吧!"隋文帝一听就来了气,大声说:"这是什么话?我是五个儿子的父亲,就不是万民之主了吗?法是我定的,谁都不能违犯。照你的意思,我何不单制定一个'天子儿律'呐?当年周公是多么仁慈的人,他还依法惩治了亲兄弟。我比周公差远了,可也不能亏待法呀!"杨素给噎住了,只好退了出去。

杨俊羞得不敢见人,病又加重,后来就死了。隋文帝赶到秦王府,看了儿子最后一面,不觉动了父子之情,哭出声来,跟着吩咐说:"俊儿的丧事从简,以后皇亲国戚死了,也照此法办。他用的那些玩物都烧了,不许留着。"秦王府的官员央求说:"陛下念在秦王有过战功,给他立块碑吧。"隋文帝说:"想要青史留名吗?这好办,将来史书上给他记一笔足够了,何必立碑呐?我的子孙如果做坏事,保不住这个家,就是立了碑,早晚还不是让人推倒,当铺路的石头吗?"

最让隋文帝操心的还是太子杨勇。杨勇遇事有见解,隋文帝本来挺喜欢他,经常让他和大臣们一起讨论国事,也好将来接班。可杨勇偏偏在节俭上犯了忌讳。有个朋友给他送来一副贵重的铠甲,是蜀地造的,亮闪闪的,精致没的比。杨勇喜欢得放不下,还在上面刻了好看的花纹,高兴了,就美不唧儿地披挂起来显摆一番。那一天,他正披着铠甲兜风,不料他爸到东宫来了。看见杨勇有如此上等铠甲,隋文帝顿时脸就阴了,呲叨儿子说:"自古以来,没有帝王贪图享乐还能长久在位的。你是太子,应该做个节俭的表率,像现在这样，以后怎么继承大业呐？"杨勇忙跪下说："儿臣错了，一定改。"过后，隋文帝把自己的旧衣服和用过的旧刀送给了杨勇，又拿来一盘菜酱，对他说："你尝尝这个，味道不怎么好，可我一直吃它。你要懂得我的心呐！"杨勇连连点头说："我懂，我记住了。"

可他还是没记住。冬至那天下大雪，白茫茫一片。杨勇高兴地在殿外赏雪，就有一些大臣前来探望贺喜。杨勇忙换了官衣，下令奏乐相迎，又是摆宴招待。他可就忘了宫里的规矩。隋文帝很快知道了，质问大臣们："冬至那天，那么多官员到东宫朝拜，太子还奏乐相迎，这是哪门子规矩，合乎国家礼制吗？"太常寺官员就解释说："那天不是朝拜，只是贺喜。"隋文帝不高兴地说："太子虽然是皇储，可还在臣子之列，不能接受百官朝贺。以后再要这样，定要严惩！"明摆着，隋文帝认为杨勇超越了权限，对他就不喜欢了。

独孤皇后这时候也讨厌起杨勇。这位皇后最烦男人对女人不专一。为了这个，她把隋文帝照料得好好的，为的是不让他跟别的妃子来往。每天上朝，她都跟着皇帝同去，在殿外等着，下朝后再一起回来。晚上，隋文帝在灯下批阅公文，她也一直坐在旁边陪着。这样一来，隋文帝妃子虽然不少，可没机会接近。对丈夫如此，对儿子她也看得紧。

杨勇长大以后，独孤皇后给他挑了个正妃，姓元，满以为小两口会很亲热。没想到杨勇不喜欢元妃，总是待答不理，光和别的侍姬住在一起。没几年，杨勇有了十个儿子，可没有一个是元妃生的。独孤皇后给惹火了，把杨勇叫来好一顿呲儿，说："我给你选的元妃那么好，你要和她亲近，不许宠别的女人！"杨勇瞥了她一眼，没说话就走了。偏巧，过了些天，元妃突然闹心疼，很快就死了。独孤皇后疑惑她是给害死的，凶手八成就是杨勇宠爱的云昭训。她又把杨勇叫来，狠狠训了一通，让他查办云昭训。杨勇当面没说不，可回去后就让云昭训掌了东宫内务，明摆着是想让她当正妃了。独孤皇后鼻子都气歪了，经常派人到东宫探听消息，找到杨勇的毛病，就告诉隋文帝。日子一长，隋文帝对太子越来越不满。

父皇母后对太子不满意，一来二去，传到了二儿子杨广耳朵里。杨广偷偷直乐。原来他虽然被封为晋王，又是扬州总管，可早有心思把太子的位子抢过来，自个儿将来当皇帝。现在有了机会，他就和心腹老臣杨素一帮子人商量，想出了几招儿。杨广知道父皇反对铺张豪华，也知道母后讨厌男人多宠，先就从自己做起来。在京城的时候，他老是穿着朴素的衣服，从不带饰物，车马侍从更是简朴。有一次，隋文帝到他的住处看望，见屋里很少摆设，床帐子都是旧的，乐器上落满了灰尘，很高兴，说他懂得勤俭。独孤皇后问起他的起居，他就说："儿臣不敢违抗母命，一向只和萧妃同住。"独孤皇后乐出了笑纹。

有一次，杨广要回驻地去，临走的时候特意去跟独孤皇后告别，一见面，他就咧嘴哭了，说："儿子在外，不能侍奉二老，可我的心总想着父皇母后。"独孤皇后感动得泪汪汪。杨广又说："儿臣心实，又傻又笨，跟我大兄没法儿比。近来不知怎么了，得罪了太子，他理都不理我。说不定什么时候会死在他手里。"一句话就发了酵，独孤皇后怒气冲冲地说："睍地伐（杨勇小名；睍xiàn）太不孝，我给他娶了元妃，他就敢害死了她；宠着坏女人，生了些坏儿子。往后他当皇上，你得给他跪着，我想都不敢想。我还没死，他就欺压你，我死了，他不知道怎么害你呐！"杨广听了特高兴，可眼泪雨点儿似的，直往下掉。

独孤皇后就去劝隋文帝，趁早废了杨勇。杨素也在隋文帝和独孤皇后面前夸杨广，隋文帝就有了换太子的心思。他派杨素去探听杨勇的动静。杨素来到东宫门口，通报后又故意不进去。杨勇等了半天，才见杨素磨蹭进来，绷起脸很不高兴。俩人没说几句，他就把杨素打发走了。杨素回来对隋文帝说："太子满脸杀气，不和我说话，说不定会起歹心，陛下要防着点儿。"隋文帝果然就起了疑心，对大臣们说："皇后几次劝我废了杨勇，我还指望他能改好。现在看来，要想天下安定，只好走这一步了！"

不久，隋文帝宣布废除杨勇太子身份，改立杨广为太子。杨勇感觉太冤枉，想见见老爸说个明白，可他被囚禁在东宫里，没人理他。有一天，他实在忍不住，就爬上一棵大树，朝隋文帝住的地方扯脖子喊叫。隋文帝听见了，忙追问说："是勇儿在喊吗？"杨素忙说："前太子中了邪气，神志错乱，才胡乱叫的。"隋文帝也就不再管他。

四子杨秀被封为蜀王，驻守在成都。听说杨广当了太子，很不服气，他就对隋文帝派来的使臣说："二哥哪点儿比我大哥好？凭什么他当太子？"这话让杨广知道了，他就想法抓杨秀的错处，再给个颜色看看。偏偏杨秀自个儿也不争气。他在成都以为没人能管，干了好些欺压百姓的事，还违反规定，用的车马衣物，都跟皇帝似的。杨广派人查出来，马上报告隋文帝，把杨秀逮进京来审问。

杨秀见了父皇，只好认错说："我真是没守法度，愿意领罪。"隋文帝手点着他说："你三哥挥霍钱财，我以父亲身份管教他；如今你欺压百姓，我要以天子名义惩治。"就让刑部审问，还对大臣们说："按杨秀的罪过，就该杀了他，给百姓谢罪。"大臣们忙劝着说："前太子已经废了，秦王又没了，您就这几个儿子，别这么严了。"不料想这当儿，底下人报告，说在地底下刨出好些木偶人，是杨秀让人做的，上面还有说词，骂皇上无能，还老占着位子。这不是要造反吗？可杨秀死活不承认。隋文帝气得没法儿，下令免去他的爵位和官职，成了老百姓，给关起来。后来大家才知道，埋的木偶是杨广叫人做的，栽赃给了杨秀。

五个儿子废了三个，隋文帝心里也挺不是滋味，可一想到杨广当了太子，后继有人，也就放了心。他可是万万没料到，杨广做出了让人不敢相信的事来。

江都之游

公元604年开初,隋文帝到仁寿宫(在陕西麟游西)休息,不想就在那儿得了重病。前两年,独孤皇后已经去世,隋文帝担心活不长了,就派人把太子杨广、仆射杨素等重臣叫来,托付政事。杨广听说后,赶紧写信给杨素,问怎么处理丧事。杨素写的回信,不巧被人错送到隋文帝那里。隋文帝一看就气个倒仰,对左右说:"他们是盼我早死啊!"

正在这时候,他的爱妃陈贵人噘着嘴走了进来。隋文帝看她脸色不对,就问:"你怎么啦?"陈贵人含着眼泪说:"太子对我无礼!"原来陈贵人一直在宫里伺候隋文帝,刚才出去换衣服,碰上了杨广。杨广拉住她就要亲热,被陈贵人推开了。隋文帝一听是这么回事,气得手直打哆嗦,拍着床沿大声说:"这个畜生,怎能担当大事!都是独孤误了我呀,委屈了勇儿!快!给我下诏书,把勇儿召来见我!"还用说吗,他是要重新立杨勇为太子。

可这也忒晚了。消息一溜烟儿传到杨广那儿,他马上跟杨素商量对策,下了狠心。于是,杨广派自己的亲兵接管了皇宫卫队,封

隋唐故事

锁了宫门，又命心腹张衡立即进宫。张衡进去不一会儿，突然跑出来喊着说："圣上已经升天，你们怎么不报告？"

隋文帝就这么不明不白地死了，活了六十三岁。杨广随后赶到，主持丧事，很快就把遗体入殓。好多人断定是杨广让张衡杀了隋文帝。杨广可不管别人怎么说，先派人杀了杨勇和他的十个儿子，然后登上皇位，就是隋炀帝。隋文帝的五儿子杨谅，被封汉王，这时候正在并州接替杨俊当总管。他早就反对打压杨勇和杨秀，替他俩抱不平。这会儿听说父皇突然死了，就怀疑其中有鬼，立刻起兵讨伐杨广。杨广的势力多大呀，杨谅不是对手，打了个败仗。他自己给逮住，跟杨秀一样被削职为民，很快就在关他的地方气死了。

隋炀帝知道大伙儿心不服，就想干几件露脸的事，堵人家的嘴。第一件是建造东都洛阳。他对大臣们说："汉高祖说过，他到过的地方，数洛阳最好。这些年破得没法儿住，父皇早想再建，因为财力不够才拖下来，现在富了，赶快修吧！"于是，宇文恺这些建造行家又忙活起来，干了十个月，第二年就完了工。第二件是开凿运河。隋炀帝当过扬州总管，到过江都（在江苏扬州），也去过江南，知道那边物产多，景致美，就想把原来的河道接通，南北水道相连。一来把江南的粮食物品往北运；二来要去江都游玩，就能坐船直达了。他越想越美，就下令开凿运河，挖了六年多，也完了工。第三件是征高丽。高丽在东北方，隋炀帝三次派大军征讨，亲自指挥打了三年多。再就是盖宫殿、修驰道、修长城、通西域等等。隋炀帝在位也就十几年，想干的事还真不少。

可他就是不想一件顶要紧的事：天下老百姓的日子还怎么过。这些事，哪一件都要动用几十万上百万人力，花费钱财多得没法儿算，都要百姓出钱出力，拼死拼活，大伙儿担负得起吗？就说修洛阳城，因为工期紧，每月都要征调民工二百多万，没日没夜，累死的人十有四五，装尸体的车在路上一眼都望不到头。建楼阁的大柱子要从南方运来，一根就要有两千人拉拽，一地接一地往洛阳走，那要征多少人才行呐？开运河征的人就更多了，累死的人也就更多了。男的都给征走，没了壮劳力，农田的事只好让女人和老人孩子干，很多田地就这么荒了。有的地方男的不够数，索性连女的一块儿征。

　　隋炀帝可不管这些，只想着快点儿再快点儿。洛阳城还没修好，他就急急巴巴宣布迁都，搬到了洛阳；又征来几十万民工挖了一条大壕沟，叫长堑。这条沟从山西龙门起，绕河南一圈直到陕西商洛，护着洛阳。隋炀帝以为这就安全了，于是撒开了享受起来。以前为了当太子，他装得多节俭呐，现在当了皇帝，就不想再装了，下令盖了宫殿显仁宫还不行，又修了西苑。西苑是座园林，周长二百里，里面亭台楼阁、假山真水样样有，一年四季都有可看的景致。冬天树叶落了，还要用彩绸子剪成树叶花朵。身边的女人多，他又喜欢夜游，经常带着妃子宫女在园里闲逛，或是让宫女骑在马上吹弹唱歌，玩个通宵。

　　为了显阔，每逢有外邦客人到洛阳来，他就让把城里的树用丝帛缠起来，商人都穿上绫罗绸缎。客人进饭店，店主人用上等酒菜招待，临了儿还不要钱。客人奇怪地问："你们真不要？"店主人点头哈腰回答："真不要，咱们这儿富得很，饭店都不收钱，白吃白喝！"为了证明是真的，商店还叫几个百姓到里面随便拿东西，不给钱就走人。客人们惊讶得舌头伸出来缩不回去，可不知道那些百姓又绕到商店后门，把东西送了回来。

隋唐故事

在洛阳待腻了,隋炀帝又急着要去江都。运河挖了半截,他就下令让江南各地赶紧造大船,准备到江都转悠转悠。公元605年秋天,隋炀帝第一次去江都。为了抖抖皇家的威风,船队排场得没法儿想象。大大小小的船加一块儿,有三千多条。隋炀帝的龙舟,四十五尺高,两百尺长,五十尺宽,分四层,有正殿、内殿、朝堂、各类用房和宦官的住处,总共一百六十多间。里面到处是金银和玉石的装饰。光这一条船,就要一千零八十个纤夫牵拉。拉纤这活儿最累人,纤夫为了方便,都是脱光衣裳,只在腰上围块布。隋炀帝觉着太寒碜,没有皇家气派,就让纤夫都穿上讲究的绸缎彩袍和靴子,跟官员似的,还起个名字叫"殿脚"。结果殿脚们又累又热,汗把袍子都湿透了,粘在身上,还不敢叫苦。皇后的船稍小点儿,也要八百个纤夫。妃子宫女们的船,就有一百多条,每条船都有一二百个纤夫拉。

随行的皇亲和官员,和尚尼姑道士,足有好几千人。船按等级分大小,官大的船也大,楼数从五层到两层,六品以下的官,只能坐一层的。装载用物的船在后面,整整两百条。这么多船,用的纤夫总共八万还多。一条接着一条,从头到尾,有两百里地那么长,远处望过去,密密麻麻的,就跟满天闹蝗虫似的,看不到头。

除了河里的,两边的河岸上,还有几十万骑兵,护送随行。沿河的各州县官员,早就让人在河两边插满了彩旗,让风一吹,哗啦啦直响。船上的男女们吃的东西,都让离河五百里以内的百姓供给。山珍海味,鸡鸭鱼肉,都要上等货。百姓们肩抬手提,从老远的地方把东西送上船。每天要送多少吃的呀!好不容易送来了,船上的人还嫌这不好那不鲜。妃子们只吃一丢丢儿,剩下的全扔了。每天光吃剩下的,就得埋几大坑。

江都之游

纤夫穿上讲究的袍子和靴子，又累又热。

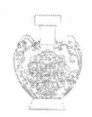

船队走了两个多月才到了江都。在江都，隋炀帝整天吃喝玩乐，游山逛景，就甭提了。附近各地的官员一个接一个前来拜见，随身都带着献礼。隋炀帝见礼物太多了，很不耐烦，索性只看礼不看人，送的多送的好的，马上升官；送的不叫他喜欢的，就丢官免职。有个叫王世充的，只是个江都郡丞，献了铜镜和屏风，隋炀帝喜欢，当时就升他做了通守，掌了兵权。郡丞的位子，就给了一个叫赵元楷的官，因为赵元楷献了好些好吃的。

隋炀帝一帮人在江都住了半年，回洛阳要改为陆行。这一来，车马、仪仗、吃的穿的用的，又要沿途百姓负担。光是黄军旗，就做了三万六千仗。后宫用的衣物，都要新的华丽的才行。隋炀帝还下令，让各地献来牛角、象牙、皮革、羽毛这些贵重东西，来装饰车仗，都要新制的，限期送到。结果，百姓们被按户摊派。大伙儿只好满山遍野去抓野兽飞禽。野兽飞禽抓完了，数目还不够，只好到富豪家去买存货。富豪借机猛涨价，百姓们叫苦连天。东西交齐之后，又调来十几万工匠，连夜赶制，送到江都。

第二年四月，隋炀帝带着他那一大帮人才回到洛阳。后来，他又两次到江都去，人数虽然不像第一次那么多，可挑费照样难以计算，搜刮的钱财更多。

隋炀帝修建洛阳，三游江都，可把百姓害惨了，也把隋文帝那会儿积攒的财富挥霍了个够。可是最要命的还要数三次征高丽的战争，比修城开河死的人更多。公元609年，隋炀帝下令在涿郡（在河北涿州）修建了一座宫殿，叫临朔宫，当作行宫，好亲自指挥；又宣布向各地征兵，让部下在东莱（在山东莱州）造三百条大船，限期完活。征调来的民工日夜赶造，整天泡在河水里，日子一长，腰、腹、裆、股和腿脚都烂了，生了蛆。有好多人就这么倒在水里，再没起来。船造好了，民工也死了快一半儿。仗还没开打，已经死了这么多人。在隋炀帝眼里，老百姓的命值几个钱呐？死了就死了。几年里战死的，累死的，病死的，处死的，少说也有几十万人。老百姓总是能就合就就合，可这一回，再也就合不了啦！一场好大规模的民众起义，就给发动起来了。

瓦岗起义

最先起来反抗的是齐郡邹平人（邹平在山东），叫王薄。据说王薄是个铁匠，上过学，有点儿脑子。公元611年，山东一带闹大水，饿死不少人，不久征兵令也下到了他的家乡。他就动起了反抗的心思，在长白山（在山东章丘）召集了一伙人，商量起义。大伙儿说起隋炀帝这些年祸害百姓的事，气不打一处来，都担心征兵会闹得人亡家破，不如起来反抗，就推举王薄当头儿，用自己打造的兵器，跟官军打。消息一传开，临近各州县好多地方的人都反了，一伙儿一伙儿的，领头的能叫上名字的就有几十个。

有个叫孙安祖的，是清河漳南人（漳南在山东武城），家里挺穷，偏又遇到水灾，田里没了收成，媳妇儿也给饿死了。官府征他去当兵，他到县里央求免征，县令不但不答应，还打了他几十板子，打得皮开肉绽的。孙安祖气得没法儿，索性趁县令没防备杀了他，然后逃到好朋友窦建德家里躲起来。窦建德也被征了兵，正发愁呐。两个人聊起来，窦建德说："文皇帝在位的时候，天下富足，打仗还打败过呐。如今百姓给弄得没吃没穿，死了多少啊，今年又发大水，皇上不体谅，还要征兵。这日子让人怎么过？我看天下非乱不可了。"孙安祖说："我正想着怎么办好，这次杀了县令，没了后路，不如就此反了！"窦建德一拍大腿说："对着呐，大丈夫活着就要立大功！你当个头儿，我来帮着你。"

窦建德就联络了几百个弟兄，都年轻力壮的，跟着孙安祖到附近的高鸡泊（在河北故城），拉起了一支队伍。官府派人一查，知道是窦建德支持的，就去抓他。他跑了，可家里人给杀了。窦建德索性也公开反起来，带着二百来人，在家乡一带抗拒官军。

事情越闹越大，起义的队伍也越来越多。不只是穷人反，有不少地方豪强和官吏出身的也反。正在前方打仗的隋炀帝连忙命令地方官镇压。不过这些起义军，一来没有经验，二来分散在各地，所以力量不怎么强。有的起义军跟官军打着打着，他们之间也起了矛盾，相互攻打起来。孙安祖就是被别的起义军杀了，他的部下只好投靠了窦建德。隋炀帝听说造反的势力不大，也就不当回事，照样去打高丽。

不料没过两年，从大粮仓黎阳（在河南浚县；浚xùn）传来一个消息说，礼部尚书杨玄感起兵反叛了。隋炀帝蹦起来，喊着说："怎么连他都反啦？"杨玄感是老臣杨素的长子，杨素是隋炀帝的心腹，谁不知道啊！杨素死了以后，杨玄感继承了楚国公的爵位，又当上礼部尚书，官高爵显的，他怎么会反起隋炀帝了呐？原来好多官员对隋炀帝早就不满，杨玄感看他失了民心，就想趁百姓起来反抗的机会，逼他退位。于是，他以催运军粮为名，来到黎阳，联络起当地水手和运粮工，准备起事。

旗号一打出来，果然得到响应。杨玄感的几个弟弟和亲戚朋友，还有不少高官子弟都来参加。这些人有钱有势，凑上十几万兵马不难。有个叫李密的，是名将李宽的儿子，和杨玄感关系特好，也来帮他出主意说："直接去打江都是上策，打长安是中策，打洛阳也可以，不过要快，只是下策。"杨玄感说："洛阳就在身边，哪能放过呐？你的下策才是上策。"他就决定先打洛阳，把兵将带到城外，宣誓说："我身为朝廷大官，家财万贯，还有什么图的，今天冒着灭族的危险起兵，还不是为了解救天下百姓吗？"附近百姓听说了，挺感动，都送来酒肉慰劳，子弟投军的也有几千人。杨玄感高兴得脑门儿发亮，就下令攻城。

朝廷内部出了乱子，隋炀帝只好撤兵回来，调集几路大军围攻杨玄感。杨玄感指挥打仗不在行，一个多月也没把洛阳打下来，只好放弃洛阳，往关中进发，要去打长安。各路隋军连追带堵，很快就把他围住，部下给打散了，最后光剩下他和十几个随从。杨玄感流着泪对弟弟杨积善说："起事不成，只好去死。可我不能让他们逮去受辱，你把我杀了吧！"杨积善抽刀杀了哥哥，也给了自个儿一刀，不过没死，被捉住杀了。

杨玄感起兵虽然没成功，可让他这么一闹，倒给各地起义军逮住了机会，好多人起来响应，占了地盘，就不再听隋朝的命令。起义军有三股势力最大。一股在河北，领头的就是窦建德。窦建德领着大伙儿闯荡几年，发展成十几万人，就自称长乐王，又向四处进军，把河北大部分都占了。一股在江南，领头的叫杜伏威。杜伏威本来是齐州章丘人（章丘在山东），起义后带人马到了南方，攻下了好些城镇，连古都丹阳（在江苏南京）在内，引来了当地不少人归顺。他索性就建立了政权，自立天下。

最强的一股是在中原的瓦岗军（瓦岗山在河南滑县一带）。瓦岗军的头儿叫翟让，家就在那儿附近。他本是一个小官儿，后来犯法被判了罪,幸亏朋友搭救,上了瓦岗山,就拉起队伍起义。瓦岗离黄河不远,水面很多,起义军里好多是渔民猎手,打仗都在行。翟让领着大伙儿袭击运河上的大户商船,有了足够的给养,连打了几次胜仗,很快就出了名。有好些本事大的先后脚都投靠了瓦岗军,像徐茂公(徐世勣,后改李勣;勣jì)、单雄信、王伯当、魏徵、裴仁基、秦叔宝、罗士信、程咬金等等。这些人要么会出谋划策,要么能上阵厮杀,替瓦岗军立了大功。不过后来的演义小说添油加醋,把他们说得离了谱了。

来投靠的人当中,最能干的还是李密。李密在杨玄感失败以后,也被逮住,押送途中跳墙逃跑,没处安身就来投奔瓦岗军。他出身大官人家,从小读书,也懂得兵法,很会算计。到瓦岗军以后,听说粮草都缺着,李密就对翟让说:"咱们不能打一地就换一地,应当把荥阳一带占住,那儿粮草多,先休整些日子,等人强马壮了,再争天下。"翟让很赞成,就领兵打下荥阳郡的几座城,立住了脚跟。

隋炀帝这时候已经跑到江都去了。他派大将张须陀镇压瓦岗军。张须陀打仗有一套,让起义军吃过好几回败仗。听张须陀来了,翟让就说:"这家伙太厉害,咱们别碰他,先撤走再说。"李密摇头说:"我知道张须陀,有勇无谋。你就去跟他对阵,我来破他!"对阵那天,翟让上前跟张须陀先打起来。张须陀攻势好猛,很快占了上风。翟让下令后退,掉头就跑,张须陀就追。追到一片树林里,忽然从周围杀出好多瓦岗军,李密、徐茂公领着冲过来。张须陀不认路径,很快被包围。末了儿,官军败了,张须陀丢了命。名将阵亡,官军也泄了气,不是逃跑就是投降。起义军士气大振,连着攻城夺寨。

隋唐故事

李密又对翟让说:"洛阳东边的兴洛仓(在河南巩义),粮食满满的。咱们把它拿下来,把粮食分给无粮的百姓,天下人都会拥护咱们。这叫收取人心。"翟让就和李密一起率军出发,翻山越岭,一个冲锋,真就把兴洛仓夺了。跟着他们就开仓放粮,附近老百姓别提有多高兴,都说瓦岗军的好话。李密出了这么多好主意,大伙儿都挺佩服他。

翟让这时候也觉着李密比自己强,又有名气,应当让他当最大的头儿。他把这个意思跟李密露了露,李密的心气儿高着呐,没怎么推辞就答应了。于是,李密就被推举为魏公,当了元帅。他请翟让当司徒(相当于宰相),翟让也挺高兴。此后,李密派裴仁基夺取了回洛仓。回洛仓在洛阳北边,也是个大粮仓。徐茂公提议把黎阳仓也拿下来,李密就派他带人去。徐茂公果然马到成功,不但夺了黎阳仓,还扩充了人马。瓦岗军达到了一百多万人,成了隋朝的主要对手。李密发了一篇檄文,给隋炀帝列了十大罪状,就带兵攻打洛阳。

隋炀帝听说三大粮仓丢了,洛阳危机,急得冒了汗,忙派江都通守王世充带着江淮的精兵北上,解救洛阳。王世充本是西域胡人的后代,后来才改姓王。这个人能力一般,可心眼儿挺多。到洛阳以后,他先想夺回兴洛仓,结果头一回交战,就让瓦岗军打了个埋伏,损失好几千人。他一害臊,就装病不出战。守洛阳的越王杨侗(隋炀帝的孙子)催他,他才勉强进兵,可又给打败了。王世充没了面子,让人在洛水上架起浮桥,要过桥和瓦岗军决战。末了儿他指挥出了错,让李密打了个反击,一万多士兵掉进河里淹死了。王世充只好跑到外地把自己下了监狱,请求处分。杨侗除了靠他还能靠谁呐?就宣布免罪,让他赶快回洛阳守城。他可是让瓦岗军给打怕

瓦岗起义

瓦岗军拿下兴洛仓，开仓放粮。

了，不敢再出来。

可这时候，瓦岗军内部出了大事，让王世充喘了口气。原来翟让让位以后，他手下的人不愿意，埋怨说："不是你建的瓦岗军，哪有他李密的今天？现如今他倒骑在你头上了。还是把权夺回来好。"翟让不吭气，他哥哥翟弘拍着胸脯说："皇上就该你自己当，怎么让给别人当？你不想当，我来当！"翟让没说话，可心也动了，就对人说："李密是我立的，将来怎么着还不一定呐！"这些话传到李密耳朵里，他心里有气，可脸上没露相。左右劝他及早除掉翟让，他还说："天下没安定，先自相诛杀，多不好啊！"左右说："毒蛇咬了手，宁肯剁了手腕也不能留着手，保命要紧。如果让他抢了先，后悔可来不及了！"李密就点了头。

这一天，李密设宴请翟让，翟让挺高兴的，带着翟弘、徐茂公、单雄信几个就来了。李密把他们让进里屋吃着说着，拿出一把宝弓来给翟让看，请他试射。翟让接过弓刚要拉开，背后忽然有人举刀朝他砍下来，翟让当时就倒地下死了。翟弘也给砍死了。徐茂公往外就跑，也挨了一刀。单雄信连忙求饶，李密摆摆手说："这事儿与你们无关，不用怕。"他接着就来到翟让军营，宣布翟让有罪该杀，让徐茂公、单雄信、王伯当分领各部。李密杀了翟让，不用说，瓦岗军的力量就减弱了。原来跟翟让起义的将士走了好些，留下的也结了怨恨。不久，从西边的长安传来了太出乎意料的消息，李密听了，后悔得直跺脚。

李渊建唐

隋炀帝迁都洛阳又去了江都以后，把长安交给孙子代王杨侑（yòu）镇守。他的太子杨昭死得早，孙子杨侑又太小，就由老臣卫文昇和将军阴世师、郡丞骨仪几个辅助。仗着工事坚固，又远在西边儿，长安总算安静了几年。可是到了起义军大闹中原的时候，有个聪明透顶的人就想到了长安，要把这个老都城抢到手。这个人就是太原留守李渊。

李渊是陇西成纪人（成纪在甘肃秦安西北），排起来，他还是隋朝皇家的亲戚，独孤皇后是他的姨妈，他跟隋炀帝是姨表兄弟。李渊的祖父和父亲是西魏和北周的大官，他小时候继承了唐国公的爵位。有了这层关系，他长大以后，官运一直不衰，当过好多地方的刺史太守，瓦岗军战河南这会儿，他被任命为太原主事。

李渊到任不久，北边的突厥人就来侵扰，他正准备迎战，南边有一支起义军也打过来了。李渊只好兵分两路，自己带兵去南面，派副手高君雅抵挡突厥。起义军的头领叫魏刀儿，外号历山飞。李渊和二儿子李世民领兵跟历山飞打了一仗，把他打跑了。他没来得

隋唐故事

及高兴，就听说高君雅那边败给了突厥人，损失挺大。李渊直发愁，担心朝廷怪罪。果然，隋炀帝在江都听说了，下令把他押到江都问责。隋炀帝虽说和李渊沾亲，可早就知道他心眼儿多，所以就借了这个碴儿要清洗他。李渊知道去了江都准没好果子吃，心里就打起了算盘。这些年各处起义军越来越强，他都看在眼里，早就做了准备，让几个儿子四处笼络人才，还想法儿扩充军队，如果隋朝保不住，就起兵夺取天下。

李渊正寻思着，李世民进来试探着说："现在造反的到处有，您平得过来吗？眼下还要被皇上治罪。不如顺应民心兴义兵，才能把祸变成福。这不是天意吗？"李渊瞪大眼睛说："你有这个想法，是要告官治罪的呀！"李世民笑笑说："您真要告发我，我也不敢不死。"李渊这才低声说："隋朝要完，我早就看出来了，所以没早起事，是因为咱们的人太分散。现在昏君要把我关起来，只好起事再说，免得家破身亡。"

父子俩就筹划起来。过不几天，长子李建成、四子李元吉（三子李玄霸早死）、女婿柴绍他们都从别处到了太原。晋阳宫（隋炀帝行宫）的副监裴寂、晋阳县令刘文静，早就是李渊的心腹，这会儿也帮着出主意。大伙儿商量好了，起兵之后，不到洛阳，而是直接去长安；进了长安，尊隋不灭隋，让隋炀帝当太上皇，立代王杨侑为新皇帝。副留守王威和高君雅听说李渊要造反，想趁他到晋祠祷告求雨的时候把他杀了。李渊得到密报，反说王威和高君雅要引突厥人进来，先杀了他们两个。这一来，太原就没了后患。公元617年夏天，李渊留李元吉守太原，自己亲率三万大军出发，直奔长安。

这时候，他接到了李密派人送来的一封信。原来李密杀了翟让以后，觉着自己的地位无人可比，又打听到李渊要起兵，就写了信来。大意是说,现在天下英雄众多,可没有挑头的,应该召开一次会议,推出盟主,行使大王的职权,把各路义军统管起来。李渊看完信,嘿嘿一笑,对手下人说:"李密得意没了形了,他是想自己当盟主当皇上。也好,我正怕东都派兵阻挡我到长安去呐,索性就由着他得意几时,让他把东都人马拖住。等我拿下长安,看他们鹬蚌相争,我来当渔翁便了。"他让文书温大雅给李密写回信,口气别提多谦卑了,把李密着实地夸奖了一番,说盟主不是他还能有谁。自己老了,将来有块封地养老就行了。李密看了信,心头喜得直抓挠,忙拿给左右亲信看,说:"李渊都不和我争,只要攻下洛阳,天下就是咱们的啦!"他于是下令,猛攻东都洛阳,把隋军死死地拴在了河南。

趁着隋军和瓦岗军在洛阳大战这当儿,李渊催促人马急行军,朝长安进发。代王杨侑听说李渊要来,忙派大将宋老生守霍邑(在山西霍州),大将屈突通守河东,不让太原兵过黄河。李渊到了霍邑,让李建成和李世民带人到城下埋伏,他自己带骑兵挑战。宋老生率军杀出城来,李渊没打几下就假装败了,带人逃走。宋老生紧追不放,不想那兄弟俩带兵冲出来,堵住了他的后路。李渊也回过头来接着打。宋老生遭到两面夹攻,城也回不去,当场被杀。

李渊得了霍邑,对有功将士都大加封赏。有人不满意地说:"大人对奴隶出身的和贵族出身的,赏赐都一样,这不合规矩吧?"李渊说:"战场上生死难料,对谁都一样,怎么行赏就不一样了呐?即便是囚徒,有功劳也可以封王。我不管你是贵族还是奴隶,有功就赏。"李渊又下令,不准杀俘虏,更不准杀百姓。不但不杀,想回关中的,还给钱放人。这么一来,不但手下将士都高兴,隋军俘虏也都高兴。消息传开,好多地方的官员和兵将都来归降。太原军壮大

隋唐故事

了，进军特别顺当。

说着到了黄河东岸。守河东城的屈突通已经做了死守的准备。可李渊寻思着，快点儿过河最要紧，夺城还在其次。他就自己带着一队士兵到了城下。开仗以后，士兵就往城上爬，爬到半截儿，李渊下令撤退，大家出溜下来赶紧走了。屈突通直纳闷儿，以为李渊在引他出城交战，就下令不准出击。这一来，他正中李渊的计策。太原军趁这时候已经渡过了黄河。

太原军进了关中，当地很多官吏和大家族都来迎接，降顺的也不少。李渊乐开了花，命令李世民带几万人先走，直奔长安。自己和李建成把住潼关，做后应。李世民带兵，专拣隋军兵力不强的地方走，穿过高陵、泾阳、武功、周至，就到了鄠县（在陕西户县；鄠 hù）地界。这时候，他的叔叔李神通和妹妹平阳公主（柴绍妻），也领着一队人马来了。原来，李渊起兵的事一传开，正在长安住着的李神通和平阳公主，怕被隋军抓到，就跑到了鄠县。他们在这里联络了几万人，聚义占地。平阳公主带兵很有办法，连打胜仗，就等着太原军到来。李渊的另一个女婿段纶，在蓝田召集了一万多人，这会儿也过来了。李世民跟他们会合后，气势更盛，一起朝长安进发。

李渊听到这消息，赶忙和李建成带兵直奔长安。十月，两下里在长安城外会合了。李渊没歇脚，马上让人给城里递话，说自己尊隋不反隋，只是要改立皇帝。卫文昇七十岁都过了，听了以后就说："我老了，有病，管不了啦！"他连愁带怕真就死了。阴世师和骨仪不让李渊进城。李渊下令攻城，没费什么事就破了城，杀了阴世师和骨仪。

进入长安，李渊就去拜见杨侑。然后他宣布，尊隋炀帝为太上皇，请杨侑登基，就是隋恭帝。他自己当大丞相、大都督，还封唐王，掌管一切。正在围攻洛阳的李密听到这个消息，才知道李渊信上说的全是假话，气得直喊："这个老狐狸，把我给涮了！"他没忘了杨玄感起兵那会儿，自己也说过要先占长安；到瓦岗军以后，也有人建议先打长安，自己没听。结果让李渊抢在了前头，他如今只有后悔的分儿了。这时候，从江都那边儿又传来吓人的消息，隋炀帝被人夺了命。李密又一个没想到。

隋炀帝住在江都，知道天下人都恨他，洛阳是回不去了，就整天吃喝玩乐，享受一天是一天。他对萧皇后说："人有贵贱，轮着来，这有什么呀！"可心里害怕极了，一次照镜子看了半晌，他忽然自言自语说："我这颗脑袋挺好，不知哪天让谁砍了去！"怕有那一天，他身边总放着毒药，到时候先自杀。跟着他到江都来的官员将士，看皇帝怕成这样儿，都想趁早逃走。特别是从关中来的骁果（精壮的武士）们，在南方过不惯，悄悄溜了不少。有个宫女向隋炀帝报告，说有人要逃跑，隋炀帝大怒，先把宫女杀了。过几天，又有宫女要报告，萧皇后拦下说："你找死啊！天下就这样了，没药可治，他有什么法子？你告诉他，白给他添烦！"这样一来，逃走的更多了。

有几个禁卫军将官也谋划要跑，可转念一想：万一被抓回来就是个死，不如反起来，杀了昏君再说。他们就去找右屯卫将军宇文化及商量。宇文化及出身豪门，挺被隋炀帝信任，一听这话，汗就下来了，说："这可是死罪呀！"大伙儿说："怕什么！现在谁不想杀他呀！"宇文化及也就答应领头造反。他们找了些骁果参加，定了动手的日子。

公元618年早春的一天，这些人一大早就闯进了隋炀帝的住

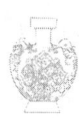

隋炀帝照镜子说:"我的脑袋不知会让谁砍了去!"

处。隋炀帝瞧他们手拿武器，个个横眉竖眼，打着哆嗦问："你们要……要杀我吗？"众人把他带到殿上，宇文化及也来了。隋炀帝又问："我有什么罪呀，你们这样对我？"有个叫马文举的将官上前一步大声说："你在位这么多年，不好好理政，到处游逛，征战不停，奢侈淫乱，让男人都累死战死，女人孩子饿死，弄得民不聊生，盗贼四起。你还重用奸人，不听忠言，不知悔过。还说没罪吗？"马文举这一番话，句句在理，说得隋炀帝耷拉下脑袋，颤巍巍地说："我，我确实是对不起百姓。可对你们，我给你们官做，享受荣华富贵，怎么还这样？"大家七嘴八舌地数落起他的罪恶。有人说："还说什么，赶快让他死吧！"举刀就要砍。隋炀帝忙说："我不能挨刀，拿毒药来！"众人不答应，隋炀帝只好解下练巾（白丝头巾）来，大伙儿一起动手，把练巾系在他的脖子上使劲勒。隋炀帝两脚乱蹬着，不一会儿就蹬了腿儿，死的时候四十九岁。他四弟杨秀也跟着被杀了。算下来，隋文帝的五个儿子，虽然都出过大风头，可最后不是被害死就是被杀死，没一个善终的。

　　隋炀帝的死信儿传到各地，有高兴的有难受的。唐王李渊哭了几声，就领着隋恭帝到大殿上遥祭隋炀帝。没过几天，外边有人说起应该让位的事来。隋恭帝没法子，只好请唐王李渊即位。李渊按以往的惯例，推辞了好几次才接受了。这年五月，李渊在长安当了皇帝，国号就叫"唐"，他就是唐高祖。

隋唐故事

扫北平南

　　唐高祖当了皇帝，可是全国各地大都让别人占着，自称皇帝的也有好些。要想当真天子，非得把割据势力平了不可。眼下最近的对手是金城（在甘肃兰州）的"皇帝"薛举。有消息说，薛举要来争夺关中。薛举不久病死了，儿子薛仁杲（也有说薛仁果；杲gǎo）掌了权，摆出了决战架势。唐高祖就让李世民挂帅西征。李世民得疟疾病刚好，不敢硬拼，就紧守营寨不应战；等对方粮吃完了，军心乱了，才下令出击。他亲自带一支精兵，杀到薛仁杲驻守的城下，薛军将士打不过，纷纷投降。薛仁杲看着没法儿打了，只好交出城池。还有一个叫李轨的"皇帝"，驻扎在河西武威（在甘肃武威）。唐高祖派人劝他服从唐朝，李轨不干，去的人索性撺掇他手下人反叛，捉住了李轨，带回长安。

　　关中河西一带平定了，长安周围就安全了。可太原那边又出了事。早在李渊起兵以前，有个叫刘武周的军官，趁乱在马邑（在山西朔州）造反，杀了太守王仁恭，自己当了太守。这会儿他就派兵进攻太原，连连得胜，眼看着打到了城下。留守太原的李元吉平日横得没人敢惹，动真格的时候，吓得带着女眷连夜跑到了长安。太原就这么落到了刘武周手里。唐高祖气得直拍脑门子，和李世民商量说："刘武周来势挺凶，我看只好先放弃河东了。"李世民摇头说："太原是您立业的根基，河东又是富庶之地，就这么扔了，我可不愿意。"唐高祖说："你的意思是打？谁去呀？元吉不顶用。"李世民说："我去！我只带三万人马，管保收回太原。"

李世民领兵到了河东，在美良川（在山西闻喜县）附近先遇到了一队人马，领头的叫尉迟敬德，是刘武周部下宋金刚的猛将。两边打起来，尉迟敬德武艺真行，没人敢跟他单打。可李世民会算计，一个埋伏就叫他吃了败仗。唐军连胜几场，士气大振。李世民骑着马跑在最前头，追到雀鼠谷（在山西介休与霍县一带）的时候，赶上了宋金刚。双方打上了瘾，一天之内就交战八回，还是唐军占了上风。尉迟敬德远远看着李世民身先士卒，那么有精神，打心眼儿里佩服。想着自己跟刘武周也没奔头，他索性就下马，来到李世民跟前，说要跟他一头。李世民白白收了一员猛将，还有不喜欢的？宋金刚可挺害怕，掉头往北跑。刘武周听说后，也丢下太原逃跑。他俩都跑到突厥那儿，结果反都被突厥人杀了。李世民收复了太原。这样一来，唐朝就控制了关西跟河东，没有了后顾之忧。

唐高祖就决定要往东夺取洛阳。他比来比去，觉得还是李世民去最有把握，就让他挂帅。李世民从太原回来不多日子，可二话没说，带着大军就走了。

这些日子，洛阳闹得不亦乐乎。李密仗着粮草充足，跟王世充对阵，接连打了几次胜仗，占了洛阳西北角的金墉城，几十万人马驻守北邙山，就等着攻洛阳城了。周围各地的守将纷纷来降，窦建德那些人也来表劝他当皇帝。李密寻思着，等进了洛阳再登基，那

隋唐故事

尉迟敬德下马降顺了李世民。

才体面。王世充因为打了败仗,只好在小城堡里躲着。

正在这当儿,从江都那边过来一大队人马。原来宇文化及杀了隋炀帝以后,立他的侄子杨浩为帝,自己当丞相,然后带着人马离开了江都。他说要经洛阳回长安,让杨浩正经八百即位。明摆着,他是要夺洛阳。洛阳官员在隋炀帝死后,已经把越王杨侗立为皇帝,听说宇文化及要来,吓了一跳。一个瓦岗军还对付不了,又来一个对头,可怎么好?内史令元文都几个人对杨侗说:"以咱们的军力,打宇文化及不容易。如果让瓦岗军对付他,准行。您封李密官做,让他替咱们打去。"杨侗说:"李密和我是对头,他能听我的?"元文都说:"宇文化及来,对他也不是好事。可以派人跟他联络,这会儿救急要紧。"杨侗点了头,元文都就秘密派人去见李密,说只要把宇文化及杀败,就双方和好,让他进城掌大权。李密那么精明的人,这回像是吃了迷魂药,真就答应了。元文都马上就让杨侗封李密当了太尉。

这么着,李密领兵回过头来,迎着江都军打了过去。在同山(又名童山,在河南浚县)一交手,两边都拼了命了,打得昏天黑地。末末了儿,瓦岗军打出了威风,老虎一样地冲过去,江都军招架不住,当下就投降了好多。宇文化及只好带人逃到河北去了。李密得胜回来一查,手下兵卒也死伤了不少,剩下的都累得散了架。他想进洛阳以后好好休整一番,万没想到洛阳城里形势突变,可出了大事了。

王世充躲在小城堡里,听说元文都要把李密引进城来,急得冒虚汗。自己是李密的手下败将,李密要是掌了权,还有好儿吗?这么一想,他就一死儿地反对。元文都几个听了,撇嘴摇头说:"他王世充本来不是朝廷的人,有什么资格管这儿的事?再说他打仗一败再败,凭这点就是死罪。此人不除,必是祸害。"元文都就准备杀了王世充,布置好了,让人去请他来。王世充可不是傻老帽儿,不但不来,还准备发动兵变,由自己掌权。

一天半夜,王世充突然带兵闯进皇宫,叫人对杨侗说:"元文都要造反,让他快出来,非杀了不可!"杨侗吓得直哭,只好让元文都出去。元文都对他说:"我死了,陛下的日子也不长了!"他刚走出去,就被王世充的人乱刀砍死。这么一来,王世充就成了主事的,一切都得听他的。他马上宣布,废了李密的太尉,要和他决战。

李密得到消息,头都快炸了。瓦岗军刚打跑了江都军,损失了不少精锐,剩下的也人困马乏。兵将们都以为要进洛阳了,哪想到又要开打呐?王世充的人马一下子冲过来,大伙儿就乱了套了。死的死,逃的逃,那么能打仗的瓦岗军给打得零七八碎儿,从此就完了。

队伍没了,各人自找出路,有的去投窦建德,有的降了王世充。李密这回真成了孤家寡人,只有好友王伯当还在身边。他俩商量,投王世充,太丢人了;投窦建德,也失了身份。不如投靠李渊,或许还有出路。于是,李密和王伯当就带着剩下的两万人,直奔长安。唐高祖听说了,派人出城远远地迎接,仪仗豪华得别提。到了长安,唐高祖亲自召见,"贤弟贤弟"地一个劲儿叫,还把表妹嫁给了李密。李密高兴得眼发亮,这一步棋走对了。

可过了几天,他又不高兴了。朝里的人见了他都拿斜眼瞅,有的找他,只是问带没带值钱的东西。跟着来的兵将好几天都吃不上饭,饿得直发牢骚。又过了些日子,封赏下来,让李密当光禄卿(管膳食的官)。李密觉着被刮了脸皮,恨不得钻到地底下去。自己这么大能耐,怎么能干这份差事呐?他对王伯当说:"这儿我不想待

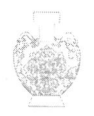

了，咱们还是回东边去吧！"王伯当也同意。李密就求见唐高祖说："我愿意到山东，把原来的部下召集起来，帮陛下取洛阳。"唐高祖想了想说："去吧！有些人不想放你走，可你我是弟兄，彼此知心，谁也离间不了。"

　　李密带人离开长安不远，唐高祖突然变了卦，先是命令他留下一半兵马，接着又让他回去，另有安排。原来有人报告，说李密这一走，肯定要谋反，唐高祖就改了主意。李密不想回去，一狠心杀了使者，快马加鞭带人跑了。他们跑进了熊耳山（在河南宜阳），才放慢马步，想歇口气。哪知道，唐军在这儿设了埋伏，见他们过来，就一个突击，上前把李密和王伯当都给杀了。李密到了儿没出了唐高祖的手心儿，死的时候才三十六岁。

　　再说王世充打败瓦岗军以后，看见杨侗就腻歪，索性逼着他让位，自己当了皇帝，国号"郑"。这时候，李世民带着唐军来取洛阳了。王世充在阵前对李世民说："你在关中，我在河南，我没惹着你，你干吗要打我？"李世民懒得搭理他，身边的助手宇文士及（宇文化及的弟弟）忍不住高声说："四海都服我大唐，只你捣乱，就为这个！"王世充央求说："咱们讲和罢兵不好吗？"宇文士及硬邦邦地说："皇上让拿下东都，没让讲和！"结果一开仗，王世充大败而归，躲进城里不敢出来。唐军从四面包围了洛阳。

　　王世充派人到河北去找窦建德，求他出兵救救自己。前不久，宇文化及逃到河北，见回长安没了指望，也想当皇帝过过瘾，就毒死了杨浩，自己称帝，驻在聊城。想不到没过多久，他就被窦建德抓住杀了。窦建德收留了跟着来的隋朝官员，让他们为自己建立制度，准备立国。王世充自称皇帝以后，窦建德也跟着学，打起了天子旗号。这会儿接到王世充的求救信，窦建德先派人给李世民递话

隋唐故事

说:"天下大家共有,不光是你们李家的。你退回关中便罢,不然我要管管了。"李世民回话说:"你在的赵魏一带,也是我大唐的地方,早晚要收复。你想增援王世充,不是上策。还是再想想,别后悔难追。"窦建德不爱听这话,带着十几万人马到了河南虎牢(在河南荥阳西),打算和王世充夹攻唐军。

唐军刚刚和王世充打了一仗,虽说胜了,可将士们都累得不想打了。听说窦建德从东边杀过来,很多人就来见李世民说:"世充据守城池,建德气势更盛,咱们现在腹背受敌,可不能冒险,不如先退回去,休整了再来。"李世民一摆手说:"洛阳不破,我决不收兵!谁再说退兵,斩!"记室薛收插嘴说:"世充城内缺粮,不会长久。倒是建德的锐气,该挫一挫。不如围住洛阳不打,您亲自去迎建德一战。"李世民高兴地说:"这才是好主意,就这么办!"他就留一部分兵将围困洛阳,自己带着精锐到了虎牢。

窦建德想抢个上风,那天一清早就带兵猛扑过来。李世民按事先的安排,守着营地不出战。耗到了中午,窦军兵将又饿又渴,争着找水喝。突然间,唐军就到了眼面前儿。窦军顿时大乱,死伤没了数。窦建德也中了一枪掉下马,被带到李世民跟前。李世民问他:"我打王世充,关你什么事?你大老远地来送死啊!"窦建德就地一坐说:"你我离得不近,我不来,你怎么打我呀?"他被押到长安,唐高祖下令斩首。大伙儿都说窦建德死得够冤的。

王世充困在洛阳,听说窦建德败得这么惨,寻思着再打下去,也是死路一条。他就派人对李世民说,只要保住命,愿意投降。李世民回话说,只要投降,保他不死。王世充这才献城出降,被带到长安。唐高祖把他安排到蜀地。不想还没上路,就有个仇人出来杀了他。李密、窦建德、王世充三块硬骨头,就这么都给啃碎了。

北方平定了，南方可还乱着。杜伏威、沈法兴、李子通、陈棱几支人马，相互攻打，没个完了。杜伏威心眼儿活泛，见打不赢，索性投降了唐朝，当了安抚大使。此后他就帮着朝廷打那几个。到了公元621年，江淮一带都归顺了唐朝。唐高祖又派侄子李孝恭领兵，向江陵进军。那一大片被梁朝皇族后代萧铣占着，唐军挺顺利地打败了萧铣，把长江中游一带都控制起来。再往前就到岭南了。岭南正由冼夫人的孙子冯盎管着，没有大乱。有人劝他自己称王，对抗唐朝。可冯盎记住了祖母的教训，怎么也不答应，对他们说："我们家在岭南有五代了，一向忠于国家，我老怕辱没先祖的门风，怎么能干不作脸的事呐！"他出兵帮助唐军平定了岭南，保住了国家的统一。

剩下的割据势力，零零散散的，陆续也都给收拾了。经过几年征讨，唐朝又把全国统一起来。唐高祖没个不满意的。可他家跟隋文帝他们家一样，也出了乱子，又叫他挺闹心。

宫门对射

唐高祖登基以后，让大儿子李建成当了太子，二儿子李世民当秦王，四儿子李元吉当齐王。按以往的规矩，这个安排挑不出刺儿。可从实际上看，就有了毛病。明摆着，不管是能耐还是功劳，加上势力，李世民才是老大。李元吉差得没了影儿。李建成主要是守在后方，闲的时候多，领兵打仗很少。别说李世民心里不服，就是他手下的文臣武将，也都气愤愤的。大伙儿认为，只有秦王才有资格当太子接班。这一来，兄弟之间的争斗就短不了了。

其实唐高祖也觉着李世民当太子顶合适。那年太原起兵，是李世民先揭的盖子。他当时对李世民说："将来事成了，你的功劳第一，太子就是你的。"李世民连说不敢，心里可一直记着这话。后来李世民领兵平天下，手下收罗了好多人才，文的有长孙无忌（妻兄）、房玄龄、杜如晦、温大雅、宇文士及，武的有屈突通、尉迟敬德、李勣、秦叔宝、程知节（程咬金）、段志玄，都铁了心护着他。他这时候还没有接班的心思才怪呐！唐高祖知道让国家长治久安，只能靠李世民。他就好几次明里暗里说要换太子。

宫门对射

李建成一听这话,心乱成一团麻。他向底下人要主意。王珪、魏徵几个也不客气,说:"殿下只以长子自居不行,您没有功绩,又没名望,怎么能和秦王比呀!眼下河北有个叫刘黑闼(tà)的造反,势力不强,您何不请求带兵征讨,得胜回来有了功,还能结交些好汉,有自己的帮手。"李建成点头说对,就揽下这件差事,平了叛乱,立了一功。

立功回来,他就想法儿扩大实力,招来两千多壮士当东宫卫士,叫长林军。庆州(在甘肃庆阳)都督杨文干在东宫当过差,俩人关系不赖,他就跟杨文干联络,让他当外援,找机会除掉李世民。没想到这事儿让人泄露了,报告给了唐高祖。唐高祖气得肚子疼,立刻传李建成来见。李建成吓掉了魂儿,见到父皇,跪下就磕头,又跳起来把自个儿使劲往地下摔,差点儿没摔死。杨文干听到消息败露,索性起兵反叛。唐高祖就和李世民商量。李世民没当回事,说:"杨文干臭小子算什么,您派个将军就能把他平了。"唐高祖小声说:"不然,这事连着建成,我担心惹出大麻烦,还是你自己去好。我想好了,你回来,我就立你为太子,让建成当蜀王。蜀地偏远,你也好管着他。"

可是等李世民平了杨文干回来,唐高祖没再提改立太子的事。原来,趁李世民不在的时候,李元吉那伙儿为李建成说了不知多少好话,到了儿说动了唐高祖,没废了他。李元吉心里也有小算盘。有人跟他说过,他的名字合起来就是"唐"字,能当皇上。他真信了。可他知道没法儿和李世民比,如果和李世民一起除掉李建成,天下只能是李世民坐,没自己什么事;要是和李建成一起除掉李世民,自己再对付李建成,就好办了。所以他跟那人说:"只要灭了秦王,我拿下东宫易如反掌。"这么着,他就处处向着李建成,和李世民作对。

这哥儿俩想出了一个损招儿,想借着女人的嘴除掉李世民。他们跟唐高祖的嫔妃套近乎,送这送那,真就有了效果。好几个嫔妃都对唐高祖说:"秦王多厉害呀!见了我们正眼都不看,陛下百年之后,我们这些人,他肯定容不下。还是太子仁慈孝道,陛下把我们托付给他,才能保全。"有一次,张婕妤(婕妤,古代帝王妃嫔的称号;婕妤jiéyú)请求把一块好田赐给自己的父亲,唐高祖答应了,写了张字条,叫人去办。不想那块田已经让李世民给了淮安王李神通。张父去索要,李神通拿出李世民的批条,就是不给。李神通是皇帝的弟弟,谁也不敢怎么样他。可唐高祖知道以后,还是气得直哼哼,把李世民叫来指着鼻子训斥说:"看你多厉害呀,我的话还没你的话管用呐!"

还有一次,秦王府的官员杜如晦打尹德妃父亲家经过,忘了按规定下马,被尹府仆人拽下马就打。杜如晦挡了几下,尹德妃父亲就去告了状,说杜如晦打了他的仆人。唐高祖听尹德妃一说,又气得哼哼起来,叫来李世民挖苦说:"我算把你看透了,你手下人连我的嫔妃家人都敢打,你对老百姓不用说有多霸道了!"李世民别扭死了,可不敢说什么。这么一来二去的,唐高祖对李世民就冷淡了。

有一天,唐高祖到长安南郊打猎,三个儿子都跟着去了。他让哥儿仨比比骑射功夫,李建成马上让人牵来一匹马,对李世民说:"这是匹胡马,能跳过几丈大沟,你是骑马高手,来试试!"李世民爱马,没多想就骑了上去。不料这马欺生,爱尥(liào)蹶子。他刚坐上,马就蹦得老高,得亏他腿脚灵便,立刻跳下来。连着三次都一样,李世民就起了疑心,小声对身边的宇文士及说:"想用马害我办不到!人的死生有命,马能伤着我吗?"这话被人告诉了李建成。他赶紧去和嫔妃们说了,嫔妃又密告唐高祖说:"秦王亲口说的,他有天命在身,早晚是天下之主,不会随便就死了。"

唐高祖这回可气大发了,把李世民叫来,劈头盖脸一通骂,说:"天子有天命,不是你耍花招儿想要就要得了的!我还没死呐,你着什么急呀!"李世民忙摘了帽子,跪在地下哭着说:"儿臣没那么说。请您把儿臣下狱审查,如果是真的,处死我也没怨言。"节骨眼儿上有人进来报告,说突厥人又来进犯了。唐高祖一听,马上就软了,说:"我也是在气头上,算了不提了。你起来吧,咱们还是商量退敌的事,带兵打仗还得你去呀!"

这次差点儿丢了命,李世民也警觉起来。他派温大雅去洛阳镇守,又出钱去结交关内豪杰,为的是万一长安出事,就把洛阳当落脚地。有一天,李建成突然派人来,说要宴请李世民。宴席上,李建成让他多喝点儿酒,李世民酒量不行,喝了一点儿就肚子疼,吐了血。回来以后还是特难受,只好躺着。大伙儿就说,一定是酒里放了毒药。唐高祖听说后,赶紧来探望,对李世民说:"你的功劳谁都知道。我本打算立你为太子,可建成是长子,我不忍心废了他。既然你们之间互不相容,我看你就到洛阳去,可以用天子旗号,今后河南以东的地方,都由你做主就是了。"李世民心里愿意,可嘴上说:"儿臣舍不得离开父皇,还是在一块儿好。"唐高祖安慰说:"洛阳离长安不远,我想你了我就去看你。"

李建成和李元吉听说了,凑到一块儿商量:"世民到了洛阳,有地有兵,谁还管得了他?还是想法儿把他留在长安,除掉就容易了。"他俩就撺掇心腹官员上书,说秦王府的人听说要去洛阳,喜欢得直跳高,将来非闹事不可。向着他俩的嫔妃也紧急行动起来,对唐高祖说秦王的不是。李元吉还偷偷去见唐高祖,请求处死李世

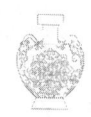

民。唐高祖说:"世民有定天下的大功,杀他有什么罪证?"李元吉说:"他到处收买人心,这不是要造反是什么?您应该赶紧杀了他!"唐高祖还是摇头,可也不让李世民去洛阳了。

这么一来,秦王府里的人就紧张了。长孙无忌、房玄龄、杜如晦几个谋士都劝李世民说:"大王功高盖世,继承大业理所当然。现在太子和齐王就是想害了您,如果他们得了势,别说王府遭殃,国家也危险了。您要学周公安天下,别再犹豫了!"李世民说:"你们说的都没错,可是古来兄弟相残,都让人硌硬。不如等他们动手了,再后发制人。"

东宫那边也开始了密谋。李建成对李元吉说:"秦王府里的谋士猛将太多了,要想办法拉过来,不然就弄死拉倒!"李元吉说:"尉迟敬德最能打仗,先从他下手。"李建成就派人给尉迟敬德送了一车金银财宝,写信说想和他交个朋友。尉迟敬德回信说:"秦王对我有再生之恩,我要以死回报他。殿下的赐物,我可不敢要!"把金银财宝退了回去。李建成快气死了,李元吉就派了个刺客去杀尉迟敬德。尉迟敬德干脆把几道门都打开,躺在屋里等着。那刺客几次走到门口,都没敢进屋。

李建成又对李元吉说:"秦王府的谋士,数房玄龄和杜如晦蔫儿坏,先得把他俩调开。"他们就向唐高祖报告,说房玄龄和杜如晦是坏人,挑唆兄弟之间不和。唐高祖信了,下令不准他们两个再进秦王府。李世民缺了两个智囊,这才有点儿急了。

偏巧这时候,突厥又来进犯。李建成抢先向唐高祖建议,这回让李元吉挂帅,替李世民出征,唐高祖答应了。李元吉就下令,要征调秦王部下的精兵,尉迟敬德、程知节、秦叔宝、段志玄都得参战。李世民的人马都给调走了,正犯嘀咕,太子手下的官员王晊

(zhì)派人来密告说:"太子对齐王说了,把秦王的精兵强将拿到手,他就出面为齐王践行,让秦王也来,埋伏好杀手行刺,对上面就说暴死,再把尉迟敬德他们活埋了。秦王要早做打算。"

  李世民这回坐不住了,忙找长孙无忌和尉迟敬德商量,要抢在前面下手。他俩又去找房玄龄和杜如晦。那两个赶紧化装成道士,跟长孙无忌猫进了秦王府。尉迟敬德绕到后门也溜进来。四个人见到李世民,二话没说,就策划起来。商量好了办法,李世民就去求见唐高祖,特委屈地说:"我有证据,太子和元吉两个在后宫乱来。他俩屡次要害我,是想替王世充、窦建德报仇。我要是冤死了,在阴间也不得安生。求您做主。"唐高祖以为又是三兄弟闹别扭的事,就说:"这事好办,明天上朝,你们三个都来,当面对证。"

  转天早上,李建成和李元吉骑着马,来到皇宫北边的玄武门,准备上朝。走到临湖殿的时候,就感觉着不对,怎么周围有不少生人呐?两个人马上掉转马头往回走,忽听后面有人叫唤,回头一看,是李世民追了过来,手里拿着弓箭。李元吉喊了声"不好!"这就拉弓搭箭,李世民也拉开了弓。李元吉连射三箭,可都没射中。李世民一箭就中,李建成"哎呀"叫着,一个跟头摔在地下。跟着,尉迟敬德那班武将冲过来,一排乱箭把李元吉射下马来,可他没死。看见李世民走进树林,被树枝挂倒了,他拼命跑过去要杀他。尉迟敬德大喝一声赶上来,李元吉慌忙往武德殿跑,被尉迟敬德一箭射躺下。东宫和齐王府的将领听说主人出了事,马上带兵杀过来,这边秦王府的人马迎上去,丁零当啷就打翻了天。打着打着,尉迟敬德提着李建成和李元吉的脑袋跑过来,举起来给大伙儿看。东宫和齐王府的人才知道主人完了,"哄"一声就散了。

  唐高祖这会儿正坐着船在海池里逛荡,听见玄武门那边人喊马

隋唐故事

李世民拉开弓，朝李建成射去。

叫的，正要问怎么回事，见尉迟敬德全身披挂跑来了，忙问："谁闹乱子呐？你来干什么？"尉迟敬德呼哧呼哧喘着说："太子和齐王作乱，被秦王起兵杀了，怕惊着陛下，让我来护卫！"唐高祖吓得张着嘴，半天合不上，好一会儿才跟旁边的大臣们说："想不到出了这事儿，可怎么好？"萧瑀（yǔ）和陈叔达低声慢语劝着说："建成和元吉本来没什么功劳，又嫉妒秦王功高，密谋暗害。秦王既然已经处置了，陛下何不就立他为太子，不就没事了吗？"唐高祖两手一摊说："这正是我早想过的呀！"他就派人传达命令，让大家都听秦王的。

  过了一会儿，李世民来了。一进来他就跪下，蹭着膝盖扑到父亲怀里大哭起来。唐高祖摸着他的头说："这些天我差点儿让他们骗了。"两天以后，唐高祖宣布，立李世民为太子，还说："今后军国之事，无论大小，都由太子处理，然后再报我知道。"可就这样，他还是觉得心里堵得慌，六十岁的人了，还图个什么呀？李世民心气儿那么高，自己何不省省心呐？他再也没心思管国事了。两个月以后，唐高祖又宣布，让位太子，自己当太上皇。

隋唐故事

居安思危

公元626年，二十七岁的李世民即位，就是有名的唐太宗。唐太宗靠政变上台，唯恐人家说他谋朝篡位，如果史官再写上一笔，后世人不定怎么看自己呐！想来想去，他决定宽大处理李建成和李元吉的案子，传个好名声。两个人的儿子都给杀了，别的人能留就留下。于是他下诏书说："罪在建成、元吉，余下的党羽，一律不问。"不但如此，他还决定礼葬李建成，追封王位，称他是隐太子。下葬那天，唐太宗亲自祭奠，又哭了一场。

这么一来，大伙儿都说他度量大，原来在东宫和齐王府办事的官员消了气，逃走的也回来了，还上书赞美唐太宗。唐太宗按能力都给了他们官做。他最惦着的还是魏徵，就把魏徵召来，挺严厉地问他："你为什么离间我们兄弟，知罪吗？"魏徵眼皮不眨地说："太子要是听我的话，必定不会有这样的祸事。"在场的人都不敢抬头，以为魏徵这回可完了。没想到唐太宗倒乐了，让他当了谏议大夫，专门给自己提意见。

唐太宗觉着眼下顶要紧的是安定。这么多年在战场上拼杀，出生入死的，他见了不少大场面，最忘不了的还是老百姓的向背。百姓活不下去就要造反，杀官泄愤，那吓人的阵势真叫人害怕；可要是喜欢谁，就会一死儿跟着他。唐太宗还看了不少史书。书上说历朝历代多是因为压迫百姓亡国的。隋朝就是个例子，要不是隋炀帝那么胡折腾，不至于这么快就失了民心。于是他就琢磨，怎么做才能让唐朝长久不衰呐？

有一天，他把大臣召来，对大家说："天下大乱刚刚过去，今后如何让天下大治，你们都说说。"老臣封德彝愁眉苦脸地说："难啊，自夏商周以来，各朝各代都想尽了办法，还是不行。"魏徵站出来说："不然。大乱之后能大治，就像饿肚子的人能吃东西一样。只要陛下圣明，上下同心，三年大治不算晚。"封德彝提高嗓门儿说："魏徵一介书生懂得什么，听他的空话，非亡国不可！"魏徵说："古来乱后有太平的故事多着呐，怎么就不行啊？"唐太宗说："你们都别抬杠。我看还是魏徵说的在理。我刚即位，国不稳民不富，要以静为本，让百姓过安定日子。你们都想想怎么大治天下的办法。"

过了些天，大臣们提了四条办法：一是节省开销不求奢华；二是减少赋税和劳役；三是选用廉洁的官吏；四是让百姓衣食有余。唐太宗觉得可行，就说："君主是靠着国家的，国家是靠着民众的，民众才是根本。搜刮百姓供养君主，就像割自己的肉填自己的肚子一样，肚子饱了人也死了，君主富了国也亡了。是不是这个道理呐？"大臣们点头说："陛下明白这些，就是百姓的福啊！"唐太宗又说："所以我常念叨，要当好君主，必须是先让百姓能生存，还要生存得好。凡事要务本，国以人为本，人以衣食为本，衣食以不失时令为本。"

唐太宗还发了一篇诏书，题目叫《金镜》，大意是说："隋炀帝

隋唐故事

到处打造宫殿景观，搜刮奇珍异宝，使得男人不能种田打粮，女人不能养蚕制丝，田荒业废。不管百姓疾苦，这是害民的君主，不是治国的君主。"他决心不当隋炀帝那样的皇帝，先就从农业开始。

唐朝建国以后，说是要给百姓分田，还说要实行租庸调法，规定每个男人每年要缴纳够数的粮食、绢麻，还要服徭役二十天，不出役可用绢麻代替。这些办法能让大家有工夫在田里干活儿，可战乱不止，没能说到做到。唐太宗下令，各地都得实行均田法，把农田分给百姓。命令下去不多久，泽州（在山西晋城）那里发生了一件事。新去的刺史长孙顺德发现，原来的刺史张长贵和赵士达，倚权仗势抢占民田，把当地几十顷肥地算在自己名下，引起百姓不满。长孙顺德向朝廷告发了张长贵和赵士达，而且把他们强占的田地追回，分给了贫穷的人家。唐太宗高兴极了，夸长孙顺德做得对。

但是在人口多的地方，一些百姓还是没地可种。唐太宗为了这事觉也睡不着，寻思怎么办才好。大臣们议论下来，说可以让人多的地方往人少的地方迁移，地不就有了吗？唐太宗说行。偏巧这一年关内（指函谷关以西的陕西关中平原一带）遇上旱灾，粮食减产，他就让地方官把灾民带到关外（函谷关以东地区），分田耕种找饭吃。后来颁布法律，也写了这么一条：凡移民垦荒的，可以减免租税。为了让农夫好好种田，唐太宗恢复了皇帝的"藉田"制度，每年正月亲自扶犁耕田，劝课农桑，开始一年的生产。

有一天，几个从各地劝农回来的官员向他报告，有说庄稼长得好的，有说长得差的。唐太宗说："国以人为本，人以食为命，禾谷不旺，跟我没能亲身体验有关。"官员们说："陛下示范劝农，怎说没体验呐？"唐太宗说："那不过是一会儿。我今年在园子里种了几亩庄稼，从种到收，就是要体验一下种田的滋味儿。有时候除草不到半亩，就累得腰疼。由此可知农夫成年干活儿，实在是辛苦啊！"官员们忙说："像您这么做的，自古少有。"唐太宗说："你们到各地劝农，一定要到田间地头看望农夫，不要让人家迎来送往。迎来送往就要白搭工夫，误了农时。这样劝农，还不如不去。"

除此以外，国家还修建义仓，兴修水利，奖励生育。因为打仗和服劳役，男人死了好多，就规定生了男孩儿的妇女，奖一石粮食。为了让男人都娶上媳妇儿，唐太宗还下令释放大批宫女，到民间配夫育儿。经过这样的治理，几年下来，国家安定有序了，而且人丁兴旺，农业连年增产，就是遇到旱灾水灾，也还过得去。粮价更是一降再降，一斗米从值一匹绢降到两三钱。百姓安居乐业，有的人家夜里都不带关门的。

唐太宗一边管好国内的事，一边挂念边界的安全。北边的突厥人没个常性，老是到内地开抢。隋朝那会儿，突厥分裂成东西两部分，西突厥往西去了，东突厥被隋军打败过。可隋朝内乱以后，突厥又闹腾起来，仗着马上功夫好，占了不少地方，逼得好些割据势力对它称臣。唐朝刚建立，因为国力不强，只好忍着，向突厥称臣，不时地给这送那。哪知突厥吃着碗里的看着锅里的，隔不多久就来夺物抢人，害得百姓活着都受罪。

唐太宗即位不几天，警报就来了。突厥兵马由颉利可汗领着，一直往长安打过来，都到了渭水桥北边了。好些大臣慌得不知如何是好。唐太宗倒没慌，下令集合人马，跟他去迎敌。他骑上马，带着高士廉、房玄龄几个文臣，来到渭水南岸站住。河那边，颉利可汗看见唐朝新皇帝年轻威武，就有些怯阵。没想到唐太宗对他喊起话来，责怪他不讲信义，说好了不来又来了。颉利可汗没话可说，又见对面的唐军严整有序，士气旺盛，只好答应退兵。

隋唐故事

这一回智退敌兵，大臣们都挺喜欢，唐太宗可一点儿也不高兴，反倒更担心。他下决心消除外患。回来之后，他就着手训练军队，对武将们说："以前所以老打不过突厥，主要是士兵平日练兵太少，武艺不精，遇到突厥骑兵就没法儿对抗。哪天你们看我是怎么练兵的。"练兵那天，唐太宗身穿铠甲，手拿弓箭，对士兵们说："我不要求你们做别的，只要把骑马射箭练精了，到战场上就不怕突厥人了。"说着，他就亲自教士兵射箭。看谁的射技好，当场就赏给弓刀布匹什么的，士兵可来了劲头儿，一个个都练出了真本领。

公元629年，唐太宗派兵部尚书李靖、并州都督李勣、华州刺史柴绍、灵州都督薛万彻几员大将，带领十几万人马，分开几路，向东突厥发起进攻。突厥人没想到唐军这回这么厉害，稀里哗啦地就给打败了。末了儿，颉利可汗被捉住，突利可汗投降，东突厥就这么给灭了。颉利可汗被带到长安，唐太宗把他着实数落了一顿，可还是养了起来。

太上皇李渊听说灭了东突厥，高兴得眼圈发红，他说："当年汉高祖被匈奴困在白登，没办法报仇。今天我儿灭了突厥，功高盖世，我把国事托付给他，对了！我还有什么挂心的呐？"太上皇把唐太宗和大臣叫来，喝酒庆贺。喝到兴头上，他就弹起了琵琶。唐太宗看老爸这么高兴，就随着音乐跳起舞来。群臣齐声喝彩，痛快了一宿。

国家安定了，唐太宗比谁都高兴，有一天就对文武百官说："你们还记得那年的朝堂辩论吗？封德彝（已死）当时说大治有多难，可惜他没见到今天的样子！"大伙儿都给逗乐了。唐太宗的年号是"贞观"，史书上就把这些年的大治，叫"贞观之治"。

可就这样，唐太宗还是不放心。他对大伙儿说："治国和养病差

居安思危

太上皇弹起了琵琶，唐太宗随着音乐跳舞。

不离。人得了病治好了，还要小心护养，才能完全恢复。要是放纵胡来，病就可能重犯，那就没的治了。国家也一样。现在国家安定兴旺，实在是古来罕见，可我还总是担心，怕再出乱子，唯恐天下不能长久。所以你们要多找毛病，要敢争辩才好。"魏徵听了，挑起大拇哥说："国内大治，边地平定，臣不以为是多大的喜事。陛下能够居安思危，这才是天大的喜事呐！""居安思危"是句古话，意思是处在安全的时候，要想到危险，不能松懈。魏徵常用这句话提醒唐太宗，唐太宗也挺爱听他的劝告。

君明臣直

魏徵早年当过道士，后来参加瓦岗军。瓦岗军散了，他又投靠河北窦建德，再降了唐朝，成了李建成的人。唐太宗让他当了谏议大夫以后，派他到河北地界去。那边的官员有不少是李建成李元吉的部下，对新即位的皇帝不服气。唐太宗对魏徵说："你在河北待过，人事都熟，我让你到河北去，主要是安抚那里的官员，传达我的意思，对建成的部下不追究，一概赦免。具体的事，你相机处置就行了。"

魏徵到磁州（在河北磁县）查看情况，正好看见有两个官员被押着，要送到长安治罪。一问才知道，这两个人一个是李建成的手下，一个是李元吉的手下。魏徵就对大家说："圣上已经赦免他们，怎么还往长安押呐？这样做，我来安抚，谁会相信我的话呀？"他就自己拿主意，放了那两个官员。当地人见朝廷说话算话，都服了气，局面很快安定下来。

这一来，唐太宗对魏徵更看重了。他知道国家没有能干的文臣武将不行，就挺注意让大家敢说话，敢担责任。有一次他和大臣们谈起君臣关系来，就说："过去的帝王，谁不顺他的意就随便杀人，夏朝的关龙逄（páng）、商朝的比干，都因为敢说话被杀，汉朝的晁错也是因言被杀。我现在当皇帝，就要以此为戒，常想着那些个冤臣，别犯前朝的毛病。你们要经常指出我的错处，我一定会认真听认真改。咱们君臣都为对方保全才好。"不料过不多久，他就尝到直言官员的厉害了。

有一次，宰相封德彝奏报说，现在兵源吃紧，军队人数不够，可以征收一些个头高大、身体强壮的中男（十六岁到十八岁的男子）当兵。唐太宗答应了，就要下诏书颁行。可是魏徵反对，也不签字（诏书需要宰相一级官员联署）。唐太宗发了火儿，把他叫来，当着大臣的面说他："壮实的中男，有些是瞒岁数的，可以征兵。你怎么这么固执呐？我弄不明白。"没想到魏徵一点儿面子也不给，直截了当地说："陛下老说要以诚信对天下人，可您即位日子不长，就一再失信于民，这样下去怎能成事呐？"唐太宗脸红了，问："我哪点儿失信了？"魏徵说："您说过，过去欠官家的钱，一概免除，这当然包括欠秦王府的。可是现在府里还在催收。您还说过，关中免两年租调，关外免一年。可下边把已经收的发还百姓以后，您又改说交过的从明年再免除。还有征兵，用兵在于兵法得当，不在兵多，您比谁都懂。明明法令是从二十一岁起征，后来改到十八岁就不对，这回又要降到十六。这么不按制度办事，还不是失信吗？"唐太宗给说得低下头，想了想说："我还以为你不通情理，可听你说得真是透彻。看来你对了，我的错太大了。就依你吧！"

有一次，唐太宗出外巡视，在洛阳的显仁宫住下。因为嫌当地安排的食宿差点儿，唐太宗把官员叫来呲儿了一顿。跟着来的魏徵就挺郑重地说："陛下为了伙食差就训斥下属，开了这个风气，以后就会造成恶果，弄得民怨四起。"唐太宗瞟了他一眼，说："我就剋了他几句，何至于惹着百姓了？"魏徵说："隋炀帝当年出巡，让各地进献精美食品，看谁送的好，就给谁赏赐，差的就罚。结果呐，您是知道的，天下齐反，国也亡了。既然知道，为什么还跟着学呐？"唐太宗点点头说："我明白了。换了别人，我听不到这些忠告。"

过了几年，国家被治理得有了模样，一些大臣就提议，请皇帝到泰山封禅，也就是向上天报告成绩。这是秦始皇留下的习惯，好多皇帝都去过。唐太宗动了心，也想去一次。魏徵打心眼儿里不赞成，就对他说："您的功德虽然很高，可没有让百姓感恩戴德的理由。连年丰收，也只是勉强度日，粮仓还是空的。现在不过是比过去稍好了一点儿，怎么向上天自报功劳呐？再说，长安到泰山那么远，来回花销要多少？随从招待的又有多少？如果遇到天灾人祸，出了意外，就后悔不及了。"唐太宗果然听从，没有去封禅。

日子长了，唐太宗觉得魏徵说话实在，又挺在理，就愿意找他聊天儿。有一次，他向魏徵提了一个疑问："你说君主怎么做是明，怎么就是暗呐？"魏徵回答说："臣以为兼听则明，偏信则暗。尧舜能多听人言，不受蒙蔽，成了圣贤；秦二世、梁武帝、隋炀帝偏听偏信，失了天下。帝王能兼听广纳各方意见，言路不被堵塞，下情能够上达，自然就是明君了。"唐太宗连连点头说对。他就决定，让一些职位比较低的官员参与朝政，给他们提意见和决策的机会。他还提出，上级指令不妥当的，下级可以反驳；就是皇帝的诏令，也不能只会照办，盲目行事，有不合适的要报告改正。这么一来，文武百官都敢说话了，也敢在朝堂上争论了。房玄龄、杜如晦、王珪、褚遂良这些高官，都提了不少意见，成为贞观年间的名臣。

唐太宗虽说挺有自知之明，可打过仗的人，脾气不小，发狠的时候也有。有一天，他在朝堂上和魏徵争论起来。魏徵一句不让，当皇帝的觉得脸上无光，耷拉着脸走了。回到后宫，他的气还没消，脚下来回踱着步，嘴里自言自语："看我哪天杀了这个老村夫！"长孙皇后见他这样，就问："您这是跟谁生气呐？"唐太宗大声说："还不是魏徵吗？他屡次当着大臣的面侮辱我，我受不了！"

长孙皇后没言语，就进了内室。过了一会儿，她穿着皇后的礼服走出来，站在庭院中央对丈夫说："我向陛下道喜啦！"唐太宗奇怪地问："你，你这是为什么？我有什么喜？"长孙皇后说："我早就听说，主明臣直是最难得的。今天魏徵的直，就说明陛下的明。我当然要向明君贺喜啦！"唐太宗多灵的人啊，一听就明白了，皇后这是在规劝自己呐！他这才觉出刚才失态了，露出笑模样。

长孙皇后是少有的贤德皇后，可也没想到，有一次，魏徵管到她家里来了。长孙皇后亲生的女儿长乐公主要出嫁，唐太宗特别喜欢这个女儿，准备给她的陪嫁比长公主（皇帝的姐妹）多了一倍。魏徵觉得不妥当，就对唐太宗说："长公主是公主的长辈，陪嫁反倒少得多，难免会有想法，觉得陛下有亲有疏。这会降低陛下的威信。您再想想。"唐太宗把这话跟皇后一说，长孙皇后抿嘴乐了，说："我知道陛下重用魏徵，今天的事，让我也挺佩服他的。我是皇后，有时候说话还得看你的脸色好坏，何况人家是臣子。能为你的威信着想，真是难得的逆耳忠言呐！"事后，长孙皇后派人给魏徵送去绢帛，感谢他的好意。

唐太宗当皇帝十几年了，有点儿疲沓。他也像以往的皇帝那样，要为自己修宫殿花园，好好享乐一番，对臣子的劝谏也听得不顺耳了。有一次，宰相房玄龄和高士廉碰见管营造的官员，问起皇宫北门在建造什么。唐太宗知道了，火气十足地对他们说："你们管

君明臣直

长孙皇后说:"主明臣直最难得,我要向明君贺喜啦!"

隋唐故事

好自己的事就得了，我造些房子，你们少来操心！"

魏徵见到这些，就上了几道奏书。大意是说：古来的帝王，开头好的多，善始善终的少。希望您占有财物的时候要知足，兴建宫殿的时候要想到百姓的负担，打猎的时候别忘了给野兽留下后代，做事要有头有尾，要虚心听取臣下的意见。他接着不客气地说："陛下早年有求善之心，有过必改，多好啊！这些年大不如前了，动不动就发脾气，脸色忒难看。可见富足和奢侈、地位和专横总是拴在一块儿。希望陛下做到有始有终。"

唐太宗看了奏书，有点儿想不通，就把魏徵叫来，问他："我近来和以前比，究竟怎么样？"魏徵说："要说国力强盛，远远超过贞观初年；可道德行为比以前差远了。"他接着举了几个皇帝越来越专横的例子。唐太宗听了说："除了你，现在没人跟我说这些话。"

过了两年，魏徵见皇帝没有多大改变，就又上了一道奏书，题目是《十渐疏》。这回说得更厉害了，指出唐太宗十大过失：一是派人到国外买奇珍异宝；二是大兴土木，还说百姓没事干就会闹事，常派劳役才听使唤；三是嘴上说要听人劝告，实际上不爱听；四是对会吹拍的亲近，对正直的敬而远之；五是好享受；六是凭喜怒好恶用人；七是游玩打猎无度；八是慢待地方官员；九是骄傲纵欲；十是滥用农夫工匠士兵，消耗民力，伤害民心。

唐太宗看了，顺着后脊梁冒虚汗。他这才看到自己的错处，对魏徵说："我也到了中年了，一定要闻过则改，善始善终。不然我还怎么治理天下，也没脸见你啦！"他让人把这份奏书抄写在住所的屏风上，每天一有空就看一遍，记在心里。

公元643年，魏徵得了重病，眼看着不行了。唐太宗难过得什么似的，不时地派人去探望送药。一天听说到了临终，他带着太子和公主，到魏家探望这位老臣。魏徵一辈子，给皇帝提了两百多条意见。如今没了专门挑毛病的人，唐太宗觉得特空虚。魏徵死后，他亲自到灵前祭奠，命令百官护送灵车，自己也登上楼阁目送，还给魏徵写了碑文。过后，他对左右人说："用铜做镜子，可以看到衣冠是不是端正；用史做镜子，可以明白国家兴亡的原因；用人做镜子，可以知道自己的对错得失。现在魏徵没了，我失去了一面镜子啊！"

隋唐故事

圣者西行

魏徵去世以后，唐太宗难受了好些日子。可不久，有件喜事又让他高兴起来。原来是好多年以前到天竺（今印度）取经的玄奘和尚就要回国了。唐太宗正在洛阳住着，听说以后，马上命令留守长安的宰相房玄龄，准备迎接这位高僧。

玄奘原本姓陈，老家在洛州缑氏（在河南偃师；缑gōu）。他父亲信佛，哥哥当了和尚，他十三岁那年也出了家，法名就叫玄奘。那会儿隋朝正乱着，玄奘先在洛阳庙里念佛，后来跟着流民到了长安，又去了蜀地。不管外边多乱，他可是一心向佛，钻研佛经。唐朝建立以后，玄奘回到长安。这时候，他有了一个想法，就是到佛教发源地去学习。为什么呐？因为钻研佛经的时候，他觉得各种译本说得不一样，难辨真假，还有不少经书没有译本。要弄懂真义，非取回真经不可。于是，他向朝廷申请出国到天竺去。没想到唐太宗不批准。原来唐朝皇帝大多喜欢道教，还连拉带拽地把自己和老子（被尊为道教创始人）联在一起，说老子（据说老子姓李）是李家的先人，对佛教就不怎么热心。

没多久，关中闹旱灾，朝廷许可僧人到有粮的地方化缘。玄奘看准机会，就打算自个儿出国。一开始挺顺利，他从长安到了凉州（在甘肃武威），往西又到了瓜州（在甘肃酒泉一带）。再往西，路就难走了。恰好，在瓜州他认识了一个西域人，叫石磐陀，愿意给他当向导。当地人还送给他一匹马。这马看着特瘦，可是匹老马，多次西行认得路。从瓜州向西走不远，就进了大沙漠。向导先给吓跑了。玄奘自己走了两天，迷了路，装水的皮囊也洒了。本想回瓜州取水，可又怕出意外，他就头也不回地往西走。几天不喝水，谁撑得住啊？他昏倒在地下。夜晚一阵清风吹来，把他吹醒了。天亮以后，老马识途，领他到了有水的地方，这才有了活路。好不容易走到了高昌国（在新疆吐鲁番南），国王听说唐朝来了个高僧，亲自出来迎接，请他讲经。玄奘在高昌住了两个月，国王送给他好多金银绢马，还派四个和尚和二十五个仆从，护送他西行。后来的路程就好走了些，经过一年时间，玄奘终于到了天竺地界。

当时的天竺，北方是戒日王朝的天下。戒日王不但打仗治国有一套，还特别信仰佛教，下令在各地修建不少佛塔佛寺，供养僧侣宣扬佛法。他还定下一个规矩，每五年举办一次"无遮大会"（各教派都参加的宗教集会），会上各教派可以自由争论，进行学术交流。这样一来，佛教的名声越来越大，传播更广了，玄奘也是冲着这去的。

戒日王朝说是统一，其实是分了几十个大小邦国。玄奘一心一意要学真经，也不管是哪个邦，到处拜师求学。十几年当中，他走了七十多个邦，学到好多以前不知道的佛经。有一年，他到了伽耶城（佛祖的家乡），来到释迦牟尼苦修过的菩提树下，看到释迦牟尼传教的灵山，他高兴得睡不着觉。几年下来，他不但学到了佛教经典，还懂得了梵文。

公元631年，玄奘来到了摩揭陀国。这里的那烂陀寺最有名，不仅是佛教中心，而且也研究数学、天文学、医学，光是僧侣就有一万多人。听说大唐高僧来了，大家用一千多人的仪仗队伍来欢迎他，特别热闹。玄奘走进了那烂陀寺，见到了方丈戒贤法师。这可是他盼望好久的事了。戒贤法师慈眉善目的，据说一百多岁了。玄奘从此在那烂陀寺住下来。最高兴的，是戒贤法师决定亲自为他讲学。法师老了，平常很少露面，可这回一讲就是一年多。玄奘在那烂陀寺住了五年，一边跟着戒贤法师学习大乘佛法，一边自己看寺里的藏书。他太聪明了，没多久也成了学识丰富的高僧。大家伙儿信服他，他就开始在那烂陀寺讲学，还和各地来的那些高僧、学者进行佛理辩论。这么着，玄奘的名声就传开了，连戒日王也知道了。

公元641年，戒日王在曲女城（都城）接见了玄奘，见他这么有学问，戒日王决定举行一次无遮大会，请玄奘当论主。大会开始的那天，来了十八个国王，三千多僧侣，两千多各界名人，那烂陀寺就派出了一千多。人们乘坐的大象和各式各样的车辆排满了整个街道，像过节一样热闹。玄奘在会上宣讲了自己在大乘佛学方面的研究成果，大家听得入了迷。随后的十几天，不断地有人向他发问挑战，想要推翻他的观点，都被玄奘一一驳倒了。人们对他心服口服，送给了他"大乘天"和"解脱天"的美称。大会结束那天，戒日王亲自向玄奘赠送金钱银钱，还有僧衣一百件。这还不算，戒日王命人牵出一头大象，大象身上满是华丽的饰物。他请玄奘登上象背，绕场一周。后面有许多侍卫跟随，看的人也朝他欢呼。

曲女城大会之后，玄奘成了名望极高的大学者，戒日王又多次邀请玄奘参加各种佛教大会，还希望他留下来。可是玄奘怀念自己

圣者西行

玄奘坐着大象，绕场一周。

的故乡，决定回国。这么着，他就带着好几百卷佛经，还是按当年出国的原路回来了。

玄奘回到长安以后，专门到洛阳拜见唐太宗。唐太宗听了玄奘这些年的经历，打心眼儿里佩服，对佛教也有了兴趣。玄奘请求说："我想到嵩山少林寺住，在那里翻译经文。"唐太宗说："您还是住在长安好，有事也好照料请教。"于是玄奘就住进了长安弘福寺，一切都由宰相房玄龄直接安排。因为玄奘到了天竺，两国的交往也多了起来。戒日王派使节来到了唐朝，唐太宗也派使者回访。至于玄奘，从此专心专意地翻译佛经，还写了一部《大唐西域记》，留下了特珍贵的史料，他自己成了佛教圣者，就不用多说了。

玄奘回国前不久，唐朝的一位女圣者也去了西边，就是嫁到吐蕃（bō）的文成公主。不过她没有再回来。吐蕃人住在青藏高原上，原本很散乱，后来有个叫松赞干布的头领，把各地统一起来，建了政权，都城定在逻些（在西藏拉萨）。松赞干布早就听说唐朝又强盛又富裕，就想和唐朝多来往。可是在吐蕃和唐朝之间，还有个吐谷浑（谷yù）挡着。吐谷浑的首领和唐朝挺好，还娶了唐朝的公主。松赞干布羡慕极了，也想娶个唐朝公主。他派使者带着礼品到唐朝求婚，没想到唐太宗没答应。

使者回来对松赞干布说："皇上本来答应了婚事，可吐谷浑王正在长安，从中说咱们的坏话，皇上又反悔了。"松赞干布非常生气，说："大唐偏心，不答应我的婚事，我就让它不得安宁。"他就派兵攻打吐谷浑。吐谷浑赶紧向唐朝求救，唐朝出兵打退了吐蕃。松赞干布吃了亏，明白来硬的不行，就让大臣禄东赞当使者，再到长安去，一来认错，二来还是求婚。这回带的礼品更多了。唐太宗见他真心实意要当唐朝的女婿，这回就答应了。选来选去，他决定让文成公主嫁给松赞干布。文成公主是长孙皇后的养女,听说要离开家乡,远嫁到吐蕃,哪有不难受的呐?可她能识大体,知道皇帝的心思,就高高兴兴地归置东西,准备远行。

公元641年春天,文成公主由江夏王李道宗护送着,从长安出发。一行人到了河源地界,松赞干布早就在这儿等候了。他按照女婿见丈人的礼节,郑重其事地拜见李道宗,然后跟文成公主相见,高兴劲儿就别提了。看见公主的车仗和服饰那么讲究,他对左右人说:"我的祖上从没和中原大国通过婚,今天我娶了大唐公主,太幸运啦!我要给公主修建一座城,让后代永远记着这件事。"

文成公主这次到吐蕃,事先就想得挺周全。她知道吐蕃地方天气特别冷,庄稼难长,耕作技术也差,就随身带了好多谷物和种子,还有一批工匠技农。这些人教给当地人耕种、养蚕、缫丝、酿酒、造纸、制陶、碾磨、造房、织布,让吐蕃人的生活习惯和以前大不一样了。松赞干布自己也穿起了绸缎做的衣裳。文成公主还带来了不少诗书和史书,松赞干布见了,感到有文化太好了,就派人到长安学习诗书,请来文人为自己写公文。这样一来,吐蕃的政权干什么事也有了章法。

文成公主从小就信佛教,随身老带着小佛像。来吐蕃的时候,她专门带来一尊释迦牟尼十二岁的等身像。到了逻些,她就经常给大家讲佛经,劝人多做善事。松赞干布要建一座庙,叫大昭寺。文成公主亲自选址督建,费了很多心思。大昭寺的屋檐楼阁,就挺像唐朝建筑的样子。寺庙建好以后,那尊释迦牟尼十二岁的等身像,就被供在大殿里。自从文成公主到来,佛教在吐蕃就兴盛起来,后来还形成了藏传佛教一个支派。

礼乐相和

唐太宗自己最信道教,他觉着道教是咱们中国本土的,佛教是外来的。可他对佛教也不压制,对玄奘和尚还特别优待。不只是佛教,别的外来宗教,唐太宗也不排斥,只要有向善的意思,都让它们传教。西方拜占庭帝国的景教,就得到了唐太宗的批准,在长安落了脚。后来的皇帝也照着来,波斯的摩尼教、祆教(又叫拜火教;祆xiān),阿拉伯的伊斯兰教,罗马的基督教,都前后脚地到中国传教,各宣扬各的,互不干涉。这么着,中国就成了世界上各种宗教的集合地。这个开明的办法是打唐太宗那儿起的头。

不过,唐太宗不喜欢宗教势力太大,特别是佛教,太大了他也要管管。可是他没有用以前"灭佛"的法子,而是用中国的儒学来管。他对手下人说:"和尚尼姑道士传教,应当多做善事才好。如果到处夸大自己,把谁都不放在眼里,那怎么成呐?"手下人说:"听说有的还装神弄鬼,让父母长辈给自己下拜。"唐太宗说:"这就败坏风俗了,咱们祖宗一向看重礼仪道德,不能乱来。此事要管,不管是僧是道,儿女给父母下拜才是正理。"

礼乐相和

有一次他问魏徵:"我用武力平了天下,治天下靠什么呐?"魏徵说:"少打仗多修文,国家就能安定,外邦自然服气。"唐太宗点点头说:"对,是得来文的。"他说的文,主要就是兴儒学、办学校、订礼仪、做音乐、编书籍、记历史等等,都是周公孔子主张的那一套。他于是下诏书说:"我真喜欢的只有周公和孔子的道理,就像鸟要有翅膀鱼要有水一样,没了周孔之道国家就完了。"这么一来,各州各县都建了周公庙、孔子庙。孔庙里不单供着孔子像,还陪着历朝历代的儒学名家像。他还设置了弘文馆,专门整理典籍,撰写著作,培训学子。学校就更多了。原来的国子学改叫国子监,是全国最高学府,请了好多有学问的名士讲学。底下府州县,也都设官学,每级到每级都要经过考试选拔。课程多是儒家经典,《孝经》《论语》是必学的。学校越办越多,人才到了各地,名声也传到了四方,不但西域和吐蕃派人来学习,日本和朝鲜也派来了留学生。

唐太宗一有空就到学校去听听看看。学官们谈起教学的事,都说:"眼下最麻烦的,是教材不准,经书本子字句错太多不说,还不一致,注释也五花八门。"唐太宗想了想说:"看来要把经书好好校订一次,有个定本才行。"学官们忙说:"那敢情好了,再把注释统一起来,教和学就有了准谱了。这事非得皇上亲自督办不可。"唐太宗说:"我有人,回去就办。"

回来之后,他马上派人把颜师古叫来,让他负责考订《五经》。颜师古的爷爷颜之推是大学问家,在南北朝和隋朝的时候特别有名,写的《颜氏家训》人人爱读。唐太宗让颜师古管这件事,真找对了人。颜师古家学厚实,对文字的音韵、训诂、校勘这些学问拿手。这回接了考订《五经》的差事,有了显才能的机会,别提多高兴了。

隋唐故事

五经，指的是《周易》《尚书》《诗经》《礼记》《左传》。颜师古把五经一字一字地查对订正，两年做完了。唐太宗不放心，又叫房玄龄召来好些大儒审查。大伙儿你言我语，提了好多意见。颜师古不慌不忙，一一回答，有根有据。末了儿，众人都心服口服地离席而去。唐太宗听说了，连声说好，就下令颁行。从此以后，五经就有了定本。

接下来就是注释，这比校勘更难。以往的注释，各家说法不一样，观点不同的特多，要搞出一个通用的，就得看好多本子，反复比较挑选，真不容易。唐太宗想起来，国子监祭酒（主持人）孔颖达对经学最精通，就请他主持，颜师古几个参加，又调来一批博士助教，二十多人就干起来。简短点儿说，又经过了两年，五经的注释本也做完了，一共一百八十卷。唐太宗甭提多满意了，给了孔颖达他们好多奖赏，还专门下诏书说："你们博览古今著述，推敲考证，把圣人的主张讲解明白，实在是不朽之作！"他把书名定为《五经正义》，下令作为通用教材。打汉朝创立经学以来，这次是第一回有了通行的注本。

唐太宗喜欢音乐舞蹈，也想在乐舞上做点儿事。古人把音乐当成国家大事，每朝都有自己的国乐。唐朝开国以后，也编了一套《大唐雅乐》。有一天，唐太宗和文武百官看乐队演奏《大唐雅乐》，大臣杜淹说："国家兴亡，跟音乐有关系。陈朝有了《玉树后庭花》，国就灭了。"唐太宗摇了摇头说："不会吧，悲欢是人心的事。国家衰败，人心必定很苦，听音乐也觉着悲伤。可哀苦的音调能让高兴的人悲伤吗？"魏徵插嘴说："苦乐在于人心，不在音调。"唐太宗说："这话对。四海安宁，百姓安乐，音乐也自然和顺。"

听了这套雅乐以后，唐太宗不太满意，下令做一套新的，说：

礼乐相和

颜师古不慌不忙，一一回答，有根有据。

"新乐要好听才行，把老的新的音调都搁进去。"魏徵、虞世南几个主持着，不久就编出了新乐。新乐以隋朝音乐为基本，又加了新搜集来的，一共十部。十部乐里面有中原传统的，也有边塞的，也有引进外邦的，都能随声跳舞。唐太宗听了很满意。先前，有人把他平定刘武周的事编成乐舞，叫《秦王破阵乐》。他喜欢得没法儿说，一有宴会就让演《秦王破阵乐》。有一年，唐太宗到老家去了一趟，作了几首诗，表达思乡之情。乐师吕才把诗谱了曲，又让六十四个小孩儿随着乐曲跳舞，叫《庆善乐》。曲调悠悠扬扬，舞姿舒舒展展，唐太宗也挺喜欢。

过了些日子，唐太宗自己也设计了一个乐舞，跳舞的都扮成骑兵和步兵，来回做刺杀的动作，气势特威武，有乐曲伴奏，还有人唱歌，起名叫《七德舞》。他跟大家说："《左传》里说'武有七德'，我编此舞的意思，就是要让军士们发扬武德，勇气十足。"有一天，唐太宗宴请官员，节目里就有《七德舞》。管事的本想把当年刘武周、窦建德、王世充被捉的样子加到舞里边，来歌颂皇帝的武功。唐太宗知道了，低声对管事的说："这可不能演。来看舞的人当中，就有刘、窦、王原来的部下，他们看了能高兴吗？音乐要让人和气顺才好。"管事的忙说："我真太笨了，没想到这一层。"

一晃，唐太宗在位二十多年了，武功文治齐备，历代少有，猜他心里一定特别痛快。其实不然，他一直有件不顺心的事，就是立哪个儿子当太子。这跟他爸那会儿挺像。长孙皇后生的长子叫李承乾，最早被立为太子。可李承乾不争气，长到二十多岁，还整天玩耍胡闹，几个老师都给他气走了。唐太宗多好强的人呐，见儿子这样，气得脑仁儿疼。他看二儿子李泰不错，就经常夸奖，准备改让他当。不料李泰这就神气起来，傲气十足，还和大臣私下交往，培植自己的一帮人。这一来，老臣们挺不高兴，死乞白赖地反对让李泰接班。

唐太宗正拿不定主意，出了一件想也想不到的事。李承乾为了保住太子位置，勾结几个人要发动叛乱，抢班夺权。事情泄露以后，唐太宗把他废了，可自己也快气疯了。有一天，他和长孙无忌、房玄龄、李勣、褚遂良几个说话，提起立太子的事，涨红了脸说："我儿子干这种事，我活着有什么意思呀！"说着就倒在床上大哭，又拔刀要抹脖子。长孙无忌忙上前抱住他，褚遂良把刀夺过来。商量之后，唐太宗决定立三儿子李治为太子。

打这儿以后，唐太宗有机会就提醒李治，别忘了太子身份。见李治吃饭，他就说："你知道粮食来得多艰难，就会常有饭吃了。"见李治骑马，他就说："你知道马的劳累，不要用过度，就常有马骑了。"见李治划船，他就说："古语说，水能载船也能翻船，百姓是水，君王就是船。"见李治在树下坐着，他就说："木头用绳量过才能直，人要听劝才能成为圣人。"

这时候，唐太宗的身体也出了岔子，时不时地闹病，一病就好几个月起不来。他太想长寿了，听人说吃仙丹能治病，就吃了起来。早先，他对古代帝王求仙那一套挺瞧不上，这会儿也信了。结果病不见好，反而更重。又有人说，天竺国来的一个方士有长生不老的药，能让人活两百岁。唐太宗连这话也信，赶紧把那个人请来制药。万万没想到，吃了这服药，他就丧了命。英明一生的唐太宗死的时候，才刚五十出头。太子李治即位，就是唐高宗。

女皇登基

　　唐高宗比起唐太宗来，能力差了一大截。可是他把唐太宗的嘱咐记在心里，又有好些老臣帮着，即位的前些年倒也挺平顺。那时候，国家很富裕，唐高宗就下令把城北边的大明宫赶紧盖好。大明宫在唐太宗那会儿开建，后来停建。唐高宗动用了全国的人力物力，到了儿把它建成了。据说大明宫在世界的皇宫里，面积最大，气势也没的比。唐高宗搬到大明宫住，觉得真有皇帝的派头。可是他得了一场大病，落下了头疼的毛病。疼得厉害的时候，昏天黑地，眼都睁不开。这么一来，他就难以料理国事了。大权落在了皇后的手里。

　　唐高宗的皇后就是有名的武则天。则天是后来的尊号，不是名字。武则天本来是唐太宗的一个妃子，叫武媚，挺不起眼儿的。唐太宗死的那年，她被送到感业寺当尼姑。有一天，唐高宗到寺里祭奠，让武媚看见了。她就大着胆子靠近皇帝，跟他说起以前的事来。原来在宫里那阵儿，有一次，太子李治见她长得挺好看，就和她聊过几句。武媚提起这事显出特别想念的样子。唐高宗回来以后，当笑话告诉了王皇后。王皇后可就动了心思。

王皇后没有生育，总觉得皇帝对自己冷淡，倒是和萧妃挺好。她就寻思着，如果让武媚进宫，皇帝就会离开萧妃，跟自己好。于是，她背着唐高宗，派人到庙里让武媚蓄了头发，再接进宫里，给皇帝当妃子。唐高宗见了，也挺愿意。王皇后可没料到，要她命的人这就来了。武媚进宫不长日子，就生了儿子，后来又生了几个儿子女儿。唐高宗喜欢，对武媚好得别提，对皇后还那么冷淡。王皇后算计落了空，恨死了武媚，索性和萧妃合起来对付武媚。武媚可不是好作践的主儿，她也有当皇后的念头，就想办法要除掉王皇后。

有一天，王皇后到武媚的屋里看她刚生的女儿，逗着玩了一会儿才走。武媚立刻掐死了女儿，再盖上被子。唐高宗得知女儿死了，追问宫女："是你们谁干的？我非严惩不可！"宫女们说："我们哪敢呐，倒是皇后刚来过，坐一会儿就走了。"唐高宗以为是王皇后害死了女儿，气得脸发青。武媚也时不时地嘀咕，他就有了改立皇后的想法。

他把打算跟大臣们一说，就有许多老臣一死儿不愿意。长孙无忌是皇帝的舅舅，资格摆着，凭外甥怎么说，就是不点头。褚遂良爱说实话，他说："王皇后出身名门，别说没过失，不该废，就是废了，陛下也应找个好人家的。武媚算什么呀！她原本是太宗皇帝的妃子，立她为皇后，天下人会怎么看您呐？"话音刚落，躲在帘后的武媚就大声骂起来："怎么不打死这老东西！"大臣们都不敢言语了。唐高宗又找了另外几个官员商量。许敬宗、李义府、崔义玄几个都赞成。司空李勣说："皇家的事，外人不好管，陛下自己拿主意就是了。"唐高宗于是下了决心，宣布废了王皇后，也废了萧妃，立武媚为皇后。

隋唐故事

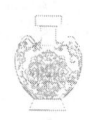

武皇后先想着怎么处置反对自己的人。王皇后和萧妃被关在后院的小屋里,唐高宗有一天去看了看。武皇后恨得咬牙,让亲信把她俩各打了一百棍,又剁去手脚,塞到酒瓮里。没几天,王皇后和萧妃都死了。过了不久,许敬宗、李义府、崔义玄受到重用,成了武皇后的心腹。长孙无忌和褚遂良都被贬了职,发放到了外地。长孙无忌到了黔州(在重庆彭水一带),又被崔义玄诬告要谋反,这个功臣只好自杀。褚遂良也被一贬再贬,最后死在了爱州(在今越南清化)。这么一来,开国老臣差不多没了。

武皇后认得字,又在太宗朝见了些世面,对内外大事也有个看法,有时候还能替皇帝写个批文什么的。唐高宗见她有点儿本事,自己又老头疼,就让她参与朝政。武皇后也不客气,遇事就哼啵几句。唐高宗上朝,她就在帘子后坐着。大臣报告上来,皇帝还没说话呐,皇后抢先就拿了主意。日子一长,好多大臣有事都找皇后,因为皇后不说话事就办不成。

唐高宗开始还乐得省点儿心。可日子一长,他就害怕了,担心这下去,祖宗打下的江山会给外戚夺走。一天,宦官王伏胜悄悄报告说:"皇后把方士召进宫里,画符念咒,叫皇上升天,您可要提防啊!"唐高宗马上找西台侍郎上官仪商量,要废掉武皇后。上官仪早就看不惯了,就替唐高宗写了一份诏书。哪知武皇后的心腹满多,就有人把消息捅了出去。武皇后一听,二话没说,直接来见皇帝。到了唐高宗屋里,她一眼就看见那份诏书的底稿,瞪着眼问:"怎么回事?"唐高宗吓得赶忙说:"我没有废你的心思,都是上官仪的主意。"这么一来,上官仪倒了霉,武皇后找个碴儿说他要谋反,他就完了。

此后,文武百官都管皇帝叫天皇,管皇后叫天后,合称二圣。

女皇登基

到了公元683年，唐高宗病死。死前他宣布让儿子李显接班。可他说了不算数。因为早先他立过李宏，又立过李贤。李宏和李贤都是武皇后生的，可都因为对她不满，结果都给弄死了。李显是武皇后的三子，即位后就是唐中宗。武太后也嫌他，不到一年就把他废了，另立四子李旦为帝，就是唐睿宗。唐睿宗对太后提着小心，凡事都让太后拿主意。到了这时候，武太后就有了自己当皇帝的心思。文武百官也都看得出来，有人不反对，有人死也不赞成。

各地就有好多人起兵，要把武太后赶下台。最有实力的是徐敬业。徐敬业是李勣的孙子。李勣当年赞成武媚当皇后，可徐敬业瞧不上。他就联合一批人在扬州造反，还请诗人骆宾王写了檄文，说了好多武太后的罪过。这么一来，有不少人响应。徐敬业带人马占了很大地盘。武太后有点儿慌，问宰相裴炎怎么办，裴炎说："您年纪大了，如果把朝政还给皇上，叛乱自然就平息了。"武太后马上变了脸，把他下了监狱。然后她派大将李孝逸挂帅镇压。叛军到底是拼凑起来的，徐敬业又指挥不灵，结果不到半年，就被打散了，他也被部下杀死。裴炎也给处死了。

这一来，武太后底气更足，咬着牙对大臣们说："你们谁还比徐敬业和裴炎厉害，想谋反就来吧，我倒要领教！"没过几年，她干脆就挑明了，说自己要登基当皇帝。谁敢说个不字呐？公元690年，武太后宣布即皇位，让唐睿宗下台，把国号也改了，叫"周"，以洛阳为都城。她就是武则天。

武则天掌权这些年，政绩说不上，倒是贞观年间的办法，大多给继续下来，生产平平稳稳。值得一提的，是她用人不一般，拥护她的她就重用，不管出身贵贱，也不管能力高低。所以那里面特好的特坏的都有。好的像狄仁杰、杜景俭、姚崇、李昭德、娄师德、裴行俭

隋唐故事

武太后说:"谁还比徐敬业厉害,我倒要领教!"

等等，不是清官就是勇将。可她重用面首和酷吏，给人印象更深。

面首，说白了就是男宠，男友。如果找几个长得帅的男人伺候自己，倒也罢了。武则天还让他们当大官掌大权。第一个面首薛怀义，本名叫冯小宝，是个卖药的，因为长得壮实威武，被武则天瞧上，把他送到白马寺当和尚，暗里老在一块儿。后来他当了大将军，封梁国公，还统兵打仗。薛怀义平日为非作歹，谁也不敢惹，可到了儿还是被人杀了。最出风头的是张易之、张昌宗兄弟，相貌美不说，还会作诗，吹拉弹唱。当了面首以后，眉毛尖儿都翘上去了。外出的时候，武则天的侄子武承嗣、武三思都争着给他俩牵马拿鞭子。后来俩人都被封为公爵，参与朝政，说一不二，宰相都得让着点儿。

酷吏更叫人害怕。武则天知道有好些人反对自己，就想找出来清洗一番。有个侍御史叫鱼承晔，他儿子鱼保家，心灵手巧，爱做个小物件什么的。他知道女皇的心事，就上书说，能做铜匦（guǐ），当保密匣子。武则天就让他做。鱼保家做的铜匦有四个格子，告密信投进去谁也拿不走。武则天觉得挺好，马上下令多做些，放在皇宫和各地官府门口。她还通告说："不管读书的、种地的、砍柴的，只要告密，都能得到接见，各地官员不得阻拦；对来京告密的，安排车马，免费住宿；属实的有赏赐能当官，不属实的也不追究。"

这个口子一开，告密的一个接一个往洛阳而来，跟赶庙会似的。接着，就是好多人被冤杀，好多人当了官，鱼保家更是受到嘉奖。没想到有人告发他给徐敬业造过兵器，武则天毫不留情，把他也杀了。为了审判被告密的人，她又提拔了大批判官，突击审这些案子。这些判官都爱用酷刑逼人招供，所以大家管他们叫"酷吏"。

隋唐故事

有个叫索元礼的胡人，就是告密得的官，奉命审案。每次审案，总得动酷刑逼犯人供出百八十人才算完。武则天听了，就连着召见他几次，给好多奖励。来俊臣、周兴一帮子不但拷打犯人，还养了几百人，专门干告密的事。他们分别到各处去投信，信里写的一模一样，一告就准。来俊臣及时总结经验，和万国俊合写了一本书，叫《罗织经》。里面对怎么样罗织反叛罪名，如何布置陷害，都有讲解。索元礼这些人发明的酷刑多了去了，还起了名字，有"定百脉""突地吼""死猪愁""求破家""反是实"等等，听了头皮直发麻。为了逼供，有的用木棍夹住手脚，再翻来掉去拷打，叫"凤凰晒翅"；有的用绳子拴住腰，头戴上枷板，使劲往前拉，叫"驴驹拔橛"；有的跪着双手捧木枷，在枷上垒砖头，叫"仙人献果"；有的站在高木桩上，再把枷板往后拉，叫"玉女登梯"。把人倒吊着头坠石头，用醋灌鼻子，把铁圈套住头再打进木楔，这些更是"便饭"。受刑人活下来的没几个，有的头裂了脑髓流出来，别提多惨了。不少人见了刑具，不愿受辱，只好没罪也说有罪。

酷吏横行，让大伙儿恨死了，正直的官员一致反对。武则天只好处理了几个。索元礼、周兴、来俊臣后来都被处死。来俊臣死的时候，被害人家属都赶了来，有的剜眼，有的掏心，有的咬肉，一报还一报。可人心里头，都知道根儿在哪儿。

公元705年年初，年过八十的武则天病得要死。大臣张柬之带着兵将进了皇宫，先杀了张易之和张昌宗，又闯进女皇的住处，要求她退位，让唐中宗李显回来即位。武则天只好答应不再称帝，还当太后。唐中宗复位之后，把唐朝也恢复了。过了些天，武则天死了。临死前她对唐中宗说："我这一辈子，别人做不到的我都做了。怎么样，让后人说去吧！"

开元天宝

武则天当皇帝掌大权,让她身边的几个女人瞧着眼儿热,都想尝尝当女皇的滋味儿。这里面有她的女儿太平公主,儿媳韦氏(唐中宗皇后)和孙女安乐公主。韦后和安乐公主先下了手,找机会毒死了唐中宗,立了个小皇帝。母女俩商量好了,当妈的做皇帝,女儿当皇太女,以后接着当女皇。没想到,这事还没办成,唐中宗的侄子李隆基发动了政变。李隆基是唐睿宗李旦的儿子,见韦后母女忒不像话,就和太平公主联合起来,杀了韦后和安乐公主。然后他请父亲复位,还是唐睿宗。不久,唐睿宗让位给儿子,李隆基登基,就是出了名的唐玄宗。这一来,太平公主可气坏了,她早想当女皇,见侄子这么顺当接了位,就发动政变要夺权。结果被唐玄宗镇压下去,她只好自杀。经过了几年折腾,唐朝总算平定下来,唐玄宗这才踏下心想国家的事。

唐玄宗治理国家,还是唐太宗的法子,给百姓分田,奖励生产,清理户口,兴修水利什么的。没用几年,粮仓满了,余粮有了,蚕丝茶叶多了,做买卖的又兴旺起来。唐玄宗用人上跟武则天

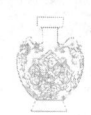

不一样。武则天是不问品行能力，只要拥护她就给官做。唐玄宗对官员们说："打我这儿起，以后不乱升官，不图虚名，也不随便赏赐。"他下令撤了好多滥封的官，连机构也取消了。唐太宗那会儿，让谏官和史官参加议事，唐玄宗觉得挺好，又给恢复了。可是最发愁的还是找到好官，特别是让能人当宰相。

他想起有个叫姚崇的官儿，为人正直又能干，可惜被免了职。姚崇又叫姚元之，在武则天的时候就当过宰相。唐睿宗复位以后，也让他当宰相。他看到后妃和皇亲老是干涉朝政，就和吏部尚书宋璟一起上书说，应该让公主和皇子到外地住，免得他们瞎掺和。当时太平公主听了特生气，皇子李隆基也要求严惩姚崇。结果唐睿宗把他贬到外地去了。现在看起来，人家姚崇说得没错。唐玄宗有一天到渭水边打猎遛早儿，想起这些事，就派人把姚崇找来，对他说："我好久没见到你了，想听听你的想法，还想请你出来当宰相。"

姚崇好像早有准备似的，认真地说："我有十件事上报，陛下要是答应，我才敢出来。"唐玄宗说："哪十件？你一一说来，我会量力而行。"姚崇就说起来：一是要仁政不要酷刑；二是几十年内不打仗；三是不让宦官过问政事；四是不让后妃皇亲掌大权，裁减多余官员；五是执法要从近臣开始；六是废止苛捐杂税；七是停造寺庙节省花销；八是要善待臣子；九是鼓励臣子批评天子朝政；十是不要让外戚干预朝政。唐玄宗听一条，就答应一条。姚崇也特高兴，说愿意再当宰相，为国效力。

姚崇上任以后，就按这十条办事，先拿"斜封官"开刀。斜封官是武则天时期留下的习气，后妃公主受了贿赂，私下请皇帝封官。皇帝批了条子，斜着封上，交底下去办。这么一来，官员像马蜂似的，一封一大片，办公的地方挤得都没地儿坐了。姚崇上来就

开元天宝

唐玄宗听姚崇说一条，就答应一条。

隋唐故事

一批批罢免这些多余的官。不但如此,新批的他也敢反对。

薛王李业是唐玄宗的哥哥,他的舅舅王仙童,仗着是皇亲,经常欺压百姓,激起民愤。御史把这事报告了朝廷,要求惩治王仙童。李业慌忙求皇帝开恩,唐玄宗就批条子,让放了王仙童。姚崇查实以后说:"王仙童的罪状明白,御史的奏报属实,这事不能纵容。"唐玄宗点了头。别的皇亲见王仙童受了惩罚,也都规矩多了。过了些日子,唐玄宗又批了条子,要把申王李成义的一个亲信提拔两级。姚崇立刻上书说:"量才用人,是皇上的主张,具体的任命应由吏部提出,如果因为沾亲带故就破格提升,跟前朝斜封官有什么差别呐?"唐玄宗知道自己理亏,只好把任命作废。

有一年,中原一带闹起了蝗灾。蝗虫飞过来,把天都遮住了,不一会儿就吃光了大片禾苗。可当地人迷信,都说蝗虫是仙不能杀。大伙儿只好烧香磕头,求上天保佑收回蝗虫。这哪管用呐?蝗灾越闹越大。姚崇接到报告,着急地说:"蝗虫是害不是仙,赶快捕杀就没事了!"可别的大臣反对,说:"蝗虫是天灾,人力除不了。要是杀虫太多,岂不伤了和气?"姚崇说:"让蝗虫这么闹,今年庄稼就会没收成,百姓不都饿死啦!我看非除不可!"唐玄宗听说后也挺犹豫,怕出乱子。姚崇就上书说:"我愿意担责任,如果出了事,就把我的官职免了!"唐玄宗就让姚崇负责治蝗。

姚崇马上派出御史到各地监督灭虫。具体的办法是在地头上挖坑,天黑以后点上火。蝗虫见了火光就飞过来,掉进火里。这么着,蝗灾很快就小多了。只有汴州(在河南开封)刺史倪若水不愿意治蝗,上书说:"只要多做有德行的事,蝗灾就会自灭,靠人力可不行。"姚崇回信说:"如果蝗灾和德行有关,汴州的灾最大,就是你没德行了?眼看禾苗被虫啃咬,怎么忍心不救?如果百姓挨饿,你能心安吗?"倪若水这才安排治蝗,结果杀了蝗虫十四万石,灾害很快给灭了。大伙儿这才心服口服,一个劲儿夸姚崇有能耐,叫他"救时宰相"。

说起来兴许有人不信,姚崇这么大的官,在京城没有个固定住处。因为离家太远,他平时就住在庙里。有一次他得了疟疾,家里人都到庙里服侍。偏巧唐玄宗有事派大臣源乾曜(yào)去问姚崇的意见。源乾曜见他这么简朴,感动得别提,回来向皇帝报告说:"宰相连住处都没有怎么行呐?我建议让他到四方馆(接待外地外邦使者的地方)里住,望陛下降旨。"唐玄宗马上说行。姚崇听说了,说四方馆里存着有好多公文,自己住那儿不合适。唐玄宗说:"让你住进去,是为了国家。我恨不得让你到皇宫里住呐,你就别推辞了!"

姚崇的两个儿子不给他作劲,本事不大倒喜欢钻营。有一年,他俩找吏部尚书魏知古,求他照顾自己,有机会升官。魏知古是姚崇推荐上来的,俩儿子以为有这层关系,魏知古一定看在父亲的面上安排。不想魏知古公事公办,把这事报告了皇帝。唐玄宗就问姚崇:"你的儿子才性怎么样啊?当什么官合适呐?"姚崇毫不隐瞒地说:"他俩做事不行可向往太高。知古这么做没有错。"唐玄宗本来想让魏知古通融,听姚崇这么一说,也就没再往下说。

还有一个官员叫赵诲,本来挺受姚崇信任,没想到背地里接受贿赂,也给人揭发出来。姚崇寻思着,虽说自己清白,可跟这两件事都有点儿关系,再当宰相不合适。他就主动提出辞职,推荐宋璟当宰相。唐玄宗看他年纪也大了,批准他辞职。

宋璟是姚崇的老朋友,也是个直性子。前些年就因为敢说真话,办案公道,让大家都挺佩服。当了宰相以后,他和姚崇一样,勤勤恳恳,不谋私利,把该办的事尽量办好。所以他当宰相这么多

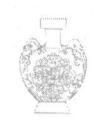

年，政局稳定，经济发展，百姓得了实惠，作乱的也少了。

唐玄宗即位之后，开头年号叫"先天"，两年以后改叫"开元"，后来又改为"天宝"。开元三十年间，唐朝兴盛得不得了，全世界数一数二，号称"开元之治"。这里面起作用的，主要就是姚崇、宋璟这些宰相大臣，跟唐玄宗用人得法也有关系。可是往后，到了天宝年间，乱象就出来了，也和唐玄宗用人不当有关。

原来唐玄宗当皇帝当了多年，有点儿腻烦，皇帝的劣根儿也露了相。他懒得管政务，上朝也少了，只顾玩乐逍遥，凡事都让宰相们处置。这时候，他用的宰相里有个叫李林甫的，出了名的坏，"口蜜腹剑"这句成语，说的就是他。李林甫是皇室本家人，没什么才学，仗着巴结后宫嫔妃，加上嘴甜，就当了宰相。然后他就使劲排挤另外两个，裴耀卿和张九龄。有一年秋天，唐玄宗去洛阳巡游以后要回长安，裴、张两人劝他："当下正在秋收，皇上路上到个地方，官吏都要动用人力接待，耽误农忙，还是过阵子再回好。"唐玄宗有点儿不乐意，可嘴上没说。大臣们往外走，李林甫说脚疼，走得很慢，落在后面。唐玄宗问："你疼得厉害吗？"李林甫低声说："我脚不疼，是有话和皇上说。洛阳和长安是您的东西两都，来来往往，还非挑时候不行？耽误秋收，免点儿税不就得了。"唐玄宗乐了，立刻下令回长安。这样的事有那么几次，他对裴、张就讨厌起来，后来干脆免了他俩的职。

这么一来，李林甫就掌了实权。他怕有人向皇帝说自己什么，就把谏官们叫来，训斥说："当今有明主在上，臣子听话就成了，还提什么意见？你们看看仪仗里的马，整天不叫唤，就有好料吃。哪个叫一声，马上就给赶出去！"让他一吓唬，好多谏官都不敢上书了，有的写了就被降了职。李林甫又怕别人比自己强，失了位子，就想方设法把人家压下去。每次他都当面说好的，背后使坏。刑部尚书李适之办事果断，口碑挺好，唐玄宗想用他当宰相。李林甫着急了，就私下对李适之说："听说华山有金矿，开采出来可以富国，皇上还不知道，你何不去报告呐？"李适之说对，就去跟皇帝说了。唐玄宗又让李林甫说看法，李林甫改口说："华山是圣上的本命，不能开采，我早就知道有金矿，可从不敢和您说。"这么一来，唐玄宗对李适之就不喜欢了，也不再提让他当宰相的事。这样的事不止一件两件。

　　天宝后几年，李林甫胆子更大了。他收买打手，专门陷害和自己不对付的人，造了好多起冤案，害死不少人。有个叫杨国忠的，是皇帝的心腹，也和李林甫勾搭上，老帮他给上面传话。可坏事做多了犯众怒，假话说多了藏不住。大家伙儿把事情往明里一摆，知道了真相，都认出李林甫不是好人。唐玄宗发觉上了当，也不再搭理他。不久，就有人说他要谋反，告发他的人当中就有杨国忠。李林甫急成了重病，没多久就死了。可是朝廷的风气已经坏得没法儿挽回，唐玄宗又让杨国忠掌了大权。就是这个杨国忠，差点儿把唐朝江山断送了。

隋唐故事

安史之乱

　　杨国忠本名叫杨钊，是武则天男宠张易之的外甥。他从小好酒贪杯，不爱干正事，喜欢玩赌博的游戏，输了钱就找人借。乡里亲戚瞧不起，他也觉得混不下去，就跑到蜀地当了兵，后来成了一个小官。这时候，他已经年过三十，正愁没出头之日，机会就来了。原来他的一个远房堂妹，叫杨玉环的，进宫成了皇帝的妃子，特受宠爱。有个大户叫鲜于仲通，知道杨国忠有这么个亲戚，想通过他跟上边拉上关系，就把他推荐给剑南节度使章仇兼琼。章仇兼琼马上给了他好多礼品特产，让他赶快进京找路子。杨国忠就到长安找他堂妹来了。

　　杨玉环父亲死得早，她在叔父家长大，因为爱好乐舞，又懂得些音律，就有了特长。加上长得不难看，后来被收进皇宫，成了唐玄宗儿子李瑁的妃子。偏巧有一次她让唐玄宗看见了，被升为皇帝的人，起名叫太真。杨太真能歌能舞，嘴头又甜，皇帝喜欢得不得了，经常带在身边，把别的妃子都甩了。几年之后，她被封为贵妃。杨贵妃爱吃讲穿，变着法儿享受，这类事多了去了。比如她想吃新鲜荔枝,可北方没有。唐玄宗就下令赶快从南方送来。送荔枝的骑快马飞跑,一站接一站,到了长安,果然还是鲜的。她光管吃,别人多苦多累,她才没工夫问呐。

杨贵妃成了皇帝专宠,一人得势,鸡犬升天,她的三个姐姐也都把皇宫当成家,出出进进的不说,还被封为韩国夫人、虢国夫人(虢 guó)、秦国夫人。杨国忠进京来,先就找到虢国夫人,又见到贵妃,接着就受到皇帝的接见。真是梦里也想不到,他从此就成了朝中重臣。唐玄宗寻思贵妃家的人顶可靠了,让杨国忠当了御史还不够,最后当了宰相兼吏部尚书,比李林甫的权力大多了。推荐他的章仇兼琼和鲜于仲通也被调进京城,当了大官。

杨国忠把国事当成了家事,先私后公。任命个官,提拔个人什么的,他都在家里鼓捣好了,写出名单,再让别的宰相签字。这里面的"机关"太灵便了。就说他的儿子杨暄,本来科举考试不合格,主考官为了讨好,发榜前给杨国忠递话说:"您儿子没考上没事儿,我不会让他落榜,放心吧!"没想到杨国忠根本不领情,撇着嘴说:"我儿子还愁富贵不了啊,用得着你来管闲事!"结果杨暄不但没落榜,还因为成绩"优良"当了官。

关中有一次下大雨,几天几夜不停。地里的庄稼都给泡了,百姓哭声震天。杨国忠没事人似的,不管不问。唐玄宗发出话,说担心出事。他就让人到农田里找几颗没泡的禾苗,拿回来给皇帝看,说:"您瞧,虽说下了大雨,可灾害不大。"唐玄宗也就没再问。过了些日子,扶风太守报告灾情,杨国忠不但不上报,反倒责怪地方官就知道报忧,打搅皇上,还派人去查办。这么一来,各地有灾都不敢上报了,任凭饥荒发展,百姓遭罪。

杨国忠欺上压下,可对那些掌握军队的军官有点儿怕,老担心

隋唐故事

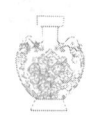

人家会拿自己开刀。特别是三镇节度使安禄山,一直瞧他不顺眼,他也老提防着他。安禄山的父亲是西域人,娶了媳妇儿是突厥人,生了安禄山,大伙儿就说他是胡人。安禄山从小练武,又会说好几种语言,有点儿本事。后来参了军升得挺快,名气也大了。唐玄宗先是让他当平卢(在辽宁朝阳一带)节度使,后来又让他兼任范阳(在河北东北部和北京一带)和河东(在山西南部一带)两地的节度使。这么一来,北方的军队就握在了他的手里。节度使是朝廷设置的军事职位,权力特别大。后来唐朝战乱没完没了,都跟节度使反叛有关系。

　　安禄山受到重用,心气儿也跟着大了。他好几次进京拜见唐玄宗,老是恭恭敬敬的,显得特实诚。唐玄宗看他肚子那么鼓,就问:"你这里装的都是什么呀?"安禄山眼眯成一道缝说:"没别的,就是我对陛下的忠心!"唐玄宗乐得别提。见了杨贵妃,安禄山就认她当干娘,一个劲儿地叫,杨贵妃也叫他"禄儿"。其实他比杨贵妃大不少。可对杨国忠,安禄山看不起,觉得这种人把持朝廷不好。再看皇帝,都七十多了,老成那样儿,他心里就有了打算,有一天自己也要当皇帝。回到驻地,他就招兵买马,训练士兵,做了准备。

　　杨国忠看安禄山势力大得邪乎,生怕他压过自己。恰好有人报告,说安禄山正扩充军队,动向可疑。他就对唐玄宗说:"安禄山明着老实,暗里奸诈,迟早会造反的,趁早削去兵权要紧。"唐玄宗摇头说:"安禄山对我那么忠心,怎么可能反呐?"杨国忠说:"您不信就试试,说有要事让他进京,我料这回他准不来。"唐玄宗就下令召安禄山进京。

　　没想到安禄山真来了。到华清池见到老皇帝,他眼泪吧嗒吧嗒往下掉,说:"臣是个胡人,不认识字,没那么多心眼儿。圣上对我

安史之乱

安禄山说:"这里装的是我对陛下的忠心。"

好，我只想好好报答。可那杨国忠陷害我，要杀我。您得给我做主。"唐玄宗感动极了，说："没有的事，我一向信任你嘛。"安禄山扭捏着说："那您给我个宰相当吧！"唐玄宗点头说："好，我和中书省商量一下。"杨国忠听说以后，头一个反对说："禄山有战功，可他不识字，怎么能参与政务呐？外邦听了，都会笑话朝廷没人了！"唐玄宗只好作罢，可给安禄山加了好些别的官职，又给他儿子封官，给他的部下升级，还赏给好多钱物。安禄山得了便宜，马上告辞，连夜返回驻地去了。

过了些日子，安禄山派人来请示，说打算撤下几十个汉人军官，换上胡人。宰相韦见素一听就摇头，说："以胡代汉，这是要造反的兆头，千万不能答应。"唐玄宗说："没什么可见怪的，让他换就得了！"杨国忠这时候改了主意，认为让安禄山当宰相也不见得不好，就说："调他进京参政，不过得免去兵权，三镇的节度使要换人。"明摆着，他是想调虎离山。唐玄宗想了想说："还是先探探虚实吧！"他就派辅璆琳（璆qiú）当使臣去看望安禄山，借机会查查他有没有反意。

过了不久，辅璆琳回来了，一个劲儿地说安禄山的好话，也没看见要造反的苗头。唐玄宗放了心，对杨国忠他们说："我那么厚待他，他哪能反叛我呐？东北那边的军事还得靠他，你们就别瞎嘀咕了！"杨国忠不服气，决定冒一次险，试探试探。一天，他派手下心腹带兵包围了安禄山在京城的住所，把他的亲信抓起来杀了。安禄山的儿子安庆宗住在长安，马上派人去报告父亲。

安禄山一听这事儿就蹿了火，下决心反起来。他一面向唐玄宗控告杨国忠，一面加紧训练。这时候，有个消息传到长安，原来辅璆琳上次受了贿赂，所以净替安禄山说好的。唐玄宗这才有点儿疑惑，再派人让安禄山进京，他可怎么也不来了。公元755年秋天，安禄山纠集部下史思明等将领，在范阳宣布起兵，以杀杨国忠的名义，指挥十几万大军，向朝廷发动进攻。有名的"安史之乱"就这么开始了。

安禄山率领叛军疯了似的往前打，很快就占了河北、河南大片地界。唐军多年没打仗了，兵器都发了锈，根本挡不住。唐玄宗得到消息，刚睡醒似的，瞪大眼睛说："他真反了？"大臣们七嘴八舌，一人一个说法。杨国忠似笑不笑地跟大家说："我早就知道他要反，怎么样？皇上不听，这就不怪我了。"唐玄宗真急了，顾不得年老体弱，忙着从各地调兵派将，到前方对付叛军。可是忒晚了，叛军刮台风似的，卷着地皮打过来，夺了沿途各郡县，说着就破了东都洛阳，人马直奔潼关，要打进关中，抄唐朝的老窝。

长安城立刻就乱了，很多人准备逃跑。唐玄宗气得处死两个将领，又把养病的老将哥舒翰（突厥人）请出来，让他带二十万人去把守潼关，一定不能让叛军进关中。在这节骨眼儿上，从河北那边传来好消息。原来，平原郡（在山东陵县）太守颜真卿起兵讨伐叛军，有好些地方响应。颜真卿的哥哥颜杲卿本是常山郡太守，常山郡被叛军占领，他也被迫归顺。这会儿听说弟弟起兵护国，就杀了叛军头领，重新树起唐军大旗，跟叛军打起来。这一来，河北地界就拉住了安禄山的后腿。安禄山得到消息，赶忙在洛阳自称皇帝，派史思明回过头再去打河北，长安这边才缓了口气，稳住阵脚。唐玄宗任命郭子仪为朔方（在宁夏灵武一带）节度使。郭子仪接到任命以后，又推荐契丹人李光弼，李光弼被任命为河东节度使。郭李二将率军直奔河北，与史思明叛军大战，连打几个胜仗。安禄山慌了，就准备逃回范阳。

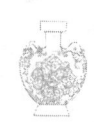

偏偏这个时候，唐玄宗自己犯了个大错。守潼关的哥舒翰认为叛军远道而来，粮草有限，不能持久，只要坚守就有机会退敌。杨国忠外行，说潼关人马挺多，叛军人少，如果主动出击，没准儿就能收复洛阳。唐玄宗听了他的，就命令哥舒翰赶快出击。结果出了他的意料，唐军差点儿全军覆没，长安也给丢了。这是怎么回事呐？

马嵬哗变

哥舒翰带兵出了潼关，刚走到灵宝，就中了叛军的埋伏。叛军早有准备，两边一交手，很快占了上风。唐军大败，二十万人连死带逃的，只剩下不到八千人。哥舒翰被部下出卖，给叛军抓住，送了性命。叛军回手就攻破了潼关，发大水一样朝长安冲过来。沿途的官员纷纷逃跑，没逃了的就投降。消息传到长安，唐玄宗哭都没了力气，只想着赶快逃走。这天上午，他宣布要御驾亲征，下午，逃走的事就安排定了，能带着的都带上。第二天一早，他由禁军保护着离开长安，一溜烟儿往西边跑了。跟着的有杨贵妃、杨国忠、太子李亨、心腹宦官高力士等等一大帮人。

唐玄宗寻思着，跑得越远越好，就想到蜀地去。那儿离长安远不说，还有大山隔着，叛军打不过去。人马走到马嵬（在陕西兴平；嵬 wéi）的时候，唐玄宗进了驿馆，打算歇歇再走。可这时候，护卫的禁军官兵都不想走了。几天没好好吃东西，大家伙儿又累又饿，凑到一起，就抱怨开了。有的说："要不是杨国忠为非作歹，不至于国家闹到这份儿上。"有的说："就是这家伙激的，安禄山才造反。"有的说:"安禄山造反就是朝他来的,有他在就好不了!"可是杨国忠还在那儿指手画脚,谁看得惯呐?大家这么说着,就有了杀杨国忠的心。

龙武大将军陈玄礼是禁军的头儿,听见了这些话,打心眼儿里赞成。他就鼓动军士们说:"天下分裂,就是杨国忠给祸害的。要不杀他,怎么能平民愤!"军士们齐声说:"我们早就想杀他了,愿和将军一起干!"陈玄礼先找到太子的宦官李辅国,让他报告太子。太子不敢拿主意,陈玄礼又直接去见唐玄宗,说:"安禄山造反以杀杨国忠为名,官民也都恨他。现在军士不想走,冲的还是他。陛下为社稷着想,应该把杨国忠一伙儿正法才是。"唐玄宗愁得直嘬牙花子,不料外面就大喊起来。

原来这时候,有二十几个吐蕃使者把杨国忠叫出来,说还没吃饭,让他给想办法。杨国忠牵着马,边走边说好话,就被军士们看见了。有人就喊:"杨国忠和外人合谋造反!"大伙儿正想杀他,也不管是真是假,一拥而上就朝他打过去。不知谁放了一箭,正射中马鞍子。杨国忠掉头就往西门跑。大家追上去,几下子就把他打得没了气儿,又割下他的脑袋,挑着示众。杨国忠死了,可军士们不散,在馆驿门口嚷嚷个不停。

唐玄宗听外面一阵吵闹,吓得肉直跳。手下人出去看,马上就回来报告,说杨国忠脑袋掉了。唐玄宗哆嗦着,拄着拐杖出来,对军士们说:"杨国忠杀就杀了,你们也散了吧!"可是军士们还是不走。他只好让高力士去问大伙儿,想干什么。不一会儿,高力士进来说:"杨国忠给杀了,可贵妃还在,军士们怕以后遭报复,陈将军也是这么说的,所以……"唐玄宗听明白了,哭丧着脸说:"贵妃深居宫内,杨国忠的事她怎么知道啊?"高力士说:"可贵妃在您身

马嵬哗变

陈玄礼鼓动说:"不杀了杨国忠,怎么能平民愤!"

边，要是嘀咕什么，能让大家安心吗？陛下想开点儿，军士们安全您才安全不是！"别的官员也说："军士们不护驾，您怎么到蜀地去？不能为了贵妃误了大事呀！"唐玄宗这才挥挥手说："我顾不得她了，就让贵妃自尽了吧！"

高力士就把杨贵妃带到佛堂，让她上吊死了。军士们等看到了她的尸首，才放心散去。在这次军士哗变当中，杨贵妃的三个姐姐，杨国忠的媳妇儿，儿子杨暄、杨晞都给杀了。大出风头的杨氏家族就这么完了。可是往后到底上哪儿去，大家又争论起来。有些将士议论说："皇上要到蜀地去，可那边是杨国忠的老窝，就怕他的人对咱们下手，不能去！再说了，那儿离中原那么远，去了还怎么收复失地呀！"于是有说不如去朔方，有说干脆到太原，有的说到扶风（在陕西宝鸡东）最好。

唐玄宗本意是去蜀地，可听大家都不愿意，也没法子，就说去扶风吧，说着就上马往西走。刚走不远，见四面八方跑来好多人，原来当地百姓知道皇帝要跑，都不乐意，跑来阻止，在道上跪下一大片。胆儿大的就说："皇家的宫殿、陵寝都在这儿，您就忍心丢了吗？想到哪儿去？"唐玄宗给问得没了词儿，只好对太子李亨说："你去安慰父老吧！"说完自己就走远了。百姓又围着李亨说："皇上要走，您就留下吧。我们愿意让子弟跟您破敌，收复长安。"李亨流着眼泪说："我不能不孝，离开父皇让他自己走，而且我就是留下，也得报告父皇定夺。"说着也要走。大伙儿也不顾身份了，围着他的马不放。李亨的儿子李俶（tì）、李倓（tán）和宦官李辅国都过来对李亨说："人情在此，不能冷了父老的心。殿下应该留下，带领大家平定叛乱。那时候再把皇上接回来，才是大孝呐！"李亨点点头，对李俶说："你去报告皇上吧！"李俶快马加鞭赶上唐玄宗，把这边的事说了。唐玄宗长叹一口气说："这是天意呀！"他当下决定让太子李亨留下，还分出一些人马给他，自己带着亲信往蜀地去了。

李亨这回有了胆儿，带人一到朔方灵武，也没跟老爸通气儿，就宣布自己是皇帝，尊唐玄宗为太上皇，他就是唐肃宗。唐肃宗自任天下兵马元帅，发通告让大家合力讨伐叛军。

这时候，叛军早就进了长安。安禄山派孙子安孝哲带人把那些没逃走的皇亲国戚，还有杨国忠的部下都杀了。安禄山反叛以后，儿子安庆宗被杀；为了给儿子报仇，杀人的时候，不是挖心肝就是揭天灵盖儿，怎么解气怎么来。士兵都发了疯，四处开抢，不止抢皇宫里的财宝，各家各户的也算上。百姓真遭了殃了。然后大家就喝酒吃肉，也来个痛快。至于唐朝皇帝太子他们往哪儿去了，倒没人操心，也没人想追，唐玄宗才挺顺利地到了成都。

安禄山待在洛阳，战场的事，就让史思明指挥。史思明是安禄山的同乡，也是突厥人，挺能打仗。唐军这边，郭子仪到灵武帮着唐肃宗调遣，李光弼就成了前方主将。双方在河北河南这块地方，来回争斗，互有胜负，就没法儿细说了。打了些日子，还是唐军渐渐地占了上风。一来唐军有官军的牌子，百姓都盼着官军胜，到哪儿都得到支持；二来是叛军的后方，有好多地方拼死抵抗，也分了它的兵力。

在河北常山那边儿，颜杲卿领兵跟叛军打了六天六夜，虽然失败了，可拖住了叛军。颜杲卿被俘给押到洛阳。安禄山审问说："我让你当了太守，你怎么还反我？"颜杲卿说："朝廷让你当三镇节度使，你怎么还反朝廷？我为国家讨贼，叫什么反叛？"安禄山让人用钩子拉断他的舌头，可他还是不住嘴地骂，直到被生生剐死。那年他已经六十五岁了。

叛军想往南边打，夺取那里的粮食。可到了南阳（在河南南部）和睢阳（在河南商丘；睢suī），就打不过去了。原来守将鲁炅（jiǒng）和张巡都是硬骨头，坚守城池不投降。张巡本是一个县令，前不久在雍丘（在河南杞县）就跟叛军对过阵，打了胜仗。听说睢阳告急，他就带部下来支援，和睢阳太守许远一起守城。军民合力，守了好几个月，直到粮没了，城才被攻破。张巡被俘，叛将尹子奇叫他投降，反被他骂了一顿。尹子奇说："我敲掉你的牙，看你嘴还硬不硬！"就用刀撬他的嘴乱捅。张巡吐出鲜血说："男儿死就死，我死也不会屈从你们的不义！"张巡和许远他们都给杀了，可没有他们死拖着叛军，唐军怎么挡得住呐？趁着叛军围着南阳和睢阳的工夫，唐军发起反攻，又从回纥借来人马，收回不少失地。

就在这个当口，叛军内部乱了套。安禄山在洛阳整天享乐，肚子里满是油水，更鼓了，说话直喘，起床都挺难。他儿子安庆绪就盼他早死，自个儿好当皇帝。可安禄山喜欢小儿子安庆恩，想让他当太子。安庆绪怕接不上班，就跟谋士严庄密谋，叫上侍从李猪儿，趁他爸睡觉的时候，捅破了他的大肚子，油流了一地。安庆绪当了皇帝，也学着下诏书、发号令，可底下人瞧不上他，都当耳旁风。史思明看他像猴儿戴帽子，更不当回事。唐军打过来，安庆绪逃出了洛阳，跑到邺城，向史思明求救。史思明带兵解了围，就手杀了安庆绪，自己当了皇帝。

唐军打顺了手，不久就收复了长安。唐肃宗回到长安，忙向太上皇报信儿，唐玄宗也回来了。经过这场大乱，他没了心气儿，只想平平安安度晚年。可掌实权的宦官李辅国怕太上皇复辟，硬是让他搬到没人去的甘露殿住，侍候他的高力士也给赶出了京城。唐玄宗快八十的人了，心里一别扭，很快就病死了。早就有病的唐肃宗伤心过度，也不能理事。李辅国胆大出了格，又跟张皇后争权。张皇后布置人要杀他，他就敢窜到唐肃宗身边抓走了张皇后。唐肃宗受了惊吓，登时断了气。不出一个月，太上皇和皇帝都死了，李辅国帮着太子李豫（就是李俶）即位，是唐代宗。

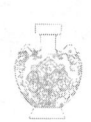

李杜诗风

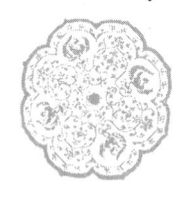

唐玄宗死的那年（公元762年），他喜欢的一个诗人也去世了，就是李白。李白在唐玄宗身边当过两三年文学侍从，两个人挺熟，有时候成天在一块儿。唐玄宗晚年虽然昏庸得够呛，可他那会儿的文化很发达，留下的东西也多。唐玄宗自己喜欢歌舞，会谱曲，喜欢看戏，能操持乐器，有时高兴了还登台表演一番。他组织了一个戏班，演戏演歌舞，排练的地方叫"梨园"。后来大伙儿把唱戏的叫梨园子弟，管唐玄宗叫梨园老祖，就打这儿来的。

唐玄宗对文学也挺爱好，喜欢跟文人们打交道。唐朝的时候，诗歌最发达，各种写法的诗都有，写得都特好。从唐初到唐末，不管太平还是战乱，诗人老是一拨儿一拨儿出来，从没间断，有名有姓的好几百个，没留下姓名的更多。他们的诗，差不多把天地万物都写进去了，所以后人说，诗让唐朝人给写完了。这话有点儿夸大，可唐诗是座大山峰，很难迈过去，倒是真的。在这座山上，站在峰顶上的，大家公认的有两位，一个是李白，一个是杜甫。恰好，他们俩都是开元天宝年间的人，都看到了繁华，也都经历了战乱。

　　李白是西蜀昌隆人（昌隆在四川江油）。有人考证，说他生在中亚的碎叶（在巴尔喀什湖南），没准儿就是。他从小看了不少书，长大了就到各地游览，看了山山水水，结识了一些学者道士。道家对万物虚虚实实的说法，对了他的心思，所以心气越来越高。他性情自由放荡，不愿意受约束，就这么养成的。后来从蜀地出来，他顺着大江往东，足一通转悠，一直到了扬州。江南江北那些名山大川，有名景致，让他看了个够。把感受写成诗，就是那些有名的山水诗。这些诗传到各地，李白的名字就让大家知道了。

　　可是李白不想靠写诗过一辈子，他想当官，想为国家出力，也想在历史上留个名声。他最佩服的人，都是当了大官的又有作为的，像姜子牙、管仲、晏婴、张良、诸葛亮、谢安等等。他寻思着，要是自己也能当大官，一定能让国家安定，四海清明。当官就要有人推荐，他就给一些官员写信，希望人家引荐。可这些信写了白写，没有下文。这期间，他在安陆（在湖北）安了家，又移居到兖州（在山东；兖yǎn）。

　　有一次，他带家人到江南游玩，遇到了有名的道士吴筠，俩人说起来挺投缘。吴筠和唐玄宗有直线联系，唐玄宗召他进京，吴筠就把李白也推荐上去了。唐玄宗很快给了回话，说让李白到长安见他。真是天大的美事，李白狂得没了样儿，写诗说："仰天大笑出门去，我辈岂是蓬蒿人！"

　　他跟着吴筠来到长安，唐玄宗接见了他，把他好好地夸奖了一通。李白就等着皇帝给自己安排个高官了。没想到过了些日子，封赏下来，只让他当了文学侍从。明摆着，皇帝只是把他看成会写诗的，没打算重用。李白的心思落了空，心里别提有多别扭，再看杨

隋唐故事

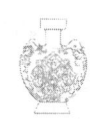

贵妃那骄傲劲儿，高力士那不男不女的样儿，浑身都起鸡皮疙瘩。他就借酒消愁，往醉里喝。好在在长安，他认识了贺知章几个诗友，也是酒友，在一块儿经常喝得大醉。

有一天，唐玄宗和杨贵妃一起赏花，让乐工和宫女弹唱取乐，忽然想起什么，就说："快把那个李白叫来，写个新歌词，让贵妃高兴高兴。"李白正醉着酒，来了之后，用凉水把脸激醒，当场写了几首。唐玄宗看了说好，马上让乐工谱曲演唱。有一首歌词是这么写的："一枝红艳露凝香，云雨巫山枉断肠。借问汉宫谁得似，可怜飞燕倚新妆。"高力士听了，悄悄对杨贵妃说："李白把您比成了汉朝的舞女赵飞燕，这不是骂您吗？"杨贵妃气得脸煞白。唐玄宗看贵妃生了气，就挥挥手，让李白出去。又有一次，李白喝醉了，当着皇帝的面，让高力士给自己脱靴子，闹得唐玄宗也不高兴，后来给了他些钱，就不搭理他了。

李白只好离开长安，又到各地转悠，写自己爱写的。有一首诗叫《梦游天姥吟留别》，其中几句把他的想法写得挺明白：

　　　　世间行乐亦如此，古来万事东流水。
　　　　别君去兮何时还？且放白鹿青崖间，
　　　　　　须行即骑访名山。
　　　　安能摧眉折腰事权贵，使我不得开心颜。

李白到洛阳的时候，见到了杜甫。两个人早就知道对方的名气，可从没见过。这次见了面，就像老早认识一样，一起游玩，聊得挺快活。后来俩人又见了几次，彼此都挺尊重，分手以后写了不少怀念对方的诗。

李杜诗风

李白和杜甫一起游玩,聊得挺快活。

隋唐故事

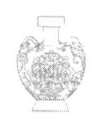

杜甫比李白小十一二岁,是襄阳人(襄阳在湖北),生在巩县(在河南)。他的上几辈都是做官的,也爱好文学。他受了影响,从小读书写作成了习惯,干什么都特别认真。写起诗来,每句每字都反复琢磨,不满意不罢休。所以十几岁的时候,他的诗就出了名。

可后来,他路子走得不顺。几次科举考试不中,有一次还被李林甫压下来。父亲一死,家里很快就穷了。三十多岁的时候,他到了长安,唐玄宗给了个小官做,日子过得挺艰难。这倒让他能和穷苦百姓想到一块儿,写的诗很多都是讲穷人的生活和对国事的看法。有一年冬天,天冷得扎骨头,他从长安回奉先(在陕西蒲城)家里看望家人,路过骊山,听说皇帝和贵妃,还有一帮权贵正在华清池避寒,吃香的喝辣的,想起百姓们在挨饿受冻,他就写了一首长诗《自京赴奉先县咏怀五百字》,把帝王豪门的铺张跟穷人的日子对着一比,看了真让人佩服他的胆量:

> 多士盈朝廷,仁者宜战栗。
> 况闻内金盘,尽在卫霍室。
> 中堂舞神仙,烟雾蒙玉质。
> 暖客貂鼠裘,悲管逐清瑟。
> 劝客驼蹄羹,霜橙压香橘。
> 朱门酒肉臭,路有冻死骨。
> 荣枯咫尺异,惆怅难再述。

不多久,安史之乱出来了,老百姓往各地逃亡,杜甫也跟着跑。跑到半道上,他被叛军逮住,又给押回长安。后来几次折腾,他来到成都,在浣花溪边上盖了几间草堂,算是安了个家。战乱这些年，全让他赶上了；百姓遭的罪，也全让他看见了。他的诗，把所见所闻都写进去，真切极了。有名的，像"三吏""三别"，还有《悲陈陶》《春望》《羌村三首》《北征》《茅屋为秋风所破歌》《闻官军收河南河北》等等。杜甫的诗，不但诗味儿浓，还让大伙儿明白那时候是怎么回事，所以被称为"诗史"。像这首《无家别》：

> 寂寞天宝后，园庐但蒿藜。
> 我里百余家，世乱各东西。
> 存者无消息，死者为尘泥。
> 贱子因阵败，归来寻旧蹊。
> 久行见空巷，日瘦气惨凄。
> 但对狐与狸，竖毛怒我啼。
> 四邻何所有？一二老寡妻。

叛乱平定以后，杜甫经朋友严武推荐，在蜀地当了几年官，当检校工部员外郎时间长点儿，大家就称呼他"杜工部"。严武死后，他想回老家去，就带着家人，坐船沿大江东下，到了湖南一带。可这时候，他浑身都是病，没钱治，加上绕世界流浪，实在顶不住了。那年冬天天气特别冷，杜甫一次外出，病在小船上，就再也没起来。他死的时候五十九岁。

李白的晚年也挺惨。和杜甫告别以后，他也绕世界流浪了好多年。安史之乱第二年，唐肃宗李亨的弟弟李璘要起兵平叛，到南方召集军队。他知道李白有能耐，就说让他当幕僚。李白高兴地去了。他哪知道，李璘和李亨不对付，也不听李亨的命令。当皇帝的李亨说李璘要叛乱，下令讨伐。结果，李璘兵败被杀，李白也给判

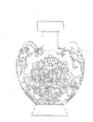

了罪,流放到夜郎(在贵州桐梓)。他真是冤到了家。得亏唐肃宗还记着他,半道上就下令把他放了。李白四处投亲靠友,没个准地方待。唐玄宗和唐肃宗死的那年,他病死在亲戚家里,活了六十二岁。

治河理财

　　唐代宗运气不坏，接了唐肃宗的位子才一年，安史之乱就给平定了。原来，史思明跟儿子史朝义闹别扭，临了儿跟安禄山一个样，被儿子杀了。史朝义当了皇帝，可论德论才论功，他哪点儿都不沾，没人保着，剩下的光是打败仗。没处跑了，他只好上了吊。这么着，经过八年苦战，唐军总算赢了。唐代宗重赏了郭子仪这些平叛功臣，朝廷这才安定了一阵子。

　　想着安史之乱把国家害苦了，唐代宗有心把各方面的事好好管管。要管的事实在太多，朝廷内部宦官势力太大，让他担忧；各地的节度使好些有二心，更让他发愁。可眼下最当紧的，是缺钱缺粮。光是长安一个地方，官员、军队和百姓那么多人，每天吃的穿的用的，要多少钱粮养活啊！没钱没粮，干什么都没有底气。喝西北风，谁干呐？他就想找个会理财懂生产的人管这方面的事，先把国家的钱粮备足了，让百姓有饭吃，别造反。

　　唐代宗找的人叫刘晏，是个老资格的官员。还在唐玄宗那会儿，刘晏就是县令了。他为官清正，懂得爱护百姓，从不乱收钱

隋唐故事

粮，结果得了民心，每年税收也没少收。后来唐肃宗在位，让他到朝廷管财务和生产的事，照样管得挺好。这种官儿，往往做人正派，办事认真，可脾气倔，好得罪人。刘晏后来得罪了宰相，被降了职，发到蜀地当官。唐代宗即位之后，想起刘晏受了委屈，很快就把他调回来，还让他管原来的事。这么着，像运粮、救灾、收税、盐铁、铸钱等等，跟钱粮有关系的事，大都归刘晏管了。

刘晏对同行们说："这些年，战乱和灾害把国家弄穷了，眼下最当办的是精打细算，救济难民，理财要以民为先，不能再让老百姓四处逃亡了。百姓安定了，国家才能兴旺。"手下人说："您的想法好是好，可咱们先干什么呐？"刘晏说："第一是把下面的情况弄清，要事先做安排，需要救济多少人，花多少钱，心里有数。一旦有了灾，不用一级一级申请，救济就很快下去。第二，要多产杂货土产和手工制品，补充粮食的不足。国家用谷物来换这些东西，当作官用。这样，灾民度荒不愁了，国家开支也不增加。第三，要建常平仓，专门储藏粮食，平常投放市场，增加收入，调节粮价，闹灾的时候开仓赈济。"手下人连连说好，都说："这叫早做准备，国家百姓两不伤。有人说您不重视直接救济，其实会治病的医生，都是早做防备，不是病人病危了才治。救灾也一样，会救的都不是有了灾才去救。"刘晏高兴地说："对，就是这么个理儿！"

按刘晏的法子，各地的救灾效果挺好，农民不再担心一受灾就逃荒，地里干活儿也有了劲头。有一年，有个叫李灵耀的将领，占领汴城，和朝廷对抗。军队打起来，把交通给堵住了，运粮的路不通，当地的税收一下子少了很多。有的官员说："可以增加赋税，以多补少。"刘晏反对说："应该是人不加税，以余补缺。"原来，刘晏上任以来，一直主张赋税要平稳，不能动不动就往上加，让百姓多负担。他用的办法是平常年景按常规收，灾荒年减免，大丰收年加十分之一。有了贮备，就是战乱年也能应付。按他的办法，果然效果又不错。

钱粮的事有点儿眉目了，刘晏又去操心买盐卖盐的事。在他以前，管这个事的官叫第五琦。第五琦的办法是食盐由政府统管，官运官销，不许私人运盐卖盐，盐价也是官定的，价格还特高。这个办法，虽然让政府有了大笔收入，可让百姓吃了苦头。好多盐商没了生计，到处流亡。官家又不可能把盐送到偏远的地方。山里人家买不到也买不起盐，只好不吃盐，饭菜都是淡的，甭提多难吃了。再说，官家运盐，盐官多了，还要征调农夫民工，百姓负担加重，怨言挺多。吃盐本是家常事，这一来成了大麻烦。

刘晏接手以后，主要是管东部各地的盐政，这一带主要是吃海盐，他就决定改办法。先是把官办改为官收商销，就是官府把盐工生产的海盐一股脑儿收上来，再转卖给盐商，让他们到各处去卖，撤销沿途的关卡，不抽过境税。卖到偏远地界的盐，价格还要降低。这样一来，盐商有利可图，百姓吃到了低价盐，官府收入也增加了。刘晏又取消了多余的盐官，只在产盐区设置懂行的巡官，督促盐工生产。刘晏管盐那些年，盐的利润增加了十倍还多，占了全部赋税的一半。唐代宗见收入增加了这么多，一个劲儿地夸刘晏能干，又叫他赶快把漕运的事也管起来，无论如何也不能让长安断了顿儿。

说起来，漕运一直让当权人提心吊胆。长安每年都要从外地调来好多粮食，粮食都是从长江淮河下游那边往北运，先到东都洛阳，再到长安。主要是走水路，也走旱路，加起来有一两千里长。水路上，有些险要的地方，水流特急，经常把船掀翻。旱路上，要一站一站地接力运输，征调民工几千人，劳民又伤财。安史之乱那会儿，洛阳失陷，水路旱路都给堵死了，长安军队没了吃的，就让农夫把还没熟的谷穗儿拿来吃，市场上的粮价成倍往上涨。唐代宗想起来就怕得慌。

刘晏接管漕运以后，对皇帝下了保证，回来之后就琢磨怎么办才好。想来想去，他觉得还是得亲自去看看。他骑上马，带着随从就出了长安城。这一行人沿着河道从西往东，走出关中，就到了河南，再往东，到了淮河边上。然后改坐船，顺河道，绕山梁，穿峡谷，走了一大圈。一路上，刘晏走走停停，到了一个地界，就走进当地的村庄，和乡里人家拉家常话，问问村里的情况，日子过得怎么样，人口有多少。看到大山，他就仔细察看地势和坡度；看见河湖，他就察看水流急缓和流向。走了几个月，他心中就有了盘算。随从们问他："怎么办漕运，您现在有了底数了吧？"刘晏点着头说："是有了。我看了一回，觉着大江、黄河、汴水、渭水这四条水路，最快捷便利。咱们就把这条路线当漕运主线，打通河道，直到长安的渭桥。这条线打通了，南方的稻米可以进长安，减少长安百姓的负担，军队有了军粮，国力也增强了；商人们会来做买卖，生意火了，百姓的日子也好过些。"左右人听了，都挺佩服，说："您这么用心为皇上为百姓办事的，这年头真不多见呐！"

刘晏回到长安，就把自己的想法写出来，上报皇帝。唐代宗很快批准了，他也马上干起来。先是把各地调来的民工和士卒编好队，在各处同时动工，挖泥的挖泥，开河道的开河道，护岸的护岸，造船的造船。刘晏也常到工地察看，出了事当下就解决。有人报告说，南边的丹阳（在浙江）有个练湖（丹阳湖），是漕运的水源。可当地的大富豪私自圈占湖面，把水泄出，改成农田，成了自

治河理财

刘晏到了一个地界，就和乡里人拉家常话。

家的地盘。这么一来，湖面越来越小，漕运的水流量减少，船行就难了。当地农户引水浇地，也受了损害。刘晏这回发了火儿，说这些大富豪坏了良心也没了王法。他立刻就上报朝廷，下了命令，把大富豪占的地都收回来，还原湖面。这么着，漕运的水量有了保证，河道很快打通了。当地农户有水浇地，都高兴极了。

河道打通了，可漕运的路线那么长，各地情况也不一样。有的地方地大人少，能充当劳力的更少；有的地方盗贼忒多，经常袭击粮船抢劫；有的地方驻着军队，武将就以军饷不足为口实，扣留粮船。这可怎么办呐？刘晏为这事愁了好些日子，最后他建议把漕运改为官办，皇帝也赞成。漕运由国家主持以后，运费就从盐税里出，船工搬运工也由国家出钱雇人，不征调民工，也不用地方出钱。盗贼多的地方设专人缉拿。这么一来，漕运就顺畅多了。

刘晏是个细心人，还在考察的时候他就注意到，四条河的河况水量流速都不一样，船工驾驶的能力也分高低。他提早做了准备，让各地训练出一批熟知本段水性的船工，还在扬子县（在江苏仪征）建了十个造船厂。造出的船有大有小，有轻有重，不同的河段用不同的船。河道上最险的地方，是在三门（就是三门峡，在山西陕西河南交界处）。古来船只好多在那儿翻了船，船工尸首都找不见。刘晏特地造了坚固大船。船过三门的时候，每十条组成一纲，有人撑篙，有人背纤，就稳稳当当地过去了。几年当中，没有一斗一升粮食掉在河里。

四河通漕以后，第一批粮船到达长安，附近的军人百姓过大年似的，都跑来看船，高兴得直蹦高。唐代宗也专门派人接船。他对刘晏说："你把粮运到了长安，真是我的萧何呀！"长安百姓都把刘晏当成了神仙。

唐代宗靠着刘晏，把钱粮的事管好了，就更信任这位功臣。不光是刘晏，对别的功臣，他也都挺爱护。老将郭子仪平叛定国，有再造国家的大功劳。唐代宗就把女儿升平公主嫁给郭子仪的儿子郭暖（ài）。有一回，公主仗着身份，不给婆母下拜。郭暖急了，就说："你凭着你爹是皇上压我呀，那个皇位，我爹还看不上呐！"公主骂了他，他就给了她一巴掌。公主哭哭啼啼回去向唐代宗告状，说郭暖大逆不道，要犯上。唐代宗听了就乐了，说："他爹确实是看不上皇位，要是看上了，天下就是他们家的了。"这时候，郭子仪把郭暖绑起来，进宫给皇上跪下请罪。唐代宗赶忙让宦官扶起亲家，又给郭暖解了绑绳，对郭子仪说："老爱卿不必如此，小夫妻吵嘴的话，犯不着当真。您就当聋子哑巴得了。"挺有名的"打金枝"这出戏，就是演的这件事。

唐代宗能管得住家人，可管不住宫里的宦官和外地的将领。宦官势力那么大，连皇后都敢杀。唐代宗先是让人暗杀了李辅国，可又重用起程元振；赶走了程元振，又重用鱼朝恩。最后不得已，把鱼朝恩给杀了。可这三个大宦官，把朝政祸害得不轻。宦官都学他们的样儿，使劲儿往朝廷里钻，不久就又掌了大权。节度使割据地方，不听号令，唐代宗也没拿出管用的办法。这两个毛病都留下了后遗症。

在位十七年以后，唐代宗病死，太子李适（kuò）即位，是唐德宗。没多久，天下又大乱起来。

下诏罪己

唐德宗即位之后，劲头挺足。可他能耐不行，还偏听偏信。他用自己的心腹杨炎当宰相。杨炎跟刘晏不和，刘晏处分过他，他就把恨记在心里。当宰相以后，他有意在皇帝面前说刘晏的坏话。说多了，唐德宗就信了，免了刘晏的职，发配到偏远的忠州（在重庆忠县）。杨炎又说他要谋反，唐德宗也信，派人杀了刘晏。一代功臣就这么死了。

唐德宗想让大家说好，真做了几件事。先是宣布废除各地的岁贡，自己的生日不接受礼品。接着又对朝臣的田产、住房、车马、服饰来一次检查，超过规定的一律处罚，有些大官的住宅超大，被拆毁；有的受贿，不但挨了打，还被流放。安史之乱以后，皇帝就没有召开过大朝会，唐德宗也开了，把满朝文武都召集来，一起议论国事，发布诏令，倒挺像回事。

唐德宗最想干的，还是削平藩镇的割据。藩镇也叫方镇，就是节度使驻守的地方。好些节度使不听中央号令，动不动跟朝廷对抗，老的死了，儿子就接着当，成了当地的土皇上。安史之乱虽然平定了，可藩镇割据还是老样子，唐肃宗和唐代宗，都拿他们没办法。唐德宗就想找个机会除了祸害。可他做事毛毛躁躁的，又不爱惜士兵，反倒惹了大祸。

这一年，成德（在河北中部一带）节度使李宝臣死了，他儿子李惟岳要接位，鼓动部下为自己奏报。唐德宗不批准，生气地说："节度使应是朝廷任命，哪能谁想当就当，亲儿子也不行。李宝臣一贯跟朝廷二心，跟叛逆没什么两样。"李惟岳恨得要命，就联络起淄青（在山东东北部一带）节度使李正己、魏博（在河北河南交界一带）节度使田悦、山南东道（在湖北西北部一带）节度使梁崇义，跟朝廷对抗，用武力说话。不想李正己也很快病死了，他儿子李纳索性不报告，就自己袭了位。唐德宗也不含糊，宣布不承认，下令让各地起兵讨伐四镇。这一开打，就引来好多人掺和，连成了一大串儿。

一开始，唐军占了上风。幽州（在河北北部一带）节度使朱滔破了李惟岳，李惟岳被部下王武俊杀了，王武俊归顺了朝廷。淮西（在河南湖北安徽交界一带）节度使李希烈领兵打败了梁崇义，梁崇义自杀。眼看着平叛有望，不料想唐军内部又出了麻烦。原来李希烈早有反意，心野得比谁都大，这次就借机占了好多地盘，不听朝廷号令。朱滔想多要地盘，可唐德宗就是不给；王武俊想要的地方也没到手。他俩都不满意，就秘密地跟田悦、李纳串通起来。四将都对唐德宗气愤愤的，说："皇上真小气，咱们都当王算了，看他怎么办！"

没多久，四将果然都称了王。朱滔叫冀王，田悦叫魏王，李纳叫齐王，王武俊叫赵王。李希烈知道了，也自称建兴王。四王的势力不如李希烈，都对他称臣，还劝他当皇帝。李希烈想把唐德宗赶下台再说。于是，他下令攻打长安。唐德宗万没想到，这么多节度使都造了反，只好命令大将哥舒曜迎击。哥舒曜被李希烈困在了襄阳，唐德宗又调泾原（在甘肃东部一带）节度使姚令言赶紧去救。这么一来，更大的惨事就出来了。

当时已经快到冬天了。姚令言领着五千人马往东进发，路过长安，正赶上天上下大雨。士兵们淋着雨，冻得哆哆嗦嗦，饿着肚子，到了城外，都盼着皇帝发赏钱，好叫人带回家去。没想到唐德宗一个子儿都没给，士兵走到浐水（在长安东），他才下令让大伙儿吃顿饭。吃的什么呐？糙米加青菜。士兵们一看就炸了窝，踢翻了饭盆喊起来："咱们给他卖命，连饱饭都吃不上，肉丝儿都没有，不去了！"有的说："不能白来一趟，听说长安附近有两座库房，里面什么都有，干脆抢他娘的算了！"大家伙儿就乱哄哄地要进长安，半道上正碰见姚令言。姚令言刚从皇帝那儿回来，听说士兵要造反，急得大叫："你们不要命啦！这可是灭门的罪过！等打仗立功回来，还愁富贵不成吗？"士兵们不信这一套，拉着他就往长安走。

唐德宗接到报告，这才慌了，对左右说："赶快对士兵去说，别闹了，我每人给两匹绢。"士兵们一听才这么点儿，二话不说，就涌进城里，叽里呱啦绕世界喊。城里百姓也跑出来看热闹。唐德宗听说乱兵朝皇宫冲过来，叫禁军抵挡。可禁军都没了影儿。唐德宗没法儿了，只好带着几个贵妃、太子跑出北门，一直跑到奉天（在陕西乾县）。大臣们也陆续跟过来。

长安这就成了乱兵的天下，士兵到了皇宫大殿，都说："今儿个豁出去了，要发财就自个儿想办法。"大伙儿就闯进国库抢起来，金的银的抢了好些，一直到半夜还没抢完。外面的小偷儿也跟着进来，拿走不少。姚令言见此情景，寻思这么乱下去怎么得了？他

下诏罪己

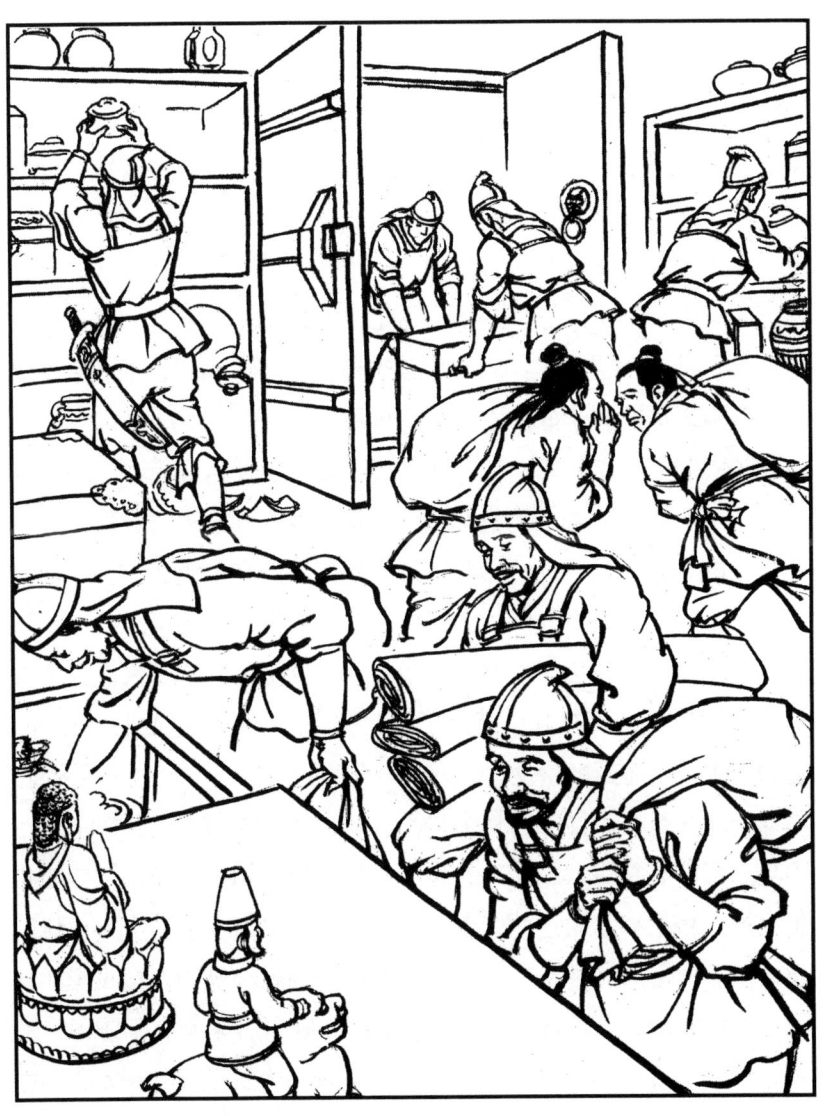

士兵进国库抢起来,小偷儿也跟着拿走不少。

隋唐故事

就对大家说："皇上跑了，国家没个主子不行。我看就让朱太尉出来主事，你们说怎么样？"士兵们七嘴八舌地说："好，就让他来吧！"姚令言就派人去请朱太尉。

朱太尉叫朱泚（cǐ），就是自称冀王的朱滔的哥哥。他本来也在河北那边当节度使，后来调到别处。朱滔反叛之后，唐德宗把他召到京城，给了个太尉的虚职，软禁起来。这会儿听姚令言来请，朱泚闷头直乐，心说："我弟弟当了王，如今我也要当皇帝了，真是天上掉下来个大馅饼！"他马上到了皇宫，没几天就自称起皇帝，改国号叫秦，让朱滔当皇太弟，姚令言也当了大官。然后，朱泚亲率大军，向奉天进发，非把唐德宗灭了不可。

朱泚的人马走到礼泉（在陕西乾县东），离奉天不远了，不想迎面来了一队人马，领头的是朔方节度使李怀光。原来，李怀光接到唐德宗的求救诏书，立刻带兵前来保驾，正好和朱泚碰上。李怀光是靺鞨人（靺鞨是古代的族名，住在东北一带；靺鞨 mòhé），本不姓李，因为跟大将郭子仪平叛立了大功，就被赐姓李。朱泚知道李怀光打仗厉害，没打几下就泄了气，忙带人后撤，返回长安死守。这回要不是李怀光来得及时，唐德宗真悬了。

李怀光是个急性子，认为自己有功，就要求到奉天见皇上。一来见皇帝能有赏赐，二来他想当面奏报，把宰相卢杞和户部侍郎赵赞除掉。卢杞和赵赞这两年变着法儿搜刮钱财，害了不少人，特别招人恨。卢杞怕李怀光这一手，就对唐德宗说："您现在接见李怀光不是时候，应该让他赶紧收复长安才对，晚了，朱泚有了防备，就不好打了。"唐德宗一听也是，就下令让李怀光赶紧攻打长安，不提接见的事。李怀光凉了半截，带兵到离长安不远的咸阳停下，然后上书朝廷，数落卢杞和赵赞一通，请求罢他们的官。唐德宗掂量来掂量去，想到要靠这些武将收复长安，只好撤了卢杞和赵赞，把他们赶出朝廷，可还是没接见李怀光。

没多久，又有几路援军来救驾，其中就有河北行营节度使李晟（shèng）的人马。李晟也是个名将，战功累累的，最受朝廷信任。唐德宗听说李晟来了，心里踏实多了，命令李晟会合李怀光几路人马，一起对付朱泚。

可这时候，东边的战事更叫他担心。唐军和四王，还有李希烈的叛军打得难解难分，前景不看好。唐德宗急得心抓挠，天天和身边大臣商量对策。翰林学士陆贽（zhì）大着胆子说："这么多将领闹事，跟皇上您处事不当有关系。"唐德宗皱着眉头问："我哪点儿不当啦？"陆贽说："藩镇割据不是一天两天，得慢慢来。您沉不住气，把他们都惹恼了。您又不肯赏赐，让士兵寒了心。"唐德宗说："你说得也是，可现在乱子出了，该怎么办？"陆贽说："历来天下出了大祸事，皇帝就下罪己诏，把责任往自己身上揽，大伙儿也就心平了。再说，现在对手主要是朱泚，东边那几个能放过去就抬抬手。"唐德宗想了好半天，下决心说："就依你说的吧，你给我写一个，尽快发出去。"

陆贽很快就写好了罪己诏，唐德宗看上面把自己损得挺厉害，也没说什么，就通告天下。罪己诏大意是说：小子我无德无才，打小在宫里长大，不懂得怎么管理国事，不知道农夫种地有多劳累，不知道士兵作战有多辛苦。这些年，军士连年打仗，百姓逃亡，死在沟壑，城乡人口减少，到处是废墟。这都是我的罪。我上对不起祖宗，下对不起百姓，罪过太大了。从今往后，谁上书都别再称呼我"圣神文武"。李希烈、田悦、李纳、王武俊他们起兵，都是我做错事造成的，他们没罪！我今天宣布，赦免他们。

隋唐故事

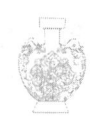

罪己诏发出去以后，真有了效果。田悦、李纳、王武俊三个见皇上不追究，也认了个错，说不当王了，还当节度使。朱滔后来也投了降，河北的战事就这么平了。可淮西的李希烈不认错，反倒自称皇帝，要接着打。唐德宗只好派副都统刘洽专门对付他。

按下葫芦起了瓢，长安这边，李怀光又闹腾起来。原来李怀光为皇帝不接见的事一直不满，认为让李晟当总指挥也是不信任自己，他就赌气要跟朱泚合伙，这一来他就走岔道了。他不但不打长安，还朝着唐军动了手，杀了友军的将领，让士兵四处抢劫，放出话来说要攻打奉天。唐德宗吓得逃到梁州（在陕西汉中）去了。幸亏李晟有主意，一面派兵防着李怀光，一面加紧攻打长安。

朱泚本来就没威信，手下兵将心也不齐，没多少日子，长安就守不住了。朱泚逃出城去，跑到彭原（在甘肃宁县）这地方，被部下杀了。李晟收复了长安，把唐德宗接了回来。唐德宗逃难九个月，回来那天，看见长安城被毁得没了样儿，又听说皇族给杀死好多人，难受得鼻子发酸，眼泪流得止不住。可这不怪他怪得了谁呐？

李怀光听说朱泚死了，也后悔自己太冒失，忙派人向唐德宗认错。唐德宗派使臣到他军中探问。没想到他的部下嫌使臣太傲慢，起哄杀了使臣，李怀光也觉得面子过不去，拒绝归顺。最后，军营被唐军攻破，他只好上了吊。唐德宗对大臣们说："李怀光立过大功，这次反叛也不能都怨他。朔方军代代忠义，李怀光出了事，将士有什么罪呐？"他下令宽大处置。转过了年，淮西的李希烈被刘洽打败，自己也给部下毒死。唐德宗这才放了心。

天子不语

李希烈刚反叛的时候，宰相卢杞就对唐德宗说："颜太师德高望重，您叫他去劝李希烈归顺，管保能成，就用不着动刀兵了。"他说的颜太师就是颜真卿，七十多岁了。颜真卿在平定安史之乱那会儿，立了大功，后来被封为太子太师，受到满朝文武的敬重。这一回，卢杞推荐他去当说客，唐德宗也答应了。可知根底的人私下里说："颜太师这一去，怕是回不来了。"原来，卢杞一向忌恨颜真卿，颜真卿也烦他。他推荐颜真卿，起根儿上就没安好心。明摆着，李希烈造反的心老早就有了，怎么会听一个老人劝说呐？颜真卿知道卢杞是把自己往死里整，可为了平定叛乱，还是去了淮西。果然，李希烈不但不听劝告，反而把颜真卿扣下，逼他替自己干事，颜真卿当然不答应，他就把他关起来，最后把他勒死了。颜真卿做人一向忠正耿直，他写的楷书也那么方正厚实，谁看了都会想起他的人品。他的字被后人当成书法的楷模，称为"颜体"。

唐德宗好容易才把四王二帝的叛乱平息了，心气儿也消了一大半，再不敢提平藩的事，对节度使能让就让。比起来，他觉着还是

隋唐故事

宦官好使唤,就又重用起宦官,让宦官当了禁军的头儿。唐德宗逃难那会儿,吃够了苦头,现在就想法儿搜刮财宝,尽情享受,刚即位时候的勤俭,都没了影儿。他说过不要地方给他进贡,可现在每个月都朝人家要钱,给少了还不愿意。

在长安,他让宦官当宫市使,就是给皇家当采购。宦官们到了街市上,看见想要的,喊一声"宫里要了",就扣下了,随便给点儿什么,有时候什么也不给就拿走。顶坏的是五坊小儿。五坊是给唐德宗养鹰养狗的地方,小儿就是在那儿干活儿的小宦官。他们到处张网逮鸟,还不准人靠近,谁不听,上来就打就抢钱。到饭馆白吃白喝不算,还把一筐蛇留下让人家养,说是为皇上逮鸟养的。人家给了钱,他们才把蛇拿走。百姓恨透了这些宦官。可皇帝不管,谁敢管呐?诗人白居易看不下去,写了几首诗,把宫市的情况抖搂出来。像《卖炭翁》:

> 夜来城外一尺雪,晓驾炭车碾冰辙。
> 牛困人饥日已高,市南门外泥中歇。
> 翩翩两骑来是谁?黄衣使者白衫儿。
> 手把文书口称敕,回车叱牛牵向北。
> 一车炭,千余斤,宫使驱将惜不得。
> 半匹红绡一丈绫,系向牛头充炭直。

看不下去的,不止白居易一个,还有好多人,其中就有太子李诵。李诵能文能武,为人也正派。他讨厌宦官那德行样儿,对他们老是爱理不理的,有时候还骂几句。宦官都挺怕他。李诵有两个好友,一个叫王叔文,教他下棋;一个叫王伾(pī),教他读书。这两个人出身寒门，通过科举才当了小官，对朝政腐败一肚子不满，时不时地跟李诵说些看法。有一次，二王提起外面宫市和五坊小儿的事，说："简直不像话，百姓怨言可多了！"李诵听了，马上站起来说："这不行，我这就去跟父皇说！"王叔文拦住说："您现在去说，皇上嫌您干预朝政，准不高兴。以后会有机会。"李诵打这儿起，就有了自己的打算，等即了位，一定要改改。王叔文和王伾也出了不少主意。

谁也没料到，李诵还没接上班就病了。四十五岁那年，他忽然中了风，瘫在床上起不来，说话"啊啊"地说不清。这就把大臣们急坏了，掌权的宦官们可都捂着嘴乐。唐德宗一着急，得了重病，没过多久就死了。让谁即位呐？几个大宦官关了宫门，出来对朝臣们说："里面正商量，谁即位还没定呐！"翰林学士卫次公说："还商量什么？太子虽然病了，可他即位名正言顺，你们如果想换别人，国家就非乱不可了！"别的大臣也这么说。宦官们这才进去把李诵搀出来，宣布即位，就是唐顺宗。

唐顺宗不能言语，可心里还明白。即位之后，他连比画带表情，还写几个字，表示出自己的意思：让韦执谊当宰相，王叔文和王伾参与朝政。柳宗元、刘禹锡等十来个都成了重臣。实际上是王叔文掌握实权。大家商量了几条，报告唐顺宗点了头，很快下达了改革的诏书。一是停止宫市；二是取消五坊小儿；三是废除每月给皇帝送钱；四是释放九百多宫女和乐工；五是禁止买民女进宫当乳娘。这几条都和百姓想到了一块儿，一发布就得了人心，满大街叽叽嘎嘎的，都是笑声叫好声。

接着就是惩办赃官。当时最招人恨的是贪官李实。他当节度使的时候就贪污过士兵的粮饷，差一点儿被士兵打死。唐德宗护着他，让他当了工部尚书，专管长安的事。有一年天旱，大片庄稼枯

隋唐故事

宦官们把李诵搀出来，宣布即位。

死，唐德宗说要减税，他反说庄稼挺好，不给农民减税，逼得百姓拆房卖粮缴税。有人送钱给他，他就开出名单，让考官都给录取当官。唐顺宗即位以后，下令免除长安百姓欠的赋税，李实反倒加紧收税，搜刮钱财，还打死了不少欠税人。百姓提起李实，恨得牙根儿疼。王叔文他们报给唐顺宗，决定罢免李实，赶出京城。百姓知道了，拿着木棍石头，都到门前等他出来，好打他解气。李实吓得从后门跑了。这件事也办得挺好。

最难动的还是宦官专权，王叔文、王伾他们也大着胆子开了一刀，任命大将范希朝代替宦官当禁军首领。这可就戳了宦官的心口窝儿。大宦官俱文珍、刘光琦几个凑到一起嘀咕说："这是冲咱们来的，得想办法，给他来绝的。"有些禁军将领跟宦官一头儿，也和他们暗通消息。等范希朝到军营接管那天，将领都不来拜见。说话没人听，弄得范希朝下不了台，只好向王叔文报告。王叔文也没辙，说："真没办法，只好等皇上发话了。"

不巧这时候，唐顺宗的病又加重了，一句话也啊不出来，手也不听使唤，只能让身边宦官代说。这就麻烦大了，也给宦官逮住了机会，他们的话就成了圣旨。王叔文、王伾也有毛病，当了大官就端起架子，只重用跟自己好的人，谁说了不同意的话，就呲儿人家一顿。这样一来，很多老臣都不高兴，不愿意和他们共事。西川（在四川西部）节度使韦皋本来想支持王叔文，但是他提出要扩大自己的军权。王叔文书生一个，不懂有军人支持的好处，就一口拒绝。韦皋也不高兴，索性上书，请太子出来监国。俱文珍一伙儿瞅准这个空子，把一些老臣召集来，说："皇上病成这样，怎么能管国事呐？我们几个的意思，不如让广陵王出来管，请皇上退位休养。"老臣们听了都乐意，就说："那就立广陵王为太子吧！"双方合了拍，

隋唐故事

当下写了诏书,立广陵王李纯为太子。李纯是皇帝的长子,二十大几了。唐顺宗不会说话,没法儿不答应,王叔文他们都给蒙在鼓里。

又过了些日子,俱文珍一伙儿又说皇帝有令,把王叔文降职,不再参政。王叔文一点儿辙也没有,只好下台。到了这年夏天,宦官们宣布,唐顺宗答应退位,太子即位,就是唐宪宗。第二天,王叔文和王伾就被赶出京城,一个到渝州(在重庆)当司户,一个到开州(在重庆开县)当司马。不久,王伾病死,王叔文被安上些罪名,奉命自杀。跟他俩闹改革的八个人:韦执谊、柳宗元、刘禹锡、韩泰、韩晔、陈谏、凌准、程异,也都给轰到外地当了司马。司马,是州一级的副官,地位不高。后来人都管他们叫"二王八司马"。唐顺宗年号是永贞,他们的改革就叫"永贞革新"。算起来,这次革新前后没几个月就吹了。不会说话的唐顺宗,在第二年也死了,有人说是被宦官害死的。

唐宪宗顺着宦官的意思,处置了二王八司马,因为自己是宦官拥立的,就照样宠着这些人。可他对朝政还挺上心。有一天,唐宪宗问宰相杜黄裳:"以前的帝王,有的勤政,有的不理朝政,到底怎么做才合适呐?"杜黄裳想了想说:"勤政没错,可最要紧的是用人。当初秦始皇什么事都自己管,诸葛亮连打二十军棍的处罚都亲自决定,就不好了。帝王会选人才,赏罚分明,厚待属下,谁还能不尽心呐?帝王好猜疑,臣子就说假话,容易出乱子。"唐宪宗听了直点头。过后,他又看祖宗的实录,知道太宗贞观和玄宗开元是最强盛的年景,心想:"太宗用了房玄龄、杜如晦,玄宗用了姚崇、宋璟,天下大治。玄宗后来用李林甫、杨国忠,就坏了事。看来用对宰相,太要紧啦!"明白了这一层,他就恢复了太宗的做法,让大家多提意见,还注意选拔好人能人,朝政也就有了起色。

雪夜破蔡

唐宪宗用的宰相都不赖。除了杜黄裳以外，李吉甫也是个有能耐的。他费了不少功夫编了几本书，最有名的是《元和国计簿》和《元和郡县图志》（元和是唐宪宗的年号），书里面把国家的经济地理情况写得清楚明白，历史上少有。还有武元衡、裴垍（jī）、李绛、裴度几个，个个都挺能干。几个人一门心思把国家管好，像改革税收制度、加强漕运管理、严格财务收支、精简官府人员、兴修水利这些事，都挺有成效。

可是唐宪宗和宰相们都明白，藩镇割据的事平不了，国家还分裂着，就谈不上强盛。这几年，节度使闹事的一起接一起，特别是河北、淮西和西川几个地方，不断出乱子。川西节度使韦皋病死了，他的下属刘辟想继任，唐宪宗只让他当节度副使。刘辟不痛快，就起兵反叛。唐宪宗和杜黄裳商量，不能让步，决定派兵镇压。李吉甫出主意说，可以从江淮那边调兵，从三峡入川，分散刘辟的兵力。结果，刘辟没打过官军，被逮住杀了。

河北那边没这么顺。成德节度使王士真死了，他儿子王承宗想

隋唐故事

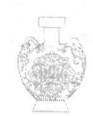

自己继任。唐宪宗君臣商议以后，告诉他，要交出两个州的地盘才行。王承宗不干，双方就打起来。唐宪宗这次犯了糊涂，让心腹宦官吐突承璀挂帅征讨。吐突承璀侍候皇帝行，打仗他哪会呐？一败涂地就甭提了。他怕回来交不了账，就跟王承宗私下说："你认个错，我回去跟皇上说说，让你当还不行吗？"王承宗乐得这么着，唐宪宗虽然觉得太窝囊，可也没别的法子。

过了几年，魏博节度使田季安也死了，他媳妇出来裹乱，私下让十一岁的儿子当节度副使，又让他家仆人蒋士则代管军务。将士们火儿了，就推出田季安的侄子田兴当头儿。田兴上来就报告朝廷，自己拥护皇上，不会反叛。唐宪宗挺高兴，就任命他当魏博节度使，赐名田弘正。这一来，河北形势往好处变了。唐宪宗就把精力放在了淮西那边。

淮西自从李希烈反叛以后，一直没消停过。李希烈死后，继任的节度使吴少诚、吴少阳仗着兵强马壮，财力充足，不服朝廷管，跟独立差不多少。吴少阳死后，他儿子吴元济不发丧，对朝廷说他爸病了，想自己继任。唐宪宗不批准，吴元济这就造起反来，派兵占地盘，到各地烧杀抢掠，闹得百姓四出逃难，地也没人种了。唐宪宗和宰相们合计，李吉甫、武元衡、裴度都主张动武，说："淮西割据一向最厉害，年头够多了，别的地方都跟着它学，还得了？现在魏博的田弘正忠于皇上，正好挡住了淮西军往北的路。现在不打，往后打就更难了。"唐宪宗拍了板，调集多处兵力，宣布讨伐吴元济。

朝廷对淮西用兵的消息传出去，淄青节度使李师道和成德节度使王承宗都慌了，怕下一个轮到自己。他们一面暗里给吴元济出主意，一面替他跟朝廷说情。宰相李吉甫这时候得急病死了，武元衡在朝里主事。武元衡外表看着挺文静，可心眼儿直，干事从不马虎。李师道和王承宗派人说情，武元衡不答应，还把来人训斥了一顿。李师道和王承宗就记了仇。

这年六月的一天，天还没亮，武元衡早早起来，准备上朝。他出了门骑上马，见后面远处有几个提着灯的人影，也没在意。不料刚走到东门，后面的人突然灭了灯，猛跑过来，抡起木棒就朝他身上乱打。武元衡的左腿被打断，没法儿跑，随从也被打散。几个刺客上来砍下他的头就跑没了影儿。随从冲上来，见武元衡已经倒在地下，血流了一大片。消息传开，大家都说，在京城暗杀宰相，从没听说过，真是胆大包天。唐宪宗得到报告，难受得饭也吃不下，下令停朝五天，悼念武元衡遇害。

不料没过几天，同样的事又出来了，裴度也在外面遇刺。刺客用剑刺伤了他的头，靴带断了，罩服也破了，摔进沟里，幸好命保住了。满朝文武得到消息，都气得冒了火，要求追查凶手。唐宪宗也下令捉拿。后来，凶手给逮住了，可谁是主谋，还是说不清。大伙儿议论着，一定是李师道派人干的，上次他说情不成，派人把官军的两处仓库烧了，这回他没跑儿。可也有人说，没准儿是王承宗的指使。

唐宪宗看出来，刺杀宰相是冲着平藩来的。他一面加派卫兵，保护大臣的安全，一面对淮西战事重新做了布置，让裴度主管淮西的战事。仗打了一年多了，可叛军胜得多，官军败得多，有些将领明摆着不胜任。唐宪宗把将领们排了排队，决定把李愬（sù）调到前线。李愬是名将李晟的儿子，有勇有谋，早就想参战了。裴度又安排专人运粮，从扬州绕道，把军粮送到军前。这么着，粮食也有了着落。

隋唐故事

李愬来到前线的唐州（在河南唐河东岸），逢人就说："我打仗不行，胆子又小。朝廷让我来就是安顿秩序，打吴元济不是我的事。"他不练兵，也不修工事，整天在军营里转悠，嘱咐把吃啊穿的弄好点儿，别让士兵挨饿受冻，受伤的要好好治。这么一来，士兵们特高兴，将领们都给闹糊涂了。有人就悄悄对他说："您不敢打仗，吴元济更看咱们好欺负了。"李愬说："吴元济一向自大，我这么做，就是让他放松戒备。"

不出李愬所料，吴元济看李愬没有进攻的意思，就把主力放在北边的洄曲（在河南漯河），让大将董重质率领跟唐军对抗，他自己住在蔡州（在河南汝阳）坐镇。董重质是吴少诚的女婿，打仗有两下，唐军多次败在他手里。李愬知道董重质厉害，就有意不跟他硬碰，而是抽冷子派人出击西南，捉住了叛将丁士良。将士们一看丁士良给绑进来了，都嚷嚷说："这家伙杀了咱们好多人，非把他开膛不可！"不想李愬走下位子，亲自给丁士良解开绑绳，说："将军本是大唐将领，干吗要当叛将呐？只要归顺朝廷，过去的就过去了。"丁士良听了直流眼泪，说："我愿意立功赎罪，以死报答皇上。"

李愬让丁士良说说叛军的内情，丁士良说："其实，吴元济手下好多人不真心叛逆，只是不得已，朝廷如果不追究，会有不少人归降的。"李愬说："好。如果把这些人拉过来，也省得将士们搭了性命。"过去，凡留淮西军官兵过夜的人家，都要处死。李愬下令取消这一条，让各家好好招待他们，还转告官军宽大的政策。留宿的人当中有很多是吴元济的探子，一听这消息，好多就反了正，转过来给官军传递情报。

不久，又有好多吴军将领投诚，连有名的大将李佑和李忠义也过来了。李愬知道他俩对蔡州的布防门儿清，就经常跟他们聊天儿，听他们的主意。李佑说："吴元济的主力都在董重质手里，蔡州的兵力不强，您要是直接拿下蔡州，这个仗就好打了。"李愬一攥拳头说："这正是我想的，不过咱们兵少，只能奇袭，不能张扬。"有的监军看李愬跟一个降将这么亲热，就密报朝廷，说李佑是吴元济派来的奸细，要对主将策反。朝廷追问下来，李愬只好把李佑送到长安，可他给唐宪宗上书说："我担保李佑归顺是真心，如果杀了他，平定淮西就难了。"唐宪宗也不傻，很快就放回了李佑。李愬马上让李佑参谋军机要事。

朝廷里面也有人对唐宪宗说："仗打了这么久还没个结果，劳民伤财，还不如退兵讲和呐！"裴度不同意，说："到了紧关节要，可不能退兵啊！我愿意到前方督军。"唐宪宗眼一亮，问他："你有把握吗？"裴度说："我和叛将绝不共存，如果打不胜，就不回来了！"唐宪宗答应了，裴度很快到了前线。李愬向他报告了自己的破敌计划，裴度很赞成，说："打仗的事，你就拿主意吧！"他发现军队里是宦官当监军，不懂装懂乱发话，弄得将领们左右为难，就立刻给皇帝上书，建议取消宦官监军。唐宪宗没法儿不答应。这一来，将士们松快多了，都盼着早打胜仗。

公元817年的初冬，李愬亲率精兵，直奔叛军把守的吴房（在河南遂平）。恰好这一天是往亡日（旧俗中不宜出征的日子），有些官兵说："今儿个出兵，怕不吉利。"李愬说："打仗讲究攻其不备，叛军以为这个日子不会有事，咱们偏就打过去。"将士们一个急行军，来到吴房城外，守军没防备，打起来就吃了亏。官军很快占了外城。

李佑对李愬说："董重质正在洄曲防着北边，蔡州兵力空虚，打蔡州正是时候。"李愬说："对！战机不可错过。咱们这就直袭蔡州。"于是，李愬让李佑和李忠义当先锋，带三千精兵走在前面；自己带三千人在中间，史进城领三千人殿后。布置好了，大家立刻出发。蔡州西南不远有个张柴村，守军很少。官军一鼓作气拿下，李愬派出五百人把通向蔡州的路弄坏，好不让敌人逃跑。他指挥着将士直扑蔡州。

眼瞅着天已经快黑了。那天冷得不一般，阴云低低的，像是要掉下来，接着就下起雨，雨中夹雪，北风一个劲儿刮，到了夜里，变成大雪。雪片大得跟鹅毛似的，不一会儿就把地盖住了，满眼都是白的。将士们冻得脸发青，马也直发抖。李愬告诉大家："淮西割据多年，官军三十多年没到过蔡州。叛军不会想到在下大雪的夜里，咱们会来。胜负在此一举！"大伙儿听了，顾不得冷，步子更快，连夜走了一百多里。

到了蔡州城下，天还黑着呐。守军都在呼呼睡大觉。李愬一声令下，先锋队登上了城头，李佑和李忠义冲在最前头。敌兵没睁眼就当了俘虏，李佑让更夫接着打更，让城里人察觉不了，很快进了内城，来到吴元济的住处。天这才蒙蒙亮，吴元济起来撒尿，听外面人声大作，忙说："外面嚷什么，是不是天冷，洄曲的士兵取寒衣来啦？"听手下人说官军杀进来了，他才慌了，穿衣跑到墙头上一看，官军已经把他围个严实，逃没处逃，只有投降。

李愬进了城，知道董重质的家人也住在蔡州，立刻叫人守在他家门口，又把他的儿子叫出来说："你带我的口信，快去见你父亲，告诉他这里的情况，叫他看着办。"董家儿子不敢耽搁，马上赶到洄曲，把蔡州失落的事前后一说，董重质头"嗡"地就大了。他明白李愬是在给自己留后路，立刻骑上马，一个卫兵也不带，就赶到了蔡州。见了李愬，他低头跪下说："我愿意归顺，是杀是剐，任凭将

雪夜破蔡

大伙儿顾不得冷，连夜走了一百多里。

军您发落。"这一来，洄曲那边不用打，就给李愬解决了。

平定淮西叛乱的消息传开，全国都震动了。不久，淄青的李师道被田弘正打败，他的割据也完了。成德的王承宗没了指望，只好交出地盘。剩下几个小的，都不敢再闹，纷纷归顺了朝廷。闹了几十年的藩镇割据就这么平定了，不过也就平定了几年。不管怎么着，唐宪宗在位这些年，算是干了件大事，后来人都说是"元和中兴"。雪夜破蔡州成了人人都知道的故事。诗人刘禹锡当时就把这事写在几首诗里，有几句是："汉家飞将下天来，马棰（chuí）一挥门洞开。贼徒崩腾望旗拜，有若群蛰惊春雷。"

韩柳文章

淮西割据平定以后，裴度、李愬、李佑这几个都受到重赏。董重质虽然归顺晚了，可李愬有话在先，保他不死，唐宪宗也没杀他。后来他在打李师道的时候立了功。满朝文武都把平淮西看成天大功劳，吵吵说应当立个碑，让后人都知道这回事。唐宪宗听了就说："让韩愈写个碑文吧，他写文章最好了。"

韩愈正当着刑部侍郎，而且跟着裴度到了前线，出过主意，也算是有功之臣。他很快写出碑文，刻了碑，立了出去。因为是裴度下级，俩人关系又好，他在碑文里就把裴度的功劳写得多，对李愬的事写得少。这一来，李愬的部下不干了，气得把碑都砸了。李愬的夫人是公主的女儿，也替丈夫抱不平，跑到皇帝那儿说了一顿。唐宪宗也觉着不妥，就说："让翰林学士段文昌重写一篇得了！"段文昌重写的碑文，就是有名的"段碑"，把文武两方的功劳摆平了，这场风波才过去。

说起韩愈，他是河阳人（河阳在河南孟州），不但文章写得好，性子也直，说话爱较真儿，也就容易得罪上级。唐德宗在位那会儿，他当过监察御史。有一年大旱,他到关中巡视,看见庄稼枯死了,路旁倒着饿死的人。可是,掌权的那个李实瞒了真相,骗皇帝说庄稼长得挺好。韩愈就写了一道奏章,如实讲了看到的惨景,提议免除当年赋税。哪知道唐德宗反说他造谣,把他发到老远的阳山(在广东清远)当县令。唐宪宗即位以后,才把他调回来。

韩愈炮筒子脾气没改,说话不带遮拦,后来又给降到了国子监,当了老师。这倒对了他心思。他认为学校就得教好儒学才算正规,按孔孟之道治国才是正道,佛教啊道教啊,都是虚的。可自打六朝以来,佛道盛行,儒学反受排挤。如今儒学虽说是学校的正课,可好多人更信佛信道,连皇帝也这样。韩愈就把宣讲儒学当成自己的本分,上课讲,写文章也讲,还捎带着批评佛道。慢慢的,京城里的人都知道他嘴皮子笔杆子厉害,佛道信徒都挺怕他。

韩愈写文章的时候,老觉着常用的骈体文(骈pián)没法儿痛痛快快地把要说的写出来。骈文是六朝传下来的一种文体,讲究对仗押韵,用词难懂,跟做文字游戏似的。这种文体,嘴上说的和笔下写的,完全两回事。韩愈寻思着这可不行。他就对朋友和学生们说:"写文章要讲正确的道理,还要讲真话,陈腐的空话少说。写法要新鲜多样,不能老是一个格式。先秦和汉朝的古文才是正根,是文章的榜样,咱们应该恢复那会儿的传统。"

在韩愈以前,就有些人主张文章要学先秦的古文,反对写假模假式的骈文,不过没太大影响。到韩愈这儿,挑明了要恢复先秦汉朝的古文,好多人都赞成。这么着,一场古文运动就开始了,韩愈是领头的。他不但说,而且自己就写了好些好文章,也叫散文。像《师说》,是一篇论说文,把学习的事说得明明白白:

韩柳文章

> 古之学者必有师。师者，所以传道授业解惑也。人非生而知之者，孰能无惑？惑而不从师，其为惑也，终不解矣。生乎吾前，其闻道也固先乎吾，吾从而师之；生乎吾后，其闻道也亦先乎吾，吾从而师之。吾师道也，夫庸知其年之先后生于吾乎？是故无贵无贱，无长无少，道之所存，师之所存也。

《进学解》是一篇记叙文，韩愈讲了一段故事，说有一天，当老师的对学生们说，学习要勤奋不能贪玩，要多思考不能随大流。只要有学识能力，就不怕不被人发现，就能有作为。学生听了就问："您学习那么勤奋，学问够多的了，怎么一直得不到重用，活得也这么艰难，您说这些有什么用啊？"老师苦笑着说："我的本事不大，圣明的皇上没处罚我，就很幸运了。我就是个小木头桩子，哪能当大柱子使呐！"明摆着，韩愈是在发牢骚，可这当中，他把学习的要领也说得挺透，又挺有趣儿。

韩愈写的散文，除了议论文、记事文以外，还有碑记、传记、序言、书信等等，把自己的想法和感情都写在里面，实实在在，谁看了都喜欢。他的学生里，有不少都跟他学。他的好朋友刘禹锡、白居易、柳宗元、元稹几个，都是大才子，也都支持他，有空就聚聚，把自个儿的诗和文章拿出来交换着看。其中最爱写散文的是柳宗元。

柳宗元是河东人（河东在山西运城西南），比韩愈小五岁，可当官比他早，参加过"永贞革新"，后来倒了霉，被贬到顶南边，先在永州（在湖南西南部）当司马，待了将近十年，又到柳州（在广西中北部）当刺史四年。柳宗元到了哪儿就把当地情况弄清楚，把生

隋唐故事

韩愈和柳宗元他们有空就聚聚,交换看诗文。

产、水利、学校的事办好，百姓都念他的好处。抽空他也写了很多政论文、记事文，还爱写记景文和寓言。像他写的《永州八记》，就把那里的景致写得像画儿一样，比如《小石潭记》的几句：

潭中鱼可百许头，皆若空游无所依。日光下彻，影布石上，怡然不动；俶尔远逝；往来翕忽，似与游者相乐。

柳宗元的文章出了名，当时人都把他和韩愈连在一起，叫"韩柳"。韩和柳都是古文运动的领袖。好多学子不顾山高路远，到永州柳州拜柳宗元为师。韩愈也经常和柳宗元交换新作。有一次，有人问韩愈，当今谁写文章最好，韩愈说："当然是宗元啦。"那人就写信给柳宗元，向他请教。柳宗元回信说："退之（韩愈的字）的才华，比我们都强。他能和司马迁相比，而在杨雄之上。"每逢韩愈寄来新作，柳宗元都用蔷薇露洗了手，再用香熏干以后，才展开读，一边看一边说："退之的文章，真是大雅之作！"可有一次，他看了韩愈写的一封书信，很不满意。原来韩愈被调去当了史官，有些人祝贺他受到重用，他就给人写信说："历来史官都下场不好，司马迁、班固都是，我真担心得罪上边，弄不好出什么事。"柳宗元觉得不对味儿，马上写信责备他说："我太不喜欢你这篇文章了，不像是你写的。你要是害怕，就别去当史官，要当就要秉笔直书，别看上面的脸色行事。"韩愈读了朋友的来信，直冒虚汗，可心里挺高兴，觉得有个知心朋友真好。

不久，唐宪宗派人要把放在法门寺的佛骨接到宫里，供奉三天。韩愈又忍不住放了一炮，上书反对把死人骨头当宝贝供着，还说:"咱们中国以前没有佛,帝王都活过百岁,自从佛教入国,信它的帝王都活不长久。梁武帝出家当和尚,还给饿死了。佛骨算什么,应该烧了它!"唐宪宗一看,差点儿气炸了肺,说:"韩愈好大胆,非判他死罪不可!"裴度赶紧求情说:"韩愈说话太损,定死罪没错,可他要不是对您忠心,绝不敢这么说,还是判轻点儿吧!"唐宪宗气不消说:"他说帝王信佛都活不长,这不是咒我死吗?不能饶!"大臣们劝了半天,唐宪宗才松口说:"不杀也行,让他到潮州(在广东东部)当刺史去吧!"

这么着,韩愈捡了条命,又到了遥远的南边,和柳宗元一个在东,一个在西。唐宪宗过些日子又把他调到近点儿的袁州(在江西宜春)。他还没走到袁州,柳州那边儿传来不幸消息,柳宗元去世了。柳宗元一直在外地待了十几年,没能回到长安。韩愈替他难过,约上刘禹锡把好朋友的后事料理了,才去袁州。柳宗元的碑文和祭文,都是他给写的。韩愈在潮州和袁州也都为当地做了些好事,那里的百姓一直想着他。这时候,他已经五十好几了,很想晚年过得安稳些,盼着皇帝召自己回去。不料没过一年,唐宪宗突然就死了。

原来,唐宪宗跟前边几个皇帝一样,也想长生不老,就吃起丹药来。结果,药力发作,他中了毒,把身体弄坏了,脾气也变了。谁要是劝他,他就跟谁翻脸,还杀了几个宦官。宦官们瞧他失了常态,料想活不长了,就在太子身上想辙,好接着控制朝政。唐宪宗本来立三儿子李恒为太子,可他更喜欢二儿子李恽。大宦官吐突承璀向着他,就谋划着要改立李恽。另一个大宦官王守澄不干,死保着李恒。两边就斗起来。过大年那天,唐宪宗病得起不来。王守澄怕吐突承璀占上风,就让手下的陈弘志在唐宪宗的药里下了毒。唐宪宗喝了就断了气。他那年也就四十二岁，真没活长久。

唐宪宗死后，王守澄抢先让李恒即了位，又杀了吐突承璀和李恽。等这些事都办好了，他才向朝臣宣布，老皇帝已死。新皇帝登基，就是唐穆宗。

甘露之变

唐穆宗放着国事不爱管，整天就喜欢玩玩逛逛，听歌看舞看百戏（就是杂技），大臣们怎么劝他都不听。还不到三十岁，他就想长生不老，吃起了仙丹。结果跟他老子一样，中了毒，在位四年就死了。地方上的将领瞧皇帝不顶事，胆子也大了。河北的几个镇连着造反，割据地盘。刚平定几年的局面又乱了阵。

唐穆宗的儿子李湛即位，是唐敬宗。他才十五岁，政事都让宦官王守澄代理。这孩子喜欢看踢球看格斗，让人从外面找来一些大力士打斗给他看。大力士摔得头破血流，他就哈哈大笑，不行的就把人家发配边地。小宦官不如意，他上去就打就骂。大力士和小宦官恨死了他，就起了杀心。唐敬宗最喜欢夜里去捉狐狸，叫"打夜狐"。有一天，他打夜狐回来，都半夜了，跟陪玩的大力士和宦官一起喝酒，喝了几杯身上发热，要进去换衣裳。宦官刘克明几个跟进去侍候，故意吹灭蜡烛，又一起下手把他杀了。他一共在位就两年。

唐敬宗没儿子，刘克明就假造了一份遗诏，让唐敬宗的叔叔李悟即位。可王守澄不干，拉上朝臣一起反对，还发兵讨伐。刘克明不是对手，被逼跳了井。王守澄做主，把江王李昂（穆宗次子）接来即位，就是唐文宗。

唐文宗比他哥哥强点儿，挺想把国事好好管管。可一想起宦官那么专横，他就起急。从打宪宗起，几代皇帝，算上他自个儿，都是宦官立的。顺宗、宪宗、敬宗都死在宦官手里，这事让他憋了一口气出不来。可眼下王守澄握着禁军大权，心腹又那么多，急也没用，他只好忍着。这会儿，朝臣当中分成了牛党和李党两派，牛党以牛僧孺为首，李党以李德裕为首，你争我夺，成天吵吵嚷嚷，都想挤走对方，乱得没法儿说。对唐文宗的心事，两派人都顾不上管。老宰相裴度对宦官干政一直不满，也不愿意再管事，后来干脆离开长安，到洛阳住着去了。唐文宗没个亲近的，觉得翰林学士宋申锡正派可靠，信得过，就提拔他当了宰相，对他说："这些宦官太霸道了，我看见他们就恶心。"宋申锡说："这事急不得，等我想想办法。"

宋申锡就找京兆尹（主管京城事务的官员）王璠几个商量，想除掉王守澄。哪承想王璠跟王守澄是一头的，忙给那边报了信儿。王守澄没料到自己立的皇帝跟他还过不去，马上让亲信打报告，说宋申锡正谋划让漳王李凑（唐文宗弟）篡位当皇帝，说得有鼻子有眼儿。唐文宗就怕这个弟弟抢位子，不动动脑子就信了，把宋申锡免了职，发到外地。宋申锡在那儿给气死了，王守澄借机又杀了他的家人。唐文宗这才后悔。

过后，唐文宗大病了一场，说话也不利落了。王守澄挺关心似的，给他推荐了一个会看病的，叫郑注，说自己吃过郑注的药，不错。唐文宗明知道郑注是王守澄的亲信，也只好让他给自己开药治病。王守澄又把一个叫李训的也推荐来，给皇帝讲学。李训的叔叔

隋唐故事

李逢吉当过宰相，跟宦官一直合得来。王守澄走了这两步棋，挺得意，李训和郑注都是自己人，把这俩人安排在唐文宗身边，皇帝的动静不就瞒不了他了吗？

他可是没想到，李训和郑注在唐文宗那儿待长了，就变了心。他俩见唐文宗老是唉声叹气，就问怎么了。唐文宗吞吞吐吐的，把心事露了几句，李训和郑注都挺同情。原来他们俩对宦官本来也瞧不上，只是外表没挂相而已。知道唐文宗有这个心思，俩人都觉得是个机会，如果帮皇帝除了心病，自己就有了大功劳，掌大权没说的。李训就对唐文宗说："历朝历代，凡宦官专权的，国家非乱不可。您要想当个明君，就得先把宦官除掉。"郑注也说："皇上想除掉那帮子人，我一定出力帮您。"唐文宗豁亮多了，此后就把他们二人当成亲信，商量办法。王守澄反倒给蒙在了鼓里。

过了些日子，唐文宗把李训和郑注的官职都提了提，让他们有了实权。李训又推荐好几个信得过的，也都受到重用。他俩想好了，就对唐文宗说："除宦官要一步步来，王守澄最霸道，先把他收拾了再说。"王守澄是禁军右军的头儿，左军的头儿叫韦元素，两个人一向不和。李训就想办法把韦元素贬到外地当监军，好像是替王守澄解了气。王守澄果然挺高兴，派人在半道上杀了韦元素。不料过后，他手下的仇士良（仇qiú）被任命为左军头领，跟他平起平坐了。原来仇士良跟着王守澄拥立唐文宗，自以为有功，应该升官，可王守澄老压着他，他就挺有气。李训就让唐文宗把仇士良提上来，好减少王守澄的权力。这一招儿果然灵验。仇士良有了权，就跟李训成了一伙儿，王守澄可给气坏了。

李训又对唐文宗说："陈弘志是害死宪宗的凶手，又是王守澄的心腹，把他先杀了，王守澄就没了帮手。"陈弘志这时候正在外地当监军。李训和郑注谋划着,说要提拔他,把陈弘志调回京城。陈弘志美不唧儿地往回走,还没到长安,就被仇士良派的人杀了。唐文宗听说凶手死了,高兴坏了。李训说要对王守澄动真格的,他也点了头。于是君臣又耍了个花招儿,任命王守澄当禁军军容使,不让他再管右军,明着是给他升了官,实际是收了实权。

唐文宗看李训和郑注这么能干,就让李训当了宰相,任命郑注为凤翔节度使。两个人掌了大权,胆子更大了,接着就对王守澄下了手。王守澄要到外地视察军容,唐文宗派人给王守澄送酒践行,王守澄喝了酒,立时就死了,原来酒里下了毒。

除掉了王守澄一伙儿,李训、郑注几个商量,索性一连气儿把仇士良那些宦官也干掉。计策定好了,李训负责在京城指挥,郑注到凤翔去调兵力,带到长安来,趁着给王守澄下葬的机会,把宦官都弄死。可是,郑注离开长安以后,李训又改了主意。他寻思着,如果郑注带兵杀了宦官,功劳就是第一,自己的地位就不稳了。这么一想,他就和另一个宰相舒元舆、金吾将军(负责京城治安的官)韩约等人商量了新办法,不等郑注回来就动手。

这时候,天已经入了秋。一天早上,唐文宗上朝刚坐下,韩约就抢先奏报说:"昨儿个夜里,金吾厅后院里的石榴树上,有甘露出现,臣以为是吉兆。"李训和舒元舆马上说:"金吾厅不远,陛下应该亲自去看看,好答谢上天降福。"唐文宗让李训先去查看,自己起身到了含元殿。过了一会儿,李训回来报告说:"我看不像是真的甘露,不敢断定。"唐文宗看了仇士良一眼,说:"你带着内侍们去看看怎么回事。"

宦官们到了金吾厅,刚进院子,就看见四周有幕布围着,再看韩约,站在那里直打哆嗦,脸上冒着汗。仇士良一惊,忙问:"天不热呀,将军这是怎么啦?"正说着,一阵风过来,把幕布刮起一角,仇士良看见里面站着好些士兵,都拿着兵器,吓得扭头往回跑,一面大叫:"要杀人了!"士兵们跑出来就杀,宦官们都撒腿跑了。跑回含元殿,仇士良冲唐文宗叫唤:"李训要造反!皇上赶紧回宫!"说着就让宦官们架着唐文宗往轿子里塞。李训也急了,对卫兵喊:"快保护皇上,谁上给谁一万钱!"说着上前拉住轿子,高声说:"事情还没完,陛下不能走!"宦官上来把他推在地下。这时候,士兵冲过来,连着杀了几个宦官。可别的宦官已经把唐文宗抬进宫门,又把宫门紧紧关上。在场的大臣们给吓得脸煞白,一个个都溜了。李训急得直跺脚,知道大势已去,连忙换上随从的衣裳,骑上马逃走了。

宦官们把唐文宗抢到手,直喊"万岁"。明摆着,控制了皇帝,他们就能假传圣旨,打压朝臣了。果然,仇士良很快就以皇帝名义,抓了好多大臣,不管参与的没参与的,都定了死罪。他还派人去抓李训和郑注。

李训逃出城去,直奔终南山寺庙,求住持宗密和尚搭救。宗密本想留他出家,可徒弟们害怕受连累,不答应。李训只好离开,想到凤翔找郑注。没想到走到半道,就被抓他的人发现,当场给砍了头。郑注在凤翔召集了几百个军士,正往长安走,听说长安出了事,知道事情败露,连忙返回凤翔。仇士良已经下了命令,让凤翔监军的宦官杀他。郑注刚回来,就给逮住了。李训和郑注就这么都完了。仇士良把他俩的家眷杀了不算,还杀了另外几个宰相和好多大臣,一共一千多人,朝臣都快给杀光了。

从此以后,仇士良成了朝里最有权势的,想杀谁就杀,比王守澄更厉害。他本来想把唐文宗废了,可大臣一死儿不赞成,外地的

甘露之变

士兵们跑出来就杀，宦官们都撒腿跑了。

隋唐故事

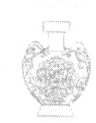

节度使也反对。仇士良看废不了，就把唐文宗叫出来，一件一件地数落他的不是，呵斥了半天，唐文宗大气儿也不敢出。唐文宗和大臣在朝上议事，仇士良板着脸，也在一边坐着，听谁说得不对心思，张口就骂一通。唐文宗给他这么一闹，病又加重了，对左右说："当年周赧王（东周末代国王；赧 nǎn）让人逼债，没处躲没处藏；汉献帝被朝臣压制，像个受气包。如今我是被家奴管着，还不如他们俩呐！"大臣们眼看他不行了，又为立太子的事争吵起来，最后还是得仇士良说了算。唐文宗死后，仇士良让文宗的弟弟李瀍（后改叫李炎；瀍 chán）即位，就是唐武宗。

黄巢反唐

唐武宗刚接位的时候，对仇士良挺客气，不久就翻了脸，让他回家养老，接着又没收了他的家产。这么着，算是给唐文宗找回点儿面子。见当和尚的太多，影响国家收入，唐武宗就下令灭佛，拆了寺庙，让和尚尼姑还俗。那时候，外国的景教、摩尼教、祆教、伊斯兰教都传了进来，这回也跟着倒了霉，都被禁止。本来，唐武宗身体挺好，可还是要吃丹药，结果得了错乱病，满嘴吐白沫，很快就死了，只当了五年多皇帝。

接着当的唐宣宗，是唐武宗的叔叔，叫李忱，唐宪宗的十三子。他过去一直不爱说话，要不就傻笑，大家拿他当活宝逗着玩，他也不生气。宦官马元贽、仇公武几个觉着他好摆弄，唐武宗的儿子又太小，这回就把他立为皇帝。没想到这个活宝一上台就把大家镇住了。唐宣宗先把佛教和别的教恢复了，又把政事安排得挺顺当，派兵讨伐割据的藩镇，收回不少地盘；对宦官不冷也不热，马元贽那些大宦官也就老实多了。唐宣宗不讲究吃喝排场，让朝臣多提意见，很少发脾气训人。宫里的人，连打扫尘土的在内，他都能叫出名字。这个样子，朝里好多年没见过了，大家都叫他"小太宗"。可有一样，他还是爱吃丹药，最后也死在这上面。小太宗到了儿没能把国力完全恢复了。

唐宣宗的儿子李漼（cuǐ）即位，是唐懿宗。他跟他爸正反着，由着性子享受，还是吃喝玩乐那一套，就甭提了。几年工夫，他就把唐宣宗积攒的钱物花得没剩下多少，钱不够就四处搜刮。这一来，兼并土地，以富欺贫，藩镇割据，宦官专权，又严重了。老百姓怨气越来越大。临到唐懿宗一死，他儿子唐僖宗李儇（xuān）即位，这股怨气就冲破了天。

公元875年开春，有个卖盐的叫王仙芝，在濮阳（在河南范县）宣布起义，自称"天补平均大将军"。跟他起来的，都是穷得过不下去的，有几千人。大伙儿试着去打官府，真就占了几处地方，人也增加不少。冤句（在山东菏泽；句qú）那边有人响应，领头的叫黄巢。黄巢本来也是倒卖私盐为生，到处做买卖，见的事多，胆量也大。他还读过书，到长安考过进士，可没考中。心里一别扭，他就写了一首诗："待到秋来九月八，我花开时百花杀。冲天香阵透长安，满城尽带黄金甲。"打那儿起，他就有了夺取天下的打算。

这会儿，两拨人会合起来，由王仙芝和黄巢带着，从山东打到河南，攻下的州县一个接一个。打下一个地方，大家就把富豪的东西抢了，当自己的军用，也给穷人分点儿，然后就去打别的地方。很多人觉得这么干真痛快，都来参加，队伍扩大到了几万人。可就是没有个准地方待着，除了打就是走，累得够呛。

消息很快传到长安，惊动了唐僖宗。唐僖宗刚十二三岁，除了会踢球、斗鸡、赌钱以外，别的满不懂，连任命官员，他也让备选的先比踢球，谁踢得好，就让他到富裕的地方，球技差的只好去穷地方上任。平常的政事让宦官田令孜管着。田令孜有点儿小聪明，常给他出些主意，他就管他叫阿父。这回听说东边有人造反，唐僖宗又叫他阿父管管。田令孜以皇帝名义下命令，让各地官员赶快镇压。于是，官军几路人马追的追，截的截，围的围，把起义军打得挺被动。起义军到蕲州（在湖北蕲春；蕲 qí）城下的时候，几万人减到了几千人。

有个叫王镣的，本来当刺史，被起义军逮住当了俘虏。他对王仙芝说："大王要是想要个官做，好办，我可以帮帮您。"王仙芝眼珠一转，点点头说："你办去吧。"王镣就给蕲州刺史裴偓（wò）写信，求他帮忙。裴偓回信说，只要不攻城，就向朝廷推荐。王仙芝也答应了。这么着，双方约定停战。裴偓果然向朝廷替王仙芝求官，过不多久，朝廷任命下来了，让王仙芝当禁军军官，加上个监察御史。

裴偓把王仙芝和黄巢等头领请进城来，摆宴招待，拿出任命书给他们看。王仙芝咧嘴直乐，黄巢可急了。他冲王仙芝喊着说："你自己去当官，把这几千弟兄怎么办？"王仙芝嘟囔了几句，黄巢不爱听，一拳头打过去，把王仙芝的脑袋打破了。王仙芝刚要还手，见别的头领也拿眼瞪他，脸就红了。他对裴偓说："拉倒吧，这官我不当了。"

回到营地，王仙芝和黄巢谁都不搭理谁，起义军就这么分裂了。黄巢带两千人回了山东，王仙芝带三千人往南走。王仙芝一路和官军打了几仗，又派人和官方商量当官的事，可没成功。最后，他的队伍被官军打败，自己也被杀了。王仙芝的部下，有的回了老家，剩下的由尚让领着，跑到黄巢那儿接着干。

黄巢这一路打得挺顺当，打下好些地方，人马又多了起来。尚

黄巢一拳打过去,把王仙芝脑袋打破了。

让就带着大家推举黄巢当"冲天太保均平大将军",立了年号,安排了官职,跟个朝廷差不离。可是他们还是没有个落脚地,打一处换一处。官军看出这个毛病,分几路围攻,真就挺奏效,起义军连吃败仗。黄巢这会儿也跟王仙芝似的,想着弄个官做,接受招安算了。朝廷答应让他当将军,条件是解散队伍。黄巢觉着不合算,就不理这个茬儿。他看在北方不好打,索性带着大伙儿过了大江,朝南边打过去。这么一来,事情就闹大了。

南方这些年比北方平静,战事不多。当地的官员和将领本事不大,享受起来倒挺在行;一听起义军打过来了,马上就尿了,不是逃跑就是投降。黄巢他们打进江西,到了浙东,再往南,把建州、福州都占了。黄巢自个儿都没想到会这么容易。有了本钱,他就又提出,只要能在当地当个节度使,就归顺朝廷。可朝廷没答应。他又说,到广州当节度使也行。朝廷命令下来,只给了个"率府率",也不知是大官小官。黄巢气坏了,对左右人说:"他们看不上我,我还不当呐,咱们还得打!"他就下令进攻广州,很快占领了这座岭南首府。

左右人对他说:"岭南天气又热又闷,浑身难受,大家伙儿都吵吵要回北方去呐!"黄巢说:"回去就回去,可不回山东。咱们打到长安去,夺了他的天下!"左右人见他这么有气魄,都乐了,说:"就按大王的意思办!"这么着,他们离开广州,从湖南那边往北打,有时候走旱路,有时候走水路。黄巢还是老办法,打下一处弄些粮草就走,也不留人守着。长话短说,起义军很快过了大江,就到了东都洛阳城下。把守洛阳的刘允章也懒得拼命,带着部下出城迎接,起义军就进了城。接着,黄巢领着大家朝长安进发。

唐僖宗没想到起义军来得这么快,给吓傻了。当着朝臣的面儿,他就哭起来,上气不接下气的。商量下来,让阿父田令孜指挥,阻挡起义军。可到这时候,官军没了胆也没了心思,眼看着起义军过来了,掉头就跑。黄巢他们顺着一条大沟,直奔长安而来。那天早上,唐僖宗到南郊祭天,求上天保佑,刚回到宫里,就听说起义军快到长安了。田令孜说:"仗没法儿打了,赶紧跑吧!"唐僖宗哆嗦着,忙带了几个妃子和儿子,由田令孜护着,出了西门,也没跟大臣们招呼一声。大臣们上朝来,不见皇帝的影儿,才知道他已经跑了。这时候,起义军到了长安城外,大白旗飘飘忽忽的,把天都遮住了。想抵抗也来不及了,大伙儿只好由金吾将军张直方领着,出城迎接黄巢。

　　黄巢坐着车,领着人马,大模大样地进了城。就有好些人出来看热闹,尚让大声对他们说:"黄王起兵是为了百姓,不像李家皇上那样不爱护你们。大家安心过日子,别害怕!"见有的人穿得破破烂烂,瘦得皮包骨头,起义军就给他们发吃的发穿的。百姓们都特高兴。没过几天,黄巢宣布自己是皇帝,国号大齐。尚让当了宰相,好多头领当了将军。大家伙儿乐得别提。对唐朝的官员,三品以上的都给罢了官,四品以下的留任。不但这样,大贵族大官僚给杀了不少,家也给抄了,搜出的财宝归了起义军,也分给穷人一些。这么一来,有钱的有势的恨得直咬牙,有些人还写诗挖苦起义军说:"自从大驾去奔西,贵落深坑贱出泥。……扶犁黑手翻持笏,食肉朱唇却吃齑(jī)。"

　　再往后,起义军的日子也不好过了。唐僖宗逃到了成都,让各地发兵夺回长安,就有好几路人马朝这边打过来。起义军原本就没个基地,长安没外援,就成了孤城。官军加紧攻打,黄巢只好退出城去。他在霸上整顿了人马,很快杀回来,又把官军轰出了长安。听说城里好些人帮着官军打仗,黄巢来了气,下令杀了这些人,烧了他们的房子。可官军又来了好多,把长安围了起来。黄巢这回不想走了,就那么死守着。

起义的有个将领叫朱温,他领一路人马到同州(在陕西大荔)去,抵挡东边的官军,可没打赢。他请求黄巢增兵支援,黄巢的人马也不多,就没答应。朱温见黄巢快不行了,索性投降了河中(在山西永济)节度使王重荣,转过身来打黄巢。朝廷又招来好多沙陀兵,由雁门节度使李克用领着,也来攻打起义军。沙陀是突厥人的一支,沙陀兵能吃苦,打起仗来不要命。到了第二年,王重荣、李克用带着官兵打到长安城下,城里吃的没了,外面的粮食运不进来,起义军将士们饿得吃树皮。黄巢到这时候才决定退出长安。临走,他下令放火,宁肯把宫殿和民房烧了,也不能给官军留下。黄巢刚走不久,官军就进了城,又是一顿打砸抢烧杀。长安的大明宫塌了一大半。

黄巢退出长安,跑到大山里,又坚持了一年多,人马眼看着就少多了。尚让也带着亲信投降了官军。李克用、朱温带兵紧追不放,黄巢边打边退,退到狼虎谷(在山东莱芜),身边没几个人了。见败局已定,他对外甥林言说:"我当初本想除奸恶改朝廷,没想到后来会这样。你把我的头砍下献给朝廷,能得富贵。"林言说:"您别这么说,我害怕。"黄巢看他不忍心,就自己抹了脖子。黄巢起兵反唐,打了十年,到了儿还是失败了。

朱李结仇

镇压了黄巢，唐僖宗回到破长安，凑合着住下来。可实权握在各地将领手里，他谁也管不了。这些人里面，数朱温和李克用势力最大。朱温自从归顺朝廷以后，打黄巢挺卖力气，连打胜仗。后来他当了节度使，被封为大将军，还赐名朱全忠，驻军在汴城（在河南开封）。看着朝廷只是个空架子，他心里也打起小算盘，想趁乱劲儿捞一把，说不定能当皇帝。

有一次，河东节度使李克用带着一队人马，过来和朱温会合，说好了一起打黄巢。黄巢从长安退出来，在中牟（在河南）被他们拦住，吃了败仗，只好往东跑了。李克用得胜回师，要在汴城歇几天，让军队休整休整。朱温安排他们住在上源驿馆，还摆宴席招待。李克用那天高兴，喝了不少酒，喝醉了就乱说起来，说自己功劳怎么大，兵力怎么强。对朱温，他满脸瞧不起的样子，说的话挺难听。朱温当着大伙儿的面，嘿嘿笑着，心里可恨极了。到了夜里，他派一队精兵把驿馆围起来，要杀李克用。李克用被卫士用凉水浇醒，爬起来往外冲。巧了，天上下起大雨，又打雷又打闪，他这才蹿上墙头逃走，又拽绳子从城墙爬下来，回到军营。可他的卫队都给朱温杀了，没能回来。从此以后，两个人的仇算是记上了。

李克用打小儿坏了一只眼，人称"独眼龙"。他是沙陀人，本姓朱邪，父亲朱邪赤心当过节度使，打仗立了功，被皇帝赐姓李。李克用也为朝廷出力，官职一直上升，被封为晋王。这一回受了朱温的欺负，他就上书朝廷，请求撤朱温的职，让自己去讨伐他。唐僖宗没批准，让他顾大面儿，别跟朱温过不去。李克用可没法儿咽这口气，发誓非报仇不可。

朱温眼下正在势头上，又打败了几个割据的将领，实力更强了，朝廷都不敢惹他。有一天，他忽然接到宰相崔胤的信，信上说了一件挺机密的事。原来唐僖宗不久前死了，宦官杨复恭做主，让僖宗弟弟李晔（yè）即位，是唐昭宗。唐昭宗讨厌宦官专权，一次趁着喝醉酒，杀了好几个。这下把宦官们惹火儿了。大宦官刘季述和王仲先发动政变，把唐昭宗关起来，改立太子李裕为皇帝。李裕是个小孩儿，刘季述就掌了大权。宰相崔胤想让唐昭宗复位，就跟朱温联络，求他帮忙。刘季述知道朱温厉害，也派干儿子刘希度来报信儿，求他帮着自己。

帮谁合算呐？朱温本想帮刘季述，又犹豫不定，就和亲信们商量说："武将掺和朝廷的事不好吧？"部将李振说："历来宦官专权，都是武将立功的机会，这事您得管。刘季述一个宦官，就敢私废天子，您不讨伐，往后让各处将领听您的，就难了。"朱温拍拍脑门儿说："还是你说得对，就听你的。"他马上下令把刘希度关起来，派人去见崔胤，商量怎么动手。

崔胤有了朱温的支持，胆子也大了，联络上孙德昭几个军官，抽冷子发兵，杀了王仲先，乱棍打死了刘季述，放出唐昭宗，让他

隋唐故事

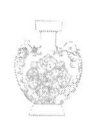

复了位。唐昭宗论功行赏,给孙德昭他们升了官,封朱温为东平王,对崔胤更是百依百顺。崔胤想把别的宦官都干掉,又跟朱温合计,让他以救驾为名,带兵到长安来杀宦官。大宦官韩全海得了信儿,怕跟刘季述一个下场,就拽着唐昭宗逃到了凤翔,投靠了节度使李茂贞。韩全海本是李茂贞推荐给皇帝的,李茂贞当然就护着他。

朱温带兵进了长安,才知道皇帝去了凤翔,马上跟到了凤翔城外,让李茂贞放回皇帝。李茂贞在城楼上大声说:"天子愿意到我这儿避难,不是我叫他来的。你别听崔胤挑拨!"朱温也扯脖子喊:"韩全海劫持皇上,我来问罪,救驾回宫。用你出来嘚啵什么?"这时候,唐昭宗派人出来让朱温退兵。朱温只好走了,可心里特恨皇帝偏向。

转过了年,他和崔胤串通好了,就带兵和李茂贞打起来。李茂贞打仗不灵,逃到岐州。朱温把凤翔围住,还是要皇帝回去。没过多久,城里闹了饥荒,人心大乱。李茂贞寻思着,自己不是朱温的对手,何必呐?他就给朱温写信说:"乱子都是宦官闹的。你既然想安定国家,我让你接回圣驾好了。"朱温马上回信说:"我带兵到这儿,就是要护驾回京城,你能帮我,咱哥儿俩没说的。"这么一来,宦官就没了指望。李茂贞回到凤翔,让唐昭宗杀了韩全海一帮子,然后出城跟朱温回长安。

唐昭宗硬着头皮来到朱温的军营。朱温扑通跪下大哭,唐昭宗对他说:"大唐社稷全靠将军您了,我全家也靠您了。"朱温这就掌握了大权,带着唐昭宗回到长安。一见那些宦官,他又来了气,就开了杀戒,好的歹的不分,一杀就杀了好几百人。除了留下三十个小不点儿管扫地浇花以外,再也看不见宦官了。宦官专权一百多年,到朱温这儿算是给刨了根儿。

唐昭宗封朱温为梁王，说他是"回天再造"大功臣。朝里朝外，都有朱温的人，他这才放心地带着人马四处征讨去了。因为有皇帝的名义，仗打得挺顺利，河南山东那边都归了他。朱温想着该当皇帝了，就怕崔胤那些大臣反对。于是他派人先把崔胤杀了，才对唐昭宗说："长安破得已经没了样儿，不能当都城了。我要迁都洛阳，越快越好。"唐昭宗明白这一去就完了，暗里给李克用、李茂贞几个节度使去信，让他们救救自己。可朱温一个劲儿催，他不敢不听，只好上路。路过华州（在陕西华县）的时候，当地百姓都围过来看，还高呼"万岁万万岁"。唐昭宗眼泪吧嗒吧嗒往下掉，说："别喊我万岁，我已经不是天子啦！"果然，到了陕州（在河南陕县），朱温来了密令，把唐昭宗的侍从都杀了，然后换上自己的人。他还派人把长安剩下的宫殿拆了，把木料扔到河里，顺河水漂到洛阳，说在那里盖宫殿用得着。可这么一来，大明宫没了样儿，长安城也破了相，再也没恢复起来。

到了洛阳，唐昭宗就被关了软禁。李克用、李茂贞那些人得到消息，都发檄文，要讨伐朱温。朱温一不做二不休，索性派部下把唐昭宗杀了，立他的儿子李柷（chù）当皇帝，就是唐哀帝。唐哀帝才十三岁，只能当摆设，天下到这会儿已经是朱温的了。

以后两年，朱温使出浑身本事，征讨各地，到了儿把河北、淮南一带也占了。他这才决定当皇帝。公元907年，朱温叫唐哀帝退位，唐哀帝乖乖交了权。唐朝快三百年的江山就这么断送了。朱温把唐朝的赐名朱全忠废了，改叫朱晃，就在汴城即位，改国号大梁，历史上叫后梁。后梁比起唐朝来，地界小得多，还不到唐朝一半。因为北边、西边、南边，有好多人都不服它管，各自为政。

最不服的，当然就是晋王李克用。李克用和朱温结仇以后，没少跟他打仗,有胜有负。这回听说朱温篡位当了皇帝,他气得差点儿死过去。他发誓要恢复唐朝,消灭朱温,就在潞州(在山西上党)跟他打起来。这一仗打得不顺,李军被围在里边出不来。李克用心里一急,背上长了大疮,疼得没法儿。眼看治不好了,他就把儿子李存勖(xù)和将领们叫到跟前,嘱咐说:"我儿子的本事比我大,我死了,你们要好好帮他。"说着拿出三支箭,递给李存勖说:"我有三个仇敌。一是朱温,跟我是世仇,可惜我不能亲手宰了他;二是刘仁恭(唐朝卢龙节度使),本来答应跟我讨伐朱温,后来又变了卦,他儿子刘守光投靠朱温,占了燕地;三是契丹的耶律阿保机,也和我约好,共讨朱温,如今他反而和朱温结好。你一定得替我灭了他们!"李存勖哭得惊天动地,接过了三支箭,眼瞅着父亲咽了气。

　　李存勖当了晋王以后,就亲自带兵到了潞州,很快把朱温打得大败,解了围。原来他从小练功习武,骑马射箭本领没人能比,打仗的时候,老是冲在前头,死都不怕,还特会用计谋。朱温看他那冲劲儿,叹着气对手下人说:"生儿子就得生李亚子(李存勖小名)这样的。他接了位,就是李克用再生。和他比,我的儿子简直猪狗不如!"

　　这一年,两边军队在柏乡(在河北高邑)又遇上了。朱军人多,大都是步兵,就想以守为攻。李军人少,可都是骑兵。李存勖亲自带领着,冲到离城五里地的地方,朱军还是不出来。大将周德威献计说:"他们坚守,咱们就引他出洞,打个反击,挫挫他的锐气。"李存勖说:"好,我带人后撤,你去引他们出来!"周德威带一队骑兵到城前挑战。朱军看他人不多,果然杀出城来,一开始就占了上风,把李军追出老远。到了中午,朱军官兵都饿了,就有点儿

李存勖接过了三支箭,眼瞅着父亲咽了气。

泄气,开始后撤。这时候,李存勖的兵突然从几处杀过来,骑兵跑得飞快。朱军没防备这一招儿,顿时大乱,结果反吃了大败仗。

这一仗,把朱温打没了胆儿,就怕碰上李存勖。有一次,他领兵到了观津(在河北武邑),刚扎下营,听手下人说李存勖来了,骑上马就跑,连营帐也顾不得收拾,武器粮草扔的满世界都是。事后才知道,李存勖只带了几百个士兵。朱温逃到洛阳,连急带气,得了重病。他发愁地对左右说:"我快死了,我儿子肯定不是李亚子的对手,我怕连埋的地方也没有啊!"

朱温的儿子看他要完,都想当皇帝,就互相掐起来。朱温想把位子传给养子朱友文,三儿子朱友珪气坏了,索性带人杀了他老子,自己即了位。没过一年,朱友珪又被他弟弟朱友贞杀死。朱友贞当了皇帝,可对李存勖,他也是怕得厉害,不敢和他对阵。

李存勖把朱家打怕了,又去到幽州(治所在在河北涿州)收拾刘守光。前不久,刘守光囚禁了父亲刘仁恭,当了燕王,又自称起皇帝。李存勖不能饶了他,派兵打到城下,没费事就把他逮住,又抓到了刘仁恭。李存勖把这父子俩带到李克用墓前杀了,算是报了一仇。过了几年,他率军攻打契丹,把耶律阿保机赶到紧北边去了,又报了一仇。到了这时候,底下人都觉得他功劳实在太大,当皇帝富富余余。公元923年,李存勖登基,国号还叫唐,说是把唐朝继续下去,历史上叫后唐。李存勖就是挺出名的唐庄宗。

李存勖登基以后,加紧进攻后梁。朱友贞的地盘越缩越小。到了秋天,听唐军到了城下,他急着对部将皇甫麟说:"我们朱家和李家有仇,我投降也活不了,又不能等着挨宰,你就把我杀了吧!"皇甫麟说:"我不敢,那还不如我自杀呐!"朱友贞说:"你自杀,我跟你一块儿死!"说着就抓住皇甫麟的宝剑,抹了脖子。后梁存在十七年，到这儿就灭亡了。李存勖把都城迁到了洛阳。这么多年，他每次出征，都把那三支箭装在丝袋里带上，打胜回来，再放回家庙供着。到这时候，仇也报了，国也立了，他觉得太累了，就撒开了享受起来。

契丹南下

　　李存勖打仗没的挑,享受也爱玩花样儿。吃喝玩乐腻了,他就自己登台演戏,穿上戏装,在台上又唱又跳,没大没小的,还给自个儿起了艺名,叫"李天下"。有一次,他演高兴了,喊了两嗓子"李天下"。没想到同台的伶人敬新磨跑过来,扇了他一个大嘴巴。李存勖给打蒙了,台下的人也吓坏了,说敬新磨非死不可,敢掴(guāi)皇上耳光!只听敬新磨说:"理天下的只有万岁爷一个,你喊了两声,那个是谁?就得掴你!"李存勖一听,捂着脸乐了,说:"是,该打。"原来,他一向宠信伶人,不单是一块儿演戏,还给他们官做,叫他们监视朝臣。他还把宦官恢复起来,监视将领。这一来,朝臣和将领都生了一肚子怨气。

　　李存勖缺心眼儿似的,看不出人家有怨气,听了宦官编排,又错杀了大将郭崇韬。大伙儿就把怨气变成了怒气,发动起兵变,非赶他下台不可。李存勖派哥哥李嗣源平叛。李嗣源是李克用的干儿子,按说应该向着干弟弟,可他也特恨李存勖,又有好些人抬举,就反过来打李存勖,占领了汴城。郭崇韬的侄子也在洛阳造反,攻打皇宫。李存勖还是自己打头阵，带着卫兵死守宫门。也该着他倒霉，外边射来一支箭，正中脑门儿。他使劲儿一拔，血蹿出几尺高，当场就断了气。会打仗又爱演戏的李存勖，死得也挺有气势，在位还不到四年。皇位自然就由李嗣源坐了。

李嗣源即位的时候，快六十岁了。他把李存勖留下的毛病改了改，把宦官也轰走了，注意发展生产，关心百姓生活，国家安定了几年。可后来，他也犯了乱杀人的毛病，引起部下不满。病重以后，他让五子李从厚回来，准备接皇位。三子李从荣心不平，趁着李从厚没到的空当儿，起兵夺权，结果兵败被杀。李嗣源连惊带吓，一口气没上来，也死了。李从厚回到洛阳，见父亲已经没了，马上即了位。他刚二十岁，本事不大，朝里朝外，服他的人没几个。李嗣源的干儿子李从珂发兵夺权，好多将领士兵都跟了他。李从厚只好逃出皇宫，跑到驿馆躲起来。李从珂进京当了皇帝，派人杀了李从厚。

这一来可就惹恼了一个人，是李嗣源的女婿，叫石敬瑭。石敬瑭也是沙陀人，正在晋阳当节度使。他跟李从珂早就不和，听说李从珂抢了皇位，就准备起兵问罪，还奏报朝廷说："李从珂是先帝的养子，没资格当皇帝，应该下台，叫许王（指李嗣源的亲儿子李从益）当。"李从珂气得撕了奏书，说："我干爹就不是当干儿子的啦？他能当，我就能当！"他马上撤了石敬瑭的职，派大将张敬达去讨伐。唐军很快就打到了晋阳。

石敬瑭兵力少，打起来怕吃亏，想来想去，想了一个法子。他让书记官桑维翰写了封信，派人到北边找契丹人，求他们出兵帮忙。信里说，只要契丹帮他灭了李从珂，愿意向契丹称臣，以儿子对父亲的礼对待契丹国主，还要把北方十六个州让给契丹。这馊主意让大家知道了，好些人都不愿意，连心腹刘知远都劝他："称臣可以，当儿子就过分了。给点儿财物，可不能割让土地。这么做会成为后患，再后悔就来不及了。"石敬瑭不听。

契丹人老早就在东北那一带生活，唐朝那会儿住在辽河上游一带，还是以游牧为主。唐太宗设立了官府，让契丹头领当刺史都督。后来，耶律阿保机当头领，统一了各部落，就建立了政权。公元916年，他自称天皇王，国名就叫契丹，都城在上京（在内蒙古赤峰北）。上回李存勖打败了耶律阿保机，契丹就往北扩张，把靺鞨人建的渤海国（在黑龙江吉林一带）灭了，占了北方好大一块地盘。耶律阿保机死后，二儿子耶律德光即位，眼光又盯住了南边。正巧这时候，石敬瑭派人找上门来。

耶律德光看了信，乐得嘴都合不上了，连连说好，对手下人说："我要亲自出马，扶石敬瑭一把。"他马上带了五万骑兵，朝南方进军，没几天就到了晋阳城外。张敬达带的唐军没防备，刚交手就中了埋伏，吃了个败仗。石敬瑭听说契丹军到了，领着手下人出城迎接，赔着笑脸儿说："父皇远道而来，兵马劳顿，可一战就胜，真是天意呀！"耶律德光拍着他的后背说："我军气势大着呐，打起来哪有不赢的？"石敬瑭连连点头。第二天，两军合起来，一块儿进攻唐军，把唐军围在晋安寨（在山西太原），加紧攻打。

李从珂得到报告，派大将赵德钧去救张敬达。不料赵德钧跟石敬瑭一样，也想投靠契丹夺权。他领兵到了晋安寨附近，就停下来，不和张敬达联络，倒给耶律德光送去好多珍宝，拉上关系。张敬达坚持了几个月，粮草都没了。部下杨光远想投降，就找机会杀了张敬达，交出了阵地。唐军就这么完了。

还在两军相持的时候，耶律德光就对石敬瑭说："我看你长得高

契丹南下

石敬瑭听说契丹军到了,领着手下人出城迎接。

高大大，像个当皇帝的样儿。我要立你当中原天子。"石敬瑭心里乐开了花，假模假式地推让了几句，就定下了登基的日子。过后，赵德钧的干儿子赵延寿来见耶律德光，对他说："我爹让我报告，您要是让他当皇帝，他就能给您引路，去打下洛阳。至于石敬瑭，给他个节度使当就行了。"耶律德光正在犹豫，石敬瑭的亲信桑维翰也来了。桑维翰说："赵德钧哪点儿好，你可千万别听他唎唎，还是让我们大王当皇帝吧！"见耶律德光不吭声，他就跪着不起来，还不停地抹眼泪，一直跪到了天黑。耶律德光这才说："别哭了，我不听赵德钧的不就得啦！"

这么着，公元936年，石敬瑭在耶律德光的监视下，当了皇帝，国号"晋"，历史上叫后晋。石敬瑭说了就算，对契丹称臣，管耶律德光叫父皇帝，其实他比耶律德光大十岁还多呐，可这个"儿皇帝"叫起"父亲"来，脸一点儿都不红。除了把十六个州（在河北山西北部和北京天津一带）都给了契丹以外，他还答应每年进贡三十万匹绢。

接着，耶律德光和石敬瑭率领联军朝洛阳打过去，唐军一个劲儿往后退，赵德钧赵延寿爷儿俩也投了降。到了太行山，耶律德光对石敬瑭说："我的兵不能替你们死，再往前，你们自己打吧。你打不过我再救你。你能打下洛阳，我就回去了。"石敬瑭带兵就打到了洛阳城下。李从珂不想投降，放火烧了玄武楼，自己也烧死在火里。后唐存了十五年。

石敬瑭把国都迁到汴城，当起了儿皇帝。手下好多将领觉着丢人，就有起来反叛的。他的使者到契丹进贡，受到侮辱，回来也大发牢骚。耶律德光更不满意，经常派人来呲叨他。石敬瑭里外不是人，心里不好受，没几年就病死了。他的侄子石重贵即了位。

石重贵一开始挺硬气，对契丹只称孙不称臣，还把契丹的使节关起来。看得出来，他不想当第二个石敬瑭。耶律德光火儿了，带着五万精兵来讨伐，让赵延寿当先锋。赵德钧赵延寿投降以后，赵德钧死了，赵延寿封了王，负责守南京（在北京），这次就当了契丹军先锋。耶律德光对他说："你如果能打败石重贵，我就让你当皇帝。"赵延寿上了发条似的，领兵南下，很快占了一些地方。石重贵也不含糊，亲自出征迎战。双方碰在一起，耶律德光站在山头上观战，见晋军密密麻麻的，倒吸口凉气说："听说晋兵饿死了一半，怎么还这么多呐？"这一害怕，就吃了败仗。晋军追上去，打得挺痛快。当地的百姓也冒出来，追着打着。原来，燕云十六州的百姓不愿意让契丹管，就自己集合起来，叫"社兵"，到处袭击契丹军。后晋军民一起上阵，这才把敌人赶了回去。

转过了年，耶律德光二次带兵南下，攻打后晋，先锋还是赵延寿。石重贵得了病，就让大将杜重威（后改叫杜威）、李守贞领兵抵挡。李守贞把守阳城（在河北安国），打得不错。石重贵病好了，也到前线指挥。晋军士气大振，又让契丹军吃了败仗。

耶律德光不死心，回去以后加紧训练，要再打第三次。这一回，他留了个心眼儿，想自己到中原当皇帝。临行前，他把心思跟母亲述律平说了，述律太后摇着头说："如果汉人当契丹王，你答应吗？"耶律德光说："当然不答应。"述律太后说："一个理儿，你到汉地当皇帝，汉人也不会答应，当了也不会长久。记住了，别在那边久留。"耶律德光不爱听这话，带兵出发了。这一次的人马比前两次都多，赵延寿也跟着。

石重贵听说契丹兵又来了，让杜重威和李守贞带上全部主力军对阵。没料到契丹军这回凶狠多了，晋军打得不顺，连吃败仗，被

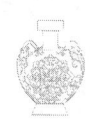

围在栾城（在河北石家庄东南）。杜重威怕死，又看见赵延寿在契丹吃香喝辣，直流哈喇子，就派亲信偷偷去见耶律德光，说："我们杜将军也想过来，不知能当个什么官。"耶律德光转转眼珠说："前两次打不赢，我就看赵延寿不行，中原人不服他。如果杜将军过来，我就让他当皇帝。"亲信回来告诉了杜重威。杜重威眼睛发黄光，乐得差点儿蹦起来，说："太棒了，我这就写降书！"

写好投降书，杜重威先把李守贞和将领们叫来，让他们在降书上签字。李守贞他们看见营帐外面站着好多卫兵，都拿着兵器，知道不签字就掉脑袋，只好都签了。杜重威马上让士兵集合。大伙儿以为要去打仗，赶紧跑过来听命令，没想到他说："咱们粮草都没了，仗没法儿再打。我给你们找了一条活路，归顺契丹王，愿意不愿意的，就这么办了！"士兵们一听，都忍不住哭了，哭声传出去，老远都听得见。杜重威不管这些，派人给契丹那边送信。

耶律德光接到信，对赵延寿说："这些汉兵就归你管了，你去接收吧！"他给了赵延寿一件赭色的袍子（皇帝专用），赵延寿以为马上要登基了，美不唧儿地穿上，骑着马就到了晋军大营。杜重威和将领都跪着迎接，递上降书。晋军主力就这么缴了械。耶律德光也给杜重威送来一件赭袍，杜重威也以为自己要当皇帝了，也美不唧儿地穿上。接着，契丹军就朝汴城进发。杜重威的人马换了旗号，成了契丹军。他虽说是石重贵的姑夫，可这时候也顾不得侄子死活，玩了命地追打晋军，好到汴城当皇帝。

石重贵接到军队反叛的消息，急也是气也是，主力军都在杜重威手里，他没兵可派，只能跺脚骂人。听说敌军到了城下，他对妃子们说："干脆死了算了！"就让人放火，想把自己烧死。旁边人拉住他说："您傻啦，不知道好死不如赖活着吗？"石重贵马上尿了，脱光了膀子，让人把自己捆上，带着太后皇后一起出城投降，一口一个"孙男臣该死"地央求。耶律德光没杀他，可后晋也就给灭了，只存在十一年。石重贵被押到北边的黄龙府（在吉林辽安），后来迁到建州（在辽宁朝阳西南），老着脸皮又活了好些年。

耶律德光进了汴城，马上穿上赭色袍，宣布改契丹国叫"大辽"，中原这块地方都是辽国的，自己当大辽皇帝。他就是辽太宗。这一来，赵延寿和杜重威傻了眼，皇帝梦白做了。杜重威臊得脸通红，别人指鼻子骂他，他只好装听不见。赵延寿脸皮厚，叫人央求辽太宗说："您当皇上真好，就让赵将军当太子得了。"辽太宗皱起眉头说："怎么这么说呐，赵延寿对我大辽有功，我割了身上的肉给他都行。可太子必须是我儿子来当，他又不是我儿子！"赵延寿听了，恨不得钻到地缝儿里去。

契丹兵军纪太坏了，进了汴城就抢就杀，又到周围州县抢劫杀人。百姓哪有不恨的呐？各地很快就出来好多义军，跟契丹军打起来。辽太宗给闹得头直发昏。中原的仁义礼乐儒家那一套，他也弄不懂，汉人官员瞧他跟老赶似的，都直摇头。辽太宗叹着气说："汉人的地方怎么这么难管呐，我真是不知道。"那年开春以后，中原的天气特别热，契丹兵将也受不了，都叨唠着要回老家去。辽太宗这才想起老妈述律太后的话，决定退兵。

不料想在撤退的半道上，辽太宗中了暑，再没醒过来，走到栾城就没了气。部下害怕日子长了尸首腐烂，没法儿向述律太后交代，就把他尸首拉开肚子，掏出内脏，填进大盐卤起来，做成了"羓"（像西方木乃伊的干尸；羓bā），这才回原来的地方去了。

柴荣新政

辽国大军撤走没几天，汴城百姓看见一大队人马进了城。一打听才知道，是北平王刘知远带兵来了。刘知远也是沙陀人，那年不赞成石敬瑭割让十六州，可还是帮他当了皇帝。此后他一面讨好契丹，一面收留反对契丹的官员将领。结果，他的势力越来越大。后晋和契丹打仗这些年，他谁也不招惹。赶到后晋灭亡了，他就在晋阳称帝，国号汉，历史上叫后汉。这年是公元947年。刘知远当了皇帝，派探子到汴城打听消息。听说辽军已经撤走了，他就赶紧带兵来到了汴城，宣布以汴城为都城。

刘知远知道百姓有恋旧的习惯，当年就还用后晋的年号，又嘉奖了反辽的义军。这一来，百姓都挺拥护他，市面很快平静下来。没承想到了年底，他儿子刘承训病死了，他一伤心，也病重不起，耗了几个月不见好，只得安排后事。他让大臣们帮着二儿子刘承祐接班，又嘱咐说："杜重威可不是好人，你们千万要防着他。"说完就咽了气。

原来，杜重威自打投降辽国以后，当了大官，辽军退走了，他可还占着邺城（在河北临漳）不降。后汉建国以后，一面攻打，一面召他归顺。他知道自己没人缘，怕被杀，怎么也不出来，直到城里粮食没了，才穿上白衣出城投降。刘知远给了他官做，可一直不放心，怕他又要反叛。大臣们知道刘知远的心事，等他死了就一起商量，把杜重威抓住杀了，还把尸体扔到大街上。百姓们听说以后，都赶了来，对尸体又踢又踹，看着成了肉酱才散。

刘承祐当皇帝也不行。他还不到二十岁，怕人家瞧不起，就来横的，连着杀了几个掌权的大臣，又派人去杀掌军权的大将郭威。郭威守在外地，哪会等着挨杀呐？部下向着他，就把一面黄旗子披在他身上，跟他起兵攻打汴城。刘承祐逃到城外，被手下人杀了。朝廷让刘知远的养子刘赟（yūn）接位。刘赟也在外地，紧着往回赶，还是晚了一步，郭威已经进了城。他宣布自己监国，废了刘赟。转过了年，公元951年，郭威自己当了皇帝，国号叫周，历史上叫后周。后汉刚四年就完了。刘赟他亲爸刘崇不服郭威，也在晋阳称帝建国，历史上叫它北汉。

后梁、后唐、后晋、后汉、后周，合起来统称"五代"。五代统治的地界主要在北方。南方自打被黄巢打过一圈以后，也乱起来。各地将领趁着打黄巢的机会，抢占地盘，反正也没人管，自己说了算。唐朝灭亡前后，有的称帝，有的称王，前后出来九个小国：吴、南唐、吴越、闽、南汉、楚、荆南、前蜀、后蜀。这九个小国，加上北汉，历史上叫十国。北方战争没完没了，皇帝几年一换，走马灯似的，没个安定的日子。比起来，南方打仗不多，生活比较安定，生产也就能发展。南方的经济超过北方，就成了现实。

北方直到后周建立以后，才有了新气象。郭威是汉人，又是穷家出身，老早就出来当兵。打仗的时候，他看见老百姓走死逃亡的

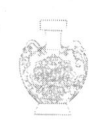

惨象，也跟着难受，即位以后就对臣下们说："我出自寒门，吃过苦头，现在碰上机会当了帝王，哪能光顾自己享乐，再给下民找罪受呐？"于是他下令凡事节俭，不准进贡美食，惩办了一批贪官，还把官府占的耕田分给百姓，免去不合理的税收，鼓励私人经商。这么一来，逃走的流民都回来了，农业生产又兴旺起来。

第四年头上，郭威得了重病。他的两个儿子被后汉的刘承祐杀了，只有养子郭荣守在身边。他就把郭荣叫来安排后事说："我死以后，你千万不要厚葬。唐朝皇帝的陵墓里放了那么多财宝，结果都让人给刨开盗了墓。可看人家汉文帝的墓，至今还好好的，因为他简葬啊！我的墓也别放什么，只用纸衣瓦棺就行了，墓碑上也要这么写。"

郭威死后，郭荣即了位。他本来是郭威的内侄，姓柴，因为他的后代没改姓，还姓柴，所以大家习惯叫他柴荣。柴荣就是五代最能干的皇帝周世宗。他没当皇帝之前，先是替郭威管家务，后来又去做茶叶买卖，对经济那一套挺在行。他又爱看书，懂得治国的道理。后周立国以后，柴荣成了皇家人，对国家的事也就挺关心，有了好些想法。现在当了国主，他就决心做个好皇帝，让国家再强盛起来。有一天，他和懂天文算学的大臣王朴议论国事，就问："你看我能在位多少年？"王朴眨眨眼说："三十年以后的事，我就料不到了。"柴荣扬起眉毛尖儿说："我要有三十年，十年平天下，十年富百姓，十年强国家，够了！"

有了这个心胸，他对吃喝玩乐就没兴趣，整天想着治理国家的事，最要紧的是选人才和发展生产。他下诏书说："不论哪级官员，凡是有想法的，都可以直接给皇帝上书，想当面说的，我也可以接见。有特殊才能的，要越级提拔。"接着又把土地和田租的政策改了改，让农民都有田种，收租要合理。减免租税，减少劳役，兴修水利这些事，能办赶快办。

不想这时候，北汉的刘崇带兵杀来了，占了好些地方。原来，刘崇的儿子刘赟被郭威废了以后，又给毒死了，他发兵要给儿子报仇。怕自己的兵力不够，他还认了辽国皇帝为叔叔，自己当侄子，求辽国派兵帮着打后周，非灭了它不可。柴荣琢磨着，要是让刘崇得了势，江山就完了。于是他宣布要带兵亲征。没想到好多大臣反对，领头的宰相冯道，头摇得拨浪鼓似的。柴荣说："当年唐太宗为了平天下，每次都亲自出征，我怎么不行呐？"冯道眯缝着眼说："您当得了太宗吗？"柴荣大声说："我的兵马强盛，打刘崇像大山压卵！"冯道干笑了一声说："您是大山吗？"柴荣听出冯道瞧不起自己，沉下脸问："我缺你这样的宰相吗？"当下免了冯道的职，让他修陵墓去了。

这个冯道是个官场老手，在后唐、后晋、后汉、后周四代都当大官，已经七十好几了。谁兴谁灭，他都不想管，只要有官当就行，还给自己起了个外号，叫"长乐老"。可这次，他碰了钉子，被免了官。其实，冯道说的不全错，柴荣不是武将出身，从没带兵打过仗，有些大臣担心他打不赢。柴荣也觉着，不打个胜仗就镇不住他们。他说走就走，立刻带兵出发了。出发前，他到兵营给每个士兵发赏品，为的是鼓舞士气。

连着几天急行军，前锋就到了高平（在山西长治南），碰上了刘崇的军队。第二天，双方摆开了阵势。北汉的人马在前，辽国的人马在后，都有几万人，透着一股杀气。周军的后军还没到，人没那么多，有的将领心虚了，腿肚子直转筋。樊爱能跟何徽两个，刚交上手就往后退。骑兵一跑，步兵也撒腿跟着，一下子乱了套。柴荣

隋唐故事

柴荣顾不得多想,立刻带领亲兵冲上去。

忙派人命令他们不许后退,樊爱能不但不听,还把传令的人杀了。柴荣顾不得多想,立刻带领亲兵冲上去,迎着汉军打起来。将士看皇帝亲自出马,都提了神儿,个个跟着往前冲。禁军将官赵匡胤(yìn)武艺了得,跑在前头,冲进汉军的队伍里,来回厮杀。张永德、马仁瑀(yǔ)几个也都冲进敌阵,一边保护柴荣,一边杀敌。这一来,害怕的变成了汉军。北汉大将张元徽不小心被杀死,刘崇也给吓唬住了,急忙鸣金收兵。在后边观阵的辽军,见周军这么厉害,领兵的杨衮就撤了。晌午过后,周军的大部队赶到,柴荣下令反击。士兵们喊着叫着,给自己壮胆儿杀过去。再看汉军,光剩下跑了,武器丢得满世界都是。刘崇靠着亲信保护,连夜逃回了晋阳。

柴荣打了个大胜仗,保住了后周,也镇住了北汉。他回到汴城,朝臣们都换了一张脸,一个劲儿说好听的。柴荣心里有数,宣布说:"这些年乱子多,领兵的给惯坏了,想不打就不打,不听命令,还敢杀我的传令兵!我岂能轻饶!往后,士兵要选精的,军官要用武艺高的,滥竽充数可不行。"他就下令,把临阵逃跑的樊爱能、何徽杀了;有些军官叫士兵抢劫民财,也是个杀;立了功的赵匡胤他们都给升了官。这么一整治,军官们知道了军法的厉害,军纪也有好转。柴荣加紧训练,准备能在统一全国的时候派上用场。

柴荣又想把文化也兴起来。梁、唐、晋、汉四代光顾了打内战,谁还管什么文化呐?有人就说:"安定国家靠长枪大剑,用不着毛笔!"柴荣不这么看,他说:"像定法律、造历法、制音乐、办科举、编史书、通经典这些事,都是收拢人心安定国家的大事。哪一样都不能缺。"一一安排以后,他又想起一档子事:庙里的和尚太多,不生产不纳税,让国家白养着怎么成?大臣们为难地说:"以前北魏太武帝、北周武帝、唐武宗都灭过佛,可灭了不久又恢复了。"

这事可不好办。"柴荣说："咱这次不学'三武'的法子，不灭佛而是抑佛。今后男人出家要经他父母许可，还得真懂佛经，考试合格才行。那些个烧烂自己的肉、钉穿自己的手，有意弄残身体再出家的，绝对不许。和尚当中有能耐的也可以当官当兵。"这个办法一实行，乱出家的事就给管住了。

稳住了内部，柴荣就决定出兵平天下。西边的秦州、凤翔、成州、阶州四州（在陕西、甘肃一带）前些年让后蜀抢了去，他就先派兵收复。可开头打得不顺，败了几场。有的大臣就建议退兵。柴荣说："再不收回四州，就有愧祖宗了，中途退兵更让人泄气，说什么也要打到底。"他派赵匡胤到前方侦察。赵匡胤去了回来说："咱们兵力足够了，就差后勤跟不上。"柴荣就调集了大批粮草运到前方。打了没几个月，四州都给收了回来。

接下来，他想收取南唐在江北的州县。南唐比后蜀强得多，大家都担心不好打。柴荣鼓劲儿说："当下咱们国力正旺，后备充足，正是用兵的好时候，不能错过。"他三次亲征，拢共收回了十四个州，达了标。

这么一来，地盘扩大了不少，南方各国再不敢小看，都把后周按中央大国对待，派使臣朝拜。柴荣觉着统一南方是早晚的事，最紧要的是从辽国那儿收回失地，他就把眼光转向了北方。

陈桥兵变

公元959年春天，柴荣亲自率领大军北伐，要收回石敬瑭割让出去的十六个州。出发之前，他先派大将韩通带人打通河道，又沿河开了三十多个水口，排水进水就方便了。河道一通，柴荣就马上坐船出发，很快到了沧州（在天津南），下令开战。周军将士早都准备好了，要和辽军打几场恶仗。没想到一开始就挺顺利，辽国的宁州（在河北青县）守军比画了几下子就投降了。

原来这时候，辽国内部刚刚发生了内乱。耶律德光死后，他的侄子耶律阮即位，是辽世宗，当了五年，被部下谋杀。耶律德光的儿子耶律璟起兵夺了位，就是辽穆宗。可下边不服他的挺多，接连闹政变，弄得他没法儿安生。他顶爱喝酒，一喝就是一整宿，白天睡大觉，大家都叫他"睡王"。国事怎么管呐？边境防备就这么松懈了。再说，失地里的百姓都盼着回中原，听说周军北伐，打心眼儿里高兴。守城的将士有好多是汉人，也这么想。柴荣得了宁州以后，派韩通带陆军，赵匡胤带水军，接着朝北进发。

好像商量好了似的，益津关、瓦桥关、淤口关的辽国守将都没

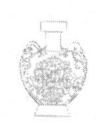

怎么抵抗，莫州、瀛洲的刺史也投了降。周军北伐一个多月，就收复了三个州十七个县，再往前就是幽州了。柴荣召集部下商量说："幽州是个大地方，你们说说，怎么打法才好。"大伙儿都说："陛下亲征四十多天，没伤一兵一卒，就收回了这么多地盘，这是天大的功劳，没人能比。辽国的兵力集中在幽州北边，咱们不要孤军深入，还是回去休整休整，下次再说。"柴荣听了，嘴上没说什么，脸色可挺难看。众将一看，知道他不爱听这个，都不敢再说了。柴荣就派人先行一步，做打幽州的准备。

谁也没料到，柴荣偏巧在这时候得了重病。军中治不好，他只好宣布退兵。忍着病痛，他对收复的地界做了安排，把瓦桥关改为雄州，把益津关改为霸州，任命了各地的官员，吩咐加紧造城把守，等自己病好了，下次北伐当落脚地。又是一个没料到，柴荣返回京城以后，病情加重，就离开了人世，在位不过六年。这么一来，他收复失地的愿望落了空，三十年富民强国打算也成了一场梦，可惜了儿的。

柴荣临死之前，把国事托付给了宰相范质和王溥，又把赵匡胤提升为殿前都点检（禁军首领），请他们帮着儿子柴宗训管好国家。柴宗训才七岁，就由符太后出来听政。范质、王溥几个商量，眼下国家有丧事，别的事先放一放，安定人心防备入侵顶重要。他们就安排大将李重进防着南边，韩通防着北边，向训防着西边，赵匡胤防着东边，还负责京城的防务。这么着，几个月过去了，倒没出什么大事。

可是不久，不知道打哪儿传出来一句流言，说要"策点检为天子"。这意思挺明白，是要立点检当皇帝。大伙儿听了就琢磨，点检不就是赵匡胤吗？赵匡胤虽说掌握着禁军，可先皇帝那么重用他，他也一向忠心，怎么会篡位呐？大将韩通的儿子看出了苗头，对他

父亲说:"赵匡胤的人望现在特高,您可得多个心眼儿,留着点儿神。"韩通没往心里去。

第二年的元旦那天,文武百官都到朝堂向小皇帝祝贺新年。大家正说着笑着,忽然有人从北方镇州(在河北正定)和定州(在河北北部)赶来报告,说辽国和北汉联合起来,派军队打过来了。小皇帝一听,吓得直哭,符太后也不知怎么办好,让宰相快拿主意。范质跟王溥商量以后,站出来说:"敌兵来得突然,应该派赵将军带兵抵挡,下一步再做安排。"符太后答应了,就命令赵匡胤带兵出征。

赵匡胤连忙集合起部队,很快就离开京城,往北边走了。队伍走到陈桥(在河南开封东北)馆驿的时候,天黑下来,赵匡胤下令宿营。士兵们吃了饭,都睡觉去了。赵匡胤喝酒喝醉了,也到驿馆歇息,不一会儿就打起了呼噜。

可是,他手下的将领没睡,凑到一起你言我语地议论说:"当今皇上那么点儿的孩子,太后女流之辈,懂得什么?咱们到前方拼死破敌,谁能知道这份功劳?不如让点检当天子,大家都服气。"这些话让军官李处耘听见了,他紧着跑到赵匡胤的弟弟赵匡义那儿报告。恰好,书记官赵普也在赵匡义这儿,俩人正悄悄说着什么。李处耘就把将领的话学说了一遍,赵匡义皱起眉头刚要张嘴,就听外面一阵脚步声,将领们都进来了,个个都露出兵刃。一人开头,别人跟着,都大声说:"我们商量好了,马上就立点检当皇上,您得带这个头!"赵匡义一点儿不慌,有板有眼地说:"改朝换代,拥立新主,虽说是上天的意思,可牵着人心,一定得小心行事。你们对手下军士要严加约束,不得抢掠百姓。这样,京城才能人心安定,全国才能不乱,你们大家也能共保富贵。懂了吗?"将领们说:"知道,您放心吧!"

隋唐故事

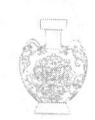

赵匡义把下一步的行动安排好了，将领们都回到各自的营房，把士兵叫起来，等着天亮。赵匡义又派军官郭延赟马上回京城，把这事告诉大将石守信和王审琦，京城防务归他俩管。石守信和王审琦都是赵匡胤的部下，哪有不愿意的呐？都答应当内应。

天快亮的时候，赵匡胤还醉着没醒。将士们可已经披挂整齐，在他门前站好了队。几个将领上前敲门，大声说："军士们没个头，愿意让您当天子！"赵匡胤给吵醒了，连忙起身穿上衣服。还没等他开门，将领就拥了进来。领头的把一件黄袍披在他身上，大伙儿就跪下磕头，高呼"万岁，万岁，万万岁"。接着，他被前呼后拥地走出来，士兵们又是一通参拜欢呼。有人牵来战马，把他架到马上，全军就往回京城的路上走。

走出没多远，赵匡胤勒住马头，让停止前进。他扭头对将士们说："你们贪图富贵，做了不忠之事，私立我为天子。既然如此，你们就都得听我的。我有几道命令，你们听不听？"大伙儿说："听！都听您的！"赵匡胤说："当今幼主和太后，是我的主子，你们回去之后，不准惊动皇宫，更不能侵入。文武百官是我的同僚，你们不准欺压他们，也不能抢劫国库。对百姓更不准侵扰。听我话的有重赏，违令的处死，绝不宽容！"将士们齐声说是。

大军一直往前走，很快回到京城。石守信和王审琦早把城门打开，队伍整整齐齐地进了城，果然纪律严明，没人敢乱杀乱抢。赵匡胤让客省使（负责礼仪的官员，多由武官担任）潘美去找宰相，把自己的意思说了。范质听说将士在陈桥发动兵变，腿直打哆嗦，使劲拉着王溥的手说："咱们仓促派赵匡胤出兵，太大意了，真是罪过啊！"王溥吓得说不出话来。

大将韩通听说以后，想起儿子的提醒，才知道赵匡胤心怀二

陈桥兵变

将领们把一件黄袍披在赵匡胤身上。

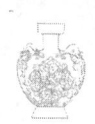

心。他连忙往家里赶，想聚集人马，讨伐赵匡胤。半道上，正遇见兵变将领王彦昇，两个人争斗起来，韩通没穿铠甲，转身就跑，王彦昇就追。追进韩府，他趁韩通来不及准备，一阵乱杀，把韩通和他的妻子儿子都杀了。

这时候，众将护着赵匡胤到了明德门。他下令让各回各营，不得乱动，然后脱掉黄袍，让人把宰相等大臣请来。见范质和王溥他们进来了，赵匡胤哭出声来说："我受先帝厚恩，没有答报，今天被军士强迫至此，真是不得已，愧对天地呀！各位看怎么办好？"范质还没言声儿，站在旁边的大将罗彦瓌（guī）就按住剑把儿，扯开嗓门儿说："国家没个主事的不成，今天必须立新天子！"这一嗓子，把大臣们都吓唬住了，不知说什么好。王溥腿一软，先就跪下说："臣愿为陛下效劳！"别的大臣也都跟着跪下。范质没辙了，也只好跪下。才一会儿工夫，君臣之分就这么定了。大家商量下来，用禅让的办法最好。范质和王溥进宫跟符太后说了，只要退位，荣华富贵一切照旧。到这份儿上，符太后只好眼泪汪汪地答应了。

公元960年开春的一天，举行了禅代大礼，先宣读后周皇帝的诏书，自愿把皇位让给赵匡胤。然后，赵匡胤坐上宝座，当了皇帝。国号为"宋"，定都汴城，也叫汴京。他就是宋太祖。宋太祖怪王彦昇不该杀害韩通，可没给他定罪，而是表彰韩通忠勇，追赠官爵，厚葬了遗体。范质和王溥还当宰相，后周的官员也大都留任。有些人还担心北边入侵的事，这回让谁挂帅出征呐？不过没人再提起，大家都挺纳闷儿。

赵匡胤挺稳当地把皇位拿到了手，后周存在十年就完了，五代也到此结束。至于那十个小国，前蜀早被后唐灭了，吴、闽、楚三个也被南唐灭了。其余六个还在，就看赵匡胤怎么对付了。

宋元故事

雪岗 ◎ 编著

饮酒交权

当了宋朝开国皇帝的赵匡胤，老家在涿郡（在河北涿州），他可是生在洛阳的一个兵营里，那地方叫夹马营。他爸赵宏殷老早出来当兵，在后唐、后晋、后汉、后周四代都是禁军的军官。赵匡胤从小跟父亲过日子，虽说念了几年书，最喜欢的还是习武打仗，骑马射箭的本事叫他练绝了。二十岁那年，他出外找事做，半道上碰上了在地方当防御使（军事长官）的王彦超，想起王彦超和老爸是好朋友，他就求人家收留他，当个小军官什么的。哪承想王彦超没扽（dèn）这根弦儿，给了几个钱，就打发他走了。赵匡胤到了河中（在山西蒲州）一带，听说后汉的郭威在这儿招兵买马，赶紧去投了军。郭威看他武艺不赖，过不久提拔他当军官。他和郭威的养子柴荣混得挺熟，柴荣把他调在自己手下当差。往后就甭提了，郭威、柴荣成了皇帝，赵匡胤哪能不受重用呐？他当上了禁军的头儿，机会就跟着来了。

赵匡胤在郭威、柴荣手下打仗这些年，心气儿直往上提。他寻思着，当下武将夺权当皇帝多容易啊！郭威还不是让底下人把黄旗子

宋元故事

往身上一披，就改朝换代了吗？他行，我怎么就不行呐？这么一想，他就有了当天子管天下的念想。恰巧柴荣突然死了，新皇帝太小，明摆着不顶事。赵匡胤不想错过机会，就这么发动了陈桥兵变，建立了自己的宋朝。

眼下宋太祖最发愁的，是各地节度使认不认自己这个皇帝。他们有兵权，要是再闹腾起来，江山坐不稳不说，天下就没安定的时候了。稳定人心顶要紧，他一方面优待柴氏家人，把后周的官员全都留下来，给将领们升官加赏，一方面留心人家对自己的态度。有一天，宋太祖开宴会和大伙儿喝酒，一眼看见王彦超也在，就斜瞅着他说："那年我去投靠你，你怎么不把我留下呐？"王彦超心里一惊，可还沉得住气，忙跪下说："我那会儿就是个刺史一类的官儿，小勺儿里哪儿能游得开大龙呐？假如我真留了您，您还会有今天吗？这是天意呀！"几句实话，逗得宋太祖哈哈大笑。

像王彦超这样服管的，宋太祖对他们挺放心。可有些将军，和后周皇家关系那么好，就得防着。他派使者去各地探探动静，果不其然，有些地方将领正打算起兵闹事呐！挑头儿的是昭义节度使李筠（yún）。李筠驻军在潞州（在山西长治），离汴京不远。他又是个老资格，谁都让他三分，宋太祖也是格外留神。朝廷的使者见到李筠，传达了新皇帝的命令，还加封了官职，可他满脸结了冰似的，没一点儿热火气儿。手下人劝了一会儿，他才不得已拜了拜。可接下来开宴会招待使者，李筠让人把郭威的画像挂出来，还跪下去哭天抹泪的。这不是明摆着不认新皇上吗？手下人忙对使者说："我家大人喝醉了，失了礼，您可千万别多心。"

使者回来报告了宋太祖，宋太祖赶紧就调兵遣将，做了防备。他下令把李筠的长子李守节调进京城，让他当守卫皇宫的官，好像很重用似的。李筠明白，这是要把自己的儿子当人质，也就将计就计，派儿子进了京，指望他做内应。李守节进京拜见皇帝，没想到宋太祖劈头盖脸地问他："太子，你干什么来了？"李守节慌了，说："皇上这话让我不明白。"宋太祖说："有什么不明白的？你爹的心思我早看出来了，你回去告诉他，现在我是国主，他就得守点儿规矩，不然我就不客气了。"

李守节跑回潞州，把宋太祖的话告诉李筠，哭着劝他说："当今皇帝很英明，您千万别跟他过不去。"李筠不听儿子的，很自信地说："我是周朝老将，和先皇帝都称兄道弟的，怕他赵匡胤何来？禁军里哪个不服我？只要我一招呼，他们都会站过来！"他就点起了三万兵马，又派人约北汉一同出兵，攻打汴京。万万没想到，起兵后不到两个月，他就给打败了。宋太祖亲自出马，把李筠的兵将打得稀里哗啦。奇怪！禁军没一个响应他的，倒是他儿子李守节投降了朝廷。李筠没了辙，只好放把火把自己烧死了。

别的地方好几个节度使也打算起兵，一听李筠这么快就完了，都泄了气，忙着表态，说拥护大宋朝，还进京朝见了宋太祖。宋太祖一一都见了，显得挺高兴。可是此前淮南节度使李重进也说要来朝见，他不但不高兴，反而不让他来。

原来这个李重进不同一般，是郭威的外甥，柴荣的表兄弟，在后周的权势和赵匡胤不相上下，挺受百官的敬重。如今赵匡胤坐了天下，他要是真服气还罢了，要是带头反起来，真难对付。所以宋太祖不愿意李重进进京，免得他搞串联惹是非。他叫左右写了一封信，发给在扬州的李重进，信里说："将军和我好比胳膊腿跟头的关系，虽然离得挺远，可还是一体。守住君臣的本分，就能处得长久。进京朝见，不在这一时。"

信写得软中带着硬，李重进看了，心里开了锅似的，翻腾了好几天。他琢磨着："别人进京可以，我进京就不行，这不明摆着对我不放心吗？既然如此，姓赵的迟早会跟我翻脸，不如我先动手。"正想着，李筠造反的信儿传到扬州，李重进就派心腹翟守珣去联络李筠，想东西夹攻汴京。他可是没料到，翟守珣离开扬州就偷偷溜到汴京，秘密地见了宋太祖，一五一十把李重进要反叛的事说了。

宋太祖不想跟李重进翻脸，再说他正对付着李筠，也不想两边受敌，就对翟守珣说："我要是给李重进一个铁券，他就不会反了吧？"铁券又叫丹书铁券，是皇帝赐给功臣的凭证，承认他的功劳并且保证不会杀他。宋太祖是想用铁券给李重进一个定心丸，可翟守珣摇摇头说："我看李重进多咱也不会归顺您的。"宋太祖说："那你就回去，劝他慢点儿，免得我两下里都顾着。事成之后，我一准重赏你。"

翟守珣回到扬州，编了一套瞎话骗过李重进，还出主意说，应该养足兵马再起事，才最有把握。李重进真信了，没马上出兵。临到宋太祖平定了李筠，腾出手来，他才回过味儿，就已经晚了。各地节度使都服了宋朝，谁也不听他的。宋太祖又出了一招儿，让各地节度使换个地方驻防，免得在一个地界待长了闹事。李重进接到命令，给调出扬州，改任平卢（在山东青州一带）节度使。这一来，他心里发了毛，思虑来思虑去，还是决定反宋，就在扬州起事，还请南唐派兵支援。

这一回，宋太祖就有了准备，抢先发兵平叛。连他也没想到，这个仗打得太容易了。宋军一到扬州，没费多少事就破了城。李重进觉着忒窝囊，也学着李筠那样儿，全家放火自焚。过后，大伙儿念叨起来，都说李重进糊涂到了家，既然说要进京朝拜，又何必为一封信改主意呐？结果自个儿死了不算，把一大家子人也饶了进去。

宋太祖平定了叛乱，自然是松了口气，可宰相赵普提醒他说："您身边的那些个禁军头领，应当给他们也挪挪地方才好。"宋太祖说："禁军的头儿都是我的老搭档，绝对不会背叛我，你别担心。"赵普拿手罩着嘴说："我不是担心他们，可看他们都没本事管好底下的人。底下有谁闹事，他们有什么辙呐？"这话让宋太祖听着一哆嗦，想起陈桥兵变，不就是靠底下人闹起来的吗？他就盘算起来。

过了些日子，宋太祖专门把赵普请进内室，对他说："你给我说说，唐朝以后，帝王换了好几个姓，战乱没完没了，百姓遭了大罪，原因在哪儿？我想让天下安定，该怎么办？"赵普早有准备似的，张口就说："原因明摆着，地方上藩镇势力太大，朝廷上君弱臣强，压不住阵脚。办法呐，也很简单，就是要想法儿减少他们的权势，控制他们的钱粮，削弱他们的兵力。"宋太祖没听完就说："你别往下说了，我知道该怎么办了！"

公元961年夏天，一个晚上，宋太祖把禁军的大头领石守信、王审琦几个找来，说要一起喝酒。大伙儿知道他爱喝酒，乐得陪着来几盅。哪儿想得到，喝得正高兴呐，宋太祖忽然叹了口气，眉头拧成疙瘩说："你们几个都是功臣，没你们我哪有今天？可这天子当得太累人了，还不如节度使倒省心。我现在整夜整夜睡不着，好长日子啦！"大伙儿听了直愣神儿，就问："皇上有什么发愁的事吗？"宋太祖见他们不明白，就照直说："明摆着嘛，天子的位子，谁不想来坐坐？"大伙儿一听这话，心里"咯噔"一下，知道皇上起了疑心，争着说："您怕是多虑了吧，如今天命已定，谁还敢再有二心呐？"宋太祖冷笑一声说："别这么说，你们没二心，我信。可如果你们的部下想要富贵，就像你们对我那样，把黄袍披在你们身上，你不想干，怕也不行吧？"众人吓得眼泪都流了出来，一个个跪下直磕头，说："我们几个笨得没法儿，不知道怎么办才让您放心，您可怜可怜，给指条明路得了。"

宋太祖这才有了笑模样，说："你们怎么想不开呀？人这一辈子，一眨么眼儿就过去了。都说求富贵，富贵不就是多攒点儿钱，享乐一番，再给子孙留点儿吗？你们如今功成名就，何不交出兵权，到外地当个大官，买块地，盖所房子，再招些个歌童舞女，每天饮酒取乐，多舒坦呐！我再和你们结为亲家，儿女互娶互嫁。这么一来，君臣之间没有猜疑，国家也平安，不好吗？"众人这回都明白了，皇上这是要收权啦，别问心里怎么想的，当时就一起下拜说："您这么为我们操心，跟再给了一条命没两样，就听您的！"

第二天，石守信、王审琦、高怀德、张令铎几个都上了书，说有病不能再干禁军的差事，请求免去职务。宋太祖立马批准，不是叫他们到外地当节度使，就是把女儿嫁给他们的儿子。随后他就对禁军来了一番改组，免职的免职，换人的换人，削权的削权。明摆着，这是要减少禁军的权力，防止他们闹事。

禁军服帖了，可节度使的势力还挺大。宋太祖没忘了唐朝以来节度使作乱的后果，下决心整治一番。他又想要喝酒了，也是一天晚上，趁着好几个节度使进京朝见的机会，他把他们请到宫里喝酒。喝着喝着，他又挺伤心地说起来："各位都是功臣老将，这么多年在外镇守，真太辛劳了，我心里不落忍。厚待贤人不能这样啊！"在座的就有那个王彦超，正当着凤翔节度使。凭他的感觉，一听这话就明白了，马上跪在地下说："我本没什么功劳，可皇上一直给我厚爱，叫我惭愧极了。我如今老了，求皇上开恩，让我回老家养老吧！"宋太祖笑着点了点头。可那几个不识相，还叽里呱啦说自己的

饮酒交权

将领们这回都明白了，一起下拜说："就听您的！"

功劳和苦劳。宋太祖听着心烦,挥挥手,打断话头说:"多咱的事了,还老提它!"那几个吓得张着嘴,半天闭不上。

第二天,圣旨一下,几个节度使就地给免了职,照样都有大官做,俸禄挺多,就是没了军权。宋太祖接着又对别的节度使开了刀,只让他们管打仗,不得过问地方的事,钱粮税收,还有审案什么的,都归当地官府,由文官操持。这一来,节度使的威风也给打下去了。唐朝开始的节度使无法无天的乱象,到宋太祖这儿,算是有了了局。

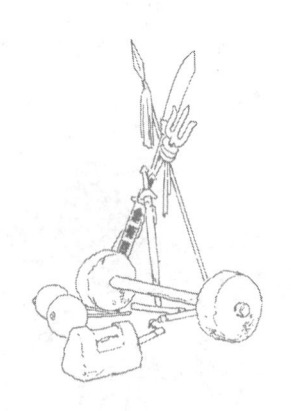

卧榻之忧

宋太祖整治了军队,把宰相的权力也减小了,规定凡事宰相只能提建议,大主意都要由皇帝拿。这么着,他的权威就大了去了。可对待文官,他比谁都开通,规定不准压制文官,更不许随便杀文官。文官手里没兵没卒的,顶多就是爱提意见,嘴头厉害点儿,有什么可怕的呐?宋太祖这才对内部放了心,集中精力要平定天下,统一全国。

宋朝立国的时候,北边有北汉、辽国;西边有后蜀;南边有南唐、荆南、南汉、吴越。要想统一,非灭了它们不可。先打谁后打谁,得有个计划才行。宋太祖本想先打离得最近的北汉,可问了几个心腹,大伙儿都摇头。一天半夜,他来到宰相赵普家里,把弟弟赵光义也找了来。宋太祖坐下来就说:"睡不着啊,好像床边净是别人躺着,我怎么安心呐?咱们来商量打天下的事。"赵普说:"您要是想天下一统,现在正是时候。不知您想怎么打?"宋太祖就说要先打北汉,赵普也摇起头来,说:"您打北边,辽国肯定帮着它,咱们的兵力还不够。我看不如先打南边,收回南边,回头再往北收拾。"

宋太祖说："你们都这么说，看来先南后北是对的，那我就从巴蜀开始，再广南，再江南。北边只好先放放。"

宋太祖正安排人去打后蜀，从湖南传来个消息，镇守在那里的节度使周行逢死了，死前把权力交给了儿子周保权。周保权才十一二岁，部下张文表不服，就起兵夺权。周保权忙向朝廷求援。宋太祖一听，乐得直拍大腿，真是天给的好机会！原来湖南的北边就是"十国"里的荆南（又叫南平），国主姓高。早先在春秋时期，晋国有一次向虞国借道去打虢国（虢guó），赶到灭了虢国回来，顺手把虞国也给灭了。宋太祖许是想起了这档子事，就说："周保权的北边不就是姓高的什么国吗？咱们也就近借个道吧！"大伙儿一听也都乐了。他派人到荆南国，说要借道去平定湖南，荆南国主高继冲不敢说不。结果呐，宋军进来，一下子就把荆南占领了，高继冲只好投降。宋军灭了荆南，又开到湖南平了叛乱，把那块地界收归朝廷直管。这么一来，湖北湖南这一带就都归了宋朝。

公元964年初冬，宋太祖派大将王全斌领着几万人马进攻后蜀。后蜀国主叫孟昶（chǎng），在位都三十多年了。他前些年还干得不赖，把蜀地治理得挺繁华，当地人都念他的好。后来就完了，他也跟一般帝王似的，讲排场图享乐，连尿盆儿都是金子做的，还刻着好看的花纹。国事懒得管了，军心跟着也散了。宋朝大军一到，将士们谁肯给他卖命呐？孟昶眼看着打一仗败一仗，发愁地说："没想到养兵四十年，一点儿也用不上，这仗还怎么打呀！"他只好送上降表，把蜀地交了出去。宋军出兵六十多天，大获全胜。宋太祖下令，把蜀地的财物运到汴京，国库一下子就足实了。

收了后蜀，按计划该去打南汉。可这时候，北汉国主刘崇病死了，接班的刘继恩被杀，国内有点儿乱。宋太祖就想插个空当儿，把北汉给拿下来。哪承想，北汉的都城太原城墙老厚的，防守容易攻就太难了。辽国得了信儿，也打发军队来支援北汉。宋军损失不小，宋太祖一想，还是先南后北好，就撤军回来，派大将潘美领兵去打南汉。

南汉的国都在广州，管着广东、广西、海南那一大片地方。它的几代国主都是昏君加暴君，没干多少正经事，不是仗着远在南方，维持不了这么些年。到了后主刘铱（chǎng）这会儿，他干脆把国事交给宦官、宫女和巫婆掌管，自己当甩手掌柜，整天吃喝玩乐。一听说宋军来了，刘铱先就吓晕了，巫婆宫女更没主意。武将们早就看不惯刘铱，没几个愿意卖命。潘美指挥着大军一路顺风，就进了南汉地界。

到了韶州（在广东韶关），遇到点儿麻烦。南汉军赶着好些大象过来，每头大象上坐着几个士兵，大象一甩长鼻子，嗷嗷直叫。这阵势宋军哪儿见过呐？一下子乱了，往后就退。潘美倒沉住了气，命令大家对着大象射箭。"嗖嗖嗖"，一阵猛射密射，大象没法儿躲，不是中箭使劲叫唤，就是掉过头往回跑。这一来就有热闹看了，象背上的士兵给甩下来，让大象踩死好多，后面的南汉军也给大象冲散了摊。宋军得了韶州，离广州就不远了。

刘铱一看要坏事，叫宦官赶紧准备大船，装上财宝和宫女，打算逃到海外去。没想到宦官把东西装好了，不等他上船，就开船自己跑了。刘铱只好派人求和停战。潘美捎话说："没有停战这一说，能打你就打，打不了投降才成。"南汉军隔着水面，用竹子扎起一道道栅栏。宋军从正面攻就难了。潘美派上千把人，每人都举着火把，抄小道绕到了竹栅栏旁边，一下子就给点着了。军营成了火海，刘铱没路可走，又不想自杀，只好出来投降。可有一招儿让宋

宋元故事

大象中了箭，不是使劲叫唤，就是掉头往回跑。

军没防着,南汉的宦官龚澄枢几个,也放了一把火,把库里的财宝连同宫殿什么的,烧了个精光。刘铱给押到汴京,宋太祖一提这事就气红了脸,问刘铱:"你烧了财宝宫殿,知道是死罪吗?"刘铱嘴皮子挺利索,说:"我们那儿瞒不住您,皇上实际上不是我,我是假的,真的是龚澄枢啊!"宋太祖把龚澄枢他们都杀了,单留下刘铱当个活宝。

平了南汉,宋太祖就盯住了南唐。南唐的国都在金陵(在江苏南京)。前些年它灭了南吴、闽、楚三个小国,也有过统一国家的打算。可到后来国力弱了,只好向后周称臣,使用后周年号。宋朝建立以后,南唐也就自称臣子,年年进贡。后主李煜是他爸李璟的第六个儿子,从小娇生惯养的,对国事一点儿不摸门儿。倒是作诗填词让他学得个精透,是个百里挑一的好手。李璟本来也没指望他接班,谁让前几个儿子都死了呐,只好让李煜继承王位。李煜知道自个儿治国打仗都外行,就抱定一个念头,一死儿不得罪宋朝,只要能当国主,怎么都成,叫干吗就干吗。宋太祖要灭南汉,让李煜给刘铱写信劝他投降。李煜真当回事,把文才都使出来,前后写了两封信,掰开揉碎地讲道理,撺掇刘铱归宋。他以为这么一来,宋朝就会感谢他,不会把他灭了。

万万没想到,宋太祖灭了南汉,回过手来就说要收拾南唐。李煜吓得没法儿,干脆把国号"唐"废了,改叫"江南国",还派人到汴京进贡,送了一批财宝。宋太祖想了想,派人对李煜说:"你自称是大宋的臣子,就该到汴京朝拜才对。"李煜哪儿敢去呀,万一给扣下怎么办?他就说有病没去。这一来,宋太祖逮住理了,立刻派十万大军,由大将曹彬和潘美挂帅,发兵直取南唐。还有一路是水军,从长江上游下来。两下里一会合,说打就打起来了。李煜什么主意也没有，听部下说能对付宋军，他就说打吧。临到一对阵，润州（在江苏镇江）和采石矶（在安徽马鞍山南）两处要塞很快叫宋军给占了。

李煜愁得觉也睡不着，忽然想起了两个能说会道的人，一个是大臣徐铉，一个是道士周惟简，就派他们俩当说客，到汴京求宋太祖退兵。徐铉想好了一大篇话，见了宋太祖，就急赤白脸地说："陛下这次出兵，实在是没道理呀！"宋太祖说："怎么没道理，我倒想听听。"徐铉亮开嗓门，白话了半天，末了儿说："我们国主没有罪，不但没罪，还有功呐！他对大宋一向跟儿子对待老子似的，小心伺候着，您怎么非要灭他不可呀？"宋太祖等他说完了，问他："你说他对我大宋像儿子对老子，我问你，父子分为两家，行吗？"一句话就把徐铉噎住了。周惟简一看徐铉卡了壳，也就不说什么，把李煜亲手写的信拿出来。宋太祖随便看了看，见信上写的还是央告那一套，就装糊涂说："你们国主说的，我一点儿不明白。"

说客没成功，眼见着到了冬天。李煜听手下人说，可以学学当年东吴在赤壁火烧曹操战船的样子，放火烧宋军的战船。他就让他们赶快试试。哪承想风向不给劲，火顺着风，倒把自己的船给烧了。李煜又愁眉苦脸的，打发那两个说客再去汴京一趟。

徐铉见了宋太祖，眼泪吧嗒吧嗒直掉，说："我们国主对大宋打心里顺从，绝不敢有半点儿违抗。前次是真有病，才没来朝拜。您就放过这一回吧！"见宋太祖没有让步的意思，他真急了，就在大殿里叫唤起来，好像多有理似的。宋太祖让他惹火了，攥住宝剑把儿，说："别说啦！没工夫听你闲磕牙，就是没罪也不行！天下应为一家，这就是理。我的床旁边，哪能让别人睡大觉打呼噜！"徐铉给轰了出去。宋太祖又问周惟简要说什么，周惟简知道说什么也白搭，耷拉着脑袋说："我本是野人，李煜非叫我来不可，我不得已呀！求求您，平了天下以后，让我到终南山（在陕西西安南，道教圣地）修道，听说那边草药挺多的。"宋太祖"扑哧"乐了，说："这好办，就依你，去吧！"

宋太祖接着下令总攻。这就不用多说了，金陵很快就给破了城，南唐也就灭亡了。李煜本来说要放火自焚的，可到了儿没那个胆儿，还是乖乖地当了俘虏，给带到汴京软禁起来。李煜当国主不够格，可他在词坛上是个够格的坛主。词，打从唐代中后期兴起以来，到了李煜这儿上了个高峰。他把个人的悲欢写进去，又喜欢用民间的口头语，读着让人觉得真切极了，也就能流传下来。他那些有名的词句，像"春花秋月何时了，往事知多少""问君能有几多愁？恰似一江春水向东流""落花流水春去也，天上人间""剪不断，理还乱，是离愁。别是一番滋味在心头"，等等，一直被后人记诵着。

宋元故事

金匮盟约

　　宋军先后灭了荆南、后蜀、南汉和南唐，南边只剩了一个吴越国，"先南后北"的计划就完成了一大半。北方的北汉是宋朝的死敌，一定要灭了它。可谁也没想到，北汉还没打下来，公元976年，宋太祖突然自己死了，活了五十岁。战事只好先停下来。

　　宋太祖是在初冬一天夜里睡觉的时候死的。第二天一大早，他弟弟赵光义就宣布即位，是宋太宗。这就让人纳闷了。以往的规矩，老皇帝死了，都是由他儿子即位。如果没有儿子，或者是儿子不行，也可以让兄弟接班。这就叫"父死子继、兄终弟及"。宋太祖有四个儿子，先前死了两个，还有两个，大的赵德昭，二十五岁；小的赵德芳，十八岁。论年纪，他们俩都有资格当皇帝，怎么会是赵光义当了呐？大伙儿这就想起来，宋太祖在位十六七年，一直没立儿子当太子。他封赵光义为晋王，还是开封府尹（京城最高官员），权力比宰相还大，成了第二把手。可他也没挑明了让赵光义接位，是不是有为难的事呐？

　　宋太宗即位以后，接连发生的几件事更叫人猜不透。就说纪年，以往新皇帝即位那年，还是使用老皇帝的年号，等第二年才换新年号。宋太宗没守规矩，即位当年就改了年号，他着的什么急呐？宋太宗即位以后，马上把侄子赵德昭封了王，让赵德芳当了节度使，管他们兄弟俩都叫"皇子"。他还让弟弟赵廷美接着自己当开封府尹，封为秦王，掌了大权，赵廷美的儿子也都叫"皇子"。按说，只有皇帝的儿子才叫"皇子"，现在，老哥儿仨的儿子都叫皇子。宋太宗这是要干什么呀？还有赵德昭自杀的事，更让大家伙儿憋屈得慌。

那一次，宋太宗带兵出征，皇子赵德昭也跟着。有一天夜里，将领们在军营里忽然找不见皇帝了，都着起急来，四处乱蹅摸（xuémo）。有人就说："军营不能没个领头的，就请皇子出来主事得了。"众人都说行。正吵吵着，宋太宗给找到了。大伙儿放了心，这事也就过去了。可是宋太宗老大不痛快，加上仗打得不顺，他就整天耷拉着脸；回来以后，连该行赏的也不赏了。赵德昭进来请叔皇行赏。不料宋太宗恼了，他嚷嚷说："等你当了皇上，再赏也不迟！"这话让赵德昭怎么受得了啊？委屈到了家，赵德昭决心以死表白，自己压根儿没有夺权的心思。他出来对左右说："你们谁带刀了？"左右说："进皇宫不敢带刀。"赵德昭二话没说，冲进茶酒间，抄起一把果刀就抹了脖子。宋太宗听说侄子死了，连忙跑来，抱着尸首哭着说："你这个傻孩子啊！"可谁都明白，还不是他一句话逼死了赵德昭吗？

没过两年，宋太祖的另一个儿子赵德芳（民间传说里的八贤王）也死了，据说是因为心情郁闷得病死的，才活了二十三岁。再说赵廷美，本来挺受宋太宗重用，可赵德昭和赵德芳哥儿俩一死，宋太宗对他就看不对眼了。不久，赵廷美被扣了个要谋反的罪名，

宋元故事

宋太宗抱着尸首说："你这个傻孩子啊！"

免了职不算，还给赶到了外地。赵廷美气得伤了心炸了肺，很快就没了命。

这么一连串的怪事，让大家闹糊涂了：宋太宗干吗要这么对待侄子和弟弟呐？他即位到底有没有理由呐？宋太宗自己也挺心虚，就怕别人说他是篡位。正在这时候，有个人出来说话了，他就是宰相赵普。赵普本来是宋太祖赵匡胤的亲信，可他跟赵光义不对劲儿，还一直反对他接班。后来赵普被免了职，好多年没露面儿，赵光义即位后也没有用他。前不久，宰相卢多逊因为常和赵廷美来往，被免了职，宋太宗就又把赵普请出来当宰相。赵普不知是受了感动还是怎么的了，说有个天大的秘密，自己一定得要赶快讲出来，就紧着写了份报告。

据赵普说，赵匡胤和赵光义的母亲杜太后临死前，把赵匡胤和赵普叫到跟前，对儿子说："你能当皇帝，因为什么呀？"赵匡胤说了几条，杜太后直摇头，说："还不是前朝皇帝是小孩子，你才得了势？要保住江山别被外人夺走，你身后一定得有个年长的人接班。这个理儿你懂吧？"赵匡胤一个劲儿点头。杜太后让赵匡胤将来传位给弟弟赵光义，赵匡胤哭着答应了。杜太后就让赵普把自己的话写下来，收藏在金匣子里保存。这就是有名的"金匮之盟"。按照这个约定，赵光义即位是遵照杜太后的遗命，就没说的了。宋太宗马上公布了赵普的报告，要堵大家的嘴。可这个说法还是解不开一个扣：既然他当皇帝名正言顺，为什么让侄子都叫皇子，又让弟弟赵廷美掌大权呐？

后来才知道，"金匮之盟"还有另一个说法。照杜太后的原意，是让赵匡胤传位赵光义，赵光义传给赵廷美，赵廷美再传给赵德昭。依这个说法，皇位最后还要回到赵匡胤这一线上。这一来，宋太宗即位以后安排侄子和弟弟的做法，也就说得通了。原来他早就知道了杜太后的遗嘱。可他后来干吗又公布赵普的报告，改了说法，不提传位赵廷美和赵德昭了呐？明摆着，他要传位给自己的儿子了。赵普就跟宋太宗说过这种话："当年太祖就做错了，您不能再错了！"大家揣摩出了宋太宗和赵普的心思，对赵廷美和赵德昭、赵德芳的冤死都有点儿明白，连史书上也提出了疑问。

又过了多少年，一个怪吓人的事又给抖搂出来了。有个叫文莹的和尚，据说皇家的秘事都瞒不了他。他写了一本书，书里讲了宋太祖死的那天晚上的故事。那是个大雪天，宋太祖把弟弟赵光义叫来一起喝酒。伺候的人都在外面，看见他俩连说带比画，蜡烛的光摇晃不停。不一会儿，宋太祖拿起斧子到门外砍雪，一边砍一边说："好做，好做！"说完就躺下睡觉，打起了呼噜。赵光义也住在宫里没走。可到了半夜，宋太祖就断了气。还有一个说法，是说赵光义当晚离开了皇宫，回自己家睡觉。宋太祖半夜死了以后，皇后立刻让宦官王继恩去叫儿子赵德芳进宫，王继恩没听她的，反倒跑到赵光义门口，御医程德玄正在那儿。两个人叫出赵光义，陪着他进了皇宫。皇后一见来的是他，哭起来说："我们母子就托给叔叔了。"赵光义说："共享富贵吧！"他就这么当了皇帝。这个故事说得遮遮掩掩，可谁听了都犯嘀咕，宋太祖死得这么快，别是给人害死的吧？宋太宗即位是早就谋划好了的吗？

"金匮之盟"和"烛影斧声"这两件事，是真的还是假的，因为没有实实在在的依据，谁也说不清楚，就结成了化不开的历史大疙瘩。不管怎么说，宋太宗反正是当了皇帝。为了让大家服气，他打起了精神，挺认真地管起国事来。

比起宋太祖，宋太宗武的一面差了不少，可他读的书比他哥哥多,他就在文的一面下功夫。宋太祖在世的时候,让文臣武将们都读点儿书。到宋太宗这儿,读书就更成了风气。他不但是自己每天读书,还下令编了几本大书,让大家看。一本叫《太平御览》,一本叫《太平广记》,还有一本《文苑英华》,里面记了好多知识和故事,挺好懂。宋太宗最喜欢读《太平御览》,一有空就看几篇。再就是科举考试,以往录取的人数有限,宋太宗就下令扩大录取人数,凡是有点儿才能的尽量录用。这么一来,好多读书人都当了官,加上待遇也不低,大家伙儿挺高兴。读书人受重用,就成了宋朝的一个长处。

宋太宗也没忘了统一的事。南边还剩了一个吴越国,一直对宋朝服服帖帖的。宋太宗要灭了它,就命令国主钱俶(tì)到汴京朝见。钱俶一到,就给关了禁闭。他知道没戏唱了,只好上书给宋太宗,把吴越国交给了宋朝。这么着,南方的割据就平定了。

十国剩下的就是北汉一个了,宋太宗决定亲自出征,总领兵还是潘美。公元979年一开春,宋朝几路大军很快打到了太原城下。还有一路人马,专门防着辽国。北汉国主刘继元派人到辽国请兵,辽国派大将耶律沙和耶律斜轸(zhěn)领兵援救。不料半道上,他们中了宋军的埋伏,损失了五员上将,士兵也死伤不少。辽军不敢再往前走,就退了回去。北汉没了外援,太原就成了孤城。宋太宗来到城下督战,呼延赞、荆嗣、李汉琼、韩起几员大将带头爬云梯,登城墙,把死都给忘了。北汉那边也不含糊,大将刘继业负责守城,硬是没让宋军占上风。眼看着快到端午节了,宋太宗下了死命令,非破城不可。恰好太原城里粮草没了,刘继元看着没了什么指望,只好送出投降书。刘继业也就跟着归顺了宋朝。

这个刘继业是太原本地人,原先姓杨,叫杨重贵,打仗有勇有谋，着实为北汉立了大功，大家都叫他"无敌"。北汉国主喜欢他，就赐他姓了刘，改叫刘继业。宋太宗早就听说过刘继业的名声，这会儿见到他，也挺喜欢，又让他改回杨姓，叫杨业，拜他为军卫大将军，让他镇守边关。打这儿起，杨业就挑起了守卫北方对付辽国的担子。

杨业殉国

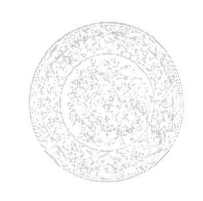

宋军灭了北汉，将士们高兴得别提，宋太宗也晕乎乎的，喝醉了酒似的，说要接着去打辽国。自从后晋的石敬瑭把燕云十六州送给辽国以后，收回失地就成了中原人的心病。周世宗、宋太祖没能收回，宋太宗觉着宋军刚刚打败了辽国的援军，如果趁热火劲儿打到北方去，准能把失地夺回来。好多将领摇头说："咱们的人马刚打了一场恶战，太累了。现在就去打辽国，不是时候。"大将呼延赞也说："翻辽国这张饼可不容易，陛下别冒险。"宋太宗正在兴头上，哪听得进去呐，下令从太原直接往北进兵。

宋军进入辽国地界，开始挺顺利，辽军一个劲儿往后退。宋太宗领兵，很快就把幽州城（在北京）包围起来。宋军强攻，辽军死守，多少天也没个胜负。这时候，辽国的援军到了，领头的是大将耶律休哥。双方在城北的高梁河打起来，结果还是辽军的骑兵厉害，横冲直撞的，占了上风。幽州城里的守军也跑出来夹击，宋军远路而来，孤零零的，损失真不小。宋太宗不小心中了两箭，疼得他坐着驴车就跑了。宋军吃了个大败仗。

宋元故事

辽军一看宋军挺好欺负,往后就隔三岔五地前来进犯,想找便宜占。不料在雁门关(在山西代县北,是长城关口)他们遇上了杨业的人马,就亏了血本。那一次,辽军打到雁门关外。杨业早就布置好了,自己带着精锐绕到敌人后边,和关上的将士来了个夹击,把辽军打得转了向,没命地逃跑了。打这儿起,辽军一看见"杨"字大旗,就赶紧往回溜,不敢跟杨业交手。杨业名声远扬,有些将领怕他有二心,给宋太宗打小报告,说杨业是从北汉投降过来的,靠不住,最好把他撤了。宋太宗倒有主见,干脆把那些报告封好了,派人送给杨业看。杨业看皇上这么相信自己,心里挺热乎,守关自然更上心了。

过了几年,辽国皇帝辽景宗死了,儿子耶律隆绪即位,就是辽圣宗。辽圣宗才十岁过点儿,就由他母亲萧太后掌权。宋太宗觉着孤儿寡母好对付,马上整顿起人马,要再次进攻辽国。自打上次在高梁河打败回来,宋太宗就憋了一口气,一定要报仇。公元986年春天,他把精兵强将都调集起来,开始北伐,说是不单是要收回燕云失地,还要把辽国给灭了。他这一回没有御驾亲征,而是自己在京城坐镇遥控,派三路大军杀奔辽国。一路由大将曹彬率领,是主力,先打涿州再夺幽州;一路由田重进率领,从雄州奔北打,配合主力;一路由潘美率领,杨业当副手,出雁门关往云州(在山西怀仁一带)打。他把亲手画的进军路线图和打法交给将军们,说:"你们就按我说的打去,管保能打赢!"

可是仗真打起来,哪能由他想怎么就怎么呐?曹彬这一路开始打得挺顺,占领了涿州。萧太后接到报告,赶紧派耶律休哥带兵来救。耶律休哥打仗爱动脑子,到了涿州,就去劫宋军的粮道,真给他打着了。宋军粮草接济不上,曹彬只好退出涿州,往南边后撤。

过了些天，宋军有了粮草，又回来占领了涿州。萧太后也急了，自个儿来到前线指挥，把涿州围起来猛打一气。耶律休哥还是用老办法，去劫粮道。末了儿，宋军给困在涿州城里，粮草也没了。曹彬下令突围，大伙儿撒腿往南猛跑。辽军在后边紧追不放。追到拒马河，两军展开决战。宋军人疲马乏的，哪里是辽军的对手啊？结果好些士兵白白送了性命，据说死尸把河水都堵得流不动了。这一路宋军败得太惨了。

田重进那一路打得还行，占了飞狐、灵丘（在山西东北部）。可曹彬那边儿一败，宋太宗慌了神儿，忙下令撤兵。田重进只好回撤，占的地方又给辽军抢了回去。

潘美这一路最顺当，很快打下了朔州、应州、寰州、云州好几个州县。他们正想往东去和主力会合，就接到曹彬大败的信儿，宋太宗让他们也撤回来。潘美就带兵往回走，占的地方也不要了。朔州等地的百姓好多想回宋朝，都拖家带口跟着宋军走。这时候，辽军由耶律斜轸带着反扑过来，眼看着就要追上了。是跟辽军打一仗，还是避开敌人赶紧后撤呢？潘美拿不定主意，他就把杨业和监军王侁（shēn）、刘文裕找来商量。

杨业心直，先就发言说："眼下敌军来势太猛，咱们又是兵又是民的，硬碰它必败无疑。我看可以用一部分人去打应州，敌军必然去救，等把它引开了，咱们就赶紧带着大队人马和百姓退到雁门关里。这么办，军民都能保全。"没想到他刚说完，王侁就撇嘴冷笑起来，刘文裕也跟着直摇头。别看王侁和刘文裕只是个监军，不会上阵拼杀，可权力比潘美都大，他俩又是皇帝的亲信，什么事往上一捅咕，武将们就有麻烦了。潘美虽说是主将，也得看他俩的颜色。只听王侁大声说："大敌当前，哪有退缩的道理！杨将军的主意不行,我看只有摆开阵势,和敌军来一次决战,才能显出咱们大宋军的威风!"

杨业一听这外行话,又急又气,就顶了他一句:"我还是刚才的话,和辽军硬打,必败无疑。"王侁见杨业不给面子,站起来指着他鼻子说:"你不是叫'无敌'吗?怎么不敢对敌呀!你是不是想再投降一回呐?"刘文裕也跟着点头。

杨业的脸唰地红了,明白王侁瞧不起自己,他也放开嗓门说:"我不怕死!我也不会投降!我就是不想让将士们白白送死。好了,我这就去打,就是战死也没什么,我的忠心对天可表!"再看潘美,他一句话都没有。杨业"腾腾腾"走出去,集合部下。等把人马安排好了,他回来找到潘美和王侁,流着泪说:"我本是降将,可皇上没瞧不起我,这么些年重用我,我要以死报国。我死了没什么,可将士的性命要保全。我到前边去,希望潘将军在陈家谷口埋伏好,如果我把敌军引过来,您就带人马出来夹击,行吗?"潘美说:"杨将军您放心吧,就按您说的办!"王侁也没再说什么。

杨业就这么赌了一口气出发了。他带兵走到半路,就碰上了耶律斜轸的人马。杨业冲在最前边,打得敌人直往后退。辽军退到狼牙村(在山西朔州南)一带,把宋军引进了埋伏圈。杨业和部下血战一场,才杀出重围,退到陈家谷口。他满以为潘美会来接应,没想到四下里一看,一个人影儿也没有。原来潘美和王侁带兵等了会儿,不见杨业回来,以为他打了胜仗,就领着人走了。没多久,潘美知道杨业到了陈家谷口,可也没回来接应。

杨业看谷口没人,自己的人马太少,后面的敌军已经追上来,他就知道非死战不可了。他对士兵们说:"我老了,死了不要紧。你们都有父母妻儿,赶快逃生去吧!"士兵们哪儿肯走啊,都哭了。他

杨业殉国

杨业流着泪说:"我死了没什么,可将士的性命要保全。"

们说："死也跟老将军在一块儿！"杨业忍不住也掉了眼泪，不再说什么，带着大家伙儿冲向敌军，连着杀死好多敌兵，自己也多处受伤。最后，战马受伤倒在地下，杨业被辽军逮住。他儿子杨延玉中了好几箭，还在那儿死战，直到断了气。老将王贵，还有好些士兵都战死疆场。

杨业被俘以后，辽国上下都给惊动了。要是把这位大将劝降过来，对宋军就是狠狠一棒槌。他们就派人劝杨业投降，答应给他大官做。可杨业发过誓，绝不投降。为了不让敌人折磨自己，他就绝食，说什么也不吃东西。三天以后，他就这么离开了人世，那年已经六十岁了。

杨业殉国的事传回宋朝，宋朝上下也都给惊动了。大家伙儿都恨得咬牙，要求惩办王侁、刘文裕和潘美。宋太宗一查，知道了怎么回事，也气得冒火儿，下令把王侁和刘文裕削职为民，轰到外地，潘美给降了三级。

杨业的后代真给他作脸。儿子杨延昭、孙子杨文广，都是立了大功的将军。杨家子孙世代报效国家的事传到民间，老百姓都替杨业鸣冤抱不平。后来就有好些爱写小说的，说书的唱戏的，编了一连串"杨家将"故事，还造出好多女将，比男的还厉害，其实哪有那回事呐？潘美因为没接应杨业，也让人记了仇。杨家将故事里的大奸臣"潘仁美"就暗指他。可从历史上看，潘美虽说有错，可还算得上是宋朝的一个功臣名将。

宋太宗这回败给辽国以后，真给吓怕了，再也不敢提北伐的事，将士们说起来也都直犯怵。有了"惧辽"病，以后的仗就难打了。恰好这时候，各地民众有起义闹事的，蜀地的王小波和李顺起义，把成都都占了。宋太宗一边派兵镇压，一边说今后要改改办法，以"守内虚外"为纲。守内，就是把国内百姓管紧点儿；虚外，就是对外敌要让着点儿。这么一来，别说灭辽了，就是收复失地，也没了想头。宋朝不提北伐辽国的事，辽国可接二连三地来进攻。这又得从哪儿说起呐？

辽主图强

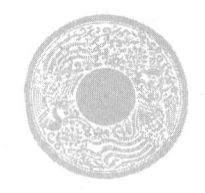

宋太宗瞧不起的辽国孤儿寡母,还真不好欺负。萧太后叫萧绰,小名燕燕。宋朝人都叫她雅雅克。她父亲萧思温当过北府宰相,又娶了皇家的公主,一直受重用。辽国的官员分南院北院。南院的官是南面官,管汉人的事;北院的官是北面官,管契丹人的事。萧思温虽说是北府宰相,可他读过不少汉文的书,对历史上的事挺熟。萧燕燕打小受她爸的教育,也看了许多书,做什么事都像个样,一点儿都不马虎。

有一次,她和姐姐妹妹一起打扫院子,别人很快扫完了,就她还没完。可萧思温看见她扫得最干净,犄角旮旯都没放过,笑着说:"燕燕这孩子心细,日后准有出息。"从此以后,萧燕燕被重点培养,后来进宫当了辽景宗的贵妃,没多久又当了皇后。辽国从立国那会儿起,皇族耶律家就和萧家结了亲,所以历代皇后差不多都是萧家的人。萧燕燕当了皇后,对国事也就有了兴趣,整天琢磨怎么让国家强盛起来。

辽景宗小时候落了毛病,身体不给劲,没法儿处理政事。他知道皇后知书达理，就让她代行皇权，说好了，皇后的批文都以皇帝的口气发下去。这一来，皇后经常出头露面，人气超过了皇帝，辽国上上下下都知道有个萧皇后，连宋朝人也一样，倒把辽景宗忘了。辽景宗过几年死了，接位的辽圣宗太小，萧太后自然就代理朝政。这一年，她也就三十岁。

萧太后年轻那阵儿，跟一个汉人挺要好。那人叫韩德让，家里是蓟州玉田（在河北北部）的大户。他祖父韩知古小时候被辽军逮了去，后来当了辽国的官儿；父亲韩匡嗣当医生，常给皇家人看病，跟皇帝皇后混熟了，也当了挺大的官儿。韩家这就成了辽国的大家族。韩德让长大以后，文的武的都有一套，遇事能拿出办法。萧家人看中了他，就想招他做女婿，把萧燕燕嫁给他，萧燕燕自己也愿意。可后来，萧燕燕还是嫁给了辽景宗。

现如今，辽景宗不在了，萧太后年轻轻守了寡，又要照看儿子，又要管国家的事，朝里不服她的也有不少。她怕自己招架不住，就想起了韩德让，要是有这么个男人帮衬多好啊！给辽景宗送葬那天，她看见韩德让也来了，就把他叫到跟前，大大方方地对他说："我当初本来是答应嫁给你的，现在先帝升了天，我还愿意跟你好。当今皇上太小，你就是他爸，他就是你的儿子。你要帮我把国事管起来。"话说到这分儿上，韩德让臊得脸跟红布似的，低声说："你放心就是了，以后有什么要办的，我一准儿帮你。"萧太后高兴极了，就让韩德让改叫韩德昌，又赐给他一个契丹的名字，叫耶律隆运。两个人常来常往，也不避人，跟一家子似的。就有些人看不惯，他们说，韩德让可是有家室的人呐！

萧太后也想到了这一层，她一狠心，就派人秘密地把韩德让的元配弄死了。这一来，韩德让没了伴儿，只能跟她好了。为了不让大家背地里说闲话,萧太后决定摆在明面儿上。有一天,她来到韩德让的住处,把大臣们也叫来,开了个宴会。大伙儿吃着喝着,还给太后敬酒。这不就跟婚宴一个样了吗?原来,契丹人在婚配上还留着游牧人的习俗,离就离合就合,讲究不多,男的女的都能自个儿拿主意。大臣们见萧太后把事情公开了,也就不再说什么。韩德让打这儿起就成了朝中顶有权势的大臣,当了南北两院的枢密使不算,还给拜了大宰相。辽国的军政大权都叫他包了,连契丹的官员也让着他。

韩德让对汉人治国的办法懂得挺多,他对萧太后说:"要想管好国家,就得按照中原大国的样子做起来,不然的话,老是放牛放羊,骑马打仗,多咱才能富呐?"萧太后正有这个意思,说:"我小的时候,住在南京(在北京),和汉人交往多,汉人骑马射箭不如咱们,可论起文明礼仪、治国安邦,咱们就差多了。再说种庄稼那一套,也得学过来。"两个人对了心思,就商量着来一次改革,让辽国强盛起来,方方面面都要有中原大国的模样。萧太后把心思跟儿子说了,辽圣宗也满心愿意。

辽圣宗一天一天长大,懂了好多事。看母亲跟韩德让好,他也挺喜欢,对韩德让就像对亲爸一样。见了面,他总是先打招呼。有时候去看望韩德让,他也是不等韩德让出来迎接,就自己走进去,行见面礼,从不端皇帝的架子。国事有他妈和韩德让管着,辽圣宗就在长本事上下功夫,好为以后亲政做准备。除了学音乐画画、练骑马射箭以外,他最喜欢的是看书。契丹也有文字,可用契丹文写的书太少了,他主要是看汉文的书。有一本书叫《贞观政要》,讲唐太宗如何当皇帝,如何治天下的故事。辽圣宗觉着再好没有,对左右人说:"这五百年以来,我看唐太宗是最英明的君主了。再就是白居易写的诗，敢直接批评朝政，有胆量。要用咱契丹文把这些翻译过来，让大臣们都看看。当君主的要听听唐太宗怎么说的，当臣子的也别犯白居易说的老毛病。"

萧太后看儿子真有出息，又跟自己的想法一样，自然高兴。母子俩就和韩德让商议，要改革就得拿出一套可行的办法。这么着，新条令就一个接一个地出来了。

一个是法律。以往辽国法律不讲公平，只偏向有权势的契丹人。比如汉人打死了契丹人，就要给处死，他家里人也得去当奴仆；可契丹人打死汉人，只赔一头牛或是一匹马就行了。至于奴隶主随便杀奴隶，更是常有的事。改革以后，按照中原的办法，一律对待，还规定奴隶主不能私自杀奴隶，奴隶犯法，要交给官府处置。法律就公正多了。

一个是赋税。早先，辽国没个规矩，没东西了就到中原去抢，连人也抢。现在地盘大了，人口多了，也想学唐朝宋朝那样，按人按户收税。朝廷下令按唐朝的税法，定出几等，农业和工商各业都要缴纳。能干活的都分给土地，让大伙儿种田生产，按亩数缴租。人人有活干，又有赋税管着，经济眼看着好起来，朝廷有了钱，该办的都能办了。

一个是解放奴隶。原来打仗俘虏过来的人，都被送到贵族那里当奴隶，地位低不说，生活也不好过。辽圣宗在位以后，就决定把这些人组成一个个部族，让他们成了平民，再俘虏的人也不分给贵族了。奴隶解放了，自然都高兴，国家也安定了。

最要紧的一个是官吏使用。萧太后叫韩德让管这档子事。韩德让就主持着，像唐宋那样，进行科举考试，选出优秀的人才给官做，对谁都一样。这么一来，有能耐的汉人也有了机会，很多人成

萧太后母子俩和韩德让商议改革。

了各级官员。辽圣宗又专门下诏书,给当官的定了几条规矩:不许逢迎拍马,要秉公办事;不许贪污害民,要勤政廉洁;皇亲国戚犯了法,一样治罪受罚。

经过这么一整治,辽国上上下下给管得有模有样。辽圣宗也学唐太宗那样,时不时地到处走走看看,发现什么不对的当时就处置了。有一次,有个公主私自杀了奴隶,让辽圣宗知道了。他马上就下令,把公主降了身份,减了俸禄,驸马也挨了罚。萧太后更是想得长远。她对大臣们说:"我喜欢男耕女织的日子,比放牛放羊安稳得多。咱们也要奖励农业。那些穷苦人家,要由官府给钱给牛,帮他们种上庄稼。我看这么下去,咱们契丹也能富起来,早晚能超过宋朝,赶上唐朝。"

大家议论起来,都说要超宋赶唐,就得有大国的气派,有个像长安和汴京那样的国都才行。辽国已经有了四个京城,上京(在内蒙古巴林左旗南)、东京(在辽宁辽阳)、西京(在山西大同)和南京(在北京)。可游牧的习惯,让朝廷的官员成年东跑西颠的,时常在草原上支帐篷办公。冬天太冷,夏天又太热,让人受不了,别提讲究什么礼仪了。萧太后和辽圣宗一商量,决定建造一座新京城,叫中京(在内蒙古宁城西)。中京就按照长安和汴京的样式造,内城外城、宫殿府第、街道铺面什么的,该有的都有。中京造好以后,皇帝和官员到中京办公,感觉就是不一样。

辽国有了这么大进步,君臣们都把自己看成和宋朝一样,是中国正统,不是什么外邦蛮夷。按这个理儿思谋下去,辽国占领中原有什么不行的呐?萧太后和辽圣宗都这么想,就不断派兵攻打宋朝,要夺取中原,好几次都是娘儿俩亲自出马。

辽国改革图强这些年,宋朝没什么进步。宋太宗把心思放在对付内部反叛上，对辽国只能抵挡一阵子。公元997年，宋太宗死了，太子赵恒即位，是宋真宗。宋真宗打小在宫里长大，没见过大阵势，遇事没主见不说，胆子还挺小。辽国的兵马打过来，他一点儿办法拿不出来，全靠文臣武将出主意。这么一来，宋朝的安全可就不保了。

澶渊之盟

　　公元1004年秋天，萧太后和辽圣宗决定来一次大行动，带着二十万人马，一水儿的骑兵，往南边来攻打宋朝。韩德让也跟着，一起出谋划策。这次打宋朝的理由，说起来有点儿逗人，是要求宋朝归还被抢走的地盘。那年周世宗不是带兵收复过几处地方吗？辽国人认为那是辽国的，应该要回来。可宋朝能答应吗？

　　辽军的战马跑得飞快，一溜烟儿就到了定州（在河北保定南）城下。定州守军严守城池，没让辽军占了便宜。萧太后怕误了时候，就决定放弃定州，带着大军继续南下。沿途的城镇，能打的就打，打不了就绕过去。辽军很快就到了澶州城（又称澶渊，在河南濮阳），离汴京就不远了。

　　战报一个接一个，传到汴京，朝廷一下子就炸了窝。宋真宗头都直发蒙（mēng），怎么辽军说来就来了呐？他赶紧召集大臣们商量。大臣们各有各的心思。宰相王钦若长得小矬个儿，可嗓门挺大，他尖声尖气地说："辽军太厉害了，京城我看是保不住了，只有迁都才行。"宋真宗忙问："你看往哪儿迁好？"王钦若是南方人，就说:"我看到江南的金陵最好,那儿一向是帝王之都啊!"大臣陈尧叟也主张迁都,他生在蜀地,就说:"要迁都就往远迁,干脆到成都去。"这两位这么一说,好多大臣都跟着说对,宋真宗听着觉得有理,可又不太情愿,他就问刚上任的宰相寇准:"你说迁还是不迁呐?"没想到寇准放开嗓门说:"要迁都的人,应当砍他的头!"把宋真宗吓了一跳。

寇准是下邽人(下邽在陕西渭南;邽 guī),从知县做起,一步步往上升,都挺有成绩。大伙儿看他性子直,说话冲,就向朝廷推荐,说他是个用得着的人才,宋真宗就拜他当了宰相。这会儿听王钦若、陈尧叟他们要迁都,寇准气坏了,怎么敌人刚来就想逃跑呐?他忍不住喊了一嗓子。宋真宗也给他镇住了,忙说:"你不赞成迁都,你说怎么办好?"寇准把主意说出来,又吓了宋真宗一哆嗦。他说:"当下不是往后退,反倒是要往前进。辽国太后和皇帝都来了,陛下应该御驾亲征,亲自到澶渊去一趟。那么着,将士受了鼓舞,一定能打退辽军。"话音刚落,王钦若他们就吵吵说不成,这不是把皇上往死地里推吗?宋真宗不吭声。

寇准又耐着心烦儿说亲征的好处,到底说动了宋真宗。宋真宗半天没言语,也许是想起了太祖太宗那会儿,亲征是挺平常的事,没出什么麻烦,还提高了威望。自己如果也来这么一回,一来露露脸儿,让大家伙儿说好,二来也能跟父辈拉平了,史书上也得记上一笔。这么着,他就说:"寇准说得挺对,我就亲征一次,压压萧太后的气焰。"寇准高兴地说:"皇上亲征,这个仗就好打了。要去就赶快去。"

过了些天,宋真宗就带着寇准他们,来到了澶州地界。寇准虽说是个文官,可他忙前忙后,指挥一切,准备给辽军来个下马威。

不料宋真宗刚到澶州南城,问了问战事,听说敌军就在城北边扎营,心里就跟打小鼓似的,扑腾起来。他后悔不该来,就对寇准说:"我这就算来过了,咱们回去吧!"寇准急得顾不上客气,说:"紧关节要上,您还没跟将士们见见面,怎么就回去呐?现在只能往前走一尺,不能往后退一寸!"大将高琼也劝皇帝别怕。

宋真宗没法子,只好硬着头皮到了澶渊北城。那天,他走上北城楼,黄色的伞盖迎着风,呼呼直摇。守城的将士一看,才知道皇帝真来了,立刻欢呼起来,一个劲儿喊万岁,士气大振。附近的百姓听说了也喜欢,好些人自己就联络起来,要跟宋军一起抗敌。宋真宗有了面子,也美不唧儿地乐了乐。宋军马上布阵增兵,要跟敌人拼个死活。

宋朝皇帝亲自出马,让萧太后也没想到。看见宋军那么来劲儿,她心里有点儿打鼓,双方碰了一下,辽军也没占了上风。这时候,河北各地军民都出来,抽冷子袭击辽军,还放风说要堵住辽军退路,来个大包围。萧太后一听这信儿,感觉这个仗不好打,万一给断了后路就完了。偏巧一件想不到的祸事,又给她浇了盆凉水。

一天,辽军的先锋大将萧挞凛(也叫萧挞揽;挞tà)带着一队人马到城边侦察,想探探地形。宋军发现了,两边就动起手来。萧挞凛骑着马站在高坡上,让底下人抢占地盘,宋军就射箭反击。看见萧挞凛正在远处指挥,宋将马上命令把床子弩搬过来,朝他发射。这床子弩是一种重型武器,把几张硬弓安在像床一样的架子上,射出的箭又长又重,射程远不说,箭头上还带着小铁球,威力比一般的箭大多了。萧挞凛以为自个儿离城老远的,又有盾牌保护,箭怎么也射不到他这儿,万没想到床子弩那么厉害,一箭发过来,正好射中脑壳。他气也没吭一声,就掉下马来。

宋元故事

宋真宗没法子，只好硬着头皮到了澶渊北城。

萧挞凛是辽国有名的武将,战功赫赫的,除了耶律休哥、耶律斜轸几个,没人比得了。他还是萧太后的本家人,如今这么惨地死了,萧太后哪有不伤心的呐?她扶着萧挞凛的灵柩哭得岔了气儿,好几天没出面理事。一想宋军这么难对付,她打仗的心气儿也没了。别说她了,就是全军上下,知道主将给杀了,也丢了魂似的,都蔫了。萧太后就和辽圣宗、韩德让商量,与其打没把握的仗,不如停战议和算了。不过,议和归议和,面子不能输,东西还得要。她就派出使者到宋营去联系议和的事。

其实,辽军刚起兵那会儿,两国的头儿就想讲和。宋真宗怕打仗明摆着,萧太后想的是不打也能让宋朝让出地盘。可双方官员秘密地见面一谈,谁也不想让步,就没谈成。如今宋军打了胜仗,士气大振。按寇准的意思,就应该趁热打铁,杀出城去,准能把辽军赶跑了。可宋真宗不想那么着,他想早点儿回去,就派人去寇准的营房里探探他的口气。探听的人很快就回来了,报告说:"寇相公喝了酒,听了曲子,已经呼呼睡着了。"宋真宗奇怪地问:"这么紧急的时候,他怎么还睡得着觉呐?"不过,寇准那么沉得住气,倒让他吃了定心丸,只好再待些天。正在这时候,萧太后的使臣来要求和谈,宋真宗特高兴,一口答应了,派官员曹利用当谈判使者。

辽国当使者的先一个叫韩杞,后一个叫姚东之,双方谈了几次,净在割地和赔款两件事上转圈子。宋真宗挺不耐烦,给曹利用下命令说:"只要不割地,赔点儿银子绢帛可以。"可赔多少呐?两边又争起来。宋真宗又对曹利用说:"实在不行,就给他们一百万得了。"寇准听了真别扭。他觉着没乘胜反攻就够窝囊的了,再要给那么多钱物怎么成呐?皇帝要讲和,他没法儿明里反对,就私下对曹利用说:"你去谈,绢和银加起来不能超过三十万,超过了,回来我杀你的头！"

曹利用再去谈，口气挺硬，萧太后那边只好退了一步，不提割地的事了，绢帛三十万也凑合了。这么着，两国就签订了一个协议，就是有名的"澶渊之盟"。大意是说，宋辽两国从此和好，是兄弟之邦。宋真宗大几岁，是兄；辽圣宗是弟，萧太后是叔母。宋朝今后每年送给辽国白银十万两，绢帛二十万匹。双方各守边界，不再相互侵扰。

明摆着，这个协议让宋朝吃了挺大的亏，能打赢的一仗不但没打，反倒每年送过去那么多银绢。可话说回来，那会儿辽国地盘比宋朝大得多，军力也强得多。宋朝没力量收复失地，能维持个安定局面也算是好事。打这以后，两国关系就稳定下来了。一百多年里，边界没有大战事，百姓过起安定日子，经济也就发展起来了。

澶渊之盟签了没几年，萧太后和韩德让都死了，辽圣宗亲政，继续改革图强，辽国有了最强盛的一段日子。宋朝这边，宋真宗回到汴京，一想起亲征，腿肚子还转筋呐，他对寇准就挺冷淡。王钦若那几个再来说怪话，宋真宗耳根子又软了，就找碴儿把寇准调到了外地，宰相也换了人。

宋真宗对国事没个准谱，可对自己的婚事倒有老主意。他还没当皇帝的时候，喜欢上一个蜀地女子，叫刘娥，也不管刘娥已经有了男人，就把她接进家里，整天摽着（摽biào）。他爸宋太宗看见他脸色难看，一问才知道是怎么回事，马上下令把刘娥赶了出去。他可是一死儿爱刘娥，等当了皇帝，又把她接进来当了妃子。刘娥挺会讨喜欢，把宋真宗哄得好开心。后来，宋真宗不顾大臣反对，硬叫刘娥当了皇后。刘娥一直没生儿子，宋真宗前几个儿子也死了，这让他挺着急。有一天，他看上了一个姓李的宫女，就把她叫了进来。巧了，李宫女很快怀孕生了儿子，宋真宗高兴，给儿子取名赵祯，立为太子。刘娥这就犯了愁，怕李宫女夺了自己的位子，就逼着李宫女把赵祯交给自己养，还不准她往外说。这么一来，好多人都以为是赵祯是刘娥生的。李宫女后来被封为宸妃，可一直不敢说实话。

一晃过了二十年，宋真宗死了，赵祯即位，就是宋仁宗。刘娥成了太后。宋仁宗一直认刘太后是亲妈，后来李宸妃和刘太后都死了，知道内情的人才告诉他怎么档子事。宋仁宗难受得几天没心思上朝，追封李宸妃为太后，还到母亲坟前大哭了一场。这件事传到宫外，好说书的人又编了一个"狸猫换太子"的故事，添油加醋地说得没了边儿。

不过，宋仁宗的孝心让老百姓挺夸奖。他的脾气也好，大臣的话能听得进去，还不喜欢铺张享乐。历史上被尊为"仁宗"的，赵祯是第一个。

西夏割据

宋仁宗即位以后，跟辽国和好相处，两国交往挺多，有什么事都互相通报，像走亲戚似的。一来是因为有盟约管着，谁也不想破了和局。二来是西边出了一件麻烦事，让两边的皇帝都挺头疼，不得不把眼光转向了西方。

原来这个时候，西边的党项人建立了一个政权。党项人本是羌人的一个支脉，早先在黄河上游一带居住，唐朝的时候往内地迁移，住在灵州、延州、夏州、银州（在陕西北部和宁夏）一带的最多，有一部分人还说自己是鲜卑人的后代。唐朝赐头领姓李，给他们加官晋爵。宋朝的时候，又赐头领姓赵，还给钱给物。可是当头儿的李继迁（又叫赵宝吉），还是不满意，嗔着给少了，就起兵反叛，投靠了辽国。辽国封他为夏国王。李继迁死了以后，儿子李德明说愿意还跟宋朝好，宋朝就封他当了西平王，每年照样送他好多东西。李德明搬到兴州（在宁夏银川）办公，在位二十多年，虽说跟宋朝也打了几仗，可大面儿上还过得去。

李德明的儿子李元昊从小就霸道，心气儿也高，他对他爸说：

西夏割据

"您不能老是顺从宋朝，咱们应该练兵打仗，征讨四方，夺取天下当皇上，那多痛快！"李德明说："这个我懂，可打仗太多，我也累了。再说，咱们这些年衣食不愁的，还不是朝廷的恩惠吗？可不能有二心！"李元昊听了这话，打鼻眼儿出气说："哼！是英雄就该成霸业才对，哪能光想着吃好穿好呐？"

赶到李德明死了，李元昊当了政，他就想独创天下，对底下人说："唐朝的李姓，宋朝的赵姓，我都不想要。我姓'嵬名'，我就是'兀卒'。"兀卒，在党项语中就是天子。他这么一说，底下人都嚷嚷起来："对呀，您就是皇上啦！"李元昊就下了一道秃发令，叫党项男人都剃了头发，光着脑袋，他自个儿带头先剃秃了，好打仗方便。接着，他又废了宋朝年号，建立自己的年号，任命了文武官员，立了各种制度，还让人造了一套新文字（就是西夏文）。准备得差不离了，他就带兵四处开打，打宋朝，打吐蕃，打回纥，夺了一些地盘。到了公元1038年，李元昊觉着实力够了，就宣布立国，叫大夏。历史上叫西夏。

西夏立国的消息传到汴京，宋朝上下都给气坏了。这么些年，宋朝一直忍让着，要什么给什么，没想到李元昊还来这么一手。宋仁宗马上宣布，不承认西夏国，要派兵征讨，还悬赏捉拿李元昊。双方的贸易也给停了。打这以后，宋朝和西夏又较上了劲儿。连着好几年，你来我往，大仗小仗打了不知多少回。

宋仁宗以为西夏比不了辽国，只要大军一到，就能把它扫平了。哪儿想到，李元昊挺会打仗，又早有准备，要和宋军来真格的。他先是要夺取延州（在陕西延安一带），和前来讨伐的宋军对阵。宋朝这么些年就重文轻武，缺兵少将，领兵的也挺作难，一上阵就给打得招架不住，直往后跑。西夏军占领了不少城寨，把延州

宋元故事

城包围起来。接着,双方在三川口(在陕西志丹西)打了一仗,结果又是宋军大败,大将刘平和石元孙都当了俘虏。得亏老天帮忙,下来一场大雨雪,把道儿封死了,李元昊才撤军回去。

刚过了年,宋仁宗就下令进攻西夏。一开始,宋军打得不坏,夺回了一些地方。李元昊就设下一计,派兵进攻怀远(在甘肃平凉北)。宋军统帅韩琦忙派大将任福去抵挡。双方在好水川(在宁夏甜水河)遇上,夏军按事先安排好的,打到半截儿假装败退,宋军紧追。这一来就上了当。宋军对地形不熟,追着追着就进了人家的埋伏圈。李元昊亲自带兵在川口等着,还在地下摆了一百多个箱子。宋军追过来,看见箱子,不知道是什么,打开一看,从里面"扑棱棱"飞出好些鸽子。鸽子在半空中乱飞,把眼光都挡住了。西夏军马上就冲过来,李元昊带着,分路包抄,断了宋军退路。任福和将士们苦战了半天,末了儿,他和他儿子都战死了,士兵也死了一万多。过了些日子,两边在定川寨(在甘肃平凉北)又交上手了。宋军守城,西夏军堵住河道,不让水流进城里,又四面包围。宋军赶忙突围,西夏军就放火攻城,结局还是宋军大败,守将葛怀敏战死。

打一次败一回,宋朝上下才明白了,西夏没那么好对付,要多想办法才行。宋仁宗忙着调兵遣将,派龙图阁(存放研究典籍文献的地方)学士范仲淹和庞籍几个到前线主持军务,又加派中央禁军增援。范仲淹是文官,这回穿上铠甲,也有了武将的感觉。他一到前线,就四处察看地形,了解军务,完了对大伙儿说:"打败仗不怕,可得要找出原因在哪儿。"大家说:"败给李元昊这小子,真叫人窝气!"范仲淹说:"眼下李元昊势头正盛,地形又熟,硬碰他,咱们肯定吃亏。我看应该先守住城池,加固防守,找机会打他个不提防,才能有转机。"大家都说可以试试。范仲淹就给宋仁宗上书,把想法说了说，宋仁宗也说行。范仲淹、韩琦、庞籍他们就加紧整修城池，加固营寨，训练士兵，不打没有准备的仗。

有个叫种世衡的官员，一直在西北当差，对这边的地形和百姓都挺熟。他对范仲淹说："延州东北那一大片地界，壁垒太少，原来建的也给拆了，没有挡头，敌人打过来很容易。要是在废墟上修建城堡，派兵把守，那可就不怕他们了，还能开田经商，安抚百姓，一举多得。"范仲淹说："这个主意好，就请你去操持这件事怎么样？"种世衡又想起一件事，说："李元昊经常让当地的羌人帮他打仗。羌人身强力大，打仗不要命，很难对付。我跟羌人的头领认识，您要是派我去说服他们，叫他们过来归顺朝廷，李元昊就少了帮手。"范仲淹一拍巴掌说："太好了！办成了这两件事，你就是大功臣，都拜托了！"

种世衡说到做到，带着手下人在废墟上建了一座城，叫青涧城，又修了好些小城寨。这么一来，宋军的防卫就牢靠多了。种世衡跟羌人也联系上了。那一天，他冒着大风大雪，按约定到了羌人的寨子，把范仲淹的意思告诉头领，希望他们为朝廷出力。头领挺痛快地说："您亲自来看我们，我们哪儿能不答应呐？往后有事就言语一声。"打这儿以后，这一带的羌人果然归顺了朝廷，跟李元昊断了关系。

范仲淹一面修整防务，一面物色能官强将，准备打硬仗。部下对他说："咱们这些将领里边，论打仗，谁也比不了狄青。"范仲淹眼前一亮，马上派人把狄青叫了来。

这个狄青是汾州西河人，本来是个农夫。后来他顶替哥哥坐牢，上司看他武功好，让他当了兵，派到西北边地跟西夏打仗，脸上还给刺了字。那会儿，当兵的地位低，都要刺字，好不叫他们逃跑。狄青觉着难为情，见人很少说话，可一上战场就来了威风。他戴着铜面具，披散着头发，挥动武器，像个天兵似的，没人敢抵挡。上司见他这么勇敢，叫他当了小军官。有一回打仗，士兵累得都倒在地下躺着。狄青受了重伤，也靠在树下歇息。不料好些敌兵又杀过来，眨眼儿到了跟前。狄青不顾伤痛，"嗨"了一声蹦起来，和敌人死拼。士兵们也来了精神，跟着他冲了上去，把敌人打败了。狄青立了一大功。这些年，宋军对西夏虽说老打败仗，可狄青打了二十几次小仗，受伤八次，从来没有败过。宋军上下，没个不佩服他的。

范仲淹见了狄青，一看他那威风的样儿，就喜欢得不得了，再一问战术上的事，狄青也讲得出好些道理。范仲淹一个劲儿夸奖说："如果将领都跟你似的，仗就好打了。你是精兵也是良将。"又拿出《左传》《汉书》送给狄青，对他说："当将军不懂古今大事就统帅不了全军，打胜仗也是匹夫之勇。你今后也要读读书，懂些战法，管保前途无量。"从此，狄青有空就看书琢磨事，指挥的本事越来越大，后来成了宋朝一员大将。大伙儿劝他把脸上的刺字去掉，可狄青说："还是留着吧，我当了将军，不能忘了根本。"

有了范仲淹、种世衡、狄青这样的能人，宋军比以前硬气多了，对付西夏也有了办法。李元昊虽说能打仗，可他四面树敌，绕世界挑事儿，和宋朝打，也和辽国打，宋辽两国都挺烦他。东边还没打完，他又和西边高原上的吐蕃人干起仗来。没想到吐蕃出了一个能干的首领，叫唃厮啰（唃 gǔ），把李元昊给压制住了。

唃厮啰原本叫欺南陵温，是吐蕃王室的后代。因为吐蕃闹内乱，他的祖上逃到西域，他也就生在那儿。前些年，西夏兵攻打吐蕃，占了地盘不算，还杀了人家的头儿。吐蕃人就把欺南陵温接了

西夏割据

狄青戴着铜面具,披散着头发,像个天兵似的。

来，立为新头领，管他叫"唃厮啰"，就是吐蕃语"佛子"的意思。唃厮啰那时候才十二岁，可他挺有志气。长大以后，他以青唐（在青海西宁一带）为根基，想法儿壮大自己，还派人联络宋朝，说要联宋抗夏。宋朝封他为宁远大将军，后来又让他当了保顺河西军节度使，给了他很多军资。唃厮啰也派人给宋朝送来许多战马，帮着宋军打西夏。

李元昊看吐蕃人跟宋朝好起来，肚皮差点儿气破，就带兵来打唃厮啰。唃厮啰也亲自出马，把敌人引到湟水（在青海东部）边上，淹死了好些西夏兵，大获全胜。这以后，李元昊再也不敢往西打吐蕃了，还得小心防守。唃厮啰不但会用兵，治理地方也有一套。他当政几十年，河湟一带生产发展，百姓过得挺不错，大家都念他的好。后来藏族百姓流传着一首长篇叙事诗《格萨尔王传》，据说就是以唃厮啰为原型编的。

有了唃厮啰在西边牵制，宋朝对付西夏省了点儿劲儿。李元昊连年打仗，闹得大家没法儿生产，当地人都直埋怨他。党项人没了宋朝给的吃的用的，自己产的青白盐又卖不出去，日子难过，也都说不好听的。李元昊没了辙，只好派人到汴京请求议和。

第一人物

宋朝文武百官听说李元昊要议和,好多人都摇头。这里面就有范仲淹、韩琦、欧阳修这些主战的官员。他们说:"李元昊没个常性,不能信他的。他说要议和,可又想自立年号,自己当天子,这怎么成呐?只有扫平了他,国家才能安定。"同意讲和的大臣说:"打仗打得太多了,什么时候算完?讲和有讲和的好处。"这话对了宋仁宗的心思,他就说:"和就和吧,我可是打烦了。"这么着,双方就开始谈判。公元1044年,宋朝和西夏定下了一个协议。西夏向宋朝称臣,宋朝封李元昊为西夏国主,每年送给西夏银子五万两,绢十三万匹,还有茶叶、银器、衣裳什么的,双方的贸易也恢复了。这个协议跟澶渊之盟差不多,宋朝用好多东西换了和平回来,可西夏这个"国里国"也就这么被认可了。

西北那边稳定下来,范仲淹因为守边有功,大家都夸他,叫他"龙图老子"。宋仁宗也挺看重,让他当了宰相。可他自己怎么也高兴不起来,好像有一肚子心事似的。

范仲淹这个人,有的史官说他在宋朝人物中数第一。看看他做的事，就知道这话不假。范仲淹是苏州人，祖籍可在西北的邠州（在陕西彬县；邠 bīn）。他小时候的日子过得挺苦，饭都吃不饱。后来考科举中了进士，在京城和地方上都做过官。因为知道老百姓过日子难，他就总想替大伙儿多做点儿好事。有一年，他到泰州西溪（在江苏）当盐官，管收盐税的事。西溪靠大海近，秋天海潮一上来，冲走好多东西，有时候连人带牲口都给卷走了。早先，唐朝在海边修了海堤，可年头一长，堤就坏了。范仲淹知道以后，就说要再造一条结实的捍海堤。身边有人跟他说："您是盐官，修堤不是您的事，管得多余了吧？"他可不这么想，说："百姓遭难，我是官员，哪能眼看着不管呐？"他就向上司把修堤的想法说了。上司也觉着是好事，就奏报朝廷，给了他一个县令的职位，让他去张罗修捍海堤。

范仲淹马上召集了几万民工干起来。这工程够大的，长了说有一百多里地。他每天都到工地查看，看着民工们卖力气，他也跟着一起推车运土，夯地基，干得挺高兴。哪承想有一天，天上下来一场大雨，海潮跟野兽似的，冲上了海滩。这一来，刚修起来的一段海堤就给冲垮了，民工也叫海水带走不少，剩下的都跑没了影。一些官员说："这海堤没法儿修了，赶快停了算了。"范仲淹说："那可不成，一场大雨就把咱们吓倒了吗？还得往下修。"上司也同意，他就把民工找回来接着干。不巧，家里这时候来信说，他老娘过世了。按规矩，他要回家守孝。范仲淹回到家里，可心还在海边上，时不时地给同事写信，不是问问修得怎么样了，就是给大伙儿鼓鼓劲儿。过了些日子，捍海堤造好了。堤外海浪涨潮落潮，可堤内没事，还种了庄稼，逃走的百姓都回来了。有人说，这条海堤应当叫"范公堤"，大伙儿都赞成，说："要不是范仲淹那么顶着干，哪有今

范仲淹跟着一起推车运土,干得挺高兴。

宋元故事

天呐？"

范仲淹在家里一面为母亲守孝，一面惦记着国家的事。他给朝廷上书，对国事提了好多建议，还说："忠和孝是立国的根本，我现在有孝在身，可不敢忘了忠，不敢因为自己哀伤就忘了国家的忧患。"宰相们看了他的上书，都夸他有志气，还报告了皇帝。不久，宋仁宗就召他进了京，在朝廷上办事。

范仲淹到了京城，才知道朝廷大权在刘太后（就是刘娥）手里，好多事皇帝做不了主。刘太后不懂政事，还动不动就发脾气训人，闹得大臣们都不敢说话。范仲淹看不惯，就上书说，皇上年纪不小了，太后应当把权交出来。刘太后一听就翻了脸，下令把范仲淹赶出京城。偏巧没多久，刘太后死了，宋仁宗亲政，又把他调了回来。范仲淹老脾气一点儿没改，看见不平事就忍不住批评。

有一年，淮南那边出了旱灾，蝗虫也跟着捣乱，地里绝了产，百姓只好啃树皮嚼野草。范仲淹马上请宋仁宗派人查看灾情，救济灾民。可奏章递上去好些天也没回音。他生了一肚子气，有一天上朝就绷着脸问皇帝："皇宫里的人有半天没吃饭，皇上就着急了吧？可那么多百姓没饭吃，您怎么不着急也不管呐？"宋仁宗闹了个大红脸，就说："那你就去一趟吧！"范仲淹赶到灾区，马上开仓放粮，当地粮食不够，又从南方调拨一批。听说有的地方瘟疫流行，他下令多开设医站，免费发药给病人，死了的要好好埋葬。

救完了灾，范仲淹特意带了些灾民吃的野草回汴京。他把野草给宋仁宗看，还说："这是灾民吃的东西，您给皇亲国戚们看看，叫他们别再铺张了，凡事也想想百姓吧！"这么说了，他还不放心，又赶着写了一道奏章，把朝廷的腐败烂事列了十条，请宋仁宗发给大臣们看。可这么一来，他把贵族和掌权的大臣都得罪了。宰相吕夷简嫌他多嘴多舌，就撺掇宋仁宗把他调出京城。结果，他先被贬到睦州（在福建建德），又给挪到苏州。

苏州是范仲淹的老家，他刚到任的时候，正赶上一场大雨把农田淹了，百姓遭了灾。好在他救灾有经验，就加紧修水利，通河道，把大水往海里引，又叫大伙儿把庄稼种上，很快就恢复了元气。接着，他花钱买了一块地，在上面盖了一所学校，请来名师，给学生讲学，培养了不少人才。苏州治水和办学这么成功，名声传到各地，皇帝也知道了。宋仁宗觉着范仲淹实在是个贤人，不用可惜了儿的，就又把他调回朝廷，在礼部当官。

宰相吕夷简着了急，他怕范仲淹老挑毛病，更怕他揭自己的短，就派人私下对他说："你不是谏官，往后不许乱发议论了。"范仲淹说："议论国事，是臣子的本分。我宁可丢官丢性命，也不能看着坏事不管！"吕夷简气得浑身都疼，眉头一皱，想了一个办法，对宋仁宗说："范仲淹这个人真有能耐，多难的事都难不倒他，让他去当开封知府，顶合适了。"开封是京城，皇亲国戚都在这儿住，麻烦事特多。吕夷简这么想：范仲淹整天忙着应付破烂杂事，就顾不了别的；要是再有点儿什么过失，罢他的官就有说的了。

没想到，范仲淹当了开封知府，很快查处了好些贪官，连吕夷简提拔亲信的事也给抖搂出来。上朝的时候，他就把大臣和皇亲违法的案子说给皇帝听，说："皇上万不可纵容他们，坏了家法国法。"这话让宋仁宗没了面子，吕夷简就扣帽子说："范仲淹胆子太大了，越权诬告大臣，还离间君臣，还能让他待在这儿吗？"宋仁宗就把范仲淹贬到饶州（在江西鄱阳；鄱pó），过了好几年才把他调回来当龙图阁学士，不久又派他到西北对付西夏。

如今，范仲淹在西北立了功，当了宰相，可他心里没滋没味儿

宋元故事

的，觉着宋朝净受外族欺负，老打败仗，兵力实在太弱了；国内的财力物力也吃不住劲儿，百姓的日子难过，造反的一起接一起。再看各级官府，当官的越来越多，腐败的可不见少。这么下去，国家就要衰落了。他心里头着了火似的，就想来一次改革，把风气换换，让国家兴旺起来。恰好，同朝的几个大臣，像韩琦、富弼、欧阳修这几个，跟范仲淹想到了一块儿。大伙儿商量着，由范仲淹上书给皇帝，提出改革的办法。宋仁宗也在兴头上，看了以后很高兴，当下就批准实行。当时年号是"庆历"，所以这回改革就叫"庆历新政"。

新政的主要几条，一是减少官吏人数，淘汰那些年老的、有病的、贪污的、平庸的，规定今后升降官吏，要看政绩大小，不看关系。违抗命令的要严惩。二是减少官员的公田，也减少农民的赋税。三是加强军队，招募士兵，平时种田，战时打仗。新政一公布，谁听了都明白，这是要拿赃官庸官开刀啦！朝里有人支持，有人反对，就分成了两拨。

范仲淹派了一些人到各地查看官吏的情况，称职的不称职的，回来向他报告。他就在不称职的名字上画了钩，打算再了解了解，不行就免职。富弼看他画了好些钩，担心地说："你画钩容易，可把他的官职免了，他全家都要哭了。"范仲淹说："他一家子哭，总比那一路人都哭好啊！"这话怎么说呐？原来宋朝把全国分成几十个地区，叫"路"。一个人当了一路的官，他的儿子孙子都沾光，跟着做官；如果再是个贪官，一路的百姓就遭了殃。如今把他的官职免了，一家子的财路断了，可百姓就有了盼头。富弼咂摸出范仲淹的意思，给逗乐了。

可是这么一来，就出了大麻烦。那些贪官庸官不是一个两个，是一大帮。听说要罢官走人,他们能愿意吗?这些人就凑到一块儿反对新政,领头的还是吕夷简。他们到皇帝那儿告状,说范仲淹几个要结成乱党,要造反。宋仁宗一听也犹豫了。再说,按新政的法子,早晚也得让皇亲国戚倒霉。这么一想,宋仁宗就决定停止新政。他还是用老办法,把范仲淹、韩琦、富弼、欧阳修几个都调到了外地。新政没人主持,自然就完了,一切还是老样子。

范仲淹当了几十年的官,升职又降职,进京又出京,不知道有过多少次。他就是认准了一个理儿,无论在哪儿,都要为国家分忧愁,为百姓做好事。有一次,他接到好朋友滕子京来的信。滕子京在岳阳(在湖南洞庭湖边)做官,他告诉他,那里有名的岳阳楼刚修整好,请他写一篇文章当纪念。范仲淹答应了,很快写了一篇《岳阳楼记》。他在文章里说,有些人不会因为处境好就得意,受了打击就丧气,他们是"先天下之忧而忧,后天下之乐而乐"。这句话其实也是说范仲淹自己,他不就是一个"先忧后乐"的人吗?

阎罗包老

范仲淹那年离开开封府以后,开封府又来了一位有名的人物,也是个大清官,他就是谁都知道的包拯。老百姓都叫他包公。因为开封出了两个好官,这二位又都是龙图阁学士,好些人就把范仲淹和包拯合在一起说,叫"包范",还把好些事给闹混了。比如范仲淹死后,宋仁宗赐他的谥号是"文正",是顶好的词儿了。民间有些人也把这个叫法安在了包拯头上,叫他包文正。其实包拯的谥号是"孝肃"。当年刘太后和李宸妃为了儿子的事闹别扭,范仲淹出面为李宸妃说过公道话。可后来民间故事说是包拯给断的案,哪儿跟哪儿啊?包拯比范仲淹小十几岁,范仲淹被重用那会儿,包拯才刚出来做官。

包拯老家在庐州合肥(在安徽合肥),和范仲淹一样,在地方和朝廷都待过,政绩自是不错。有一年他到端州(在广东肇庆)当知府。那地方出产砚台,就是端砚,全国有名。朝廷下令,端州每年向中央上缴多少多少砚台。可前几任知府都要加码,实际征收的比上边要的多得多。多征来的那些砚台跑哪儿去了,还用说吗?所以

阎罗包老

几任知府都发了大财,临走的时候大包小包,满载而去。包拯就没这样,上边要多少就收多少。离任的时候,随行左右跟他说:"您带几方砚台走,谁还能挑眼呐?"包拯说:"我带一方不打紧,可是公是私,说得清吗?"包拯的清廉就打这儿出了名。

后来他到朝廷上管财政上的事,因为知道百姓的艰难,他觉着官府向民间征收的钱物太多了,弄得百姓负担沉重,他就对同僚们说:"民众是国家的根本,也是财政的来源,官府应该爱护民力才对,不能逼得太紧。"同僚说:"你这个想法,得叫皇上知道才行。"他就给宋仁宗上书,建议减少征收项目。这话说了不久,陈州(在河南淮阳)遭了灾,百姓日子过得难受,可当地官府不赶快救济,反倒出花样多征税。往年农民直接缴些粮食就行了,可这一年偏要改缴现钱,按市价算,价钱也涨了好多。比如麦子,本来市价一斗五十文,这回涨到一百文,还得加上运费和损耗费,就成了一百四十文,翻一番不止。老百姓哪有不气的呐?怨言多了去了。包拯听说了,细细地那么一查,知道了根由,马上向皇帝报告说:"陈州官吏趁着灾年变着法儿涨价,剥夺贫民,这不是让百姓难上加难吗?应当废止折价,更不许涨价。"宋仁宗批准了,陈州百姓才有了一条活路。

宋仁宗看包拯敢说话,让他当了谏官,专门提意见。包拯一向佩服唐太宗那会儿的谏官魏徵,如今自己也当了谏官,他就找出魏徵写的三篇奏章,抄了一遍,送给皇帝看。宋仁宗看上面都是劝他不要偏听偏信、不要亲近小人这类话,连连点头说好。可他没想到,为了一件提拔官员的事,包拯对他不依不饶的,比魏徵还厉害。

宋仁宗最喜欢的张贵妃,有个伯父叫张尧佐。论才干,这个张尧佐没什么大本事,可就是爱当官想当官。张贵妃替他跟皇帝说

宋元故事

了,宋仁宗说:"这好办,给他个位子不就得了!"就封张尧佐为三司使(主管财政的官员),地位挺高。这一来,大臣们都气不平,他们说:"张尧佐仗着跟皇上沾点儿亲,就爬那么高,这像话吗?"包拯也这么看,上书说:"张尧佐不懂财政,让他主持,只会叫臣子们寒心,您应该收回任命。"

宋仁宗不但不听,还说要给张尧佐再加几个官职,有节度使什么的。包拯真急了,叫上好几个谏官和大臣一起找皇帝,当面说理。那一天,宋仁宗要去上朝,张贵妃摸着他的后背说:"您今儿个别忘了我伯父加官的事。"宋仁宗说:"得,得,我没忘。"上了朝,他就说要给张尧佐加官。包拯对宋仁宗说:"张尧佐这种人就是赃货,跟白天的鬼一个样,让人恶心。您让他当大官,就是乱了朝廷的章法,也败坏了您的尊严!"宋仁宗红着脸说:"这事执政的宰相们都知道,也没反对呀!"包拯往前上了一步,高声说:"他们光知道奉承您,才不说真话!"其他谏官和大臣也说:"张尧佐依仗权势算什么能耐,万不可重用!"包拯马上接着说:"您要是偏听妃子的话,重用这种人,外邦的人听了都会耻笑咱大宋没人啊!"话说得太急了,他嘴里喷出的唾沫星儿,都溅到宋仁宗的脸上了。

那几个官员愣住了,以为皇帝会马上变脸降罪。没想到,宋仁宗挺有气度,用袖子擦了擦,说:"好了都别说了,我也不给张尧佐加官了。今后定一条规矩,外戚不得担任要职。"宋仁宗回到后宫,张贵妃见了,忙问起他伯父加官的事。宋仁宗又拿袖子擦着脸说:"别提了,今天朝上,包拯气得把唾沫都溅到我脸上。你只想给他要官要官,不知道包拯是谏官吗?"

包拯当了两年谏官,提了不少建议,还弹劾了好几个贪官,名声更大了。宋仁宗就派他到外地当大员,镇守一方。那一年,他回

阎罗包老

包拯把唾沫星儿溅到了宋仁宗脸上。

宋元故事

到家乡庐州,主持一切。亲属们知道了,都赶着来看望,拉拉近乎。可包拯一个也不见,也不给亲友写信。他认为自己是为国家当官,不是为包家掌权,亲友来往多了,办事就容易讲情面。过了些日子,就有一个亲戚犯了法。论起来他是包拯的堂舅,因为欺压乡邻,被人家告到官府。包拯一点儿没犹豫,立刻派人把堂舅传到公堂,问明情由,告发属实。包拯对大家说:"我一再说,法令是国家的权柄。有法必依,执法必严。这件事没说的,要按律行事。"他就依法传令,打了堂舅七十板子。从这以后,亲友们都不敢胡作非为了,庐州百姓没有不说好的。

宋仁宗听说包拯在外地干得挺好,又把他调回京城,当开封知府。这就是当年范仲淹在的位子。包拯心里明镜似的,知道这个官可不好当。开封的皇亲多,权贵多,有钱人多,有后台的人多。这些人仗着势力,把谁都不放在眼里,让好些前任犯怵。他心说:"要镇住权贵富豪,就得豁得出去,给百姓做主。"到了任上,他就先找来下属,问他们:"百姓告状,怎么个告法呐?"下属说:"要告状,先得把状子交给门牌司,就是看门的当差,他们看了,再递给大人您,审不审由您定。"包拯皱起眉头说:"有没有从中扣压勒索的呐?"下属笑了笑说:"这就不好说了。"包拯绷起脸说:"这个办法不好,要改改。今后,凡是坐堂的日子,就把大门开开,让告状的直接进来,当面诉说。"

这么一来,百姓打官司就方便多了,找包拯断案的人越来越多。虽说好些是一般的民事纠纷,包拯可都当成大事,一一查实,秉公执法。有一次,他接了一件要案。原来开封城里有一条河,叫惠民河。河边景致挺好,当官的、有钱的人家,还有宦官,就跑到河边上占地修花园,盖亭台楼阁什么的。这么一家一家的,河边的

阎罗包老

地就都给他们占了。河道窄了，大雨一来，河水就上了岸，被淹的可都是民房。惠民河成了害民河啦！

老百姓一张状纸告到开封府，包拯立刻派人调查取证，让那些花园的主人交出地契，一个一个查对。末了儿，发现大都是无证的，有不少是假造的。包拯下令，凡是伪造地契的，花园楼阁一律拆除，把占的地给退出来。有的人仗着是当官的，磨蹭着不拆。包拯就把他们的名字报给宋仁宗。宋仁宗也觉着过分，撤了他们的职。包拯又忙着招来些民工，把河道很快修理好了。

包拯在开封府任上，干了好多年。因为铁面无私，不讲情面，那些官宦贵族都怕他，也恨他。可包拯自己不贪污不受贿，他们想抓把柄也抓不着。老百姓高兴得不得了，都说："关节不到，有阎罗包老。"意思是说，包拯跟阎王爷似的，什么关节也动不了他。万没想到有一天，包拯正在办公事，突然身子一歪，倒在了地下。他发了急病，回家不久就去世了。开封百姓知道以后，满大街都是哭声，大家伙儿难受得别提。

包拯一辈子清廉，不靠当官发财，吃的穿的跟普通人家差不多。他早就给家人留下遗嘱说："后世子孙做官的，如果贪赃犯法，就不能再回包家，死了也不能葬在包家坟地。违背我的心愿，不是我的子孙。"这么个好官，可惜忒少了。

唐朝的魏徵敢说话，得亏唐太宗有气度。包拯敢说话，也跟宋仁宗性子好有关系。要是碰上个暴君，也就没包拯这么个人了。宋仁宗虽说能力政绩远比不上唐太宗，可他待臣下宽厚，能管得住自个儿不胡来，也挺难得。他当了四十几年皇帝，到了晚年还没个儿子，这让他着了急，只好在皇亲里找了个养子，叫赵曙，立为太子。到了公元1063年，宋仁宗去世，太子即位，就是宋英宗。

熙宁变法

宋英宗即位的时候，三十出头，已经有了几个儿子。长子叫赵顼（xū），那年也已经十五六岁了。别看赵顼还是个小伙儿，可挺有想法，平日里爱看书，对主张变革的韩非的书顶喜欢，还自己抄写了一遍。大臣的上书也给他看了不少。有一次，他看了一篇写给宋仁宗的报告，写得挺长，题目叫《言事书》，上书的叫王安石。那里面说：当今国家财力不足，风气也变坏了，应该培养人才，改变过时的法令，还提了好些新办法。不知道怎么回事，宋仁宗没理这个茬儿。赵顼看完了，倒挺有兴致，就跟旁边人打听："这个王安石是哪儿来的？政绩好坏？人品怎么样？"

王安石是抚州临川人（临川在江西中东部），打小就好学，脑筋灵活，还跟着父亲走南闯北，见过些世面，诗词文章写得谁都说好。他后来在鄞县（在浙江；鄞 yín）当知县，修水利，理财物，挺有成效，名声就传播起来，谁都知道王安石是理财的能手。前些年他被调进京城，当了个管理财政的官。那份要求变法的万言书就是这时候写的。

熙宁变法

起根儿上说，变法改革从古时候就有。就说宋朝，从打范仲淹搞庆历新政那阵儿起，就有好些大臣说要改革，原因也是明摆着。民间上，当时地主和贵族兼并穷人的土地成了风，又用重利盘剥农民，管都管不住，贫富差距越来越大。民众造反的一拨儿接一拨儿。边防上，当年宋太祖怕武将夺权，减少了各级将领的权力，把军队集中在中央，边地兵力就给削弱了。军官们怕被猜疑，打仗的心气也不高。要不宋军和辽国西夏打仗怎么老打不赢呐？再就是朝廷上，官员太多了，真想干事的没几个，都想着多捞点儿钱，贪污受贿一点儿不稀罕。

从皇帝到大臣，都说再不能这么下去了，应当变一变。怎么变呐？按司马光、文彦博、曾公亮那帮老臣的意思，大的地方不能变，小的地方变变就行了，比如花钱节省点儿，官吏少用点儿什么的。王安石可不这么想，他走过的地方多，对官场的毛病看得比别人透，认为要从源头上找原因，从立大法着手，制定一套新办法，把各方面的事管住。可他的想法，司马光他们又不同意。

司马光是夏邑人（夏邑在山西闻喜），学问没说的，没人不佩服。他比王安石大两岁，俩人私交一直很好，又都是翰林学士。可对朝政的事，看法不一样，谁也不肯让一步。有一天，他俩为了财务的事就吵起来。因为有的地方闹灾，有些大臣说应该加征税收，司马光主张大家省吃俭用，把钱拨给灾区。王安石说："我看不是缺钱的事，钱不是顶要紧的。"司马光说："安石你说得不对，钱少是顶急的事。"王安石说："钱少是因为没有会理财的人，把财理好了，就是不加税，钱也够用的了。"司马光急赤白脸地说："你说的理财，不过是变相敛钱罢了。百姓穷了就要造反，不是好事！"王安石也急了，说："我说的理财，你不懂！"

宋元故事

赵顼知道了王安石的想法,觉得挺对,就有了来一番大改革的打算。偏巧,宋英宗在位不到四年就得了重病,把赵顼立为太子以后就死了。赵顼即位,就是有名的宋神宗。因为早有变法的心思,他登基以后,很快把王安石提拔起来。到了公元1069年,王安石当了宰相,宋神宗就让他主持变法的事。古代一次最大的改革就这么开始了。那会儿的年号是"熙宁",所以这次变法就叫熙宁变法,又叫王安石变法。

宋神宗挺有精气神,对吃喝玩乐没兴趣,一天到晚,想的忙的都是改革的事。王安石见年轻皇帝这么给劲,心气儿别提多高了。君臣聊起变法的事,总有好多话。他们连着出手,发布了一个一个新法令,财政的、生产的、军事的、文化的,方方面面都有,没法儿详细说。举几个例子,像青苗法,是由国家贷款给农民,年底连本带息归还;免役法,是按资产多少出钱,雇人服役;市易法,是平抑物价,禁止垄断市场抬高价格;均田法,是清丈土地确定地税;农田水利法,是兴修水利奖励垦荒;保甲法,是整顿军队,裁减老弱士兵,组织民众练武。还有均输法、均税法、保马法、将兵法、整顿学校、改革科举,等等等等。

这么多新法令,做起来是个难事。各地有各地的情况,执法的官吏能力也不齐整。结果呐,有的成效挺好,有的就差,还有的不怎么样,惹来好些意见。如果上上下下一条心,都为了国家好,有哪点儿不合适,大家商量着,改改不就行了吗?麻烦就出在不是一条心。一来,宋朝的党争从宋仁宗那会儿就成了气候,拉帮结派一直没断,不是一党的,就攻击反对,不管你对不对。这次变法也这样,支持的,反对的,都有个团团,吵起来就搂不住火儿了。二来,变法对皇亲贵族和大地主肯定没好处,只有损失,他们自然就一死儿反对。反对变法的调门越喊越高，声儿最大的就是王安石的好朋友司马光。

司马光给王安石写了封信说："你的变法有四条大错，一是侵害官员的利益，二是生出很多是非，三是向百姓争利，四是不听劝告，所以才招来怨恨，我劝你趁早收场完事。"王安石也回了司马光一封信，一条一条反驳他，口气挺硬，末了儿说："变法会招来怨恨，我早就料到了。士大夫们不思进取，瞎混日子，也不是一天两天了。皇上要改这些，我就不怕，不管敌手有多少，都要抵挡。"

反对的人又围着宋神宗说这说那，把宋神宗弄得头直晕。有一天他对王安石说："你听说三不足①的说法了吗？"王安石问："什么三不足？没听说。"宋神宗告诉他："现在外边有人说，咱们变法是天变了也不知道怕，谁反对也不听，连祖宗的规矩都不遵守。这是什么意思？"王安石嘿嘿了一声，又严肃地说："这三不足虽是冲变法说的，可也正好是我的想法。"宋神宗问："照这么说，咱们变法真过了头吗？"王安石说："您听我的意思，这天变是自然的事，跟变法挨不上，本来就不可怕。咱们变法合乎道理，当然就不怕谁反对。至于不守祖宗的规矩，难道不应该吗？您想想，仁宗皇帝在位四十年，修改法令多少回啦？如果老规矩都不能动，先帝干吗多次修改呐？"宋神宗点头乐了，说："对，咱们就不怕！"

可是，过了些日子，宋神宗也害怕起来。原来在后宫里有两个扯后腿的，都特有身份。一个是宋仁宗的皇后曹氏，现在是太皇太后；一个是宋英宗的皇后，宋神宗的生母高氏，现在是皇太后。曹太后是开国大将曹彬的孙女，和高太后的母亲又是姐儿俩，高太后是她外甥女，她是姨妈。两个女人亲上加亲，如今都成了后宫的大

---

① 三不足的原话是：天变不足畏，人言不足恤，祖宗之法不足守。

宋元故事

王安石说:"三不足正好是我的想法。"

人物，宋神宗也得让着点儿。这俩老太太别的事不怎么爱管，就知道凡是先帝立的法子都不能改。所以对王安石变法，她俩一开头就撇嘴。宋神宗起初挺硬气，支持变法不动摇，太后们拿他也没办法。

偏巧有几年，天灾不断。先是华山出了山崩，石头满天飞，怪吓人的；接着又闹起蝗灾，天上一直没怎么下雨，好些地方又受了旱灾。反对新法的人抓住机会闹，说："新法失了人心，得罪了上天，才引来祸灾，只有赶走王安石，天才会下雨。"曹太后和高太后也抖起老精神，把宋神宗叫来，教导了一番说："快把王安石免了吧，都是他变法变的，老天也生气了。"说着说着还都哭起来，抽抽搭搭的。

这一来，宋神宗吃不住劲了，对王安石说："天变不是小事，人言也不能不怕，大伙儿怨言这么多，两宫太后都掉了泪了。"王安石听皇帝提起太后，就忍不住说："曹太后的弟弟拿人家树木不给钱，反倒指使下人造假名，诬告新法官员，可没得逞，她们怎么会不反新法呐？"宋神宗好像没听见，说："我看你还是避避风头吧！"不久，他就免去了王安石的宰相职务，让他到江宁（在江苏南京）当知府，说是他太累了，让他在那儿好好"休息"。

王安石在江宁待了不到一年，宋神宗又把他调回来，还当宰相。可这一回，对王安石的主意，宋神宗就不怎么听了，还经常掉着个儿说。原来宋神宗见好多老臣出来反对新法，也担心会出乱子。凑巧，天上飞过去一条大彗星，那会儿的人认为彗星不吉利，叫它扫帚星。反新法的人更逮住理了，都说彗星是变法给招来的。曹太后高太后又出来哭了一场。这一回，任凭王安石怎么说彗星和变法无关，宋神宗都不听了。王安石说："过些日子天冷了，下了大雨，还会有人埋怨新法。这有什么怕的呐？"宋神宗不高兴地说：

"如果没人埋怨，不就更好了吗？"

王安石见皇帝这样，心也凉了半截，加上主张变法的官员里面也想法不一样，吕惠卿、章惇（dūn）、曾布几个互相攻击，没完没了。他就提出辞职，不想干了。宋神宗不愿意让他走，他又连打了几次报告。宋神宗只好答应了。王安石卸职回到江宁，从此就退出了官场。

宋神宗身边缺了王安石，变法的事也就搁下了，再没出什么新法令。可对已经下达的，他也没废除，新法这么着又推行了好几年。王安石待在家里，还惦记着新法，时不时地打听朝廷的动向。知道宋神宗正在改革官吏的制度，撤销了一些多余的部门和官位，挺有成效，他也跟着高兴。万万没想到，到了公元1085年，有一天，他听说宋神宗突然得病去世了，难过地大哭起来，好几天睡不着觉。他想念跟宋神宗一块儿改革的日子，也为新法的命运揪着心。没了宋神宗，新法还能给留着吗？

党争苦民

宋神宗死的时候，三十七八岁。他的儿子不少，可前几个都害病死了，接他班的是六子赵傭（即位时改叫赵煦），才八岁，就是宋哲宗。这时候，曹太皇太后已经不在了，高太后成了太皇太后，宫里就数她资格最老，大臣们就请她出来垂帘听政。高太后早就看不惯变法，掌了大权以后，头一件事就要废除新法。她觉着让老臣司马光干这事最合适，就把他请出来当宰相。司马光这会儿都七十好几了。还有些老臣，也让她给召回来。文彦博八十多了，叫人搀着又当了大官。这倒好，朝堂上净是些白胡子老头儿。

司马光因为跟王安石不和，那年辞了官职，到洛阳住着。虽说不当官了，他可没闲着，召集好些学者过来，把历代的事按时间顺序细细捋（lǚ）了一遍，写了一部大史书，叫《资治通鉴》。这部史书和《史记》《汉书》不一样，是编年体的，以前没有人这么写过，所以影响特别大。司马光靠着这部书，成了跟司马迁齐名的大记史家。除了写书以外，他也跟好些反对新法的人通消息，来来往往的，给他们出主意，大伙儿都说他才是"真宰相"。

如今司马光掌了大权,和高太后一个心眼儿,恨不得赶快把新法废了。可朝廷上有好些人是支持新法的,跟他拧着劲儿。这么着,就分成了新派和旧派两大党。司马光是旧派的总头儿,想着自个儿这么老了,要抓紧干才行。新派的官员就和他争论起来。章惇不敢明着反对高太后,就绕着弯儿说:"孔子说过,儿子三年不能改父亲的做法,先帝刚去世,儿子就要废新法,这不合孝道。"司马光说:"现在太皇太后主政,是母亲改儿子的,不是儿子改父亲的。"高太后接了话茬儿说:"也不能这么说。先帝变法本想要图新利民,可下面的人干得不好,现在是要回到先帝的本意上来。"她这么一说,大伙儿都没了词儿。

很快,新法一个一个都给废除了,支持新法的吕惠卿、章惇、蔡确一帮子官员,也都给轰走了,好些人被列为奸党。这件事在历史上叫"元祐更化"(元祐,宋哲宗第一个年号)。朝廷里掌权的都是旧派的人,他们说:"多亏了高太后,不然咱们哪有今天呐?"在江宁养老的王安石听说新法给废了,可伤心得别提。他难过地对朋友说:"有些新法令,都是我和先帝商量好长时间定的,怎么能都废了呐?"一个月后,他就连气带病离世了。

司马光听说王安石死了,想起当年的友情,也挺难受,就请高太后追封他为太傅。可没几个月,司马光自己也得病死了。这一来,旧派没了个挑头的,谁都不服谁,就分成了好几个小党,有程颐当头儿的洛党(多是河南人),苏轼当头儿的蜀党(多是四川人),刘挚当头儿的朔党(多是河北人)。几个党之间,你说我的不是,我说他的罪过,互相揭短,兜老底儿,闹得不亦乐乎,说白了,都想自己掌权。末了儿,高太后也给吵烦了,连着撤了几个领头的,赶到外地,可局面还是乱哄哄。

高太后主政挺上心，不想旁边有人生了她的气，就是她的孙子宋哲宗。宋哲宗长大以后，对政事也懂了些，瞧着奶奶把爸爸的新法都废了，很不高兴。司马光那些老臣更让他烦，上朝的时候，他们都只跟高太后说话，压根儿没瞧他这个皇帝一眼。所以每回上朝，他都一声不吭。高太后有时候问他："你有什么说的？"他咧开嘴角儿说："您都说了，我还说什么呐？"心里可硌硬得要命。高太后看他那种表情，心也发沉，担心会出反复。病重的时候，她拉着宋哲宗的手直掉眼泪，说："我死以后，没准儿有人劝你再用新法，你可千万别听啊！"宋哲宗点点头，肚子里早有了主意。

赶到高太后一死，他就铁了心要恢复新法。身边的人也劝他："您是先帝的亲儿子，理当继承先帝的事业，把新法接下去。"宋哲宗就把年号改成"绍圣"，新派的李清臣几个还发明了一个新词儿，叫"绍述"，都是继承光大先帝遗愿的意思。这一来，章惇那些新派的人又回到了朝廷，掌了大权。旧派的一帮人都给撤了职，轰走了，这回他们也成了奸党。章惇他们恨死了司马光，对宋哲宗说："司马光废了先帝的新法，是大逆不道，死了也不能饶，应当撤了他的封号，挖坟头劈棺材。"宋哲宗没让挖坟，可下令撤了司马光的封号，推倒了墓碑。新派狠狠报复了旧派，高兴坏了。可新法怎么施行，怎么检查呐，没有人想这些。

宋哲宗虽说是新派的靠山，可他身体太单薄，年纪轻轻的老生病。公元1100年年初，他得了重病，来不及安排后事就死了，在位十五年，才二十三岁。这一来，局面又来了大转弯。宋哲宗没有儿子，大家就说要从他弟弟里面找一个合适的，当新皇帝。向太后（宋神宗皇后）主持着，大臣们一块儿商议。宰相章惇说可以立哲宗同母弟弟赵似，向太后撇了撇嘴。章惇又说："年纪最大的是申王

宋元故事

高太后说:"有人劝你再用新法,你可千万别听啊!"

(赵似），要不立他吧！"向太后又摇头说："申王也多病，我看立端王合适。"章惇一听就皱起眉头说："谁都知道端王行为太轻佻，他哪能为天下之主呐？"向太后脸色立马阴了。大臣曾布脑子灵，忙插嘴说："章惇你别说了，这事得听太后的！"这么着，宋神宗的十一子，十八岁的端王赵佶即了位，他就是名声远扬的风流皇帝宋徽宗。

原来赵佶打听到要立新皇帝，事先就派手下人到向太后那儿送礼打点，为他说好话。如今向太后果然立了他，不用说他有多乐了。为了报答这份恩情，他就说自己掌大权还嫩，请向太后帮着主政。向太后高兴地答应了。别看向太后是宋神宗的皇后，她可是跟曹太后高太后一样，不喜欢新法。这一来，新派官员又倒了霉，都下了课，宰相章惇又给轰到外地去了。旧派的那些官员回来以后，朝廷上又换了一大批。司马光他们也给平了反。向太后这就宣布，废了新法，还是要用旧法。

向太后主政没一年，得病死了。宋徽宗这就自己掌了大权。新派的人趁这个机会，又来了一个大反扑。他们对宋徽宗说："您是神宗的儿子，哲宗的弟弟，怎么能不继承父兄的事业呐？"宋徽宗也觉得是这么个理儿，就下令恢复新法。可对新旧两大党，他都瞧不上，觉着旧党的老家伙们固然可恨，新党也有挺讨厌的。章惇不就说自己轻佻，不同意自己即位吗？这么一想，他就两边人都打击，用的人当然都得顺他的心才行。

这么一来，那些会看风转向、爱拍马屁的，可就钻了空子，一个一个爬上来了。有个叫杨畏的，本来赞成变法，后来高太后"元祐更化"，他就跟旧党站在了一块儿；宋哲宗"绍圣绍述"，他又马上说应当恢复新法。站过来又站过去，大家都叫他"杨三变"。顶会来事的还属蔡京，滑不出溜，跟个泥鳅似的。蔡京学问本来不错，进士出身，也是新派的，还当上了开封知府。后来见旧派得了势，他就大骂新法，只用五天就把旧法恢复起来。司马光夸他说："都像你这么快就好办了，什么事都能干得成。"宋哲宗亲政，蔡京又紧跟着章惇，成了新派骨干，好像他一直都主张用新法。有人揭发他人品忒差劲，他被降职去了杭州。可宋徽宗一上台，他又巴结上了宦官童贯。童贯一推荐，他就回到了京城，噌噌往上蹿，成了宋徽宗的大红人儿，直到当了宰相。这一帝一相，可就把天下弄坏了。

公元1102年的一天，皇宫的端礼门外，立起了几块大石碑，上面刻着好些人的名字。大臣们上前一看，吓得脸煞白，腿直哆嗦。原来这是宋徽宗亲笔写的让人刻的党人碑。被刻上名字的有司马光、文彦博、苏轼、苏辙等等大名人，一共一百二十个，都被列为"元祐奸党"。除此之外，朝廷的大臣，也给分了三六九等，好些人给归到"邪类"。章惇那些新派，给说成是不忠的党人。蔡京宣布，这些人都是坏蛋，死了的削夺官位，活着的贬斥流放，一概不能重用。原来，这是宋徽宗和蔡京一起鼓捣出来的，这么一闹，大臣们谁不害怕呀！

从高太后那儿起，到宋哲宗，到向太后，到宋徽宗，一会儿旧派掌权，一会儿新派上台；一会儿新法，一会儿旧法，党争把老百姓折腾苦了。这会儿蔡京又说要用新法，可新法早就没了王安石那会儿的原样儿，成了空纸一张。在这场大党争当中，还有不少文化人给卷了进去，倒了大霉。大伙儿一提起这事，就摇头叹息，真不值当的。

乌台诗案

被卷进党争里的文化人，最有名的有两位，一个是大学者沈括，一个是大文豪苏轼。

沈括是钱塘人（钱塘在浙江杭州），打小就看书学习，又跟着做官的父亲走南闯北，见了大世面。他最爱好自然的山山水水，喜欢探究天上地下的秘密。后来当了官，他就修河道，开良田，挺有成绩。有一段时间，他负责校勘图书，有机会看了许多天文、地理、历法、算学、农学、医药、音乐各类的书，学问更多了。他有空就对自然现象做研究，提出见解。在当时，像沈括这样的人，还不多。所以王安石变法开始以后，他就被提拔起来，当了司天监官员，专门管测天象造历法的事。沈括真有两下子，到任不久，他就有了新发现，比如太阳走的轨道是椭圆形（实际是地球绕太阳运行轨道），他比外国人早几百年就测出来了。

宋神宗看沈括是个人才，就派他到各地视察，督促落实新法。沈括因此又跑了好多地方，南方北方哪儿都去，见到了很多奇异的自然现象，有了新发现。像西北那地方有石油，就是他给发现的。

他还出使过辽国,参加对西夏的防务,懂得外交和军事的事。变法让沈括有了用武之地,又长了学问,他打心眼儿里支持新法,盼着新法见成效。

有一次,沈括到浙江一带巡察。恰好苏轼正在杭州当通判(地方副职),两个人早就认识,见了面,高兴地聊起来。苏轼爱说话,聊起来哇啦哇啦,嘴上没个把门儿的。

这个苏轼是眉山人(眉山在四川眉州)。他跟沈括不是一路,以诗词文章见长,写字绘画也很精通,在家乡的时候就出了名。后来他和父亲苏洵、弟弟苏辙来到京城,又火了一把。那会儿文人里头最有名望的是欧阳修,他把唐朝韩愈发起的古文运动接下来,在宋朝又推向高峰,自己也写了好多美文,还编了《唐书》和《五代史》,被公认是文坛首领。可他看了苏轼写的文章,佩服得不得了,对好朋友梅尧臣说:"痛快痛快,看了苏轼的文章,让我出了一身汗。他才是文坛之主,老夫也应该让他一头!"他就向朝廷推荐苏轼,苏轼也把欧阳修当老师看待。打这儿起,苏轼就在全国出了名,每回写出诗词文章什么的,很快就传开了,官也越做越大。

这会儿,苏轼和沈括聊得起劲儿,就拿出自己最近写的诗给沈括看。沈括拿起笔抄了下来,说要好好拜读。可是他回到京城,把诗仔细看了之后,觉着不对味儿。原来苏轼对王安石变法一直有看法,一开始就成了反对派。他在诗里就写了一些嘲笑新法的句子。沈括拥护新法,看了哪有不生气的呐?想起苏轼和自己聊天的时候,也说了些不满新法的话,他更气得慌了。于是,他就把这事儿报告了朝廷,说苏轼攻击新法。

这时候,王安石已经辞职回家了,宋神宗让御史台(管监察的部门)查查怎么回事。接办这个案子的李定、舒亶(dǎn)、何正

乌台诗案

苏轼和沈括高兴地聊起来。

臣、李宜几个可来了兴头。他们早就看苏轼不顺眼，这回逮住了机会，就想干出个名堂，要是能给他定个死罪杀头就太好了。李定他们把苏轼写的诗文都找了来，一句一句细看，果然从里面找到了嘲笑新法的句子，还有他们认为是骂皇帝的话，马上往上报告。宋神宗下令把苏轼逮起来，押到京城，关进御史台监狱审问。御史台院子里长着许多老树，上面有乌鸦窝，乌鸦满天界飞，大伙儿都管御史台叫"乌台"。这起案子是写诗引起的，就叫"乌台诗案"。

苏轼做梦也没想到，几首诗惹了这么大的祸，以为活不了了，都有了自杀的念头。可转念一想：我反对新法，皇上早就知道啊，又不是光我一人儿反对，怕什么呐？审问的时候，他就承认在诗里批评了新法。李定他们也知道，光凭着批评新法这一条，定不了死罪。他们就抓住两句诗不放，逼着苏轼承认骂了皇帝，想谋反，这可是能杀头的呀！

那两句诗是这么写的："根到九泉无曲处，岁寒唯有蛰龙知。"审官指着苏轼鼻子问他："只有当今圣上才是龙，龙在天上，你让龙到九泉之下，这不是咒皇上是什么？"苏轼一死儿不承认。给逼急了，他就说："你们去看看王安石的诗，他也写过'天下苍生待霖雨，不知龙向此中蟠'。我写的龙跟他的龙一回事！"这话真把审官噎住了，他们敢给苏轼乱扣帽子，可不敢给王安石乱扣。审来审去，他们还是要给苏轼判个死罪。

苏轼下狱的消息很快就传开了，谁都不愿意这个大才子给砍了脑袋，替他说情的一个接一个，有不少还是支持新法的。曹太皇太后正病着，听说了就对宋神宗说："当年仁宗皇帝看出苏轼苏辙哥儿俩是人才，说给后世找着了能当宰相的料儿，你可不能杀了他！"王安石也写了说情信，信上说："当今是盛世，哪有圣朝还杀名士的道理呐?"宋神宗本来也没想杀苏轼,只是想压压他的傲气,他就把审官叫来,问判死刑的理由。审官说:"别的不说,只这条龙,明明是指的您,当判死罪。"宋神宗摆摆手说:"你们说得不对。我看过了,他写的是树嘛,关我什么事儿?"

这么着,苏轼捡了一条命,可还是给贬到黄州(在湖北黄冈)当了个团练副使,不能签署公文,也不能随便离开。苏轼到了黄州,整天没什么事干,就写了不少诗词文章。最有名的有前后《赤壁赋》什么的,还有那首《念奴娇·赤壁怀古》,让人喜欢得别提:

大江东去,浪淘尽,千古风流人物。故垒西边,人道是,三国周郎赤壁。乱石穿空,惊涛拍岸,卷起千堆雪。江山如画,一时多少豪杰。……

过了些年,宋神宗答应让苏轼到常州(在江苏太湖北)居住,算是解除了管教,他就想待在常州不走了。没想到第二年,宋神宗一死,高太后掌了权,苏轼又受到重用,给调回京城当了翰林学士,成了朝廷大员。告他状的沈括可麻烦了,旧派要把新派官员打成奸党,连沈括也在其内。沈括被撤了职,赶出了官场。好在他有自己的事要干,托人在润州(在江苏镇江)买了一块地,盖了一座园子,叫梦溪园。已经是晚年了,他就住在园子里,把一生的所见所闻,还有自己研究的成果写下来。这就是有名的《梦溪笔谈》。《梦溪笔谈》在数学、天文、气象、地理、物理、化学、医学、冶金、建筑、水利等好多方面都有新见解,还记录了不少民间发明,像毕昇发明的活字印刷术,就是沈括给记下来的。这部书在全世界都挺有名气。

宋元故事

苏轼当了大官,爱说话的嘴还是闭不上。司马光要废除新法,苏轼不同意,他说:"新法里也有好的,不能全废了,那不合道理。"两个人就吵了起来。司马光气得对他待搭不理的。苏轼又是蜀党的头儿,短不了跟这个斗嘴跟那个争论,结果,旧派好多人也不待见他。他只好离开京城,第二次到杭州当地方官。几年后又去了颍州(在安徽阜阳)、扬州。

高太后死了,宋哲宗恢复了新法。新派又掌了权,想起苏轼反对过新法,就撤了他的职,贬到英州(在广东英德)还不解气,再挪到惠州(在广东惠阳),最后索性赶他到海南的儋州(在海南岛西北;儋dān)去了。苏轼两边不讨好,哪边都排挤他,他还怎么活下去呐?

苏轼到这时候才想开了,到哪儿随哪儿,跟老百姓一样,活得挺自在。写的诗也洒脱了,不谈国事,净是过日子的感想。他想起有一年路过江宁,去看望王安石,王安石骑着驴亲自来迎接他,陪着他游山观景。说起今后的日子,王安石劝他置办几亩地宅,早做个退隐的打算。可他没听,如今想起来真后悔呀!他就写了一首怀念王安石的诗:

骑驴渺渺入荒陂,想见先生未病时。
劝我试求三亩宅,从公已觉十年迟。

宋徽宗即位以后,大赦天下,苏轼这才回到内地,可他已经六十多了,不久就死在了常州。苏轼和王安石都在唐宋八大家[①]里头,

[①]唐宋文学八大家是:韩愈、柳宗元、欧阳修、王安石、苏轼、苏辙、苏洵、曾巩。

文学上的成就没比的。两个人对变法虽然想得不一样，有过矛盾，可谁都不记仇。倒是朝廷里那些掌权的，总想把人往死里整。宋徽宗和蔡京立了党人碑以后，觉着出了一口气，就出花花点子，要好好享乐一番，国事成了耍把戏。这一来，宋朝的前程可就悬了。

引金入宋

宋徽宗打小就好吃好玩，特别喜欢奇花怪石，还能写个字画个画儿，爱玩蹴鞠（古代的足球；蹴鞠cùjū）。他身边也净是这类人物陪着。有一次，大臣王铣派仆人高俅给他送礼物。这个高俅本来是苏轼的书童，后来又归王铣使唤。赵佶听说他也会踢球，就让他踢了几下，脚法还真不赖。他就硬是把高俅留下，没事儿陪自己踢球玩儿。高俅靠踢球起家，后来当上了太尉那么高的官，权势可了不得。有人瞧不起高俅，说："这种人怎么能当太尉呐？"宋徽宗就说："你看不上他，你有他那样的好脚吗？"

蔡京打听到宋徽宗喜欢奇花怪石，就派人在杭州苏州开了一个机构，叫应奉局，专门搜罗那里的石头、名花、树木、竹子。给他张罗这事的是个大商人，叫朱勔（miǎn）。朱勔撒开人到处找这些玩意儿，看见哪家有好的，就给没收充公。谁要是不愿意，他就安上对皇帝不敬的罪名，把人家都吓怕了。搜刮来的花石怎么运到汴京呐？蔡京下令，把花石装到船上，专人护送，通过水路往北运。这就叫"花石纲"（纲是运送货物的组织）。花石纲的船，排成一连

引金入宋

花石纲的船，排成一连串，往京城运花石。

串，年年月月往京城送花石，沿途有过不去的桥，都被拆了；有挡道的城堡，也给毁了。别处的地方官跟着学，把当地的花草怪石和奇鸟怪兽拣好的，都给运到了汴京。

宋徽宗只管玩，下令在汴京多造些花园，什么延福宫啊万岁山的，把运来的怪石奇花都摆进去，珍禽异兽也养起来。他没事了就到里边游逛一番。到了万岁山，养鸟的一看皇帝来了，就喊："万岁山瑞鸟迎接圣驾！"宋徽宗咧嘴一乐，马上给养鸟的升了官。

花石纲给皇帝找了乐子，让官员们也发了财。朱勔他们抓住机会不松手，狠狠地赚了一把，办法无非是勒索敲诈、多吃回扣那一套，再就是多征民夫，少给工钱。吃苦遭罪的当然还是老百姓。花石纲运了十几年，江南的民众简直没法儿活了。

睦州青溪县（在浙江淳安）万年乡，有个给人当雇工的，叫方腊，在当地挺有威信，大伙儿叫他方十三。他看着官府搜刮花石，搅得乡邻们叫苦连天，就叫上些哥们弟兄到附近的大山里秘密聚会。方腊把心里的不平全都倒出来，对大家说："如今官府赋税这么重，光靠种地养蚕过不下去，大家只好上山栽些树木竹子卖点儿钱，不想又给当官的抢走了，一点儿没给留。这叫咱们怎么活？再说，北边的辽夏每年还得要走好多银和绢，都是咱东南百姓的血汗。咱们累死累活，还吃不上饱饭，养不起老婆孩子。你们说，怎么办好？"弟兄们说："听你的，反正不能再忍了！"方腊说："咱们要是能行仗义，起来造反，响应的一定不少，我看顶多十年，就能把江山变个样！"大伙儿说："方大哥的话对呀，咱们这就干起来吧！"

这么着，在公元1120年深秋，一场民众起义就给掀了起来。不出方腊所料，响应的人太多了。没多久，江南各地都有了造反的队伍，很快连成了一片。兵器不够，大伙儿就拿着锄头棍棒和官军对抗，有的连棍棒也没有，就举起胳膊，攥着拳头，冲了上去。方腊带着起义军，先是攻下了睦州，又往北占了歙州（歙州在安徽歙县；歙shè），一个月以后，把杭州都给打下来了。转过了年，起义军兵分两路，四处开花。当地官军抵挡不住，忙向朝廷报告。

宋徽宗一听就傻了，再一听，是花石纲惹的祸，他就把朱勔当成垫背的，撤了他的职。应奉局也给关了。可谁不知道后台就是他自己呐？看着起义军越来越强大，江南的官员逃的逃，降的降，他就把镇守北部边地的军队派到南方，由童贯率领，去镇压起义军。

方腊的起义军到底没打过大仗，出谋划策的也少。加上北部官军作战能力比南方的强。末了儿，方腊他们就给打散了，只好撤回青溪的山里。官军追过来，双方打了三天三夜，起义军死伤了好些。方腊在一个山洞里给逮住，被押到汴京杀害了。宋徽宗这才松了口气，赶忙把应奉局恢复起来，还让朱勔管着。可老百姓早就把官府看透了，全国到处都有起义的，宋徽宗被这事儿弄得心神不定。倒是从北方传来的消息让他有了一个想头。

原来在前几年，辽国北方冒出了一个新政权，是女真人建的。女真人早先靠打鱼捕猎为生，后来被辽国管起来，形成了一个大部落，领头的姓完颜，名叫阿骨打。完颜阿骨打用了几年的工夫，把女真人统一了，在公元1115年，建立了一个国家，就是金国，他就是金太祖。辽国当然不答应，战争就这么打了起来。金国经济文化比辽国落后，打仗可又凶又狠。和当年宋朝对辽国老吃败仗一样，辽国对金国也是打一仗败一仗。辽天祚帝把全国的兵力带着征讨，想一举消灭金国，没想到败得更惨，上京、东京（在辽宁辽阳）都给丢了，忙着往南退到了卫州（在辽宁兴城）山上。

这消息传到宋朝，宋徽宗犯了神经似的，赶紧和蔡京他们商量。他这么想：北方失地一直是中原人的心病，太祖太宗也没能收回来。如果和金国联络好，两边夹攻，没准儿就能灭了辽国，收回失地，每年要送的银绢也就免了。那么着，自个儿的功劳没人能比，老百姓谁敢不服呐？这么一想，他就派马政当使节，从海上坐船，绕过辽国去北方，说是买马，暗里偷偷去联络金国。金国也过来人商议，蔡京出面谈的，可这一次没有成功。

过了两年，宋徽宗又派大臣赵良嗣从海上到金国去，对外也说是买马。赵良嗣对金太祖说："咱们两家一起出兵，一个南一个北，灭辽以后，长城以南归我大宋，以北归您，多好啊！"金太祖说："好是好，可有一条得先说下，今后你们也得每年给我们银和绢，像给辽国的一样。"赵良嗣回来报告，宋徽宗直嘬牙花子，可还是答应了。双方使节又来回跑了好几趟，就在公元1120年签了一份盟约。说好了，两边同时出兵，宋军攻打燕京，金军攻打中京（在内蒙古宁城西），都不越过长城。因为使节每次都走海路，所以就叫"海上之盟"。

宋徽宗对将领信不过，还是让宦官童贯挂帅，领兵去取燕京。童贯镇压农民军是内行，打辽国就外行了。他带人马到了白沟（在河北保定北），刚跟辽军交手，就吃了败仗，连忙后退。辽国的使臣跟着就到了，对童贯说："咱们两国早就有和约，如今你们和豺狼密谋，想图个便宜，破坏百年之好，这还像话吗？"童贯挨了训，一声儿不敢回。过了些日子，他又带兵北上，结果又给打得大败而归。看来，宋军遇辽必败的怪圈是破不了啦！

可是这时候，金国的大军打得顺利极了，金太祖亲自带兵，一路南下，把中京和西京（在山西大同）都占了，眼看着就到了长城脚底下。辽天祚帝往西跑了，可燕京还在辽军手里，宋军就是拿不下来。童贯想出了一个主意，派人去见金太祖，央求金军帮着攻打燕京。金太祖二话没说，带领人马进了长城，直奔燕京。一物降一物，辽军不怕宋军，可不敢和金军对阵，很快就投了降。金太祖派使节到宋营，对童贯说："你们太没信义，说好了两边夹攻，怎么不来呐？"童贯一个劲儿地说好话，求金国把燕京还给宋朝。金太祖发话说："交给你们可以，除了每年给辽国的那些银绢以外，再加一百万贯钱才行，算是把燕京租给你们得了。"童贯连忙报告朝廷，宋徽宗只好照办。

金太祖让将士们在燕京城放开了抢劫一番，还抓了好些男男女女当奴隶，这才退出燕京。金军刚一走，童贯立刻带着人马进了燕京城。城里空荡荡的，他还觍着脸挺得意的样子，到处转转瞅瞅，好像是个收复失地的英雄似的。宋徽宗下令，给童贯他们都升了官，还要立碑纪念，说这是了不起的不世之功。

金太祖离开燕京，派兵往西紧紧追赶辽天祚帝，他自己想回上京去。不料在半道上，他得了重病，没几天就死了。按金国的习俗，他弟弟完颜晟（shèng）即位，是金太宗。金太宗还是按金太祖的计划行事。公元1125年，金军在应州（在山西应县）捉住了辽天祚帝，辽国就这么灭亡了，存在了二百一十年。有一个辽国贵族叫耶律大石，他领着一些人一直往西跑，后来在叶密立（在新疆额敏）立国，历史上叫西辽。西辽又存在了好几十年。

宋徽宗听说辽国给灭了，琢磨着要好好庆贺一番。可他也不想想，把金军引进了长城，再想让人家退回去，还有指望吗？果然，金军灭了辽国以后，没歇脚就朝南边打过来了，说是要把宋朝就手也给灭了。这一来，宋徽宗搬起的石头砸在了自己的脚上。

宋元故事

靖康之耻

　　还在金军进攻燕京的时候，辽国的平州（在河北卢龙）守将张觉投降了金国。金国把平州改叫南京，让他当了南京留守。张觉本是汉人，看不惯金军抢掠百姓那一套，不久又宣布归顺宋朝，还打败了前来讨伐的金军。宋徽宗派使臣封他做了节度使。金国恨透了张觉，趁着他出城迎接宋朝使臣的时候，打了一个伏击，要抓他。张觉只好逃到宋营。宋朝官员王安中把他藏在武器库里，金国向他要人，他说没看见。金国哪肯相信呐？说如果不交出来，就要对宋军动武。王安中杀了另外一个人，把头送了过去。金人看出是假的，就发兵进攻。王安中一害怕，真就杀了张觉，把他的头交给了金军。辽国别的降将看张觉给杀了，都难过地流了眼泪。大将郭药师也是从辽国投降过来的，见张觉这么个下场，就对左右说："如果金人要的是我，会怎么样呐？"这些降将从此寒了心，好多人跑到金国那边去了。

　　金太宗看出宋朝失了人心，又挺好欺负，就动了灭宋的心思。金军的将领不用说，谁都想到黄河一带抢占地盘，那么一来，金国不就成了中原大国了吗？君臣们一商量，就决定把张觉这件事当口实，发兵南下。当下分成两路，一路由完颜宗翰率领，攻打太原；一路由完颜宗望率领，攻打燕京。说好了，两路得手以后，都向南进兵，在汴京会合。

打太原的一路没费什么事就占领了朔州、代州、忻州。正待在太原的童贯一听就吓掉了魂儿，赶紧溜回了汴京。守将王禀挺有骨气，他说服知府张孝纯，决心死守太原。百姓也给动员起来，军民一条心，打退了金军一次又一次进攻。完颜宗翰这路就给拖住了手脚。打燕京的一路可就顺利多了。完颜宗望带兵攻下蓟州（在天津蓟县）、檀州（在北京密云）以后，往燕京进发。守燕京的郭药师本来就恨着宋朝，没怎么抵抗就交出城池投了降。随后，郭药师就领着金军，一溜烟儿往南打，沿途的宋军根本挡不住。

金军这么快就来了，宋徽宗做梦也没想到。他连忙下了一份罪己诏，把自个儿的错处数落了一顿，央求各地赶紧出兵援救，应奉局也给撤了。可这管什么用呐？金军说着就到了黄河北岸，宋徽宗听说后，哭着说："想不到金人会这样没信义啊！"眼前一黑，他就给晕倒了。大臣们忙着灌药，把他救过来。他发着颤音儿说："快，拿笔墨来，我要写退位诏书！"原来，宋徽宗是想逃跑，就宣布把皇位让给太子赵桓，自己当太上皇。赵桓即位，就是宋钦宗。宋钦宗改了年号，叫"靖康"。

大年初三那天，宋徽宗听说金军趁着黄河上冰，已经过了河，赶忙逃出汴京朝南跑了。童贯和会踢球的高俅他们马上跟了上去。蔡京八十岁了，也说要去保驾，溜之乎也。这一来，汴京的百姓都给惹火了。太学生陈东上书说："蔡京、王黼（fǔ）、童贯、朱勔、梁师成、李彦这六个贼人，祸国殃民，罪过太大了。不能让他们溜

宋元故事

之大吉，应当把他们斩首，向全国谢罪！"大臣们也都嚷嚷要处死六贼。六贼当中，蔡京、童贯、朱勔不用说了，王黼当宰相，梁师成、李彦当宦官，都是宋徽宗的心腹，坏事让他们干完了。宋钦宗也觉着没法儿让他们活下去。蔡京走到半路上病死了，其余的都被抓起来，在当地给砍了头。

除掉了六贼，宋钦宗说要御驾亲征，和金军决战。可宰相白时中和李邦彦几个怕死，劝宋钦宗也学太上皇的样儿，赶快逃走。宋钦宗就犹豫起来。兵部侍郎李纲冒了火儿，对宋钦宗说："当下只能长军民的士气，合力死守，等待救兵到来，万不可弃城逃跑！"宋钦宗问："可谁能领兵对敌呀？"李纲说："这是当宰相的本分。"白时中脸都吓白了，说："莫非你李纲想带兵出战吗？"李纲瞥了他一眼说："皇上让我去，我万死不辞！"宋钦宗立刻让李纲当东京留守，负责守城。李纲忙着调集人马去了。

第二天一早，李纲进宫上朝，看见皇帝后妃的车马都备好了，禁军卫兵也排成了一长串。他一问，才知道皇帝要离开汴京。原来，宋钦宗思谋了一宿，觉着还是保命要紧，就打算逃走。李纲气得脸发青，就问卫兵们："你们是愿意守城，还是愿意逃跑？"卫兵们齐声说："愿意守城！"李纲转身进去，见了宋钦宗就说："将士们的父母妻子都在城里，谁肯离开？万一半道上跑散了，谁护卫您呐？再说，这么多车马走得太慢，敌人可都是骑兵，追上去太容易了，您拿什么抵挡啊？"李纲这么一说，宋钦宗也回过味儿来，说："那就不走了吧。"李纲请宋钦宗登上宣德门，和将士们见了面。他对大家说："圣上决计抗敌，固守城池，各营要加紧防范。"将士们都哭了，喊着要决一死战，加紧做了准备。

没几天，完颜宗望领着金军到了汴京城外。他看了看地形，命令用火船沿着河道上游往下冲,要打进城门。李纲早就料到了这一招儿,让士兵用长钩子钩住火船,再往船上砍大石头。事先,宋军在河里扔了好些木头,横七竖八的,拦住了河道。蔡京家的那些怪石这回也有了用场,都给搬来堵住了城门口。没说的,金军吃了败仗,死伤好些人。完颜宗望不敢再打,就说要议和,让宋朝派使者到金营谈判。

宋钦宗连忙答应,对当使者的大臣说:"每年多给他们三五百万两,没事儿。"还让他们带了一万两黄金和美酒鲜果送给完颜宗望。完颜宗望还嫌太少,狮子大张口说:"至少给黄金五百万,银子五百万,绢帛一百万,牛和马各一万才够。还得把太原、中山、河间三城让出来。"见使者不敢应承,他又说:"你们来不行,让亲王和宰相来当人质,才能议和。"使者回来报告,宋钦宗忙和大臣们商量。宰相李邦彦、张邦昌都说答应得了。李纲说:"要那么多金银,就是把全国的金银财宝都凑一块儿也不够啊,三城都是国家屏障,更不能给他!各地援军马上就到了,先拖他几天再说。"宋钦宗拿不定主意,他弟弟康王赵构说:"金人要亲王出面,我就去一趟,再议一议。"宋钦宗就派赵构和张邦昌到金营去了。

这时候,各地救援的人马陆续到了汴京。种世衡的孙子种师道也带着西北的兵将来了。宋军加起来,超过了二十万人,金兵才六七万。大家伙儿听说要议和,没人愿意,就商量着等金军粮草没了,打他一个追击。有个将领说,干脆夜里去劫营,活捉完颜宗望。宋钦宗想捞回面子,也点了头。没想到这消息给泄露了,去劫营的宋军反倒给打败了。完颜宗望派人责问,要求换人质。宋钦宗和李邦彦就往李纲、种师道身上推,说都是他们的主意,还撤了他俩的职;又派肃王赵枢去金营,换回赵构,三城的地图也给送到了金营。

　　这一来，把京城百姓气着了。好几万人都跑到街上喊起来，一致反对割地。陈东几个在皇宫门前上书说："李纲是国家栋梁，应当重用，该罢官的倒是李邦彦这几个卖国贼。"正好文武百官刚下朝出来，大伙儿看见李邦彦在里面，上前揪住他，又是骂又是打，砖头瓦片乱飞。李邦彦抱着脑袋跑了。宋钦宗听说以后，怕闹大了没法收拾，只好宣布李纲、种师道官复原职。百姓们直到看见他们两个出来，才慢慢散了。

　　完颜宗望看汴京百姓这么心齐，各地援军越来越多，也不敢再待下去，就蔫不唧儿地撤兵走了。汴京这一回总算没丢，要不是李纲有准主意，兵民一条心，还不知道会怎么样呐！宋钦宗得知金军走了，又犯了糊涂，以为从此天下太平，就让各地兵马都回了原地，还派人把太上皇接回来。他嫌李纲性子太急，把他调出京城，到扬州去当知府。别的主战官员也都给撤了。宋徽宗回到汴京，优哉游哉，还是整天吃喝玩乐，写字画画儿。

　　哪承想，刚过去半年多，金国大军又打回来了，眨眼工夫就快到汴京了。原来，完颜宗望退兵以后，想去占领中山跟河间两座城，可是让两城的宋军打败了，他只好死了这条心。这时候，从太原那边传来了消息，完颜宗翰的人马围攻太原，打了八个多月，直到城里粮草断绝，才破了城。王禀投河自尽，知府张孝纯被俘。完颜宗望赶忙去和完颜宗翰见了一面，商量下一步怎么办。结果，两个人一个心思，都说要南下再攻打汴京，灭了宋朝。这么着，金国两队人马分兵南下，一起往前猛打。各城没防备，像没人把守似的，一座不落都给丢了。

　　宋钦宗这回一丁点儿辙也没有。外地援军不在，李纲那样的官员没有，种师道也病死了。宰相和大臣多半主张割地求和，谏议大夫范宗尹趴在地上哭着说："眼下没别的办法，求陛下舍了土地，还能保住大宋不灭！"宋钦宗哭丧着脸，半天才说："还是让康王先去金营见见宗望吧，看人家又要什么。"

康王赵构正在外地，接到命令，就往北去找完颜宗望。路过磁州（在河北磁县）的时候，这里的守将宗泽把他拦下了。宗泽是个不怕死的硬汉，主张抗金，这会儿正在磁州修工事备战。他对赵构说："您可不能去金营，金人多滑头啊，去了就回不来了！"磁州百姓知道赵构来了，也都跑来劝他别去。赵构一想也是，万一去了给扣下就完了。他就决定不去金营，改道去了相州（在河南安阳）。相州知州汪伯彦是他的心腹，正等着他呐。宋钦宗得知赵构没去金营，就让他当兵马大元帅，汪伯彦和宗泽当副元帅，赶紧召集人马，过来保卫汴京。

赵构也是一个爱跑的，他在相州听说金军朝自己打过来，撒腿就往东边溜了。宗泽赶上来，一个劲儿劝赵构，说应该去救援汴京，可汪伯彦不愿意，跟宗泽吵起来。赵构自然是听汪伯彦的，给了宗泽一万人马，自己带着汪伯彦一直跑到了济州（在山东巨野），离汴京反倒更远了。宗泽领兵打了几回胜仗，可金兵那么多，这一万多人马哪儿挡得住呐？

两路金军很快就打到了汴京城下，哪座城门外头都有攻城的。不是军民严防死守，城早就给破了。宋钦宗正愁得没法儿，有个叫郭京的士兵说他会六甲法术，给他七千七百七十七人，就能活捉敌将，退了金兵。宋钦宗一听有门儿，立马给郭京升了官，叫他招兵传法术，准备破敌。郭京很快招来一伙人，练了些天就说："我要带六甲正兵上阵，把贼人赶到阴山那边去。"宋钦宗下令打开宣化门，

宋元故事

让郭京他们出战。没想到,这伙神兵刚和金军对阵,就让人家的骑兵冲散,哇哇乱叫地往四下里逃跑了。再找郭京,他早就没了影儿。可这一来,金军逮住了机会,一下子拥进了宣化门,一窝蜂地跑上了城墙。城里百姓急坏了,都出来和宋军将士一起打。金军在城墙上看见汴京军民一拨一拨,像云雾飘过来似的,腿也不听使唤了,只好在城墙上修起工事防守。末了儿,金兵在城上,宋军反在城下,倒过来了。

宋钦宗错走了这着棋,只好派宰相何栗到金营求和。何栗哆里哆嗦地骑上马到了金营。完颜宗翰和完颜宗望没等他说完就说:"让赵佶自己来吧,只要割地投降,我们就退兵。"何栗回来报告,宋钦宗叹着气说:"哪能惊动太上皇呐,还是我自个儿去吧!"他也顾不上体面了,出城来到金营投降。完颜宗翰和完颜宗望让他写降表,他马上让何栗写了,还说:"为臣的听您的命令就是了。"对方说要金银绢帛,越多越好。他马上说行,这才给放了回来。金军的使者跟着进了城,把国库里的金银财宝,还有文件宗卷都封了。

清点了数目,完颜宗翰和完颜宗望说还不够,命令宋钦宗再到金营,等交齐了才能回去。可给多少才够数呢?宋钦宗只好让官员到各家各户搜刮,把值钱的都交出来,送到金营。完颜宗翰和完颜宗望还是嫌少,把负责搜刮的官员杀了好几个。

汴京的金银财宝搜刮完了,可宋钦宗没能回来。完颜宗翰和完颜宗望决定灭宋,派人把皇帝的宝玺、仪仗、全国的地图,还有祭器、乐器什么的,一股脑儿没收了。公元1127年年初,也就是靖康二年,金军宣布,废除宋徽宗和宋钦宗帝号,他们都是金国的俘虏。宋徽宗也给从皇宫里拉出来,关进金营。父子俩在敌营"团圆"了。跟着他们当俘虏的还有大臣、后妃、亲王、王子这一大帮

靖康之耻

宋徽宗和宋钦宗父子俩在敌营"团圆"了。

人。汴京城里的各行手艺人，看病的医生，和尚道士，还有算卦的，唱戏的，连同宦官妓女，都给他们带走了。临走前，金军立原宰相张邦昌为皇帝，国号叫"楚"，让他管理黄河以南的地方。宋朝这不就完了吗？

义民抗金

金军宣布灭宋的时候,康王赵构还待在济州。赶到金军退走以后,宗泽他们想断人家的后路,抢回徽钦二帝,可没成功。他就请赵构即位当皇帝。张邦昌那个"楚国",没人搭理,他也只好请康王登基。赵构哪有不愿意的呐?到了夏天,他来到应天府(在河南商丘)即了帝位,把应天府改叫南京,年号建炎。他就是宋高宗。这么着,宋朝又给接了下去。历史上把宋高宗即位以后的宋朝,叫南宋,把这以前的宋朝叫北宋。

宋高宗先是任命李纲当宰相。李纲还是一个心眼儿抗金,一上任就整顿军事,准备收复失地,让朝廷还回汴京。这可不对了宋高宗的心思。宋高宗的心思是什么呐?汪伯彦、黄潜善几个近臣猜着了,他们就提议把京城往南边挪挪,离金国远一点儿。宋高宗立马说行。李纲不干,两边就吵起来。宋高宗当然向着汪伯彦他们,索性免了李纲的职。李纲总共只当了七十多天宰相。不管别人怎么反对,宋高宗铁了心要向南方撤退,带着近臣们去了扬州。北方呐?黄河以北差不多都让金国占了,黄河以南,他就让宗泽留守汴京,

宋元故事

把北方的事管起来。

当皇帝的被俘的被俘,逃跑的逃跑,可北方的百姓没害怕,都自己起来抗金保家乡。那些年,从河北、河东到陕西,到处都有民众自己组织的义军。五马山(在河北赞皇)上的一支,领头的叫马扩。他父亲就是出使过金国的马政。那一次他也跟着去了金国,和完颜宗翰、完颜宗望都挺熟。金军过来以后,他拉起一支队伍抗金。有一次战败被俘,审他的就是完颜宗望。完颜宗望劝他说:"你又不是宰相将军什么的,何苦给宋朝卖命呐?到我这儿来,想当什么高官,你自己挑。"马扩说:"我宁可死了,也不会当你们的官!"完颜宗望让他开个酒馆过日子。马扩就暗地里和五马山义军联络上,趁金人不备上了山。因为他有名望,武艺又好,就当了首领。随后,这支义军一天天壮大,发展到十几万人,在河北一带跟金军打起了游击战。

郓州寿张县(在山东西部)那儿,有座梁山,四周都是水面儿,叫梁山泊。前些年,有个叫宋江的领头造反,把梁山泊当基地,在河北一带来来往往,打得挺出名。后来宋江受了招安,投降了宋朝,可梁山泊一直还有人占着。临到金军南下,大伙儿就推举渔民张荣当首领,建了一支水军,上万条战船在河湖上巡逻,专门拦截金军。

义军中势力最大的要数太行山上的八字军,领头的叫王彦。王彦本来是宋朝的军官,随军征讨过西夏,立过战功,后来复员回到家乡上党(在山西长治)。听说金军来犯,他急忙赶到汴京,要求参战。恰好李纲、宗泽他们也想招募英雄豪杰,派将军张所管这件事。张所就拨给王彦几千人马,还有十一个将领,让他带着过河,去河北一带抗金。

义民抗金

　　这十一个将领里头，让王彦一眼看中的，是个叫岳飞的小伙儿。岳飞家在汤阴（在河南北部），二十多岁，长得堂堂正正。他打小在乡下过苦日子，父亲岳和常给他讲报效国家的故事，还教他读兵书，他也就有了建功立业的心胸。乡里有个叫周同的，拉弓射箭功夫好，岳飞拜他为师，也有了一手好箭法。外祖父看他是个习武的料儿，又请了使枪的高手教他学枪法。没多久，岳飞的武艺在当地出了名。十六岁那年他娶了媳妇儿，转年又得了个儿子，取名岳云（一说是养子）。可他自己还是个小伙子，志向还大着呐！听说北边战事吃紧，他就告别了妻儿，参了军。因为有勇有谋，他没几年就当了小军官，被拨到宗泽的队伍里，分到张所名下。

　　张所看出岳飞是个人才，就问他："都说你打仗勇敢，你能抵挡多少敌兵呐？"岳飞说："光仗着勇敢还不行，用兵先得靠智谋。"张所说："这话对，你看咱们对付金人怎么办最好？"岳飞想了想说："河北一带就像人的胳膊腿，护着汴京，应该赶紧收复河北失地，才能让京城不失。不然的话，就是往南边跑多远，金人也能追过来。"张所听对了心思，就升岳飞当了统制（相当于中级军官）。王彦来了以后，张所又让他随王彦去河北，也算了了他的心愿。

　　王彦带着部下渡过黄河，专找金军作战，连着收复了几座城。打新乡（在河南北部）的时候，两边较上了劲儿，打得难解难分。岳飞冲在最前头，四下里扫了扫，瞅准了敌人的大旗奔过去，一下子就夺了过来。他把大旗摇得"哗啦啦"直响，将士们欢呼着，打得更来劲儿，把金军的头儿给抓住了，收复了新乡。

　　金国又派来大批人马，要反夺新乡。这一回，金军占了上风，王彦他们只好突围撤退。大伙儿在一块儿商量今后怎么办，可想法不一样。岳飞一心想往前打，带着自己的人马往北边走了。王彦领

宋元故事

着七百多人进了太行山，打算在山里建立根据地。金军四处张贴告示，说谁捉住了王彦，就赏银多少多少。王彦为了防备遭人暗算，三天两头换地方住，半夜睡觉也老挪窝。来到了大山深处，他停下来对大家说："我抗金铁了心，死也不反悔。愿意跟我干的，咱们就自己结成队伍，在这儿保国保民。"士兵们都说："抗金谁不愿意？都听您指挥就是了。"他们当下发下誓愿，一定要抗金到底，决不投降。随后，每个人都在脸上刺了八个字："赤心报国 誓杀金贼"。他们这支队伍就叫八字军。

八字军很快成了气候，山里的老百姓都让子弟们来参加。别的地方的义军也派人联络，愿意让王彦领导。这么着，八字军就有了十几万人的队伍，营寨一座接一座，有几百里长。这会儿，宋朝官军都往南撤退走了，河北河东一带全靠八字军拖着金军后腿。王彦带着部下，瞅准机会就打埋伏，抽冷子搞袭击，打得金军没法儿防备。金军给他们闹腾得起急，决定进山围剿。可将领们都怕领这份差事，说："王彦的营垒跟铁块石头似的，太不好打了。"他们进山以后，不敢直接攻打营寨，就去截八字军的粮道，想让义军断粮断草。王彦知道以后，立刻叫人通知各路义军："咱们都看好粮道仓库，再分头出击，瞅准了就打，让他顾头不顾腚。"结果很快就把金军赶出了大山。八字军追上去，反倒破了金军的营寨。

八字军连连得胜，就打算西出太行山去攻打太原和大同，把失地收回来。王彦先派人到汴京去见宗泽，希望他出兵支援。宗泽对来人说："你们八字军现在声势不小，可远路行军作战，就会孤军深入，容易让人抄后路。我看不是上策。最好请王将军来我这儿一趟，商量个妥善的法子。"王彦听了以后，就带着一万多人马往汴京走。金军知道了，马上追过来，可一直不敢上来打，就那么远远地

义民抗金

八字军在太行山结成队伍,保国保民。

一直跟着。

王彦到汴京见到宗泽，两个人都挺高兴，可提起国事，又很难受。宗泽说："八字军在河北河东牵制了金人，多好的机会。可圣上现在扬州，老不发话北伐。我想请将军去一趟，当面劝他派大军北上。那么着，咱们的力量就大得多了，恢复中原就有了把握。"王彦说："老将军看得起我，我愿意去见一见。"这么着，王彦就带着亲兵离开了汴京。可他到了扬州，宋高宗没有接见他。原来，宋高宗和宰相黄潜善、汪伯彦正谋划着要和金国议和，顶不爱听抗金的话。他给了王彦一个官位，让他留在朝廷。王彦不愿意待在后方，就说自个儿有病，没去上任。后来他去了陕西，在那边接着抗金。留在太行山的八字军又坚持了好多年。

宗泽在汴京左等右等，等不到朝廷大军北上，别提有多着急了。留守北方这几年，这位老将一面整顿汴京的秩序，一面训练军队，准备和金军大决战。汴京有了模样，宗泽就过河到了河北，派人和各地的义军联络。义军首领听说抗金的英雄来了，都赶着来拜见。宗泽和他们商量下一步的计划，大伙儿也都愿意听他的指挥。安排好了，宗泽高兴地回到了汴京，马上给宋高宗上书，建议大军北上渡河，请皇帝回汴京主持抗金。宋高宗哪有这个胆儿？理都没理。这一回，宗泽请王彦到扬州当面劝说，又白跑了一趟。

宗泽急得心火上升，一口气憋在里头，就在背上生了疮，怎么治也不见好。他知道自己不行了，就念叨起杜甫的诗"出师未捷身先死，长使英雄泪满襟"，眼泪止不住往外流。公元1128年夏天，六十九岁的老将用尽气力喊着"过河，过河，过河！"就闭了眼。

江南大捷

宗泽死后，接替他留守汴京的叫杜充。杜充是个胆小鬼，别说抗金了，就是义军，他都不敢用，要解散人家。各地义军见杜充不顶事，都各自闯荡去了。正在汴京的岳飞眼瞅着抗金没指望，也跟着着急。岳飞自打和王彦分手以后，因为人手太少，过不久又回来找王彦。王彦把他推荐给了宗泽，他就来到了汴京，在黄河南边打了几个胜仗。可如今杜充不提抗战，他很不痛快。过了些日子，杜充听说金军又要开战，不敢待在汴京，连忙带人撤退，过江到了建康（在江苏南京）。汴京就这么给丢了，宋高宗不但没怪罪杜充，还让他负责防守建康。

公元1128年秋天，金国派大军南下，发话要把宋朝连锅端。这次领头的是金太祖的四儿子完颜宗弼，又叫兀术（wùzhú）。他是个主战派，一向反对跟宋朝讲和。这回率军过来，他就直奔扬州，想先把宋高宗逮住。宋高宗吓得赶紧渡过长江，到了镇江，怕不保险，又逃到杭州。转过了年，看金军没过江，他往北溜进了建康，想在这儿落脚。为了这事儿，他派使臣到金军求和，求和信上说：

"现在我防守没人，跑也没地方跑，从早到晚发愁。就盼着您可怜可怜，饶了我得了。我情愿去了名位，让大金天下无二，不必劳您驾来打我啦！"

金国收到求和信，一点儿都不想可怜他，完颜宗弼准备好了，就要过江。宋高宗像耗子怕猫似的，拔腿就跑，从建康到镇江，从镇江到常州，从常州又到了杭州。金军过了江，很快就攻到建康城下。杜充也是逃跑为上，建康就这么让金军占了。杜充跑着跑着，就跑到金国那边儿去了。宋高宗腿更快，完颜宗弼追到杭州，他已经到了越州（在浙江绍兴），听说金军马上就到，他又逃到明州（在浙江宁波），再逃到定海（在浙江镇海），到了海岛上。眼看金军就在后面，他干脆坐船入海，在大海上瞎转悠。完颜宗弼一死儿不放松，命令将士开船追赶，非把宋高宗活捉了不可。

还是老天爷帮了个大忙，一场大雨夹着狂风，在海上这么一刮，把金军战船给吹得打转转，乱了方向。完颜宗弼只好不追了。宋高宗坐船远远地到了温州，才定了神儿。金军追了这么长的路，将士们都累得喘粗气，北方人不服南方的水土，跑肚拉稀的不少。完颜宗弼只好准备撤退回北方。他让士兵们足一通抢，带着战利品就往回走。这么一来，宋军就有了报仇的机会了。

金军一路抢一路退，到了镇江，想从这儿渡江归北。把守镇江的叫韩世忠，是个有胆识的大将。还在金军往南追赶宋高宗的时候，韩世忠就对手下人说："金人早晚得回来，咱们埋伏好了，把他们截住，让他有来无回！"他就订好了计划，做好了准备。金军的船队真来了，说是有十万人。韩世忠这边才八千人，可是他一点儿不害怕，立刻在金山寺一带埋伏人马，又在长江上摆开战船，挡住金军去路。双方这就展开了激战。

江南大捷

韩世忠在中军指挥水军在前面猛打,在后面偷袭,两下里夹攻。他的妻子梁夫人亲自擂响战鼓。江面上"咚咚咚"喊声鼓声响成一片,一阵好杀,金军眼看着败下阵来。完颜宗弼只好派人求和,说:"只要让我们过江,愿意把弄来的金银财宝都留下,抢来的人和马也不要了。"韩世忠不答应,说:"除了投降以外,别的甭提。"完颜宗弼只好带着船队沿着南岸向西走,打算到建康再想办法。韩世忠让自己的战船靠北岸行驶,不叫敌军过北边来。这么着,两军并行,一直到了黄天荡。

黄天荡是个大江湾,只有一个口子。完颜宗弼哪知道啊,就下令船队躲进荡里。韩世忠马上命令把口子堵住,把敌人困在了里头。金军左突右突出不来,在荡里待了四十多天,可急死了完颜宗弼。他拉下脸皮请求见见韩世忠,两个人站在各自船上搭话。完颜宗弼低声下气地说:"韩将军放我一马,我从此再不来了。"韩世忠高声说:"回去不难,把你们占了的地方退出来,把二圣放回来就行。"完颜宗弼没了词儿。

求和不成,他就让人找当地人问路。有人就献了一计,说可以从旧河道开条大渠,打那儿出去。还有人说在船里塞土,船就走得平稳了,打仗也方便了。完颜宗弼赶紧让大家去挖渠塞土。这一招儿还灵了,金军从挖好的大渠出了黄天荡。也怪韩世忠一时大意,让敌人从眼皮子底下跑了。

金军逃出黄天荡,来到了建康,没想到,在这儿又被岳飞的队伍打了个正着。岳飞随着杜充到了建康以后,杜充投降金国,他就带着部下自己抗敌。这会儿听说金军到了建康,他就在附近牛头山上埋伏好了。等天一黑,他找来百十来个士兵,让他们穿上黑衣裳,说:"你们趁黑到金营里去,想法儿不让他们睡好觉,我自有办

韩世忠领着水军,在金山打败金军。

法。"士兵们混进敌营,就叫唤说宋军来了,金军官兵给吓醒了,都拿武器跑出来,迷迷糊糊地自己打起来。临到醒过味儿来,黑衣士兵早没了影儿。金军只好加派了岗哨。岳飞又派了些精壮武士,抓回来几个哨兵,连夜审问。这才知道,金军主力打算从静安镇(在江苏南京西北)渡江。

岳飞来不及报告上司,就带人马赶到静安,果然看见金军正在渡江。他马上下令截杀。正在这当儿,有人高喊:"建康着火啦!"岳飞抬头朝建康城望过去,真是大火冲了天。原来,完颜宗弼临退走以前,下令杀光居民,抢走财物,再放火烧城。岳飞动了气,喊着说:"给我杀!一个不留!替建康百姓报仇!"说着,他骑马举枪,头一个冲进敌群。将士们跟上去,朝敌人杀起来。建康府通判钱需这时候也带人赶到了,宋军势头更大。金军官兵看宋军冲过来,一慌神儿,吓得动不了劲儿,来不及渡江的就地让宋军灭了。这一仗,打死了金军将领一百七十多个,俘虏了三百多人,缴获了武器盔甲几千件。

岳飞打了胜仗,没心思庆功,赶紧和钱需率军直奔建康城。进城一看,到处是烧毁的房子,死人的尸首。建康虽说收复了,可叫敌人全毁了。岳飞恨死了金军,在心底里埋下了仇恨。金军这回让韩世忠、岳飞打得差点儿回不了老家,从此再没敢到江南打仗。

宋高宗听说金军走了,蔫不出溜地回到杭州,把杭州当国都,改叫临安,待在这儿再不想动窝了。这时候,好些将领官员都向他举荐岳飞,说岳飞自打参军以来,打了多次胜仗,不但能冲锋陷阵,还智谋高远,军纪严明,和士兵同吃同住。这么年轻能干的将领上哪儿找去?应当得到重用。宋高宗也琢磨着,往后对付金军,就得靠岳飞了。他就给岳飞升了官,成了一员大将,镇守扬州一带。这一年,岳飞刚二十七岁,大将里面数他年轻。

金军退回北方,金太宗发了愁,这才闹懂了汉人不会服金人管,还是让汉人管汉人好。大臣完颜昌(又叫挞懒)就出主意说:"宋朝降臣刘豫对咱们百依百顺,让他出面立国挺好。"完颜宗翰也这么看,金太宗就答应了。刘豫听说自个儿能当国主,喜欢得眉毛尖儿直扬,很快就自称皇帝,把汴京当都城,国号叫"齐"。他还凑了一支伪军,凡事按金国的意思办,跟南宋作对。

消息传到临安,南宋文官武将都气得动了火儿,宋高宗看压不下去,就下令讨伐刘豫。宋军朝北打过去,翟琮、李横几个将领,都憋着要和刘豫决战。刘豫手下的大将牛皋早就有心归宋,这会儿也带着人马投奔过来。大伙儿合兵分路,很快就拿下了几个州县。刘豫连忙向金国求救。完颜宗弼马上带好些铁甲兵赶到,挡住了宋军。这一来,翟琮、牛皋他们吃了亏,接连败退,收复的地方丢了不算,还让金军占领了襄阳等六个州。

岳飞听说以后,立刻上书,请求派自己去收复襄阳六州。这几年,他已经训练出一支能吃苦敢打硬仗的队伍,大伙儿都称呼是岳家军。岳家军专打胜仗,金军就怕和它对阵,管岳飞叫"岳爷爷"。宋高宗有了面子,也挺高兴,写了"精忠岳飞"四个字,绣在军旗上,送给岳飞。宰相朱胜非也说:"要退金兵,没人比得了岳飞。"这回,宋高宗就答应让岳飞去,可又盼咐说收回襄阳六州就打住,不准他再往北恢复。

岳家军很快到了前线,金伪军一听岳爷爷来了,紧着往后退。没多久,岳家军就攻下了郢州(在湖北钟祥)。老百姓见岳家军军纪严明,不动一砖一瓦,没有不夸的,都出来帮衬。岳飞接着派部将张宪取随州,自己带兵打襄阳。襄阳守将李成在汉水边上摆下阵势挑战。岳飞到阵前看了看，忍着笑对牛皋、王贵他们说："李成把骑兵放在江边，让步兵在平地上列队，忒笨了。他不知道地势险要适用步兵，地势平坦适用骑兵。这么布阵，兵再多有什么用呐？"说完，他让牛皋带骑兵去破李成的步兵，让王贵领步兵拿着长枪去对付李成的骑兵。

开战以后，岳家军步兵用长枪刺到了敌人的马，马在江边上跑不开，栽到江水里淹死了好多。岳家军骑兵在平地上跑得飞快，把敌人的步兵撵得没处躲藏。胜仗一个接一个，岳飞很快就收复了六州。消息传开，军民都高兴坏了。宋高宗对大臣们说："我早知道岳飞治军严明，没想到他这么有谋略，破敌立功到了这个地步！"他就加封岳飞为节度使。

岳飞在前线上书朝廷说："趁着刘豫内部正乱着，应该及早攻取。如果等他有了准备，再打就晚了。我愿意领兵北上，恢复故都故土。"他还填了一首《满江红》词，下阕是：

　　兵安在？膏锋锷。民安在？填沟壑。叹江山如故，千村寥落。何日请缨提劲旅，一鞭直渡清河洛。待归来，再续汉阳游，骑黄鹤。

岳飞盼着朝廷能让他带兵北上，收复失地，解救百姓。可他没料得到，朝廷上的风向开始变了，有些人正谋划着向金国求和。这一来，主战的岳飞成了他们的眼中钉。

岳飞被害

刘豫建立伪齐那年冬天,有个宋朝官员叫秦桧的,忽然从金国回到南宋,到了临安。秦桧那年和徽钦二帝一块儿当了俘虏,到金国待了好几年,跟金国官员混得挺熟,还当了完颜昌的随军参谋,帮他出主意。这次回到宋朝,他见了人就说:"好险呐!我是杀了监视我的金官,才逃回来的。"可是,大家伙儿越看秦桧越不像逃回来的。明摆着,他带着老婆王氏一大帮子人,还有不少财宝,又是个文官,怎么能走几千里地逃回来呐?难道金军就不盘查了吗?有好些人就怀疑秦桧是金国派来的奸细。

宋高宗听说秦桧回来了,想知道徽钦二帝(后来都死在了金国)和自己生母韦太后的下落,很快就召见了他。秦桧说了以后,忙着把话题一转,说:"当下要让天下安定,我看只有北人管北,南人管南才行。"他看宋高宗没摇头,又小声说,"您何不给完颜昌写个信,让他帮着议和。他可是主和的。"宋高宗点着头说:"我想想再说吧。"

宋高宗那天夜里没睡着觉,他想什么呐?他起根儿就没有收复失地的心思，这些年看岳飞、韩世忠他们打了胜仗，才说了些硬气话，骨子里还是怕得要命。让秦桧这么一点拨，他就觉着还是议和好。议和以后，自己不用担惊受怕，位子稳了，母亲也能给放回来。至于国土丢失啊，百姓遭难啊，这些就顾不了了。这么一想，他就决定议和。第二天，秦桧替他写了一封给完颜昌的求和信，他看了以后，张大嘴直乐，对左右说："好啊，秦桧对我这么忠心，我见了他，高兴得一宿没睡。"他就让秦桧当了宰相，主持议和的事。

秦桧马上上书说："今后要北人归北，南人归南。"他解释说，就是把那些到南方来的中原人都送回北方，交给金国和刘豫管。大臣们一听都气炸了肺，宋高宗也动了火儿，说："我也是北方人，该归到哪儿呐！"他就罢了秦桧的官，说永远不再用他。

这时候，宋军在前方打得挺带劲儿。陕西那边，宋朝主将吴玠、吴璘兄弟和王彦、刘子羽他们率军和金军兜圈子，在斜谷（在陕西南部）一带大败敌军。接着，他们又在仙人关（在甘肃徽县南）与金军死战获胜，收复了大片失地。东边，岳飞他们更不含糊，打得金伪军没了底气，就怕碰上岳家军。有一次，岳飞派牛皋去庐州（在安徽合肥）对敌，牛皋在阵前对敌将叫道："牛皋在此，你们怎敢来犯？"敌将大吃一惊，说："你怎么是牛公？听说他在湖北，怎么在这儿也有牛公？"牛皋让人把"岳"字大旗展开，敌军立马就乱了，倒着后退。牛皋挺起长槊冲上去就杀，敌军官兵撒腿就跑。岳家军乘胜追击，收复了几个州。

这么一来，金国招架不住了，完颜昌那一派主和的官员就占了上风。不久，金太宗死了，他的侄孙完颜亶即位，是金熙宗。金熙宗和底下人一商量，把刘豫的伪齐废了，提出要和宋朝议和，但是非得宋朝称臣、进贡银绢不可。宋高宗巴不得这样，忙派大臣王伦

宋元故事

到金国商议,可金国的官员只想和秦桧打交道,见了王伦就故意打听说:"你们秦丞相在哪儿?他平安吗?"王伦打马虎眼说:"秦丞相自己辞了职了。"完颜昌对王伦说:"我们的想法,秦桧都知道,你们应该听他的主意。"王伦回来一报告,宋高宗觉着议和还真离不了秦桧,就又把秦桧找回来当宰相,不再提永不用的话,让他快点儿议和。

议和的事传出来,朝臣们不反对的没几个,大伙儿都说眼下抗金形势这么好,应该北伐才对,议和就失了民心。编修官胡铨说:"秦桧想让圣上当石敬瑭,应该杀了他,再讨伐金国,不然的话,我宁肯跳海也不想屈辱地活着。"大将张浚、韩世忠都几次上书,反对议和,要求抗战。正驻守在鄂州(在湖北武汉东)的岳飞报告说:"我们和金国有着深仇大恨,一天也不能忘了。我愿意带兵收复河南,再攻取河北,恢复大宋边界。"

过了些日子,岳飞来到临安,朝见宋高宗。宋高宗对他说:"议和不错呀,金国答应归还河南地界,省得你们打仗了。"没承想岳飞说:"我看议和靠不住。金人一向不守信用,说了不算。秦宰相不为国家着想,会遭后代人嘲笑议论的。"宋高宗一听,脸色别提多难看了。他听得出来,岳飞明着说秦桧,实际上是说他。打这儿起,宋高宗就把岳飞恨上了,觉着他是议和的绊脚石。秦桧更不用说,恨岳飞恨得眼珠子都疼。

公元1138年,经过反反复复的谈判,宋金两边达成了一份协议。因为年号是绍兴,就叫绍兴和议。大意是说,宋对金称臣,每年进贡银子二十五万两,绢二十五万匹。金国把黄河以南的地方"赐还"宋朝。这就是说,宋朝不但把河北、河东失地都给了金国,还成了金国的臣国。金国要求宋高宗跪着接受金国的赐还诏书,宋高宗害怕，秦桧就说自己可以当替身。他就到馆驿给金国使者乖乖跪下，接受了金国的诏书。这种耻辱，历史上少有。

真让岳飞说着了，第二年，金国内部出了大事，主和的完颜昌被安上"谋反"的罪名，给处死了。完颜宗弼那些好动武的一派得了势，立马废了和议，发兵四路攻打南宋，说这回非要把宋朝灭了不可。宋高宗求和失败，只好派兵抵挡。岳家军没说的，成了抗金的主力军。岳飞就亲自挂帅，分几路从鄂州出发，开始北伐。前不久，他又填了一首《满江红》词，道出了胸中壮志："三十功名尘与土，八千里路云和月。莫等闲，白了少年头，空悲切。""靖康耻，犹未雪；臣子恨，何时灭？"如今有了为国出力的机会，他哪能不高兴呐？临出发那天，他对部下说："你们都要努力作战，等收复了河北，咱们再会师庆贺！"岳飞的长子岳云，十二岁就参了军，使一对八十斤重的铁椎（chuí），立了好多次战功，这回也参加了北伐。

岳家军一路北上，胜仗一个接一个，四十几天里就收复了好几座城。在郾城（在河南开封南）城北，他们跟完颜宗弼的金军主力碰上了。岳飞命令岳云说："你去，带领背嵬（亲随兵）和游奕（巡逻兵）两支精兵当先锋，直闯敌阵杀敌，不得胜，我砍你的头！"岳云二话没说，舞起铁椎，带着人马就上了阵。这一天直打到晚半晌儿，喊杀声就没断过，一天下来，岳云和将士们大获全胜，缴获了几百匹战马。

完颜宗弼头阵败了，就派"铁浮屠"和"拐子马"出战。铁浮屠又叫铁塔兵，骑兵头戴双层头盔，身穿铁甲，三匹马一组，用皮带连着，打仗的时候，只准向前不能后退，跟后来的坦克似的。两边的骑兵就叫拐子马，来回奔跑，挺灵便。完颜宗弼想用这两支王牌军给岳家军好瞧的，没料到岳飞早有准备。岳飞派步兵握着大刀大斧,专砍铁浮屠的马腿,一匹马给砍倒了,三匹马都动弹不了。岳云带着背嵬和游奕骑兵,专门对付拐子马。这一来,金军的王牌军成了岳家军的板上肉,给杀得不是死就是伤。完颜宗弼慌忙带人逃跑,跑了一阵,回头一看,剩下的人马没多少了,他哇哇大哭说:"我带兵这些年,就靠铁浮屠和拐子马打胜仗,没想到这回全完了呀!"

完颜宗弼想再拼一回,召集些人马又来挑战。岳飞亲自上阵,带着骑兵杀向战场,拉弓射箭,射倒了好些敌将敌兵。部下一看,都欢呼起来,冲进敌阵一通猛杀。有个叫杨再兴的将领,打仗勇敢出了名,这回带着一队巡逻兵在小商桥和大队敌人相遇,他一点儿不害怕,以死相拼,杀死的敌人多了去了,自己也浑身中箭倒在地下。大将张宪赶来增援,杀退了敌人,找到杨再兴的遗体,火化以后,从骨灰里捡到的箭头足有两升那么多。

郾城大捷以后,完颜宗弼从别的地方调来了十几万步兵骑兵,向颖昌(在郾城北)杀来。这一招儿,岳飞早料到了,派岳云增援守颖昌的王贵。交战那天,岳云带着八百骑兵,正面对敌,两边是步兵配合。这一仗打了大半天,有多激烈想想就知道了。将士们杀红了眼,沙场上血肉横飞。岳云在敌群里来回冲杀,杀了多少敌人,他自己都数不过来,末了儿,身上受了一百多处伤,铠甲都叫血染红了。这一仗,岳家军又完败了金军,完颜宗弼只好逃进汴京城躲起来。手下将士都发愁说:"看来,摇动大山容易,可摇动岳家军忒难了!"他听了,也愁得满脸哭相,对左右说:"自打起兵到现在,我没有像这回败成这个惨样儿!"他让一家老小赶快过黄河回北方去。

岳飞带兵往北到了朱仙镇,离汴京只有四十多里地远了。黄河

岳飞被害

两岸的百姓都高兴地拍巴掌庆贺，送来吃的喝的，迎接岳家军。各地义军就等着宋军过河北上，好一起收复失地。金国征兵的命令根本没人搭理。岳飞心气儿更足了，马上报告朝廷说："眼下正是大宋中兴的好机会，应当渡河北上，恢复故土。不然就错过时机，留下后患了。"他万万没想到，接到的不是过河北上的命令，倒是撤军的圣旨。原来宋高宗一怕岳飞把金国得罪了，不好再议和；二怕岳飞功劳太大，不听他的话，就在一天里用金字牌连下了十二道诏书，命令岳飞赶紧退兵。

将士们听说要撤退，哪能不难过呐？一个个都哭了。岳飞也直掉眼泪，对大伙儿说："十年的努力跟流水似的，一天就完了。收复的地界又要丢了。中原从此再也没法儿收复了呀！"老百姓也都赶了来，围着岳飞大哭说："将军这么一走，我们都没法儿活啦！"岳飞拿出诏书让百姓们看，说："朝廷有令，我不能不听啊！"他就让军队护送百姓们到南方避难。

岳家军撤退以后，宋高宗叫秦桧再求金国议和。完颜宗弼这回领教了岳家军的厉害，就给秦桧递话说："你讲和，岳飞可要打我，这怎么行啊？不杀了岳飞，就甭想议和！"秦桧正恨着岳飞，这一来，他就找碴儿整治岳家军。他先派心腹万俟卨（mòqíxiè）几个人诬告岳飞不听朝廷命令。宋高宗就免了岳飞的军职。接着，秦桧又指使人收买岳飞的几个部下，让他们告发岳云和张宪想谋反，把岳飞也牵连进去。宋高宗就让大理寺审问。这案子是怎么审的，就没的可说了。宋高宗和秦桧反正是想杀岳飞，还有什么公正可言呐？任凭岳飞怎么辩理，审案的万俟卨就是要判岳飞死罪。

抗金名将要被杀的消息传出来，多少人都站出来为岳飞鸣不平！上至皇族国戚，下到黎民百姓，谁都说岳飞没罪，要求释放

517

宋元故事

老百姓围着岳飞大哭说:"将军一走,我们都没法儿活啦!"

518

他。韩世忠直接找到秦桧，问他有什么证据说岳飞谋反。秦桧说："虽然不清楚，可谋反的事也许有（古语"莫须有"）吧！"韩世忠气得大叫说："你说也许有，这能叫天下人服气吗？"可宋高宗和秦桧不听这个，末了儿还是下令杀岳飞。

公元1141年年底，大英雄岳飞被毒酒害死，小将岳云、大将张宪也被处死。这是咱们中国古代历史上最大的一起冤案。但是，百姓的心里有杆秤，谁好谁坏分得可清了。后来的人心向背说明，受到历史审判的倒是宋高宗、秦桧、万俟卨这帮子人。

世章之治

岳飞被害死以后，金国准许宋高宗议和，可除了进贡称臣以外，还得把河南、陕西大片土地让出来。这比上一回的绍兴和议更屈辱。宋高宗厚着脸皮给金熙宗进表说："臣赵构一定守臣子的礼节，保证在皇上生日的时候，派人祝贺，每年如数进贡银绢二十五万两、匹。"没几年，好战的完颜宗弼死了，宋高宗满以为这下安稳了，哪料到金国又一次撕毁了和议。

金熙宗有个堂兄弟，叫完颜亮，因为自己没当上皇帝，对金熙宗一肚子不满。恰巧金熙宗残暴过了头，动不动就杀人。完颜亮就联络一伙人闯进内宫，把他杀了，自己坐了皇位。历史上叫他海陵王。海陵王早就想到中原当个管全国的真天子，即位之后就下令把都城从上京（在黑龙江阿城白城子）迁到燕京（在北京），改叫中都，官吏设置、科举考试也都用汉人的法子。不少女真贵族反对迁都，海陵王就来横的，让把上京的宫殿和住宅都拆了，在原地种上庄稼，还把好些贵族免了爵位。这一来，恨他的人还少得了吗？

迁都以后，海陵王盯上了南宋。他要当全国的天子，南宋太碍眼了,非灭了它不可。公元1161年,金国撕毁了和议,派四路大军南下。海陵王对大伙儿说:"这回攻宋,用不了两三年就能成功,南北就统一了。"金军果然一路胜仗,很快打到了长江北岸。

秦桧这会儿已经死了,宋高宗又想下海逃跑。可是好多大臣出来反对,他只好派人到前方督战。派去的人叫虞允文,是个文官。他到了采石(在安徽当涂北),马上训练军队,安排防务,还挺像回事。江北那边,金军十几万人马擂鼓呐喊,海陵王穿上金甲,带着兵将祭天发誓,要过江决战。那一天,金军坐着大木船渡江,虞允文让宋军的车船迎战。车船在水里走得快,像梭子似的,来回进攻。宋军还用霹雳炮打出烟雾石灰,把金军士兵的眼都迷住了。海陵王一看不妙,赶紧下令回军,撤回北岸,随后带兵到了瓜州渡口(在江苏扬州西南),想从这儿过江,再往南打。

就在海陵王出兵南下的时候,金国又发生了政变。留守在东都(在辽宁辽阳)的完颜雍(海陵王的堂弟)被推出来当了皇帝,就是金世宗。金世宗宣布把海陵王废了,还派人断了他的后路。这事传到前方,金军从兵到将,谁都没心思打仗了。有几个将领就冲进军营,一箭把海陵王射躺下,又把他勒死。海陵王这么一死,战事也就平息了。

文官虞允文指挥着宋军打了胜仗,宋朝上下高兴得没法儿说。好多人又提起抗金的事,要求给岳飞平反。宋高宗脸上挂不住,明摆着,金军两次撕毁了和议,让他脸往哪儿搁?他知道大伙儿对自己不满,就想退位当太上皇,省省心。可他自己没有儿子,该传位给谁呐?

原来那年在扬州避难的时候,有一天夜里,宋高宗正和妃子睡着,猛听说完颜宗弼带金兵杀过来了,要抓他。他差点儿给吓死,

宋元故事

从此就落了病根儿，出了毛病，再不能生孩子了。没儿子，立太子就成了难事。在皇族里找个养子吧，可皇族的人都叫金国逮了去，没人在身边。大臣们就出主意，说太祖的后代都到了南方，应当在他们当中找一个。宋高宗只好答应，经过挑选，他就定了赵玮当太子。赵玮是宋太祖的七世孙，赵德芳的后代。公元1162年，宋高宗退了位，让赵玮改叫赵昚（shèn）即位，就是宋孝宗。这么一来，宋朝皇位又回到了宋太祖赵匡胤这一枝儿上，真应了当年"金匮之盟"的说法。

宋高宗退位的时候，对满朝文武说："我在位这么多年，失德的事太多了，往后还得靠着各位遮掩着点儿。"可新皇帝没想这些。宋孝宗当太子的时候，就反对跟金国议和，主张抗战。即位后第二月，他也不管太上皇愿意不愿意，就给岳飞平了反，恢复了岳飞的职位，后来还在鄂州为岳飞建"忠烈庙"纪念。

接着，宋孝宗把主战派的张浚他们请回来，宣布要北伐抗金。可这回北伐有点儿仓促，没好好准备就打起来。公元1163年，张浚领兵渡江北伐，开始打了几次胜仗。可往后就老吃败仗。宋孝宗心有余力不足，只好答应讲和。好在金国吃了采石一仗的亏，没敢大张口。协议下来，宋朝不再对金称臣，改称了侄。每年给金国的银绢也减了五万。这次和议叫"隆兴和议"，给宋朝找回点儿面子。打这以后，两国有四十年没打仗，都想把内部整顿好点儿。

金世宗完颜雍即位的时候，快四十岁了。他前些年在好几个州府当地方官，读过历史书，对汉文化理解得挺深，觉着金国和宋朝比，经济文化差得不是一星半点儿，要想成为中原大国，非得学学汉人的法子不可。金世宗是个明白人，知道如果不按照汉人的法子治国，中原的百姓就不服。金熙宗在位那阵儿，做过一番改革；海陵王虽说给杀了，可他迁都城、兴科举没错，金世宗就这么想。有些大臣劝他回老家上京主政，他挺腻烦，问宰相李石："你说呐，回上京还是去中都？"李石说："当下国家重心在南边，人心也在那儿，您到中都，才能号令天下不是？"金世宗说："这话对我的心思，上京的宫殿拆了，可以重盖，可朝廷还是要设在燕京好。"他很快从东都到了燕京，主持朝政。

　　有一天，金世宗和大臣们议论国事，有的就说："科举考试那玩意儿是汉人的事，咱们用不着，不如废了算了。"金世宗扭头问大臣张浩："自古以来，有不用读书人的帝王吗？"张浩想了想说："有啊！"金世宗问："谁呀？"张浩说："秦始皇。"金世宗瞪大眼睛对大伙儿说："你们想让我当秦始皇吗？"

　　金世宗有了打算，一定要把本族的毛病改改，想法儿把国家治理好，照古代圣贤说的，施仁政。往细里说，就是帝王要勤政简朴，多听大臣的意见，用贤能远小人，教化百姓讲究仁义道德。眼下和宋朝有了和议，他就决定先从安定民心开始。记得汉朝开国那时候，采取与民休息的办法，就有了文景之治，金世宗也想与民休息。头一条是把中原各地来当兵的都放回去，让他们安心种地。二一条是赦免造反起义的农民，也让大伙儿回家务农。三一条是一户人家男人都当了兵的，放一个回家。这么一来，军队人数少了，可种田的农民多了，生产很快就发展起来。金世宗又下令，把大批奴隶解放成良民，因为战乱饥荒卖妻儿的，由官府出钱赎回来。这一招儿让北方百姓都挺高兴，对金国的怨恨也少了。

　　下一步，金世宗想在土地和税收上做些改革。金国历来实行"猛安谋克"制度，就是一种人口组织形式，猛安是一千户，谋克是一百户，都由户长管着，又打仗又生产。后来金国的地盘越来越

宋元故事

大，好些猛安谋克户长就多占土地，收租放债，成了地主。一般农户田地特别少，贫富差距就拉大了。金世宗和朝臣们就想出了"通检推排"的办法，说白了就是清查户口和财产，再按多少收税派公差。清查的范围挺大，包括田产、房屋、车辆、马匹、牛羊、树木等等，分出上中下三级，按户计算。这么一来，税收差役比过去合理了，人心也安稳了。

金世宗治理国家挺上心，对自己的一言一行也特在意，要当贤明君主，留下个好名声。大臣们瞧皇宫太破旧，都说应该建一座新宫殿。金世宗说："古代尧舜住的和百姓一样，汉文帝也喜欢节俭，人家才服他们。我现在住的够好的了，不能再建新的。"说起贵族子弟好大吃大喝，金世宗连连摇头说："我也爱喝酒，可从不往醉里喝，只在过年过节的时候喝一点儿。胡吃海塞那是败家子儿。"他平日爱吃蘑菇，底下人让产蘑菇的蔚州（在河北蔚县）多进献，当地官员每天让上百号人上山采鲜蘑菇。金世宗听说以后，发火儿说："谁让这么干的？为我一个人动用那么多人？今后用我的名义发令，必须我自个儿批准，不然就是欺君之罪！"金世宗凡事都照着明君的样子做，史书上叫他"小尧舜"。

金世宗学中原大国的样子，早早立了儿子为皇太子，不料太子死在了他前边儿，他又立孙子完颜璟为皇太孙。金世宗去世以后，完颜璟即位，就是金章宗。金章宗从小爱读书，学礼节，对汉文化比他爷爷懂得的还多。即位以后，他就下令尊孔子立孔庙，把儒家思想当正统，又按中原大国的样子，建立各种制度，定立法规。最要紧的一件，是把奴隶都解放了，还不准再叫平民当奴隶。金章宗这道命令，就把女真人往进步的道上拉了一大把。不用说，金国的文明可就比以前强多了。那些年，金国不但经济发展得快，就是文

世章之治

金世宗说:"谁让这么干的?为我一个人动用那么多人?"

学、音乐、绘画、医学、教育各个方面，都挺有成绩。

　　金国在世宗、章宗这几十年当中，算是最兴盛的时候，祖孙两代都把才智使出来了。可南宋就差劲多了，宋孝宗有劲儿使不出来，他底下的人动换不了，也憋屈得难受。

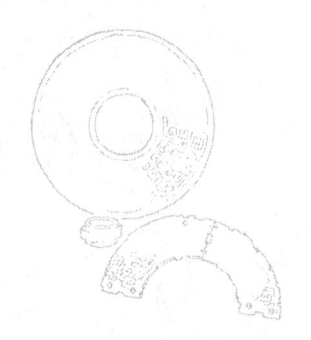

填词抒怀

　　宋孝宗最想干的事，就是快点儿把中原收回来，恢复宋朝原来的地界。可是朝中的大臣不是明着反对就是不言声，不给他作劲，支持他的张浚、吴璘、虞允文那几个也先后死了。太上皇虽说退了位，还时不时地出来叨咕说："别老提恢复的事，等我死了你再想得了。"所以大家背地都说，赵构那会儿，臣子想恢复，皇帝不想；赵眘这会儿，皇帝想恢复，臣子不想，老闹不到一块儿。宋孝宗没辙，只能维持着，慢慢的，要强的心气儿也给消磨尽了。皇帝都这么窝囊，底下那些想为国出力的人也都心里堵得慌。有个从北方来的豪杰，就给压制得心情很郁闷，特不痛快。

　　这位豪杰就是辛弃疾。辛弃疾是历城人（历城在山东济南），从小边读书边习兵马，长大以后，他文能写诗作文，武能上阵打仗，真正是个文武全才。那时候，家乡已经被金国占领了。可他一直认为自己是宋朝人，就招来两千壮士，一起参加了抗金义军。义军的首领耿京，见辛弃疾二十刚出头一个小伙儿，气概不凡，就让他当了掌书记（相当于参谋长）。不料和他一起参加义军的义端和尚生了二心，偷走了义军的大印跑了。耿京气得直跺脚，把辛弃疾叫来说："义端是你引来的，他偷印跑了，我要拿你是问！"辛弃疾说："请大哥给我三天工夫，我会把义端的头和大印一起交给你，不然的话，你杀我的头。"耿京答应了。辛弃疾骑上马就追了上去。在岔道口上，他堵住了义端。义端知道辛弃疾力气大武艺精，忙跪下求饶。辛弃疾哪肯呐？就斩了义端，搜出大印，回来交给了耿京。

这一来，耿京对辛弃疾更看重了。不久，他就派辛弃疾去临安找朝廷，商量抗金的事。辛弃疾很快到了南方，和朝廷联络上，要共同作战。回来的时候，他在半道上碰上了义军头领王世隆。王世隆急着说："我特地来迎你，大事不好，耿大哥让人害死了！"原来前不久，义军里的头领张安国和邵进，被金军收买过去，暗杀了耿京，带着一伙儿人投降了金国。辛弃疾一听，气得眉毛尖儿都竖起来，说："这两个贼人现在在哪儿？"王世隆说："都当了金国的官，现在济州（在山东巨野）呐！让他们搅和的，咱们的队伍都散了！"辛弃疾说："我非杀了他们为耿大哥报仇不可！"当下，他们就定了一条计策，要处死叛徒。

有一天，张安国正在济州官府请金军的头儿喝酒，邵进也在。忽然底下人报告，有个老朋友求见。张安国出门一看，原来是王世隆。王世隆作揖抱拳说："恭喜你升官发财，还有个朋友想见你。"张安国问："是谁呀？"话一出口，就见辛弃疾站在了眼面前儿，他刚要喊叫，几个人就上来把他绑了，用布堵住了他的嘴。辛弃疾低声说："跟我走，不然我捅了你！"跟他来的义军士兵冲进去，杀了金将和邵进。辛弃疾命令说："快，把贼人绑到马上，咱们投南边去！"大伙儿上了马，一溜烟儿跑了。赶到金军发现来追，他们早就没了影儿。

就这么着，辛弃疾押着叛徒，带着部下过了长江，到了南宋的地界。张安国被处死，辛弃疾他们也就算回到了自己的国家。他一心盼着，朝廷什么时候派大军收复北方，自己也好跟着回去，为国出力。可朝廷一直没动静，把辛弃疾急得什么似的，他就写了十篇文章，报请皇上看。文章里面说了抗金的理由，还有作战的具体计划，合起来叫《美芹十论》。宋孝宗瞧了瞧，还真召见了他，对他说："你的十论，我看了，挺好。不过朝廷上想法不一样，是战是和，我也拿不准。"辛弃疾说："中原失陷都三十多年了，北方百姓都盼着官军回去，各地义军也愿意响应。如果朝廷出兵北伐，金军首尾不能相顾，恢复肯定能行。皇上还是早日决断吧。"宋孝宗看看身边的大臣，叹了口气说："你先在朝廷里做点儿事，恢复的事等等再说吧！"他就让辛弃疾留在临安，当了司农寺主簿（掌管粮食文件印鉴的官员）。

辛弃疾不甘心当太平官，就又写了九篇文章，叫《九议》，报给宰相虞允文。他想：虞允文是主战派，又在采石打败过海陵王，一定会帮自己说话。他在文章里，把心底的话都说了。他说："我提出的北伐计策，是用我的心血换来的，假使朝廷用我的办法不成功，我愿意接受极刑（处死）！"可是，虞允文也没办法帮他。《九议》报上去，就没了回音。

辛弃疾一身武艺，一腔抱负，一肚子才学，没机会发挥出来，可把他憋坏了。没想到这一憋，就是几十年。后来，朝廷调他当了地方官，可又被掌权的一派挤对，给罢了官。他只好到带湖（在江西上饶）闲居。在湖边高处，他盖了一所房子，取名"稼轩"，打算在这儿务农过清静日子。可他怎么静得下来呐？人闲着心不闲着，老想着国家和北伐的事。

宋元故事

辛弃疾人闲着,心不闲着,老想着国家和北伐的事。

填词抒怀

打从年轻那会儿起，辛弃疾就喜欢作诗填词。到了南方，他把填词当成抒发志趣的事来做。有什么感想，或是看见什么有意思的事，都写到词里，多多少少解了点儿心烦。这会儿住在带湖稼轩屋，他填的词更多了，那里面的英雄气概没人能比。词这种形式，到了辛弃疾这儿，也就达到了高峰，谁看了都喜欢。有一年，好朋友陈亮写信来，说要来看望他，想读读他的新词。陈亮是浙江永康人，数一数二的学问家，跟辛弃疾一样，也主张抗金恢复。听说陈亮要来，辛弃疾别提多高兴了，就用心填了一首《破阵子》：

醉里挑灯看剑，梦回吹角连营。八百里分麾下炙，五十弦翻塞外声。沙场秋点兵。

马作的卢飞快，弓如霹雳弦惊。了却君王天下事，赢得生前身后名。可怜白发生。

过了些日子，陈亮来了，两个人在鹅湖寺（在江西铅山）见了面。辛弃疾把这首词给陈亮看。陈亮读着读着，眼泪就下来了。他说："这样的词，只有上过战场的人、一心报国的人才写得出来呀！"辛弃疾含着泪叹着气说："中原失去四十多年了，半壁江山在金人手里，我真是急得难受。一晃我也老啦。"陈亮说："老人儿剩的不多了，在世的怕是忘了国仇大恨。只有你和我说话投缘。"他俩一块儿住了十天，才分手告别，可两个人的心没有分开，他们就你一首我一首，填了好些词，寄给对方。辛弃疾还盼着有为国出力的一天。他在《贺新郎》词里就说："道男儿到死心如铁。看试手，补天裂。"

这一天，还真让他等到了。原来，太上皇赵构活到八十岁，好不容易死了。宋孝宗让他消磨得也没了心思，就让位给儿子赵惇，是宋光宗。宋光宗爱犯精神病，没几年又被大臣们逼着退了位。他儿子赵扩即位，就是宋宁宗。宋宁宗最重用的大臣叫韩侂胄（tuōzhòu），是北宋韩琦的曾孙。韩侂胄为人挺霸道，谁反对他，他就整治谁，说人家是逆党，弄得好些人怕他又恨他。可有一点，韩侂胄主张抗金，特别敬重岳飞，痛恨秦桧。宋宁宗听他的，追封岳飞为"鄂王"，撤了秦桧的爵位，给这个奸臣安了一个"谬丑"的谥号。韩侂胄要北伐恢复，就想起了辛弃疾，觉着这位英雄声望高，是北伐的旗子，把他请出来能收拢人心。他就让辛弃疾当了绍兴知府，为打仗做些准备。

辛弃疾六十四岁了，可能够恢复北方，不是称心的事吗？他没歇脚就到了绍兴任上，忙着训练军队，储备粮草。抽空儿，他还去看望了老诗人陆游。陆游就是绍兴本地人，这会儿快八十了。他写了一辈子诗，好些都是忧国爱民的内容，大伙儿都敬重他。陆游早知道辛弃疾是个豪杰，见了面就说了很多给他鼓劲儿的话。转过了年，宋宁宗要召见辛弃疾。辛弃疾把这事告诉陆游说："圣上要召见我，我怎么会不高兴呐？可我的看法跟有些人不一样，就怕他们又在背后捣鼓，排挤我。"陆游写了一首长诗，送给辛弃疾，嘱咐他说："你有管仲萧何的才干，朝廷对你大材小用了。这回见圣上，是个施展才能的机会，我真替你高兴。别人排挤你，你别在意，救国家比什么都要紧。"

辛弃疾到了临安，宋宁宗很快召见了他，韩侂胄也在座。宋宁宗问他："我要北伐，您有什么好主意？"辛弃疾说："依我看，金国迟早要内乱灭亡，我朝这么多年没打仗了，军资缺少，士气也不旺，千万别草草行事。准备的时候宁可长一点儿。眼下最要紧的，是先把兵练好，等有了机会再出战，才能一举成功。"宋宁宗点头说："你对北方熟，去镇守京口（在江苏镇江）最合适了。"当下就派他当镇江知府。京口在抗金的前线，辛弃疾知道这份责任很重，一到任就招募精壮士兵，紧着训练。

那一天，他登上城北的北固山，站在山上的亭子下，看见长江浩浩荡荡的，前浪接着后浪，一下子想起了好几位历史名人：孙权、刘裕金戈铁马，成就大业，多有气派；刘义隆（南朝宋文帝）仓促北伐，遭到惨败，又多可惜呀！自己这把年纪了，还能像老将廉颇那样上战场吗？他就填了一首《永遇乐·京口北固亭怀古》，下阕是这么写的：

元嘉草草，封狼居胥，赢得仓皇北顾。四十三年，望中犹记，烽火扬州路。可堪回首，佛狸祠下，一片神鸦社鼓。凭谁问，廉颇老矣，尚能饭否？

辛弃疾说北伐要做长远打算，别草草就动武，可韩侂胄不听他的，急急忙忙出了兵。结果可就太惨了，韩侂胄自己都送了命。

蒙宋灭金

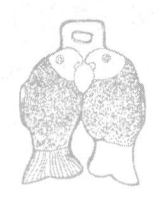

公元1206年，韩侂胄决定派兵伐金。因为辛弃疾想法和他扭着劲儿，他就把他撤了职。辛弃疾连急带气，害了重病。可不出他所料，宋军没打几仗就败下阵来，让金军追得满世界跑。得亏岳家军的后代毕再遇率部下死战，才把金军挡在长江北边，没敢过江。韩侂胄这才记起辛弃疾的嘱咐，让宋宁宗召回辛弃疾，想让他主持军事。可这时候，辛弃疾病得没了气力，只能让家人扶着，起来接旨。几天以后，这位大志难酬的英雄去世了，临了儿，他还没忘了北伐，连声喊着："杀贼，杀贼，杀贼呀……"

韩侂胄北伐失败，只好同意讲和。金国这回占了上风，不但要求宋朝称臣当儿子，还非要韩侂胄的脑袋不可。这一来，南宋内部就乱了套。有个叫史弥远的大臣就和杨皇后密谋，趁韩侂胄没防备，把他抓住杀了，然后割下头来，连夜送给了金国。金国见仇人死了，这才答应跟南宋议和。打这儿起，南宋朝廷没人再敢提北伐的事。

金国虽说占了便宜，可是让它着急的事也跟着来了。原来，跟

蒙宋灭金

当年辽国一个样,在金国的北方,也出现了一个能打仗的部族,就是蒙古。蒙古人早先在草原上放牧过活,形成了好些部落,都叫金国管着。到了公元1206年,有个叫铁木真的汉子,把各部落统一起来,建立了一个政权,他当了大汗,别人叫他"成吉思汗"。成吉思汗和他的子孙,靠着骑兵打遍天下,往西一直打到欧洲和西亚,在那儿建了几个汗国。往南,成吉思汗看上了中原的财富,他就找了个理由,说金国以前杀了他的祖先俺巴孩,要报这个仇。公元1211年,他亲自带兵,儿子术赤、察合台、窝阔台都跟着,来攻打金国。

在乌沙堡(在河北张北、内蒙古化德一带)要塞,两边打了一仗,金军被蒙古骑兵杀得没法招架,领头的胡沙虎拔腿就跑,一口气来到中都燕京。金国这会儿在位的卫绍王,是章宗的叔叔。他不但没处分胡沙虎,反而让他驻守在城北。蒙古军进了居庸关,把中都包围起来,倒不着急拿下。大伙儿看内地有粮有水又有草,都忙着抢粮放马去了。蒙古军骑兵每个人至少都有两匹马,人吃饭,马吃草,可比抢地盘要紧。

中都城里可就人心不安稳了。不多久,胡沙虎起来造反,杀了卫绍王,另立金世宗的长孙完颜珣当皇帝,就是金宣宗。胡沙虎也没得好,被部下术虎高琪杀死,术虎高琪有军权,在朝里没人敢惹。金宣宗即位以后,派人向蒙古求和,答应给人家金银财宝、好衣裳好马,还把公主献给成吉思汗,外带五百个童男童女。蒙古这才退了兵。

金宣宗见蒙古人走了,满脸苦相对大臣们说:"中都离蒙古太近了,我看不如迁都到南京(在河南开封,即北宋都城汴京)去,躲开它得了。"他这么一说,大臣们就议论起来,左都监完颜弼说:"迁都好,蒙古军说不定还得回来。南京那儿,北有黄河南有淮河西

宋元故事

有潼关,比中都保险多了!"左丞相单镒说:"不然。中都在国家的中心,宗庙、陵墓、府第什么的,都在这儿,要是把中都放弃了,大半江山就完了。还是守住中都才对。"双方争得脸红脖子粗,末了儿还是金宣宗说了算。朝廷很快就搬到汴京去了。

成吉思汗听说金国放弃了中都,赶紧派大将木华黎来抢夺地盘。各地官员看皇帝跑了,也没了心思。木华黎带兵像沙尘暴似的,呼呼刮过来,好多官员本来就对金国三心二意,见蒙古军这么厉害,一个接着一个换了主子。没几年工夫,中都丢了不说,北方大部分地界都归了蒙古。金国只剩下孤零零几座城,再就是黄河以南的地盘。

金宣宗这才有点儿后悔,和大臣们商量怎么办。大臣胥鼎说:"眼下蒙古是咱们的大敌,只有和宋朝和好,请他们出兵一起抗蒙,才能保全。"可右丞相术虎高琪反对,他说:"北边让蒙古抢走了,咱们就往南边发展,宋朝打仗不行,抢它的地盘太容易了。"金宣宗为难地说:"抢宋朝地盘倒是好,可那不就南北都受敌了吗?"术虎高琪眼一瞪说:"还管那些!打不过蒙古,咱就打宋朝,扩大国土。这些年,宋朝看咱们弱了,胆子也大了,连银绢也不给了,我看就以这事儿为理由,出兵揍它!"这么着,金国怕硬欺软,就决定攻打南宋。公元1217年,金军分东中西三路向南宋开了过来。

宋朝君臣这些年眼看着金国挨蒙古欺负,给打得哩溜歪斜,起心眼儿里高兴,好像蒙古是来替自己报仇似的,是上天的报应。好多朝臣就上书,说应该赶快跟蒙古联盟,南北夹击,把金国灭了。可也有人担心会惹大麻烦,大臣乔行简说:"蒙古的胃口太大了,不能不防。金国过去是咱们的仇敌,可现在它是挡住蒙古的一堵墙。可别忘了古时候'唇亡齿寒'的故事。"何止是古时候呐?北宋灭亡不就是联金灭辽的结果吗？可这会儿，南宋人恨金国恨得牙根儿疼，就没人细想后果了。恰巧，金国来犯，宋宁宗马上下令，让各地起兵抗敌。

金军做梦都想不到，这回打宋朝，败得别提多惨了，没有过的事。光襄阳和枣阳（都在湖北北部）那一仗，就让金军吓怕了。襄阳知府赵方和扈再兴、孟宗政几员大将，都是铁了心要抗金的。他们带兵先是打了个埋伏，退了进犯襄阳的敌军，又急行军到了枣阳，把包围枣阳的金军杀得散了架。过了些日子，金军又把枣阳城团团围住。赵方用了个"围魏救赵"的计策，派扈再兴去打金军后方，烧了它的粮草。金军下死劲儿猛攻枣阳，又是挖地道又是架天桥，要破城而入。守城的孟宗政派人在城里刨坑，打通地道就往里放毒烟，呛得金兵张不开嘴也睁不开眼。金军从天桥上进了城楼，孟宗政就下令火烧城楼，造了一道火墙，士兵们杀红了眼，和敌人在城上肉搏。末了儿，被烧死摔死的金兵不知多少。这时候，后方被劫的信儿传来，金军大乱，再也没心思打了。扈再兴的援军一到，孟宗政领兵出城，两下里一夹击，金军哪有不败这一说呐？枣阳大战以后，主战的术虎高琪让人杀了，金宣宗只好派人跟宋朝讲和，还到处发告示，不许部下再去进攻南方。

过了几年，金宣宗和宋宁宗先后脚地死了。金宣宗的儿子完颜守绪即位，是金哀宗。宋朝这边接位的是宋理宗。一开始，金哀宗和宋理宗都挺小心，双方没有战事。又过了几年，蒙古那边出了大事，情况可就变了。

宋金两国打得热闹的那阵儿，成吉思汗一方面进军中亚，一方面瞄准了西夏。西夏正好夹在蒙古和金国当中，要占领中原，西夏就非给灭了不可。所以成吉思汗打金国之前，就先对西夏动了手。

宋元故事

西夏向金国求救,金国不搭理。西夏打不过蒙古,只好向蒙古讨好,跟它一块儿进攻金国。此后,两边好一阵坏一阵,就是合不到一块儿。到了公元1127年,成吉思汗决心灭夏,亲自带兵打败了西夏人马。西夏国主投降,可成吉思汗也得了重病。他临死之前嘱咐儿孙们说:"灭夏以后,要从宋朝借道儿,赶紧去打金国,一定把它灭了。"

成吉思汗死后,继任蒙古大汗的是他的三儿子窝阔台。窝阔台把灭金放在第一位,派几路人马南下,自己也亲自出马,和小弟拖雷一起进兵河东,连着占领了好些地方。可是,其他那几路打得不顺,吃了败仗。窝阔台就在官山(在内蒙古卓资)开会,把各路头领找来商量。他对大家说:"金国虽说比以前弱了,可灭它没那么容易,非有个谋划不可。我看咱们兵分三路,中路直攻洛阳,左路打济南,右路绕道宋朝的地界,打到汴京的南边。随后,三军合围汴京,看它往哪儿跑!"大伙儿说:"好啊,就按大汗说的干吧!"

这以后的仗就打顺了,窝阔台率中军攻破了河中,很快渡过了黄河,直奔汴京。拖雷率右军,从宝鸡(在陕西西部)绕了一个大弯儿,进了宋朝地界。宋朝将领看见了,不但不管,还给人家接济粮草,眼瞅着蒙军顺着汉水往东,插到了汴京以南。金军发现以后,两边就打起来。末了儿,金军主帅战死,汴京被蒙军包围。金哀宗知道守城守不住,就逃出汴京,到了归德(在河南商丘),归德也待不住,他又去了蔡州(在河南汝阳)。

窝阔台这会儿派使者王檝(jí)到临安,对宋理宗说:"大汗请您出兵,和我军一块儿攻打蔡州。等把金国灭了,黄河以南的地界都还给贵国,好不好呐?"宋理宗乐得闭不上嘴,说:"那敢情好,我这就派人去你们那儿细商量。"

蒙宋灭金

蒙古和南宋的军队相约着到了蔡州城外。

宋元故事

消息传到金国，金哀宗快愁死了，忙派人对宋理宗说："蒙古灭了夏，又来灭我，我亡了就轮到你们。咱们两国联合才对，不单为了我，也是为了你们。"宋理宗没理会。他掂量来掂量去，觉着宋蒙联合比宋金联合上算。一来是金国太爱毁约，让人信不过；二来宋朝出不出兵，金国早晚都得让蒙古灭了，不如搭个便车，还能捞点儿什么。

公元1234年秋天，蒙古和南宋的军队相约着到了蔡州城外。说好了，蒙军攻西门，宋军攻南门。不用多说，蔡州粮草断绝，挺快就给破了城。金哀宗哭着说："我做了十年国主，没什么大错处，死了也不恨谁，恨的是怎么到我这儿亡了国！"他只好上吊自杀，金国到这儿就完了，一共一百二十年。

宋朝上下高兴得要发疯，百姓们都上了大街。一百多年的仇可给报了，哪能不高兴呐？宋理宗下令，把金哀宗的尸骨放在徽钦二帝的灵前，算是给先人报个喜。他还准备派人去接收河南，可蒙古真愿意给吗？

改制建元

灭金以后，蒙古好像忘了先前的约定，不提把黄河以南还给宋朝的话。宋军要接管，他们就改口说，陈州（在河南淮阳）、蔡州以南的地方算是你们宋朝的。陈州蔡州一线离黄河远着呐，这不明摆着不认账吗？宋军将领窝了一肚子火儿。过了些日子，听说蒙军开始撤退了，文武百官就吵吵着，说应该派兵把三京（指西京洛阳、东京汴京、南京商丘，都在黄河南岸）收回来。将军赵范和赵葵想干这件露脸儿的事，就说："蒙古人马后撤，河南空虚，咱们就北进收回三京，再把黄河守住，多好的机会呀！我俩愿意打头阵。"赵范和赵葵是亲兄弟，又是名将赵方的儿子，立过战功。他俩这么一说，宋理宗和宰相郑清之都觉得准保行，就让赵葵当前军主帅，赵范在后方总调度，发兵北上。

宋军开始挺顺当，把商丘和汴京都占了，又去收洛阳。蒙军刚撤出洛阳，宋军得了一座空城，正高兴呐，没想到蒙军来了一个反包围，回来倒把宋军困在城里。宋朝的援军赶到，又被蒙军杀败。城里断了粮草，待不住，宋军只好退出来。蒙军再一反攻，前后不到两个月，宋军灰溜溜地回到了原地，收复三京成了空话。宋理宗气坏了，把赵葵和他底下的军官都撤了职。其实他没细琢磨，蒙军灭了金国，势头正盛，哪儿肯把三京让出来呐？

窝阔台听说以后，派使者到临安对宋理宗说："汴京跟洛阳都是我们打下来的，你们凭什么要占？"宋理宗心说，这不是约定好的事吗？可他不敢吭气儿，还派人向窝阔台赔不是。窝阔台可就动了灭宋的心思。转过了年，他派出三路大军，由儿子阔端、阔出和大将阿术鲁分头领着，朝宋朝打过来。宋军打败仗是看家本事，一直给逼到长江边上，人家退了兵才算完。从这儿起，宋蒙之间打一阵儿停一阵儿，哩哩啦啦打了四十多年仗。

窝阔台当大汗当到十二个年头上，病死了。他儿子贵由接位，不到两年也死了。第四位大汗是拖雷的长子蒙哥。蒙哥觉着最当紧的还不是灭宋，是把沙漠以南的汉人地界先管好，叫汉人服气别闹事，四弟忽必烈对汉地最熟，他就让他专管汉地的事务。

忽必烈年轻那会儿就喜欢到汉地住着，还留意结识有学问的人，请他们给自己讲课。燕京有个大和尚叫海云，常给他讲佛法。他让海云再讲讲治理国家的事，海云说："我只会讲佛，治国和兴亡的事，您得找大儒才行。"海云就给他介绍一个青年和尚，叫子聪。子聪本来姓刘，先前当过官，后来才出了家。他看书多，特别精通《易经》，对政治有一套想法。忽必烈高兴极了，就把子聪留在身边，好随时请教。有个叫赵璧的，懂儒学，又会说蒙古话，忽必烈让他专门给子弟们讲孔孟之道。子聪和赵璧又把自己的朋友推荐来，有姚枢、郝经、杨惟中、王文统好几个，各有各的长项。这么着，忽必烈身边就有了一群帮手。

现如今，蒙哥让他专管汉地，他一高兴，就想干出个名堂。子聪看出他的意思，就说："治国平乱，有天时的原因，更在乎人的努力。自古以来，可以在马上夺取天下，可不能在马上治理天下。您应该学当年周公那样，定出一套立国的办法来。"忽必烈多机灵的人呐，一听就知道子聪在批评乱杀人抢东西的事，说："这话在理，有什么好法子吗？"子聪说："办法有，就是要学汉文帝、汉光武帝、唐太宗这些明君的榜样。"他一口气就讲了好多，有设置朝廷议事、制定法律、官吏定岗、减少刑罚、理顺税收、奖励农桑、建立仓库、招贤纳士、开放言路等等。忽必烈听得合不上嘴，说："我早就听说，唐太宗当秦王的时候，就招纳名士研究治国之策，后来才统一了天下。我顶佩服的就是他。"他明白，子聪给自己指了一条路，就是用汉法治国安天下，收取人心，成就帝王大业。

蒙古的都城在漠北的和林，忽必烈想在漠南有个落脚地，就让子聪再建座城，离中原近一点儿。子聪看中了滦河北岸那块地方，领着人干了好几年，造起了一座开平城（在内蒙古正蓝旗）。忽必烈把开平城当作自己的王城，常住这儿，中原一带就交给那些帮手治理，建立制度，安置流民，开垦荒地，兴修水利，开办学校这些事，都有了眉目。没几年工夫，汉地就安定多了，生产也发展了。忽必烈的声望越来越高。

没想到，这就让有些人起了疑心。他们秘密向蒙哥报告说："您四弟在汉地的名气比您大多了，早晚得把中原归了他自己，不能不防啊！"蒙哥也怕忽必烈独占中原，就派人来查看财务税收。查的人很快就列出一百多条罪状，都算在忽必烈部下身上。忽必烈知道这是冲自个儿来的，直往外冒火儿。姚枢劝他说："大汗是君主，是兄长，您是臣子，是弟弟。您不能计较这事，该让就让，不然就要崴泥了。"忽必烈问："我现在怎么办好呐？"姚枢说："您赶紧把家眷

宋元故事

子聪对忽必烈说："马上取天下，可不能马上治天下。"

送回和林住，大汗自然就不疑心了。"忽必烈连说好主意，很快让妻子儿女都回和林，说是要长住在那儿。过了些日子，忽必烈自己也来到和林。见了蒙哥，哥儿俩都忍不住哭了。忽必烈说："我是特地来向大汗报告汉地那边事的，请您示下。"蒙哥忙摆摆手说："你什么都别说了，兄弟，我还不相信你吗？"

蒙哥这就召开贵族大会，对大伙儿说："天可怜见儿，咱们祖上成就大业，名声远扬。我也要学他们，干几件大事。这回我要亲自带兵灭宋！"当下让七弟阿里不哥留守和林，自己带西路军攻打四川，再顺长江东下；派忽必烈带东路军攻打鄂州，还有一路从云南（此前，蒙军已经灭了大理国）北上。三路大军会师以后，再一起围攻临安。

公元1258年，忽必烈领着人马到了长江北岸，江对面就是鄂州。他打算准备齐全就渡江作战。没想到刚过了年，从四川那边儿来了个人，是他的弟弟末哥派来报信儿的。报信儿的急急火火地说："大事不好，大汗归天了！"忽必烈大吃一惊，说："怎么回事？你快说明白。"原来，蒙哥带兵进攻四川，连着打胜仗，可在攻打合州钓鱼城（在重庆西北）的时候，被宋军的炮石打中，当晚就死了，蒙军吃了大败仗。末哥让忽必烈赶快撤退回北方，免得生变故。忽必烈心想："好不容易到了江北，这么退回去，可惜了儿的。如果拿下鄂州，回去争汗位就有的可说了。"他就装没事似的，命令人马渡江，围攻鄂州。

就在这时候，他妻子弘吉剌派人送信，说留守和林的阿里不哥正打算自己当大汗，还派兵堵了他回和林的道，让他快拿主意。忽必烈这才着了急，把谋士们叫来商量。郝经先就说："大王人望没人能比，又有重兵在手，天意在您这儿。可如果您七弟假说大汗有遗诏，让他即位，还有您的份儿吗？"忽必烈说："我就是想当，也得有个凭证，不然人家不认也白搭。"郝经说："眼下应该把大汗的灵车赶快迎过来，把宝玺拿到手，您不就有凭证了吗？"大伙儿都说这个主意好。畏兀儿人廉希宪说："有了宝玺，赶快班师回去，早定大计，就齐了。"忽必烈一攥拳头说："好！这事还得各位宗王大将认可才行。要快！廉希宪，你替我先行一步，回开平探探大家的口气，我随后就到。"

廉希宪走了以后，忽必烈先派人把蒙哥的灵车从四川接过来，拿到了宝玺，随后又让人去告诉宋军，答应停战讲和。军队撤回江北以后，他明里说要带将士去打临安，暗里早准备了轻车快马，带着亲随出了大营。快马又加鞭，"呱嗒呱嗒"，没几天就回到了开平城。先到的廉希宪赶来报告说："您瞧好儿吧，那事儿没跑儿了！"忽必烈心里的石头才算落了地。

公元1260年春天，忽必烈在开平城召开选汗大会。到会的都是向着他的宗王和长辈同辈，他顺顺当当地给选为新大汗。忽必烈听了子聪的建议，按照中原王朝的办法，称皇帝建年号，年号叫"中统"。他下诏书说："天下一家，本朝继承先前圣人的规矩，按历代的制度，建元计岁，万世相传。"接着，他又按中原大国的办法安排了官员。

忽必烈自任大汗的消息，很快就传到阿里不哥那儿。按以往的办法，选大汗的会，一定要在漠北和林附近开，还要有各个汗国的代表参加才行。忽必烈这回破了例，阿里不哥就不认账，说："他能当，我还能当呐！"他就在和林开会，宣布自己继任大汗。这么一来，开平、和林都有一个大汗，谁也不让谁，那怎么办呐，只能靠打仗定输赢了。阿里不哥一直看家，没打过大仗，战争起来以后，就处在下风。忽必烈一看有门儿,亲自出马,到和林挑战。阿里不哥知道不是对手,只好往北跑到叶尼塞河边上躲着。忽必烈占领了和林,留下人把守,自己回了开平城。哪知道他刚走,阿里不哥就带人回来了,说要接茬儿打。这么来来去去地打了四年,底下人看出来,阿里不哥没真本事,还是忽必烈厉害,很多人都站到了他这边儿。末了儿,阿里不哥孤零零的,只好投降,来向四哥认输。

忽必烈见了阿里不哥,就问他:"打了这么多年,你对还是我对?"阿里不哥直不棱登地说:"以前是我对你不对,现在你打赢了,就算你对吧!"明摆着,他还是不服。忽必烈看在兄弟分儿上,没把阿里不哥怎么样,可那些拥护他的都给处死了。忽必烈又派人给西边几个汗国送信儿,通报情况。有些汗国就认可了新大汗,有的就不吭气儿。没几年,阿里不哥病死了,支持他的人也没了指望。忽必烈这才坐稳了江山。

到了这时候,忽必烈没了对手。他就想做一件大事,要立一个正式的国名。子聪上书说:"《易经》上有'乾元'的说法,多大气呀!咱们的国号就叫'大元'吧!"忽必烈很喜欢这个国名,公元1271年,他就下诏书宣布建立元朝,他就是元世祖。前几年,他已经把年号改叫"至元",正好就接了下去。前几任蒙古大汗铁木真、窝阔台、贵由、蒙哥被尊为元太祖、元太宗、元定宗、元宪宗。

国名有了,国都定在哪儿呐?和林太靠北了,来往不方便,开平城又太小。元世祖看中了燕京,他就让子聪去燕京主持营造宫殿。当初建开平城,不就是子聪领着干的吗?恰巧有人上奏说:"子聪和尚为国家策划大计,功劳太大了,应该让他在朝里做官才对。"忽必烈就下令让子聪还俗,改回刘姓,赐名秉忠,参与国家大事,还负责建新都。刘秉忠到了燕京,查看地形,选定了太液池琼华岛做中心，设计了一座新城。新城修建好了，定名大都。元世祖宣布以大都为国都，把开平城升格为上都。

　　元世祖建立了新朝代，没忘了南方的宋朝还在，就准备大举南伐灭宋，统一全国。南宋这时候已经没了章法，眼看着救不过来了。

祸国君臣

忽必烈那年攻打鄂州的时候，正在鄂州督战的南宋宰相贾似道派人讲和，说愿意像对金国那样，对蒙古称臣，每年进贡银和绢。忽必烈想的是灭宋，不在乎称不称臣，就没答应。可不久蒙哥的死信儿传来，他要回去争汗位，才同意议和，随后就撤了军。这可把贾似道乐坏了。原来，他求和称臣的事压根儿瞒着宋理宗，是他自己私下说的。蒙古军这一撤退，他就把功劳记在自个儿头上，好像是他把蒙军打败了，上书编瞎话说："臣等在鄂州打了大胜仗，退走了北军，大宋转危为安，这实在是万世的大捷呀！"宋理宗给蒙在鼓里，马上下诏书表扬说："贾似道奋不顾身，杀退强敌，靠了他，百姓才能重生，朝廷也跟再造了一回一样。"这么着，朝廷大权就落在贾似道手里。

提起贾似道掌权，还得从宋理宗即位那阵儿说起。宋朝的党争出了名，北宋年间就没断过。到了南宋，还是照样儿。宋宁宗的时候，专权的先是韩侂胄，接着是史弥远。史弥远那年杀了韩侂胄，成了大拿，比韩侂胄还凶，不但打杀抗金的一派，连谁当皇帝都得他说了算。宋宁宗的亲儿子没活下来,从赵德昭的后代找了个养子,改名赵询,立为太子。不料赵询也早早死了。宋宁宗又立赵竑(赵德芳的后代;竑hóng)为太子。赵竑嫌史弥远专权,就思谋着把史弥远轰走。他点着地图的琼崖(在海南岛)跟自个儿说:"我得了志,就把他发配到这儿。"没想到这话让史弥远知道了,他就在宋宁宗跟前使劲踩咕赵竑,又到民间找了个赵德昭的后人叫赵昀的,让宋宁宗收为养子。临到宋宁宗咽了气,史弥远赶紧把赵昀推上皇位,就是这个宋理宗。太子赵竑气得不肯给他下跪,结果被降为济王,给赶出了京城。史弥远还不放过,过了不久,派人逼着赵竑自杀完事。

宋理宗靠着史弥远当上了皇帝,就把大权都给了他,自己光在后宫跟妃子玩乐。史弥远专权二十五年,除了排挤政敌安插亲信以外,就不知道干点儿别的,朝政乱得没法儿说,连宋理宗都看不下去了。史弥远一死,他出来亲政,就鼓鼓气儿,宣布要改革图新。一是罢免了史弥远留下的亲信;二是鼓励谏官批评朝政;三是整顿官风,规定贪赃和杀人放火同罪;四是减少官吏人数;五是严格财务会计制度。这几条,听着多好啊,可能不能做到,就两说了。乱了这么多年,各级官员早就学会了对付上司的一套办法。

宋理宗又想从道德上教化百姓,就把理学推出来,大大夸奖一番。理学主张大家多研究道理,修养本性,不要有个人的欲望。宋理宗觉着不错,就宣布理学是官学正统,创立理学的周敦颐、程颢、程颐、张载、朱熹几个大学者都给立了牌位,摆在孔庙供着。在世的理学家真德秀、魏了翁几个都当了官。可这些人做学问行,干实事就没了谱。

宋理宗改革没见什么成效,末末了儿,自己也泄了气。管国事的心气儿衰了，可好色的劲头强了，真面目就露了相。宫里的妃子让他玩腻了，他又派人到外面找歌伎进宫耍笑。记史官看不下去，对他说："您这么着，不是毁了自个儿的名声了吗？"宋理宗忙说："这事儿你就别记了，也别往外张扬啦！"

这位好色的皇帝最喜欢贾贵妃，贾贵妃的异母兄弟就是这个贾似道。靠裙带关系，贾似道一步登了天，二十几岁就当了知府，又当了副宰相。他正想顺杆儿再爬高点儿，不料贾贵妃死了，宋理宗又宠上了阎贵妃。贾似道没了依靠，只好先靠边站，再等机会。阎贵妃得宠以后，那叫神气，和伺候宋理宗的宦官董宋臣一唱一和，把宋理宗哄得舒服极了。有什么事，都是董宋臣出面打理，替皇帝下命令，谁都不敢惹。大臣们一看见宋理宗、阎贵妃、董宋臣，就想起了唐玄宗、杨贵妃、高力士，咬着耳朵说："这三位跟那三位可真像啊！"宋理宗听了，老着脸皮说："我虽然德行差点儿，可没唐明皇那么过分。"

大臣里头也有挺犯贱的，就来巴结讨好。丁大全和马天骥两个最下作，专拣皇帝贵妃爱听的说，结果都当了宰相什么的，见了别人眼珠老朝上翻。看着一女三男把持朝政，无法无天，有人偷偷地在朝门上写了八个字："阎马丁当（董），国势将亡"。宋理宗一看就气着说："这话明着是说他们四个，实际是骂我呐，快点儿查查，是谁写的！"可谁真给他查呐？过了不久，他也觉出不妙，就找个理由把丁大全和马天骥撤了职。阎贵妃不久也死了。宋理宗想再找个人替自己管国事，恰好贾似道谎报军功，让他看中了。朝廷这就成了贾似道的天下。

过了些时候，忽必烈在北方当了大汗，又和阿里不哥争战，一时顾不上南边。他就决定先不灭宋朝，派郝经去临安议和，落实宋

宋元故事

朝怎么称臣，怎么进贡银绢。郝经到了扬州，向宋朝通报，要到临安见宋理宗。贾似道一听可就慌了神儿。郝经一来，肯定会提起他答应称臣进贡的事，想瞒就瞒不住了，自己的前程就完了。想来想去，他就派人把郝经关起来，押在真州（在江苏仪征）军营里。宋理宗对他说："听说北朝有使者来讲和，我要见见。"贾似道说："北朝现在乱着呐，哪儿是咱们的对手，跟他讲和干吗？您把心放在肚子里，我已经把使者安排好了。"宋理宗乐得省点儿心，就说："既是这么着，我就不见他了。"

忽必烈见郝经一去不回，料想出了岔子，向宋朝追问要人。贾似道理也不理，好像没这事儿似的。他把郝经一关就关了十六年，耍了小聪明，可惹了大麻烦。忽必烈哪会吃这个亏呐？后来打败了阿里不哥，他再来发兵灭宋，这就是一个挺大的理由。

宋理宗生怕贾似道不保他，就下令给这位再造大宋的功臣盖个大宅子，在西湖边上，叫"半闲堂"。贾似道整天泡在里头吃喝玩乐，别提多自在了。他有个外号，叫"蟋蟀宰相"，一听就知道他喜欢斗蛐蛐儿。据说他有时候上朝，身上都带着蛐蛐儿，"嘟嘟"乱叫。在家里没事干，就趴在地下，和侍妾们玩斗蛐蛐儿。好友进来看见了，就说："这就是您的军国大事啊！"他听了哈哈一笑。他还写了一本书，叫《促织经》（促织即蟋蟀），专讲玩蛐蛐儿的重要意义和斗蛐蛐儿的宝贵经验。

贾似道顶上心的还是文物古玩。这个雅兴的爱好，到了他这儿，可就伤了风化。谁有珍玩宝器，他非想法弄到手不可。有个官员家有玉器，他跟人家要，人家不肯，他就把那人免了职。另有个官员把一块玉献给了他，就得了高官。这种事多得说不完。没多久，贾似道的珍玩就多得没处放了。他就盖了一座多宝阁，把东西

祸国君臣

贾似道趴在地下,和侍妾们玩斗蛐蛐儿。

摆进去。字画碑帖也让他指名强要，搜刮了不少，又盖了一座悦生堂放着。至于欺压百姓，杀人害命，这些事就别提了。

贾似道又说要整治军队。怎么整呐？他说："有人把官家的钱拿来当军费用，这还了得，要治罪！"原来，很多前方将领瞧贾似道不顺眼，不爱听他的，他就来了这么一手，叫"打算法"，逼着大伙儿把钱赔出来，不然就下狱往死里整。抗元的战事那么急，即使有些毛病，也不能用这个法儿整治啊！好些有功将领，像曹世雄、向士璧、印应飞几个，都这么给罢官逼死了。意见不合的，也让他赶的赶，撤的撤。武将们寒了心，好些都跑到北边去了。守泸州（在四川东南）的大将刘整，抗金立过大功，这会儿看曹世雄、向士璧给整死，怕算到自己头上，心一横，就带着泸州十五个郡的地盘投降了蒙古。这么一来，四川就有一大半都丢了。刘整归北以后，献上一计，说只要拿下襄阳，管保能灭了宋朝。元军就按这个路子，把襄阳樊城包围起来。贾似道整散了军队，捅了大娄子，可还是瞒着不说。

宋理宗当了四十年皇帝，和宋宁宗一样，也没儿子，只好叫侄子赵禥（qí）当太子。他死后，太子即位，是宋度宗。宋度宗在娘胎里就落了毛病，脑子不好使，长到六七岁的时候才会说话。老师教他什么，他听了就忘，除了会踢几脚球以外，对国事一点儿闹不明白。这么个人当皇帝，只好都听贾似道的。贾似道挺会摆谱，每逢上朝，不是他拜皇上，倒是宋度宗站起来，向他行礼，叫他一声"师臣"。下朝了，宋度宗目送他走远了，才敢动窝儿。贾似道还不满意，几次说要辞官养老。宋度宗赶紧叫他当了太师，央求说："您千万别走，您走了，我靠谁去呀！"可贾似道每十天才上朝一次，谁有事都得到他家里求见。

有一天，贾似道上朝来了。宋度宗问他："听说襄阳那边战事很紧，让北军围上了，师臣知道吗？"贾似道眨么着眼儿说："陛下听谁说的？"宋度宗说："有个宫女跟我说的。"贾似道眼一瞪说："她胡说！造谣！就该把她处死！"宋度宗不敢再问，那个宫女就这么给杀了。可是没过几天，真就传来了坏消息，樊城和襄阳都失守了。

樊城和襄阳的战事已经打了五年多了，贾似道一直捂着不报。樊城在汉水北边，襄阳在汉水南边，是南北要道，古来就是用兵的地界。早些年，名将孟珙（孟宗政的儿子；珙 gǒng）守着，挺有办法，没让蒙军占便宜。赶到忽必烈当大汗以后，他就按刘整的计策，把樊城襄阳当成了主攻目标，加派好几万人马把两城包围起来，在周围造了城堡和水寨，断了城里的粮草。宋朝派援军解围，几次都没成功。到了公元1273年，樊城到了儿给元军攻破了，守将范天顺和牛富自杀殉国。襄阳守将吕文焕抵抗不住，又不想死，就投降了元军。

崖山决战

丢了樊城襄阳，跟开开宋朝的北大门一个样。宋度宗一惊一吓，不到一年就病死了。他留下三个儿子，最大的还不到十岁。贾似道挑了老二赵㬎（xiǎn）即位，就是宋恭宗。小皇帝才四岁，由太皇太后谢道清听政。

听说得了樊城襄阳，元世祖忽必烈召回领兵的大将阿术，问他："你看宋军作战的本事怎么样，灭宋有准儿吗？"阿术说："南边朝里朝外乱得不像样儿，军士没打仗的心思。我敢说，灭宋正是时候，您可别错过了机会。"元世祖说："那好。就借着他们扣押郝经的由头，水军陆军一起出发。这回只准它投降，不准议和。"转过了年，二十万元军由左丞相伯颜率领，分开两路，朝江南开了过来。当先锋的正是刘整和吕文焕这两员降将。

连元军士兵都没想到，仗打得怎么这么顺。元军从襄阳这儿渡过了长江，伯颜领大军一直往东，边追边打，沿江的黄州、江州、德安、六安、安庆等等地方的守将，事先商量好了似的，都献城投降，归顺了元朝。水军将领也驾船开溜。就是有想抵抗的，也孤立

崖山决战

无援，根本挡不住。消息传到临安，谢太后和大臣们都傻了。好些人就说应当让贾似道领兵出征。他们说："贾太师不是再造大宋的功臣吗？他不去谁去？这回就瞧他的了！"谢太后就命令贾似道出兵。贾似道心里打鼓，表面还要个样儿，说："我几次说要亲自带兵，上面不许我去。我要早去了，哪会到这步田地呀！"

谢太后就坐等得胜的好消息，没想到不多久，传来的消息更坏了。原来贾似道带兵到了前方，先就派人求伯颜准许讲和，称臣纳贡怎么都行。伯颜不答应。他只好摆下步兵军阵，又让两千多战船在江上列开，想挡住元军。元军从上游猛冲下来，像山洪似的，宋军步兵一下子就乱了，四处乱跑。水军一看也丢了胆儿，领头的夏贵头一个就溜了，不用说，水军也大败。贾似道坐着小船逃跑，一口气儿到了扬州才停下。他马上给谢太后上书，说这回真是不行了，赶快迁都得了。谢太后忙和大臣们商量。

大臣们看着贾似道不在朝里，胆子也大了，把他平日的罪恶都抖搂出来，说应该杀了他才解气。谢太后说："他是三朝元老，还是流放吧！"就下令免了贾似道的职位，让他到循州（在广东龙川）待着去。贾似道带着几十个侍妾走到半道上，押送他的武士郑虎臣让他自杀。他哪儿肯死呐？恰巧他得了痢疾，老拉肚子。郑虎臣就趁他蹲着拉的时候，把他杀了。

贾似道死了，朝廷照样没救。元军说着占领了建康，就朝临安打过来。谢太后急得下了诏书，叫各地赶快发兵勤王，保卫临安。可地方官员像是没这回事儿。他们都想看看再说，如果宋朝完了，就自找门路。谢太后等了好些天，只来了两支人马。领头的一个是郢州（在湖北钟祥）来的张世杰，他本是元军大将张柔的部下，后来归顺了宋朝，听说临安告急，就带着人马过来了。另一个是赣州

（在江西南部）来的文天祥。文天祥是吉水人（吉水在江西中部），中过状元，接到诏书，立刻招募了两万士兵来救驾。

这时候，临安城清锅冷灶的，早没人管了。谢太后出来听政，朝堂上稀稀拉拉，一数才六个人，还都是文臣。她问："武官都哪儿去了？"文官吭哧说："谁知道呐，许是打仗去了吧！"谢太后气得直哭，贴出告示说："我大宋朝三百多年了，待你们不薄啊！怎么现在有难，你们就逃的逃，降的降，死后怎么有脸见先帝呀！"这管什么用？看见的还在，走了的也看不见。得亏张世杰和文天祥来了。谢太后就让张世杰总管军队，让文天祥带兵去独松关（在浙江杭州西北）抵挡元军。可文天祥的兵马还没赶到，独松关已经失守，他只好回到临安。再找左丞相留梦炎，他也没了影儿。大伙儿忙着把小皇帝的哥哥赵昰（shì）和弟弟赵昺（bǐng）送出海，去温州躲着。

这一天，大队元兵到了临安城外。谢太后派人央求伯颜，说愿意给元朝当侄孙子。伯颜说："什么侄子孙子的，投降以外的话就别说了。"文天祥和张世杰商量，带来的勤王人马有几万人，如果让太后和皇帝登船入海，他俩领兵守住临安，还有取胜的可能。再联络外地兵马截断元军后路，局面也许就好转了。可右丞相陈宜中一个劲儿说抵抗也白搭，他和谢太后商量好了，就派人答应投降。伯颜回话说："那就让陈宜中到我的大营里谈吧！"陈宜中哪敢去呀？天一黑他就溜了。张世杰看着生气，也领着兵将去了南边。

朝里没什么人了，谢太后临时任命文天祥为右丞相，到元营接头。文天祥到了元营，对伯颜说："献城归降，是前任丞相经手，我一概不知。今天来，是要谈两国和好的事。请问，你们是把我朝当国看待，还是要毁了社稷呐？"伯颜随口说："社稷不动，百姓也不杀。"文天祥说："可你们说了不算，不是一次两次。这回就应该先退兵,再说别的。如果非要灭我不可,那我们只好抵抗。要知道,东南一带还在我们手里,谁胜谁负还不一定,对你们也没什么好处。"伯颜瞪圆了眼说:"我军的厉害,你们不知道吗?"文天祥说:"不是你们厉害,是叛臣给带路,才侥幸得胜。"伯颜挥挥手,扯开嗓门说:"少废话,马上献出临安,不然我军就攻进去,杀个鸡犬不留!"他这么一叫,旁边的武将都嚷嚷起来。文天祥大声说:"我是宋朝状元宰相,别无所求,就差一死报国。就是刀斧油鼎也吓不倒我。既然不想谈,我就回去,向皇上复命。"伯颜忽然笑了,说:"文丞相不要发火儿嘛。请在营里歇息几天,我还有要事和你商量。"

原来,伯颜见文天祥这么有骨气,怕他出去成了敌手,不好对付,就不让他走。文天祥就这么被扣留了。伯颜让跟着来的官员回临安,叫谢太后送降表来。第二天,大臣贾余庆、吕师孟几个到了元营,把降表交给伯颜。伯颜这才让文天祥和他们见了面。文天祥气得脸通红,骂贾余庆说:"你们这些奸贼,趁我不在,哄骗幼主,把大宋江山卖了!"

有个元军将领走过来,对文天祥说:"文丞相何必这样。宋朝气数已尽,天命归了大元。你也应该识时务才对呀!"文天祥认出这个人就是降将吕文焕,扭头不理他。吕文焕倒说个没完:"你干吗上书说我是奸贼?"文天祥说:"你献了襄阳,断送了国家,不是奸贼是什么?三岁小孩都骂你,何止我一个!"吕文焕小声争辩说:"我守襄阳六年,朝廷不救援,是不是真的?这怪不得我。"文天祥说:"守不住就应该以身殉国,像樊城的范天顺、牛富两将军那样。你负了国又坏了家风,遗臭万年,还唧唧什么!"吕文焕给说得没了词儿。吕师孟是吕文焕的侄子,见叔叔被骂,就过来伸长脖子说:"文丞相上书让皇上杀我,给你杀呀,怎么不杀了?"文天祥厉声说:

宋元故事

"朝廷没杀你是失策,你叔叔投敌,你还有脸在本朝做官。我恨不得杀了你们叔侄!你们现在杀了我,就是周全我成了忠臣,杀吧,我不怕!"吕师孟连忙往后退。倒是伯颜听了,忍不住笑起来说:"文丞相快人快语,真有一片男子心呐!"

伯颜下令,把宋恭宗和他妈全太后先送到大都看管,太皇太后谢道清有病,等病好了也得去。这么着,南宋和北宋一个样,皇帝都当了敌国的俘虏。文天祥他们也被押着,要往大都送。这一年是公元1276年,宋朝到这儿实际上就完了。可是,宋恭宗的哥哥弟弟不还在温州吗?大臣陆秀夫几个找到这儿,逃走的陈宜中又回来了,张世杰带兵也赶了来。大伙儿商量着,要把宋朝接下去,就一起到了福州(在福建东北部),立赵昰为帝,是宋端宗。

元军听说又出了个小皇帝,赶忙就追过来。宋军挡不住,护着皇室坐着大船,离开福州再往南逃。陆地上没地方落脚,他们就在大海上漂来漂去,到了惠州(在广东南部)附近。宋端宗一个孩子,经不起折腾,只过了一年就病死了。陈宜中看没了指望,又跑了,远远地到了占城(在越南南方),后来又去了暹罗(泰国)。朝里主事的,文的只有陆秀夫,武的就靠张世杰。他们就把赵昺请出来即位。算下来,宋度宗的三个小儿子,都当了皇帝。张世杰率领水军,护着皇室到了崖山(在广东新会城南;也叫厓山)住下,打算把这儿当基地。崖山前面就是大海,张世杰带着士兵修工事,把战船连在一起,跟海上城楼似的。有人劝他:"应该占领入海口,就是败了也能登陆往内地跑。"张世杰是个倔脾气,攥紧拳头说:"哪儿也不去,就在这儿决一死战!"

元军很快就追过来了。这回领军的是个汉人,叫张弘范。张弘范和张世杰还挺熟,他爸爸就是元军大将张柔,早先当过张世杰的上

崖山决战

元军大批战船到了,把崖山围得跟铁桶似的。

司。他俩还是同乡近亲。可这一回在海上交战，各为其主，就谁也不认识谁了，都憋着打一场大海战。

没想到，这场海战在一个早晨就决出了胜负。公元1279年年初，张弘范率领一拨战船围住了崖山。他先是下令用火攻，放火烧宋军的船。张世杰早有防备，很快就击退了元军。这会儿，宋军的战船比元军多好多，要是乘胜打出去，没准儿就能把元军赶走。可张世杰认死理儿，就是严守不攻。没多久，元军大批战船赶到了，陆军也从广州开过来，把崖山围得跟铁桶似的。这回，宋军想突围也不行了。

那天一大早，张弘范就下令决战。双方都杀红了眼，张世杰、陆秀夫和小皇帝、杨太后都在船上督战。海面上，就听一片喊杀声，擂鼓声，炮火声，还有海浪声，混在一块儿，仗打得太激烈了。不一会儿，元军从一个角杀开一个缺口，元兵叫着冲到宋军船上。这一来，宋军人心就乱了，死伤多少没法儿计算。眼看着大势已去，陆秀夫对小皇帝说："陛下不能跟您兄皇（指被俘的宋恭宗）一样受辱啊！"他就背起赵昺跳进了大海，不一会儿就见不着了。船上的哭声连成一片，跟着跳海的多了去了，真是够惨的。

张世杰还想拼一拼，护着杨太后坐小船往西边跑。杨太后听说赵昺死了，哭着跳了海。偏巧船遇上狂风又被掀翻，张世杰他们也都掉进了大海。三百一十九年的宋朝就这么全完了。

正气浩然

　　元军攻打崖山那阵儿,在张弘范水军的一条船上,坐着一位宋朝的丞相。他眼看着本朝惨败成这样,心里别提有多难过了。这个人就是文天祥。文天祥怎么会在张弘范的船上呐?这还得捯回去说。

　　文天祥被扣在元营押往大都的时候,跟着他北上的有十一个随从。其中有个叫杜浒的义士,天台人(天台在浙江东部),是个热心肠敢作敢为的好汉。朝廷让各地勤王,他就集合了几千人来到临安救国,跟文天祥见了面。后来听说文天祥要给押着北上,他说什么也要留下来陪着,心里可谋划着怎么把他救出去。元军防着这一手,专门派了个叫命里的头目盯着。船沿着运河往北走,十几天以后过了长江,可又很快回到了江南岸的镇江。为什么呐?原来江北的扬州、真州还在宋军手里,元人怕遭劫,只好回镇江再想办法。

　　杜浒对文天祥说:"这几天他们看得不严,咱们要想法儿逃出去。"文天祥说:"最好能过江去扬州,和李庭芝(守扬州的宋军将领)他们会合,在江北抗敌。"杜浒说:"元人对我们几个不在意,我去弄条船过江。不过万一露了风声,他们不会饶了咱们。我死了没什么，可丞相您……"文天祥按住胸口说："我决心已定，如果不成功，我就自裁报国！"

杜浒上岸去和当地人套近乎，真就弄到一条小船，说好当天夜里把大伙儿渡过江去。可命里又进来说，今天晚上就要动身北上，还带了一个王千户陪着文天祥，一步不离。杜浒急坏了，幸好当地大户沈颐要给文天祥摆酒席送行。他们就灌醉了王千户，趁天黑赶到江边，坐上船就离了岸。及至元军巡逻船追过来，他们已经到了江心。一阵顺风又吹得起劲儿，杜浒高兴地说："丞相的福气，过了鬼门关了！"

真州（在江苏仪征）守将苗再成听说文天祥来了，连忙把他迎进城里，说好了一块儿抗元救宋。不料第二天一大早，苗再成突然派人把文天祥一行人带到城外，说有事商量。他们刚一出城，城门就给关上了。有人在城上叫着说："元人说有个宋朝丞相投降了，要到扬州当说客。想必就是你文天祥了。李庭芝将军让我们杀了你，苗将军不忍心，放你们一条活路，快走吧！"文天祥一听，就知道李庭芝中了元军的反间计。可这时候怎么说得清呐！他又是急又是恨，就说："我这就到扬州找李庭芝去，当面跟他把话说清楚，要死也死在自己人手里！"他们就往扬州走。

到了扬州城外，果然见这里戒备森严，过路人都说要抓奸细的话。杜浒着急地说："进了城，如果给当奸细杀了，太不值当的了。不如到通州（在江苏南通）去，赶明儿坐海船回南边儿，再图大业。"大伙儿都说这个主意好，就离开了扬州。往后的路太难走了，好几次差一点儿就送了命，没法儿细说。好多天以后，他们到了通州。通州守将杨师亮不信谣言，还帮着找到去南边的海船。文天祥这才回到了南方。随行的十一个人，有几个半道跑了，有的病死了，还剩下六个。文天祥后来把这次逃脱的事挺详细地记了下来。

回到南方，文天祥听说又立了新皇帝，就到福州见了宋端宗，也见到了张世杰、陆秀夫几个。朝廷还让他当右丞相。可他一看陈宜中也在，特烦他，就说："我还是带兵去打仗吧，也好和朝廷有个呼应。"他就到福建南部和江西一带，组织义军，和元军对抗。当地好些志士听说了，都来投军。大家连着进兵，收复了好几处州县，把元军给惊动了。元军就派主力对付文天祥。可惜，张世杰没派人来支援，文天祥坚持抗战两年多，末了儿还是失败了。他退到海丰（在广东东南沿海）五坡岭的时候，被元军逮住了，再次落到了元军手里。

元军统帅张弘范听说抓到了文天祥，赶紧让部下把他押自己这儿来。他挺客气地对文天祥说："文丞相身体欠安，请好好养着，我还要请教您呐。"不久，他带兵到了崖山，也把文天祥带上。原来，他是想让文天祥写信给张世杰，劝他投降，别硬扛着。

那天，张弘范派的人把这个意思刚起个头，文天祥立马拒绝了。他说："我自己没能救得了父母，怎么能劝别人背弃父母呐？我坐船过零丁洋的时候，写了一首诗，你拿去给张弘范，让他瞧着办吧！"张弘范看那首诗，是这么写的：

辛苦遭逢起一经，干戈寥落四周星。
山河破碎风飘絮，身世浮沉雨打萍。
惶恐滩头说惶恐，零丁洋里叹零丁。
人生自古谁无死，留取丹心照汗青。

张弘范读过以后，连说："好人，好诗！"可这诗要给张世杰送去,不就麻烦了吗?他的算计白费了。崖山决战过后,他就按元世祖的意思,忙着把文天祥押到大都去。

文天祥到了广州,有一天有个人来看他,见了面不敢认,再细看看,原来是杜浒。可他已经不是当年壮实灵气的杜浒了,病得皮包着骨头。文天祥问:"你怎么在这儿?怎么成了这个样儿?"杜浒说:"我不是奉您的命令到崖山去了吗?崖山失落,我跳海自杀,没死成,被他们逮住。国亡了,我也不想活了。听说您来了,我要见您最后一面。"文天祥还能说什么呐?两个人都流了泪。赶到他离开广州以后没几天,杜浒就病故了。

文天祥也想绝食自杀,死在故乡。可几天不吃东西还没死,船已经到了江北。他就决定到大都为国尽忠。公元1279年初秋,文天祥被押到了大都,住进会同馆。这是招待贵宾的地方,他也给住了上等房间,吃上等的伙食。服侍的人对他说:"这是孛罗丞相特意给您安排的。"文天祥心里明镜似的,知道准会有人来劝降,他就穿好宋朝官服,坐着等着。

第二天,果然来了一位。文天祥一看,认出是当过宋朝丞相的留梦炎。留梦炎那年逃走以后,就投降了元朝,当了礼部尚书。他进来就套近乎说:"文丞相还认识我吗?我和您一样,也是状元丞相……"文天祥打断他的话说:"你穿着元朝官服,怎么和我一样?你这个状元丞相有脸见我这个状元丞相,有脸见家乡父老吗?"留梦炎一听就乱了方寸,想说的话也给咽了回去,只好溜走了。

过了两天,又来了一个,是个小孩儿。文天祥先是一愣,忽然想起来,他是投降了的宋恭宗赵㬎。元朝让他来劝降,这一招儿挺高。你文天祥是宋朝忠臣不假,可你们皇帝都降了,你不降,还算得上忠吗?文天祥一下子就明白了,站起来连连作揖说:"圣驾请回，圣驾请回！"小孩儿还没张嘴说话，就给挡了驾。

第三个可就派头大了，叫阿合马，是宰相一类的大官。他进了会同馆，在大厅里刚坐下，就嚷着说："快把文天祥带来见我！"见文天祥来了，他仰起下颏儿问："知道我是谁吗？"文天祥不看他，说："听说是什么丞相来了。"阿合马说："知道我是丞相，你怎么不跪下？"文天祥："我是南朝丞相，你是北朝丞相，凭什么跪你？"阿合马嘿嘿一笑说："你是南朝的，怎么会到我们北朝这儿来了？"文天祥说："假使早用我为丞相，北人就到不了南边，南人也不用到北方。"阿合马给这么一噎，有点儿挂不住，扭脸对左右说："此人生死由我呐！"文天祥马上提高嗓门说："亡国之人，要杀就杀，说什么由你不由你！"

阿合马给气走了，文天祥的待遇也变了。第二天，他就给戴上枷锁，从会同馆押出来，关进了兵马司衙门（在北京府学胡同）牢房。门外有士兵看着，每天只有一点儿吃食。吃不饱吃不好还不提，就说这间土牢，屋子虽然够大，可又暗又潮，还有马粪牛尿气带着粮食发霉的味儿，从破窗户上飘进来，难闻死了。到了晚上，老鼠一只一只地来回跑，吱吱乱叫。在这儿住谁受得了啊？没过几天，文天祥就病了。可他知道，元人故意让他受受罪，好自个儿就屈服。他想起汉朝的苏武在北海挨饿受罪的事，觉得这没什么，心气儿纹丝儿不动。

过了些天，丞相孛罗要审问了。陪审的还有张弘范几个。文天祥见他们高高地坐着，就拱拱手，算是打招呼。左右人乱喊："跪下！"他好像没听见，直直地站着。孛罗气着说："非让他跪下不可！"左右"呼啦"上来，就摁，就压，就踢，就打。文天祥站不住，坐在地下说："朝代有兴亡，国亡臣死，你们杀我好了，何必如此！"孛罗说："你说朝代有兴有亡，你就说说，自从盘古到如今，有几帝几王？"文天祥说："一部十七史，从何说起。我不是来应举考试的，没工夫扯闲篇儿！"孛罗讨个没趣儿，忙转了话题说："你说，有没有大臣把国土给了别人，自己逃跑了的？"文天祥说："把国土给别人的不是我，我从你们这儿逃走，正是为了救国！"孛罗冷笑着说："可你立了什么功劳啊？"文天祥说："我尽臣子的本分，谈不上什么功劳。"孛罗撇着嘴说："知道干不出什么，何苦还要干呐？"文天祥说："臣子救国就像儿子孝敬父亲，明知父亲病重也要全力医治。我没能救国，只求一死，别的不要多说了。"孛罗黑着脸说："你想死我偏不叫你死，就这么关着你！怎么着？"文天祥乐了，说："我死都不怕，还怕坐牢吗？"

一晃三年多过去了，文天祥一直给关在土牢里。他过的是什么苦日子，就甭提了。可三年里，他写的诗文真不少，都是讲自己的经历和志向。最有名的长诗《正气歌》，有几句是："是气所磅礴，凛烈万古存。当其贯日月，生死安足论。……哲人日已远，典刑在夙昔。风檐展书读，古道照颜色。"这时候，他把为国而死当成了顶快乐的事。

元朝大臣对怎么样处置文天祥，想法挺不一样。有的说杀了好，有的说留着好。有一次，元世祖问大伙儿："北边南边这些年当过丞相的，谁最贤能啊？"臣子们都说："北朝数耶律楚材[1]，南朝就数文天祥了。"元世祖说："既是这么着，我就见见文天祥吧！"公元1282年年底，元世祖召见文天祥。文天祥见了大元皇帝，作揖行礼，还是站着不跪。元世祖问他："你有什么要说的？"文天祥忍着

---

[1] 耶律楚材，辽国王族后代，曾在金国和蒙古国任职，通晓汉文化，对成吉思汗和窝阔台的汉地政策起过重要进步作用。

正气浩然

文天祥一直给关在土牢里，写了不少诗文。

泪说：“北朝凭借兵马之强，侵我国土，灭我社稷，杀我生灵。我不能救国，真是天大的憾事，九泉之下也闭不上眼啊！”元世祖说："可怜见儿的，你的忠心我都知道。你能像对宋朝那样对我朝，我就让你当丞相。"文天祥摇头说："宋朝亡了，我不能改事别主，只求快死。"元世祖想了想说："不当丞相，到枢密院行吗？"文天祥说："除死以外，别无他求。"元世祖劝降没成功，就决定处死文天祥，也算是了了他的心愿。

第二天，文天祥被押到柴市（不是菜市口）。临刑前，他朝南方跪下拜了拜，就慷慨赴死了。这位英雄没能救得了自己的国家，可他在气节上打了大胜仗，有谁能不佩服呐？

大都曲声

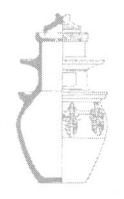

　　元世祖派大军灭了南宋，又平定了各地的叛乱，国家这就完全统一起来了。元朝的疆土比宋朝大得多了。它不单是包括了宋、辽、金、西夏的地盘，还收回了西域和云南。吐蕃在以往和中原常来常往，这会儿也叫元朝给收进了版图。这么大的地界，怎么管好呐？元世祖挺费心思。早先帮他治理汉地的刘秉忠他们都不在了，这会儿他信任的大臣多是蒙古和西域人。商量下来，就把人口分为四等，蒙古人第一，色目人第二，汉人（北方人）第三，南人（江南人）第四。虽说等级权利差别挺大，可实际上，国家的经济来源，主要还得靠江南一带。元世祖比谁都明白，所以他在不同的地方用不同的方法，在中原和南方，还是靠汉法来治理。建立法度，整顿官吏纪律，开放言路，施行仁政，发展农业，兴修水利，还有打通到欧洲和西亚的商路，开展内外贸易，这些事都一件一件地做起来了。

　　有个叫郭守敬的能人，懂天文也懂水利，建议把大运河往北修，好把江南的粮米茶叶什么的直接运到京城来。元世祖一听就高兴，让郭守敬主持修河。修好以后，运河北头就到了大都东边的通州，取名叫通惠河。元世祖还下令在各地建观天象的台子，大都也有个观象台，上面摆了好多仪器。郭守敬他们日夜观天象，编出了新的历法。元世祖挺喜欢，命名为"授时历"，用了好些年。

经过这么治理，国家实力大增，元朝成了当时世界上最强大的国家，大都和杭州都成了最繁华的大城市。有个叫马可·波罗的意大利人到中国经商，住了十七年。他写了一本《马可·波罗游记》，把大都和杭州写得别提多美了。就说大都，四面城墙加起来，有五六十里地长，正正方方的。南城墙（在北京长安街南线）正中开了丽正门，东西各有文明门和顺城门。北城墙开了安贞门和健德门，东城墙开了齐化门、崇仁门、光熙门，西城墙开了平则门、和义门、肃清门。城里面，皇宫在正中偏西，大街道，小胡同，都直溜溜的，像棋盘似的。城里城外，山湖美景一处接一处。运河的码头在钟鼓楼西边的"海子"，好多船停靠在那儿，顶热闹了。因为元朝和欧亚各国的交通给打通了，各国商人来来往往，大都城里哪儿的人都有，各类商铺到处都是，好吃的好看的好玩的，货品齐全着呐！马可·波罗就这么说："大都城里的珍品奇货，比世界上哪个城市都多。"

这些不说，城里边还有不少戏楼酒馆，里面有演戏的唱曲的，总能招来好多游人。最流行的是散曲和杂剧。散曲就是按一定的调子唱的歌，每首都有曲牌子，唱词字数也大体固定。它比有词牌的"词"好懂。那会儿，汉人的地位低，读书人的地位更低。有些人把行业按地位分了十等，读书的给排在第九，比娼妓还低一等，只比乞丐高一点儿。科举考试给废了，有文化的人，出不了头使不上劲，就写写曲词消磨时光。把散曲用在戏里，由角色来唱，演出故事来，这就成了杂剧。散曲和杂剧，在金国那阵儿就有了，到了元代，因为好多文化人都来写，所以成了高峰。后人常把"元曲"和"唐诗""宋词"并提。写散曲写出了名的挺多，最有名的有关汉卿、马致远、白朴几个。

有个叫贯云石（也叫贯小云石海涯）的畏兀儿人，挺有意思。他本来出身贵族，因为学问高，当了翰林学士那么大的官。可他喜欢文化，讨厌官场的习气，就辞官不做，跑到杭州隐居起来，靠卖药为生。平日里，他最爱写散曲，和朋友交往也是吟唱和诗，给自己起了个外号，叫"酸斋"，觉得快活极了。贯云石的曲作很多，像这首《双调·落梅风》：

鱼吹浪，雁落沙，倚吴山翠屏高挂。看江潮鼓声千万家，卷珠帘玉人如画。

最好看的杂剧是《西厢记》，是大都人王实甫写的。里面崔莺莺和张生相爱的故事，从唐代那会儿就有人写过。王实甫把它给写成个剧本，情节更加完整了，曲曲折折的。戏里的角色莺莺、红娘、张生、惠明和尚都挺让人喜欢，这出戏多少年都在演。

要说写杂剧最多的，胆子最大的，还得数关汉卿。关汉卿也是大都人，本来当医生，地位比读书人高。可他对官场人的霸道和腐败也是看不惯，就用心写散曲和杂剧，把自己的看法都搁进去。不但写，他还自个儿登台表演。那阵子，读书人都受挤压，唱戏的就更别提了，都是不入流的，不够等次。关汉卿不管这些，照样跟"戏子们"来往，给他们写戏排戏。在《不伏老》这首散曲里，他说："我是蒸不烂、煮不熟、捶不扁、炒不爆、响当当一粒铜豌

宋元故事

关汉卿照样跟"戏子们"来往,给他们写戏排戏。

豆。"就有这个意思。有关汉卿、王实甫这样的文人来写剧本,杂剧的水平提高了一大截。

在宋代以前,文学一直是以诗和散文为主,文人也都是写诗的写文章的。到了元代,戏剧发展起来了。在咱们中国,戏剧又叫戏曲,里面不但有诗词,还有曲子、舞蹈、动作、武打、滑稽表演什么的,挺全乎。这么一来,文学和演艺合在一起,通俗好懂,吸引了大众都来看。戏曲的影响这就超过了诗词散文。

关汉卿写的剧本里面,顶出名的有《窦娥冤》《救风尘》《望江亭》《单刀会》《拜月亭》《蝴蝶梦》等等。那里面的好人和坏人给分得特别清,好品质的长得也俊,坏品质的长得也丑。很多唱词都像是百姓的平常话儿。像《窦娥冤》里,好心的窦娥受张驴儿诬陷,给赃官判了死刑。她又伤心又气愤,不顾一切地痛骂起天地鬼神和赃官:

(滚绣球)有日月朝暮悬,有鬼神掌着生死权。天地也,只合把清浊分辨,可怎生糊涂了盗跖颜渊。为善的受贫穷命更短,造恶的享富贵又寿延。天地也,做得个怕硬欺软,却原来也这般顺水推船。地也,你不分好歹何为地?天也,你错堪贤愚枉做天!哎,只落得两泪涟涟。

关汉卿说了别人想说不敢说的话。要是当政的是个暴君,他就该挨整了。可元世祖没管这些事。元世祖虽说不大懂诗词文章,可他对宗教啊文学啊什么的,都能用宽容的态度对待。看戏这事儿,他也挺喜欢,时不时地让演员到宫里演给他看,听一听,乐一乐。这么着,戏曲在元朝就发达起来了。

元世祖早年就立了二儿子真金为太子。真金懂得汉文化，又是个正派人，顶看不惯压迫老百姓的事。可有人偏告他谋反。元世祖让人追查，过后才知道冤枉了好人。真金给这么一吓，不久就害病死了。元世祖心疼儿子，决定从真金的儿子里挑一个接班。真金的次子答剌麻八剌死得早，长子甘麻剌和三子铁穆耳都不错。元世祖喜欢小的，就选了铁穆耳。公元1295年，元世祖去世，在位三十四年，活了八十岁。铁穆耳即位，就是元成宗。

元成宗一登基就对大臣们说："天可怜见儿，先皇在位那会儿，凡事都有成规，我照着办就是了。"大臣们说："您能当守成天子就挺好了。"可实际上，大势在变，办法也得变。元成宗把政策变得更平稳了些，蒙古人、色目人、汉人，只要有能耐，他都用，还下令尊孔子，建孔庙，讲儒学。这么一来，朝里的各族官员都有事可做，相互攻击的事就少了。对外，元成宗也干了一件大事。元世祖忽必烈当蒙古大汗，西边有几个汗国一直不愿意承认，为这个打了好些年仗。元成宗即位以后，对他们又打又拉，到了儿达成了一致。四个大的汗国，就是窝阔台汗国、察合台汗国、伊利汗国和钦察汗国都承认元朝是大蒙古帝国的中央。虽说那个帝国松松散散的，可这对东西方的贸易往来有好处。

元成宗性子直，出手特大方，凡是支持他的，他就给赏赐，一给就不老少。可国库有那么多钱让他送人吗？他就不管这些了。慢慢的，国家财政就有了亏空。元成宗为这事急得直上火儿。他和蒙古汉子一样，好喝个酒，还总往醉里喝。这就把身体弄坏了，闹了一身病。偏巧，立太子的事也让他伤了心。他只有一个儿子叫德寿，被立为太子不到半年病死了。他一难过，过了一年也归了西，连让谁接位也没来得及安排。这一来，可就出了乱子。

让兄杀兄

元成宗去世以后的二十多年里,元朝就出了九个皇帝。在位有几年的,也有几个月的。这里头藏着好些阴谋,说着也挺绕嘴。

元成宗没有太子接班,谁来当皇帝呐?朝里就分了两派。元成宗皇后卜鲁罕和左丞相阿忽台想立安西王阿难达。阿难达是元世祖三儿子忙哥剌的儿子,是元成宗的堂兄弟,信伊斯兰教,好些色目官员都拥护他。他在元成宗死前就到了大都,想先让皇后卜鲁罕听政,自己再坐这个皇位。可是右丞相哈剌哈孙不愿意,他和好些蒙汉官员觉着真金的次子答剌麻八剌的儿子海山顶合适。海山是元成宗的亲侄子,血缘最近。再说了,海山这些年立了好多战功,有本事,由他接班理所当然。可这会儿,海山还带兵在西北驻防,一时过不来,怎么办呐?哈剌哈孙想起海山他弟弟爱育黎拔力八达在河南驻守,就派人找爱育黎拔力八达说:"江山是您哥儿俩的,您离京城近,这儿有我呐,您快来,还赶趟儿!"

爱育黎拔力八达说到就到了。他一进城就和哈剌哈孙来了一次政变,没等阿难达明白过来,就把他抓了,阿忽台也给砍了脑袋。

接着，他宣布自己监国，派人迎接哥哥海山进京即皇位。过了些日子，海山到了上都，爱育黎拔力八达也到了这里迎接。海山被推举当了皇帝，就是元武宗。阿难达被处死，卜鲁罕也给逼着自杀了。

元武宗即了位，想到得亏弟弟先来收拾了局面，不然自己登基哪能这么顺当呐？他就封爱育黎拔力八达为皇太子（实为皇太弟），说让弟弟当自己的接班人。可他们俩也说好了，将来爱育黎拔力八达还是要把皇位传给海山的大儿子和世㻋（là）。

元武宗打仗是把好手，可当皇帝治理国家，他就差了点儿。一上来，他就把朝臣都换成了自己的人，也像他叔叔元成宗那样，大加封赏，花钱没个数。这还不算，他还想再修一座都城，当自己的行宫。修一座城可不像修房子那么容易，要花费多少人力财力呀！元武宗不管这个，即位第十天，他就下令造新都，叫中都，地址选在隆兴（在河北张北）。不论夏天冬天，都不准歇工。塞外的三九天有多冷啊，民工们、士兵们给冻死累死不少。不到一年，中都就有了模样。元武宗举行了落成庆典，觉得挺露脸儿。这一高兴，他就敞开了喝酒，末了儿得了重病，不到四年就死了。

按照当初的约定，爱育黎拔力八达即位，就是元仁宗。元仁宗打小跟着李孟、王约、赵孟頫这些大学问家念书，对儒家仁政的主张挺喜欢，也懂得爱护老百姓是立国的根本。他即位以后，马上下令停建中都，废除了多余的机构，整顿财务货币，清查地产，挺像回事。他对大臣们说："可怜见儿的，咱们掌权就得懂道理。我读了《贞观政要》这部书，真是好。还有司马光编的《资治通鉴》，真德秀编的《大学衍义》，对咱们都有用。应该把这些书翻译成蒙文，让大家都看看。"书印好以后，他就发给蒙古和色目官员，让他们学学怎么理政，怎么治国。

李孟对元仁宗说："选拔人才，路子很多，可从历代的经验看，还是科举考试的办法最好，不但能让谁都有机会，选拔的人也多。"元仁宗说："恢复科举的事，前几朝已经议过多次了，就是没定下来。我看不能再耽搁，马上就定出细则，开科考试。"这么着，停了几十年的科举又给恢复了。读书人有了出头的路子，心气儿也就顺畅多了。

元仁宗一心治国，在位的十年，也是元朝最安定兴盛的年月。让他心烦的事也有，还是立太子。按当初和元武宗的约定，应该立武宗的儿子和世㻋。可他喜欢自己的儿子硕德八剌，想让他接班。这不就毁约了吗？所以他常为这事皱眉头。右丞相铁木迭儿就出了个主意说："您把和世㻋封得远远的，他就不碍眼了。"元仁宗听了这话，就封和世㻋为周王，让他住到云南去。和世㻋刚离开京城，元仁宗就宣布立硕德八剌为太子。和世㻋咽不下这口窝囊气，就在半道上造了反，被打败以后，逃到察合台汗国去了。

元仁宗喜欢简朴，不讲吃不讲穿，可就是改不了爱喝酒的习性，结果刚三十六岁就病死了。太子硕德八剌即位，是元英宗。元英宗才十七岁，不像他爸干事那么小心，上来就处置了一批权臣贪官，又杀了一批，这就招来了怨恨。他喜欢佛教，下令多建佛寺；不喜欢色目人，就毁了不少回回寺。这就更让人逮住理了。那些恨他的大臣就想发动政变，把他拉下马。公元1323年秋天，元英宗在上都过了暑天，要回大都，走到南坡（在上都南）这个地方，扎营休息。御史大夫铁失几个正等在这儿，就带兵冲进营帐。元英宗一点儿没防备，就这么给杀了。他在位也就三年。

铁失他们发动政变以前，派人给晋王也孙铁木儿送信，说等杀了元英宗，就请他出来当皇帝。也孙铁木儿的爸爸就是真金的长子甘麻剌，他是真金的长门长孙，辈分最高。所以铁失他们就想把他推出来打掩护。也孙铁木儿挺有主见，觉着大臣杀皇帝不对，就派人去给元英宗报信，让他小心防备。没想到送信的还没到，元英宗已经被害。接着，铁失他们就派人接他进京即位。也孙铁木儿顺口就答应了，很快即了位，他就是泰定帝。

泰定帝把丞相、枢密院事这些大官位都给了铁失他们。那些人高兴得不得了，以为今后就是他们说了算了。万没想到，才过了一个多月，泰定帝就秘密派人把他们都抓了起来，判了死罪，理由就是杀害英宗，作乱犯上。接着，他又给被害的官员平了反，顺了气。朝廷又平静下来。泰定帝性子稳，治国也求稳，他按儒学的法子治国，又大兴佛教，对回教也挺保护。这么一来，大家都挺高兴，他的位子也坐稳了，还立了儿子阿剌吉八为太子。

到第五个年头上，泰定帝像往年一样，带着太子到上都避暑。不料在那儿生了病，治不好就晏了驾。大臣们把太子阿剌吉八扶上皇位，就是天顺帝。可这时候，大都城里又出了乱子。有个叫燕帖木儿的军官，搞了一次政变。燕帖木儿早先是元武宗的侍卫，也是元仁宗的亲信。虽说泰定帝对他挺重用，他还是不满意，想独揽大权。有一天，他带兵进了皇宫，把在京的官员都叫来，说："皇帝的正根儿，应该是武宗的后代，不是当今皇上。武宗有圣子两个，天下当是他们坐！谁敢反对，杀！"当场就有几个摇头的大臣给绑起来。燕帖木儿派亲信把各部门的印都拿过来，跟着就派人去请元武宗的两个儿子。

元武宗的大儿子和世㻋，那年逃到察合台汗国，一直待在那边，有了自己的地盘。二儿子叫图帖睦尔，正在江陵（在湖北）镇守。按说，泰定帝对他俩都挺关照，他俩也没有夺权的心思。可这回让燕帖木儿一煽惑，先是图帖睦尔来了劲。他先一步带人马进了大都，宣布自己是皇帝，就是元文宗。

这么一来，上都和大都各有一个皇帝。谁都不让谁，那就打吧。天顺帝才八岁，全靠身边兵将上阵，元文宗这边可有的是精兵强将。末了儿，上都方面败了，有人说天顺帝给杀了，也有说跑到哪儿去了。反正是元文宗得了胜。他对大臣们说："按说，皇位应该是我哥哥坐，他现在不在，我先坐着。等他到了，我就让位。"他就派人去请和世㻋回来即位。

和世㻋听说弟弟当了皇帝，心里有点儿别扭，又一想，自个儿离大都那么远，回去挺难的，何苦呐？他也就不想再争皇位了。可架不住元文宗派来的人死乞白赖地劝说，他就说："既是这么着，我就回去吧。"走了几个月，到了和林，他宣布即位，是元明宗。元明宗按当年武宗和仁宗的办法，封弟弟图帖睦尔为皇太子（太弟），说将来皇帝还让他当。随后他就又往东走，到了上都。图帖睦尔带着一帮大臣已经等着了，哥儿俩多年不见，见了就亲热得说个没完。他们商量好了，等过了暑天，就一起回大都。

万万没想到，元明宗那天突然得了急病，满嘴往外冒血，很快就没了命。图帖睦尔哭得差点儿上不来气儿。大臣们劝他复位，他马上答应了，宣布自己再次即位，厚葬了元明宗，回到了大都。可大臣们都起了猜疑：明宗和世㻋身体刚还好好的，怎么说死就死了呐？这事只好让元文宗自己说了。原来他把皇位让出去以后，又后悔了，自己当怎么不行啊？心里不痛快，整天就没好脸儿。燕帖木儿看出他的心思，就给元明宗下了毒。元文宗假装不知道，还使劲哭了一鼻子，挤出好多眼泪，又把元明宗的皇后八不沙和两个侄子养起来，好吃好喝地待着。

宋元故事

哥儿俩多年不见，见了就亲热得说个没完。

八不沙亲眼看见元明宗死的那惨样儿,一直怀疑丈夫是给毒死的。她逢人就发牢骚,说丈夫被人害了。元文宗害怕露了馅儿,燕帖木儿更怕,皇后卜答失里就和宦官串通好,逼着八不沙喝了毒药。八不沙死了,可是元文宗公母俩做了亏心事,怎么能踏实得了呐?元文宗大白天就像是听见元明宗在骂自己,夜里也梦见八不沙冲他嚷嚷。偏巧,他立自己的儿子为太子,没过一个月,小太子就死了。元文宗流着泪对卜答失里说:"我做了错事,哥哥不饶我。这不,咱们的儿子让他领走了。"卜答失里吓得一激灵,说:"这……这可怎么好啊?"元文宗说:"没别的法子,我死以后,还是让哥哥和八不沙的儿子即位吧。不然,我到阴间也得受罪。"没过三年,他就病死了。

元文宗死后,掌大权的燕帖木儿要立元文宗另一个儿子燕帖古思(燕帖木儿的义子)。卜答失里说:"这可不行。我一个儿子当太子就给领走了,不能再让这个也给领走。还是按他爸的意思,立明宗和八不沙的儿子懿璘质班得了。"懿璘质班这年才七岁,即位就是元宁宗。没几个月,元宁宗也病死了。燕帖木儿对卜答失里说:"这回该让燕帖古思当了。"卜答失里还是摇头,说:"明宗还有个大儿子妥懽帖睦尔(懽huān),在南边流放着,怪可怜见儿的,把他接回来当吧!"燕帖木儿不愿意,硬是不给办。妥懽帖睦尔回到京城,不能即位,只好拖着。幸好没多久,燕帖木儿自己尿血死了。妥懽帖睦尔这才给扶上皇位,就是元惠宗。

元惠宗这年十三岁,已经懂事了。他很想把国家整顿好,可这么多年,皇帝走马灯似的换来换去,早把国力弄衰了,这元朝还能好起来吗?

脱脱更化

别看元惠宗年纪小，他心计可不少。即位以后头几年，他对卜答失里特别敬重，把她当太后，请她出来听政。元文宗的儿子燕帖古思也当上了皇太子（太弟）。元惠宗明明知道父亲和八不沙皇后的死因，可他闭口不提这事儿。他是想先把朝廷稳住了再说。

这时候，国事还正乱着呐！在朝廷掌大权的是太师伯颜（和元初大将伯颜不是一个人）。这可是个不好惹的，元武宗那阵儿，伯颜就当了大官。不管哪个皇帝上来，他都给使把劲儿，所以成了不倒翁，九朝元老。燕帖木儿死了以后，他成了最有权势的，光是职位就兼了十几个，什么事他不点头就没法儿办。谁想升个官，都得给他送钱，按官大小论价。各地进贡的好东西，大半都进了他家的门。伯颜每次出行，谱大了去了，随从就占了半大街。元惠宗刚即位还嫩点儿，凡事也只好由着他。

伯颜嫌汉人官员爱提意见，就对元惠宗说："您有儿子，千万别叫他读汉人的书。汉人仗着会读书，就好欺负人。还有科举考试，考上来的净是汉人，不如废了算了。以后凡重要的官位，还是用蒙古人和色目人好。"元惠宗就下令停止科举，禁止汉人学蒙古文。伯颜又对元惠宗说："近来有造反的，汉人居多。我看来个绝的，把张王李赵刘这五大姓的汉人都杀了，咱们的江山就稳当了。"元惠宗吓了一大跳，说："那得杀多少人呐！这事儿可不能干。"打这儿起，元惠宗就不爱听伯颜的了。汉人官员听了，都特恨他。

伯颜把蒙古大官也不放在眼里。有一次，他没根没据就说宗王彻彻秃要谋反，让元惠宗杀了他。元惠宗不答应，他就自己派人把彻彻秃给杀了，又把别的几个宗王贬了官。这一来，蒙古大官也恨死他了。

伯颜的侄子脱脱看不下去，就对父亲马札儿台说："伯父这么干，早晚要出事。万一皇上翻了脸，咱们也跟着倒霉。不如先下手除了他。"马札儿台说："谁说不是呐，赶快和他划清了好。"脱脱打小就跟汉人老师读书，学问好，心胸也大，他觉着要把国家弄好，就不能排斥汉人。所以他去找老师吴直方，说了自己的打算。吴直方说："自古就有大义灭亲的榜样，最受人敬重。你想着国家，就不用想别的。"脱脱就秘密地求见元惠宗，说："伯颜专权没了边儿。我认为还是要按祖宗的规矩，汉人该用就得用。"元惠宗因为伯颜不把自己当回事，也气得慌，说："伯颜没跟我说，就敢杀宗王贬宗王，真让人不能忍受。"说着，还直掉眼泪。他们商量好了，要找机会动手除掉伯颜。

公元1340年刚开春，有一天，伯颜带太子燕帖古思出城打猎，说好要过几天回来。脱脱早就做了准备。赶到伯颜走了不久，他就进宫见元惠宗说："伯颜这次出去，正是动手的机会，别犹豫了。"元惠宗答应了，脱脱就带着世杰班、阿鲁几个亲信把大都的城门都给关上，钥匙自己拿着。到了夜里，元惠宗召集大臣紧急开会，说要罢伯颜的官，不许他回城。接着，他派卫队去把太子燕帖古思接回来，又叫官员向伯颜宣布诏书。诏书把伯颜的错处数落了一顿，说让他直接到河南去，当个行省地方官算了。伯颜听了，差点儿气破肚皮。等天刚亮，他就派人到京城，要求见皇帝一面，把话说开。

脱脱正坐在城楼上等着呐。伯颜的人到了城下，冲上就喊："我是伯颜大人派来的，要见皇上，快开城门！"脱脱也亮开了嗓门儿说："门不能开。皇上有旨，要赶走伯颜。他就别想回来了。其他人没罪，都散了吧！"伯颜手下人一听这话，"噢噢"地喊着都跑了。伯颜听亲信回来一说，急得直喘粗气，说："原来都是脱脱这小子干的，真没想到啊！"他只好往河南走，半道上又接到元惠宗的命令，给贬到岭南阳春（在广东西南）。这得走多少日子才能到啊，伯颜憋了一肚子气，好容易走到江西，就在驿站里病死了。

赶走了伯颜，元惠宗让马札儿台当丞相，脱脱管军队。他这才决定公布父亲明宗的死因，下令把元文宗的牌位搬出了太庙。太后卜答失里被赶出皇宫，没多久也死了。太子燕帖古思更好办，撤了名号不算，还给轰到高丽去了。过了不久，马札儿台年老辞职，他儿子脱脱就当了丞相。元惠宗顶信任脱脱，脱脱说要改革，他点头说行，宣布要实行"更化"。这会儿，元惠宗二十出头，脱脱也就二十六七岁，两个年轻人心气儿挺足，想好好干一场。

脱脱很快就拿出改革的办法。一是当年就恢复科举考试，还扩大国子监招生人数，蒙古人、色目人、汉人学生加一块儿，超过了三千人。二是设立宣文阁，请有学问的老师给皇家和贵族子弟讲课，读四书五经，还学书法，弹古琴。三是编写宋、辽、金三朝的国史，由脱脱当总裁。四是给被伯颜害死和打击的人平反昭雪。五是定了官吏升降的条件，有六项：人口增加、农田开垦多、打官司

脱脱更化

脱脱说:"伯颜就别进城了,都散了吧!"

的少、盗贼不活动、税收劳役均等、备荒的常平仓使用得法。六项都好的，升官；差的，降职。六是给老百姓减租，给制盐的盐场减税，准许养马。这几条，哪条都挺好，没多久就见了成效。大伙儿的心顺了，都夸脱脱是元朝顶难得的贤相。

元惠宗看脱脱这么上心，也来了兴头。以往，他凡事都让大臣们去办，自个儿在宫里闲逛玩乐。这会儿变了，他打起精神头，朝会、祭祀、出巡，样样不落(là)，还每天都到宣文阁和大伙儿商量国事，有闲空就读读书，到城外种种庄稼。为了让人说自己简朴，他还减少了宦官和宫女，饭菜也简单了，把每天宰五只羊减为一只，靴子上的金刺花也改用铜的。照这么干下去，元惠宗就快赶上元仁宗了，说不定元朝还真能中兴呐！

哪知好景不长。没多久，朝里又开始了内斗，不外是互相攻击，你下台我登台，官场的老一套。斗来斗去，脱脱也丢了官。几年后元惠宗又叫脱脱当丞相，可国势就大不一样了。自打元朝建国以来，各地反元的起义就没断过，不过都没成了大气候。这些年天灾多，官府搜刮更多，百姓没了活路，就只有造反。元惠宗天天都接到报告，说哪儿哪儿又反了，把他急得直转磨。偏巧，那年大雨下个不停，黄河盛不下，也闹了别扭，发了大水，把山东、河南、河北、安徽、江苏好多地界给淹了。两岸百姓不得安生，到处逃荒。脱脱二次当丞相，正好赶上这档子事。

他挺着急，赶紧召集开会，让大伙儿出主意，治理水灾。管水利的官儿叫贾鲁，是个治水的行家。他说："我看有两个法子，一条是在北岸修个大堤，把洪水堵住；一条是堵塞和疏导并用，把北边堵死，把水往南引到原来的河道，流进大海。"脱脱问："你觉着哪条更好呐？"贾鲁说："前一条省工，花钱少，可治不了根儿。后一条用工多，花销大，可最管用，我主张这么干，不然水灾就完不了。"好多大臣听他这么一说，都直摇头，七嘴八舌地说："眼下国库不富裕，还是省着点儿得了。"脱脱等他们吵吵完了，就说："可怜见儿的，我仔细算了算，还是第二条好，治水就要治本。咱们就来个疏南河塞北河吧！"

公元1351年，贾鲁当了治河的总管。他调集了十几万民工和士兵，在工地上一干就是半年多，完工以后，黄河入海的道给打通了，洪水也就退了。这次治理黄河，在历史上规模数一数二，真起了作用。脱脱本想打起精神，再把改革的事往前推推，先从军队屯田开始，把缺粮的事给解决了。可也就在这一年，南方民众造了反，占了好些地方。元惠宗催着脱脱快点儿镇压。脱脱就决定亲自出马，带兵去了南边。这一来，他就该着倒霉了。脱脱执政好多年，自己挨过整，也整过别人。如今他离开了大都，朝里的政敌就钻了空子。

有个叫哈麻的官儿，他妈当过元宁宗的奶妈，他跟元惠宗也挺近乎。就因为脱脱把他降过级，他恨得肚子里长牙，趁脱脱不在，想出了一个下作主意，就去对元惠宗说："有个从西边来的和尚，会一种房中术，叫人好痛快，您不妨试试。"元惠宗说："什么术啊，让他来教教看。"本来他跟着脱脱学了好，可学坏更容易，没多久就上了瘾。哈麻的妹婿秃鲁帖木儿也来凑热闹，又推荐了一个叫伽璘真的和尚。伽璘真对元惠宗说："人能活多久啊，用我的秘密法，管保您喜欢。"元惠宗一试，也觉着挺逗乐，就荒唐起来，找来好些女人一块玩儿。哈麻、秃鲁帖木儿，还有元惠宗的弟弟八郎十几个人，陪着一块儿胡闹，整天价不干别的。国事啊，救灾呀，早让元惠宗扔到脖子后头了。

宋元故事

哈麻怕脱脱知道了不饶,就给他脚底下下了绊儿。这当儿,脱脱在徐州已经把李二的起义军打败了,正在高邮(在江苏中部)和张士诚的起义军对阵。哈麻就对元惠宗说:"脱脱出兵三个月了,还没个结果,花费了多少钱财呀!他还反对您立太子,连这事儿他都管!您心里可得有点儿数。"元惠宗立马想起了专权的伯颜,就说:"他想学他大伯那样可不行,我这就撤了他!"当下免了脱脱的职。他可忘了一条,元军主力都是脱脱指挥的,主帅没了,仗还怎么打呐?脱脱正在高邮城外带兵攻城,眼看着城就破了,突然接到免职的圣旨,头都蒙了。部下听主帅给免了,喊着说:"丞相不是丞相了,咱们还打什么劲儿!""呼啦"走了一大片,好些人干脆跑到起义军那边儿去了。起义军反败为胜,从此就成了大气候。

不久,元惠宗又听了哈麻挑唆,把脱脱流放到大理(在云南西部)。脱脱的弟弟、儿子也给流放到四川甘肃,一家子全完了。哈麻还不放心,派人给脱脱送去了毒酒让他喝,说是皇帝的命令。脱脱一死,元朝最后一根顶梁柱就被它自己砍倒了。后来,元惠宗虽说给脱脱平了反,可元朝也就剩了一口气。大臣们说:"要是脱脱没死,天下还能这么乱吗?"其实,天下大乱又不是一天半天,大势去了,脱脱就是活着,元朝也照样得垮。

建明赶元

元朝垮下来，起根儿上的原因，有这么两个：一个是民众大起义，一个是朝里大内讧。先来说内讧。元惠宗净干没脸皮的事，他的皇后奇氏（高丽人）和太子爱猷识里达腊都瞧着恶心。娘儿俩就谋划着夺权，逼元惠宗给太子让位。元惠宗才三十多岁，哪肯退位呐？爷儿俩较上劲，仗着都有自个儿的心腹大臣，谁都不怕谁。支持元惠宗的孛罗帖木儿，驻军在大同（在山西北部）。他开始占上风，派兵打进京城，杀了太子一头的大臣。太子让支持自己的扩廓帖木儿进军大同，想端孛罗帖木儿的老窝。孛罗帖木儿干脆带兵进了大都。元惠宗就让孛罗帖木儿当丞相，掌了大权。太子逃到太原，投靠扩廓帖木儿。扩廓帖木儿本来叫王保保，是个打仗油子，他就宣布讨伐孛罗帖木儿，向京城开战。

双方正打得欢实，元惠宗和孛罗帖木儿又掰了。孛罗帖木儿杀了秃鲁帖木儿那几个跟元惠宗胡闹的近臣跟和尚。元惠宗吃了哑巴亏，就派人暗杀了孛罗帖木儿，把他脑袋送到太原，召太子回来。太子回到大都，扩廓帖木儿也进京当了丞相。可他不想逼元惠宗让位，就被太子恨上了。不多久，扩廓帖木儿手下兵将不听调遣，起了反心，他们内部乱打起来。元惠宗对奇皇后和太子说："瞧你们靠的人，都什么东西呀！"太子说："您靠的东西就好啦？扩廓帖木儿闹事，把他灭了不就结了！"太子就跟扩廓帖木儿翻了脸，亲自带兵讨伐他。双方热热闹闹打起了内战，南方起义军也在这时候过来了。元惠宗没法儿，只好赦免了扩廓帖木儿，让他当总头儿，去抵挡起义军。扩廓帖木儿也不傻，看朝廷拿自己涮着玩儿，待在太原不动窝，眼瞅着起义军朝大都打过去了。

再来说民众大起义，也是够乱乎的。脱脱和贾鲁治河那阵儿，有个叫韩山童的，是白莲教的教主，就谋划着造反。白莲教在南宋那时候就有了，现在又说韩山童是弥勒佛下凡，明王出世；又说他是宋徽宗的八世孙，天生做皇上的料，撺掇大伙儿起来反元。他们刻了一个独眼石头人，埋在黄河河道的土底下，到处传起民谣，说是"莫道石人一只眼，此物一出天下反"。不多久，挖河的民工真挖出独眼石人来。这么多年，想反元的人不在少数，有了这件奇事，都动了心，起义就这么给鼓动起来了。

公元1351年，有三千多人聚齐在颍州（在安徽阜阳）城外，打算起兵，领头的就是韩山童，还有刘福通、杜遵道几个。不知道谁泄了密，官军来抓人，韩山童没防备，就给逮住杀了。刘福通他们干脆扯开大旗反起来。大伙儿头上包着红头巾，就叫红巾军，去攻打颍州城；占了颍州，又去打别处。元军来镇压，一看对面红红的一片，像着了大火似的，给吓得转身就跑。红巾军开头挺顺，很快又攻下好几座城，人也多多了。

起义的消息很快传开，各地响应的，数都数不过来，势力大的就有几十家。这里头，徐州的李二（芝麻李），蕲州（在湖北东部）

的徐寿辉、彭莹玉（彭和尚），襄阳的孟海马，濠州（在安徽凤阳东北）的郭子兴，高邮的张士诚，海上的方国珍，名气最大。参加起义的，有农民、渔民、樵夫、盐贩、游民，也有地方豪强，海盗也有不少。各路队伍一方面跟元军对抗，一方面又相互吞并，争抢地盘。打了些日子，有的失败了，有的给同伙杀了，也有的投降了元朝。还有不少人急着要当皇帝当大王。徐寿辉建了天完国，自称皇帝。刘福通让韩山童的儿子韩林儿当皇帝，国号大宋，自己当丞相。张士诚建了大周，自称诚王。可也有一个不着急称王称帝的，他就是朱元璋。

朱元璋老家在濠州钟离（在安徽凤阳东），打小就过苦日子，实在没法儿活，他就出家当了和尚。郭子兴起义以后，他也跟着参加，还真打了胜仗。郭子兴看他有点儿本事，让他当了头领，把养女马姑娘也配给他。再后来，郭子兴害病死了，朱元璋就成了这支队伍的头脑。表面上，他被刘福通的大宋管着，可实际上，他有自己的算计。别看他文化不高，可挺会动脑子，知道要成大事，最要紧的是收揽人才。眼下，他手下的武将挺多，徐达、常遇春、汤和、胡大海、华云龙、花云等等，个个都能征善战，就是缺少文人谋士。他留心找，每到一个地方，就出招贤榜，请当地有学问的能人出来指教。

有个叫冯国用的，文武全才，他找到朱元璋说："打仗要有个基地才稳当。金陵（在江苏南京，元朝称集庆）老早就是帝王所在，您要是把它拿下来，号召起来就有人听了。"朱元璋点头说："这话对呀，是这么个理儿。"他就带人打下金陵，把金陵改叫应天府，作为自己的大本营。他的主力也从江北移到了江南。南方的元朝势力不强，渐渐成了起义军的天下。

宋元故事

有一次，朱元璋领兵打下了徽州（在安徽歙县），有人给他推荐了一个本地隐士，叫朱昇，大伙儿都叫他枫林先生。朱元璋和朱昇聊起来，问他："先生觉着要成大事，该怎么办好呐？"朱昇伸出三个手指头说："我就说三条，一是高筑墙，把金陵修得牢靠些，当作根基；二是广积粮，多备粮草，打仗有底气；三是缓称王，称了王，树大招风，别人就会冲您来，不如等实力强了再说。"朱元璋听了朱昇的主意，凡事都把韩林儿往前摆。

再往南打，到了浙江一带。朱元璋听说当地有四位贤人，是刘基、宋濂、章溢、叶琛，就把这四位请到应天，专门修了礼贤馆给他们住。刘基又叫刘伯温，一肚子学问，计谋也多，好些人说他是孔明再生。朱元璋和他一聊，果然不是一般人物，他就问起定天下的大计。刘基挺有把握地说："现如今，您的主要对手，一个是西边的陈友谅，一个是东边的张士诚，把他们两个平了，南方就是您的了。那时候，再发兵北上灭元，统一天下，大业可成。"朱元璋听了，脑门儿发亮，说："太好了，先生有这等妙计，真是相见恨晚，以后还要多多指教。"他就决定按刘基的主意，先灭陈友谅。

陈友谅本来在天完皇帝徐寿辉的手下，打了几次胜仗，就不想再服人管。他让人用大铁锤打死了徐寿辉，自己当了皇帝，国号叫"汉"。可他的名声也跟着臭了，好多人觉着他太毒，都投靠了朱元璋。朱元璋和陈友谅打了好几仗，末了儿在鄱阳湖上用水军决战。朱军用了火攻，把陈军的大船烧得走了形，陈友谅也给射瞎了眼睛，当场断了气。这么着，朱元璋得了胜，把陈友谅的部下都收拢过来，地盘儿也扩大了不少。谋士们就建议说："现在称王正是时候，您就别再等了。"朱元璋就自称吴王。

前不久韩林儿的大宋，被张士诚打了个袭击，刘福通战死。朱元璋就派船说要把韩林儿接到身边来。半路上，船让他的部下翻了个儿，韩林儿掉进河里给淹死了。

灭了陈友谅，淹死了韩林儿，下一步该对付张士诚了。张士诚那年在高邮打败脱脱的元军以后，也想到江南发展。为了这个，他不再反元，反而投降了元朝，当上了太尉，每年都把江南的粮米往大都送。冲这一条，张士诚就输了理，朱元璋把他的罪过一公布，得到起义军的拥护。仗越打越顺，张士诚的驻地苏州很快给围起来。他几次突围都没成功，自杀也没死，被逮住送到了应天。知道死罪难逃，趁人没注意，他还是上了吊。

这么一来，朱元璋在南方没了强敌。他这就决定北伐灭元。公元1367年秋天，大将徐达、常遇春率领二十五万将士北上。朱元璋对将士们说："这次兴兵，就是要赶走元人，恢复中华，建立新朝，拯救百姓。但凡愿意归顺的，不管是哪个族哪地方的，都留下来不杀。"大军往北走，进入山东地界，元朝守将不是逃走就是投降，没想到那么顺利。消息传回应天，文武百官都说："要是吴王当了皇上，发号施令就更没人敢不听了。"就有丞相李善长领头，请吴王即皇位。朱元璋答应了，转年（公元1368年）开初，他举行典礼，当了皇帝，国号"大明"，年号洪武。他就是明太祖。

明太祖命令大军继续北进。他亲自来到河南前线，在军中下命令说："咱们要直接进攻大都，先把元朝的朝廷灭了，下一步再说别的地方。"明军冲大都直扑过去。这时候，元惠宗、太子爱猷识里达腊和扩廓帖木儿他们还在那儿打内战呐，顾不上抵挡明军，有的过来比画比画，也是白搭。临到他们感觉着大事不好，徐达和常遇春已经带兵到了大都东边的通州。

元惠宗听说明军到了眼面前儿，这才慌了神儿，赶紧把大臣们

宋元故事

元惠宗带着太子后妃，从健德门出了城，逃走了。

建明赶元

叫来商议。他说:"趁人家还没进来,咱们走人得了。"有几个大臣咧嘴直哭,说:"天可怜见儿,世祖创立大元天下多不容易呀,您怎么能说扔就扔了呐?我等愿意带卫兵死战,您也要坐镇京城,等外地人马来救援才好。"元惠宗叹着气说:"别再提什么援军了,扩廓帖木儿远在太原过不来,哪还有什么援军呐?我可不能跟宋朝徽宗、钦宗那样儿,给人逮走,磕头求活,太叫人笑话啦!还是逃了吧!"当天夜里,元惠宗就带着太子后妃,大臣们也跟着,从北边的健德门出了城,往上都那边跑了。

徐达率明军进了大都,元朝也就灭亡了,还不到一百年。可要是把它前边的蒙古几十年加上,就有一百六十二年。元惠宗逃到上都,又跑到了应昌(在内蒙古克什克腾旗),末了儿病死在那儿。太子爱猷识里达腊这才接上班,还叫元朝,历史上叫"北元"。北元又存在了三十多年,传了六代。元惠宗后些年虽说昏庸无耻没了边儿,可明太祖觉着他最后自个儿退出了京城,减少了伤亡,倒是顺应了上天,就送了他一个"顺帝"的谥号。

明朝故事

雪岗 ◎ 编著

奢香修路

元朝退出大都以后，明太祖朱元璋又紧着张罗派出几路人马，朝着四面八方进军，要把全国统一起来。此前，往南去的队伍已经攻下了福建和广东，又接着平定了广西。往北的一路也打得挺顺当，把扩廓帖木儿（王保保）带领的元军一直赶到了西北，夺了陕西。东北那边的元军坚持了好多年，最后也给灭了。这么一来，南北各地差不多都平定了。

西南那一大片地方，麻烦多一点儿。那儿不单有元朝的地方政权，还有割据势力和当地部族当政，光靠用兵不行，得用点儿心思。明朝决定先取四川。四川有个夏国，都城在重庆，立国的明玉珍，早先也是个起义的头领，趁着乱劲儿跑来当大王。明玉珍死了以后，十岁的儿子明昇掌权，还想搞独立王国，可就不成了。明朝一边派两路大军打过来，一边让人来劝明昇投降。明昇开初还想逞能，没答应。明军就从南北两处突破了秦岭和三峡天险，眼看着就到了重庆。明昇想躲到成都去，他妈对他说："到成都就能保住命了吗？早晚也得完。不如归顺了人家算了。"小孩子只好说："那就降吧！"这么着，明军收复了四川。

明朝故事

再往南，就是云南了。元朝守在云南的是梁王把匝刺瓦尔密（匝 zā）。前些年，明玉珍想夺取云南，带领人马攻打昆明。梁王打不过，只好逃走，向大理的总管段功求救。早在五代那会儿，白族人段思平就在云南一带建立了大理国。大理国地盘最大的时候，比后来的云南省大两倍还多，中心在洱海。当年蒙古军南下灭了大理国，可还是让段家人当大理的地方总管。眼下梁王求救，段功忙着领兵赶跑了明玉珍，梁王也回来了。

梁王看段功这么有能耐，就让他留在身边，主管政事，还把自己的女儿许配给他。段功本来在大理有妻室，日子一长，挺想她的。妻子也惦着他，给他写信，说了好些想他的话。段功动了情，就回大理看妻子去了。这让梁王挺生气。身边有人也猜着说："段功人马那么多，想独占云南那还不容易吗？他回去没准儿就是招兵去了。"梁王起了疑心，对女儿说："段功要夺咱们的地盘，等他回来，你替我把他治死算了。"女儿说："段功是好人，我喜欢，您不能害他。"梁王就另外派人暗杀了段功。女儿听说以后，哭着投了河。段功手下的人听说主人死了，没有不掉眼泪的，一个助手还吞了孔雀胆。孔雀胆毒性特别大，吃了就活不了。

梁王杀了段功，能替他保卫云南的人就没了，他后悔也来不及了。这回，明太祖要收云南，先派个文人王祎（yī）来劝梁王归降。梁王知道自己守不住，就有心答应。可是凑巧，北元也派使者来找他，叫他一起对抗明朝。听说明朝的王祎正在昆明，北元的使者就逼着梁王杀了王祎。明太祖可给气坏了，当下派大军开进了云南，很快就打到了昆明。梁王知道得罪了明朝，再投降也是个死，就让全家人都跳进了滇池，自己吃了孔雀胆。

明军收了云南，可怎么管好这块地方，还是个难事。云南离京城太远了，去一趟真不容易。它的东边（指贵州一带）是当地部族地界，满眼光是大山大河，路也不好走。大小部族都是土司当权，外人挺难进去。那阵子，贵州还没建省，由四川、云南、湖广三处分头管着。元朝那会儿是让各处的土司当宣慰使，负责管地方的事务。有个叫霭翠（彝族名叫陇赞阿期）的人，是彝族的土司，也当了宣慰使，当地人都听他的指派。

赶到明朝建立以后，霭翠就归顺了明朝。有官员对明太祖说："土司算什么，不如把它废了。"明太祖看得开，对身边人说："去云南就得过贵州，要是霭翠他们不服管，云南就是咱们得了，也守不住。"明朝也就承认这些人的地位，还封霭翠为将军，让他当贵州宣慰使，发给他官印，赐姓安。贵州宣慰使的地位挺高，霭翠就成了当地各部最大的头儿。

霭翠当了大官，又娶了个媳妇儿叫奢香，长得别提多好看，他也高兴得别提。他有个好朋友，叫宋蒙古歹，也是个土司，跟他一起归顺了明朝，被任命为宣慰同知（副手），明朝赐名叫宋钦。霭翠和宋钦对明朝挺忠心，听说明朝军队要去云南，他们就送去了好些大米、马牛羊和弓箭。没想到，就在这一年，先是宋钦病死了，接着霭翠也病死了，还都在壮年。他俩的儿子都太小，按当地的风俗，明朝就让霭翠的妻子奢香当了土司，还是宣慰使。宋钦的妻子刘淑贞也是土司，当了宣慰同知。这两个女人可就成了贵州最有地位的人了。

这让一个人很不高兴，就是明军驻守贵州的都督马烨（yè）。原来，明朝开初有个想法，要把各地部族的土司取消，都改成朝廷的命官，有任期，到期就换地方走人，叫"流官"，就是定期轮换。"改土归流"的用意明摆着，就是不想让土司把持地方事务，搞独立王国。马烨就是想这么办，把贵州的土司都改成流官。可他忘了一条，凡事要看在哪儿，在什么时候。贵州各族的百姓都认可土司，一时扭不过弯儿，你非改不可，可就要摊上事了。马烨本想趁霭翠和宋钦死了的当儿，实行"改土归流"，没想到朝廷让两个女土司掌了大权。他不敢明里反对，就想法找碴儿整治奢香，算计着等把当地的百姓惹恼了，他们就会起来闹事。那时候自己一出兵镇压，土司制度也就能给废了。

于是，他就派人把奢香找了来，说她办了错事，要处罚她。奢香说："我错什么了，你凭什么罚我？再说，我是土司，你管不了我！"马烨说："土司怎么啦？看把你威风的。我是都督，我今天偏要打你！"说着就让底下人把奢香的上衣扯开，用鞭子抽打起来。奢香气得脸都青了，可还是忍了。外面的百姓听说头领挨了打，马上都跑来，堵在门口喊着说："太欺负人啦，夫人，你还等什么，干脆反了吧！大伙儿都跟着你！"好多人抄家伙就要打。马烨一听，嘿嘿乐了，他就等着他们动手，好出兵镇压呐！

奢香挺沉得住气，她看出马烨的心思，就和同来的刘淑贞对了对眼神儿，走出来对大家说："咱们造反，他就会派兵杀人，就中了他的计。你们千万别做出格的事，我自有办法。"等百姓散了，奢香就和刘淑贞商量说："马烨这么做，我不会饶他，要报告朝廷。"刘淑贞说："我也这么想。要告他，就直接到京城去找皇上。马烨整天盯着你，你走不开，我去！"

刘淑贞说走就走，很快赶到了京城。明太祖听说贵州女首领求见，马上就召见了她。刘淑贞把前后经过一说，明太祖吃了一惊，说："马烨这是要激起民变呐，这还了得！"他带刘淑贞见了马皇后，又命令赶快把奢香接到京城来。

奢香修路

马烨听说皇帝要召见奢香，不敢阻拦。奢香连夜到了京城，见到了皇帝皇后。马皇后看奢香还是个二十岁刚出头的清秀女子，笑眯眯拉着她问长问短。奢香又把经过和自己的想法说了，明太祖说："马烨当众欺负你，太可恶了。我可以杀他，替你出气。可你怎么回报我呐？"奢香说："我要让贵州百姓世世代代对国家忠心，不反叛作乱。"明太祖摆手说："你是土司，是地方官，守护一方是你的本分，这不能算数。还有别的吗？"奢香想了想说："我们那儿西北边的山里，有能通到蜀地的山路，就是陡得厉害，行车走马不容易。我有个打算，要替朝廷修一条驿道，往北通到四川。朝廷的人去那边儿就方便多了，管起来也容易了。"明太祖乐得满脸笑纹儿，说："这可太好了，我老早就盼着四川和贵州云南有大路可走。咱们就定下来，马烨我来管，修路的事归你管。"

送走了奢香和刘淑贞，明太祖对马皇后说："按说，改土归流也是我的主意，马烨的想法不算错。可他太急了，欺负人家女人，惹出了大麻烦。我宁肯舍了他，也不能让当地百姓受委屈。"马皇后点头说："这可是安定人心的大事。"明太祖下令召回马烨处死，贵州百姓也就消了气儿。

奢香回到贵州，立刻召集当地官员，安排起修路的事。她又带人查看地形，很快就动了工。民工都是当地的壮汉小伙儿，开山平地，干得挺热火。没过几年，真就修好了一条通到四川的驿道，四百多里长，中途还有九个驿站。这条路和原有的驿道一连上，贵州、云南、四川、湖广四地的交通就便利多了。

奢香办了这么一件大事，眼界也开了，让百姓们都学内地的文化和技术。儿子长大以后，她把职位让给了儿子，还叫他到京城太学读书，钻研学问，多长见识。贵州和内地不断往来，当地部族就

明朝故事

奢香带人查看地形,很快动了工。

进步了一大截。公元1396年，三十六岁的奢香去世，明朝为了表彰她，加封她"明德夫人"。有人还写诗夸赞这位女土司："君门万里献奇功，蜀道崎岖九驿通。不道蛮荒一苗（苗，应为彝）女，居然巾帼丈夫雄。"

明朝故事

立案治贪

　　明朝收复了云南贵州，这才算稳住了天下。明太祖一心想把国家治理好，让大明朝千秋万代，让朱家人老当皇帝。他是个苦出身，受过穷挨过饿，知道乡下农民的艰难。他对身边人说："士农工商四民里头，数农夫最累最苦，夏天鸡刚叫就赶牛下地干活儿，耕地除草上肥，叫太阳晒得满身是汗，累得七死八活。好容易收割了，还得缴税，剩不了多少。碰上灾荒，全家就得受饿。可国家的钱粮都是农民给的，劳役也是农民当差。所以要让国家强盛，先得叫农民安居乐业。"有这层想法，他就减轻了赋税，鼓励农业生产，兴修水利，眼瞅着有了些效果。

　　可是各地官吏贪污的事，一宗接一宗，让百姓们挺不满意。明太祖知道了，也窝了一肚子火儿。他让大臣们出出主意，看怎么办好。刘基说："宋朝和元朝都对官吏们太放纵了，让有些人钻了空子，任意胡来，没了规矩。我朝当紧的就是严明法纪，管好官吏。"明太祖点着头说："元朝开初一段还算清明，后来就没法儿说了，结果不到一百年就亡了。我以前当百姓那会儿，看见当官的贪财好色，成天喝酒享乐，对民间的疾苦不管不问，我心里就恨透了。如今坐了天下，要把规矩立得严严的，凡是贪污的，害民的，都要严加惩处，绝不能轻饶！"

明太祖主持着定了个法度。官吏受贿一贯铜钱（约一千文）以下的，打七十板子，五贯以上的加罚，八十贯以上的绞死。监守自盗的，四十贯就斩首。除了砍头以外，还有好些肉刑，像剁手指、断手、砍脚、挑筋、剜膝盖、钩肠子、割生殖器等等，一听就让人害怕。贪污超过六十两银子，不单是斩首，还得剥皮填草示众。剥皮填草是怎么回事呐？就是把贪官杀了以后，再把人皮整个剥下来，填上稻草，做成人形，放在官府门前摆着。府边的土地庙就是剥皮的地界，大伙儿都叫它皮场庙，管人形叫皮草囊。这个办法很少用过，可谁看了不打哆嗦呀！就是这么着，贪官还跟老鼠似的，一窝接一窝出来。丹徒县有个县丞叫李荣中，和几个官吏受贿，被剁了十个指头。可他们不知改过，又做了受贿卖法的勾当，结果被处死。这种事太多了，明太祖气得没法儿，说："我早晨惩治了贪官，晚上就又出来了；晚上杀了，转天又出了一帮，惩治越重，贪官越多，这可怎么好！"

查下来，那些管收钱粮的官贪污最多。明太祖就下令，不管多少，贪污就杀。杀了收钱粮的官，可是钱粮还得有人收。地方官不可信，他就下令把地多的大户找出来，给他们安了个"粮长"的名义，叫他们管收钱粮的事。没想到过不多久，这些粮长不是瞒报田产，就是编瞎话，说受了灾，扣留上缴的钱粮。他就接茬儿杀各地粮长，杀了一百多人。通过这件事，明太祖觉着好官没几个，就想找个机会，办个大案子，来个厉害的镇唬镇唬。恰好，眼皮子底下就出了个大案子。

明太祖听说各地来京城报账的官员，拿着空白文书现填数目，气得脸红脖子粗,对朝臣说:"不得了啊!这帮家伙是用空印文书造假账,贪污钱粮,还用说吗?"大臣们赶紧解释说:"钱粮和军需物资什么的,各地每年都要把收支账目填表造册,到户部审批。要是户部和地方的数字对不上,地方官员就得回去重造盖章,再到京城上报。这么一来一去,要走好多日子,路远的地界得几个月,一年也保不齐。他们就想了个法子,事先拿着盖了印的空白文书,碰上户部驳回,就改填一份,再交上去,省得来回跑了。"明太祖说:"这是官官勾结欺骗我的铁证,非严办不可!"大臣们说:"按说是不对,可这些年一直这么做,户部也知道。还是放一马,以后改过就行了。"明太祖说:"不行!我看各地主印的官没好的,都该杀!"

他这么一说,大臣们都不敢言声了。末了儿,命令一下,各地主印的官,十有八九给杀了,少说也有几百人。副手没杀,都打了板子,发配充军。这里面,贪官是有,可有不少人其实是好官。有个叫方克勤的,在山东济宁当知府,发展生产,爱护百姓,兴办学校,干了不少实事,当地百姓都念他的好。就因为"空印案",他被逮起来定了死刑。还有个郑士元,本来是当监察御史(负责监督官吏的官员)的,因为办事爱较真儿,挺受明太祖的喜欢,还升了官。这回因为"空印案"受了连累,给下了狱。他弟弟郑士利豁出去了,上书说:"陛下以为官吏用空印办坏事,可不知道那印是盖在骑缝上的,用的时候要对得上才行,想从中捣鬼没那么容易。这本来是个变通的法子,用了多少年了。朝廷早先没说不行,现在又改了口,一律判死罪,怎么让人心服呐?再说了,造就一个官员,要几十年的积累,哪能说杀就杀。这可不像割草似的,能死而复生。陛下因为一点儿小错就大杀有用之才,我都替您可惜。"这话明摆着是说皇帝小题大做,冤杀好人。明太祖正在气头上,就让人把郑士利逮起来拷打,追问谁是主使。郑士利说:"我写的时候就知道自己犯了龙颜,死定了,谁还肯给我当主使呐?"明太祖听了说:"哥哥有罪,弟弟求情也有罪,让他们去服劳役顶罪吧!"郑家哥儿俩都给赶到外地当苦力去了。

明太祖心里明白,"空印案"办得有点儿过分,可就是一死儿不改口。过了些日子,又出了一件大案,让他更逮住理了,要大开杀戒。娄子还是出在户部。有人揭发,说户部侍郎郭桓和李彧(yù)、赵全德好几个官儿串通,贪污钱粮。据说,郭桓他们把江浙一带缴纳的钱粮瞒报数目,从中贪污私分,还想方设法多收税款,揣进自己的腰包。折算下来,这伙人总共贪污了精粮两千四百多万担。这个数目把大伙儿都吓坏了,差不多等于全国一年的钱粮收入,郭桓的胆子简直比天还大。明太祖差点儿气歪了鼻子,说:"从古到今,贪赃枉法的每朝都有,像这回这么大得邪乎的,还真是少见!"他让刑部的官员吴庸主审郭桓这个案子。吴庸真卖力气,严刑拷打,逼问到底,绝不手软。

被审的受刑不过,就供出了好些大官要官,说他们都从中得到好处。还有各地的富户大家也有份儿,没他们帮忙,钱粮从哪儿来?这么我咬你,你咬他,牵连的人就多了去了。吴庸一听就信,连忙向上边报告。明太祖一看,贪污的不只有侍郎一级的,还有礼部尚书赵瑁、刑部尚书王慧迪,全国十二个布政司(省一级的官府)的头儿也都在内。他心说:"看来六部里的人都靠不住了,我不信就杀不怕他们!"一咬牙,他下令把六部里侍郎以下的、凡给揪出来的官儿,一个不留,全都杀了。各省的那些人,自然也跑不了,都掉了脑袋。底下的富户大家,杀的杀,没收家产的没收家产。被抄家轰出家门的就更甭提了。这一回,杀的人据说有几万人,一夜

明朝故事

凡给揪出来的官儿，大都杀了。

破产的没法儿计算。

麻烦事又来了，就有官员说杀的人太多，有不少错判错杀的，应该把办案的人治罪。明太祖也怕引起大伙儿不满，就把吴庸当卒子舍了，说都是他惹的祸。吴庸本想借郭桓案往上升，没料到也给砍了头。至于郭桓有没有贪污那么多，案子里有多少真的多少假的，就说不清楚了。明太祖反正是要镇唬一下。别说，也有了效果。空印案和郭桓案处置以后，官吏们老实多了，办事特别小心，不敢错了规矩，生怕出差错丢了性命。

明太祖自己也特勤谨。自打当了皇帝，他每天起五更爬半夜，从早忙到晚，批阅公文，一点儿都不马虎。不光这样，他还喜欢自己审案子，当法官。大案子小案子，只要让他知道了，就亲自来审。官场是非，家长里短，邻里纠纷，他都想管管。什么事都揽下来自己干，真够他忙活的。按说，那些具体事，该让丞相和大臣们分头操办。明朝一开始，也有丞相，后来让他给废了。没了丞相，他这个皇帝就忙得不识闲儿了。可明太祖为什么要废了丞相呐？

废相杀将

明朝开初有左右两个丞相，左丞相叫李善长，是立国的大功臣，朝政那一套挺熟，被大伙儿比作汉朝的萧何。右丞相徐达，名气更大，是战功第一的大将军。这两个老臣退休以后，左丞相叫胡惟庸，右丞相叫汪广洋，也都是元老一级的。尤其是胡惟庸，打小跟着朱元璋打仗，挺会揣摩上司的心思，办事麻利，所以升得很快。他又跟李善长攀了亲，把侄女嫁给了李善长的侄子。这么着，他就顺顺当当地当上了丞相，受到明太祖的重用。

没想到隔了几年，皇帝和丞相就闹崩了。先是占城（越南南部）的国王派使者来进贡，丞相主管的中书省没有报告引见。明太祖知道了，大发脾气，说："外邦来进贡，多要紧啊，为什么瞒着我？丞相是这么干的吗？"胡惟庸赶紧请罪，说："这都是礼部的错。"礼部官员又说是中书省的责任。明太祖脸一沉，说："这事非查清不可，把中书省和礼部的人都给我关起来，不说清楚没完！"这一来，连胡惟庸和汪广洋也都给下了狱。

其实，明太祖是有意拿这么个小事做文章，要整治丞相。胡惟庸这些年权势越来越大，好些事自己就拿主意，下面的报告不对心思的就扣下来，还拉拢亲信，结成一个党派，排挤别的大臣。像徐达、刘基那样的功臣，都跟他合不来。明太祖一门心思要皇权至上，按自个儿的意思干，哪能由着胡惟庸呐？他就觉着丞相太碍眼，动了杀人的念头。

　　偏巧这个时候，刘基突然死了。刘基原本是明太祖的智囊，最受信任。建国以后，俩人有不和也难免，可明太祖说翻脸就翻脸，把刘基撤了职，让他回老家去。前不久，刘基来到京城住，不料就得了病。明太祖让胡惟庸去探望，哪承想刘基回去以后就死了。有人就揭发，说是胡惟庸让医生下了毒，毒死了刘基。明太祖立马过问起来，要办一件惊人的大案子。他先把右丞相汪广洋叫来，问他："听说刘基让胡惟庸害死了，你知道吗？"汪广洋和胡惟庸也有过节，可人命关天的事，他还不敢随便插嘴，就说："没这个事，我不知道。"明太祖咬着牙说："好啊，你包庇他，欺瞒天子，罪也有你一份。这个丞相就甭当了！"当下免了汪广洋的职，发到海南受苦。汪广洋走到半路，接到了让他自杀的圣旨，他只好喝了毒药。

　　右丞相死了，左丞相的日子也长不了。有些人猜出明太祖的心思，就接二连三揭发起胡惟庸来了。有一天，胡惟庸的儿子坐马车上街，从车里摔下来断了气。胡惟庸怪车夫没赶好马车，就让人杀了车夫。明太祖知道了，又来亲自过问，判他私自杀人，应该抵命。胡惟庸吓蒙了，说愿意用金帛赎罪。明太祖就是不答应。其实那时候，大官私自杀人的事常有，何况是当朝丞相呐？明太祖抓住不放，明摆着是要杀他。据说胡惟庸没辙了，就暗里谋划造反，联络亲信起事。具体是怎么回事，说法各式各样，谁也说不太清。倒是明太祖先动了手，杀了胡惟庸，不止满门抄斩，还灭了族。

　　明太祖杀了两个丞相以后，马上就宣布说："自秦朝以来，丞相就是个君主的祸患，我朝以后不许再有丞相。"他撤销了中书省，废了丞相的位子。六部和各府院，有事直接向皇帝报告，凡事由他一个人拿主意。从前，丞相（宰相）一直是国家行政的头儿，除了皇帝就数他。到明太祖这儿，丞相没了，皇帝专权可就大得没了边了。要是大臣不听话呐？明太祖还有更狠的招儿，就是廷杖。谁惹他生气，当堂就给拉出去扒了衣裳打屁股，打多少下也由他定。这么一来，皇帝想杀就杀，想打就打，当臣子的连做人的脸面都没了，好多人冤死在杖下。后来的皇帝都爱用这个法子对付大臣，多威风啊！

　　明太祖还要追查同党，深挖细刨，查那些跟胡惟庸共过事有过来往的。这一追查，足足追了十几年，杀的人就没个数了，足有几万人。好多开国功臣都给当成"胡党"揪出来，送了命，末了儿连开国丞相李善长也给"挖"了出来。原来，李善长不但和胡惟庸是亲戚，当初还是他举荐他当的丞相，俩人来来往往还用得着多说吗？先前有人揭发，李善长的弟弟李存义父子三个是胡惟庸一头的，明太祖没让抓，兴许是给李善长一回面子。可没隔多久，有个叫丁斌的犯了罪，要给发配到边地去。丁斌跟李善长沾亲，李善长这个倒霉催的，就仗着老脸出来说情。明太祖一查，丁斌在胡惟庸家当过管家，就逮着这个机会朝李善长下了刀，让人审问丁斌，逼他交代李家和胡家的来往秘密，往前抇根儿。丁斌果然说了几件事，明太祖马上下令抓李存义父子，严刑逼问，让他们揭发交代。

　　李存义给吓坏了，就说了一件秘事。他说，胡惟庸让他劝过李善长，让李善长一块儿谋反。李善长说："这可是要灭门的勾当，你们可别乱说！"胡惟庸不死心，又说事成以后，让李善长当淮西王。李善长没点头可也没摇头。胡惟庸又亲自来劝，李善长叹着气说：

"我老了，等我死了，由着你们吧！"还有一件绝密级的事儿，也让人给揭发出来，说是北方边地抓住了一个奸细，是胡惟庸派去和北元联络的。这不是通敌的证据吗？李善长明明知道，可他瞒下了没报告。

这么一来，官员们都气得够呛，纷纷起来揭发，就连李家的仆人也反戈一击，告发主子的罪行，说李胡俩人经常来往，说背人的话。胡惟庸早死了，李善长怎么辩白也没人信。明太祖很快拍板定了案，说："李善长身为元勋，知道有人反叛而不举报，还暗自观望，可见是心怀二心，大逆不道！"圣旨一下，李善长该死，念他年老，自己了断。七十七岁的李善长只好上吊，全家七十多口都给绑上了刑场。连带着判了死罪的，还有好些封了侯的功臣，家属们哭天抹泪的，也跟着去死了。

受牵连的人里面，有个大学问家叫宋濂，是当初朱元璋请来的"四贤"之一。宋濂一直做修史书定礼乐的事，又是太子的老师，按说谋反的嫌疑怎么也到不了他头上。可他孙子沾了点边儿，他就跟着倒了霉，年过七十了还要给杀头。马皇后知道了这事，就劝明太祖饶了他。可明太祖一死儿不答应。马皇后气得连饭也不吃了。明太祖问她："你怎么不吃饭呐？"马皇后掉下眼泪说："我要替宋先生修修福啊！"明太祖想起宋濂的功劳，这才答应免了死罪，可还是要发配到茂州（在四川茂县）。宋濂还没走到那儿，就死在了半道上，跟判死罪差不离。

这么多老臣功臣被杀，好多人都觉着冤枉，可敢出来说真话的没几个，谁不害怕动不动就杀人的皇帝呐？有个叫王国用的官员不怕死，给明太祖上书说："李善长跟您打天下，是第一功臣，地位已经到了极点。他的儿子又娶了公主，是您的亲戚。他犯不着跟胡惟

明朝故事

马皇后掉下眼泪说："我要替宋先生修修福啊！"

庸一起造反。我担心李善长被杀，会引起四方不安。人已经死了，您还是引以为戒吧！"明太祖看了以后，倒没追究王国用，也不再提李善长的事。他比谁都明白杀功臣的用意在哪儿。

果然，这事过去没多久，又一件大案给造了出来。这回整治的是一员武将，叫蓝玉。蓝玉打小就参加了起义军，长得高大威武不说，还懂得战法，能上阵厮杀，带兵打了不少胜仗。最让他露脸儿的，就是前些年征讨北元的那次。他率领十五万人马进了漠北以后，那天找到北元驻地，趁夜晚一个猛冲猛打，来了个突袭，把元军打得大败，逮住了北元皇帝脱古思帖木儿的儿子和妃子，脱古思帖木儿只带着几十人逃走。明太祖高兴得一个劲儿地夸奖，说蓝玉跟汉朝的卫青、唐朝的李靖不相上下，封他做了凉国公。论打仗，明朝开国大将徐达、常遇春之后，就数蓝玉功劳最大了。

蓝玉这就骄傲起来。他是常遇春的内弟，太子朱标的正妃是常遇春的女儿，他又是太子妃的舅舅。如果朱标以后当了皇帝，他不就是国舅了吗？仗着这层身份，他把谁都不放在眼里，自己功劳大，升官封爵，理所当然，而且还嫌太小。有一回，他征战得胜回朝，明太祖给他加封为太傅，他还老大不愿意。因为功劳没他大的冯胜和傅友德都是太师，比他位置高一丁点儿。他就嘟囔说："我就当不了太师吗？"明太祖听了，绷着脸挺不高兴。蓝玉向他报告军情，他就待理不理的。蓝玉一看，也很不痛快，在宴会上就说了好些难听的话。他哪知道，祸根就这么埋下了。

就有人向明太祖打小报告，说蓝玉怎么怎么霸道。一是在家里养了很多家奴和干儿子。二是强占民田，御史（监督官吏的官员）来查问，他敢把御史轰走了。三是夜晚带兵要进喜峰关，嫌守关的开门太慢，就放火烧关。四是暗里把北元的妃子收入房里做小妾。

五是升降下属不报告就自己拿主意。武将爱犯的这些个毛病，明太祖都觉得是对自己的大不忠。顶让他担心的，是蓝玉身边有一大帮精兵强将，跟他特抱团。将来自己不在了，他要是起兵夺权，比胡惟庸还厉害，太子朱标又心慈手软，能对付得了他吗？

偏巧这时候，朱标害病死了。明太祖只好让朱标的儿子朱允炆当皇太孙，将来接班。朱允炆才十几岁，没见过阵势。真要出了乱子，他肯定不是那伙武将的对手。这么一寻思，明太祖下决心干掉蓝玉，一来警告武将们，二来给孙子登基打扫庭院。

不久，锦衣卫的指挥蒋献就报告，说蓝玉要谋反。这个锦衣卫最早是护卫皇宫的亲兵，明太祖对大臣不放心，就让他们专门侦查官员的举动，还有权抓人。锦衣卫的指挥，可说是皇帝的耳目爪牙，只看皇帝的颜色办事，说谁是坏人谁就完了。这回蒋献说蓝玉要谋反，蓝玉就给下了狱。证据在哪儿呐？先审起来再找。皇太孙带着刑部尚书詹徽亲自审问，让蓝玉交代。蓝玉说："我没谋反，说我谋反，我不服！"詹徽平日和蓝玉挺好，怕他连累自己，就说："你快认了吧，别扯上别人。"蓝玉气得一瞪眼，说："我的同党就有你詹徽！"詹徽吓得一哆嗦，锦衣卫的人上来就把他抓起来，他也成了受审的了。

就这么连逼带吓唬，问出好多同党，说是要等皇帝外出藉田那天，起事夺权。明太祖出手真快，马上定了死罪。蓝玉和好多功臣武将就这么给杀了，还灭了门，统共一万五千多人。有人算了算，胡惟庸和蓝玉两次大狱过后，明朝开国的功臣就没剩下多少了。

叔侄反目

　　明太祖爱杀人，要是马皇后在，还能劝他几句。可是马皇后很早就去世了。那年病重以后，太医开出药方给她治，她一口药都不吃。明太祖问她怎么了，她摇着头说："医生治得了病可救不了命，我的病治不好了，吃了药没好，你会杀他们的。我不吃。"明太祖问她有什么要嘱咐的，她闭上眼叹着气说："你对功臣要好点儿，别乱杀人。"这么好的皇后还没活到五十岁。明太祖心疼，此后没再立皇后。可马皇后的话，他没听进去，杀了文臣又杀武将。公元1398年，明太祖自己死了，活了七十一岁。这位造反起家的皇帝，以为把功臣都杀了，自己的后代就坐稳了江山。可他没料到，死了没一年，乱子在自己家里闹了起来。

　　皇太孙即位，就是建文帝。二十刚出头的小伙子，坐在皇帝的宝座上，心里直扑腾。他知道，那些叔叔辈的藩王们，都盯着皇位，对他可瞧不上眼。明太祖有二十六个儿子，除了一个早死以外，长子朱标当了太子，其余二十四个都给封了王，多数驻在外地，手里都有兵权。二叔秦王、三叔晋王已经死了，活着的数四叔燕王朱棣（dì）最大。朱棣有战功又有心计，声望挺高。其他的也都不好惹,就是干违法的事,地方官也不敢管。他这么一寻思,觉都睡不好了,就把翰林学士黄子澄找来商量。他对黄子澄说:"我当太孙那会儿,有一天在东角门和你说过怕藩王造反的事,你说别担心,会有办法。你还记得吗?"黄子澄说:"我记得,我还拿汉朝七国作乱的故事打比方。您干吗又提这个呐?"建文帝眉毛拧成了疙瘩说:"藩王在外,早晚要出乱子,成了我的心病。"黄子澄赶紧说:"兵部尚书齐泰对朝廷一片忠心,您让我找他商量商量。"建文帝答应了。

黄子澄找到齐泰,把建文帝的话告诉他,又说:"我看只能用削藩一个法子,把藩王取消了,才能让国家平安。"齐泰说:"我也赞成削藩。燕王势力最大,野心也数他最大,先从他下手。"黄子澄说:"燕王不好对付,还是往后放放好。"他俩去见建文帝,把想法说了。建文帝没个不赞成的。君臣们就定了个削藩的计划,先拣软的捏,从在开封的周王开刀。一来有人告发周王违法,二来周王又是燕王的同母弟弟,动了他也算是给燕王一个警告。

建文帝就派兵把周王逮起来,宣布废了他的王号,发配到云南。接着,代王、岷王、齐王也给关的关,发配的发配。湘王听说也要抓他,索性放把火先把自己烧死了。建文帝怕人说他迫害叔叔,忙对黄子澄和齐泰说:"废了好几个了,先停停,别再抓了。"黄子澄说:"先下手为强,怎么能停呐?"齐泰也说:"燕王还没动,他府里有人告密,说他要反。大头在后面,不能停。"他们就派人监视燕王,叫守北平(就是元朝大都)的官员张昺(bǐng)和谢贵准备动手抓人。

燕王多精明的人呐,他可不想等着人家来抓。他就故意绕世界转悠,说胡话,骂大街,让张、谢俩人知道自己疯了,暗里和心腹人道衍和尚（本名姚广孝）商量对策，决定起兵。等把兵将安排好了，他派人把张昺和谢贵请到府里，笑不唧儿地请他们吃西瓜。吃到半截儿，燕王忽然板起脸说："我一个天子的亲戚，连老百姓都不如，命都保不住。那我也就顾不了别的了！"说着把西瓜皮往地下一扔，就有武士上来把张昺和谢贵绑了。那二位叫起来："我俩没罪呀！"燕王指着他俩对大伙儿说："我没疯也没病，我是让他们给逼的！"他就下令把他们杀了。王府里告密的人也给抓起来杀了。

公元1399年夏天，燕王朱棣宣布起兵，发公告说："我父皇早说过，朝廷里出了坏人，地方就要讨伐，这叫清君侧。我要兴兵伐罪，除掉坏人，安定国家。"他给建文帝留了面子，光是说齐泰和黄子澄是坏人，把这次起兵叫"靖难"，就是平定灾难的意思。可建文帝不信这一套，听说朱棣反了，马上就说他是犯上作乱，废了燕王名号，要出兵平叛。一场叔侄大战就这么打起来了。

朝廷领兵的是老将耿炳文，快七十岁了。朱棣没把他看在眼里。他先是把北平全城拿下来，当作基地，让道衍帮世子朱高炽守着，自己带兵就出了北平城。没用一个月，北平周围的大小县城就都给打下来了。这时候，耿炳文才领着十几万人马到了真定（在河北正定），派出的前哨进驻雄县（在河北保定东北）。朱棣到了儿是打仗的行家，马上派大将张玉去侦察敌情。张玉去了回来说："我打听到了，南军人心散乱，耿炳文老了没心思，先锋官门儿也不清，只要来个快的，准能打胜仗。"朱棣说："那好，咱们就打他个突袭。"八月十五中秋节那天，朱棣亲自带领部下过了白沟河，趁着天黑，一个急行军就到了雄县城下。守城的将士还喝酒过节呐，没想到北军就爬上了城头。双方整整打了一宿，北军就占领了雄县。大家伙儿高兴得直蹦高。

朱棣对将士们说："先别顾高兴，南军肯定会来增援，咱们再打他个埋伏。"他就让士兵们藏在河边的桥下头等着。真让他料着了，南军的先锋潘忠和杨松听说雄县危急，赶忙来增援。刚到了桥头，桥下的伏兵就杀出来。一场厮杀，不用说又是北军赢了。朱棣马上率军直奔真定，还没等耿炳文集合起人马，他们已经到了城下。耿炳文只好硬着头皮迎战，一下子就损失了好几万人。他立刻下令退回城里，再也不出来了。朱棣寻思着，南军虽说连败几场，可还有十万大军，比自己多得多。老这么耗着不行，他就下令撤军回北平。

耿炳文打了败仗，又缩在城里不出去打，让建文帝着了急。黄子澄就说："看来耿老将军真是老了，没了胆量，当初要是请曹国公挂帅就好了！"建文帝点点头说："那好，就让曹国公去把耿老将军替回来吧！"这个曹国公就是开国功臣李文忠的儿子李景隆。论亲戚，他是明太祖的甥孙，建文帝的表兄弟，管朱棣得叫表叔。亲上加亲，建文帝对李景隆一百个相信，立刻拜他为帅，亲自给他送行。

朱棣听说走了耿炳文，来了李景隆，咧开嘴乐出声来，对左右说："李景隆这小子，是我看着他长大的，小名叫九江，比起他爸差得不是一星半点儿，就是个样子货。他哪儿会带兵呐？连古时候纸上谈兵的赵括也不如。派他来，跟自杀一回事儿！"话虽这么说，可李景隆带了几十万人马来，他心里还是不踏实，就还让朱高炽守着北平，自己带二儿子朱高煦出城，到北边宁王的驻地搬兵。宁王朱权是他的十七弟，对他起兵一直当看客，不反对也不掺和。可他手里有精兵几万，战车几千，还有好些蒙古骑兵，打仗特厉害。朱棣到了大宁，好说歹说，到了儿把宁王说动了，要跟他一块儿干。这么着，朱棣带着援军直奔北平。

这时候，北平已经让李景隆的大军给包围了。南军从九个城门连夜攻打，朱高炽他们也不含糊，死守硬扛，连燕王妃徐夫人（徐达的女儿）也带着女兵上了城。李景隆几天攻不下来，正急得没法儿，又听说朱棣回来了，赶紧带着大队人马迎了上去，想堵住他。双方在郑村坝（在北京东面潮白河一带）就碰了个正着，二话没说就打起来。

两边人都杀红了眼。朱棣骑着一匹高头大马，冲在前头，马中了一箭，他也没后退。底下的将士看主帅这样，哪有不死拼的？有个叫马三保（又叫马和）的太监都上了阵，一边杀敌，一边还保护着朱棣。再看南军，主帅李景隆压根儿就没打个照面。虽然一仗下来，不分胜负，可双方的士气差了不少。当时是冬天，晚上多冷啊，朱棣就让士兵跟自己一块儿烤火取暖，让大伙儿好好睡一觉，准备转天接着打。可天一亮，那儿还有南军的影儿呐？营寨已经没了。原来，李景隆从来没打过这么大的仗，天这么冷，对手又这么玩儿命，他就给吓破了胆，连夜拔营跑了。他一口气跑到了德州，连留在北平城外的人马也扔下没管。

到了第二年春天，朝廷又加派了军队，要跟朱棣决战，可结局不说也知道。李景隆打一场败一场，丢了一城又一城，连德州、济南也给丢了。他只好逃回了京城。建文帝拉不下脸，也没处罚他。朱棣虽说打了胜仗，占了很多城，损失可也不小。有好几回，他自己就差点儿送了命。算下来，打了三年，他的人马还在北方转悠，离长江还远着呐！道衍和尚就对他说："照这么个打法，多咱才能到京师啊，得改改主意。"朱棣说："我也着急，您说怎么办？"道衍说："别再跟他们夺城了，您带人直奔京师。朝廷把人马都调到了北方，京师肯定空虚，一定能拿下来。"朱棣一拍大腿说："好，我要重打鼓另开张，到大江决战去。"

临走那天，朱棣骑上马，一挥手，让大军开步。这时候，道衍跑过来拉住他的马说："大王这一去，肯定能坐了天下。我有一事求您。"朱棣说："您是我的老师，您有事就说。"道衍说："京师里有个文人叫方孝孺，是个有名的大儒。您坐了天下，他肯定不降。我求您别杀他，给国家留个才子。"朱棣说："好，我记住了。"

长话短说，朱棣的人马在半道上打了几回硬仗，都打赢了，很快到了扬州，隔着大江是镇江，离京城就不远了。建文帝一看京师危险，马上让各地出兵勤王，可等了好多天也没人来。朝廷的大臣们也打起了小算盘，很多人都想出去躲躲。这事搁在谁头上心里也得嘀咕，人家皇家叔侄争斗，胜负难说，外姓人跟着闹腾什么呀？向着这边儿，那边儿赢了可就崴泥啦！建文帝只好请庆成公主走一趟，去和朱棣谈判，说愿意割地求和，平分天下。庆成公主跟朱棣是一辈人，见了他就吧嗒吧嗒掉眼泪说："看在咱们朱家人面子上，你就答应割地讲和吧！"朱棣摇着头说："他说割地，可我连父皇给我的地都保不住，我可不信这话。"庆成公主说："打仗要死多少人，大家都劝你别打了，别过江了。"朱棣涨红了脸，大声说："这话说给我听吗？奸臣还在，仇还没报，让我别打了，好意思说！"庆成公主见说和不成，哭啼啼地走了。

建文帝听朱棣不想讲和，真慌了神儿，在宫里急得心直抓挠。那个文人方孝孺就劝他说："咱们的水军还在江北守着，他们想过江，没那么容易。天又这么热，北军不习惯，说不定就自己退走了。"建文帝这才松了口气。

朱棣带兵在江北和守军打了一仗，还真没占着便宜。大伙儿一路走走打打，都累得大喘气，朱棣也胳膊腿直疼。恰好这时候，朱高煦领着援军到了。朱棣想着这个儿子这几年打了不少胜仗，是块

叔侄反目

道衍说:"求您别杀方孝孺,给国家留个才子。"

好料,就对他说:"我太累了,这一仗就交给你打。你可得上心啊。唉,你哥哥老闹病,往后要靠你啦!"朱高煦听出老爸的意思,高兴得脑门儿发亮,说:"您就放心得了,瞧我的!"迈着大步就出去召集人马。

果不其然,朱高煦领兵打败了敌军,占领了江北。朱棣一下子来了精神,立马就坐船过江,夺了镇江,直奔京城。按说,京城城高墙厚,攻下来不容易。可建文帝偏就让李景隆去守西北面的金川门。李景隆早就有了主意,要给自个儿留条后路。等北军一到城下,他就开城门投了降。这么着,北军顺顺当当进了城。朱棣骑着马一进城,就朝着皇宫"呱嗒呱嗒"跑过去,他要抓住侄子建文帝,跟他说个明白。

郑和远航

朱棣快到皇宫的时候，远远看见皇宫那边升起一团烟雾，把一半天都遮住了，接着就是一片火光，还噼啪乱响。原来，建文帝听说北军进了城，知道叔叔饶不了自己，就下令火烧皇宫。好多宫里人没来得及逃走，都给火烧死了。赶到朱棣进来以后，火已经灭了，可建文帝在哪儿呐？有人报告说，有具烧煳了的尸首像是皇上。朱棣忙过去看，有点儿像，他就带着哭音儿说："这小子不知好歹，才到了这一步啊！"话虽这么说，他心里挺舒坦，对手死了，自己的皇位就坐定了。

朱棣先杀了齐泰和黄子澄，又杀了反对自己的好多人，这就张罗着登基的事。他想起了方孝孺，忙派人把这位大儒请来，让他给自己写即位诏书。没想到方孝孺一进大殿就闷闷儿大哭，直哭得上气接不了下气。朱棣耐着心烦儿对他说："先生这是何苦，我是效法当年周公辅佐周成王，才到这儿来的。"方孝孺没好气儿地说："成王在哪儿？"朱棣说："他自己烧死了。"方孝孺说："那何不立他的儿子？"朱棣说："他的儿子太小。国家要有成年的君主才安稳，大家都这么说。"方孝孺又说："何不立他的弟弟呐？"朱棣挥着胳膊说:"这是我们的家事,你就别管了。写诏书,非你不行。"让左右把笔递过去,哪承想方孝孺把笔往地下一扔,大声说:"我死行,诏书就是不写!"接着,他又大骂朱棣是篡位。朱棣气得脸红一阵儿白一阵儿,跺着脚说:"我就杀了你!灭你的门!"他可就把道衍和尚的话给忘了。

公元1402年,朱棣即了皇帝位,就是明太宗,后来又被改尊成祖。年号是永乐。因为明朝皇帝的年号都只用一个,人们也常拿年号来称呼在位的皇帝。明成祖也就是永乐皇帝。他刚一即位,京城里就传开了一件奇闻,说建文帝其实没死,那具尸首是别人的,建文帝已经逃出了皇宫。到哪儿去了呐?说法就多了,可大多数都说他是出家当了和尚,到什么地方修行去了。明成祖叫这事搅得心里一团麻似的。侄子死了好说,别人顶多骂自己是篡位;就怕他没死,什么时候出来闹事,那乱子就大了。

想来想去,他决定这么着:一方面打起精神把国家治理好,露几手让天下人都服气;一方面派人四处找侄子,死的活的非找到不可。他先把亲信胡濙(yíng)找来,秘密地对他说:"你把别的事撂下,拿着我的亲笔文书,一地一地替我找我侄子。怎么着也得有个下落,要不然我老得惦着。"胡濙就蔫不出溜地走了。

要说治国才能,明成祖可比建文帝强得多。他把要做的大事排了排队,一件不落都想干好了。头一件还是要削藩,不能让藩王也跟自己似的,再来夺权;二一件是要把北元的势力灭了,不能让元朝再回来;三一件是要把东北黑龙江下游那块地方看紧了不能丢;四一件是西南贵州一带要好好管起来,建一个省;五一件是修一条从四川通向乌斯藏(在西藏)的驿道,把那边缺的茶叶丝绸运过去;六一件是跟海外各国要打开通道,让外边都知道大明朝,多做买卖。这些大事，哪一件都得有人去干，可眼下大臣们能听自己的吗？说到了儿还得把朝政弄好了，把官吏管紧了。

  为了把内政弄好，明成祖每天不到四更就起来，看看书，等着上朝；晌午也不歇着，下午接着办公，找大臣谈话，夜里睡得还挺晚。吃啊穿啊什么的，他都不在意，衣裳破了将就着穿。就这么勤谨，他还是老觉着有干不完的活儿。看来要有好帮手才成。丞相让明太祖废了，他就凑起了一个内阁，在宫里的文渊阁办公，专门替他办事。内阁地位比各部高，其实跟丞相一个意思。他选了七个人入阁，有杨士奇、杨荣、解缙（xièjìn）等等，都在三四十岁，资历浅可挺有才干。明成祖对他们说："你们七个就是我的左右手，咱们一块儿好好干，要有始有终啊。"七个阁员都说："皇上这么看得起，卑臣哪儿敢不尽心呐？"徐皇后也把他们的夫人叫来招待一番。好大的面子，杨士奇他们以为自己是皇帝最信任的人，别提有多高兴，可没想到，还有人比他们跟皇帝更近乎，在后面盯着他们呐！这些人就是太监。

  太监本来是宦官里的一个高级职位。到明朝以后，大家把那些宦官习惯都叫太监。明成祖规定，凡是内阁大臣的奏章报告，都要由司礼监的大太监看了批改过了，再转给皇上或是下发执行。那些大太监可就抖起来了。这还不算，明成祖还成立了一个专管监视官员的部门，就是东厂，也是叫大太监当头儿。有一天，有个官员喝酒喝多了犯困，躺在内阁的地下睡着了。这事立刻让监视的太监看见，报告了上去。没一个时辰，明成祖就免了他的官，降级到外边的部里听差，别提多快了。大臣的家里出了什么事，外出收没收礼物，明成祖也很快能知道，都是东厂的人给报告的。这么一来，真正掌大权的就是那些宫里的内臣了。

明成祖这么重用太监，就给国家留下了祸根，明朝往后太监专权太厉害了，比东汉和唐朝凶得多。不过，明成祖重用的太监里头，也有特别能干的，为国家做了天大的好事。

有个叫亦失哈的，是女真人。早先他在元朝当差，后来明军打败了守在东北的元军，他当了俘虏，给送到燕王手下当了太监。因为他有文化，会办事，对东北那边挺熟，明成祖想把东北地界管严实，就派他去巡视一番。亦失哈带着官员和士兵走了好长时间，到了奴儿干（在黑龙江下游一带）地方，查看当地的情况，建了兵营和驿站。打那儿起，北到外兴安岭，东到大海那一大片地方，就给实实在在管起来了。后来，亦失哈又去了九次，连同第一次，一共去了十次，连库页岛也上去看了看。他还在奴儿干建了一座庙，叫永宁寺，立了两块碑，把前前后后的事都记在上面。亦失哈做了这么一件大事，他就成了特别有名的太监。

比亦失哈更有名气的太监还有一个，就是那年在郑村坝打仗立了战功的马三保。明成祖忘不了郑村坝，也忘不了马三保，为了嘉奖他，让他改姓郑，叫郑和。郑和跟亦失哈的经历有点儿像。他是回族人，小时候住在云南。明军打云南那年，把他也抓了，送到燕王府当了太监。郑和长得机灵，能文能武，信奉伊斯兰教，后来又跟道衍和尚学了佛经。所以对回教和佛教的礼仪他都在行。他们家长辈到过麦加朝圣，他打小就见了不少外邦人，对海外的事也知道不少。明成祖想干一件大事，马上就想到了他，没有比郑和更合适的了。他把郑和叫来说："这些年，很多外邦人到咱们中国来，做买卖的更多。出去的人也不少，可都是民间的，朝廷还没人出面。我想让你带领大船队，到海外去走走，到外邦看看，和当地的官员认识认识。那么一来，互通有无不说，咱大明朝全世界都知道了，声望就大啦！"郑和说："您有这么大的心胸，我一定给您办好了。"他就着手准备起来。

要出海远航，不会造大船，没有懂得航海的人才，光是皇帝发号施令也是白搭。好在那会儿，咱们中国造船的本事和航海技术全世界第一，造的船又大又结实，指南针什么的早就有了。这可都是老百姓的功劳，打从宋元那阵儿就成了规模。郑和他们就一方面监督造船，一面挑选能出去航海的人。他的副手叫王景弘，也是个太监，也打过仗，见过大世面。两个人都没有家庭拖累，就一门心思操持航海的事。不多久，船造好了。据说船队的大船就有六十多艘，最大的宝船足有四十四丈长，十八丈宽，上面坐一千人都还有富余。

再说人才，也不发愁。能驾驶大船的船工有，懂得外邦话的通事有，会经商做买卖的也有。管维修的，管伙食的，管治病的，管算账的，一个不少。至于官员和士兵，早就训练好了。船上除了备足吃的喝的用的以外，还装了好多绸缎、瓷器、茶叶、铜钱、铁器、工艺品，自然都是当礼品或者是交换用的。公元1405年夏天，郑和、王景弘上了宝船，两万多人的船队就从刘家港（在江苏太仓浏河镇）起程了。这么大的船队要在海上远航，这在当时的世界上独一份，哪国也办不到。

船队很快上了大海，天气挺好，顺风顺水就到了福建长乐，歇息过后，就往南海开过去。最先到的是占城（在越南南部），又到了爪哇和苏门答腊（都在印度尼西亚）。当地的头领和百姓听说中国的船队来了，都高兴得别提，像过节似的，聚在一起欢迎。交换礼物和货品什么的，都不在话下。郑和看这么热闹，寻思着这一趟肯定挺顺了。

明朝故事

船队的大船有六十多艘,最大的宝船有四十四丈长。

郑和远航

万没想到，到了旧港（在苏门答腊岛巨港）这个地方，遇到麻烦了。原来有个叫陈祖义的广东人，正在南洋当海盗的头儿，好多年了，靠抢劫发了大财。听说来了郑和的船队，一猜就知道有油水，他就谋划着干一起大的。陈祖义先是给郑和送信儿，说愿意降顺朝廷。郑和多机灵啊，就觉着不对劲儿。他一面约定了见面的日子，一面做了打仗的准备。果不其然，那天，陈祖义带着手下的海盗包围过来，拿着家伙就想冲上船开抢。以往他们抢的都是商人，好对付。这回可碰到硬的了。郑和、王景弘都是打仗出身，还怕这个吗？他俩就指挥士兵一通猛揍。末了儿，海盗都给杀了，陈祖义当了俘虏。郑和让把他带回国内，交朝廷处决。来往的船队和商人听说海盗给灭了，都夸郑和除了一大害。

再往前就顺利多了，穿过了一条海峡（马六甲海峡），经过锡兰山，就到了印度。船队转了一大圈，靠岸离岸，下船上船，停停走走，统共两年多，才回到了国内。这第一回航海就结束了，挺圆满。明成祖非常高兴，让郑和赶紧准备第二回，走得再远一点儿。

简短说，往后的二十多年里，郑和又六次率船队出航。他一共到了三十多个国家和地区，最远的是非洲东海岸赤道以南的麻林地和慢八撒（在肯尼亚）。七次航海，让他认识了好多外邦人，看见的新鲜事儿数也数不过来。中国人的这次海上远航，是人类的头一回，比欧洲人哥伦布、麦哲伦他们的航海早得多了。跟着郑和航海的人换了一拨又一拨，可他一回没落过。从三十多岁干到了六十多，成了老人，甭提多辛苦了。第七次远航回来的路上，郑和就得了重病，医生没给治好，他就在古里（在印度）这个地方没了。还是王景弘把他的遗体护送了回来。一个太监，把自个儿的一辈子都给了航海大业，太难得了。

明成祖派郑和把明朝的牌子亮给了世界，意义多得不用细说。自打即位以后，明成祖把军国大事安排得不错，他自己挺满意，还老把自己跟唐太宗比，学人家唐太宗怎么当天子。唐太宗能武也能文，他也插个空做做文化上的事。最显眼的一件是下令编了一部类书，就是分门别类把古代的经典编排编排，印出来给后人用。他让姚广孝（就是道衍和尚）和大才子解缙总管这件事。书编好了以后，就叫《永乐大典》。可明成祖自己没工夫看这部书，因为眼下有件要紧事还没安顿好，就是北元留下的势力还挺大，时不时地找碴儿闹事。明成祖决定到北方查看一番，看怎么对付好，他就动身去了北平。

征北迁都

北平是明成祖成气候的地方，他即位以后，就想把国都迁到北平，又怕大臣们不愿意，就忍住了没说。可他把北平改叫北京，还设了顺天府，管应天府叫南京，二京地位一般齐，那意思已经有了。这次来到北京，他先就忙着让人建造宫殿，把城墙也修起来，要求越气派越好。他还到处查地形看风水，为死后找块墓地。末了儿，他看中了北边黄土山，就下令改叫天寿山，挖地造坟。他爸爸的墓在南京，他可是要埋在北京。大臣们嘴上不说，心里都明白了，这是要迁都的征兆。可皇帝不说，大伙儿也不敢问。

明成祖干吗非要迁都呐？可以说出好几条，最要紧的一条，还是在北京能对付北方的侵扰。这个理儿明摆着，北方有人打过来，消息报到南京，再派人来抵挡，就太慢也太晚了。明朝建国几十年，北方总是不安宁，明朝也安生不了。

原来，北元逃到漠北以后，内部还是老闹事，几个皇帝都让人杀了。后来有个叫鬼力赤的，是鞑靼（dádá）部的头儿，他夺了权，干脆废了大元国号，改叫鞑靼，他当了可汗。又出来一个叫太平的，是瓦剌部的头儿，不服鞑靼，也自成一统。此后，鞑靼在东,瓦剌在西,相互攻打,争地抢人,乱得没个样。还有一个兀良哈部,就住在老哈河(在内蒙古东部)一带,跟明朝挺好,也不怎么折腾。鞑靼和瓦剌两个部都向明朝要这要那,茶叶丝绸金银什么的,给少了还不愿意。明朝封给他们王号,什么贤义王、顺宁王、安乐王等等,可他们一阵儿向明朝求和讨封,一阵儿又翻脸反叛。前一回,明朝派使者去和谈,鞑靼人反倒把使者杀了,气得明成祖肚子直疼。他就决定派兵征讨。

他对领兵的大将丘福说:"北方地方大人少,你们去了,千万得小心,前军后队不能离得太远,不然会吃亏。"丘福说:"您就放心吧,管保打个胜仗回来。"没料到,丘福带兵到了草原沙漠里就转了向,叫鞑靼人牵着鼻子走,末了儿被包围,大军全完了。丘福被杀死,只剩下一些士兵跑回来。明成祖眼睛直冒火,说:"这回我要亲征,非给他们厉害瞧瞧不可。"左右劝他说:"您是一国之主,不能随便带兵打仗,还是派个将军去好。"明成祖说:"我又不是没跟他们打过,当年就把他们追得远远的。你们甭说二话,赶紧给我准备去吧!"

皇帝亲征可不是闹着玩儿的,底下人都不敢马虎,没过多久就把军械、马匹、粮草该用的都备好了。明成祖又派人和瓦剌人联络,让他们别掺和。瓦剌人回信儿说支持朝廷。公元1410年一开春,明成祖在北京开了个誓师大会,就领着大军出发往北去了。这一年,他已经五十岁了,骑在马上还挺精神。到了儿是打过硬仗的,明成祖把队伍带得有模有样,前队后队,骑兵步兵,互相接应,走得稳当极了。

到了漠北,鞑靼人见皇帝的大军这么有气势,心就发了虚。有一半人不想打,就远远地跑了。剩下的一半上来打了一气,很快就给打散了架。明成祖又带骑兵追那一半,追上了,也把他们打败了。可他没想把鞑靼灭了,放了俘虏不算,还发给鞑靼人吃的,叫他们回去好好放牧过日子。这么一来,鞑靼人受了感动,和朝廷就亲近起来。明成祖封他们的头领阿鲁台为和宁王,就班师回到了北京。

瓦剌人知道以后,觉着鞑靼人占了便宜,又说朝廷亏待了他们,挺不服气。他们就发兵来打鞑靼。鞑靼人打不过,赶紧求朝廷帮忙。明成祖听说北方又乱了,说:"看来不把瓦剌打败,还是安定不了。我还是自己去一趟。"他就带上几十万人马,让长孙朱瞻基跟着,出去征战了。队伍到了大草原,会合了鞑靼人,就跟瓦剌军打起来。瓦剌军这回全体出动,一层一层地上来,让明军吃了不少苦头。有好几回,明军被包围了,死伤不少。朱瞻基也差点儿出事。好在明军人多又带着火器,到了儿把瓦剌人压制住了。瓦剌人吃了败仗,只好向朝廷认输,还送来马匹。明成祖照样安抚了一番,就撤军回来了。

回到北京,官员们向他报告,说北京的宫殿修建好了,城墙也有了模样,通到北京的运河也给疏通好,能走船了。明成祖刚打了胜仗,又听了这么个喜信儿,高兴得眼发亮放光,赶紧就让负责修建的官员给自己好好说说。

这新修的北京城,还是建在元朝大都的地界,可是把北城墙往南边挪了五里地,南城墙也南移了一段,东西城墙没动。元大都南北长东西窄,新建的北京城大体是一个正方形。这还是内城,以后还得修外城,就更大了。内城四边开了九个城门,南墙中间的丽正门(后改叫正阳门)是正门。再往里就是皇城和皇宫。皇宫的中心有三大殿,最大的是奉天殿,就是金銮宝殿,后面是华盖殿和谨身殿（三大殿后改称太和殿、中和殿、保和殿）。再有就是后宫和花园什么的，多得那就数不过来了。三大殿正好南北一条线上，这条线也就是北京城的中轴线。皇宫的正南门叫承天门（后改称天安门），两边有太庙和社稷坛。城南还盖了一个老大的天坛，当作祭天的地方。这北京城和皇宫是咱们国家古代建筑最有脸面的一处，文化价值别提多大了。但是在那会儿，北京城里人不多，皇宫只有皇家人才能进去住。老百姓也就不那么当回事。明成祖不光是听听，还到处看看，看完了以后，他高兴得止不住乐，就对左右人说："这下好了，我可以迁都了。"他就离开北京，回南京去了。

到了南京，他把大臣们召来，绷着脸儿说："我决定把都城改在北京，今后南北两京，就以北京为正了。"他等着看谁出来反对，可大臣们都一个劲儿地点头说好，没有谁说个不字儿。大伙儿早就看出皇帝的心思，又主要在北方打仗，乐得顺了他的意。可心里怎么想的，只有天知道。这么着，明成祖下了迁都的诏书，公元1421年年初，就正式到北京办公了。坐在金銮殿上，能看出老远，他觉出当皇帝的威严，舒服极了。

哪儿料到，才过了几个月，到了热天，天上又打雷又下雨。那一天，一个大霹雷下来，跟大火球似的，正好就落在三大殿上，着了一场大火。那会儿也没有专门消防的人，眼看着三大殿就给烧塌了。这一来，让人心疼不说，有些大臣憋在心里的话也倒出来了。他们说："当初迁都就不对，得罪了上天，如今受了惩罚啦！"还摆了好些反对迁都的理由。明成祖生了一肚子气，要杀挑头的，可他心里也有点儿害怕老天爷，就让大臣们辩论。末了儿，大家吵吵一阵子，也就过去了。明成祖本来想把三大殿再修起来，可一来手头的钱不够用，二来北边传来了战报，鞑靼人又变了脸，阿鲁台带人打过来。明成祖就决定先不着急修三大殿，还是亲征北方要紧。

大臣们听皇帝又要亲征，真急了。兵部尚书方宾找辙说："当下粮草不多，出兵打仗又得去征粮调草，动静可就大了。"户部尚书夏原吉一向受到皇帝赏识，说话挺冲，明着反对说："您前两次出师，虽说胜了，咱们损失也不少，国库的储备差不多都搭了进去。近几年灾害又多，国力快撑不住了。再说，您的龙体也不如前些年，就是出兵，也没必要自己去。"明成祖又问刑部尚书吴中，吴中说的也是这一套。明成祖的脸气红了，说："看来你们是串通好了，专门跟我过不去。"他就把夏原吉和吴中下了狱。方宾这就吓坏了，回家就上了吊。明成祖气还不消，下令把方宾的尸首拿鞭子抽，死了也不能饶他。这还不算，他又让人抄夏原吉的家。夏原吉是出了名的清官，家里哪有值钱的东西呐？明成祖听了报告，这才没往下追究。看大臣们都不敢反对了，他就点起几十万人马出发北征。

再说阿鲁台，本来想到内地抢点儿东西就走，一看皇帝带这么多人来了，知道打也打不过，干脆就带人跑了。明成祖走了大半年，一仗没打就得胜还朝，得意得别提。

转过了年，明成祖得到报告，说阿鲁台没记性，又来挑战。明成祖说："他来了好啊，我正愁打不着他呐！"就带着兵将第四次出了北京。这位天子和以往的皇帝就是不一样，老是自个儿带兵打仗，快成了保卫边地的超级将军了。大军到了土木堡（在河北怀来），明成祖来了兴头，让举行一次阅兵式。他本来得病刚好，身体挺虚，可一看见士兵们雄赳赳的，就把什么都忘了。天上下着细雨，他也不让打伞盖，就那么淋着，跟士兵一样。阅兵完了，队伍到了宣府（在河北宣化）住下。

这天夜里，明成祖正睡着，忽然内臣报告，说胡濙来了，有急

明朝故事

明成祖不让打伞盖，就那么淋着，跟士兵们一样。

事求见。明成祖赶紧起来，一边穿衣裳一边说："快，快叫他进来！"胡濙当年被明成祖秘密派出去找朱允炆。他真是一地儿一地儿走，找了快二十年了。前几年，他又出去找，回来的时候，都城已经搬到了北京。他就跑到北京，不巧明成祖出征不在，他呼哧呼哧追到了宣府，连夜求见。明成祖看到胡濙，拉着他的手说："怎么样，快说说！"把左右人轰出去，他俩就悄悄地说起来。左右人都琢磨，看来这回有门儿，一定是胡濙知道了朱允炆的下落，不然他大老远地跑来要见皇帝干吗呐？

里边，君臣两个一直说了一宿话，直到四更都过了，胡濙才出来。大伙儿都想打听打听，可人家胡濙把嘴闭得紧紧的，什么也不说。明成祖也不说，很快就带兵出发了。

没想到，这一回明军连个鞑靼人的影儿都没看见。究竟是给吓跑了，还是压根儿就没来，谁也说不明白。明成祖带人在草原上遛了一大圈，就回来了。这次出征，把他累得够呛，想好好歇歇腿再说。他不久就宣布，免了支持朱允炆那些官员的罪，没收的东西也都退还，从此也不再提找侄子的话。大伙儿猜想，朱允炆八成给找着了，可已经死了。

又是一个没料到，隔了才一个多月，阿鲁台就真来了，在大同那边跟明军打起来。看来还是老一套，抢点儿东西就走。消息传到北京，明成祖可有点儿犯难。照他的脾气，非亲自征讨不可，可近来身子骨不行了，六十多岁的老人，实在顶不住。他就让大臣们议论议论，该怎么办好。大臣们可忘不了方宾怎么给鞭尸的，都一个口气地说："御驾亲征顶好了，皇上一露面，还怕那个阿鲁台不给吓跑啦？"

明成祖没有台阶下，只好答应亲征。可他已经上不去马了，只能坐在车里，慢慢往前走。跟前两回一样，阿鲁台早就跑了。大军追了好长时间，也没追上。明成祖坐在车里可受不了啦，觉着浑身哪儿都难受。他真后悔，不该死要面子出来，就强打精神对左右说："咱们什么时候才能回北京啊？"左右说："快了，打完仗就回去了。"明成祖叹了口气说："我老了，打不动了。好在太子已经成熟，能掌管国事了。我回去以后，该享享清福了。"

谁也没料到，这位征战一生的皇帝，再也没能活着回到北京。

仁宣之治

明成祖第五次北征，没打着鞑靼人，自己反倒得了重病。他只好下令班师。可是走到榆木川（在内蒙古多伦）这个地方，他病情突然加重。知道自己不行了，他冷不丁儿想起来被关在牢里的夏原吉，那可真是个好人，不该这么对待人家。他就使足劲儿对大家说："夏原吉是爱护我的呀！"说完脸色大变，没多久就断了气，在位二十二年，活了六十五岁。

明成祖一死，明朝差点儿又乱了。他演过的叔侄争位的大戏，又给照着演了一回。主角就是他的二儿子朱高煦和长孙朱瞻基这叔侄俩。提起这事儿，还得从明成祖立太子说起。

明成祖即位不久，就忙活着要立太子。他喜欢二儿子朱高煦。朱高煦长得精神，会打仗，靖难那几年，立了不少战功，又救过老爸的命。朱棣早想立他为太子，还当面给他许过愿。对长子朱高炽，明成祖一死儿瞧不上，一是嫌他长得太胖，老闹病，走道都得叫人搀着，别提带兵打仗了。二是嫌他没脾气，心肠太软，没个帝王的气派。

可是好多大臣不这么看。他们不说朱高煦不行，光是一个劲儿夸朱高炽，说："皇长子虽说没上阵打过仗，可皇上靖难那会儿在外出征，都是他守着北平城，没出差错。这功劳可不小。皇长子为人宽厚，对父母特别孝顺，大家都看得见。再说了，立长子接班，是古来的规矩，哪能随便破了呐？"明成祖问阁员解缙怎么办，解缙说："皇长子仁和孝都到了极致，天下人都喜欢他。"看皇帝不言语，他又低声加上一句："您还有个好长孙呐！"这话让明太祖听着舒服，他点头说："我有主意了。"

原来，朱高炽的长子朱瞻基，打小聪明机灵，能文能武。明成祖喜欢这个孙子，有意栽培他，就让他跟自己出征见大世面，将来好接班。要这么着，就非得立朱高炽当太子不成。经解缙这么一提醒，他就下了决心，宣布立朱高炽为太子，把朱高煦封为汉王。汉王驻地在云南，朱高煦一听就蹿得老高。太子没当成，还得离开京城，他跳着脚喊起来："合算着我打了这些年仗，倒有了罪了，给发配到蛮荒野地去了。我偏不去！"明成祖也觉着亏待了二儿子，就改封在青州（在山东），他还是不愿意；又挪到乐安（在山东）。朱高煦才别别扭扭地去了。

明成祖怕儿子们为了皇位闹事，过了几年又宣布立皇太孙，就是朱瞻基。这可真新鲜，老皇帝不单立了太子，还立了太子的太子，接班人的接班人都有了，历史上少见。朱高煦听说以后，差点儿背过气去。一想到将来要对侄子称臣，他一百个不服，暗里对亲近人说："瞧我哥哥那笨样儿，活得长吗？等他死了再说！"打这儿起，朱高煦就有了谋反的心思。

这话让他说着了，明成祖死后，太子朱高炽即位，是明仁宗，年号洪熙。只过了十个月，这位大胖子皇帝就病死了。皇太孙朱瞻基即位，就是明宣宗，年号宣德。朱高煦一看，机会来了，赶紧就准备起来。

明仁宗刚死那会儿,朱瞻基还在南京留守,得到凶信,立刻往北京赶。朱高煦就想派人在半路上等着,来个截杀,把侄子干掉。可没料到朱瞻基很快就到了北京,暗杀没成功。朱高煦就来明的,在乐安打点人马,叫几个儿子各领一队,自己统率,准备打到北京去。他还是用当年朱棣的办法,说是要"靖难",要救国。大军出发之前,他先派心腹枚青偷偷到了京城,找大臣张辅联络,让张辅当内应。哪承想,张辅当时就把枚青绑了,押到明宣宗那儿报了案。在乐安的官员也跑来报告。

明宣宗刚即位就碰上这么大的事,还挺沉得住气,把朝臣召集起来商量。他说:"我叔叔要反叛,我也顾不了情面了,打算让薛禄将军带兵征讨。"大臣们忙说:"当年先皇靖难,朝廷是让李景隆挂帅,结果呐,您不会忘了吧。如今汉王造反,也是皇家的事,派个外人去不顶用。只有您御驾亲征,才能镇得住。"明宣宗想了想,说:"好,我就自己去一趟。"

说走就走,明宣宗当下发令,点起羽林亲军,薛禄为先锋,没几天就来到了乐安城外。朱高煦没想到侄子自己会来,还这么快就到了。他还没有算计好怎么打呐!想让山东当地的将领帮忙,可人家不理他;想先打到南京去,可底下的兵将都是本地人,不愿意去。他这才明白,真和他一心的人没多少,想像父亲靖难那样大干一场,没门儿。这一来,他就泄了气。正在这时候,明宣宗派人来送信。信写得挺有人情味儿,可软中带着硬。大意是说,只要您出城投降,把出主意的坏人交出来,就管保没事。咱们叔侄还是叔侄,跟以前一样好好相处。要不然,您不是战败被擒,就是让手下人绑起来献给朝廷,多没面子啊,后悔可就晚了。

朱高煦看了信，想哭都哭不出来。他翻来倒去地思谋，与其被部下逮起来献出去，还不如投降，说不定能保住王位。这么一想，他就决定出降。算下来，这次叛乱还没打就给平定了。朱高煦父子都给押到北京，住在西城的逍遥宫里面，被软禁起来。有的大臣上奏，请恢复他的王号，明宣宗没点头。朱高煦可就恨上了。

过了些日子，明宣宗想看看叔叔，有一天就来到逍遥宫。朱高煦见他进来，把脸一扭，没看见似的。明宣宗说什么，他都不搭理。看着明宣宗往外走，他忽然伸出脚使了个绊儿。明宣宗没防备，差点儿就摔个大马趴。明宣宗给气坏了，叫人搬来一口大铜缸，足有三百斤重，把朱高煦扣起来。朱高煦到底是武将出身，真不含糊，硬是在里边把铜缸顶起来往前挪。明宣宗也来了狠劲儿，说："给我烧，看他还逞强不？"左右拿来炭点着火，就烧大铜缸。朱高煦就这么给烧死了。大伙儿想起他立的战功，都替他难受，真是自己找死啊！

平定了内乱，明宣宗就想把国家好好管管。他爸爸明仁宗虽然在位不到一年，可干的事叫大伙儿佩服。明仁宗打小读书学理，心善出了名。他知道士兵百姓的难处，能让就让一步。有一年冬天，他和几个弟弟早晨分头去阅兵。弟弟们很快回来了，就他老晚才回。他爷爷明太祖问起来，他说："早晨天太冷，士兵正吃饭。我等他们吃好了才阅兵，就回来晚了。"明太祖说："好啊，这孩子懂得体贴下属了。"当太子那些年，因为明成祖老在外面打仗，内政的事都是他管，跟个准皇帝似的。他干得挺认真，让明成祖特别放心。那年他从南京到北京，路过山东邹县，看见老百姓正在路边剜野菜，摘野草的种子。他就停车问："你们采这些干什么呀？"百姓说："没粮食吃，这些能当吃的。"他听了就走下车，到大伙儿的住

仁宣之治

朱高煦出脚使了个绊儿，明宣宗差点儿摔个大马趴。

房里看了看，见家家饭锅是空的，孩子大人穿得补丁摞补丁，心里直发酸，当下让左右给大家发了些钱。当地官员听说太子到了，赶紧跑来迎接。太子劈头就问："百姓这么苦，你怎么不管呐？"官员忙说："已经上报，请免当年的税。"太子说："百姓都快饿死了，还提什么税？你要赶紧发放救济粮。皇上那儿，我去奏报。"

当了皇帝以后，明仁宗先就把夏原吉那些被关的人放出来，让他们帮自己理政。他对他们说："当君主能听真话，才算明君；当臣子能说真话，才算忠臣。我有什么不对的，你们尽管直说。"有个官员上书，说现在是太平盛世，明仁宗就让大臣们传看。杨士奇说："不能这么说，百姓生活还很苦，要休养几年，安居乐业了，才能算太平。"明仁宗说："这话说得对。你们上书不要老说好的，要多找些毛病才行。"

他于是下令，停止为皇宫采办征收宝石奇珍和各种享乐的东西，真是要用的，也要减少。能用钱到市面上买的，就不要向下面征派，好减轻百姓的负担。听说淮安徐州一带闹灾荒，明仁宗赶快就下诏书，让免了夏税一半，停止政府采购。有的官员趁机会贪污害民，明仁宗马上就查处严办，对大家说："国家要想安定民心，一定要从清除贪官做起来。"这话真是说到了点子上。

明仁宗去世以后，明宣宗登基。他把他爸爸的一套办法都继承下来了。起根儿上说，就是要让百姓休养生息，恢复国家元气。减轻赋税，发展生产，兴修水利，勤俭节约，这些办法都少不了。有一次外出，他看见农夫正在耕田，也下马看望，还扶着犁走了几步。然后他对左右说："农夫真是辛苦，我干几下就累了，别说人家成年这么干。"他还写了一篇《织妇词》，说织布的妇女如何劳作，让人画了图，给后宫嫔妃们看，让她们也知道百姓的艰难。

仁宣之治

别看明宣宗年纪不大，对古代的政事懂得挺多，时常和朝臣们聊聊，借着评说古人敲打敲打。他说："你们可别忘了，历朝历代，凡是圣主明君，都是善待百姓的，像汉文帝、隋文帝、唐太宗；凡是祸国丧权的皇帝，都是贪图享乐搜刮百姓的，像隋炀帝。还有汉武帝，开初好大喜功，消耗国力，后来改了；唐玄宗反着，起先不错，后来很糟。我看汉武帝比唐玄宗强。"有一次，有个和尚想讨好，说要修座庙给明宣宗祈福。明宣宗讨厌他，没好气地说："谁不想长寿啊，古时候商周两朝国君活得很长，可那时候和尚道士都没有，神仙也不见。到后来，秦始皇汉武帝求仙，梁武帝敬佛，宋徽宗崇道，结局好吗？现在还不明白这个理儿，真是可叹可悲！"

因为明仁宗和明宣宗这爷儿俩在位的时候，国家比较安宁，百姓也好过些，所以大家就把这些年叫"仁宣之治"。有这个局面，不但和皇帝的作风离不开，跟臣子的品行也有关。明仁宗和明宣宗都重用了能干的大臣，像夏原吉、蹇义（蹇jiǎn）、杨士奇、杨荣、杨溥（三杨）这几个，都挺有本事，口碑也不错。不但是朝臣，地方官里头，那年头也有挺好的。像苏州那地界，宣德年间就冒出两个有名的官员。

明朝故事

能臣清官

　　这两个官员，一个叫周忱，一个叫况钟。周忱是吉水人（吉水在江西中部），他挺早就进了官场，对理财的事特别在行，可他爱闷头干实事，不会张扬，就升迁得慢。直到四十多岁了，才被夏原吉发现，被调到工部当侍郎，又兼任江南巡抚，总管那里的钱粮税。

　　江南水乡，一向是产粮重地，缴纳的粮税比别的地方多好多。因为当年张士诚在这一带跟朱元璋对抗，朱元璋记恨在心，当皇帝以后又给加了税。苏州、松江、嘉定、湖州这四个地方最多，每亩每年要缴两三石。百姓们负担不起，好多人就逃到税少的地方去了。苏州有些地界，户口减了九成不止。这么一来，粮税收不上来，长年累月的，欠了不老少。朝廷明着说要给减点儿税，可当官的拖着不办。他们有他们的理儿，要是减了税，少了收入，这么多政府官员的开销怎么办呐？这回，明宣宗就派周忱到江南，看看有什么好法子。

　　周忱到了苏州，顶喜欢到各处走走看看。他一个随从都不带，也不穿官服，驾着一条小船随便走到哪儿，看见农夫干活儿，就上岸去搭起话来："日子过得怎么样啊？有什么难处啊？"农夫说：

"唉，凑合着活吧。"他就出主意说："要精打细算呐！"有时候，他一个人骑着马在江边转悠，边探访民情边查看水情，谁都不知道他就是巡抚。和下属官员，他也不端架子，找他们一个一个谈话，仔细听他们的意见。苏州知府况钟到任不久，周忱和他最说得来。

这个况钟也是江西人，老家在靖安（在江西北部）。小的时候，他住在乡下，家里挺穷的，母亲又死了，生活过得紧紧巴巴。他读书比谁都下功夫，品行没得挑。可是因为没机会参加科举考试，就那么窝着。还是县官看他是个人才，让他当了个小官吏。他干得挺好，又被举荐到朝廷的礼部。明成祖当面考核官员，觉着他不错，就让他当了主事。他一气儿干了九年，让大伙儿直挑大拇哥，明成祖也常常表扬奖励。明宣宗即位以后，听说苏州缺个知府，那地方人多事杂，就派况钟去了。周忱是况钟的上级，两个人短不了来往。

周忱对况钟提起粮税的事，说："我跟官员们问过，也到乡下问过农夫，他们都说粮税太重，受不了。"况钟说："我也是这么看。江南是鱼米乡，多缴纳些应该，可粮税过重，就失了人心。"周忱说："我想报告朝廷，一定要把税减下来。"况钟接茬儿说："那太好了，怎么减法得好好合计合计。"他们就在一块儿仔细算起账来。

过了一个月，周忱和况钟拿出了减税的方案，把苏州当年的税粮减去七十二万石，别的地方也减了税，数量不等。朝廷批准了，百姓的负担就轻了一些。可周忱心里明白，减税不是治本的办法，光靠这个不成。他就推出了一套改革的新规定，管新规定叫"平米法"。简单点儿说，就是制订合理的税则，把运输中的耗损也算进去，按比例摊派，对谁都一样。再就是根据田土的肥瘦，实行不一样的折扣，还可以用钱和棉布代替粮食。为了公平合理，他还出了好些点子，一个是统一制作铁斛（量具；斛hú），标准一个样，防止粮长大进小出，从中贪污。二是减少粮长人数，节省开支。三是改变运输方式，把原来军运民运分开，改为民运一段路就交给军运，农夫就不用长途跑运输了。四是把粮米换银子的比价降低，不但给了农户实惠，还让官员们能按时拿到薪俸。五是布匹和马草的征收也放低标准。六是设立济农仓，就是把剩余的粮食藏在专用的粮仓里，遇到灾荒，或是大工程开工，就由济农仓供给粮食，省得再去向百姓征派了。经过周忱这么一改，江南一带老百姓日子就好过多了，朝廷的收入不但没减，反倒增加了。怪不得后来大伙儿给他立了庙，老惦记着他的好处。

以往唐朝的刘晏，宋朝的王安石，都是理财高手。周忱和他们比起来，计划得更细致。他每天都记日记，把当天的天气和做的事都记上。有一次开会，有个官员上缴的米不够数，他就撒谎说："运米那天遇上大风，米给风刮走了。我也没办法。"周忱翻开日记一查，说："你运米的那天，江上没风，我有记录。"那官员闹了个大红脸，只好认错。

理财家往往因为太爱较真，容易得罪人，下场不好。刘晏给人害死了，王安石给人气死了，周忱虽然没遭毒手，可攻击他的大官也不少，他后来只好辞了职。好在跟周忱一起闹改革的同行，都和他一个心思，所以效果也不错。同行里头，有松州知府赵豫、常州知府莫愚、漕运总兵官陈瑄这几个，最有名的还是苏州知府况钟。

况钟到苏州上任以后，就碰上一件难办的事。当地有些胥吏（官府中的办事人员）欺压百姓惯了，借着点儿什么事就敲诈一笔，或是贪污私分，厉害的逼死人命的也有。因为他们手里有权，百姓都不敢言声儿。况钟知道，不把这些人制伏了，这个知府也难当。好在明宣宗有话在先，给了他处置的权力。他就先给自个儿写了几

能臣清官

周忱翻开日记说:"你运米那天,江上没风,我有记录。"

句话，提醒说："不讲道德就不能执法，没有刑法就不能端正官吏，官吏不正，民众怎么能安宁！"

　　头一天办公，他什么话也没说。胥吏们把要办的事报上来，他就让他们去办。胥吏都挺高兴，看来这个知府好对付。没想到况钟都记在心里，派人调查了他们办案的实情。过了些天，他把大家叫到公堂，还请来当地的父老旁听。先是宣读皇帝圣旨，接着他就指一个说一个："你那天办事，贪污了多少多少；你呐，受贿多少多少。"胥吏们一听都傻了，这个知府可不同以往啊！况钟又对父老们说："他们的行为怎么样，你们都知道。我这儿有两个簿子，一本记善的，一本记恶的。今天请你们来写，谁善谁恶，不许瞒着。"结果，两下里一对，那些作恶的都给择（zhái）出来了。况钟动真格的，让几个有力气的把最坏的当堂摔死。摔人的不肯使劲儿摔，他就拉下脸说："你们不用力，就让你们替他死！"这一来，被摔的给高高扔出去，当时就断了气。这么着，统共摔死了六个。况钟叫把尸首抬到大街上示众。

　　况钟又把那些当官不干事的撤了职。有个叫孙福的官，整天喝酒，醉醺醺的，没个正经样儿。虽说没贪污，可况钟还是把他免了。还有一个知县叫徐亮，上任两个月，况钟问他那个县的事，他不是说不清，就是干脆不知道。底下人也都瞧不上他。况钟就给朝廷打报告说："像这样庸碌无能的官，除了会耽误事以外，不会别的，只能把他罢免。"经况钟这么一整治，苏州的官员和胥吏们都老实了，办事不敢不认真，官场风气也好了点儿。

　　况钟正人先正己，清正廉洁，别人想挑毛病也挑不出来。他从不吃请，每顿饭都是一荤一素两个菜，家里摆设简简单单，也不置办田产，把心思都放在给苏州人做好事上。发展生产啊，兴修水利啊,开办学校啊,秉公断案啊,凡是地方官应办的,他都干得挺好。老百姓看在眼里,嘴里就说出来了,说况钟是"况青天"。有一回,况钟的母亲去世,他按规定回家去守孝三年。苏州人惦着他,编出顺口溜说:"况太守,民父母,众怀思,因去后,愿复来,养田叟。"朝廷知道了,就批准况钟提前复任。一转眼,他在苏州干了九年,应该升迁或是调到别处了。可苏州人舍不得他走,就有好多人到官府上访,希望把他留下来。朝廷答应了,给况钟提了级别,可职位没变,还当苏州知府。末了儿,他死在任上,苏州百姓都哭得什么似的。

况钟也碰上过为难的事。有一年,明宣宗亲自派人来,让他把苏州的促织(蟋蟀,俗名蛐蛐儿)捉一千头送到宫里给他斗着玩儿。况钟挺别扭,可还是得照办。这就怪了。明宣宗不是挺勤政爱节省的吗?他怎么下这么个命令呐?

原来,明宣宗打小就精力过盛,不但能文能武,爱读书喜刀剑,还是个大玩家,多才多艺。他画画写字都在行,一有空就画一幅什么赏给下边的人。琢磨个物件,摆弄个活物,这些他也没个够。据说他喜欢香炉,就下令从外国进口红铜,按古书的记载做香炉,样式、颜色、大小,都亲自和工匠交代。铜香炉造出来,大伙儿一看,别提多精致了,就叫它"宣德炉"。宣德炉真品没多少,可名气太大了,后来仿制的,假冒的,反倒越来越多,弄得谁也闹不清真宣德炉是什么样。再就是斗蛐蛐儿,明宣宗也特上瘾,有了闲空就玩儿。按说,皇帝也是人,好斗蛐蛐儿也算个喜好,可明宣宗让各地给他逮蛐蛐儿进贡,就过了度了。就因为这个,他给人留下了话把儿,给安了个"促织皇帝""蛐蛐儿天子"的外号。这算是明宣宗在位时候的一块黵儿(黵zhǎn),后来还有人写了篇小说,好

明朝故事

好讽刺了一顿。①

　　谁也没想到，精力过盛的明宣宗到了第十个年头，不知怎么了，害了一场大病。没治好，他就咽了气，才三十八岁。他这么一死，"仁宣之治"也就完了。他儿子朱祁镇即位，是明英宗，年号正统。打从明英宗这儿起，明朝就走了下坡路。

---

①清代蒲松龄写的《聊斋志异》中，有一名篇《促织》，是讲宣德年间的事。

于谦卫京

明英宗生下来刚四个月就被立为太子，登基那年也就七八岁。朝政就由张太皇太后（明仁宗皇后）主持。这时候，三杨那些老臣都还在，一切还是按明宣宗的样子办，所以开初那些年没出什么娄子。

明英宗小的时候，有个叫王振的太监陪着他读书，还听他使唤。王振挺会来事，把小太子侍候得别提多周到了。这么一来，小太子就离不开他了，凡事都问他要主意，还一口一个先生地叫他。赶到明英宗亲政以后，张太后老了，三杨也不在了，他就把王振当成最靠得住的，让他当了司礼监的头儿。朝臣的奏本都得让王振看了才能送给皇帝，他还能替皇帝写批文。有了大权，王振的眼睛就长到脑门儿上去了，动不动就对朝臣瞪眼发横。当初，明太祖在宫门口挂了一块铁牌子，上面写着：内官不得干预朝政，违者斩！王振看着扎眼，就把铁牌摘了。有敢说他的，都被他贬了官，下了狱，有的还丢了性命。明英宗也不管。

这么一来，王振的胆子更大了，连军事上的事也敢插一手。听说北边瓦剌人缺打仗的箭头，他就派人私下造了好多箭头送过去，

明朝故事

瓦剌给的好马都归了他。瓦剌人有了箭头，可就动起了进攻明朝的念头。前不久，瓦剌出兵灭了鞑靼，杀了阿鲁台，势力一下子壮大了。掌实权的叫也先，好打仗不说，还挺会算计。他一面加紧备战，一面派人到北京要赏赐，顺便探听朝廷的虚实。朝廷给的少了，他就有了借口。公元1449年秋天，也先分兵三路打过来。他自己带的主力很快就包围了大同。

消息传到北京，明英宗先问王振怎么办。王振说："这还用说，当年太宗（成祖）每次都御驾亲征，得胜还朝，您也去一趟，管保把瓦剌吓跑了。"明英宗也来了兴头，说："好啊，我也亲征一回。"大臣们一听都愣了，心说你能跟太宗比吗？他们都说："瓦剌来得太突然，咱们准备不足，眼下又青黄不接，亲征可太冒险了。"明英宗不听，就下令赶紧打点起来，忙忙叨叨地就带人马走了。王振想显摆自己，自然也要去，还带了五十多个文臣武将。朝里的事交给郕王（郕chéng）朱祁钰（英宗弟弟）代管。

大臣们从打皇帝走的那天起，就没一天踏实过，感觉着天要塌下来似的。明摆着，一个太监，一个从没出过远门的皇帝，国家安危让他们俩托着，谁能放心呐？过了一个月，突然从北边跑回人来报告："可不好啦！皇上让瓦剌逮走啦！"大伙儿吓得都筛糠似的，直打哆嗦，有人问："王振呐？"来人呼哧呼哧喘着说："他……他给打死了！"

原来，明英宗领着兵冒着雨，好不容易到了大同附近，前边的人马跟瓦剌军一对阵就吃了败仗，死伤没个数。明英宗看见死人伤兵那么多，脸都吓白了。他哪儿见过打仗的场面呐，这才后悔不该出来，就跟王振说要回师。王振也怕死，忙说行。他们就向后转，往回走。走着走着，王振想起一件事。他老家在靠南的蔚州，离这儿不太远。他想让皇帝到他家转悠一圈，好在亲友面前露露脸儿。明英宗也答应了。大军就朝南拐过去。赶到快到蔚州的时候，王振又改了主意，他怕这么多人马把他家的庄稼地踩坏了，就说不去了。大军就又往回翻。这么一折腾，时间可就给耽搁了。大军拐来拐去，走得慢得别提。瓦剌军很快追上来，在土木堡一带，一场大战就躲不过去了。明军让敌军一冲，登时大乱，跟来的将领好多都战死，明英宗也给困在里面。他看看周围，净是瓦剌人吱哇乱叫，以为活不了了，干脆下了马坐在地下，盘起腿闭上眼等死。瓦剌人冲过来，认出是皇帝，高兴得直蹦高，就把他带走了。

护卫的将士找过来，才知道皇帝当了俘虏，气也不是急也不是。将军樊忠一眼看见了王振，再也忍不住了，喊着说："都是你这个老贼闹的，我今天要替天下人杀了你！"说着冲上去，一锤头打在王振的脑袋上，这家伙没吭一声就倒在地下死了。大伙儿一个劲儿叫好。可皇帝没了，仗打败了，他们只好往后退。骡马军械什么的，都归了瓦剌人。

留守北京的官员这就炸了窝，好些人当堂就咧嘴大哭。可国事要紧，哭管什么用啊？郕王让大家拿主意，有个叫徐珵（chéng）的就说："我看了天象，天命已经不在北京了。只有迁都回南京才有救。"这话一出口，就有好些人反对。有个文官站出来说："说要南迁的，应当斩首！"大伙儿一看，他是兵部侍郎于谦。于谦满脸正气的样子，提高了嗓门儿接着说："国都是国家的根基，现在迁都，只能惑乱人心，敌人趁乱打过来，国家就完了。咱们都别忘了，当初宋朝南迁的结局是什么！"大伙儿都说："这话对极了，不能迁都，只能守城抗敌！"郕王听了也直点头。徐珵闹了个大红脸，忙低下头不敢再说什么。

明朝故事

于谦说:"咱们别忘了,当初宋朝南迁的结局。"

郕王就和大家商量守城的事，可把眼光瞄着于谦。于谦想了想说："精兵这次都给皇上带出去了，城里尽是老的弱的。我看要赶快从外地调来精壮人马，再把粮食草料军械运来，让各地的守将严把关口，守卫京城才有把握。"郕王说："好，就这么办。"他立时就任命于谦为兵部尚书，让他主持军事，调兵遣将，守卫京城。

大臣们又议论起帝位来，着急地说："皇上在瓦剌手里，还不知道会怎么样。国不能一天没有君主。就请郕王即位吧！"郕王给难住了，说："这事还得让太后拿主意。"于谦就和大臣们上奏孙太后（明宣宗皇后）说："眼下只有请郕王即位，才能安定人心，也让瓦剌断了念想。"孙太后是明英宗的亲妈，可这时候，谁敢说儿子还能回来呐？她就答应换个皇帝。这么着，郕王就即了皇位，是明代宗，年号改叫景泰。明英宗被尊为太上皇。

再说也先得到了明英宗，真有心杀了他，给他弟弟伯颜拦住了。伯颜说："皇帝在咱们手里是个好货，用他跟朝廷说事就好办了。"也先就把明英宗扣在营里，带着他上这儿上那儿。到了秋天，他决定打到北京城去，绕过大同到了长城口，攻破了紫荆关（在河北易县西北），眼看就到了西直门城外。明英宗也在瓦剌军营里。也先本想着，有皇帝在自己这儿，朝廷就不敢硬打，凡事还不由着自己吗？不料到了才知道，北京城每座城门都有重兵把守。拿皇帝讨价钱吧，又听说有了新皇帝。他气得蹿火，就下令攻城。

别看于谦是个文官，可排兵布阵挺有胆量。先是总兵官石亨说："把人马调进城里，紧闭城门，守城才最稳当。"于谦一摆手说："死守城门可不成，要把人马放在城外，和敌军对阵，不能让他靠近城门。也先来了，就和他背城一战！"他就派各位将军分头带兵，列阵在各个城门外。说好了，不管敌军打哪儿，大家都要相互支援。于谦自己也披甲戴盔,和石亨一起坐镇德胜门军营。布置好了,他下令关闭城门,专等着敌军到来。

瓦剌人马刚到城西,就有一队明军接上手,没等缓过劲儿,就给打败了。到了德胜门外,于谦和石亨马上带兵迎战,火炮火铳(chòng)齐发,士兵呐喊着冲过来。瓦剌军一下乱了套,死伤好多,也先的弟弟也在当间儿。也先又带人攻打西直门,这回他占了点儿上风,把守军逼到城门下。城上的人一看不好,马上开炮,才把敌军挡住。别处的明军听说了,也从两边增援过来。瓦剌军三面被围,只好后退。这么打了三四天,明军士气越来越高,瓦剌士气可出溜下去了。后援的人马在居庸关那儿也给拦住过不来。也先派人给城里递话,说可以议和。于谦看出他想缓口气再打,就没搭理他。也先这回真熬不住了,怕城里军队冲出来,就赶忙下令撤军,一路上杀人放火,能抢就抢,怎么也不能白来一趟。于谦马上派兵追杀,当地的百姓也起来自卫,直到把敌军赶到了塞外。这么着,北京就解了围。

于谦一点儿不敢松劲儿,瓦剌军一退,他就开始整顿军队。明成祖那会儿,把京城的军队分成五军营、三千营和神机营,分别管着北京的防务、巡逻和火器,合起来叫三大营。其中,五军营人数最多。这一回让明英宗和王振一闹腾,原来的三大营将士很多都给瓦剌打散了。于谦就主持着重建京城军队。他把人马分成十个大营,大营又分小营。各营集中操练,有了战事,分头马上出发。这么一来,京军的实力就强了,装备和粮草也齐备。瓦剌再来进犯,就不用发慌了。明代宗挺满意,他就把于谦看成国家的台柱子,让他掌大权。

也先在塞外听说北京守卫特严,只好断了再来打的念想。日子一长，草原上吃的穿的用的又缺，底下人都埋怨起来。他思谋着要跟内地恢复通商，再向朝廷讨些赏赐。要这么着，非得把明英宗送回去才行。转过了年，他就派人给北京送了信儿。明代宗听说哥哥要回来，心里反倒挺烦的。自己能当皇帝，还不是因为兄皇当了俘虏吗？眼下他要回来，两个天子怎么摆？想过来想过去，他觉着冷着点儿好。

明英宗回来那天，明代宗草草办了个仪式，哥儿俩见面也没说什么。明英宗心虚，也不敢挑刺儿，就给送到南宫（在北京南池子普渡寺）住下来。明着说是供养太上皇，暗里就是软禁。南宫的门给上了锁还灌了铅，一般人打不开。明英宗只能在里面待着，可出不来。明英宗这年才二十三岁，他能那么老实，在里面待一辈子吗？

南宫复辟

孙太后那年虽然答应立新皇帝,可又让明英宗的两岁儿子朱见浚当太子,明摆着就是告诉明代宗,将来把皇位还还给英宗的后代。明代宗可不管那一套,等到局面安稳了,他就废了朱见浚,改立自己的儿子朱见济为太子。没料到第二年,朱见济病死了,太子空缺。有的大臣就上奏,还是让朱见浚当。明代宗可就生了气,说:"我虽然就一个儿子,可我才二十多嘛,你们忙什么呐?"他是想自己还能再生儿子,到那时候再说。

哪承想,到了公元1457年开春,当了八年皇帝的明代宗还没有儿子,他自个儿倒得了一场大病,好多日子不能上朝。大臣们急了,又请立朱见浚为太子。明代宗传出话来说:"你们别着急,我就是偶尔受了风寒,很快就好了。过几天就能上朝。"他可是想不到,有些人就钻这个空子,要来一场政变,把他赶下台,让在南宫里的太上皇再登宝座。

这些人里头,领头的有三个。一个是文官徐有贞,他就是那年要迁都的徐珵。因为挨了于谦一通骂,受了百官耻笑,名声挺臭,就改了名。可他心里一直恨着,想找机会出出恶气。一个是武官石亨。他在早先犯过法，也让人瞧不起，还是于谦把他提起来，在保卫北京的时候立了大功，升了官。他就想顺杆儿爬，巴结于谦，请皇帝给于谦的儿子封个军官做。于谦太正派了，反倒责备石亨说："你身为大将，举荐一个没有功劳的人当官，于公于理说得过去吗？我绝不能让儿子掺和这种事。"石亨的侄子石彪当了官，净干欺压百姓的勾当，于谦没讲情面，就参了他一本。石亨石彪就把他恨死了。再一个是太监曹吉祥。他是王振一头儿的，早就受明英宗信任，也就盼着老皇上回来。

这三个人气味相投，又找来几个同伙，凑到徐家就商量起来。徐有贞假模假式地看了看天说："我看了天象，今天夜里干最好，可别错了时机。咱们就说要防备外敌，把兵带进城里。曹吉祥在宫里接应。"石亨说："就这么办，我去调人，再收了城门钥匙，打开关上就随咱们了。"到了半夜四更天，石亨打开长安门（在北京天安门广场），把等在外边的士兵带进皇城。徐有贞赶紧把钥匙藏好，他们就跟小偷儿似的，溜边快跑到了南宫门外。

南宫的大门锁着，徐有贞叫士兵找来大木头，"咚咚"使劲撞，又翻过墙从里面拽，到了儿把门给弄开了。大伙儿一窝蜂似的挤进去。明英宗事先得了信儿，正等着呐。石亨说了声"请陛下登位"，就让他坐上车出了门。这帮人护着车一溜小跑到了东华门，被守门的卫士拦下。卫士问："干什么的？"明英宗大声喊着说："我是太上皇！"这就把卫士吓退了。进了皇宫，直奔奉天殿。曹吉祥他们早把这儿布置好了，扶明英宗坐上皇位。大家赶紧跪下喊万岁，又把宫门打开，敲钟打鼓。

天还刚蒙蒙亮，大臣们都在朝房等着上朝，听见钟响挺纳闷儿，就见徐有贞出来直脖子喊："太上皇复位啦！快进去参拜！"

明朝故事

这帮人护着车一溜小跑到了东华门。

大家进去，仰起下颏儿远远往上一看，真是英宗坐着，只好都跪下磕头。明英宗就宣布复位，改年号天顺，废了明代宗，还让他当郕王。接着封赏复辟有功的文臣武将，徐有贞、石亨不用说，都当了大官，曹吉祥当了司礼监的头儿。

这一来，当初拥立明代宗的于谦他们就悬了。第二天，圣旨一下，这些人都给逮起来。明代宗的病刚好一点儿，听说自己给废了，哪有不气的？没几天就死了。明英宗还不依不饶，把他的陵墓也毁了，不让他埋在皇陵（在北京明十三陵）里头。

徐有贞和石亨最恨于谦，非把他弄死不可。他们说，于谦和大学士王文几个想把一个藩王的儿子接进京城当皇帝，这可是谋反的罪。审讯的时候，王文说："召藩王的人进京，要用金牌调。你们查查金牌在不在，就知道了。"于谦看出这是故意栽赃，就对王文说："他们想害咱们，辩白也没用了。"审官一查，金牌都在内府，罪名不成立。徐有贞听了报告，阴着脸说："没行为，可有那个心意，照样有罪！"审官就以"意欲"给定了死罪。明英宗听了报告，皱起眉头说："于谦保卫京城真有功劳啊！"徐有贞低声说："不杀于谦，您复位就名不正言不顺了！"一句话提醒了明英宗，他就点了头。于谦王文就这么给冤杀了。

于谦是钱塘人（钱塘在浙江杭州），从小就立下大志向，要像文天祥那样，为国为民办好事。后来当了官，不管在地方还是在中央，都是清官，在百姓当中早就有好名声。他写的一首诗也被人记住了，题目叫《石灰吟》。

千锤百炼出深山，烈火焚烧若等闲。
粉身碎骨全不怕，要留清白在人间。

明朝故事

如今，于谦叫人害了，好多人替他抱不平，把他的尸首葬在老家的西湖边上。恰好岳飞的墓也在那儿。大伙儿就把于谦跟岳飞合在一起，说他们都是立了大功又被坏人害死的。

徐有贞害死了于谦，可他没想到，过了也就几个月，自个儿也给下了狱。徐有贞人品次，可学问还行，懂得不少。入了内阁以后，他就想自己说了算。再看石亨和曹吉祥，一个大字不识几个的武夫，一个身份低贱的太监，怎能和自己比呐？可巧有人揭发石曹二人贪污，他就对皇帝说他们的不是，想把他俩挤走。石曹二人气得冒火，仗着亲信人多，撺掇大伙儿都说徐有贞太坏，把他的老底儿也给抖搂出来。明英宗到了儿还是听了太监的，一道旨意就把徐有贞下狱受审，审完了又发配到云南去了。

赶走了徐有贞，石亨就成了大拿。侄子石彪给封了侯，亲戚本家、朋友心腹，都成了复辟功臣，当了大大小小的官儿。有些人不沾亲，可送了钱，石亨也说他们有功，叫皇帝封官。这一来，朝廷快成了石家天下了。明英宗觉着不对劲儿，对吏部侍郎李贤说："眼下文武百官有事都先到石亨家里说，这可怎么好。"李贤说："您放什么也不能放权，得攥着大权才成啊！"有一天，明英宗登上翔凤楼看景致，瞧见皇宫附近有一大片房子，豪华得别提，把皇宫都比下去了。他问左右："那片房子是谁家的呀？这么讲究。"左右吭哧吭哧半天说："可能是……是哪家王爷的吧，我们可……可不知道。"明英宗看了看天说："你们大家都怕他，不敢说是石亨家的。"打这儿起，明英宗就有了防备，收了石亨一些职权，还不许他随便进宫。石亨再说什么，他也不爱听了。

石亨失了宠，怕落个徐有贞的下场，就想靠武力赌一把。他对家将们说："当初宋太祖弄了个陈桥兵变，当了皇上，史书也没说他

南宫复辟

篡位。你们要是帮我也干一家伙，我眼下的位子就是你们的了。"就让侄子石彪坐镇大同，自己也到处转悠，布置兵力，准备夺权。哪料到这事很快叫上边知道了，明英宗下令叫石彪回京，石彪不回来，明英宗就派锦衣卫把他抓起来，顺便免了石亨的职。石家的下人们一看主子倒了霉，怕受连累，赶紧都出来揭发，石亨背人的事就露了馅儿。他马上就被抓起来。审讯完了，定了谋反罪。石彪给杀了，石亨也死在监狱里头。

石家一完，曹吉祥就知道皇上早晚要整到自个儿头上，就和侄子曹钦商量。太监出面不方便，他就让曹钦领头造反。曹钦找了些朋友，问他们："古时候有没有太监的后代当皇上的呐？"朋友们说："怎么没有啊，魏武帝曹操不就是嘛，还是您的本家呐！"曹钦一拍屁股说："哎呀太棒了，咱豁出去也闹它一回，弄个天子当当。"他就凑齐了几百人，让曹吉祥在宫里接应，想趁早晨开大门的时候，打进皇宫夺权。头天晚上，曹钦布置好了，摆酒席招待大伙儿，等着天亮起事。不料内中有个叫马亮的蒙古军官不想跟着造反，溜出来想报告。可巧，将军吴瑾和孙镗因为要带兵出征，正在朝房里睡觉。马亮进去把情况一说，吴瑾马上到里边报了信儿。明英宗一边派人抓了曹吉祥，一边下令紧闭宫门，没命令不许打开。

临到天一亮，曹钦带人到了宫门，看见大门都锁着，就知道走漏了风声。一不做二不休，他索性就造起反来，满处杀人。到了东华门，正碰上孙镗的队伍，这就打起来。双方都杀红了眼，从早晨一直打到下午，死了好多人。看着不行了，曹钦催马就想往城外跑，先到了齐化门，又到了东直门，又到了安定门，城门都关着，出不去。他只好跑回家。孙镗带人追过来，围了个严实。曹钦知道全完了，只好跳了井。平叛以后，明英宗把曹吉祥也杀了。

领头复辟的三个头儿都给收拾了，大伙儿这才出了口气。明英宗经了这么多风险，也明白了一点儿道理，懂得当皇帝最要紧的是分清是非，认得好坏人。他对大臣们说："于谦当官几十年，那年抄他家的时候，他家里没有什么钱财，几个箱子，装的是皇帝给的东西，动也没动过。可看看你们，有的才当一年大官，就什么都有了，没法儿比呀！"他后悔不该杀于谦，可这也太晚了。明朝在他手里栽了大跟头，要想恢复，真是难而又难。

豹房新宅

明英宗复辟以后，让儿子朱见浚还当太子，改叫朱见深。过了几年，他死了，朱见深即位，是明宪宗，年号成化。明宪宗比他爸他叔都心宽，不那么小心眼儿。那年，明代宗废了他太子名号，他也没记仇，即位后对大臣们说："当初瓦剌打过来，要不是我叔叔出来主事，打退了也先，国家就危险了。"他就给明代宗恢复了名位，承认他是皇帝，还给他修了陵墓。对于谦，明宪宗更是敬重，给于谦平了反，让于谦的儿子当了官。

满朝文武看明宪宗这么明白事理，都挺高兴，盼着新皇帝能当个中兴之主，把国家复兴起来。可没多久，大伙儿就泄了气。明宪宗虽说脾气不坏，可一样宠信太监。他宠着的大太监叫汪直，比前边那个王振更霸道。本来查办官员的已经有了锦衣卫和东厂，明宪宗还不放心，又建了个西厂，叫汪直管着。汪直可就摆起谱来，把大臣欺压得跟受气包似的，连阁员和尚书见了他都得跪下。当时人就说他们"只知有汪太监，不知有天子"。

宠信太监不算，明宪宗还宠着一个女人。还在他小的时候，有个姓万的宫女给派来伺候他。万宫女比他大十九岁，简直就是阿姨或是保姆。可他看她比谁都亲，万宫女也是想着法儿讨他喜欢。临到他当了皇帝，还是离不开她，就让她当了妃子。万妃生了个儿子，又升为贵妃，心里可想着要当皇后。不想这个儿子很快死了，万贵妃怕别的妃子生儿子，自己失宠，就盯着人家。谁怀了孩子，她就想法儿让她们打胎或是小产。这么一来，明宪宗快三十岁了，还没个儿子。有一天他和给他梳头的太监张敏说起这事来，一个劲儿叹气。张敏就小声说："您有儿子了！"明宪宗惊得合不上嘴，问他："真的？怎么回事？"

原来，几年前有一天，明宪宗和一个姓纪的宫女待了一宿，纪宫女后来就生了个儿子。怕被万贵妃害死，这孩子一直由张敏秘密养大，已经五岁了。明宪宗这份高兴，忙去看了儿子，见儿子还带着胎发，一直拖在地下，眼泪就流成串儿了。他给儿子取名祐樘，立为太子，封纪宫女为淑妃。可这事还是让万贵妃知道了，纪淑妃让她毒死了，张敏给逼得自杀。万贵妃和汪直他们特熟，谁也不敢惹她。幸亏太子被太后领走抚养，才活了下来。

明宪宗宠着汪直和万贵妃，可把朝政弄得零七八碎儿。他后来后悔了，撤了西厂，赶走了汪直，可对万贵妃不敢怎么样。万贵妃死的那年，都六十了。明宪宗四十刚过，还哭得差点儿上不来气儿，没多久也病死了。太子即位，就是明孝宗，年号弘治。

明孝宗一上来，就把明宪宗宠着的太监权臣赶走了，还限制贵族的田产，减轻劳役，救济灾民。他重用的大臣，像刘健、谢迁、李东阳这几个，都挺正派也有能耐。明孝宗自己管得住自己，不喜欢老跟妃子摽着（摽biào），把心思都用在政事上。这么一来，就有了十几年安稳局面，没出大乱子。有人就说是"弘治中兴"。可明孝宗打小营养不良，体格差，在皇位待了十八个年头，得了重病。

临了儿，他把儿子朱厚照托付给大臣们，说："我这个儿子够聪明，可太贪玩儿，你们要叫他读书学好，我死也闭眼了。"明孝宗死的那年三十六岁。朱厚照即位，就是明武宗，年号正德。明朝打这儿起，可就真乱了章法。

明武宗即位那阵儿，也就十四五岁，可这孩子胆子比谁都大，想到了就要做到。他可不是想怎么办好国事，是想怎么玩得痛快。什么斗鸡养狗，踢球跑马，放鹰耍猴，在宫里头就这么闹腾。玩腻了，他就让摆摊做买卖，按外边市场的样子，太监装成卖东西的、开酒馆的，他自己装买主儿，一通转悠，还讨价还价。有一天正月闹灯火，不小心引起大火，把宫殿都烧毁了。明武宗看着火苗乱窜，拍着巴掌说："快看，好大的烟火！"可再把宫殿修起来，就得朝百姓要钱了。明武宗光顾了吃喝玩乐，把朝政就扔在脖子后头了。经常是他玩到后半夜才睡，睡到太阳晒了屁股才起，早朝早就过了。大臣们还都在朝房等着呐！再就是读书，他哪儿有心思听老师讲书啊，听着听着就烦了，逃学停课常有的事。

皇宫里不够折腾的，明武宗就让人在外面找地方盖房子，找乐子。房子盖好了，就在皇宫西边不远，叫豹房。豹房里真养着老虎豹子这些活物，还有成群美女。吃的玩的，要什么有什么。明武宗在里边跟老虎搏斗，和美女逗趣儿，看大力士摔跤，整天都干什么，一想就知道，反正是由着性子来。他觉着豹房比皇宫自由多了，干脆就搬到这儿住下，管它叫"新宅"，去宫里倒成了偶尔的事。这么一来二去，大臣们急了，都上本请皇帝上朝理政。他们说，皇帝这么胡闹，都是太监教给他的，要把这些太监除了才行。

明武宗有八个贴身太监，人叫他们"八虎"。领头的叫刘瑾，比王振汪直又厉害一层，好多坏点子都是他出的。百官实在憋不住

明朝故事

了，都要求处置八虎。刘健、谢迁、李东阳他们上书，把刘瑾干的坏事说了个透。明武宗看了就说："好办，明天上朝，我把他们杀了就完了。"没想到有人就去告诉了刘瑾。刘瑾他们就跑到明武宗那儿，哇哇大哭说："有人害我们，都是冲您来的，您得给我们做主。"这话倒也不假，皇帝自个儿要知道好歹，太监还敢吗？明武宗听这么一说，就改了主意。第二天上朝，大臣们都以为刘瑾末日到了，哪料到皇帝降旨，反给刘瑾升了官，让他掌管司礼监。刘健、谢迁他们气得直哆嗦，就说："我们老了，没法儿跟您干了，请让我们辞职回家。"明武宗正嫌他们，一咧嘴角说："也好，你们就养老去吧。"这么一来，朝廷上正派的大臣就更少了。

　　刘瑾掌管司礼监，可他大字不识，怎么写批文呐？他就把文件带回家，让妹夫看，胡乱批一通。谁不依着他，他就把谁弄死或是赶走，这种事多了去了。大伙儿都说眼下有两个皇帝，一个姓朱一个姓刘，一个坐着一个站着。大臣杨一清知道硬碰不成，看八虎里的张永跟刘瑾有过节，就以毒攻毒，撺掇张永把刘瑾灭了。张永真就给明武宗写了个报告，说刘瑾要谋反篡位。明武宗赶紧抄了刘瑾的家，果然就找到了证据，有私造的玉玺什么的。明武宗火儿了，说："这奴才对不起我，真要造反呐！"下令把刘瑾千刀万剐。

　　除掉了刘瑾，明武宗的脾气可没改。他身边还有两个心腹，一个叫江彬，一个叫钱宁，比刘瑾更受宠。为什么呐？他俩都是军官出身，浑身武艺，又会讨好，就当了皇帝的亲信。

　　明武宗开始喜欢钱宁，可有一回，他跟老虎打斗，让老虎咬住不放，吓得喊钱宁救命。钱宁不敢。眼看着要出事，别人都吓得直捂脸，还是江彬跑过去，三拳两脚把老虎赶走了。打这儿起，明武宗就讨厌起钱宁，把江彬当成贴身保镖。他对江彬说："在这豹房也腻歪了，真想到外地转转。"江彬说："我是宣府人，我们那儿好玩极了，美女多的是，天又凉快，您何不走一趟呐？"明武宗说："好啊，就到宣府去吧！"他就穿上便衣，带上江彬和美女、野兽，秘密地出了居庸关，到了宣府。他整天游游逛逛，要不就闯进民宅，看见人家有好看的女孩儿，说抢就抢；看见有好吃的，说拿就拿，闹得当地百姓大白天都关了大门。

在宣府玩够了，明武宗又往西到了阳和（在山西阳高）。正玩儿着，偏巧有一队瓦剌兵跑到这儿抢劫。他来了兴头，对左右说："咱们打他一仗，也抖抖威风！"就自封为"威武大将军"，化名"朱寿"，带人和瓦剌兵打起来。结果死的伤的有几百人，只杀了对方十几个。"朱寿"可觉着打了大胜仗，派人给北京送信，让满朝文武迎接"威武大将军"得胜还朝。赶上那天下大雪，文武百官在德胜门雪地里等了半天，冻得浑身乱颤，才看见"朱寿"骑着马过来。他身穿铠甲，腰挎宝剑，神气极了。喝过了庆功酒，他就对大伙儿说："我这次出征大捷，还斩了一个敌兵，能耐吧？"说完就到豹房玩儿去了。

往后，他又好几回到宣府，搜刮财宝，抢夺民女，连已婚的也要，每次都带回好多。在北方玩儿够了，明武宗又想到南边转悠。没想到圣旨一下，大臣们都火儿了，心说你祸害了北方，又去祸害南方，谁受得了哇！他们从早到晚跪在宫门外头，不让他去。明武宗气得没法儿，忽然想起祖宗留下的绝活儿，就是廷杖，他就下令说："给我打！看谁还敢拦着！"这么着，一百多朝臣都给上了枷锁，在午门外罚跪五天，又挨了打。皇宫里一片惨叫声，外边的百姓都听见了。末了儿，有十几个大臣死在棍棒下头，成了一次大惨案。

明朝故事

文武百官冻得浑身乱颤,才看见"朱寿"骑着马过来。

豹房新宅

正在这时候，从江西传来个消息：宁王朱宸濠造反了。宁王的祖上就是帮明成祖夺皇位的朱权，后来改封在江西。朱宸濠是朱权的重孙，他看明武宗这么胡来，料定他失了人心，就想出来夺天下。其实在此前，造反的就有了。农民活不下去，起义是常事。河北霸州有刘六刘七兄弟起义，带人直奔北京，差点儿就打进了城。在宁夏的安化王朱寘鐇（zhìfán）前些年也反叛过。可这些人都给朝廷压下去了。这回宁王造反，明武宗一听，反倒高兴得坐不住，因为这么一来，他就能用镇压的名义，到南方转一圈。于是，他就下令，派威武大将军朱寿领兵南征，到江西平叛。这一回，大臣们都不敢再拦着了。

哪知道，明武宗带着亲随领着人马，刚走到涿州（在北京西南），就有探马来报说："江西叛乱已经平定，宁王也给逮住了！"明武宗忙问："我还没去呐，谁平的呀？"探马说："是南赣巡抚王守仁。"明武宗这份扫兴，叛乱平了，他就没理由去南方了。想了想，他叫手下人不许走漏风声，又跟江彬他们吩咐几句，让太监张忠和将军许泰几个先走一步，就下令继续南下。反正对手已经抓到，他干脆一路走一路玩儿。

进了山东，他忽然想起来，应当把顶讨人喜欢的刘姬带出来玩儿，就半夜里自己坐上小船，走运河回到北京，接出刘姬，又往回赶。半道上，正碰上外地一条官船过来，他叫船停下，自己上去转转。看见舱里有个女的，是官员的小妾，他说了声"带上"，就给抢走了。往前走到了扬州，他住进民房，改叫"威武大将军府"，还是派太监到处找姑娘，找寡妇，都关进尼姑庙。当地百姓吓坏了，有女孩儿的人家着了急，都忙着把没成家的男人拉进家门当女婿。明武宗在扬州待了好多天，天天出去打猎，可让当地人当猎手，替他打野兽。这么一路走一路祸害，磨蹭着到了南京。

张忠和许泰先到了江西，找到王守仁，劝他把朱宸濠放了，等朱寿大将军来了以后，亲自和他打一回，逮住他，好显显天子威风。王守仁直皱眉头，说："好不容易平了战乱，怎么能放呐？那就让百姓又吃苦了。"张忠说："你是聪明人，怎么不明白皇上的心思呐？"王守仁还是摇头，可他写了一份报告，说这次平定宁王叛乱，都是按照皇帝的旨意办的，功劳应当是万岁爷的。写完报告，王守仁恶心得直要吐。又听说张忠他们也来争功，他可不想和这些人掺和，就把朱宸濠交出去，自己离开官府，跑到寺庙里读书修养去了。

另类学问

　　王守仁又叫王阳明,本来不是领兵打仗的军人出身,是个喜欢做学问的人。他是浙江余姚人,父亲叫王华,中过状元,挺有才学。王守仁打小跟别的小孩儿就不一样,到六岁的时候才开口说话。他特爱看书,把家里的书看了个遍,还喜欢下象棋,可在学堂考试,他就成绩一般。教书先生看他经常在那儿闷头想事儿,要不就写诗,好像个小大人,都说他脾气太怪。有一天,他写了一首诗,一共四句,也就是个顺口溜:"山近月远觉月小,便道此山大于月。若人有眼大如天,还见山小月更阔。"大人们看了,还挺耐琢磨:什么意思呐?

　　长大几岁以后,他跟着父亲到南京,进北京,见了世面,心更大了。有一次,父子俩到居庸关长城看了看,王守仁这才知道北边常有人来进犯抢东西。过了几天,他就对父亲说:"我写了一份上书,您交给皇上,让他给我几万人马,我愿意为国出征,扫平敌寇!"王华气不成笑也不成,给了他一巴掌说:"你才多大呀,看把你狂的!"

　　王守仁此后就刻苦读书,还练骑马射箭,要当个文武双全的大

明朝故事

能人。弘志年间，他真考中了进士，到京城做了兵部的官。过了几年，明武宗登基，太监刘瑾掌大权，坏事做了一堆。王守仁就上书揭发刘瑾，要求治他的罪。没想到明武宗看了大怒，反倒把他打了四十廷杖，官职也一撸到底。他给轰到贵州龙场驿（在贵州修文），当了个小官。刘瑾还不依不饶，派底下人追杀他。王守仁只好坐船从海上走，再从福建上岸，走了三年才到了龙场驿。

到了地方一看，他心里凉了半截儿。周围全是大山不说，还有吓人的瘴气，毒蛇毒虫满处都是，交通、商业什么的，都少得可怜，砍柴做饭都得自己干。当地百姓很多是苗人，说话也不懂。想找本书看，哪儿有啊？好在他带了一些书来，又学过佛道，能入静。平日没事，他就像和尚打坐似的，在屋子里静坐，把以前学的东西默想默想。

王守仁在以往最喜欢的学问是程朱理学，就是宋朝程颢程颐兄弟和朱熹他们的学问。读书人一向把程朱理学看成和孔孟之道一样，是儒家的经典。王守仁也相信得别提。他听朱熹说只要仔细"格物"（研究事物的道理），就能得到真知识。他就找了一片竹林，对着坐下来，"格"起竹子来。这么苦苦想了三天，他还是没明白竹子是怎么回事，反倒弄得头皮发胀。打这儿起，他对朱熹的说法就不那么信了。可究竟应当怎么办，他也想不清楚。

这会儿在偏僻的大山里坐着静想，想着想着，他忽然觉得脑门儿开了窍，好像看到了一道亮光似的。他觉着不管什么事，只要自己想通了，就是对的，就能去做，不必管外界怎么样。也就是说，心就是理，心就是万物。再有就是"知行合一"。认识是行为的主心骨，没有认识就没有行为；行为呐，是认识的体现。认识对了，就一定能实行；不能实行的认识就不算是对的。王守仁的这些

另类学问

王守仁在屋子里静坐,默想以前学的东西。

说法对不对呐？各人有各人的评判。他自己可觉得找到了怎么做学问怎么做人的好方法，就把想法老跟周围的人念叨，后来索性就开班讲课，收了好些学生。学生们听他讲了天地万物，又讲历史文学，没有他不懂的，都佩服得没法儿说，把他当成了圣人。王守仁的名气可就大了。贵州的最高学府贵阳书院也把他请去教课。

大家伙儿听他讲的和朱熹说的不大一样，有的地方还正好反着，开始都有点儿怀疑。比如朱熹说，只有先认识了，才能去实行，就是"先知后行"。王守仁说"知行合一"，不一样在哪儿呐？学生们就问："先生能不能说明白点儿？"王守仁说："知和行分不开，知道可不去实行，就不是真的知道。比如一个人知道孝敬父母的道理，他就是尽了孝道。嘴里说知道孝，可实际没有尽孝，就不是真懂得孝的道理。我说知行合一，就是说你心里有了想法就是行了，所以一定要让想法是好的，不能是坏的。"

王守仁的说法传出去，大家都叫它"心学"，相信的人越来越多。为什么呐？心学简单好懂，比深奥的程朱理学容易掌握，所以更吸引人。最要紧的，还是社会发生了很大变化。咱们中国自从有了皇帝以后，皇权专制实在太长了，太压制人了，弄得大家不敢有自己的想法，更不敢说真话。到了明朝，皇权更霸道，快让人们讨厌死了。这时候，生产技术有了很大提高，有好多新发明，工商业也发达了，私人的作坊挺多，特别是在南方。人们的思想这就活跃起来，对什么事都有了自己的看法，不喜欢只听老一套。王守仁提出心学，主张自个儿想自个儿的，正好对了大伙儿的心思，所以他的弟子非常多，对后来的思想开放都起了很大作用。

当时像王守仁这样有自己想法的文化人，不止他一个。山阳（在江苏淮安）有个读书人叫吴承恩，比王守仁岁数小，科举考试挺不顺，快老了还没中进士。他看当官的那么专横，官场那么腐败，就有了另样的想法，花了好些年写了一部小说《西游记》。书里面的主角孙悟空就是个不守老规矩的猴子，闹了龙宫又闹天宫，把玉皇大帝弄得没了办法。稍晚还有个临川人（临川在江西抚州）叫汤显祖，爱写戏文。他写了个本子叫《还魂记》，又叫《牡丹亭》。戏里的小姐杜丽娘被旧礼教压得喘不上气，憋在家里不能出门，就在梦里和书生柳梦梅自由结合，醒来后又思念而亡。这个戏大胆批评了旧制度旧思想对青年人的压迫。吴承恩和汤显祖也都是和传统不一样的文人。

王守仁在贵州待了四年多以后，刘瑾叫明武宗给杀了。朝廷给他恢复了名誉，调他到江西和南京做官。他一边当政，一边办学，还是讲他的心学。到了公元1519年，宁王造反，王守仁挺会用兵，不等威武大将军朱寿到来，就把叛乱平了。不想因为这事儿得罪了上边，他只好扔了官帽，到庙里修行。按他的主意，以后就不再出去做官了，踏踏实实研究学问多好啊！可没料到，过了不久，明武宗忽然死了。朝廷又想起王守仁，调他出来，官职比以前还大。王守仁只好上任去了。

明武宗怎么说死就死了呐？原来，他到了南京以后，张忠他们也把朱宸濠带了来。这位威武大将军就让将士们站成一圈，再把朱宸濠放开，他穿上铠甲，上前和这个敌人比画了几下，当然是他赢了，把对手打倒。将士们齐声一叫好，他还得意得直招手，跟真事儿似的。随后他领着人马，押着俘虏，就班师回京。到了清江浦（在江苏淮安），他看见一大片水面，水里有鱼，就说："嗨，好大的鱼，我要捉几条回去尝尝。"他划着小船到水深的地方逮鱼。没料到一个浪头打过来，掀翻了船。明武宗虽说爱玩儿，可是个旱鸭子，在水里乱扑腾，直喊"救命啊救命"。护卫赶紧把他捞上来。初冬季节，水里够冷的，他一个劲儿打哆嗦。这么一吓一冻，他就害了大病，赶紧往回赶。到了北京，文武百官都来迎接，祝贺威武大将军打了胜仗。可他再也威武不了了，住进豹房就吐了血，没多少日子就死在新宅里。那年他也就三十出头。

　　明武宗整天在女人堆里混，可他一直没有儿子，有个弟弟也早死了。这么一来，他这一脉没了后代，谁来接班就成了麻烦事。大臣们议来议去，都说只好从藩王里找个来当。掌权大学士杨廷和跟张太后（明孝宗皇后）一商量，觉着武宗的堂弟朱厚熜（cōng）合适，他爸兴献王朱祐杬（yuán）是明宪宗的四儿子，他自己是明孝宗的亲侄子，血缘最近。大臣们也说行，这就派人去接。杨廷和以为，朱厚熜才十四岁，好调教，什么事还不是听大臣的安排吗？万万没想到，朱厚熜这一来，不但把朝政搅得乱上加乱，他杨廷和也倒了大霉。

壬寅宫变

朱厚熜生在安陆州（在湖北东北部），自小在外地住着，压根儿不知道京城什么样。听说自己给选为皇帝，成了一国之主，他乐得差点儿晕过去，赶紧就打点上路进京。他妈也在后头跟着，要到皇宫享享福。不想到了北京城，杨廷和他们一见他就说："您还不能马上即位，按规矩要先以太子身份住东宫，再登基接位。"朱厚熜特不高兴，耷拉着脸说："不是说让我来当皇帝吗？怎么改当太子了呐？再说，我爹早就不在了，我是谁的太子？要是这么着，皇帝我也不当了，我回安陆去了！"杨廷和他们慌了，不知怎么好。还是张太后发话说："他已经来了，就让他即位吧，别拘礼啦！"初次较量，大臣们就输了，才知道这小孩子心眼儿挺多，爱计较，不那么好对付。

朱厚熜即位，是明世宗。他嫌朝臣拟的年号"绍治"不好听，改成了"嘉靖"。他就是名声特大的嘉靖皇帝，可不是什么好名声。一开初，杨廷和提出来，应当拆了豹房和武宗的各处行宫，杀了坏人江彬和钱宁。明世宗都点了头，杨廷和很高兴。可新皇帝跟着就提起他爸他妈的名分，说要尊自己的父亲为皇帝，母亲为皇后。杨廷和他们说："您是继承孝宗、武宗的帝位，从国家来说，孝宗才是您的父皇,当今太后才是母后。"明世宗使劲儿摇头说:"我的父母在安陆,怎么你们给换了?这可不行!"他就让大臣们辩论谁对谁错。为了这点儿破事,大家争论了好几年,叫"大礼议之争",就是说不到一块儿。明世宗火儿了,让杨廷和退了休,接着就宣布尊他爸是皇帝,他妈还活着,就是皇太后。孝宗是皇伯,张太后变成了皇伯母。这么一来,没当过皇帝的兴献王倒成了正根儿。大臣们都吵吵起来:"这还像话吗?咱们拼个死也得讨个正理。"就有二百多人一起跪在地下哭,好大一片,哭声都上了天了。

明世宗哪见过这种场面呐?一听就慌了神儿,只好让太监们挨个劝,让大伙儿起来。可没人听他的,哭个没完。他忽然想起堂兄明武宗也碰上过这种事,对,老祖宗留下的办法干吗不用啊?他就喊了声:"廷杖!给我打,给我抓!"这一打,当场就打死了十七个大臣,被关的一百多人。杨廷和的儿子杨慎给打了两回,昏死过去,醒过来才知道,自己给赶出京城,轰到云南去了。杨廷和虽然退了休,也给削了职,成了平民百姓。

明世宗靠着天子权势把大臣们杀的杀贬的贬,又赢了一回,真是尝到了当皇帝的甜头,想怎么着就怎么着。他信道教入了迷,隔不多日子就下令在皇宫里设醮坛(道教祈祷祭天的台子;醮jiào),一共设了几十处。他每天别的不干,斋醮(拜神做法事,又叫打醮)是一定要做的,有时候一天就做好几次。不单是自己做,他还让大臣们也都做,还专门任命了管斋醮的官。这一来,皇宫里整天烟雾腾腾,到处念经祈祷,成了天底下最大的道场。

明世宗嘴上说斋醮是为了让国家太平无事,心里可打着小算盘。他身子骨一直挺弱,骑马射箭又不会,念过书可没什么真学问,文的武的都不行。他就想借着斋醮,求上天让自己多活些年,再多生儿子，可不能像堂兄那样，到了儿连个后代都没有。这个心思，让道士们猜出来了，就有好些人给他出主意想办法，帮他生儿子。

有个道士叫邵元节，懂得点儿气象上的学问，能测出什么时候下雨下雪。明世宗就把他当成了神仙，让他给自己配健身药。邵元节明白他的意思，真就拿出了壮阳的方子，说："您服了我的仙药，管保早生龙子。"他吃了就感觉热乎乎的，有了劲儿，果然就让妃子们怀了孕，得了俩儿子。明世宗高兴坏了，马上封邵元节当了大官，让他再配长生不老的仙药。没想到不死药还没配出来，邵元节自己就病死了。死前，他给明世宗推荐了一个术士（炼丹求仙的人），叫陶仲文。陶仲文也是弄了好些"仙药"献给皇帝。明世宗吃了药，发了疯似的，整天胡思乱想，脾气越来越大，不只和妃子们闹腾，见了宫女也不放过。有些妃子宫女配合不好，或者是仙药不灵，他骂街还是轻的，说打就打，想杀就杀，反正有的是！几年里就杀了百十来人。可这么胡来，就把宫女们惹急了。

侍候曹妃的宫女里头，有个叫杨金英的。她好几回看见皇帝打骂曹妃，还对宫女动手动脚，气得没法儿说。宫女们也觉着皇帝简直就是色鬼恶魔。杨金英说："这么下去，早晚有一天，咱们都得死在他手里。"宫女们说："你看怎么好呐？"杨金英小声说："我想好了，等哪天他再来，咱们就把他杀了，豁出去了，给他偿命也值了。"大伙儿都点头说好。

公元1542年（农历壬寅年）初冬的一个晚上，明世宗又来到曹妃住的翊坤宫，闹了一阵儿就睡着了。曹妃去洗澡换衣服。趁这个当儿，杨金英几个就跑进来，用一条带子把明世宗的脖子套住。有的按胳膊，有的拽腿，有的捂嘴。杨金英和别的人就使劲勒带子。

哪承想，心一慌，她们把带子系了个死扣儿，怎么勒也紧不了啦！再看那位皇帝，使劲挣踹着，脸给憋得都发紫了，想喊喊不出声，想起也起不来，浑身冒虚汗。宫女们看他没死，就拔下头上的簪子，朝他身上乱戳，戳得血直往外奔。一看这样，有个叫张金莲的宫女吓坏了，害怕皇帝死不了，自个儿受连累，她就跑出去向皇后报告。皇后颠颠儿地赶紧过来救人。杨金英她们看皇后到了，只好松开手，往外就跑，躲到犄角旮旯儿去了。皇后解开带子，明世宗半天才缓过气儿来。

自打有史以来，宫女杀皇帝，这是头一回。追查下来，杨金英她们都给抓起来，定了死罪给杀了，告密的张金莲也没活了。曹妃不用说，也被处死了。可这事儿很快就传出去了，宫里宫外的人都觉着可惜，真要是把这个皇帝杀了倒好了，国家也许还有救。

壬寅宫变过后，明世宗给吓出了毛病。他对左右说："我这辈子也不在宫里住了，快给我换地方！"末了儿，他搬出皇宫，住进了西苑（在北京北海中海南海一带）的房子里，真就没再回来。不光不在宫里住，他连早朝都不上了，说是有病，身体不好。其实，他是怕了，怕出来被人杀，也怕大臣们当面批评。他不上朝，大臣们就得轮流到西苑值班，随时听他指派。明世宗待在西苑里头，觉着信道教信对了，不然怎么会大难不死呐？于是他整天斋醮不算，还亲自炼制仙丹，想长命百岁。大臣杨最上书劝他说："您只要不近女色，保养身体，自然就会长寿，炼仙丹只会伤元气，不能信那玩意儿。"这话戳了他心窝子，他就把杨最下狱拷打，杨最就这么给打死了。

明世宗每回祷告都要念一篇颂词，说一大串好听话，求上天让他平平安安的。按规矩，这种颂词祭文，要用笔蘸着红颜色写在青

壬寅宫变

宫女们用带子套住明世宗的脖子，要勒死他。

藤皮上头，说俗了就叫"青词"。青词要写得好听，就得会转文（转zhuǎi），大白话可不行。明世宗写不了，所以多数是别人代写。这么一来，一些会写青词的文臣就出了头得了势，谁写青词写得让皇帝喜欢，就能受到重用。这些人里面，顶有名的就是严嵩。

严嵩长得细高挑儿，白净脸儿，文章诗词都会写，字也练得不坏，就是人品忒次。礼部尚书夏言跟他同乡，挺受上边重用。他就使劲儿巴结夏言，请夏言吃饭。夏言不来，他就跑到夏家门口跪着，大声念请柬上的奉承话。夏言过意不去，向皇帝推荐了他，让他也到礼部当了官。夏言后来当了内阁首辅（相当于宰相），让他接着当礼部尚书。他就有机会接近皇帝了。知道皇帝要青词，他把肚子里的才学都用在青词上面，写了好多篇。明世宗喜欢得别提，把严嵩夸奖了一番。可夏言看不上他，时不时呲叨他几句，还把他写的东西拽回来。严嵩恨得舌头疼，找机会就跟明世宗嘀咕夏言。有一天，明世宗和他说起夏言来，他忽然咧嘴哭起来说："有些个话，我一直不敢跟您说，我怕……"明世宗说："你有委屈就说嘛！"他就有一搭无一搭说了夏言的好多不是。一来二去的，明世宗就讨厌起夏言来了。

偏巧这时候，陕西总督曾铣上书，说鞑靼人经常来进犯内地，还占领了河套地界，应当派兵收回来。夏言也说该这么办，明世宗就答应了。严嵩听说以后，撺掇好几个亲信上书，说一旦动兵，就会引起战乱，不得安宁。他还让人报告，说夏言是收了曾铣的贿赂才向着他。明世宗问严嵩："真假难分，你说怎么办才好？"严嵩说："陛下最圣明，可也得防着有人另有想法不是？"明世宗就把夏言撤了职。严嵩又让人报告，说夏言背地怪皇帝没信用，说了不算。明世宗最怕人家说他不行，就下令把夏言和曾铣都杀了。支持过这事的大臣，不是处死就是廷杖，不是降级就是罚俸。这么一来，谁还敢再提收复河套的事呐？边地可就成了鞑靼人的天下。

夏言被杀，严嵩当了内阁首辅。他已经六十多岁了，别人在这把年纪都退休回了家，他可是干得挺上瘾，把大权都揽上，一直干了二十年，到八十好几还不想退下来。可究竟眼神儿差了，看公文费劲。他就让独眼儿子严世蕃帮他处理国事。这一来，严世蕃成了最有实权的人。大凡什么事，他就搬出老爸来，对人说："这事儿非得我爹说话不行。""亏得老人家为你说了好话，你才能有今天呐！"话里有话，人家一听就明白，这是要酬劳呐！于是乎，金子银子啊，绸子缎子啊，好玩的好看的，都进了严府。严家父子掌权二十年，家里富成什么样，不说也想得到。严世蕃自己就说："皇宫内院，朝廷百官，谁也没我过得舒坦！"可是边境安全这些大事，他们才不爱管呐！

公元1550年（庚戌年），鞑靼头领俺答带兵攻打大同。大同守将仇鸾（仇qiú）是严嵩的心腹，仗着背后有人撑腰，给俺答送去礼物，求他绕过大同打别处去。结果，俺答领兵一直打到了北京城外。明世宗吓得没了主意。兵部尚书丁汝夔（kuí）对严嵩说："我想派兵出城对阵，您看怎么样？"严嵩一摆手说："万一打败了，你我都吃罪不起。俺答抢点儿东西就会走了，千万别惹事。"丁汝夔就下令不许出战。结果，俺答带人杀了明军上千，还抢走了好些人和财宝。朝臣都骂丁汝夔该死，明世宗也火儿了，要向丁汝夔问罪。丁汝夔求严嵩讲情，严嵩说："有我呐，你死不了！"可见了明世宗，他连一句好话都没说。末了儿，丁汝夔给定成死罪。他临死前在刑场上直喊冤，说："我上了严嵩的当啦，这老小子害了我呀！"

朝廷里是"道教皇帝"和"青词宰相"掌大权，说了算，想找点儿好故事来说说都难。那阵子,倒是东南沿海一带,官军干了一件惊动天地的大事,把倭寇和海盗造出的海患给平了,不但给百姓带来安宁,也让嘉靖朝有了脸面。可这份功劳怎么也算不到明世宗和严嵩的头上。

平定海患

　　从元朝后期那时候起，东海东边的那个日本国就不安分。好些破落的武士、小官和浪人（无业的游民）在本国混不下去，就跑到咱们中国沿海来抢劫，还杀人放火。日本人个头都挺矮，大家就管他们叫倭寇。倭寇上岸抢劫以后，就找个海岛住下。官军追过来，他们又跑回日本。这一来，沿海的百姓给闹腾得没好日子过了。明太祖讨厌倭寇捣乱，干脆就下令禁海，不许和外国人来往做生意。可这等于自个儿把自个儿关起来了。海边的人就靠着大海讨生活，怎么禁止得了呐？就有些人，看着倭寇发了大财，干脆跟着学，出去当了海盗，到大海上抢劫来来往往的客船。这倭寇和海盗搅在一块儿，可就成了海上的大祸害，有好些大海盗还当上了倭寇的头儿。外表上，他们说自己是做生意的；暗含着，上岸烧杀抢掠，都是他们出主意干。

　　到了正统朝以后，明朝内部连着出事，皇帝光顾了自己享乐，海防可就弱了。南边的澳门就这么给葡萄牙人占了去。倭寇海盗瞅准机会，上岸次数越来越多，还从澳门那边买来新式武器，好像军队似的，和官军对着干。浙江、福建、广东的海患最厉害，好多海岛都成了他们的老窝。他们在上面修了工事堡垒，吃住不愁，缺什么东西就去抢一回。还有的，干脆就跑到内地住着，抢起来更方便。

朝廷看着不行了，就派了一个叫朱纨（wán）的官员，当浙江巡抚，专管平海患的事。朱纨招募了一批精兵，先对住在内地的倭寇海盗动手，把他们赶到大海上。接着就出海，一个岛一个岛地收拾，把这伙人打得没处躲。朱纨对大伙儿说："倭寇海盗不可怕，怕的是内部有人和他们串通，这回非把老根儿拔了不可。"有一次，官军和一大队倭寇海盗船碰上，一仗打下来，官军大胜，把倭寇的头儿和海盗的头儿都逮住了。其中就有李光头、许栋这几个有名气的人。朱纨把他们都杀了。

没想到，这就惹出了麻烦。有些官员得过李光头他们的好处，就说这伙人是商人，不该杀；又说朱纨是乱杀人，该治罪。朝廷里有的大官也和这些人有关系，忙往皇帝那儿捅咕，说朱纨把事办坏了。明世宗整天斋醮祷告，哪有心思管这事呐，一听就烦，说："叫朱纨去平乱，他怎么越弄越乱？快派人查查他，也别叫他管这档子事了。"这么一来，朱纨的职就给撤了，还得接受审查。他怎么也想不通，自己哪儿错了？一赌气，他就喝了毒药。临死前，他打报告给明世宗说："眼下灭外国强盗容易，灭本国强盗难；灭海边的强盗很容易，灭官场里的强盗太难啦！"

朱纨一死，海患又抬了头。有个叫汪直（也有说是王直）的接着李光头当了大头目，自称徽王，连日本人也听他的指挥。没多久，倭寇海盗就成了大气候，几十艘上百艘的船队来攻打大陆城池，成了常有的事。朝廷得了报告，这才决定调兵遣将平定海患。

这回被指派平海患的官员叫胡宗宪，是徽州绩溪人（绩溪在安徽南部）。胡宗宪比朱纨有心计，看到朱纨得罪了大官，就想法儿和这些人套近乎，跟严嵩那伙人的关系也搞得不赖。对皇帝，他是多报喜少报忧。有一次打猎捉到了一头白鹿，他赶紧派人献给了明世宗，还让人写了贺词。那时候都把白鹿当成仙儿，明世宗一看就高兴，夸奖了胡宗宪。胡宗宪把朝廷上下打点好了，估摸着后面没有说坏话的了，这才用心思对付倭寇海盗。

胡宗宪一边派兵追打这帮子人，一边劝他们投降归顺。硬的软的，阴的阳的，什么招儿都用，还挺见效。有一次，他派部下蒋洲和陈可愿到日本找到了汪直的养子汪滶（áo），又让汪滶领着见到了汪直。蒋陈两个人对汪直说："老在海上漂着算什么事呐？您要为自己的后代多想想。只要归顺朝廷，以往的事就一风吹了。"汪直好像动了心，说："容我好好琢磨琢磨。"蒋洲赶紧回国向胡宗宪报告，陈可愿就留在汪直那儿当人质。胡宗宪听了报告，眉头一皱，下令把关在牢里的汪直他妈和他媳妇儿都放了，再派蒋洲去劝汪直归顺。汪直挺受感动，就让汪滶跟陈可愿去见胡宗宪。胡宗宪亲自对汪滶劝降，掰开揉碎了这么一说，真就把汪滶说动了。汪滶送了好些情报过来，都是和他们这一派有过节的。官军靠着情报，逮住了好几个倭寇海盗的头儿。胡宗宪又劝汪直回国探亲。汪直答应了，很快就到了杭州。

胡宗宪的本意是想稳住汪直，再一步步瓦解，没准儿就能把好多人拉过来。没想到，汪直到杭州没多久，就被地方官王本固抓起来。王本固马上向朝廷报告。朝臣们一听把倭寇海盗的大头儿给逮住了，都说："汪直这家伙坏透了，该杀！"明世宗就下令斩首。可这么一来，反倒惹恼了汪直的部下，汪滶也翻了脸。打这儿起，倭寇海盗就在沿海大打出手，闹得更凶了。朱纨和胡宗宪这些人都是文官，用计有一套，可跟倭寇海盗真枪真刀地干，在前方打胜仗，

明朝故事

还是得靠戚继光、俞大猷、谭纶、刘显这些会用兵的武将。

戚继光是山东东牟人（东牟在山东莱芜），因为祖上有功，他们家就世代当登州（治所在山东蓬莱）军队指挥。戚继光打小就立下为国建功的志愿，学文练武求上进，长大以后也当了军官。朝廷看他带兵挺有办法，就调他到浙江平海患。没想到头次交手，他就吃了败仗。倒不是他没本事，而是当地的官军怕敌人怕得厉害，一见倭寇海盗吱哇乱叫过来了，撒腿就往后跑，拦都拦不住。这还怎么打呐？戚继光就跟胡宗宪说："打仗就靠一股冲劲儿，要有好兵才成。请让我招募些新兵来，要那些能吃苦的，身体强壮的，对倭寇有仇恨的。"胡宗宪点了头，他就到义乌一带招了好多矿工和农夫当兵，都是勇敢的好后生。

戚继光这就开始练兵。他的练兵法挺特别，一是让士兵懂得为什么打仗，是为了给父老乡亲们除害；二是让士兵都知道战术、战法和口令，打的时候明白怎么打，不乱跑；三是用"鸳鸯阵"对付敌人。他对大伙儿说："咱们这儿水面多，路又窄又弯，用骑兵摆大阵肯定不行，只能小快灵步战才管用。倭寇海盗也是一小股一小股爱打近战。我这个鸳鸯阵，就是为这个琢磨出来的。"鸳鸯阵以十二个人为一队，队长在最前面。后面的十一个，有拿盾牌的，有拿长枪的，有拿短刀的，有拿狼筅（多刺的竹竿枪；筅xiǎn）的，还有一个管做饭的。他对士兵说："我最佩服当年的岳家军，人家是冻死不拆屋，饿死不抢掠，从不祸害百姓。咱们也得这么着，军纪严了，才能让父老们放心。"练了两个多月，戚继光就带着士兵上了前线。

部队走到乐清（在浙江温州东北），天上下来一场大雨。那么多人，没处躲没处藏，只好在雨地里站着挨淋。士兵们学着岳家军的样子,浑身湿透了也不进百姓家。当地的大户见戚继光也站在雨地里,就跑过来说:"将军快到我们家避避雨吧,别把身子淋坏了。"戚继光指着士兵们说:"几千个士卒都淋着,我怎能自个儿进屋躲雨呐?"士兵们看戚将军跟大伙儿一个样,记起他常给有病的人煎药送药,还接济有难处的弟兄,心里都跟喝了烧酒似的,热乎极了。老百姓听说了,都管他们叫戚家军。这样的军队能不打胜仗吗?

结果到了战场上,戚家军连着打胜仗,一打就溜了的成了倭寇海盗。那伙人都是为发财来的,碰上硬的,谁肯死战呐?有一回,戚家军把一伙盗寇打得没法儿招架,四散逃命。戚继光下令紧追。眼看着就追上了,盗寇们急了,把抢来的钱物财宝什么的都扔在地下,嘴里还乱喊:"都给你们了,快抢吧,别追啦!"万没想到,戚家军的将士看都没看,一个劲儿地往前追。盗寇给追得腿直软,只好跪下投降。就这么着,戚家军挺快地就把浙江沿海的盗寇给灭了。朝廷一看戚继光这么能耐,就把戚家军调到福建,接着平那儿的海患。

一块儿到福建来的,还有另外一个能将,叫俞大猷,比戚继光大二十多岁,资格也老。他早就跟着朱纨平倭寇海盗了,立过大功。可他跟胡宗宪想法不一样,不赞成拉拢汪直,和严嵩父子也不来往,结果就吃了亏。有人上书说胡宗宪的不是,胡宗宪疑心是俞大猷使的坏,就给上边打报告,说俞大猷平倭不出力。明世宗和严嵩也不细问,就把俞大猷撤了职,还下了大狱。多亏朋友们帮忙,给严世蕃送了些钱,才保住他一条命,被贬到大同。不久他又被派回浙江,这回又和戚继光一起到了福建。福建都督刘显也参加。管他们仨的,是福建巡抚谭纶,也是个平海患老手。这几个人心思一样,从此平海患的事就顺利多了。

明朝故事

宁德（在福建东北）城外十里的大海里，有座不大的岛叫横屿，上面住着两千多倭寇海盗。他们在岛上修了工事堡垒，坚固得别提。每天一涨潮，海水深极了，人根本过不去；一退潮，露出一摊烂泥，也没法儿往上冲。戚家军到了福建，就想先拔了这颗大钉子。戚继光查看了地形，心里就有了主意。他对将士们说："咱们得趁退潮的时候上去，赶紧把盗寇灭了，不等涨潮就退回来。我看这么办，每人除了兵器以外，再背一捆干稻草，等天快亮退了潮，你们就把草铺在烂泥上，爬几步再铺草，一直到岛边。就是有一样，海水会把稻草弄湿，泡透了军服。穿着满是水的铠甲就太沉了。只有脱了衣服，光着膀子，才好过去。可这么一来，大伙儿就得吃苦了。"士兵们嚷嚷说："我们跟您到这儿，就是打仗来的，还怕吃苦吗？"戚继光一挑大拇哥说："好啊，到你们冲上去，我就亲自擂鼓，给你们助威！"

上岛那天下半夜，戚家军将士排成鸳鸯阵形，一个个亮出结实的脊梁，拿着刀枪，背着干草就出发了。戚继光在岸边一直看着他们匍匐向前。约莫一个时辰，就听岛上响起了喊杀声，戚继光立刻和手下人擂起鼓来，岛上的声音越来越大，加上鼓声，把海水都震起了浪头，不用说，打得太激烈了。等天大亮了，就见将士们押着俘虏，提着战利品回来了。戚继光看见大伙儿浑身的泥和血，眼泪就自个儿往下流。到了中秋节那天晚上，趁着一块儿赏月的时候，他把自己写的歌教给大家唱："万众一心兮，泰山可撼。唯忠与义兮，气冲斗牛。号令明兮，赏罚信。赴水火兮，敢迟留？"将士们唱着唱着，也都流了泪。

戚家军打横屿这会儿，俞大猷和刘显他们也在抓紧布防。前不久，一帮子倭寇海盗攻进了兴化（在福建莆田），抓了好几千百姓，

平定海患

戚家军将士亮出结实的脊梁，拿着刀枪，背着干草就出发了。

明朝故事

又占了大海上的平海卫。朝廷就紧催着赶快开战，收回失地。俞大猷挺沉得住气，对谭纶说："贼寇都是些亡命徒，地形又熟。咱们刚到这儿，士兵忒累了。要是马上就打，万一败了就难以收拾。我看应当以守为攻，准备好了再打。"谭纶点头说："老将军说得对，打仗的事，还得按实际的来。"俞大猷和刘显就带兵扎营，营地离敌人窝点就几里路。可他不去叫阵，倒指挥士兵到处挖沟刨坑，打通水路，还安上栅栏。他还叫当地百姓也组织起民兵，到时候配合官军。准备好了，戚继光带着队伍也过来了。谭纶就让戚家军在中路，俞大猷一部在右，刘显一部在左，突然发起进攻，民兵也来参战。这一仗打得真叫痛快，倭寇海盗没防备，给打得没了底气。死的伤的不说，逃跑的也没逃了，都让栅栏挡住，掉进沟里坑里，给抓起来。总共没几个钟点，官军就收复了平海卫，接着又收回了兴化城，救出了被抓的百姓。

　　福建的倭寇海盗给打没了，谭纶和戚继光、俞大猷又带兵到了广东，把那儿的海患也平了。这么一来，倭寇海盗都被消灭了，沿海百姓别提有多高兴。文武百官提起来都击掌叫好，可又对道教皇帝和青词宰相不满。要不是他们瞎指挥，整人害人，平海患何至于费这么大气力呐？眼瞅着朝政的乱象，就有一些不怕死的大臣出来，狠批严嵩父子。还有更胆大的，连明世宗也给骂了。

备棺上疏

会稽人（会稽在浙江绍兴）沈炼，又叫沈青霞，是个进士出身，当过几任县令，后来被调到锦衣卫当经历（负责文书档案的小官），就和明世宗有了接近的机会，也常到严嵩府上办事。虽说是个特务的差事，可他心地正直，看不惯严嵩爷儿俩的霸道。鞑靼头领俺答带兵打到北京那年，向朝廷要这要那，不给就不退兵。明世宗和大臣们议论是战是和，严嵩不吭气，别人也不敢多嘴。只有文官赵贞吉说："眼下只有同心合力，奖励将士，打退敌兵才是正理。"在一边站着的沈炼见大家都不言语，就忍不住大声说："赵大人说得对，不该对俺答一让再让！"吏部尚书夏邦贤瞥了他一眼说："你算是什么官，也来多嘴！"沈炼真不含糊，说："大官不说话，小官就得说！"

过后，沈炼就写了一道挺长的奏疏，揭发严嵩父子的罪行，一共列了十条大罪，贪污受贿，独揽大权，残害忠良，有根有据。没想到明世宗一看，气得要死，说："沈炼上次在朝上乱插嘴，我没怪他，他倒来了劲了，这回又诽谤严嵩，非打他罚他不可！"就下令廷杖，把沈炼打得皮开肉绽的，轰到了保安（在河北涿鹿）当农夫种地。

　　沈炼带着一家人到了保安，当地百姓知道他为了反严嵩挨了整，都挺佩服，想法接济他。沈炼除了种地以外，还教儿子们和邻家子弟读书练武。他做了三个射箭的靶子，上面写着"李林甫""秦桧""严嵩"，对大伙儿说："严嵩是当今的大奸臣，跟李林甫、秦桧一样。咱们把这三个人当靶子，别忘了为天下人除害！"这事传到了宣大总督杨顺那儿，杨顺是严嵩的干儿子，一听就往上边告了密。恰巧，杨顺自己也让沈炼给骂了。原来，杨顺跟鞑靼人打仗打败了，就让手下人抓来些百姓杀了头，当作敌兵的首级请功。这丧尽天良的罪过让沈炼知道了，他就写诗寄给杨顺说："杀良献首古来无，解道功成万骨枯。白草黄沙风雨狂，冤魂多少觅头颅。"杨顺害怕沈炼出来揭发，就跟严嵩父子商量好了，把沈炼和造反的白莲教头儿写在一块儿，说他要谋反。明世宗大笔一挥，杀了沈炼。

　　害死沈炼，可没吓唬住不怕死的，又有一个大臣出来揭发严嵩。他叫杨继盛，是容城人（容城在河北保定北）。杨继盛在朝里当兵部员外郎（相当于副司级），职位不高可也不低。他早就看不惯严嵩父子，就写了一道《请诛贼臣疏》。上疏前，他还斋戒了三天，把这么做的后果想清楚了，无非是挨打处死。随后，他把奏疏直接递到了皇帝的住处。杨继盛和沈炼一样，也给严嵩列了十条罪状，还多了五条奸行，每条都戳了严嵩的心窝子。可他忘了一条，严嵩办的坏事，好多都是皇帝点了头的，有些还是皇帝让他干的。骂了严嵩，不就是骂了皇帝了吗？果不其然，明世宗看了奏疏，二话没说，就下令把上疏的廷杖一百，关起来再说。

　　这一百棍子，可把杨继盛打惨了，昏过去好几次。打完了送到监狱，直到半夜，他才醒过来。看见身上尽是打烂的皮肉，他干脆把瓷盆打碎了，用瓷片把烂肉割掉，割不掉就用手硬拽。狱卒吓得不敢看，可他脸色一点儿没变。在牢里关了两年多，大伙儿以为没事了，杨继盛能活着出来。可没料到，有一天，圣旨下来，把杨继盛杀了。有人一打听，原来严嵩父子使了个坏招儿，把杨继盛的名字和两个要处死的犯人写在一块儿上报。明世宗哪管是谁，就批准处死。

杨继盛死了，可他的名声早就传到了各地，全国的老百姓都替他喊冤，在大街小巷里议论纷纷。严嵩父子坏事做到了这分儿上，也就该有报应了。原来，全国人恨严嵩这事儿，一来二去也传到了明世宗耳朵里了。谁传的呐？就是那些道士。道士们天天给皇帝斋醮，严嵩严世蕃那么霸道，对道士也来横的。有个道士叫蓝道行，动了气，有一次就借着扶乩（一般是在架子上吊一根棍儿，两个人扶着架子，棍儿就在沙盘上画出字句来作为神的指示；乩jī）的机会，传达仙人的话：严嵩父子是大奸臣。明世宗虽说宠着严嵩，可更爱听道士的，一听这话就留了心眼儿。

偏巧这时候，严嵩的老妻死了。按规矩，严世蕃该回家守孝三年。严嵩离不开儿子，就求明世宗说："您让我的孙子替我儿子回去守孝，留下我儿子帮我吧！"明世宗眼珠一转，说："你儿子留下行，可丧期之内，不能参与国事，也不能替你写公文。"严嵩没辙了，只好自己写公文。他已经八十多了，脑子不好使，手也发颤，写的公文话也连不上，字也难看。明世宗特不满意。有个叫邹应龙的大臣瞅准了机会，就上疏弹劾严嵩。他先把严嵩夸了一顿，说他在圣上的指派下，干得挺好；口气一转，又说他近来违背圣意，干了坏事。为了不叫圣上为难，我愿意和严嵩父子一块儿被处死，给您除去祸害。邹应龙这么一说，明世宗觉着挺舒服。他就对严嵩

明朝故事

说："先生老了，该回家养老了。"严嵩一走，严世蕃就给免了职，发配到雷州（在广东雷州半岛）。严世蕃走到半路上，偷偷跑回江西老家，欺压百姓。满朝文武都火儿了，上疏跟雪片似的，要求处死严世蕃。

大伙儿把害死沈炼和杨继盛的事写进去，说该给他们平反。内阁里掌权的徐阶有心计，对他们说："你们写这个干吗？这都是圣上批准的，圣上看了，准不高兴，没准儿就饶了严世蕃。这不等于救了他了吗？"他让他们把沈炼和杨继盛的事抹掉，多写贪赃和谋反的事。这么一来，严世蕃就死定了。明世宗下令把他抓到京城，砍了脑袋。严嵩回到老家，也没人管他，没过多久就得病咽了气。

严嵩父子都死了，百姓这个乐呀，都跑到大街上庆祝，说国家这就好了。可有个官员不这么看，他觉着国家祸害的根子不在严嵩，而是在皇帝那儿。这个官员就是海瑞。

海瑞的老家在琼山（在海南海口），是个回族人。他父亲死得早，母亲管教得很严，叫他好好读书，遵守孔孟之道，当个有用的人。海瑞后来真就当了官，而且是个清官。百姓都把他跟包拯相提并论，叫他海青天，南包公。这位南包公的胆子太大了，只要办得不对，不管是多大的官，他都敢顶。有一年海瑞在淳安（在浙江西部）当知县，听说钦差大臣鄢懋卿要来视察，又听说这位钦差到处勒索钱财，让地方官送这送那。他就给鄢懋卿写信说："我听说您自称爱简朴，不喜欢别人巴结，可您每到一处就铺张索要，做的跟说的两码事。我们淳安县地方小百姓穷，搁不下您的大驾。"鄢懋卿看了信，只好从淳安绕过去了。

海瑞清正出了名，后来给调到京城当了户部主事。这一来，明世宗的所作所为全让他看到了，老百姓和朝臣的埋怨也让他听见

备棺上疏

了。他为国家担着心,真想把心里话说个痛快。可杨最、沈炼和杨继盛他们都为了这事给杀了,他就琢磨该怎么办才好。末了儿他下了决心,花好多天写好了一份奏疏,就是《治安疏》,把明世宗这些年干的勾当都写了进去。写完了,他又吩咐家人去买一口棺材。这还用说吗,他是打算去死了。公元1566年春天,海瑞把奏疏递了上去,随后就端端正正地坐在公房里等死。

明世宗打开奏疏看了几眼,手就打起了哆嗦。海瑞说的大意是:"您为了得道成仙,这些年只顾修炼,二十年不上朝,一个人待在西苑,对大臣轻则廷杖羞辱,重则杀戮夺命。国家的法度让您给废了,朝廷的尊严也叫您丢了,天下人都说您没有父子情,没有夫妻情,更没有君臣之谊。您还大兴土木,搜刮百姓钱财,弄得多少人败了家破了产。怪不得大家都拿'嘉靖'说事,说是'嘉靖嘉靖,就是家家干净没有东西用'啊!直说吧,现在天下的人,早就不把您当皇帝尊重啦!"

明世宗看完了,脸也给气成紫茄子了,指着左右喊:"快,快把海瑞抓起来,别让这家伙跑了!"太监们过来说:"您别着急,海瑞知道犯了死罪,已经备好了棺材,等着您杀他呐!"明世宗一听这话,忽然不言语了。他又低头把奏疏看了看,自个儿嘟囔着说:"他倒挺像商朝的比干,可我不是商纣王!"他下令先把海瑞关进大牢。

明世宗想听听内阁的意见,让他们说海瑞该杀,自己就好办了。内阁首辅就是那个特有心计的徐阶。徐阶想救海瑞,对皇帝说:"您的圣明谁不知道啊?海瑞这么胡说八道,就是为了出名,弄个忠臣当当。您杀了他,反倒成全了他,不如就关着他好。"明世宗一听,只好点头,想杀人,真还说不出口。可这件事让他太受打击了。从那天起,他一闭眼就想起自己几十年干的烂事,一睁眼就听

明朝故事

海瑞写了一份奏疏,把明世宗干的勾当都写了进去。

见有人说"嘉靖嘉靖，家家干净"。本来他就有病，这么一来，病得更厉害了。没熬过年底，他就死了，在位四十五年。

海瑞这时候还给关着。有一天，牢里管事的小声对他说："您知道吗，嘉靖皇帝归天了，您出狱有盼头了！"海瑞一听这话，眼泪跟断了线的珠子似的，大哭了一回，也说不好他是心疼皇帝呐，还是庆幸自己活了下来。

明世宗死了以后，太子朱载垕（hòu）即位，是明穆宗，年号隆庆。明穆宗本来不是长子，挺小的时候就被送到皇宫外的府第，自己过自己的日子。这倒让他有机会体验到了民间的苦乐，听到了百姓的抱怨，把国家的事看了个明白，觉着明世宗和严嵩的那一套非改改不可。现如今当了皇帝，他立刻就下令放了海瑞，还给杨最、沈炼、杨继盛那些冤杀的人平反。明穆宗把他爸的斋醮那套家伙都给拆了，方士也给逮起来判了罪。朝政就有了些新气象。

明朝故事

汉蒙互市

海瑞出了狱，对救他一命的徐阶感激得没法儿说。过了些日子，徐阶告老还乡。恰好海瑞被提拔当了应天巡抚，到江南巡视，就来到了徐阶的家乡。到了江南，前来告状的一个接一个。他才知道，当地的富豪强占土地成了灾，好多平民百姓没有了地，断了生计，还受欺压。占地顶多的就是退休的阁老徐阶。他一家光登记在册的就有两万亩地，实际上少说也有八万亩。

海瑞觉着这是个大事，就出告示让富户们退田，交出一部分地给官府，再分给贫民。徐阶没辙，退了一万亩。可海瑞不满意，就给徐阶写信说："您对我的恩德，我无以报答。可您这次退田数目不多，请再清理为盼。"这一来，徐阶动了气，加上他的儿子也被查出犯了法，给发配到边地，他更受不了啦，觉着海瑞简直忘恩负义。好在自己在朝里耳目多得是，他稍稍一提，就有人懂了他的意思。有个叫戴凤祥的朝臣马上给皇帝上疏，说海瑞偏听刁民告状，欺压富户，应该撤职。明穆宗就下令罢了海瑞的官。海瑞只好回海南老家去了。过了好多年以后，他又出来当官，可已经过了七十岁，这位大清官没多久就离了世。

汉蒙互市

徐阶退休以后，内阁里掌大权的，一个叫高拱，一个叫张居正，都是明穆宗的老师。高拱把心思大都放在整人上，就甭提他了。倒是张居正挺有说头，因为好些人认为他是明朝最有能耐的阁臣。张居正是江陵人（江陵在湖北荆州南），学问想必不错。明穆宗当太子那会儿，跟着他念书，赶到当了皇帝，就叫他入了阁。这一来，他就有了一个机会。

头些年张居正还年轻的时候，他就对朋友们说："眼下朝政腐败，贪污成风，闹得民不聊生，京城十里以外，就有强盗横行。外敌来犯，军队挡也挡不住。这么下去，恐怕宋朝的下场，离咱们就不远了。"朋友们都直发愁，说："这可怎么办呐？"张居正说："非得有大心胸的人物出来，破除常规，扫除一番才行。"他这么说，心里也就有了打算，要当这样的人物。

这会儿掌了大权，张居正就想来一次大改革。经济的政治的要筹划好了再说，眼前的急事是北边的边防，要选能干的将领镇守，让京城的安全有个保证。辽东那边，他看重了当地人李成梁，就让他主持军事，还真管用，东北二十多年没出乱子。蓟州、昌平、保定这一线在京城的外围，位置太重要了。张居正就调戚继光来当指挥。结果，戚继光镇守蓟州十六年，把京北京西的军务整得有模有样，来犯的敌人给打得服服帖帖。名将就是名将，可不是徒有虚名。宣化、大同那边，挨着鞑靼最近，挠心的事也最多。上一次，俺答带兵突破宣大防线，打到北京城，差点儿出事（庚戌之变）。打那儿起，俺答又好几次过来抢劫。张居正和高拱一商量，就把陕西总督王崇古调过来，镇守宣大。王崇古也是平海患有功的大将，守边挺有办法。

可巧这时候，俺答家里出了乱子。俺答六十开外的人了，看外孙女钟金哈屯长得好看,就硬要娶她为小妻。钟金本来有了人家,未婚夫叫袄儿都司。袄儿都司没过门的媳妇儿被老头子抢走,气得他别提,就要发兵打俺答。俺答也有主意,把自己的孙子把汉那吉的未婚妻给了袄儿都司。这么一来,袄儿都司退了兵,把汉那吉又给惹火儿了。他一气之下,带着亲信就跑到大同,求王崇古收留,要到内地找事做,说再也不回去了。

王崇古赶紧上报朝廷,说应该让把汉那吉留下来。内阁开会商量,张居正说:"王崇古的意思对,留下把汉那吉,也就有机会和俺答谈判,让宣大平定下来。"可阁员叶梦熊说:"别净往好里想,你留下把汉那吉,俺答准得带兵来要,就出大乱子了!"有人就附和说:"不能留,干脆杀了他,省得惹麻烦。"张居正一绷脸说:"那哪儿成啊,杀了把汉那吉,才会真惹下麻烦。等我报告皇上再定。"明穆宗听了张居正的报告,也说应该收留。反对的人才不言语了。朝廷就让把汉那吉当了军官,待遇不低。

再说俺答听说孙子跑了,果然带兵来要人,说不给人就要动武。王崇古早有了准备,一面加紧防守,一面派部下鲍崇德去见俺答。鲍崇德对俺答说:"您的孙子归顺朝廷,眼下当了大官,有职有权,多好啊!您也一大把年纪了,老跟朝廷过不去,多咱是个头呐?我劝您还是跟朝廷和好,安稳地度个晚年,也让两边的百姓过上太平日子,才是上策。"这几句话勾起了俺答的心事,他说:"你当我愿意打仗啊,咱不是缺吃少用吗?如今皇上能成全我孙儿,我哪能不高兴呐?我愿意和好,世代归顺,没有二心。"鲍崇德挑起大拇哥说:"您这一步可给后人积了大德啦!皇上说了,只要和好,就把您的孙子礼送回来。"俺答高兴得泪直流,说:"那敢情好,看见了孙子,我马上就退兵。可有一样得依我,就是要开放互市贸易,

汉蒙互市

让内地的货物能到我这儿。不然，仗打不打我也说不好。"

鲍崇德回来一报告，王崇古立马上奏朝廷，请求封赏俺答，开放互市。没想到好些朝臣出来反对。兵部尚书郭乾急赤白脸地说："先皇早有训教，跟元人就得来横的。我反对和他们讲和。"还有的说："讲和就等于承认咱们弱，打败了；开放互市，就给了俺答发兵的机会，可不能干！"张居正说："这回是俺答自己请求开放，不是咱们打不过他，跟示弱不沾边，跟宋朝给辽国送银子和好也是两码事。通市以后，互通有无，休战和好，对双方都有好处，有什么不能干的呐？别忘了永乐皇帝当年也封过他们为王嘛！"明穆宗听了报告，说张居正说得有理，就批准开放互市，封俺答为"顺义王"。

原来这互市贸易早就有了，是内地和边地之间的大市场。市场设在长城的关口一带，双方商定好日子，官方、商人和百姓们都到市场做买卖。内地茶叶、丝绸、金银珠宝和粮食就能让口外的人买到，边地的牛羊肉、毛皮什么的也能卖到内地。可是只要一打仗，谁也不敢出来做买卖，市场也就没了。俺答这些年带兵来抢劫，明朝干脆就停了贸易。这一来，口外的人日子可难过了。这一回，当权的决定讲和，恢复互市，老百姓没个不高兴的。每到交易日，大伙儿都来买东西卖东西，别提多热闹了。

市场里，大家常能看到一个年轻的女子，穿戴挺讲究，举止挺有派，一看就知道是个有身份的人。有人知道她是谁，就说："她就是俺答王爷新近娶的三夫人钟金，都叫她三娘子。"三娘子打小知书达理，凡事看得长远，做事干脆利落。嫁给俺答以后，俺答特别爱听她的，自己老了，就让三娘子掌了大权。这么一来，三娘子就成了口外蒙古人的头领。

三娘子最赞成汉蒙友好，又喜欢逛市场看热闹。所以大伙儿也

明朝故事

大伙儿在市场常常看到三娘子。

常能看到她。有时候，买卖双方为了价钱吵吵起来，就都说："让三娘子给评评理儿吧！"三娘子过来听他们一念叨，老是笑着说："还是商量着来好。"当场就给摆平了，让双方都没吃亏。可要是碰上有军人仗势行抢的，三娘子可就拿出主子的身份，一点儿不给面子，该罚就罚，该打就打。这么一来，三娘子的威信更高了，连明朝的官员也佩服她。

三娘子还时不时地到宣化和张家口一带转转，拜见当地官员，高兴了就住上一天两天。官员们背地里都说："有三娘子在，咱这儿就能太平，但愿她能长久掌权才好。"可过了几年，俺答去世了。俺答的儿子黄台吉（俺答大夫人所生）当了第二代顺义王。按蒙古人习俗，三娘子要改嫁给黄台吉。三娘子讨厌黄台吉，不愿意嫁他，就带着亲信走了。黄台吉快急死了。明摆着，下边的人都听三娘子的，不把他当回事。没有三娘子，他说话没人听。他就向朝廷报告。朝廷也觉着应当请三娘子回来，才能稳住阵脚，就派人找到三娘子，跟她掰开揉碎了说明利害，到了儿把她说服了。她说："我就是看在大面儿上才回去的。"

三娘子回来以后，照样掌实权，黄台吉都依她。没过些年，黄台吉也死了。这回，三娘子更明白自个儿的轻重了，就答应当第三代顺义王夫人。虽说上了些年纪，可她还挺少相。自然，什么事还是她说了管用。算下来，三娘子掌权掌了三十多年，一直和内地友好相处。宣化到大同一带好些年没仗可打。明朝特封她是"忠顺夫人"。当地人都把她住的归化城（在内蒙古呼和浩特）叫"三娘子城"。

隆庆年间，张居正他们办了这么件大事，让北方平定下来，算得上一件大功劳。给他撑腰的明穆宗也脸上有光。张居正就打算开

明朝故事

始大改革。不料有一天，明穆宗刚上朝就头也晕眼也花，只好退朝歇着，没几天就病死了。他在位才六年。十岁的太子朱翊钧即位，就是明神宗，年号万历。明神宗还能像明穆宗那样，支持张居正改革吗？

夺情改革

　　明穆宗临死前,把太子托付给了张居正和大太监冯保,国事由李太后拿大主意。这么着,张居正又当了明神宗的老师,还升为内阁首辅。冯保管着东厂,也是个说一不二的主儿,跟张居正关系挺不错。李太后不用说,对张居正一百个相信。这三个人就成了权力中心,小皇帝凡事都听他们仨的。张居正这就把他的改革计划说出来,李太后和冯保都点了头。小皇帝挺老实,对老师的主意,自然也没有不听的。

　　张居正的改革计划,和以前各朝各代的改革大体是一个路子。整顿官吏作风,提拔重用能人,反腐倡廉,排在头一条。张居正定出一套规矩,像接办的事要限期完成,根据成绩和品行决定升降奖罚,提拔官员不看出身背景,惩治贪污受贿等等。再就是均贫富。那会儿,富户强占民田,逃税漏税,欺压百姓,这种事太多,没法儿细说。末了儿,富的更富,穷的更穷,差距大了,矛盾也就来了。张居正就想在这上面来点儿硬的管住。

　　就在这时候,让他为难的事来了。那年秋天,他父亲过世,按朝廷规矩,他就应当停职回家,守孝三年。可这么一来,改革的事没人主持了，好些想法还没落实，交给别人他又不放心。张居正打心眼儿里不愿意离职，可这话怎么说得出口呐？他的部下看出来他的意思，凑到一块儿商量说："要是皇上能叫张大人'夺情'就好了。"他们说的"夺情"，就是皇帝批准可以不离职守孝的意思，在以前就有人用过。大伙儿这就忙着打报告，说国事离不开张居正，请皇帝准许他夺情。明神宗这时候长大了几岁，懂了点儿事，看到报告，和李太后、冯保一商量，都觉着夺情合乎情理，就批准了。

没料到，这就招来了一片骂声。说起来，反对让张居正夺情的就那么几个人，还都是张居正的学生，要么就是亲信，还有的是同乡。这就怪了，他们干吗出来反对呐？一来，这几个人都是正统人物，特别认死理儿，觉着老祖宗留下的规矩，谁都不能破，你张居正也不例外。二来，张居正本人也有毛病，有了大权挺独裁，不同意他的就打击，用人也有不当的时候。这就让有些人憋着口闷气。夺情这事儿一出来，他们更气坏了。翰林院的编修吴中行先就上疏，批评张居正不讲人伦孝道，捎带着也把明神宗批了几句，说他不该让张居正夺情。接着，赵用贤、艾穆、沈思孝三人也上疏，和吴中行说的差不多，都是反对夺情。

明神宗一看就火儿了，敢说我不对，那还了得！冯保也说："张居正夺情，也是为了国事嘛，皇上做得对，这几个没事找事！"明神宗就下令："这四个，都给我拉出去廷杖！"不用说，吴中行他们都给打得没了人样儿。有个叫邹元标的实习进士，明明看见同事挨了打，还当场把自个儿的报告送了上去。明神宗一看，气得脸通红，拍案大骂说："邹元标好大胆！可恶！敢骂我是禽兽，给我往死里打！"原来，邹元标在报告里说，张居正不给父亲尽孝，跟禽兽一般；让他夺情，也就等于和禽兽站在一边了。明神宗哪有不火儿的？邹元标当下给打了八十杖，腿给打断了，成了残废，好在没给打死。

明神宗把反对的人打下去，让张居正继续执政。张居正也赌了一口气，对左右说："这些年我得罪了不少人，他们没一天不打我的主意。"他就每天穿着孝服上班，非要把改革弄出个样子不可。眼下，顶叫百姓不满的，是田产和贫富不均的事。他想出一个法子，就是来一次丈量土地，清查田产，追缴税款。这个办法倒是见了些实效，查出不少隐瞒的粮田，国家的收入也就增加了好些。

可怎么让贫富别拉得太大，叫农民们减少负担呐？大伙儿都指望张居正拿主意。张居正就说："我看还是'一条鞭'的法子好，咱们就推开了干吧！"众人也说："对了，清查了田产，这条鞭子就好使了。"原来，"一条鞭法"早在前些年就有地方实行过，说白了就是一个收税的新办法。按这个办法，不管大户小户，穷的富的，一律按田产的多少，人丁的多少来征税。那些富户大户，再想逃税可就不容易了。因为田产都清查过了，你有多少田，该缴纳多少税，上边都知道，瞒不住。田少的，纳税当然也少。再说劳役的事，也都用银两来替代。官府要上什么工程，就用这些银子雇人来干。这么一来，人口少的或是体弱有病的人家，就不用出劳役了；人口多的身体壮的有活儿干，收入也增加了；在城里住着的手艺人、买卖人手上没有田，交了钱，就可以不出劳役。还有好些具体的办法，就甭细说了。

"一条鞭法"推广以后，先是田少的贫民有了实惠，都挺乐意的。下边的官员往上一报告，张居正高兴地说："看来这事办得妥当，负担均衡了，收税简单了，小民的日子也好过了。"其实，这次改革还有更长远的好处，就是让工商业有了发展的地界儿，不再和

明朝故事

土地粮食绑在一块儿，银子的用处比以前也多得多了。这叫什么呐？用后来的新词儿说，就是商品、金融、货币这些东西地位越来越高了，资本主义的小嫩芽儿长得就快了。不过这些，张居正那阵儿还不懂得。他就是想怎么让国家收入多点儿，老百姓日子松快点儿。所以听说黄河发了洪水决了口子，百姓给冲散了，他就赶紧张罗人去治理黄河。

黄河决口是在公元1577年，洪水把中下游那一带的好多城乡都淹了，财产损失没法儿计算。张居正一面安排救灾，一面下令整治黄河。要说这黄河闹灾，不是一次两次，自古就是让人头疼的事。办法想的不少，有实效的不多。这会儿，官员们的看法就不一样，有说要先堵口子的，有说要多开河道的。张居正想起一个治水的行家，就把他请了出来。

这个人是乌程人（乌程在浙江湖州），叫潘季驯，已经跟黄河打了好几次交道了。这一回一上任，他就到黄河入海口查看水势，又沿着黄河淮河运河走了一遭，还坐船到河中间测量水深水速。年过五十的人了，他可一点儿不卖老。有一次，他坐着小船下河，到了河心，他刚要测水，就有一股急流冲过来，差点儿把小船打翻。船工脸都吓白了，真要叫潘大人掉进水里，担当不起呀！潘季驯可没发慌，让船工放慢些，任小船漂流。末了儿，船挂在一棵大树上才脱了险。这么亲自一查，潘季驯心里有了底，他就提出了"束水攻沙"的办法，对大家说："黄水泥沙太多，光用堵的办法不行，多开河道，反倒让水速减慢，泥沙沉淀，水位提高，过后还要决口。所以说，治黄就要先治沙。"他说着，就画了一张草图。原来，他是想在河上修起一座座堤坝，再把淮河的清水引过来，加大流速，把泥沙冲到大海里。大伙儿一看都乐了，说："用您这个办法，治黄就有

夺情改革

潘季驯坐船到河中间测量水深水速。

明朝故事

指望啦！"果不其然，按潘季驯的法子一干，不但把洪水平了，黄河好多年也没发大水。这么一来，潘季驯高兴，张居正也高兴得别提，这也是他会用人的结果呀！

黄河老实多了，小皇帝可不那么老实了。明神宗一年一年长大，知道自己才是天下最大的头儿，就不想再让老妈、太监管着，对老师说的也不爱听了。张居正可还是那么较真儿，皇帝哪点儿做差了，他就当面呲叨人家："这么做对吗？"一点儿不给面子。日子一长，明神宗就记了仇，憋着有一天发泄发泄。公元1582年，万历第十个年头，张居正害病死了。二十岁的明神宗好像给松了绑似的，别提多舒坦了。李太后年纪大了，懒得再管事。冯保一个太监好办，明神宗找个由头，把他轰到南京养老，还抄了他的家。这一来，三个管他的一个都没了，他可就要找碴儿算总账。和张居正有过节的大臣们瞅准机会，一个接一个地上疏，对着张居正一通猛批判，好像他压根儿就是个恶魔似的。

明神宗等大家发泄够了，就下诏书说："张居正压制朝臣，欺负君主，蒙蔽我的心灵，专权不忠，理应处死。我念在他效劳这么多年，就不开棺戮尸了。"张居正给免了封号不算，还被抄家没收家产。大儿子给打成重伤，上吊死了，别的儿孙也让发配充军。明神宗这一手真够绝情的。应了那句老话，闹改革的哪个有好下场呐？

开矿敛财

　　明神宗亲政以后，起初还像回事，对朝政管得挺在心。可他喜欢由着性子来，想怎么着就怎么着，人不大主意不小。大伙儿越看他越像他爷爷明世宗，背地里都管他叫"小世宗"。老世宗多年不上朝，小世宗也讨厌上朝。朝堂上，大臣们老是说个没完，吵个没完，他嫌烦。过了几年，他就宣布不再上朝，改为"静摄"，就是安安静静处理朝政，不当面听大臣的汇报。别说上朝了，就连祭祖祭天这些大事，他也找人代替；大臣们求见，他就说有病不见。打这儿起，皇帝好像从人世间蒸发了似的，大臣们再看不到他的龙颜啦！可有了什么事，太监就把皇帝批文拿了出来，他明明还活着。这不跟老世宗一样了吗？

　　不过这祖孙俩也有好大不同。老世宗喜欢斋醮求仙，请上天保佑，小世宗可看不上那一套。有一天，底下人报告，说在一根大柱子下面有"天下太平"四个字，这肯定是神仙写的，上天的意思，是个吉兆。明神宗走过去一看，撇着嘴说："什么吉兆啊，明明是有人装神弄鬼写的嘛！"他不喜欢虚的，喜欢实的。什么最实呐？就是金银财宝，看着金元宝银元宝，他就恨不能都归了自个儿。

明朝故事

原来，明神宗凡事都喜欢讲排场，壮门面。生儿子养闺女啦，封王位晋嫔妃啦，娶媳嫁女啦，他都得大操大办，还要做新袍子，换新靴子，珠宝玉器也要一堂新的。女人的脂粉头饰更要花哨，他看着高兴。这一来，花的钱就没了边儿了。每次少说也得用几十万两银子。一次上百万两、上千万两的，也不少。他亲政的头一年，才二十刚过，就早早为死后算计了，亲自带人到皇陵找地方，看风水，很快动了工。光这一项，就花了八百多万两银子，给他修墓的民工有三万多人，干了六年，死了不知有多少。有人算了算，这花销等于全国两年的田税收入，够一千万农民一年的口粮。这么多的钱，钱库供应不上，他就伸手朝各部要。各部的钱都是收税收来的，到了儿还是老百姓的。合着大伙儿都为他一人享乐忙活了。就这么着，明神宗还是觉着手头紧，让身边人想办法弄钱。

可巧，有个叫仲春的官员上疏说，北直隶的保定、真定那地方有矿藏，说不定金矿银矿铜矿都有，应该派人专管开矿。真要挖出来什么，钱不就不愁缺了吗？明神宗马上就来了精神头儿，批示说："这个办法好，就让仲春去管，户部和锦衣卫也要赶紧派人，一起督促开矿。"户部官员报告说："以前也办过官府开矿的事，结果得到的比花费的少得多得多，不上算。"明神宗的批示马上就出来了，说："国家当前多难啊，官府穷得没法子，不然开矿干吗？户部没钱，可以让地方富户掏钱招工，自己干。你们只管监办收钱就行了。"

这个旨意一下，可就闹大发了。不光是北直隶，南直隶和全国十几个省，从南到北，从东到西，都报告说有矿，要求开采。明神宗有一处准一处，没几年工夫，开的矿就数不过来了，跟全民大开矿似的，轰轰烈烈。如果开矿真是为了国富民也富，那当然好了，说不定咱们这农业社会也进步一大截呐！可明神宗想的是自己怎么

开矿敛财

敛钱花钱。按着他的主意,每个省都要给派去矿监和税使,让太监们来当。矿监是专门管找矿开矿的,税使是专门管收税的。到了地方,那就是大拿。太监都知道这是个来钱的肥缺,谁不想去当呐?明神宗也有办法,凡是矿多税也多的地方,他就让跟自己最亲近的太监当。有的还两肩挑,又当矿监又当税使。当了矿监税使的,不是一个人去,都得带上好些随从,分配到各州各县,乌压压的一大帮。这可叫地方上遭了殃了。

税使们到了各地,点子还真多,可就是一个主意:多立项多收税。农民种庄稼、盖房子、开船赶车、养马牛羊、养鸡养猪,做手工活儿,干点儿什么都得缴税。城里人更甭提,税收得更多。收上来的钱,直接就给了税使,说是上缴皇上,其实大都自己揣了腰包。当矿监的更厉害,到了哪儿,随便指个地方就说那儿有矿,要开采,那地方的房子就给拆了,田给毁了,坟也给平了。坟里头有什么值钱的东西,都归了他们。如果地皮挖开了没找着矿,就算白折腾了,矿监们可都发了大财。这么胡来,别说老百姓了,就是地方官也看不下去,就有好些官员出面,请求废除矿监税使。

凤阳巡抚李三才最敢说话,他给明神宗上奏疏说:"自打派了矿监税使以来,败家破产的不知有多少。您是万民之主,不管百姓疾苦,反倒和他们争钱财。大家都是人,您想金银财宝,百姓想吃饱饭;您有嫔妃儿女,百姓也有妻儿老小。您想金子堆得比天高,怎么不让百姓有一斗一升糠秕呐?您想让子孙永远富贵,怎么不让百姓温饱一时呐?"

这话真够厉害的,可明神宗看了,眼都不眨就搁到一边。别的朝臣上疏,凡是反对矿监税使的,他一不批示二不言声,跟没看过一样,脸皮真叫厚。矿监税使照样横着走,钱还是照样收。收得多

明朝故事

的，他还给奖。当官的没了办法，老百姓可就给逼急了。从北到南，反矿监税使的民众运动就给激起来了。

头一个反的地方在临清（在山东西部）。到临清当税使的叫马堂，收税收上了瘾。本来当地规定，交易量少的，做小本生意的，不收税。他去了以后，不管你是多少，是挑担还是背筐，只要买卖东西，都收税。村妇拿一斗米一尺布换些用品，也被没收。谁要是不服管，就给逮起来当苦力。这么一来，小商贩不敢进城了，农民也不敢赶集了。临清原本挺热闹的一个小城，变得清锅冷灶，城里人买不到东西，就没法儿过日子了。大家伙儿一商量，这叫什么事啊，就到官府请愿，挑头的叫王朝佐。马堂见来了这么多人，吓得差点儿尿了裤子，忙叫人在暗地里射箭，结果伤了好多人。这还不把百姓气坏了？大伙儿齐声喊打，打伤了几个听差的，还放火烧了官府。想找马堂，可他早就跑了。事情闹大了，报到京城，明神宗下令抓人。王朝佐挺有义气，站出来说："别抓别人了，是我挑头儿干的，有事我担着。"王朝佐给杀了，可临清人把他当英雄看。

临清人一开头，反矿监税使的势头就开了锅似的，沸沸扬扬，传到了全国。湖广荆州那地方的百姓火气大，恨这帮税使恨得牙根儿疼，大伙儿就把税使陈奉住处围起来，要杀了他。陈奉逃走了，可他手下的帮手给逮住了，都被扔进了长江，吓得陈奉不敢再来，只好回了京城。苏州人性格平和，可这次他们让税使孙隆逼得没路可走，也顾不上那么多了，大家伙儿凑在一块儿，抓住了孙隆的帮凶扔进了苏州河。孙隆也给吓跑了。

消息传到京城，内阁都慌了神儿，就连李太后也知道了。大家都说，只有废了矿监税使，才能平民愤。大家就劝明神宗赶紧下诏书，召回矿监税使。明神宗转转眼珠，只好答应。

开矿敛财

明神宗喘着气说:"我一直闹病,怕是好不了啦!"

这一天，明神宗把内阁和六部大臣们叫到皇宫里，说要召见。可大家来了，他又说只让首辅沈一贯一个人进去。沈一贯走进皇帝内室，一眼看见明神宗正坐在地下，耷拉着眼皮，没精神的样儿。周围站着李太后和皇子们。他心里一惊，忙跪下磕头。明神宗挺费劲儿地喘着气说："沈先生好啊，我一直闹病，怕是好……好不了啦，今儿个和你见……见最后一面，还望沈先生对太子多……多教导，我就放心了。"说着就又喘起来，惹得李太后和皇子们都哭了。沈一贯忙说："皇上多保重，多多保重。"明神宗又说："你们都说矿监税使不好，我那也是万不得已，缺银子嘛，才出了这么个下策。唉，快死了，也就心善了。你就拟个诏书，把矿监税使都撤回来吧。凡是批评过我的臣子，也都官复原职。"

沈一贯感动得什么似的，眼泪就下来了，说了几句安慰的话，就要退出去。没料到这时候，明神宗忽然腾地站起来，不用人扶着就大步走到床边，一头就躺下了。李太后和皇子们都吓了一跳。沈一贯心说："看这样子，皇上可不像是要死的人呐！别是装的吧？"

真让他猜对了，明神宗是在演一出装病的戏，给李太后看。等演完了戏，骗过了老妈，他又变了卦。沈一贯写好了诏书，刚要发下去，明神宗派亲信来，说要收回圣旨，先前撤回矿监税使的话不算数了。这一来，皇帝指望不上，各地反抗的劲头更大了。福建、广东、云南、江西、辽东等等，当地人都闹起来，不是赶走了矿监，就是杀了税使，镇压是镇不了啦！明神宗听了报告直挠头，只好答应撤回几个税使矿监。

明神宗上回假装要死以后，李太后不久就归了西，他可又活了十好几年。可他活得挺糟心。因为大臣们为了太子和郑贵妃的事大吵大闹，管到他家里来了，让他脑仁儿直疼。

梃击疑案

明神宗立太子的麻烦事，从他年轻的时候就开始了，一直闹了几十年。他的皇后姓王，是李太后做主娶的。可王皇后几年都没生育，大伙儿都挺着急。有一天，明神宗到太后那儿问候，看见一个也姓王的宫女长得好看，就和她黏糊起来。不想王宫女就怀了孕。李太后知道了，就问明神宗有没有这档子事。明神宗红着脸说："没有没有，我不认得她。"李太后说："起居注都写上了，你自己看看。"明神宗这才没话说了。李太后说："我老了，还没个孙子，她要是生个儿子，也是社稷之福啊！"没多久，王宫女真就生了个儿子，取名朱常洛。李太后有了孙子，很高兴，可明神宗老觉着宫女生的儿子，自己脸面不好看，就不喜欢这个长子，对王宫女，也只封了个恭妃。

明神宗喜欢的是郑贵妃。郑贵妃不但身份高，还识文断字，懂得诗文，又会讨好，他就爱和她在一块儿。不久，郑贵妃也生了个儿子，叫朱常洵。明神宗高兴得别提，马上封郑贵妃为皇贵妃，地位比王恭妃高得多，只比皇后低一点儿。偏巧，朱常洛的身体很弱，老闹病，朱常洵可让郑贵妃调养得肉滚儿似的。明神宗看见大的就腻歪，看见小的就喜欢，就打算立小的为太子。郑贵妃自不必说，一心盼着儿子当太子，将来自个儿当皇后也有门儿。皇帝想立小儿子朱常洵的心思，让朝臣们猜出来了，就引出了一场"争国本"的君臣斗。

明朝人把立太子看成定"国本"的大事。好些朝臣本来就瞧不上郑贵妃，如今眼瞅着她和朱常洵占了上风，都气得什么似的。他们说，太子本应该是皇后的儿子当，王皇后没生儿子，就该让长子朱常洛当，轮不到朱常洵。大伙儿一合计，就由内阁出面，给皇帝上疏，请求立皇长子为太子。明神宗一看就明白了，这是冲着小儿子来的。他就批示说："长子身体太弱，这事等几年再说。"没想到这么一来，别说内阁不同意，就是一般朝臣也掺和进来，还直接对准了郑贵妃。户部的姜应麟上疏说："名不正言不顺，王恭妃生了皇长子，位置反倒比郑贵妃低，应该也封为皇贵妃，排在郑贵妃前边。自古立太子只看长幼，不看身体强弱。把皇长子立为太子，国本就定了。"

明神宗看着看着，气得鼻子都歪了，把奏疏使劲扔在地下，对身边的太监说："他胡说！我封皇贵妃和立太子挨得上吗？多管闲事！把他给我轰走！"姜应麟就这么给贬到了外地。朝臣们也豁出去了，又有好多人上疏打报告，说的都是立太子和封皇贵妃的事。这些大臣真够拧（nìng）的，没完没了。明神宗也犯了倔脾气，来一份打回一份，就是不答应立太子，就那么拖着。

争国本的事，闹来闹去，就传到李太后那儿去了。李太后向来不喜欢郑贵妃，就对明神宗说："你怎么这么不听劝，还不立常洛为太子呐？"明神宗说："他还小，又弱，我想等等看看再说。"李太后绷着脸说："这有什么好等的！不就是走个仪式吗？"明神宗急出一身汗，小声嘟囔着说："他，他不过是个宫女生的嘛。"不料，李太后一拍巴掌，气得大叫着说："别忘了，你也是宫女生的！"明神宗吓得赶紧跪在地下，不敢抬头。

原来，明神宗他爸明穆宗当太子的时候，也是让一个宫女怀了孕，生出了他这个儿子。那个宫女就是当今的李太后。这会儿听儿子说出这种话，她哪有不急的？明神宗看他妈动了气，知道立小儿子没指望，就说："立太子早有规矩，按长幼来。我不敢坏了公论。"李太后这才消了气。

明神宗虽是这么说了，可立太子的事，他还是拖着没办。一晃过了十几年，朱常洛已经二十多岁了，儿子都有几个了，他才被立为太子。明神宗为给郑贵妃撑面子，跟着就封朱常洵为福王，让他驻在洛阳。郑贵妃狮子大张口，磨着要这要那。明神宗够大方，把矿监税使缴来的金银财宝，大半都给了朱常洵，还给了他两万顷田产，连抄张居正家的那点儿东西和四川的茶税盐税都归了他。这一来，福王朱常洵成了头号大财主，比太子朱常洛阔多了。到了洛阳以后，他摆谱享乐不用多说，末了儿被起义军逮住杀了。这是后话。

朱常洵离开京城以后，李太后就死了，可王皇后还活着，郑贵妃想当皇后的梦还是醒不了，心里挺着急。她手下的人看出她的心思，也整天琢磨这事儿。有一年春天，一天擦黑的时候，不知道怎么回事，忽然就有个粗壮男人跑进了皇宫。他拿着一根挺粗的枣木棍，没人领着，就一直朝慈庆宫跑过去。在慈庆宫住着的，正是太子朱常洛。到了大门口，打伤了看门的护卫，他就往里闯，直奔内殿。里边的几个太监一边喊："来人啊，抓贼呀！"一边上来把他抓住按倒了，才没出什么娄子。

这可太奇怪了。一个外边的人，这么容易就进了皇宫，打到了

明朝故事

男人到了皇宫大门口,打伤了看门的护卫,就往里闯。

梃击疑案

太子的住处。如果都这么干，连皇帝也都保不住命了。审问下来，那男人叫张差，东一句西一句的，叫人听不明白。审官懒得再问，就向上报告，说这家伙有疯病，闯进皇宫闹事，该判死刑。消息一传开，很多朝臣都不信。明摆着，要是没人指点，一个疯子怎么知道皇宫在哪儿，还专往太子的地方闯呐？刑部主事王之寀（cǎi）挺有主意，他就到监狱提审张差，好说歹说问了一通。张差开始还装疯卖傻，后来忍不住都说了。

原来，这个张差是蓟州人，家里挺穷。有一天，几个老乡带他见了一个太监，说是有事让他干，干好了给地又给钱。张差跟着到了北京，两个宫里的太监叫他进宫到慈庆宫，把一个中年的男人打死。干成了，自然有赏。如果被逮住了，会有人救他。这么着，张差就拿着枣木棍，按太监指的道儿，闯进了慈庆宫，要打死太子朱常洛。

王之寀再细细查问，知道那两个太监，一个叫庞保，一个叫刘成，都在郑贵妃手下当差。还查出来，郑贵妃的哥哥郑国泰这些日子挺忙活，跟审案的官儿来来往往。要是这事儿和郑贵妃没关系，他可忙的什么呀？王之寀赶紧打了报告，请求审问庞保和刘成，追究郑国泰。朝臣们一听这话，背地里都说，朱常洛要是给打死了，朱常洵就能回来当太子，郑贵妃也能当皇后。这事儿跟郑家人没关系才怪呐！可明神宗看了报告，特不高兴，嫌王之寀多余管这个事，把郑贵妃也牵连进来了。

正在这会儿，郑贵妃颠颠儿地跑来了，一进门她就哭起来说："外面都说打太子是我的主使，太冤枉人啦。我在宫里，怎么管得了外头的事呐！您得给我做主。"明神宗直龇牙花子，想了想说："如今我也难为你开脱，倒是太子出面好些，你去求求他吧！"郑贵妃平

明朝故事

日从不正眼看太子,这一回没辙了,只好找上门去,跪着向太子表白说:"您得救救我呀!"太子朱常洛这会儿倒挺大度,说:"您放心,这事跟您没关系,不必往心里去。"郑贵妃回来一说,明神宗也高兴了,说:"我就说嘛,太子是明白人。"他就决定自己出面了断此事。

这一天,朝臣们接到通知,说皇帝要召见满朝文武。大伙儿好多年没见过皇帝了,都觉着新鲜,早早地进了宫,就见明神宗坐着,身后站着太子和太子的三个儿子。明神宗见下边跪了一大片,挺和气地说:"你们靠近点儿,我今天要和你们说点儿心里话。太后升天,我难受极了,一直不舒服。有个疯子闹事,什么大不了的,处死就完了嘛!可外面就传言,说这说那,牵连无辜,还要离间我们父子。什么居心啊?我已经下令,把张差凌迟处死。谁也别再提这事儿。"他又把太子叫过来,接着说:"这个儿子孝顺极了,我忒喜欢他了。有人老说怕福王回来,福王远在洛阳,他还能长翅膀飞到京城来呀?我儿,你也说说。"

太子往前走了一步,对大伙儿说:"张差是个疯子,杀了就算了,不要株连别人。我父子何等亲爱,你们都看见了,外面的传闻不可信。你们不忠,难道也让我不孝吗?"明神宗听了,满脸笑纹儿说:"说得多好啊!外面的都进来。今儿个,太子和三个皇孙都在,你们都抬头看看,看个够!"大臣们抻着脖梗儿往上瞧,心说:"皇上都说到这分儿上,还说什么呐?"第二天,张差给杀了,庞保和刘成也被悄悄打死。可王之寀也没得好报,明神宗说他挑拨离间,把他削职为民。就要真相大白的"梃击案",就这么给压下了,成了一桩疑案。①

---

①明朝末年宫廷有三大疑案,除梃击案以外,还有红丸案和移宫案。

又过了四五年，王皇后死了。郑贵妃正等着自己当皇后的日子，没想到不出三个月，明神宗也死了。郑贵妃到了儿也没当上皇后。隔不多久，朝廷又出了一件闻所未闻的怪事，把明朝整个拖垮了。

阉党专权

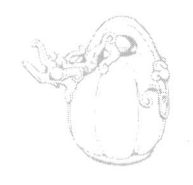

明神宗在位四十八年,死的时候,太子朱常洛已经快四十了。他即位就是明光宗,年号泰昌。谁也没料到,当皇上还没一个月,明光宗就害了重病。来不及立太子,他只好把长子朱由校托付给大臣,自个儿咽了气。十五岁的朱由校让大臣们护拥着,登上皇位,就是明熹宗,年号天启。

这时候,朝廷里的大臣分出了好多派,党争又闹大了。从以往讲的历史看,党争可不是什么好兆头。明朝从万历朝起,党争越来越邪乎。一个地方出来的官员往往就结成一党,有什么浙党、齐党、楚党、秦党、宣党、昆党等等,其中最大的一伙儿,被人叫作"东林党"。东林党最早的首领叫顾宪成。他在"争国本"那会儿,支持朱常洛当太子,引得明神宗不高兴,给罢了官。顾宪成回到老家无锡,和他弟弟顾允成一商量,把当地有名的东林书院恢复起来,又约了高攀龙几个好友,到东林书院讲学,还定期聚会。来的人都是有才学又不得志的文人,到了一块儿,说是研究学问,更多时候是评论时局,批评朝政,什么话都敢说。好多当官的也和他们来往。名气大了,别人就用"东林党"来称呼他们。

阉党专权

　　东林党人认为当官就要关心百姓疾苦，减轻民众的负担，腐败的朝政应当改革。文化人也要尽到自己的责任，为国家强盛出主意。顾宪成还写过一副对联，贴在书院门口："风声雨声读书声，声声入耳；家事国事天下事，事事关心。"明神宗派矿监税使那些年，东林党人带头反对。直接批评皇帝的李三才，就是东林党的。因为这个原因，明神宗特讨厌东林党，可下层的读书人都挺喜欢他们。

　　可是，和别的党派犯一个毛病，东林党人也爱搞小圈圈，画框框。凡是跟自己相投的就亲近；不是一头的就排挤，就打击，不想想这么做的后果会怎么样。别的小党也这德行，反正是你上台我倒霉，我掌权你走人。明神宗死了以后，东林党因为一直拥护太子朱常洛，就受到明光宗的重用。明光宗很快也死了，明熹宗受他爸的影响，也爱用东林党。这么着，不但内阁，就连各个部院，都是东林党的人掌权。按说，东林党人就应该着手改革，做点儿让大家服气的事。他们可没有，光忙着抢占职位，把不是自己一头的都挤走。谁不听话，那就得挨整。这么一来，小党们可就恨上了，要跟东林党较劲。他们看皇帝喜欢东林党，就老想找一个能左右皇帝的人当靠背。不久，真出来了这么个人，就是太监魏忠贤。

　　魏忠贤本来是个乡下的二流子，娶妻生女以后，还不学好，整天赌博闹事，后来欠了债还不起，让人追着打。他一赌气，就自宫（自己割去生殖器）当了太监，到了皇宫被分到朱由校那儿当差。虽说不认几个字，可他会些武艺，又懂得民间玩乐的把戏。朱由校也打小贪玩儿，不爱读书，魏忠贤就教给他遛狗骑马射箭玩女人这一套，把小孩子哄得挺开心。朱由校当了皇帝，魏忠贤可就成了最信得过的太监。连明熹宗的奶妈客氏也看上了他。

　　明熹宗打小就没了亲妈，他爸朱常洛也不管他，就靠奶妈抚养

明朝故事

照料才长大。他先是吃客氏的奶，后来是由她早晚服侍，十几年没离开过。在他眼里，奶妈就跟亲妈一个样。当了皇帝以后，按规矩就该把客氏辞退了。可明熹宗依赖惯了，一天不见她就难受。他就还让她白天进宫来，晚上回去，还封她为"奉圣夫人"。客氏这就抖起来，指派一切，管这管那，比皇后嫔妃都厉害。每天晚上出宫回家（在北京西城丰盛胡同），都得坐八抬大轿，让人跪送，街上还要戒严。那会儿在宫里，宫女女佣都有个相好的太监，有事互相帮衬，吃饭的时候在一块儿吃，叫"对食者"。客氏看中了魏忠贤，这两个人就成了一对儿。客氏想整治哪个嫔妃，魏忠贤就给她出气。客氏也不含糊，老在皇帝跟前替他说好话。

明熹宗要找个给大臣奏疏写批示的秉笔太监，客氏就提起魏忠贤，说："这可是个忠心的，就让他当得了。"明熹宗真就答应了，也不想想，魏忠贤大字不认得几个，怎么写呐？魏忠贤可不怵头，早把几个会写的太监镇唬住了，让他们替他写，给他念。怎么处置，全凭他一句话。这么办，明熹宗就不管管吗？原来，这位皇帝从小好做木匠活儿，当了天子也照样，每天锯呀刨啊，照着宫殿做模型，对国事一点儿不上心。魏忠贤就趁他忙活的时候，把文件送了来。明熹宗哪有心思看呐，挥挥手说："没看见我这没空吗？我都知道了，你们好好干事去吧！"过了不久，他又让魏忠贤当了东厂的头儿。这么一来，魏忠贤文的武的一把抓，什么主意都敢自己拿，国家的权力就让这么一个太监给掌握了。

跟东林党较劲的朝臣看魏忠贤成了气候，跟苍蝇似的，嗡嗡着都奔着他来了。送礼送钱的，巴结讨好的，就甭说了，还兴起了一阵认干爹的风。魏忠贤有一个认一个，就有了好多干儿子，都是当官的。有个叫顾秉谦的尚书，年纪大了，也想认干亲，就带着儿子

阉党专权

来见魏忠贤，跪下说："我本想给您当义子，怕您不喜欢我这白胡子老儿，就让我儿子给您当干孙子吧！"魏忠贤当下给这个干孙子封了官，让顾秉谦入阁当了首辅。阁员魏广微和魏忠贤同姓，干脆认作一家人，开始自称"宗弟"，又自降一辈，改称"侄儿"。每次密报，都写上"内阁家报"。翰林冯诠打听到魏忠贤前妻也姓冯，赶紧认了同宗，这就入了阁。这几个一块儿排挤东林党的人，没多久，东林一派的都给赶走了，他们就控制了内阁，大伙儿都说是"魏家阁老"。往后害人，都是这些个阁员给魏忠贤当参谋，写公文。

内阁成了魏忠贤的心腹，底下各部的官员也都争着来当徒子徒孙，多得数不过来。让人记住的是五虎、五彪、十狗、十孩儿、四十孙。一看这称呼就知道都是打手、帮凶一类人物。地方上见朝廷这样，也有好多大员巴结起来，当了魏忠贤的爪牙和腿子，这就形成了一个好大的团伙。因为最大的头儿是太监，大伙儿就叫这帮子投靠魏忠贤的人是"阉党"（太监也叫阉人；阉 yān）。阉党一开始就把东林党人当成死对头。

东林党看出这里没好事，御史杨涟就上疏，给魏忠贤列了二十四条罪状。他说："眼下，不管宫里还是官府，不管大事小事，都是魏忠贤说了算，皇上成了虚的，他成了实的，国家这么下去还行啊！"别的人跟着也弹劾魏阉。魏忠贤先看见了奏疏，跑到明熹宗跟前，让人念一条他驳一条，说："我有什么罪呀，都是他们造谣，没这回事。"客氏也插嘴说："这不是冤枉好人吗？该死的！"明熹宗听烦了，说："怎么内宫的事，外面都知道啦？这个杨涟，是得好好管管。"这么一来，东林的杨涟和左光斗几个头领都给罢了官。阉党得了势，要把他们往死里整。

吏部尚书王绍徽用了好些日子，编了一个东林党的黑名单，叫

明朝故事

顾秉谦说:"就让我儿子给您当干孙子吧!"

《东林点将录》，把东林的头面人物都写上去，还按照《水浒传》梁山排座次的法子，都给定了绰号和排位。头一名是"东林开山元帅托塔天王李天才"，然后是"总兵部头领二员：天魁星呼保义叶向高、天罡星玉麒麟赵南星"等等等等，一共一百零九人。他编好了，就拿给魏阉看，魏忠贤一看就乐了，说："有了名单就好办了。王尚书笔里夹着风雪刀剑，真是我家的活宝贝呀！"他还拿着去给明熹宗看了。这么一开头，没廉耻的文人们都模仿着造起了黑名单，什么《东林同志录》《夥坏封疆录》《百官图》《东林籍贯》《东林朋党录》《盗柄东林夥》，好多。阉党就按这些个胡诌的名单抓人定罪。

魏忠贤先命令把弹劾他的工部郎中万燝（zhǔ）逮起来，打一百廷杖。东厂的缇骑（穿红衣的军士，这里指东厂的打手；缇骑tíjí）到了万燝家，一把揪住他的头发，又踢又打，拽到午门，他已经浑身是伤，廷杖完了，只剩下一口气，没几天就死了。为了给杨涟和左光斗找罪证，阉党就把和他俩关系不错的官员汪文言抓起来，逼他说杨左二人受贿通敌。汪文言是个硬骨头，一死儿不说。主审的许显纯（五彪之一）干脆不审了，造了一份假口供以后，又把汪文言活活打死。接着，阉党官员一个接一个上疏，一个调门儿，都是揭发杨左几个。魏忠贤就下令逮捕东林的杨涟、左光斗、周朝瑞、魏大中、顾大章、袁化中（史称前六君子），严加审问。

其实，哪儿叫审问呐？罪名早就定了，就是那份假口供，证人死了，无可对证。审问就是动刑催命。六君子在大牢里给脱光了衣裳，裸体受刑，而且是受全刑，械、镣、棍、桚（zǎn）、夹杠都上，没几天，都给整得皮破血流，浑身没好地方，肉都烂了。顾大章受不了，自己撞死了。那五个人都生生被酷刑要了命。杨涟被土袋子压死，耳朵还给穿了钉子。左光斗被炮烙（一种酷刑）以后，面目五官都给烧焦，腿上筋骨也都裂开了。许显纯看见哪个死了，就用刀子把他们的喉结骨割下来，装在小盒里，送到魏忠贤那儿，当作信物。杀人就跟玩儿似的。

这六个人给弄死了，阉党又开列了一批反对他们的东林党人。其中就有周起元、周顺昌、高攀龙、缪昌期、周宗建、李应昇、黄尊素七个（史称后七君子）。这一回，什么罪证，什么假口供，都不用了，就是一条：谁反对魏忠贤谁就有罪，就该杀该剐。这七个人都揭发过魏阉，跟阉党不对付，他们就该着进大牢。东厂缇骑接到命令，马上出发去抓人。没想到，到了苏州，他们可碰上了硬钉子。苏州老百姓都给惹急了。

苏州民反

后七君子中的周顺昌,家就在苏州。早先他在吏部当员外郎,批评过魏忠贤,后来就辞职回到苏州。可直性子改不了,看到阉党专权,他忍不住就议论几句;知道谁有了冤枉,或是哪点儿不公道,他都和地方官反映,让他们秉公处置。这一来,他声望高了,当地百姓都念叨他的好。

上一年,东厂把魏大中逮起来往北京送,船路过苏州。周顺昌和魏大中都在吏部做过事,又都是东林一派,就到船上看他。见了面,魏大中说:"我这次被逮,怕是回不来了,你快走吧,别连累了你。"周顺昌说:"我不怕,我敬佩您的为人,要和您住上三天。"俩人说起来,周顺昌得知魏大中有了三代人,就决定把小女儿许配给他的孙子。东厂校尉看他们聊得这么热火,就催周顺昌离开,黑着脸说:"误了时辰,公公(指魏忠贤)怪下来,你找死啊!"周顺昌一下子火儿就来了,说:"你不知道人世间有不怕死的男子汉吗?回去告诉那魏忠贤,我就是吏部的周顺昌!"校尉说:"你敢叫公公的名讳,好大的胆子!"周顺昌抬起胳膊肘说:"魏忠贤,魏忠贤,我就说了!"

校尉回京，把周顺昌的话告诉了魏忠贤。魏忠贤记在心里，这次抓人，他就把周顺昌算作一个。消息传到苏州，很快就让百姓们知道了。大伙儿聚在一起议论这事儿，都气得脸通红，说："朝廷没长眼啊，连好坏人都分不清！""周大人是好官，不能让他们抓走！"有个叫颜佩韦的汉子，家里从商，打小敢作敢当，他站出来说："我和周大人不认识，可也有个耳闻。今儿个，我就挑个头儿，把周大人救出来！"

东厂缇骑到了以后，由巡抚毛一鹭领着，把周顺昌带走，才要当众宣读逮捕令。苏州成千上万的民众都来到官府门前，手里都捧着香火，替周顺昌求情，哭声把天地都震动了。文震亨（文徵明的曾孙）、王节、杨廷枢他们几个读书人上前对毛一鹭说："周顺昌在苏州有口皆碑，您也是知道的。众怒不可犯，您应当先不宣布，把这里的民情上奏皇上才对。"毛一鹭也是阉党里头的，把手一摊说："哎呀不好办呐，圣旨已经下了。你们聚众闹事，要干什么？"周围群众一起喊起来："不许抓人！"把毛一鹭吓得直哆嗦。东厂缇骑一看，把铐子锁链往地下一扔，哗啦啦直响，腆着脸，撇着嘴，瞪着眼，叫着说："哭什么哭，嚷什么嚷，东厂逮人，谁敢违抗！公公的命令，一刻不能拖着！"

东厂缇骑这么一耍横，就把百姓惹翻了。颜佩韦他们大声说："什么圣旨，原来是魏忠贤伪造的。今天到了这儿，叫你们知道知道有人不怕你们！"话音刚落，就争着跳过栏杆，朝东厂缇骑打过去。这一来，可就谁也管不了啦！大伙儿不顾一切，揪住东厂的人就打，没头没脸地一通揍，登时就打倒了几个，不一会儿就蹬了腿儿。其余的扭头就跑，见有人追过来，不是跳墙就是爬树。有的直央求说："不是我要来的，是给骗来的！"

苏州民反

大伙儿揪住东厂的人就打,登时打倒了几个。

这时候，官军到了，要武力镇压。毛一鹭可来了劲头，跳着脚地大骂。大家一看他就有气，说："瞧这狗官德行样儿，揍他！"一声喊打，就朝他奔过来。毛一鹭这才醒过味儿，明白自个儿失了人心，转身就跑，见有个茅厕，就钻进去躲着。这边，有个士兵把兵器对着人群要刺。大家一起上前把他围起来要打。后面的军官还识相，抽了士兵几鞭子，才把场面稳住了。有几个文官出来，说了好些好话，群众慢慢地散了。官员们让周顺昌回家歇息，可周顺昌不愿意连累百姓，就一直待在官府里。

这边还没完事，河那边又打起来。原来有一拨东厂缇骑去浙江抓人，坐船路过苏州，上岸就强买酒肉吃，不给钱还骂人。百姓们本来就窝着火儿，看他们不讲理，干脆就围起来，动了拳脚。缇骑人少，哪里是对手，扭头就往船上跑。大伙儿就追，追到船上，把这帮家伙的行李都扔到河里。不知谁喊了一嗓子："烧了船，看他们怎么抓人！"不大会儿工夫，船就被大火烧着了。东厂缇骑没处躲，都跳到河里，游着水，才捡了条命。

以往，东厂的人到哪儿，都跟霸王似的，谁都不敢惹。这一回，他们算是领教了民众的力量了，回到京城向魏忠贤一学说，魏忠贤也吓了一大跳。原来这回抓人，不单是苏州人打了东厂特务，别的地方也都有百姓出手的事。他心里嘀咕，可嘴上还挺硬，说："赶快多去人，把那些刁民抓起来，杀！"可手下人说："可不敢再去了，苏州那地方人太厉害了！"魏忠贤说："那就让毛一鹭抓！"

毛一鹭得了命令，就发出告示抓人。颜佩韦和杨念如、马杰、沈扬、周文元五个领头的，为了不牵连大家伙儿，自己投了案。其实，除了周文元是周顺昌的轿夫以外，别的四个人压根儿不认识周顺昌。可他们为了正义，一点儿不后悔，临刑前还大骂毛一鹭，然

苏州民反

后笑着就义。苏州百姓敬重他们,把他们的头和尸首装到棺材里藏好了。周顺昌他们七个人,除了高攀龙投河自尽以外,都在监狱里受了酷刑,没有一个活着出来。

魏忠贤心里明白,自己一个阉人,真看得起他的没几个。特别是百姓,不知道背后怎么骂呐!他就让手下人整天满大街转悠,黑夜也巡逻,看有交头接耳议论的,抓起来再说。这么一来,北京城里特务成群成队,明的暗的,让人没法儿防备。一天半夜了,有四个男人在屋里喝酒。有一个喝多了,醉了,就把心里话掏出来,说世道太坏,让魏阉这种人当了政。那三个忙摆手让他别说。没想到外面就有东厂特务偷听,话还没说完,特务就推门进来,把那人抓走了。魏忠贤知道了,立马下令用磔刑(分裂肢体的酷刑;磔zhé)把他弄死。东厂的特务全国都有,百姓怎么受得了啊!

到这时候,魏忠贤的权势大得离皇帝就差一步了。喊他"九千岁""九千九百岁"的越来越多;给他造生祠立塑像的一处接一处。有人建议,应该把他的牌位和孔子并排放着。明熹宗发昏到了家,把魏忠贤封为"上公",他的侄子侄孙刚两三岁,也给封了官爵,有了俸禄。魏忠贤心里这份儿乐,看来这太监没白当。他万万没想到,爬到顶了也就要栽了。

明熹宗不只是好做木匠活儿,还特别爱玩儿。有一天,他坐船在西苑湖里游荡,不留神掉进水里,受了寒。吃药不但没好,还浑身水肿。他知道没治了,又没个儿子,只好留下话,让弟弟朱由检接班,自己就断了气,刚二十三岁。这一来,魏忠贤的靠山倒了。他知道,没了明熹宗,自己什么都不是,哭得眼都肿了,像烂桃子似的。可好些大臣心里说,得亏皇上早早死了,他要能活上几十年,魏阉不知道还要干多少坏事呐!

747

明朝故事

公元1627年，朱由检即位，就是明思宗（也称毅宗），年号崇祯。明思宗早就瞧魏阉不顺眼，即位后就下令让客氏出宫，不许再给魏忠贤造生祠，不许再用酷刑。这就给大家递了一个信号：魏忠贤失了势。就有好些反阉党的大臣上疏揭发，给他列了十大罪状。明思宗让人把奏疏念给魏忠贤听，对他说："别的就不说了，看在我兄皇的面子上，你走吧，到凤阳养老去吧！"魏忠贤马上把搜刮来的财宝装上，带着亲信好几百人离开了北京。刚走到阜城（在河北东南），就接到圣旨，要逮他回京问罪。他知道死期到了，当夜就上了吊。

这以后的事就甭多说了。追究起来，阉党的人也给开了长长的大名单，杀的杀，罢的罢，贬的贬，客氏也给打死了。被害的东林党人都给平了反。明思宗一登基就干了这么一件得人心的事，很多人都说这明朝还有救。消息传到苏州，百姓们欢呼着又上了街。有人就提议，应该厚葬颜佩韦他们五位义士。大家伙儿都赞成，就在虎丘山前面选了个好地方，把五义士下了葬。碑文也写好了，是很有名的复社文人张溥写的《五人墓碑记》。

碑文讲了苏州人反阉党的经过，还说："五义士就义离现在，才十一个月。他们为什么这么出名呐？当魏忠贤作乱的时候，多少当官的都不能守住气节，倒是这五个百姓能挺身而出，义无反顾，为民献身。由于苏州人民的反抗，东厂不敢再迫害我们。如今魏忠贤死了，新帝即位了，不能不说是五义士的功劳。那些高官下贱的行为，能和五义士相比吗？由此看来，就是一个普通百姓，他也能对国家起很重要的作用啊！"

宁远大战

明思宗收拾了魏忠贤,整掉了阉党,可他一点儿高兴的心思都没有。这些年的内斗把朝廷搅散了不说,还让外人看出了漏洞,憋着要来夺权。东北那边就出了大麻烦。明思宗担心,闹不好这个麻烦会刨了明朝的老根儿。他老想着这档子事儿,睡觉都不安稳。

原来,还在万历后期,就是公元1616年,辽东(指辽河以东)那地方冒出一个政权,是女真族建的,叫大金国(史称后金),定都在赫图阿拉(在辽宁新宾)。领头的努尔哈赤自称大汗。女真人在北宋那会儿建了金国,后来灭了辽国,又灭了北宋,占据了中原。再后来,金国被蒙古灭了,女真人消沉了好多年。到了明朝,他们在黑龙江和乌苏里江、牡丹江那边又发展起来。女真人的头儿还当了地方官。有一部分就往南迁移,到了辽东一带。这里面有个大家族,头领就是努尔哈赤。

努尔哈赤年轻的时候,在明朝军队里当过兵。他爷爷和他爸爸也给明朝做事。有一年,有个叫阿台的女真人反叛,明朝派军队围攻阿台的古勒寨(在辽宁抚顺东)。阿台的媳妇儿是努尔哈赤的叔伯妹妹。明军打的时候,努尔哈赤的爷爷爸爸正在寨子里待着,想说

明朝故事

服阿台投降。没想到寨子一破，这爷儿俩也给打死了。努尔哈赤气得两眼冒火星儿，对明朝官员说："我爷爸爸怎么让你们杀了？这可是大仇啊！"官员一个劲儿赔不是，说："误会了，真不是有意的。你千万别记仇。"明朝就升努尔哈赤当了都督，还给了他三十道敕书（皇帝的指令；敕 chì）。有了这个，他就有了挺大的身份，能发命令了。

没想到，努尔哈赤还是记了仇。他把明朝的错处凑到一块儿，说是有"七大恨"，最大的恨就是杀了他的亲人。于是他一边做着明朝的官，一边着手壮大实力，明里暗里抢占地盘。忽忽几十年过去，努尔哈赤快六十岁了，成了女真顶有权势的人物，儿子孙子个个如狼似虎的，手底下兵将也多。估摸着能和明朝对抗了，他就把军队分成八个旗，有黄、红、白、蓝和镶黄、镶红、镶白、镶蓝，叫八旗军，加紧操练。然后，他就建了大金国，向明朝宣战。

努尔哈赤当明朝的官那么多年，皇帝贪财，朝廷内斗，边地空虚，军纪散乱，他早就看得真真的了，觉着打败明朝不难。谋划好了，他就让三千八旗兵假装成商人，一大早混进了抚顺城（在赫图阿拉西），进了城亮出兵器就开打。明军真就一点儿防备都没有。末了儿，总兵张承荫战死了，士兵瞧八旗兵那个凶样，吓得撒腿就跑。驻军的头儿李永芳和努尔哈赤早就认识，还挺合得来，他干脆投降过去，当了后金汉军的第一个将领。

抚顺一失守，朝廷发了慌，明神宗也赶紧出来张罗抗金的事。公元1619年，明朝调集四路兵马，总共四十多万人，由兵部尚书杨镐总领，名将杜松、李如柏、刘綎（tīng）、马林各率一军，就朝赫图阿拉过去。他们满以为去了这么多人，还不把后金一股脑儿灭了？万万没想到，明军在萨尔浒（在辽宁抚顺东）一仗让人家打得

宁远大战

大败。败得多惨就甭提了，杜松、刘𫄷都死在阵前，李如柏自杀。杨镐也被朝廷处死。萨尔浒这一仗不但让明朝丢了好多地方，还伤了元气。打这儿起，明朝再没力气进攻后金，只能等着挨打，打不过就往后退。

努尔哈赤可来了兴头，带兵接连占了开原、铁岭。到了天启年间，连大城沈阳、辽阳都归了他。他乐得心里开了花，忙着迁都到沈阳，改叫盛京。明军一败再败，退到了锦州到山海关一线。眼看着东北那一大片就丢了，朝廷大臣急得乱转。

正在这时候，兵部有个主事，好几天没来上班。问他家里人，家里人也不知道他去了哪儿了。大伙儿正到处找，他自己回来了。一上班，他就和同僚们说："关外的事让人揪心。我这些天到关外查看了查看，把地形、要塞什么的都弄清楚了，破敌有办法了。"

这位主事叫袁崇焕，是东莞人（东莞在广东广州东），个头不高，可透着精明。他本来在邵武（在福建东南）当县令，听说北方丢了地盘，比谁都着急，就研究起那边的战事。前不久，他进京述职，和上司提起关外的事，说得挺在理。御史侯恂看他是个人才，就提议把他留在兵部任职。这回听说锦州北边告急，他没顾上请假，就跑到关外考察了一番。回来以后，他找到上司说："辽东太要紧了。只要是给我兵马粮草，我豁出身家性命，也要守住山海关不失！"上司说："等报告皇上再定。"侯恂说："当今边关吃紧，就得重用袁崇焕这样的忠臣。"朝廷研究下来，就让袁崇焕当了佥事（指挥助理；佥qiān），派他到关外监军。

袁崇焕到了辽东不久，兵部尚书孙承宗来视察。两个人聊了聊，袁崇焕说："我看咱们要先守后攻，锦州到宁远（在辽宁兴城）这一带是山海关的屏障，要多建要塞，严防坚守，绝不能丢给努尔哈赤。"孙承宗说："咱俩想到一块儿了，我已经下令造一座宁远城，可一直没修好，修的一段也不合格。你就把这事管管吧！"袁崇焕说行，马上就带人干起来。孙承宗又派来一员战将，叫满桂，是蒙古族的，叫他也来守宁远。袁崇焕和满桂他们一边修城一边练兵。这座城（兴城古城）修了快一年，别提有多结实了，兵器工事也齐备，还装上了西洋大炮。周围另建了几个小城和几十处堡垒。孙承宗挺满意。

可这当儿，魏忠贤得了势。他派太监王应坤找孙承宗拉关系，孙承宗打心眼儿里腻歪太监，懒得搭理他。这就把人得罪了。魏忠贤跟皇帝说孙承宗军权太大，要防他闹事。这话传到孙承宗耳朵里，他一生气就辞了官。魏忠贤乐得这么着，赶紧让阉党的高第接替他，总管辽东的军事。高第一到任就来了个大转弯，说锦州那边难守就别守了，下令把军队都撤到山海关内。袁崇焕和前方将领都反对。袁崇焕对高第说："锦州一撤防，宁远就孤单了，山海关也就危险了。我看只能加强防守，不能放弃。"高第一撇嘴说："你怕宁远孤单，那就连宁远也一块儿撤防算了。"袁崇焕气得脸通红，说："我奉命镇守宁远，死也死在这儿，绝不后退！"高第看他急成这样，也没再说什么，就下令撤了锦州一带的军队，连同当地百姓都退到关内。这么一来，关外只剩下宁远一座孤城，由袁崇焕和满桂他们守着。

努尔哈赤听说锦州的明军撤走了，赶紧就带兵打过来。公元1626年冬天，后金的人马顾不得天冷，一路小跑到了宁远城下。袁崇焕早就探听好了，当下写了份血书，给士兵念，说要跟城池共存亡。士兵们的血性都给涌上来了，个个摩拳擦掌，要跟敌人拼死活。努尔哈赤到了城下，看这座城不大，以为费不了多大劲，就让

宁远大战

把城围起来,四处攻打。哪承想一开战,金兵就乱了套。城上的大炮砰砰直响,把弹药发出来,一团团火光,挺吓人。明军还往下放箭扔石头,密密麻麻的。袁崇焕在城上发令指挥,满桂和祖大寿几个大将各守一方,越打越来劲。金兵给打死打伤了好多。接下来几天,还是照样,金军死伤了好几百,可宁远城纹丝儿不动。努尔哈赤怕这么打下去太吃亏,只好下令撤围退兵。眼瞅着一座孤城硬是打不下来,他咽不下这口窝囊气,对几个儿子说:"我起兵以来,几十年了,还没见过敢这么抵抗咱们的。这个袁崇焕是什么人,这么厉害!"

宁远这一仗,算是明军和后金开打以来的第一场大胜仗。明熹宗挺高兴,就提拔袁崇焕当了辽东巡抚,让他主管那边的政务。袁崇焕有了大权,立刻派人把高第扔了的锦州和周边的地界收回来,修工事建营垒,进驻军队。这么着,锦州到宁远一线的防务又恢复了。

努尔哈赤憋着一口闷气,回到盛京就得了病,心一急,背上又长了个大包(也有说是被炮火击伤),怎么治也不见好,没多久就死了。他的第八个儿子皇太极接位当大汗,还是一死儿把明朝当对头。过了年,天气一暖和,皇太极就领兵来抢夺锦州。

守锦州的将领叫赵率教,听说后金人马来了,他一面加紧备战,一面向上面报告,请求增援。袁崇焕觉着宁远在咽喉要地,自己不能离开,就命令祖大寿几个带兵去支援锦州。祖大寿带兵,绕到金兵后面,抽冷子来了个突袭,把金军打蒙了。赵率教在城上也下令开炮,两下一夹击,金军大败。皇太极看见祖大寿来了,以为宁远那边肯定空虚,就带着一大半人马,朝宁远打过来。金兵呼哧带喘地到了宁远城下一看,城上早就准备齐了。袁崇焕靠着城垛,

明朝故事

城上的大炮砰砰直响，把弹药发射出来。

宁远大战

一边布置兵力,一边高喊:"杀呀,杀!"炮火、箭石一起飞出来,又把金军打得吱哇乱叫。埋伏在城外的满桂带着骑兵冲过来,和金兵好一通厮杀。满桂中了好几箭,带着伤也打。后边,祖大寿追上来,差一点儿没把皇太极逮住。金军将领都受了伤,皇太极一看不行,命令撤退,再回去攻打锦州。这时候,赵率教趁金军攻宁远的空子,把锦州布防都安顿好了,就等着大战一场。末了儿,金军在锦州又给打得大败。皇太极耷拉着脑袋,带人退走了。这场"宁锦大战",明军又打赢了。袁崇焕和满桂、祖大寿、赵率教他们都立了功。

可没料到,朝里阉党有人成心找碴儿,出来弹劾袁崇焕,说他没有亲自援救锦州,应当治罪。袁崇焕给闹得有理也说不清,气得没法儿。豁出命来打了胜仗,不单没功,还得挨罚,多冤呐!这么一想,他就写了辞职报告,回家去了。过不多久,明熹宗死了,皇帝换了明思宗。明思宗整治了阉党,又把辽东的战事前前后后这么一回想,觉着辽东抗金这件事,袁崇焕功在第一,往后还非得靠他不行。他就下令,赶紧把袁崇焕召回来。

明朝故事

用将疑将

　　明思宗决定，把辽东和周围的事都交给袁崇焕管。他出手挺大方，不但让袁崇焕当了兵部尚书，还兼左副都御史（管监察的官员），总督蓟州和辽东的军事，又兼管登州、莱州（都在山东半岛）和天津的军务。这么一来，袁崇焕就有了军政和监察的大权，管的地方不但有辽东，还有后方的天津和山东北边，可以统一调配人力了。

　　过了些天，袁崇焕来到京城，明思宗马上召见，问他："你打算怎么治理辽东呐？"袁崇焕说："我的方略已经写在奏疏中了，就是要让辽人守辽土，用辽土养辽人。严守是根本，出战是奇招，谈判是辅助。只要您信得过我，五年就能恢复失地。这五年里，军饷、兵器、官员和将士，都得调配好才行。"明思宗说："这个好说，我叫户工吏兵四部去办。"袁崇焕想起被人弹劾的事，又说："以我的能力，治理辽地还行，可防人议论没办法。我这一去，离您那么远，万一又有人背后……"明思宗一笑说："爱卿，你不必多虑，我自有主见。"他叫左右把尚方宝剑给了袁崇焕，说："有了它，你可以便宜行事。"袁崇焕心里一热，眼泪差点儿掉下来，说："不是我害怕，可有些话不敢不说。外臣和朝臣不一样，军中的琐事很多，难免有处置不当的地方。战事紧了，敌人也会用反间计使坏。应该看大局成败，不要计较小错。请您千万对我信而不疑。"明思宗笑着说："我不会听信谗言的，你放心得了。"

袁崇焕到了东北，让副将何可纲帮自己守宁远，派祖大寿守锦州，赵率教守山海关。金军从正面进关的路给堵死了，东边半岛和大海那块儿也不能大意，要从侧面牵制敌人才好。袁崇焕这么一思谋，马上想到海上有个东江镇（在鸭绿江口东，又叫皮岛，属朝鲜），离后金挺近，要是把这个岛当个"棋子"用，能进能退，这盘棋就活了。驻守在东江的总兵叫毛文龙，势力挺大，他能听从指挥吗？

这个毛文龙本是个买卖人，后来从军到了东北，当了个小军官。后金打过来以后，他就带着些人到处打游击，真就打了些胜仗。后金进攻朝鲜，他被派去支援，就驻扎在东江。朝鲜降了后金，毛文龙可一直守在岛上，还从大陆上招来好多商人，有时候带兵到大陆打几仗，平时就让手下人倒腾货物赚钱，闹得挺红火。可毛文龙散漫惯了，干事不按规矩来。他手下顶多有几万士兵，可他上报十万，多领了好多军饷。每次打完仗，把战功说得特别大，也是多要赏赐。朝廷要派人查账，他也不让去。逼得急了，他还给皇太极写信发牢骚，说要归顺后金。上岛的商人私自买卖禁止出口的马匹发大财，也是他的主意。

袁崇焕这么正统的官儿，容不下毛文龙这种人。有朋友问他："你的五年计划，从哪儿做起呐？"袁崇焕说："打算从东江做起。"朋友摇着头说："你干吗不从大陆，而是从海上一个小岛呐？再说那个毛文龙，未必能用得上。"袁崇焕说："别看是个小岛，可有大用处啊！至于毛文龙，能用就用，不可用只好杀了他。"

隔了些日子，袁崇焕带人上了岛。见到毛文龙，他先是夸他立了大功，还看望了士兵，发了奖赏。随后他就对毛文龙说："按规矩，岛上军费开销，要有文官监督，你这儿没有，得派一个来。"毛文龙硬撅撅地说："那可不成，我不要。"袁崇焕很不高兴，又说："你辛苦多年，年纪不小了，何不退休过舒坦日子呐？"毛文龙战磕儿说："这里的事我最熟，离不开我，退不退的，过几年再说。"俩人说不到一块儿，袁崇焕就下了决心。

第二天，他约毛文龙看士兵射箭。到了山上，他忽然叫人把毛文龙绑起来。毛文龙说："我没罪，你干吗绑我？"袁崇焕说："你有十二条大罪，条条该死，我说给你听。"他就一一说来，有杀民冒功、私占军饷、拒不受查、通敌观望等等。毛文龙只好磕头求饶。袁崇焕拿出尚方宝剑，向皇帝发誓说："毛文龙大逆不道，我杀了他。今后我要和他一样，就请杀了我。"他就让人把毛文龙推出去斩首，还说："只杀文龙一个，别人无罪。"

杀了毛文龙，袁崇焕规定了东江的编制，安排了人事。随后他又把登州、莱州、天津的军务整顿了，减少了开支。这么着，那一大片地方就统一了步调，下一步就要琢磨对敌的事了。可万万没想到，他当面和皇帝说的话，还有在东江发的誓，很快就应了验。

杀毛文龙的事，传到京城，朝臣就议论开了。有人说杀得对，除了内患；有人说这事做得太冒失，应当给毛文龙留条活路，免得他手下人闹事；有人说毛文龙是功臣，杀他是破坏军防。听说毛文龙的部下有些人逃跑，有的投降了后金，这些人就更逮住理了，要求追究袁崇焕。明思宗起初见袁崇焕不报告就杀人，也挺不高兴，可又一想，既然给了他尚方宝剑，他就有权先斩后奏，再说毛文龙也有该杀的地方。他就批示下来，表扬了袁崇焕。

再说皇太极，听说袁崇焕把锦州到海边的防线把得挺严实，就和部下商量怎么办。到了儿让他们想出一个法子，就是绕开锦州防线，不走山海关，而是往西进军。公元1629年秋天，皇太极带着大队人马，蔫不出溜地出发，急行军到了喜峰口（在河北迁西北），一个突袭就进了关口，朝遵化蓟州打过来。

早先，袁崇焕就上疏说，应当加强蓟州的驻军，以防敌人偷袭。明思宗可没在意。这会儿，袁崇焕一听喜峰口给破了，就知道要坏事儿，赶紧让守山海关的赵率教先去救援。他自己带着祖大寿、何可纲也领兵堵截金军。赵率教带兵刚到遵化，就碰上金军，在平地上打了一仗。结果，金军的骑兵占了上风，赵率教六十岁的一个老将，就这么阵亡了。袁崇焕顾不得掉眼泪，急忙赶到蓟州堵截。皇太极不敢和袁崇焕硬碰，就掉头往西，到了顺义又去通州。袁崇焕抄近道赶到通州等他，皇太极又绕回去，要直接攻打京城。袁崇焕没歇着，一口气赶到了北京广渠门外。还好，他比皇太极早一天到了，就把金军拦在了城外。这时候，调到大同守防的满桂也带人马到了。

明思宗刚听说金军来打北京那阵儿，都吓糊涂了，赶紧发通告，让各地进京勤王救他。如今袁崇焕带兵来了，满桂也带兵来了，他才松了口气，召见了袁崇焕和满桂几个，给了不少好东西，让他们千万守住京城。

第二天，两边人马在城外见了面。彼此是老对手，一边要破城，一边要救驾，都急红了眼，二话不说就开打。仗打了好些天，别提多惨了。不说金军那边受伤战死有多少，明军这边，死伤也没法儿数，满桂当场战死，袁崇焕也中了好几箭。可明军到了儿没让

明朝故事

明军和金军在北京城外打起来。

用将疑将

金军占了便宜,打了胜仗,大伙儿还是挺高兴。

皇太极可伤心透了,大老远跑来,要是大败而归,他觉着太丢人,就和左右嘀咕说:"有袁崇焕在,这个仗难打,除非把他弄死。"这时候,底下人报告说,抓住了两个太监,是出城来打探消息的。皇太极一机灵,就憋出了主意。

没多久,北京城里传开了一个小道消息,说袁崇焕早跟北国议和了,这次故意让开路,叫他们打到北京,逼皇上答应条件。这话很快叫明思宗听到了,他可就疑惑起来。前些年,袁崇焕要抢修锦州、大凌、中左三座城,招揽百姓,开荒种地,是和皇太极谈判过议和的事,为的是不让对方趁机打过来吃亏。这事他和朝廷也报告了。这回皇太极绕道打北京,莫非真是袁崇焕在通敌吗?明思宗想不明白。偏巧这当儿,被金军抓的杨太监回来了,说是偷偷逃出来的。他对明思宗说:"我在金营听他们说,袁崇焕和他们有密约,要赶紧办什么事。"明思宗一下子头大了,也不想想袁崇焕这种人会不会通敌,就下令逮捕审问。

袁崇焕自然不承认通敌,朝臣里也有好些人替他叫屈,可也有人存心往死里推他,揪住以前的事死乞白赖捣鼓。祖大寿在旁边看着,心都凉了,就赌气带兵离开京城,要回辽东。明思宗一听着了急,只好叫袁崇焕在牢里写信把祖大寿叫回来。朝臣们也劝祖大寿在阵前立功,好打动皇上开恩,释放袁崇焕。可大伙儿忙活了好些天,祖大寿也打了胜仗,还是没法儿让明思宗改主意。等金军退走了以后,明思宗就下令把袁崇焕凌迟处死(即千刀万剐)。在布告里,他把什么都扣在袁崇焕头上,除了通敌以外,杀毛文龙也算一条。北京的老百姓一看布告,哪有不相信的?都把袁崇焕恨死了,满大街"汉奸、该剐"地直骂。行刑那天,大伙儿挤到刑场,争着买他的肉吃。①

袁崇焕临死前,写了一首诗说:"一生事业总成空,半世功名在梦中。死后不愁无勇将,忠魂依旧守辽东。"他到了儿也不明白,自己怎么通敌了?明朝自打开国以来,被冤死的文臣武将实在太多了,让好多人都寒了心。有些读书人或是有点儿学问的人,看透了这些,就不愿意再走做官的道儿,就是做了也远离政事。他们一门心思钻研大自然的学问,活得自在不说,对社会发展的作用也比帝王将相大得多。

---

①据《明史》和《清实录》记载,皇太极曾订下反间计,有意放回太监报信。明思宗中计,冤杀了袁崇焕。南明时期和清乾隆年间,都为袁崇焕平反。

天下游客

在咱们中国古代，没有"科学家"这个词，可这不是说没有科学家。再早的不提，就说明朝后期这几十年，就出了四位大科学家，大发明家，在全世界都数得着，算得上是明末科学四大家。名气挺大的书画明四家（沈周、文徵明、唐寅、仇英）跟他们没法儿比。

嘉靖、万历年间，在湖广蕲州（在湖北蕲春；蕲 qí）出了个名医，叫李时珍。他祖上几代都是医生，挺有名气。到了他这儿，他爸就想让他考科举，弄个官做，好改换门庭。可是李时珍没这个心思，考了几次都不上心。打小他就爱好给人看病，采集草药，后来就说服父亲，不去求功名，也当医生。他一边为乡亲们看病，一方面钻研医书，把每种药材的性能和用处搞清楚。发觉有不对的或是医书上没有的，他都记下来。慢慢的，随着经验多了，他就有了一个想法，要重新编一本药材最全的书，留给后人。

李时珍的名声大了，让驻在当地的楚王府看中，调他到王府当医官。几年后他又给送到京城太医院当了御医。别人都说他登了天，可他兴致不高。明摆着，在太医院给当官的瞧瞧头疼脑热什么的，怎比得了为老百姓看疑难杂症长见识呐？好在太医院里藏着好

明朝故事

些古代的医书，李时珍就抽空看，倒也攒（zǎn）了好多学问。

过了些年，李时珍辞了太医院的差事，回到老家。虽然四十多岁了，可他编药书的心思更大了。这就忙活起来，又是查古书，又是看医案，又是写说辞，又是画插图，还让儿子和徒弟跟着，到山里采药找药，走了好几个省。辛苦没白下，多少年以后，他写的药书真就有了模样，起名《本草纲目》。这部书收了药物一千八百九十多种，记了一万一千多个药方，有插图一千一百多幅。别说它对中医中药的意义有多大，就是传到外国，西医看了，都挑大拇指头，说这不单是药书，也是植物学、动物学、矿物学的大作。

家在奉新（在江西南昌西）的宋应星，虽说中过举人，当过官，可他和李时珍一样，受家传影响更大。祖上是搞建筑的，他也喜欢研究各种实用技术。他觉着人要活得好一点儿，主要靠自个儿努力，要有好手艺。所以每到一个地方巡查，他最留心的事，就是看看当地有什么好物件，好技术，琢磨怎么把这些推广开。长年累月下来，走的地方多了，见的也就多了，他就整理出了许许多多的技术和经验，编成一大部书，就叫《天工开物》。书里面的内容包括粮食、油料、衣服料子、染料、食盐、糖、砖瓦、陶器、金属铸造、造船、造车、冶炼、炼炭、石灰、造纸、兵器、火药、颜料、发酵、珠宝玉器等等，不但有文字讲解，还有图示，真是太难得了。这部书，可以说是咱们中国古代农业、手工业技术的总结，里面讲的有好些在全世界数第一。有些当官的看不上这些，说他写的都是些雕虫小技，上不了台面。可他们不想想，但凡是个人，谁能离开这些个东西呐？

要说靠两腿双脚走的地方最多的，还得数江阴人（江阴在江苏常州东）徐弘祖。徐弘祖还有个更出名的称呼，叫徐霞客。他一辈子都没当过官，就是喜欢游历天下，观察地形地貌，琢磨到底怎么回事。江阴在长江边上，离入海口挺近。徐霞客打小看长江，游长江，他就寻思，长江的源头在哪儿？上游是什么样？他还特爱看《山海图经》，想知道书里写的山山水水到底有没有。这么一寻思，他就老想到外边到远处走走看看。二十二岁那年，他为父亲守孝三年完了，真想远游一趟，可又想，母亲也老了，他就不忍心说。

没想到母亲王氏看得开，知道儿子有访问名山大川的心思，她就说："男儿就要志在四方，我哪能让你跟个窝里的鸡、驾车的马似的，老圈在家里呐？"徐霞客说："儿子出去日子长了，怕您惦记着急。"徐母笑笑说："古话说'游必有方'，不管远近，不管日子长短，你只要说好了就回来，我就高兴。你到了哪儿，都要把看到的记下来，回来跟我说说才好。"徐霞客赶忙说："儿子记住了，您放心吧！"临走前，徐母把自己缝的一顶帽子给他戴上，说："我给你壮行，这帽子就叫远游冠吧！"

徐霞客这一出门，可就搂不住腿了，看了一处又想看另一处。三十多年里，他来来回回，不知出去了多少回，顶着风冒着雨，爬险山钻深洞，蹚水过河，摔跟头，陷泥坑，这些就甭说了。还有好几次，他遇到拦路抢劫的贼寇，差点儿丢了命。可有一样，他每次出游，都按时按日回家来，心里还挺内疚的。因为他媳妇儿死得早，家里一切一切，包括照看孩子，都是老母亲照料。老人那么大年纪了，每天要浇水扫地，种菜栽豆，早晨还要纺线织布，多不容易呀！每次回来，徐霞客就把看到的讲给全家人听。听了他遇险的故事，大伙儿眼都直了，徐母反倒乐了，说："你有了见识，跟平平庸庸的人不一样，没白活！"

母亲年过七十以后，徐霞客决定不再出门，要伺候老人过晚年。徐母说："我虽然年纪大了，可吃得下饭睡得着觉，你不用老惦着我。我走得动，还想和你一块儿出去看看呐！"徐霞客孩子似的，乐着说："那敢情好，我就带您去看看善卷洞和张公洞（在江苏宜兴）吧！"娘儿俩说走就走，路虽说不太远，也得走几天。徐母一路都走在儿子前头，心里高兴，一点儿不感觉累，就到了洞口。这善卷洞和张公洞都是石灰岩的大溶洞，里面的景致就像传说里的仙境，又像海底的龙宫。徐霞客打着火把，搀着老人，一边走一边看一边讲，见母亲这么有兴致，他心里也松快多了。

徐母八十几岁的时候去世了，徐霞客哭得晕了过去。没有老人的支撑，自己哪儿有今天呐？他就下决心把游历的见闻和见解都写出来，用来答报母亲。他写的就是有名的《徐霞客游记》。游记不但文辞美妙，还有高深的科学价值。好多地质地理上的现象和内在原因，都让徐霞客最早发现了，找到了。这在当时的全世界，都没人能比。

和李时珍、宋应星、徐霞客相比，生在上海的徐光启不大一样。他不但考中进士，还当了大官，最后当了内阁大学士，是正一品，到了最高层。可在研究学问上，他和那三位又完全一样，踏实极了。徐光启的父亲靠种地养活全家，他自己也打小就会种庄稼；种菜种棉花，除草施肥什么的，也挺在行。所以他对农业上的事一直很关心，搞了好多试验，像把南方的水稻带到北方种什么的。后来他又迷上了西洋科学，还和一个欧洲人常常来往。

原来在万历年间，有好些欧洲基督教的传教士到咱们中国传教。有个叫利玛窦的，是意大利人，来得顶早了。他不只是教徒，还懂得在欧洲兴起的科学知识，天文、数学、地理都挺懂。利玛窦从澳门进入内地，一边传教一边学习中国的儒学和历史，慢慢的，

天下游客

徐霞客打着火把，搀着老人，一边走一边看一边讲。

明朝故事

说汉话写汉字都行了，就认识了好些中国文化人。徐光启有一次到南京去，正好和利玛窦见了一面，就向他讨教。俩人就这么成了好朋友。徐光启后来也入了天主教（基督教罗马公教在中国的称呼）。他对利玛窦说："您何不把学问翻成我们的文字呐？我来帮您。"利玛窦说："棒极啦！我来讲，你来写。"他们就翻译了好几本科学书，最有名的当算古希腊欧几里得的《几何原本》。明思宗即位以后，让徐光启当礼部尚书。他就提议，修订一部历书，把过去有错的地方改过来，也把西洋的知识引进来。明思宗说行。这会儿利玛窦已经死了，给葬在了北京。徐光启就把汤若望（德国人）、罗雅谷（葡萄牙人）、龙华民（意大利人）几个传教士请来一块儿干，花了好几年，到了儿成功了。这部历法就叫《崇祯历书》。

徐光启和传教士打了这么多年交道，可一直没忘了自己的本行，就是农业。到了晚年，他一门心思做农业和农村的学问，领着助手，要编一部有关农业的大书，把土地管理到生产技术到国家政策等等，都写进去，叫《农政全书》。这部书是咱们中国古代农书最有名的一部，可惜徐光启自己没能看见它成书的样子。他七十二岁那年去世了。

明思宗很佩服徐光启，追封他为太保（与太师、太傅同级），还赐了谥号"文定"。问起徐太保有什么遗作，徐家人就把《农政全书》献了出来。明思宗很快批准印行这部书，可他自己没心思看。因为这时候，不但辽东那边又和金军打起来，陕北一带的民众们也造了反，发话说要推翻明朝。明朝自己就是民众造反造起来的，这会儿它也被人家反，天下这就大乱起来。明思宗顾东顾不了西，急得没法儿。

大顺大西

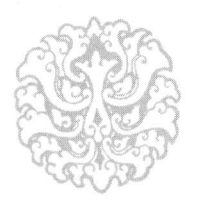

明思宗每天老早就上朝理政，一心想让明朝振作起来。这点上，他比他哥哥明熹宗强。可他一个是自高自大，听不进好话；二一个是反复无常，说翻脸就翻脸，老是他自个儿对；三一个是不爱护百姓，动不动就征税；四一个是不善待大臣，好杀人。这么样当皇帝，国家就危险了。

他即位不多久，公元1628年，在西北那地方发生了天灾，又是下大雨又是闹大旱，还有蝗虫来祸害。末了儿，像陕北一带，庄稼地里一粒粮食都没打下来。百姓真是遭了罪了，只好逃荒要饭，饿死的没个数。实在没法子，连树皮草根也吃光了，人吃人也有了。官府不但不管，还加税。明思宗光想着东北的战事，放着国库里的钱不用，倒向农民加征钱粮。旧的税还没缴完，新税又来了！这可就把农民逼上了绝路。那怎么办？反了吧！就有好些地方闹了起来。就像旋风似的，起义风忽地一下子就刮起来了。

有个高迎祥，自称闯王，当了起义大首领，手下有十三家七十二营。他们从陕西打到了河南、四川、湖北，杀官夺粮，可比等着官府上门逼税痛快多了。有个叫李自成的，是米脂人（米脂在陕西北部），放过羊，当过马夫。有一次找财主借钱，还不起高利贷，被债主报到官府，戴铐子游街。他气炸了肺，就杀了债主，跑去参加了起义军，成了高迎祥的部下。还有一个叫张献忠的，是延安人（延安在陕西北部），和李自成边边大，当过兵。可他受不了欺压，也出来造反，自称"八大王"。大家伙儿铆足了劲和官兵打，真就打了好些胜仗。

明思宗急得慌了神儿。东北那边打得不顺，就够受的，如今西北又打输了，他哪能不慌呐？他赶紧调集五个省的人马围剿。各路起义军边打边走，都到了河南。官军追过来，来了个大包围。这一来，起义军前景有些不妙。各路头领就在荥阳（荥 xíng）开了个大会。高迎祥主持说："咱们今后咋办，你们都说说。"回族起义首领马守应说："干脆过黄河到山西，那儿最保险。"张献忠把眼一瞪说："你怕啦？胆小鬼！"马守应仰起下颏儿说："你才胆小呐，看把你能的！"这就吵开了。李自成站起来说："当下最要紧的是不能泄气。一个人拼命还能打一气，何况咱们有十万人马，官军根本没辙。"大家说："这话对是对，可眼下怎么冲出去呐？"李自成说："要我说，咱们就分开几路，各朝一个地界走，让官军哪边都顾不上。这叫'分兵定所向'。"高迎祥一拍大腿说："这个主意好啊！"别人也说："对着呐，就按自成说的办得了。"当下就分了五路，按东西南北几个方向突围，说了声"后会有期"，会就这么散了。

高迎祥和张献忠、李自成是一路，按说好的，他们带人往东突围。结果一打就成功，队伍很快就进了安徽地界。安徽北边的凤阳，就是朱家皇帝的老家。大伙儿说："老朱家对咱们太狠了，走，抄他的老窝去！"凤阳巡抚杨一鹏赶忙派人抵挡，可就是挡不住。起义军涌进凤阳，杀了官抢了粮不算，还掘了朱家的祖坟，把朱元璋

大顺大西

李自成说:"咱们分开几路,各朝一个地界走。"

明朝故事

当和尚的皇觉寺也给拆了，出了口恶气。明思宗听祖坟给毁了，穿上孝服，到太庙哇哇大哭，先把杨一鹏杀了，又跟着派兵追剿，非把毁祖坟的人抓住不可。

起义军这会儿又回到陕西一带，想拿下西安城，就是长安城。朝廷一看不好，立刻让总督洪承畴、巡抚孙传庭一边死守，一边追着打。起义军横冲直撞，打下一个地方也不老待着，又去打别处。不料快到西安城的时候，中了埋伏，高迎祥给官军逮住了。明思宗赶紧让把他押到北京，凌迟处死，算是给祖宗报了仇。

起义军没了大头领，大伙儿就推举李自成当闯王。张献忠不想当副手，自己带人往西南边去了。李自成领着人马在陕西甘肃一带活动。这时候，兵部尚书杨嗣昌给明思宗出了个主意，他说："我的想法是把陕西、河南、湖广、江北四个地方当主战场，把延绥（陕北一带）、山西、山东、江南、江西、四川六个地方当分战场，这十个地界的主官要亲自出马，专管讨贼的事。这就叫'四正六隅十面张网'，准能把贼寇一网打尽。不过粮饷是要备齐的。"明思宗说："好，就照你说的办，我给你加派人马，再多征收一些粮饷。我可把话说下，再不把贼寇平了，我拿你是问！"

杨嗣昌不敢耽搁，赶紧布置下去。官军四面八方大山一样压过来，起义军这回招架不了了，好多人干脆散了摊子，要么就投降。张献忠看着打不下去了，也在谷城（在湖北北部）那边受了招安，可底下人马还归他管。这一来，官军就死追着李自成这一路打。李自成可不想投降。实在没辙了，他只好自己带着十八个铁哥们儿突围，跑到商洛（在陕西东南）的大山里躲着不露面。外边人见不着他，还以为他死了呐。杨嗣昌听说张献忠降了，李自成死了，起义的完了，这份儿得意。明思宗也挺高兴，给他升了级。

没料到才过了一年，张献忠突然来了个二次造反。原来，他明里归顺朝廷，暗里招兵买马，训练军队，看着差不多了，就在谷城亮出旗号，带人往西朝四川那边打过去。官军没防着他这一手，连吃败仗。明思宗气得叫杨嗣昌自己出马，杨嗣昌吓得心直往外蹦，赶紧从襄阳（在湖北北部）出发，带大军一通猛追。

再说李自成他们，藏在商洛山里，也是不甘心。大伙儿说："老这么躲着，多咱是个头啊！"李自成说："当年刘邦也是造反起的家，跟项羽对阵，一打就输，后来怎么着，用了计策就赢了。咱们也得动点儿心思才行。"他近来读了些书，眼界宽了不少，觉着以往所以失败，头一条是没个基地，打了就跑，粮草也就供应不上；二一条是没有有文化的人出主意。正琢磨着，张献忠谷城起事的消息传来了。李自成对大伙儿说："这就好了，咱们找老张去。"他就把原来的部下召集起来，找到张献忠，要求一起干。可张献忠不想要他，他只好打着"闯王"旗号到了河南。

偏巧这时候，河南到处受灾。灾民听说来了闯王，都来入伙找饭吃，几个文人也找上门来，有牛金星、宋献策、顾君恩几个。还有个叫李岩的，是个有心胸的人物，也来投奔。李自成高兴极了，就向他们讨教。李岩说："您要想成大事就得让百姓拥护，就得让他们得好处，就得给农民耕地，还得减税免税，这叫均田免粮。对城里的工商户，要平买平卖，不能欺压。"李自成说："这话对着了，还要讲军纪，不扰民。"

这么商量着，他们就把均田免粮、平买平卖当口号喊了出去。李岩还编了好些歌谣，让士兵们到处念叨，什么"吃他娘穿他娘，吃着不尽有闯王"，什么"开了城门迎闯王，闯王来了不纳粮"等等。老百姓听说不交税还有饭吃，哪有不乐意的呐？好多人都跑来参军，人多了，仗也好打了。义军一连气占了几座城，末了儿把洛阳也给夺了。住在洛阳城里的福王朱常洵是天下头号大财主，吃得肥胖肥胖。大伙儿捉着他一看，都说："穷人饿得猴儿瘦，他可吃得像头猪，足有二三百斤，今儿个非宰了他吃他肉不可！"李自成说："对，杀了他，为天下穷人报仇！"朱常洵就这么给义军杀了，家产也给分了。

这时候，张献忠那边也挺红火。他一路跑一路杀，杨嗣昌一路追一路堵。追着追着，张献忠猛地拐了一个大弯儿，带人离开四川，朝东跑回了湖北。还没等杨嗣昌醒过味儿来，张献忠已经到了襄阳。他们假装是官军，骗开了城门，一进城就把住在城里的襄王朱翊铭抓了起来。朱翊铭求饶说："我没罪呀！别杀我。"张献忠嘿嘿一乐说："你有没有罪我管不着，可我要杀杨嗣昌，就得借你的头。让他给你偿命得了。"他就杀了朱翊铭。

杨嗣昌听说福王和襄王都叫起义军杀了，自己的大网给破了，想起明思宗说过的话，料到一准儿活不了，只好绝食交了命。这么一来，明朝一个能抵挡起义军的大将都找不着了。

张献忠杀了襄王，又带人到各处出击，不久又打下了武昌，把楚王朱华奎也逮住了。朱华奎是老财迷，家里仓库藏着满满的金银和粮食，官员们劝他拿出点儿接济百姓和士兵，他眯着眼说："你们想让我拿钱放粮，没门儿，我一子儿没有！"城破了以后，张献忠听说有这么档子事，就说："有这么多钱粮，还守不住城，这老朱头真是个蠢货！"他叫人把朱华奎塞进竹笼里，扔进了大江，然后就开仓发银子，救济灾民。百姓一个劲儿夸他。这一来，张献忠的名气就大了去了，南方人都知道八大王的厉害，当官的害怕，穷户可都盼着他来。

张献忠连着杀了两个藩王,听说李自成也进了襄阳,还当了"新顺王",他也想做个大王。公元1643年春天,他在武昌自称"大西王",学着明朝的样儿,设六部五院,开科取官,挺像回事。可他自己老坐不住,又带人打到湖南和江西去了。

李自成当了新顺王以后,开会商量今后往哪儿去。牛金星抢着说:"直接去打北京,一举夺了宝座,天下就是咱们的了。"谋士杨永裕说:"襄阳在上游,南京在下游,不如顺江直下,先取了南京,再发兵北伐。"李自成看顾君恩直摇头,就问他怎么想。顾君恩说:"我看从南京北上太慢,直去北京又太快,万一打不胜就没了退路。关中是大王的基地,应该先取了西安,再去夺京城。进可攻退可守,才是万全之策。"李自成觉着这个主意好,说:"就这么着,打下西安再说!"他带人很快就包围了潼关。前次打败高迎祥的总督孙传庭,这回少了运气,还丢了老命,叫起义军攻下了西安。转过了年,公元1644年开春,李自成就在西安建了"大顺国",他当了大顺王,下一步就要向北京进军了。他可是不知道,有人已经自称皇帝,也要抢着进北京呐。明思宗的皇位眼瞅着要丢。

自缢煤山

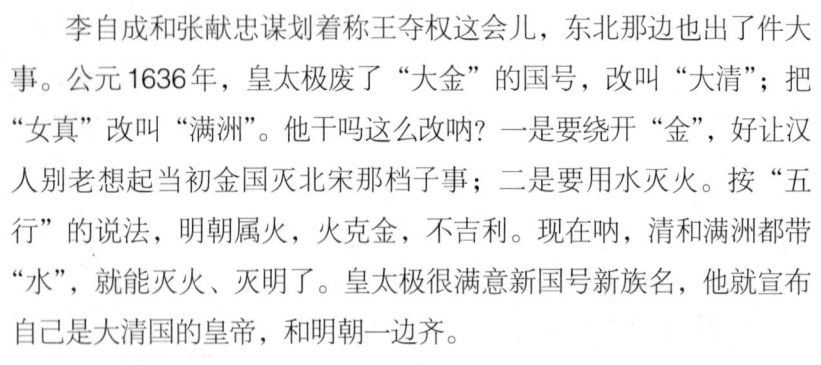

　　李自成和张献忠谋划着称王夺权这会儿，东北那边也出了件大事。公元1636年，皇太极废了"大金"的国号，改叫"大清"；把"女真"改叫"满洲"。他干吗这么改呐？一是要绕开"金"，好让汉人别老想起当初金国灭北宋那档子事；二是要用水灭火。按"五行"的说法，明朝属火，火克金，不吉利。现在呐，清和满洲都带"水"，就能灭火、灭明了。皇太极很满意新国号新族名，他就宣布自己是大清国的皇帝，和明朝一边齐。

　　接着，他就打着"清"的旗号，派重兵包围了锦州。守锦州的祖大寿忙请求增援，他的上司蓟辽总督就是和李自成他们对过阵的洪承畴。洪承畴领着大军支援锦州，一步一步往前推进，逼着清军往后退。可明思宗嫌太慢，就下令速战。洪承畴只好带一部分人马先走，到了松山（在锦州南）驻扎。没想到这就进了清军的包围圈，一仗打下来，损兵折将不说，粮草也给劫走了。松山失守，洪承畴当了俘虏。再往下打，锦州也丢了，祖大寿投降了清军。洪承畴给带到盛京，开始还英雄似的，说死也不投降。后来禁不住皇太极来软的，用情感化，他一动心，就给人家跪下了。明思宗在北京以为洪承畴为国捐躯,又追封他爵位,又设坛祭奠,还自己写了祭文。这一来,洪承畴反倒成了活烈士。

锦州一丢,山海关的门就开开了。明思宗寻思着,要是李自成、张献忠和皇太极都杀过来,可怎么招架呀?掂量来掂量去,他觉着消灭起义军最要紧,宁可失地也别丢了位子,就想跟皇太极议和,让他帮自己对付李自成、张献忠。他秘密地叫兵部尚书陈新甲办这件事,陈新甲也秘密地派人去说了。去的人回来说,皇太极一口答应,已经带回了议好的文本。陈新甲看了看,就把文本放在几案上,想转天报给皇帝。哪知底下人看见了,以为是日常通报,就给拿走抄发。这一来,消息露了馅儿,让大伙儿都知道了。大臣们出来弹劾陈新甲,说他私自和敌方议和,犯了死罪。明思宗把陈新甲叫来,生气地说:"谁让你说出去的?你赶快写认罪书,说议和是你自己的主意。"陈新甲说:"我都是按您的意思办的,怎么是我的罪呐?"明思宗怕他说出真相,就下令把陈新甲杀了,不再提议和。

皇太极可没把议和当回事,吹就吹了,还是得靠武力进关。他就派兵打打试试看。清兵很快进了关,往南一直到了山东,抢了金银十万两、牲口五十多万只、百姓三十六万。明军真就没拦着。回来的时候,骆驼队驮着东西,大模大样地通过卢沟桥(在京城西南),走了十天才完。明军就那么瞪眼儿看着,不敢管。皇太极有了底,就加紧做夺权的准备。

谁也没料到,有一天,皇太极突然得了中风,没留下什么话就死了。他的九儿子福临接位。福临才六岁,没法儿主事,大权落在了他叔叔多尔衮手里。有了丧事,上上下下忙着安顿内部,进关夺权的事只好先放放再说。

这时候,李自成的大顺军可就开过来了。当了大顺王以后才一个月，李自成就带人马从西安出发，要攻取北京。总兵力据说足有一百万。这会儿的北方，大部分都归了大顺军。明朝的地界不多了，愿意死守的官员更少，好多地方的守军不是逃跑就是投降。还不到三个月，大顺军就顺顺当当地打到了昌平（在北京城北）。

明思宗没想到起义军这么快就来了，赶紧召集大臣商议。可是能打仗的将领不是叫起义军杀了就是让他给杀了，要么就是降了，剩下的光会抹眼泪。明思宗用手指头在桌案上乱写，又让身边的太监看，原来是"文武官个个可杀"几个字。这管什么用呐？眼下，朝里听他使唤的没几个，好多大臣招呼不打就走了，要不就忙着在家收拾行李。他能支派的只有太监了。过了一天，大顺军把京城围起来，明思宗待在宫里，都能听见远处的大炮声。巡城的官员李国桢进来报告说："军士们说，吃也吃不饱，又没军饷，没力气打仗，都躺在那儿不听命令。这城还怎么守啊！"明思宗满眼是泪，对身边太监们说："只好让你们去抵挡了。"太监们腿肚子直转筋，一齐跪下说："当奴才的哪儿打过仗啊？兵器也没有，怎么打呀？"

大顺军开始攻城，各个城门眼看着都守不住了。这会儿，连太监们也自作打算了。老主子靠不住，他们就投靠新主子。曹化淳、王相尧、王德化几个大太监，领着同伙，打开了广安门、平则门（阜成门）、德胜门，大顺军就像发大水似的，一下子涌进城里。守城士兵们一看，还打什么呀？都扔了武器跑了。

明思宗听说城给破了，兵散了，他心也凉了。大臣们一个都不露面，他真成了孤家寡人。愣了一会儿，他把周皇后和田贵妃叫出来，让她们自杀；又用剑杀了两个女儿，把三个儿子托付给亲家。然后他就出了东华门，想逃走。这会儿天早黑了，他走了大半夜，也没个去处，只好又回到宫里。看见景阳钟（通知早朝的钟），他使

自缢煤山

劲撞了几下，可没有一个大臣来。没法子了，他只好下了死的心，就走出皇宫后门，来到对面的万岁山（又叫煤山，在北京景山公园）。这时候，跟在身边的太监只剩下王承恩一个。明思宗满肚子话没处说，他觉着自个儿不是亡国之君，可怎么到他这儿国就亡了呐？到了儿怪谁呀？想不明白就不想了，找到一棵槐树，这位皇帝就上吊死了。王承恩也学着上了吊。明思宗这么一死，二百七十多年的明朝统治也就完结了，但是和明朝有关的事儿还有许多许多。

天大亮以后，李自成穿着蓝箭衣，戴着白毡笠，骑着高头大黑马，领着将士们进了城。京城百姓早都知道有个李闯王，听说他来了，都出来看热闹。藏着的官员也都露了面，说愿意为大顺朝做事。大顺军的人高兴得别提，要不是造反，哪能有今天的快活呐？于是乎，大伙儿足吃足玩起来，当官的也端起了官架子。丞相牛金星坐着轿子满城转悠，张罗着登基大典，还要开考取士。大将刘宗敏负责敛财，天天忙活着向大官和富豪要钱，不给就打就抄家。李自成虽然不忙着吃喝玩乐，可也像皇帝那样，把明宫里的妃子宫女留下自己享用。别的将领没这个权利，就各找各的府第，各找各的乐子。

李自成压根儿没想在北京建都，就是想多弄些钱财，运回西安去。他可是没弄明白，造反和当家是两码事。起义那阵儿，不叫百姓纳税，靠抢官僚富豪的钱粮养军队还过得去，如今要想管好这么大的国家，还靠这一手就不成了。这么做，一来财政根基不稳，二来自己树了对立面。果不其然，官员富豪们给逼急了，对大顺军看法就变了，盼着有人能回来灭了大顺，恢复明朝。离北京最近的明朝势力，是守山海关的吴三桂，他偏向谁就挺要紧。李自成也想到这一层，就派人去找吴三桂，说他只要愿意归大顺，还能做大官。

明朝故事

明思宗吊死在煤山的一棵槐树上。

吴三桂真就答应了,带着亲兵就来北京朝见李自成。

他走到半道上,正碰上从北京来的家人。家人急赤白咧地说:"您还不知道吧?老爷子(吴父吴襄)让刘宗敏拷打追钱,弄得死去活来的。陈娘娘(名妓陈圆圆)也叫他们抢走了。"吴三桂立马变了脸,说:"这个仇可不能忘,我自有主意!"说完就带人回了山海关。他的主意就是投靠满洲,求清军为他报仇,当下就派人去见多尔衮。多尔衮一听就扑哧乐了,这可是进关夺权的好机会,他很快定了一个计策。

李自成听说吴三桂变了卦,和众将商议说:"吴三桂不降,就得灭了他。宗敏,你去一趟怎么样?"刘宗敏嘿嘿一笑说:"山海关,小地方,用鞋尖儿就能踢倒它,干吗非我去不可呀!"李自成又看看侄子李过,说:"你呢?"李过叽里咕噜说了一句什么,李自成知道他也不愿意,就说:"那好吧,我自己去,把吴襄也带上。"这一来,刘宗敏有点儿脸红,忙说:"那我也去得了。"他俩就带六万人马去了山海关。

大顺军一到山海关,当天就把吴三桂的军队围起来。吴军打了半天也没占上风,吴三桂正着急呐,忽然底下人报告说,多尔衮带清兵来了。他立刻来了精神,赶紧去见了多尔衮,正式投降了清军。第二天决战,大顺军排出一字长蛇阵,从两头朝吴军进攻。眼看着吴军顶不住了,忽然从山后出来两支人马,是清将阿济格和多铎领着的八旗兵。清军绕到大顺军旁边猛打,大顺军没防着这一手,一下子就乱了阵脚,死伤没个数,刘宗敏也受了伤。李自成骑马站在山头上,看见来了好些辫子兵,急得直喊,说:"不好!这一定是鞑子兵,吴三桂真降了北边啦!快撤!"说着,掉转马头就走。底下的人马也都跟着往回跑。清军追了一阵,看大顺军跑远了,就没再追。

李自成恨透了吴三桂，退兵路上就把吴襄杀了，回到北京又杀了吴三桂家眷。他对文官武将们说："北京待不住了，赶快回西安吧！"三天以后，李自成在武英殿忙忙叨叨办了一个登基典礼，宣布自己是大顺国皇帝。第二天一早，大顺军放火烧了皇宫，带着大批金银财宝就离开了北京。算下来，他们在北京统共待了四十二天。

隔了两天，一队人马从朝阳门开进了北京城。原来的明朝官员们以为是明军打回来了，都出来跪着迎接。可一看来人那穿戴，才知道是清军进关来了，领头的正是多尔衮。吴三桂也一身满洲人打扮跟着来了。多尔衮在武英殿召见明朝大臣说："我们大清是来给你们报仇来的，如今闯贼已经败走，我们大清就要迁都进关。你们把心放下，我们会厚葬崇祯皇帝，你们只要归顺我大清，都照样有官当。科举也照常开考。"这一来，要在北京恢复明朝就算白想了。到了秋天，福临从关外来到北京，宣布定都北京，新的王朝清朝就这么登场了。公元1644年这一年，才几个月，北京人就经过了三个朝代。

志士抗清

清军占了北京，又很快把北方占了。可淮河以南还是明朝的天下，那边的地方官都还把明朝当正统，不承认清朝。西边又是大顺和大西的地盘，人家也不认清朝。多尔衮比了比，觉着李自成顶可怕，先得灭了他才好。他就派阿济格和吴三桂带兵去追打大顺军。就在这时候，从南京来了几个使臣，说是明朝福王派来的。

原来，明思宗的死信儿传到南京，陪都官员们就吵吵要在南京立个皇帝，把明朝接下去。大伙儿挑来挑去，挑了福王朱由菘（sōng）。朱由菘他爸朱常洵被李自成杀了，他逃到了南京。大家觉着他是明神宗的亲孙子，血缘最近，就请他即位，年号弘光。内阁里头，有史可法、马士英几个。他们也认为李自成顶可恨，清军还在其次，就想联合清军，一块儿把大顺军灭了。这回派使臣到北京，一来感谢清军赶走了大顺军，二来想约定共同杀败李自成和张献忠。条件呐，一是大明朝还是正统；二是把关外让给大清；三是每年送大清十万两白银。

多尔衮听了一撇嘴说："废什么话，我朝进了关就不能退回去。告诉他们，一起讨贼还行，恢复明朝，想都别想！"他让大臣刚林接见使臣左懋第几个。刚林一见面就横着说:"我们出兵为你们报仇,你们南京一兵不发,又私自立了什么皇帝,这怎么讲,啊?"左懋第说:"我们本来要发兵的,又怕贵军疑心,这回来就是想约定讨贼。"刚林一挥手说:"甭说了,我们已经发兵南下,你们赶快投降得了!"

议和不成,清军说来就来,这就到了江北。没想到,南京朝廷自己先闹腾起来。原来大臣里面,有过去是东林党的,也有是阉党的,凑到一块儿算旧账,闹翻案,吵个没完。朱由崧和他爸一样,也是好吃懒做的一个废物。军情这么紧了,他还变着法儿地玩乐,看戏听曲,要过足当皇帝的瘾。他是郑贵妃的孙子,心里就向着阉党的人。马士英、阮大铖(chéng)都是阉党的,就得了势。史可法是左光斗的学生,属东林党,就给挤出内阁,派到扬州守城去了。这一来,底下人可不干了。东林一边的大将左良玉起兵讨伐马士英。马士英赶紧把守北边的人马调过来防左良玉。临了儿左良玉病死军中,北边的防务也空了。

史可法为人一向正派,做官也清廉,眼里揉不进沙子。看朝廷这么内斗,他失望得别提,给福王写报告说:"北军太强我军太弱,朝廷又这么个样儿。看来恢复大明没日子,就是偏安江南也不一定成。"到扬州这些日子,看见人心很散,他也觉得挺难收拾。李栖凤几个将领劝他出降,他说:"你们想富贵就请自便,我是准备死在这儿了。"李栖凤他们真就开城门降了。清军到了城下,用大炮轰塌了城楼。史可法和刘肇基几个将领带头死战,刘肇基牺牲了,史可法也被俘虏。清军头领多铎劝他说:"您也算是为明朝尽了忠,往后该为我大清收取江南山河了。"史可法说:"我到扬州来,只求一死,别的就甭说了。"多铎就杀了他。史可法虽说没守住扬州,可他宁可死也不投降，后人还是把他当成抗清英雄。

清军占了扬州，屠杀抢掠了好几天，又过江去打南京。福王听说清兵来了，吓得差点儿瘫在那儿，顾不上别人，自己就逃走了。这么一来，文臣武将降的降，跑的跑，跟崇祯朝快完那会儿一样。福王在路上，被降将田雄逮住，献给了清军。小朝廷听说福王给抓了，又拉出潞王朱常淓（fāng）来当皇帝，逃到杭州。朱常淓也是个怕死的，听说清军到了杭州，不听人劝，非投降不可。末了儿，福王和潞王都被押到北京砍了头。弘光小朝廷刚一年就给灭了。

清军到了江南，一处一处用兵，每占一座城，杀人抢劫还不算，最招人恨的就是逼人剃发（也写成薙发；薙tì）。满洲男人都是把脑顶的头发剃光，只留下后边的一块儿，再梳个辫子。汉族男的可一直都留着长发，挽成发髻；老干活儿的也有剃光头的，可不留辫子。按说各有各的习惯，碍着什么事了？可清朝就把剃发留辫当成对它忠不忠的尺子。刚进关那阵儿，它就发命令，让关内男人都剃发，可遭到反对，只好取消。这会儿打下南京，清朝就来了底气，又发布告，让所有的男人都得剃发，不剃发就杀头。"留发不留头，留头不留发"就这么嚷嚷开了。剃头匠拿着剃刀，看见男人就按下剃发。这一来，可就气坏了江南人，一场反剃发的斗争就起来了。说是反剃发，实际上就是冲着清朝统治来的。各地反清的事儿太多了，顶数"江阴八十一天"和"嘉定三屠"动静大。

清军占领江阴以后，派降官方亨当知县。方亨发出告示，让全城男人剃发。就有好多人指他的鼻子说："你本是明朝的进士，现在为清人说话，不害臊，不嫌丑吗？"季世美、季从孝几个小伙儿就打着锣，召集民众到县衙前抗议。大家把方亨拉出来，扯破他的官服，叫他收回告示，说着就要打。方亨哆嗦着说："我……我报告上

明朝故事

边，别剃发了。"这边正闹着，文庙那边也有一群人直喊："咱们头可断，发绝不能剃！"领头的是秀才许用。全城人都给惊动了，凑到一起就决定起义抗清，典史（县里管治安的官员）陈明遇和训导（管学校的官员）冯厚敦挑头，打出了"大明中兴"的旗号，先把方亨给逮了起来。陈明遇想起原任典史阎应元懂得守城打仗的事，就把阎应元请出来主事。

阎应元是北直隶通州人（通州在北京），原本被明朝调到广东任职，还没上任，就遇到这档子事。他没一点儿犹豫就答应了。连着几天，阎应元领着民众修理城墙，布置城防。赶到清军来了，城头上又是放炮又是射箭扔石头，让清军没法儿接近。清兵登着云梯爬墙，也是白费劲。清军将领刘良佐是降将，在城下向阎应元喊话说："您听我一句劝，我降了，这不还带兵吗？您过来，管保没错！"阎应元也大声说："我也就一句话：有降将军，无降典史！"刘良佐给臊得脸通红。就这么着，江阴一个几万人的小县城，拖住了清军二十多万，硬是打了八十一天。城破以后，江阴人又打起了巷战，没有一个人投降。陈明遇和冯厚敦战死，阎应元受伤被俘。清兵把他的腿扎出了血，想让他跪下，他就是站立不倒，直到被害。

嘉定（在上海）的城更小。这里的反剃发也是百姓们先起来的。一看到剃发的告示，各乡各村的农民就集合成一队一队的，都有千八百号人，一起朝清军驻地进攻，杀他们的兵，烧他们的船，拦截他们的援军，可把清军给打惨了。大家推出两个有进士身份的人主持守城军务，一个是侯峒曾（峒tóng），一个是黄淳耀。他俩虽然没打过仗，可都把生死撂在一边，组织好城防，还把"嘉定恢剿义师"的旗子插在城头。清军带了大炮来攻城，把城墙轰塌，城里的百姓就搬了木头来堵。前边人有伤亡，后边就有人补上。凑巧

志士抗清

阎应元大声说："有降将军，无降典史！"

明朝故事

天下大雨，大伙儿冒雨守城，也不后退。末了儿，城里粮草断绝，清军这才破了城。侯峒曾的两个儿子问他怎么办，他说："死就是了，还问什么？"他就跳了河。黄淳耀也自杀了。

清军进了城要报复，就开始大屠杀。对付没有武器的老百姓，他们能耐可大啦！当地义军不久又两次收复嘉定，清军也派人两次来杀人。前前后后，嘉定有两万多人受难。

还有华亭（在上海松江）的少年夏完淳，也是个有气节的。夏完淳七岁就能写一手好文章，写诗更是优良。清军南下的时候，他十五岁，刚刚成婚。可他没恋家，就跟父亲夏允彝、老师陈子龙一起参加了反清义军，在江湖上奔波。后来，义军失败，父亲和老师自杀了，他一点儿不动摇，准备出远门参加大部队。清军发觉以后，把他逮起来，押到了南京。审他的正是那年降清的洪承畴。洪承畴对他说："你一个孩子懂什么？一定是跟着人走岔道了。只要归顺我大清，保你有好前程。"夏完淳假装不认识洪承畴，很郑重地说："我早听说有个亨九先生（洪承畴字亨九）是大明朝义士，和北人作战，血溅沙场，宁死不降。百姓谁不佩服，先帝还亲自祭奠。我虽然年少，也要像他那样报国。"旁边人赶紧小声提醒他："上面坐着的正是洪大人，你别乱说呀！"夏完淳瞪大眼睛说："你们才乱说呐，亨九先生尽忠多年，天下人都知道。谁敢冒充他的英名，脏了他？"洪承畴听了，臊得一句话也说不出来，脸红得跟猪肝儿似的。夏完淳就义前写了好些诗，透着一股少年英气。像这首有名的《别云间》：

三年羁旅客，今日又南冠。
无限河山泪，谁言天地宽？

已知泉路近，欲别故乡难。

毅魂归来日，灵旗空际看。

江南百姓抗清不惜身家性命，当权的帝王官员就没这份心胸。敌人都到了眼面前儿了，不少人还争名位闹待遇，分党立派的。福王政权灭亡以后，又有些朱家人出来挑头抗清。浙江一带的官员把逃到台州的鲁王朱以海请出来，在绍兴当了"监国"。差不多一个时候，福建那边的人也把唐王朱聿键请出来，在福州当了皇帝，年号隆武。唐王和鲁王都是皇家的远枝儿，可唐王比鲁王大一辈儿，名气也大。所以各地方的官员都认可唐王，把他看成是福王的接替人。唐王自己也这么想，就派使臣让鲁王称臣。鲁王不愿意不说，还把使臣杀了。唐王给气晕了，也杀了鲁王的使臣。两个朱家王都不让步，吵翻了脸，差点儿就打起仗来，叫底下人给拦住了。

南明残喘

鲁王的军队过钱塘江打清军,收复了一片失地。可攻打杭州没成功,清军追过来,队伍就乱了套。有的投降了,有的跑远了。鲁王由官员张名振、张煌言他们护着,下海到了舟山;后来在舟山也待不住,又远远地去了厦门岛。他这个"监国"成了活摆设,倒是张名振和张煌言一直在沿海抗清,坚持了快二十年时间。

唐王算是个有志气的,即位以后就说要亲自带兵北伐,做了好些准备。可他是让泉州总兵郑芝龙给扶上台的,不能不看人家的脸色。郑芝龙原本是大海盗,阔气得别提,后来被明朝招安,当了总兵,手里有钱又有兵,谁也不敢惹。这次,他听弟弟郑鸿逵(镇江总兵)的话,保唐王当了皇帝,可并不想跟清朝闹翻脸,要等机会当更大的官。所以唐王说要亲征,他一死儿不点头,不给钱也不给兵。唐王亲征泡了汤,挺郁闷。还是湖广总督何腾蛟和巡抚堵胤锡让恢复明朝有了点儿盼头。他们的办法是和大顺军联合,共同抗清。

原来,李自成从北京退回西安以后,发公告说,今后要主打清军,把清军赶回老家去。可部下的心气差多了,军纪坏了,百姓对大顺军也就没了热乎气儿。临到清军打过来,大顺军连吃败仗,李自成在潼关打一仗也没赢。他只好放弃西安,领着部下往南撤退。李自成的侄子李过、妻弟高一功领着另一路人马退到了四川。清军紧着追,李自成紧着退,一直退到了湖北湖南江西交界的地方。据说有一天,他到附近九宫山(一说在湖北通城,一说在通山)的一座庙里拜神,拜完了就躺地下睡着了。偏巧有个当地农民进来,看地下躺着一个大汉,穿得破烂,脸也挺脏,以为是个山寇,就一家伙打下去。李自成没带护兵,没人救他,就这么给打死了。这以前,李岩被害,刘宗敏被清军捕杀,牛金星和宋献策降了清。这会儿李自成也死了,大顺军没了领头的,就像大山要塌了似的。

将领们率军退到湖南,想给士兵们找条活路,找个能安置这么多人的地方。找谁呐?他们先就想到了唐王的湖广总督何腾蛟那儿,派人一说,真就成了。何腾蛟答应和大顺军联合抗清。可他又觉着这伙人是"贼寇",一下子都过来,万一又造起反来,够受的。这么一想,他就不愿意给大顺军地盘,粮食也给得挺少。大顺军这么多人马,还带着家眷,吃住是头等大事。吃住没着落,他们只好就地想办法,短不了去抢,这又跟当地百姓起了矛盾。正为难的时候,清朝的湖广总督佟养和派人拉拢大顺军来了,说只要过去,就能当官,吃住不愁。头领们就悄悄和清军联络,要求给地方,发粮饷。佟养和答应给他们找地方安置,可非得要剃发留辫才行。这一来,大顺军又不干,这事就吹了。

过了不多久,李过和高一功带的那一路大顺军也到了湖北。湖南这一路就北上去和他们会合,只有郝摇旗的人马留在了湖南。郝摇旗本来是大顺军的旗手,因为挺能打仗,后来就当了头领,有了自己的队伍。他在大顺军里地位不高,可何腾蛟看他实心眼儿,打仗不惜力,好支派,就把他留下跟自己在一块儿。

明朝故事

李过他们在湖北，给养不足，日子不好过，心里也没底。佟养和就又派人劝降，别的不说，一提要剃发留辫子，双方就谈崩了。还是唐王的巡抚堵胤锡有办法，到了儿说服了李过他们，铁了心跟明军联合抗清。堵胤锡觉着大顺军能吃苦会打仗，恢复明朝用得着。他就自己到了大顺军营，和李过、高一功一边喝酒一边聊。他说："大明朝虽然失了北方，可人心还在，咱们一块儿抗清，这才是大忠大义呐！"李过挺感动，也说："只要朝廷不记着过去的事，我们愿意归顺，合起来打鞑子。"堵胤锡还见了李自成的妻子高氏，高氏也说愿意。这么着，大顺军答应去掉国号，听朝廷指挥。堵胤锡上报唐王，请封大顺军将领。

报告到了唐王那儿，有几个大臣一听就嚷起来说："李自成破了北京，逼死先帝，这个仇还没报，怎么能封他的死党呐？"可也有的大臣说："堵胤锡的主意有远见，抗清最当紧，咱们不费力就添了那么多精兵，这可是天大的好事。"唐王也点头说对，他就把李过改名李赤心，高一功改名高必正，都给了封赏。大顺军改叫"忠贞营"。

忠贞营这就开拔出征，果然打了好些胜仗，收复了不少失地。可是在攻打荆州的时候，吃了大亏。本来商定，堵胤锡带着忠贞营打荆州，何腾蛟领部下从长沙出发，截住清朝的援军，两下里在武昌会师。不料想，何腾蛟的前队走到半道，听说来了一大批清军，没上去迎战，反倒扭头逃跑了。何腾蛟看前边人往回跑，以为打败了，也退回了长沙。这么一来，忠贞营只好孤军作战。清军赶到荆州城外，抽冷子一个猛攻，就把他们给冲散了。李过带人往三峡那边撤退。堵胤锡从马上掉下来，摔断了胳膊。忠贞营的大将田见秀、张鼐几个，见清军围上来，带着手下人马降了过去。多尔衮接到报告，想起当初招降不成的事，就说："这些人反反复复的，靠不

南明残喘

堵胤锡说:"咱们一块儿抗清,这才是大忠大义呐!"

明朝故事

住，不能留。"下令把田见秀他们都杀了。

过不多久，唐王那儿又出了岔子。郑芝龙暗地里和清军来往，唐王不愿意让他捏在手里，就自己带着家眷出走，要到江西去。半道上，正碰上一股清军过来，他身边人马太少，结果被逮住杀了。唐王政权也只有一年多就完了。郑芝龙干脆公开投降了清朝，去了北京。他儿子郑成功不愿意，自己带人在沿海一带抗清。

唐王遇害的消息一传开，官员们又着了急，赶紧把明神宗的另一个孙子桂王朱由榔（láng）请出来，让他在广东肇庆即位，年号永历。不料有个叫苏观生的官儿，又把唐王的弟弟朱聿𨮁（yù）拉出来，让他在广州当皇帝，年号绍武。两个皇帝争位争翻了脸，还打了一仗。绍武这边打赢了，可也把清军给吸引过来了。清军一个猛攻，就破了广州城。朱聿𨮁被逮住，绝食自杀；苏观生也跟着上了吊。绍武政权才一个多月就亡了。清军又去追打桂王。

桂王给吓怕了，听见点儿风声就想跑。他从肇庆朝西跑到广西梧州，又跑到桂林，又往北跑到湖南武冈。清军追过来，他就接着跑，到了广西柳州，末了儿又回到了桂林。皇帝光知道逃跑，得亏大臣瞿式耜（sì）硬撑着，才勉强立住脚。瞿式耜劝桂王说："您老这么跑，以走为上策，士气上不来，敌人也就总在后头跟着，太危险啦！"桂王扯着脖子大叫说："你这么说，就是想让我死！"经过大伙儿一通劝，他才回到肇庆。何腾蛟、堵胤锡听说了，就让李过带着忠贞营过来增援，郝摇旗也到了广西，这才打跑了清军，解了围。往后两年，抗清形势有了起色，收复了湖南湖北大片失地，北方山西、河北、天津有好多军人反正（降清后又归明），百姓也起来抗清，闹得清朝四面都是敌人。

形势刚好一点儿，桂王政权就又起了矛盾。原来的官军跟忠贞营的人也面和心不和,当面笑不唧儿的,背后一口一个"贼"地叨咕,叫忠贞营上下都不痛快。偏巧,撑着永历朝的几根台柱子一连串儿都倒了:何腾蛟被清军抓住,绝食殉了国;堵胤锡也在同一年病故。转过年,瞿式耜被捕就义,李过病死(也有说出家当了和尚),高一功又牺牲了。这么一来,收复的地界又给丢了不少。忠贞营的将领刘体纯觉着和桂王没话可说,早就带自己的人马单干,在湖北西部大山里安了营。不多久,袁宗第、郝摇旗和李过的养子李来亨他们也来了,大顺军的人又聚到了一块儿,推举刘体纯总管军务,号称夔东(指夔州东一带,夔州在重庆奉节;夔kuí)十三家。朝廷也派官员来当监军,大家伙儿就在这一带接着抗清。

桂王身边缺了帮手,少了能打仗的忠贞营,没着没落的。正着急的时候,大西军派人和他联络来了。大西军好久没露面,这些年在哪儿呐?原来,李自成进北京那年,张献忠在四川成都也建了大西国,当了皇帝。清军入关,张献忠领兵抗清,中箭身亡。他早先收了四个养子,个个都是干将,有平东将军孙可望,安西将军李定国,抚南将军刘文秀,定北将军艾能奇。四将军领兵打到了贵州又进了云南,推举孙可望当国主,就驻扎下来。孙可望和李定国他们主持着减赋税,奖开垦,惩贪官,明军纪,搞得挺红火。

可李定国觉着老在云贵窝着,太憋屈,就对孙可望说:"咱义父和李闯王打了一辈子仗,可让鞑子给占了便宜。我看应当跟朝廷和好,恢复国家,也算是一番大事业。"孙可望说:"咱俩想的一样,我这就派人去找。"这么着,他就派使者来见桂王,说愿意帮他一把,共同抗清。桂王前不久又逃到南宁,再到濑湍(在广西崇左),正愁没地方待,哪有不乐意的呐?孙可望就派人把桂王接到安隆(在贵州安龙),大西军也有了明朝的番号。

明朝故事

艾能奇前不久阵亡，三将军商量着要出兵抗清。说好了，李定国去打湖广，刘文秀去打四川，孙可望坐镇贵州。刘文秀一路开头打得挺好，带的大象一出阵，就把清军的马吓跑了。可他性子太急，忙着攻城，结果又败退回来。

李定国一路打得真漂亮。他带兵进了湖南，也是用大象吓跑了敌人，连着拿下几座城，没歇脚就攻入广西，一口气全歼了全州（在广西东北部）守敌。清军头领孔有德是明朝降将，因为打仗卖力气，当了平南大将军，又是定南王。他驻守在桂林，听说全州丢了，马上带人反扑过来。没想到李定国气势更大，双方一交手，他就给打败了。孔有德逃回桂林，刚进城，李定国就领着人马追上来，把桂林围了个严实。孔有德的部下都在外地，来不及增援。明军加劲儿攻打，很快破了城门，涌进城里。孔有德一看坏了事，跺着脚说："唉，完了完了！"就放把火烧了房子，自己也拔剑自刎。

李定国收复了广西，又带兵回攻湖南。清朝赶紧让亲王尼堪当定远大将军，领着八旗军南下增援。尼堪领兵到了湖南，进军到了衡阳。李定国事先埋伏好了重兵，双方一交手，明军先假装往后退。尼堪带人追上去，可就中了埋伏。李定国一声令下，明军从四面过来，清军光剩了挨打，连尼堪也在混战中给杀了。李定国这回出征，要了清朝两个大将军的命，震动了全国。大伙儿都管他叫"小诸葛"。李定国乘胜打到广东，跟在沿海抗清的郑成功也接上了头。照这么打下去，抗清就有希望了。

哪承想就在这时候，后方又出了乱子。孙可望小心眼儿，看李定国打了胜仗，名声大振，就怕他压过自己，连忙让李定国回来，说有要紧事商量。刘文秀向着李定国，劝他多留神，看看再说。桂王手下的大臣也来搅和，劝孙可望把桂王废了，自己当皇帝。孙可望动了心，打算派人把桂王接到身边，逼他让位。桂王得了信儿，紧着派人找李定国，求他救救。李定国就派人把桂王接到了昆明。孙可望觉得脸没处搁，干脆撕破脸儿，带人打起了内战，攻打昆明。他可万万没想到，底下人都拥护李定国。对阵那天，士兵倒了戈，把他倒打得稀里哗啦。孙可望没处去，心一横就跑到长沙投降了清军。这一来，风向可就变了。

孙可望把桂王和大西军的底数告诉了清军，又带着清军来叫阵，洪承畴和吴三桂这俩降清大将领着人马也来了。清军占了上风，李定国就吃了败仗，边打边退，退到了国界线一带，前边就是缅甸国了。李定国对桂王说："咱们要么去广西，要么去四川，在那儿能跟清军兜圈子，有余地。"桂王摇头说："不如到缅甸避难，他们还能出国打我不成？"说不到一块儿，李定国只好和桂王分手，把他送出了国门。

桂王在缅甸待了两年多，过得挺松心，想以后就这么着得了。可吴三桂不让他这么着，逼缅王交人。缅王不敢得罪，在公元1661年把桂王送了回来。李定国听说桂王落到吴三桂手里，忍不住大哭了一场，害了重病。他把儿子叫到跟前，嘱咐说："你可千万记住了，咱们宁可死在荒郊野地，也不能投降！"这位抗清英雄就咽了气。过后不久，桂王让吴三桂用弓弦勒死。大西军抗清也就失败了。

再说夔东十三家。到山里这些年，忠贞营的将士一边打仗一边组织生产，有吃也有穿。主持军务的刘体纯小名叫二虎，不但会用兵打仗，治军也很严明，还注意爱护当地百姓，威信就上来了。公元1663年，清军集中几个省的兵力进攻夔东。事先，清朝发公告说，只要刘二虎等人归顺，以前的事一概不追究。刘体纯没搭理，和郝摇旗、袁宗第、李来亨互相支援，打退了敌军好多回。可清军

明朝故事

一拨一拨上来，仗越打越难打。郝摇旗和袁宗第把阵地丢了，只好到巴东（在三峡中段）投奔刘体纯。刘体纯这儿兵力也不多，清军追过来，他们抵挡不了，一直往后退。眼看着基地被敌人占了，刘体纯对家人说："打了这么多年，看来这回真没指望了。"他就带着全家自缢殉了国。当地百姓听说刘体纯死了，都忍不住流了泪。清军头领不敢背了民心，命令好好安葬了刘体纯的遗体。郝摇旗和袁宗第继续抵抗，桂王的使臣洪育鳌和东安王朱盛蒗（làng）也紧跟着。末了儿，他们被俘虏，都给杀了。

这么一来，夔东十三家只剩下李来亨一支还守在茅麓山（在湖北兴山）上。茅麓山是个绝地，四边都是悬崖，长满了荆棘野草。李来亨他们在这儿驻扎多年，藏了不少粮食。清军来攻打，他就决定死守。清军知道硬攻不行，就用围困的法子，派了大批军队连营扎寨，还挖壕沟立木桩挡着，不让山上人出来。这么一直围了好几个月，估摸着山上粮食快没了，清军这才开始攻山。这场大战太惨烈了，山下朝上冲锋，山上往下突围，多少次都没成功。清军派降臣去劝降，也被李来亨杀了。最后还是山上粮食真没了，军心散了，清军才爬上去占了山头。李来亨见大势去了，放火烧了房屋，然后全家投火而死。清军死伤没个数，只占了个空山头。官兵都给吓出了毛病，往后一遇上打大仗，大伙儿就说："又要上茅麓山啦！"

茅麓山一仗打完了，桂王朝廷里没了人，外面光剩下郑成功还在海边儿坚持着。从福王、唐王到桂王几个政权，经过了二十年，历史上叫它南明时期。南明失败，可是各地民众反清的活动一直没断，清朝的日子也不那么好过。

清朝故事

雪岗 ◎ 编著

行痴天子

公元1644年，清军进了北京，原来的"大清国"掌管了全国，清朝也就开始了。清朝和明朝差不多，皇帝不管在位多少年，都只用一个年号。清朝人也喜欢用年号称呼在位的皇帝。这比以往用谥号或是庙号叫着顺嘴儿。谥号和庙号都是皇帝死后才有的，他活着那阵儿还没有，就容易让了解历史不多的人给弄混了。

清朝进关头一个皇帝福临，庙号世祖，年号顺治。顺治帝即位的时候才六岁，所以军政大事都是叫他十四叔睿亲王多尔衮管着。多尔衮本来挺想自己当皇帝，他打小就聪明，计谋多，在兄弟当中拔尖儿，又立了几回战功。皇太极一死，他就有心出头挑大梁。他的同母兄弟阿济格和多铎也都把着军权，跟他一个心眼儿。可皇太极的长子肃亲王豪格也想接班。豪格虽说是多尔衮的侄子，倒比他这个叔叔大好几岁，拥护他的人很多。两个人较起劲来，谁都不想让步。这就叫福临有了机会。

福临的亲妈庄妃是蒙古人，姓博尔济吉特。她在皇太极后妃里地位不算高。可凑巧，她的堂姐嫁给了多尔衮。如今，看着姐夫和豪格争皇位，她就对多尔衮说："按功劳论才能，你当皇上没的说。可你哥哥的儿子们不会答应，闹起来对谁都不好。这个理儿，你可比我明白。"多尔衮问："你有什么高见？"庄妃抿嘴一乐，说："不如让我儿子即位。你当摄政王，什么都由你说了算。他一个孩子家，能不听你的吗？"多尔衮一想，自己的实力跟豪格比，不占上风，争起来不定怎么样。他就同意了，把这话一说出去，上上下下都说行，豪格也不好再争。这么着，福临即了位，庄妃给尊为太后，就是孝庄太后。多尔衮当了叔父摄政王。一块儿摄政的还有郑亲王济尔哈朗。济尔哈朗是努尔哈赤的侄子，比多尔衮大十多岁。

赶到清军入了关，打败了李自成和张献忠，又灭了南明福王和唐王，多尔衮的功劳就大了去了，又被顺治帝尊为皇父摄政王。这等于说，顺治帝把多尔衮看成了亲爸爸。有些人就琢磨，是不是孝庄太后下嫁了多尔衮呐？其实古时候，把功劳特别大的臣子尊为"父亲"的不稀罕。可这么一来，多尔衮就给自己埋了祸根。他做事挺专横，容不得人，有了大权就不把小皇帝放在眼里了。像把皇帝的大印拿回家里、凡事不和皇帝打招呼什么的，这种事都短不了，可也都犯了大忌。

多尔衮把豪格和济尔哈朗看成对头，想着法儿地整治。有人揭发豪格背地说他的坏话，要造反，他就杀了豪格的亲信，还要杀豪格。顺治帝是豪格的弟弟，见哥哥要给杀了，难过得直哭，饭也不吃了，多尔衮才罢了手。小皇帝为这事特恨他。没多久，多尔衮又说豪格重用坏人、让部下冒功领赏，犯了大罪，把他的爵位免了不算，还给下了狱。豪格也是立过大功的，哪受得了这份儿窝囊气呐？没多久就死在牢里。济尔哈朗一直向着豪格，多尔衮也一直压着他，末了儿把他的摄政资格降为辅政。济尔哈朗表面顺从得像猫

似的,心里也恨极了,把多尔衮干的事一笔一笔都记着,等有机会报复。

公元1650年秋天,多尔衮有一次到古北口打猎,不小心掉下马来,摔伤了膝盖,治不好就死了,才三十九岁。十三岁的顺治帝亲政,追封多尔衮是"诚敬义皇帝",就是名誉皇帝。葬礼也是照着皇帝的规格。哪承想,才过去两个月,济尔哈朗他们就揭发起多尔衮来,摆了好多不是,说他早有篡位的心肠,应该降罪。顺治帝立马翻脸,削夺多尔衮爵位不说,还没收了家产。受过多尔衮气的那帮子人刨了他的坟,拉出他的尸首又打棍子又抽鞭子,连脑袋也给砍了。旁眼人都说,当年多尔衮整豪格就挺过分,如今这么整多尔衮更过分。①

别看顺治帝还是个孩子,可他知道有权比有什么都要紧。亲政以后,他就直接掌握了正黄、镶黄、正白三支最厉害的军队,叫上三旗,下五旗的旗主也说好要由皇帝任命。对大臣,他也学了明朝的办法,设立内阁,让大学士辅政,还重用汉族的文官武将。再就是收取人心,他也懂。清朝刚入关那阵儿,还是用满洲老习惯,让贵族随便圈地。谁骑马跑一圈,就把百姓的地和住处都圈进来,归他所有,人也成了他的奴仆。这规矩太原始了,搞得好些农田成了牧场,变成了荒地。汉人哪有不反对的呐?顺治帝就下令把圈的地退还原主,以后不许再圈占民间房屋耕地。这么一来,清朝的执政水平就提高了一大块。

顺治帝把太监又恢复起来,宫里一下子召进好几千太监。有的御史反对说:"历朝历代,太监都是祸害,咱们满洲人一向不用太监。"顺治帝急了,板起小脸儿说:"我用太监可不许他们干政,和

---

①乾隆朝的时候,为多尔衮平反,恢复了睿亲王的爵位。

清朝故事

历朝历代不一样。你们就甭管了。"这件事虽说办得不好，可大臣们都看出来，顺治帝人小心大，脾气暴躁还挺拧。别说文武百官了，就是太后，也拿他没办法。

眼瞅着顺治帝长大了，孝庄太后就张罗着给他找皇后，好完成大婚。她给找的也是蒙古族姑娘，还是自己的侄女。十四岁那年，顺治帝娶了皇后。可他一开初就不喜欢她，待理不理的。孝庄太后问起来，他就说："皇后好忌妒，看见谁长得好看，就恨得要死。又好排场，什么物件都得是金银珠宝的。她跟我合不来，我要废了她。"孝庄太后很不高兴，说："皇后哪能说废就废呐？"顺治帝犟嘴说："自古以来，废皇后可不稀奇。"这事传出去，好些大臣都反对，他们一起上奏说："皇后是天下之母，关乎国家脸面，可不能轻易更动。"顺治帝逮住理说："正是因为皇后要母仪天下，她不够格，我才要换的。"争论来争论去，大伙儿还是说不过他。顺治帝宣布，把皇后降为妃子，让她自个儿住着去了。

孝庄太后又忙着给儿子再立皇后，她还是要在自己娘家找。顺治帝挑了大半年，才选中了一个，第二次办了大婚。哪知道没隔多久，他对新皇后又挑起眼来，说她人品凑合，就是太一般，和自个儿没话说。可他再提废后的事，孝庄太后怎么也不答应了，娘儿俩就这么起了矛盾。原来这顺治帝从小学习汉文化，喜欢写诗，会画画，总想有个聪明贤惠又温柔的女人做伴。两立皇后都不成功，他心里特不痛快，动不动就发脾气。

过了两年，顺治帝真就看上了一位，是董鄂妃。说起这事来，好像是个猜不透的谜。董鄂妃是大臣鄂硕的女儿，进宫的时候已经十七岁，在那会儿算是够大了。可她一进来，就被封为"贤妃"，一个月后又升为"皇贵妃"，皇后往下就数她。不光这些，顺治帝还破例把册封皇贵妃的事,像册封皇后似的,通告天下。可见他有多高兴了。这么一来,关于这位皇贵妃的来历就传开了。有说她就是和陈圆圆一拨的秦淮名妓董小宛,这当然没个影儿。有说她本来是顺治帝的弟媳妇儿,让他看中,给抢过来了。不管是不是真的,顺治帝这回是动了真情,喜欢董鄂妃喜欢得没法儿,逢人就说她有多好多好。

董鄂妃不光长得好看,还知书达理,知道心疼人,对皇帝照顾得没得挑,对太后和皇后也挺尊敬。上上下下没有说她不是的。自打有了董鄂妃,顺治帝安静多了,脾气也好了,只愿意和她亲热。隔不多久,董鄂妃生了个儿子。顺治帝更高兴了,管这个儿子叫"朕第一子"。其实他已经有了三个儿子,为什么把这个叫第一子呐?明摆着,他是要把他立为太子。可万没想到,不过三个月,第一子还没来得及起名字,就害病死了。顺治帝难过得别提,为了安慰董鄂妃,就给这个孩子追封了亲王。

董鄂妃受不了打击,一下子得了病,两年以后也没了命。这可把顺治帝给害惨了。当着底下人的面,他顾不得皇帝的身份,就那么闷闷大哭,一边哭一边还说:"我也不活了,跟了她去吧!"说着就要自杀。孝庄太后连忙下令,让人黑天白夜都得守着他。定下神来,顺治帝就决定厚葬爱妃,追封皇后不说,还让满朝文武和全国百姓服丧。这还不算完,他还命令三十个太监和宫女自杀,给皇贵妃殉葬,到阴间去伺候。打这儿起,这位年轻皇帝像丢了魂似的,一天天瘦下来,还时不时地念叨:"我要出家当和尚去!"大伙儿听了直纳闷儿。

原来,顺治帝打小信佛,亲政这些年,他觉着处理政务军事忒烦人,老想清净清净。前几年他到海会寺去,跟和尚聊了聊,挺羡

清朝故事

顺治帝让和尚给自己剃发出家。

慕出家人的无忧无虑。和尚们就说他前生本是佛。他真信了,说:"我一进佛寺就觉着舒服,不想回宫里去了,看来我前生肯定是僧人。要不是怕太后挂念,赶明儿我就出家当和尚。"和尚们说:"皇上真是佛心天子啊!"顺治帝眉毛尖儿一扬说:"我今后就是佛门弟子了。"他给自己选了个法名叫"行痴",法号"痴道人"。打这儿起,顺治帝对国事越来越没兴趣,还写诗说:"我本西方一衲子,因何生在帝王家?十八年来不自由,南征北讨几时休?我念撒手归山去,谁管千秋与万秋。"

这回董鄂妃一死,顺治帝觉着在凡间一点儿乐趣也没了,就动了出家的念头,三天两头往庙里跑,整宿不回来。就有那么一天,他把和尚行森叫来,让他给自己剃发出家。行森说:"您是皇上,我可不敢。"顺治帝说:"我决定不当皇上了,去当和尚。好歹没你什么事!"行森只好给他剃了个光头。这事一传出去,满朝文武都傻了。最急的就是孝庄太后。她生气地说:"这孩子真没皇帝的样儿,快把玉林通琇禅师找来,叫他管管他的徒弟!"玉林通琇是行森的师父,一听徒弟给皇帝剃了和尚头,赶紧来了,一见行森就骂着说:"你敢给天子剃度,我饶不了你!"让人堆柴火,要把他烧死。顺治帝哪能看着他死呐?只好说:"这事是我的主意,既是这样,我不出家就是了。"行森这才捡了条命。

顺治帝虽说没能出家,可他的心已经收不回来了,身子骨也垮了。公元1661年,董鄂妃死后不到四个月,这位怪异的痴皇帝也归了西,留下了好些让人费解的难题。

学贯中西

　　顺治帝死的时候，才二十四岁。据说他得的病是天花，当时人叫"痘"。这个病在那会儿是绝症，就是没死，也得落一脸麻子。顺治帝知道自己出了痘，料想活不了啦，就紧着安排起后事来。一是叫大臣王熙和麻勒吉写遗嘱；二是指定八岁的三儿子玄烨（yè）接位；三是任命了四个辅政大臣主持朝政。这三项里面，先不说后两条，单第一条就让人弄不懂。古代皇帝遇到天灾人祸什么的，就下"罪己诏"，把责任往自己身上揽，求上天保佑。顺治帝也这么干过。可他在遗嘱里给自己列了十四条大罪，差不多把以前做过的事都否了。这么敢自我批判的皇帝，他还是第一个。遗嘱是他死后才由朝廷宣布的，所以好多人认为那不是他的本意，而是孝庄太后和大臣们的意思。顺治帝的好多行为，让他们不满意。后来关于这位天子的结局有种种别的传言，虽说都是乱猜，可也跟他太怪有关系。

　　孝庄太后对儿子不满意，可对孙子玄烨很满意。让玄烨即位接班，也是她的主意。玄烨的亲妈是个汉人，娘家姓佟，在宫里当妃子，不怎么招待见。后来生了这个儿子，不想儿子又出了痘，留下了一脸浅麻子。顺治帝光顾了跟董鄂妃好，对玄烨问也不问。把他立为太子，跟一位叫汤若望的德国传教士有关系。汤若望很受顺治帝重用，和太后也挺熟。他说得了天花的人能终身免疫，不再得这个病，活得长远。玄烨这才被认定接班。谁也没想到，就是这个麻脸的玄烨，改变了人们对满洲人的看法，给清朝添了好大光彩。

玄烨即位，就是清圣祖，年号康熙。康熙帝在位六十一年，是历史上当皇帝年头最长的。他顶突出的是文化水平高，历史上能在文化上跟他相比的皇帝还真没有。他八岁登基，还不能亲政，主要就是学习，而且他一辈子都在学这学那，学习简直就是他的伴儿。到了儿是当皇帝的，给他讲课的老师多得是。满文和蒙古文不用说，教汉文的，也有专门的老师，先读《三字经》《百家姓》《千字文》，随后就是四书五经，历代经典。念的书和别人一样，可康熙帝学得认真，效果就不一样了。他对左右说："哪有生下来就什么都会的圣人？都是学习以后才成的。"为了多学点儿，他每天起得特别早，等着老师来讲课，晚上睡得还挺晚，常常读到二更天。以往皇帝读书也放寒暑假，天冷天热就不读了，康熙帝可不放假，差不多每天都上课读书。伺候的人都劝他别这样，太皇太后也说他："你是天子了，何至于像考科举那么苦读呐？"康熙帝笑笑，照样读。过后他对大家说："小时候读的，一直不忘，长大以后读的，容易忘，可见幼学像太阳光，晚学只像蜡烛光了。还是赶早儿多读些好。"

这么着，康熙帝就把经学和历史的学问都装在了肚子里。他还觉得少点儿什么，就是诗。有人说："经史是治国的根本，诗就不大要紧了。"康熙帝说："不然。人都有情感要抒发，诗就是情感的寄托。吟咏诗的时候，情感就高扬了。可见诗也是教化的东西，不能缺了。"他就一边背诗，一边学着写诗，写完了让老师们帮着修改。

不知不觉,他写了好些诗,还常常用诗来表示看法。有一回,康熙帝到外面去,看见一尊石人像,就随口问跟着的一个翰林:"他叫什么呀?"翰林说:"叫仲翁。"康熙帝笑不唧儿的没说什么。第二天早朝,等到快散的时候,他叫太监给那个翰林一张纸,翰林一看,上面是皇帝写的一首诗:"翁仲如何读仲翁,想必当年少夫功。而今不得为林翰,贬尔江南作判通。"原来康熙帝知道石人叫翁仲,故意考考翰林。翰林说反了,康熙帝就和他幽默了一回,在诗里把"翁仲"、"功夫"、"翰林"、"通判"都给反着写了。

康熙帝把中国的文化老传统学了个遍,可一遇到具体事儿,他就觉得不够用,还得多学。亲政之前,钦天监(管天文历法的部门)的官员杨光先上奏说,德国的汤若望和比利时来的南怀仁几个修订的一部历法,只编了二百年,这不是咒大清朝短命吗?应该治罪。原来自打明朝利玛窦那一拨西方传教士来了以后,又有好些欧洲人到中国传教,也捎带着把西方的科学技术带了来,有的还进了宫廷当了官。汤若望懂得天文,就当了钦天监的头儿。顺治年间,他和南怀仁制定了一套新历法,叫《时宪历》。杨光先看外国人不顺眼,就告了一状。别人告诉他说:"汤若望的历法挺准的,何必跟他过不去呐?"杨光先说:"西洋人干吗管咱们的事?宁可让中国没好历法,也不能让中国有西洋人!"辅政大臣鳌拜握着实权,支持杨光先,就下令把汤若望和南怀仁下了狱,还把汤若望判了死罪。后来,孝庄太后让放人,可汤若望不久就死了。杨光先主管钦天监,他原本是个外行,不懂天文,就经常出错。

赶到康熙帝亲政,杨光先上了一道历书,南怀仁看了说:"你的历书错处不少,闰月也搞错了。"杨光先没好气地说:"错不错的,也是我们中国的,比你的强。"俩人就吵起来。康熙帝也分不出谁对谁不对，就说："你们俩当场测一测，看谁的准。"挑了个日子，两个人就来测日晷（guǐ）投影。杨光先让助手测了，南怀仁也测了。结果南怀仁测得挺准，杨光先测得差远去了。再测节气，也是一样。杨光先闹了个大红脸，没法儿下台。康熙帝当即就撤了他的职，让南怀仁主管钦天监。

过后一想，康熙帝就对大家说："天文历法古来就有，可我朝大臣没有一个真懂的。我自个儿不知道，怎么判断是非？看来非发愤学学才行。"打那儿起，康熙帝就决心学习西方的新鲜知识，让南怀仁当老师。南怀仁就给他讲欧洲的天文历法，还有数学。这可都是一般中国人学不到的，早先只有明朝的徐光启他们懂得。不单讲课，南怀仁还设计制造了好些天文仪器，有经纬仪、天球仪什么的，让康熙帝边学边观测。南怀仁后来死在中国，康熙帝又叫法国人张诚、白晋，葡萄牙人徐日昇，意大利人闵明我、德里格几个当老师，学的东西更多了，有西医、西药、人体解剖、化学、地理、测绘等等，连哲学、音乐和拉丁文，他也挺有兴趣。那段时间，他每天都花上大半天学，晚上还要自学。有一次，他听说张诚他们把人体的构造画成了图，就叫人赶紧拿来，对照着中文名一一比对，兴致高得别提。

这些西学里头，康熙帝顶喜欢数学。光是欧几里得的《几何原本》，他就看了不下二十遍，代数、三角、对数等等，也都学过。西方数学把计算和实地测量结合，康熙帝觉着好，也经常到御花园测假山和亭子，外出打仗或者是到哪儿巡视，也带着测量仪器，有空就测地形，测子午线，计算高度、面积、体积，挺像回事。

有一次南巡，大学士李光地送上一本数学书，是当时有名的数学家梅文鼎写的。康熙帝连夜看了，对李光地说："这本书写得很细

清朝故事

康熙帝到哪儿都带着测量仪器,有空就测地形。

致，议论也公平，老先生学问很深呐！我要带回去好好看看。"过后，他边看边写了好些批注，让李光地还给梅文鼎。李光地问："您看书里有什么毛病吗？"康熙帝说："没毛病，就是还不够全。"赶到再次南巡的时候，他指名要见见梅文鼎。梅文鼎都七十多岁了，俩人见了面，就在船上聊起数学来，甭提多热火了。三天过后，梅文鼎告辞回家，康熙帝对李光地说："可惜老人年纪大了，不然我会把他留在身边，随时请教。他这样有学问的，太少有了。"听说梅文鼎的孙子梅毂成（毂jué）也在钻研天文数学，他高兴地说："那就让梅毂成来京吧！"

梅毂成到了北京以后，给送到蒙养斋（专门研究学问著述的地方）做学问。有一次，康熙帝召他进宫，对他说："我跟张诚他们学代数，里面的'借根方'，他们叫东来法，我想没准儿就是从咱们这儿传过去的呐！你去翻翻古书，琢磨琢磨。"梅毂成回来一学，再一查，"东来法"真的就是中国古代的"天元术"。天元术是解高次方程的方法，传到了西方，可在本国一度给人忘了。经康熙帝这么一提醒，天元术又回来了。

学了好多东西，康熙帝又惦着编些书，给后代留下些什么。他下令和主编的书可真不少，有名的像《古今图书集成》《康熙字典》《佩文韵府》《全唐诗》《律历渊源》等等，足有上百种。尤其是天文、数学、地理一类的，过去从没有皇帝注意过。《律历渊源》这套书包括《历象考成》《律吕正义》和《数理精蕴》三种，介绍了中国和西方天文、音律和数学方面的知识，康熙帝自己当主编，叫梅毂成、陈厚耀、何国宗、明安图（蒙古族）几个有名学者帮着一起干。编完以后，他对梅毂成说："你给你爷爷寄一本《律吕正义》去，请他指指差错最好。古时候对帝王的话，可以赞成夸奖也可以反对说不（成语：都俞吁咈 dūyúxūfú），后来光剩下赞成夸奖了。就是朋友之间，也不爱听劝说的话，都是自私闹的啊！你们可别这样，要听听反对的说法，学问才能长进。我这个意思，你要告诉你爷爷。"

　　康熙帝这么好学，可没在意怎么把人家的东西引进来，壮大自己的国家。欧洲自打文艺复兴以后，科学技术像长了翅膀似的，飞得太快了，把中国甩出老远。朝里朝外好多人不懂得这有多危险，还是盯着权瞄着利，隔三岔五闹乱子。康熙帝只好花气力摆平，先来安定天下。

收权撤藩

顺治帝生前指定辅政的四个大臣，都是反多尔衮出的名，顺治帝以为这么一来，他们会一死儿忠于皇帝，哪儿料到，毛病就出在辅政大臣身上。四个人当中，索尼老了，隔不久又死了；遏必隆和苏克萨哈不大管事，就数鳌拜最厉害。鳌拜立过战功，受过伤，说话办事底气就壮。当上辅政大臣以后，他更来了劲了，喜欢自己说了算，眼里压根儿没有小皇帝，和当初的多尔衮犯一个毛病。不过多尔衮能顺应形势，改改旧习俗；鳌拜满脑子可都是关外老一套。

鳌拜是镶黄旗的头儿，进关以后，镶黄旗圈了保定、涿州一带的地盘。苏克萨哈是正白旗的，圈的是蓟县、遵化一带的地盘。可鳌拜嫌自己的地不肥，就非得要把苏克萨哈的地盘夺过来，叫正白旗另外圈地。这么一来就乱了套，早给废除的圈地恶俗又恢复起来，闹得百姓提心吊胆，生怕失去自己的家业。就是那些进关来的满洲人也反对，大家伙儿说："咱们都住了二十多年了，如今又要换地方，真是找罪受！"苏克萨哈坚决不干，跟鳌拜大吵起来。户部尚书苏纳海、直隶总督朱昌祚（zuò）、保定巡抚王登联觉着不对劲，

都上书说:"百姓安业已经久了,何况朝廷早已经下过令,不准再圈地,哪能说了不算呐?请撤回圈换地的命令。"鳌拜看了把眼一瞪说:"朝廷命令,谁敢不听,这是藐视皇上!找死啊!"他就自己下了杀人的命令,把三位大员都杀了。对苏克萨哈,他也起了杀心。

过了一年,康熙帝十四岁了,宣布亲政。鳌拜可没当回事,议事的时候还是他一言堂,根本不管皇帝的意思。苏克萨哈不愿意和他共事,就说:"皇上亲政,我也该退休了,让我去给先皇守陵吧!"鳌拜说:"你这是有怨气,反对皇上亲政!就该处死!"他就给苏克萨哈凑了二十四条罪状,想要他的命。康熙帝说:"我知道你们俩有过节,可他够不上死罪。"鳌拜扯开嗓门儿说:"他非死不可!"一连几天,鳌拜一上朝就说这事,还捋胳膊挽袖子乱嚷嚷,像是要打架的样子。看着康熙帝不吭声,他自己就下令把苏克萨哈全家杀了。康熙帝憋屈得差点儿哭出来。他知道鳌拜手里有军权,亲信也不少,自己刚亲政,还不能硬来。

怎么除掉鳌拜呐?他去见了奶奶,小声说:"鳌拜这么霸道,我还怎么当皇上?"孝庄太后也觉着孙子的皇权有点悬,就说:"我赞成拿掉鳌拜,可用什么办法,得掂量掂量。"康熙帝说:"您放心,我有办法,要冷不丁先拿下,不能张扬。"他把想法一说,孝庄太后说好,就这么办。康熙帝就把皇后的叔叔索额图叫来商量。索额图是索尼的三儿子,眼下正在当一等侍卫。听说要拿下鳌拜,他马上按定好的计策,挑了十来个小卫士,让他们每天陪皇帝练摔跤。十五六岁的半大小子正愁有劲没处使,都跟马驹儿撒了欢似的,摔着玩儿。康熙帝看着高兴,有时候也上场摔几把。鳌拜进宫来,看见皇上玩得热闹,心说:"也就是个孩子嘛!能把我怎么样?"

临到和小武士们混熟了,康熙帝就对大伙儿说:"你们听我的,还是听鳌拜的？怕我还是怕他？"小武士齐声说："就怕您，就听您的！"康熙帝把捉鳌拜的事说了："到时候，你们看我的眼色行事。"公元1669年初夏的一天，鳌拜接到圣旨，让他进宫议事。他走进南书房，见皇上正坐着，刚要下拜，忽然从两边蹿出小武士来，搂胳膊抱腿，几下子就把他撂倒了。他知道自己完了，使劲喊："皇上不能杀我呀，我为大清卖过命，身上净是伤啊！"康熙帝让大臣们议罪，给他定了三十条罪名，该杀。康熙帝说："念在他有功，就免了死罪，革职关起来算了。"鳌拜的亲信也都给处理了。就这么着，康熙帝玩儿似的，就把鳌拜收拾了，开始真正掌了大权。

和朝臣们议起国事来，康熙帝才知道，大清的江山还不稳固。明朝的残余势力虽说给压下去了，可各地反清的活动一直没停。这还不算，原来那些投靠满洲的汉军头领，也都不是省油灯，肚里存着鬼胎。汉军头领当中，势力最大的有三家，吴三桂、尚可喜、耿仲明，都是封了王的。这三个藩王，自打从明朝投降过来，替清朝打天下，都挺卖力气。吴三桂甭提了，把清军引进关里的就是他，把南明桂王（永历帝）勒死的也是他，因为功劳大，被封为平西王，驻守云南。尚可喜是平南王，也带兵打到南边，把守在广东。耿仲明被封为靖南王，可他死得早，他儿子耿继茂、孙子耿精忠先后接了王位，领人马守在福建。

让三个汉人藩王镇守南边要地，本来就不叫朝廷放心，更何况三藩还当起了土皇上。三藩当中，数吴三桂势力最大，手下兵力将近十万，在云南贵州那一带说一不二。朝廷暗探把吴三桂的活动不断往北京报告，说吴三桂自设关税，自制钱币，圈占民田，还放高利贷；说吴三桂到处招纳官员，搜罗亲信，不但云南贵州地方官都是他的人，连四川陕西的将领也听他的。尚可喜和耿精忠的兵力都

清朝故事

有好几万人,也挺霸道。如果三藩起来和朝廷对着干,可要出大娄子。康熙帝让人一查,三藩不但不给国家交税,还得让朝廷每年给饷银两千万两。他吓了一大跳:三藩已经成了大麻烦啦!这么一想,他觉都睡不好,就把这事儿写了张字条贴在柱子上。每当看见了,他就寻思:"三藩的事怎么办呐?看来不撤藩是不行了。"

恰好这时候,尚可喜上了个奏折,说自己年老多病,请求退休回辽东老家,让儿子尚之信继承王位。康熙帝正好逮了个机会,很快批准他退休,可不准他儿子接王位。这一来可就捅到了疼处,别说尚之信气得慌,就是吴三桂和耿精忠知道了,也挺窝火。吴三桂有个儿子叫吴应熊,是皇家女婿,在京城当额驸(驸马),先前就给他传过信,说皇帝好像有意撤藩。如今来真格的了,他就动了心思:敢情我打了这么多胜仗,立了这么多功劳,连个藩王都保不住了?他暗里加紧练兵,面上倒写奏折请求撤藩。左右说:"皇上憋着要整您呐!您干吗自己找上门去啊?"吴三桂说:"我这叫探虚实。皇上嫩着呐,就凭我兵强马壮,他不敢动我。我可不是尚之信!"耿精忠听说了,也跟着上奏折,请求撤藩。

康熙帝看了奏折,跟大臣们一起合计。兵部尚书明珠说:"不撤藩,国家就安定不了,他们自个儿提出来,不撤白不撤!"大学士索额图几个反对说:"平西王人多势力大,撤了他会惹大麻烦,不如稳稳再说。"两边各说各的,康熙帝听了直皱眉头,把手一拍说:"我看他们是撤也反不撤也反,早晚这点儿事,干脆都撤!"这么着,撤三藩的命令很快下达,让三藩都回辽东去,还派官员到云南、广东、福建监督执行。

吴三桂万没想到会这样,可走到这一步,他不想认输,就决定起兵。选了个日子,他带人来到南明桂王的坟头,跪下就大哭起来。底下人一听都愣了，心说这桂王不是你吴三桂给勒死的吗？怎么今天又来哭他呐？士兵们忍不住也都直掉眼泪。吴三桂以为大伙儿和自己心连心，就数落半天清朝的罪行，宣布要复明讨清，恢复汉人的江山。他这一招儿挺灵，不但尚之信和耿精忠很快响应，就连南北好几个省的汉军将领，也都要参加。尚之信他爸尚可喜不愿意，不多久就给气死了。吴三桂就自任"天下都招讨兵马大元帅"，统兵出征。别看他已经六十岁了，究竟是打仗老手，带兵很快就打到了湖南，占了好些重镇要塞。耿精忠那边也出兵往江西浙江打，还和正在台湾的郑成功的儿子郑经联络。郑经想恢复明朝，马上派兵在福建登陆，支援耿军。各省的反清势力分头攻打，来头真不小。仗打了一年多，清朝在长江以南的地方丢得差不多了。

消息传到北京，朝廷立时就乱了套。康熙帝心里没底，只好先听大臣议论。索额图急赤白脸地说："都是撤藩撤的，把吴三桂得罪了。应当把明珠他们斩首，给人家赔罪。"主和派官员也都这么说。康熙帝挺明白，一挥手说："撤藩是我拿的主意，怪不着他们。眼下没别的办法，只有平叛一条路。吴三桂欺负我年幼，我倒要治治他！"商议下来，他就定了几条。一是把吴三桂在京的儿子孙子都处死，朝老头子心口窝搗一拳；二是发布公告揭吴三桂的老底，说他是个反复无常、不忠不孝、不仁不义的万世叛贼，跟着他没好果子吃；三是收回耿精忠的撤藩命令，叫他还当靖南王，答应叫尚之信继承平南王的王位，其他叛将只要回来，一概不追究；四是调集各路军队，坚决镇压，寸步不让。这叫主犯严办胁从不问，能拉拢的都拉拢过来。康熙帝当下派出几路人马南下，到各地阻击叛军。

这几条够厉害的，先就瓦解了叛军的营垒。好些跟着反的本来就是见风使舵，如今看朝廷一点儿不软，就改了口，说还是忠于大

清朝故事

吴三桂带人来到桂王坟头，跪下就大哭起来。

清。末了儿，连耿精忠和尚之信都投降了，他俩都觉着当王爷比当贼寇好。各地百姓知道吴三桂人品太次，没什么人起来响应。这一来，吴三桂就孤立了。在京的儿孙给杀了，他心疼得别提，又听说同伙跑了好多，气焰就下去半截。再往后打，一仗一仗就没准儿了，地盘也越来越小。他就知道，这一把豪赌恐怕要输，叹着气对左右说："没料到皇上虽然年少可敢决断，唉，我这辈子算是完了。"左右说："您别泄气，咱们趁八旗军还在北方，打过长江，就能破了大清坐天下！"吴三桂又掉出眼泪说："我都六十多了，没那个心气啦！能占了半壁江山就不赖。"心气不顺，病也跟着来了。

到了这时候，吴三桂决定了了自己的一个心愿，当皇帝。他就在衡阳自称天子，国号叫大周，"复明"的口号再也不提了。可没过几个月，这位叛大明、叛大顺、叛大清的"三叛"人物就让病夺了命。他孙子吴世璠即位，看着在湖南待不住，又退回到了云南。

往后的战事就甭细说了，哩哩啦啦前后八年，吴军越打越凫，很多人都跑了。公元1681年，清军一路追击，包围了昆明。吴世璠自杀，叛军投降。尚之信和耿精忠虽然降顺，可康熙帝再也信不过他们，找了些错处，把他俩都杀了。三藩之乱就这么给平了。大臣们高兴，都说这是皇帝领导有方，英明伟大，应当上尊号。可康熙帝不答应，他对大伙儿说："我当初撤藩，现在看来有些毛躁，以致引起一场叛乱。幸好打胜了，不然再这么打下去，结果还真难说。这场大仗，劳师动众的，把兵民都给累坏了。你们说的那些话，都言过其实。"

康熙帝想起三藩反叛那会儿，台湾的郑经也派兵来支援过耿精忠，应当追查。他就仔细问起台湾的情况。这一问，引出了一件太有意义的大事来。

台湾回归

当年南明朝廷灭亡以后,在福建厦门岛上抗清的郑成功,还是把南明当正统,一直和清军对抗。郑成功本来叫郑福松,又叫郑森。后来南明唐王赐他叫朱成功,桂王封他是延平王。可大伙儿喜欢叫他郑成功,手下人都喊他"国姓爷"。清朝要打压反抗势力,就实行禁海,不许百姓出海买卖。郑军粮饷没着落,眼看着在沿海待不下去了,郑成功就想到海峡对岸的台湾去,把那儿当抗清复明的基地。

郑成功他们家对台湾可太熟了,他爸郑芝龙当年常去岛上做生意。那阵儿的明朝,虽说在台湾有官府,可没派兵,岛上居民除了当地的部族(统称高山族)以外,就是从大陆过去的百姓。这么一来,就给来来往往的外国人逮住了机会。先是有西班牙海盗上岸,在鸡笼(基隆,在台湾北部)占了一块地方。后来荷兰人也来了,他们仗着有枪有炮,赶走了西班牙人,又占了海港鹿耳门,在台南修了两座城堡,一处叫热兰遮堡(台湾城),一处叫普罗凡舍堡(赤嵌城),正对着。随后他们就大模大样地管起台湾的事务来,让居民给他们干活儿,好像台湾是他们自己国家似的。这可叫台湾百姓受不了,都盼着大陆来人把红毛鬼赶走。郑成功听说了,就断绝了与荷兰人的贸易,不跟他们通商。

荷兰人在岛上缺吃的少用的,快急死了。他们就派通事(翻译)何斌去找郑成功,求他开放贸易。没料到,这位通事"身在曹营心在汉",早就想着要把洋人赶走,一面给他们当翻译,一面画了一张地形图,把荷兰人的布防都标在图上。这回到了厦门,何斌就揣着图来拜见郑成功。他对郑成功说:"台湾百姓受红毛鬼欺负三十年了,您快去救救吧!"说着就掏出了地图献上。郑成功哪有不高兴的,说:"先生这一来立了大功。此事我也早有打算,咱们好好谋划一下,可不要声张,不能让他们有戒备。"

郑成功的水军没说的,都是海战高手。他就精选了两万五千将士,准备了二百艘战船。公元1661年开春,大军就从金门料罗湾出发,一直朝东驶去。船队很快就到了澎湖,再往前就是台湾了。大伙儿正高兴,忽然海上刮起了狂风,大雨点子也砸下来。这一场暴风雨下了好几天还不见晴,可把郑成功急坏了。如果耽搁时间太长,就会露了风声,登陆就难了。他就下令准备起航。好些军官说:"风浪太大,万一出事可不得了,还是等天晴了再走好。"郑成功摇头说:"不行。收台湾就是冒险的事,必须要快,要冷不防。告诉大家,听从命令,各船首尾相顾,半夜就走!"天公真给面子,船队一更起航,摸黑行进,到了三更过后,天就放晴了,雨也停了。士兵们都忍不住又跳又笑说:"好兆头,国姓爷真有眼力!"

这天天刚亮,船队就到了鹿耳门港。港湾里净是暗礁,多亏何斌带路指点,他们挺快就穿过了港湾,这就到了岸边。郑军立刻登陆,跟神兵天降似的,别提多快了。附近百姓听说了,都出来迎

清朝故事

接。可荷兰人还在睡大觉。赶到天亮,他们发觉不对劲儿的时候,郑军已经包围了两个城堡。荷兰人统共就没多少,郑军可有四千多,两下子一打,很快就见了分晓。郑军大胜,荷兰军大败,只好退回城堡死守。海上那边,两头的战船也打起来。郑军都是小快船,能进能退。荷兰的三艘大船被这些小船围着打,一对几十,结局也就没了疑问。一艘沉没,一艘逃走,一艘退回城下。

荷兰人的头儿叫揆一(揆kuí)。他眼看着残兵败将都给围起来,就派人见郑成功,说愿意给郑军十万两白银,只要退兵就成。郑成功满脸严肃地说:"台湾是我们中国的,是我们先人的故土,你们只有离开台湾一条路,别的甭讲。"揆一能赖一天是一天,又磨烦了好几个月。郑成功也不着急,就那么围着困着。过了些天,揆一见吃的喝的都没了,实在没咒念,这才宣布投降。郑成功挺大度,让他们带着财物,上船离开了台湾。

这么一来,台湾又回到了中国人手里。这个功劳是郑成功和他的将士立的,他们都是大英雄。别说百姓怎么高兴了,就是清朝也认为是好事,康熙帝后来就说:"郑成功不是本朝的逆臣,是前朝的忠臣。"还写诗纪念这事儿。郑成功在收复台湾一年后就去世了,他儿子郑经接位,还是把明朝当正统,不搭理清朝。三藩叛乱那会儿,郑经还派人支援耿精忠。这可叫康熙帝挺生气。他不能眼瞅着台湾老被郑军占着,还跟自己找别扭,就决定尽快把台湾统一过来。郑经不归顺,就只好动武了。

派谁带兵收台湾呐?康熙帝选中了老将施琅。施琅是晋江人(晋江在福建泉州南),从小在海边长大。他早先也是郑芝龙和郑成功的人,后来跟着郑芝龙降清,郑成功生气,把他一家子都给杀了。清军看他懂海战会用兵,升他当了水师提督。康熙帝要收复台

台湾回归

郑成功满脸严肃地说:"台湾是我们中国的。"

清朝故事

湾，觉着施琅当指挥顶合适。可大臣们有的不放心，说："施琅过去和郑家一头，谁知道他心里怎么想的？要是派他打台湾，恐怕是一去不回了。"康熙帝说："我对施琅考察多年了，他肯定不会变心，再说打海战他最胜任。"就叫施琅去福建操练水军。

郑成功当年去台湾是不言声，悄悄进军，生怕惊动了荷兰人。施琅这次是公开造船练兵，发出话就是要统一国家。这会儿郑经已经死了，底下人一番争斗，把他的二儿子郑克塽（shuǎng）推出来当延平王。郑克塽才十二岁，拢不住人。赶到施琅练水军的事儿一传过去，内部就乱了，怎么想的都有。施琅把水军练好了，往上一报告，就奉命出发。公元1683年夏天，两万清军扬帆出海，一路顺风，很快就到了澎湖。

郑军领头守澎湖的将领叫刘国轩，不但握着军权，也是打海战的老手。他手里也有两万人，想着很快就来台风了，就决定严防死守，在前沿修了一道矮墙，把二百多艘战船一字排开。大炮船上都有一门红衣大炮，二十多门熕炮（一种火炮；熕gòng），还有火铳一二百。这么一来，刘国轩以为足能挡住清军了。施琅也有二百多艘战船，也都装着各样火炮。他把这些战船分成左中右后四队，自己坐镇中央，依次向前推进。双方一打照面，就开了火。都是火炮当主力，打起来跟古代打水仗可大不一样，热闹得别提。轰隆隆，叭叭叭，响声震得耳聋，火光照亮了半边天，烟雾又把那一半天给遮住了。

头一天交战，郑军占上风。施琅自己先受了重伤，当时他正站在船楼上指挥，一颗枪弹飞过来，差一丁点儿就打中了他；又一颗打过来，正好击中他的眼睛，疼得他倒在船板上，流了好多血。可他马上站起来，对部下说："我没事儿，不要乱了阵脚！"让人包扎好了，又接着指挥。可底下有些将领看主将受伤，敌军又那么凶，就不敢往前冲，一个劲儿后退。郑军围上来，多亏了蓝理和游观光两个将领不要命地死拼，才保护着船队没大乱。

施琅挺生气，要斩那些害怕的军官，看大伙儿都跪下求饶，才改了主意，奖赏了蓝理和游观光以后说："如果都顾自个儿，这仗怎么打呐？咱们要协力同心才行。"他把战法改了改，第二天又去敌营侦察了一番。赶到双方再次交战的时候，虽说还是那么激烈，可清军霸气十足，气势就压倒了对方。将领们站在头里，受伤也不后退，有的当场牺牲。从早上打到中午，郑军到了儿坚持不住了，刘国轩只好带人退回台湾。清军这就占了澎湖。

施琅见郑军失了锐气，连忙派人找到刘国轩，劝他归顺。刘国轩也是机灵人，早就看郑克塽支撑不住，不想把身家性命都搭进去。他就去见郑克塽，把形势掰开揉碎一讲，说清朝天下一时摇动不了，不如就此打住。郑克塽一想，军权在刘国轩手里，他不打了自己也没辙，只好答应。这一来，台湾回归就没了障碍。施琅带人上岛，头一件事就是拜祭郑成功庙。他对大伙儿说："我知道有人怕我会报复郑家人。我和他有私仇不假，可国事和私事，我分得清。"说着还流了泪。百姓们知道施琅不计私仇，都放了心。

消息传到北京，康熙帝这份高兴，当时就脱下身上的马褂赏给施琅。看在郑成功面上，他封郑克塽是汉军公，接到北京住；封刘国轩为天津总兵，仍旧掌兵权。施琅不单是给封为靖海侯，还可以世袭罔替。有些大臣提议说："台湾地处大海，不好管就甭管它了。"施琅上奏说："不要台湾可不行。台湾物产丰富，自古为我所有，又是大陆的屏障，怎么能随意放弃呐？"康熙帝发话说："施琅的想法对。就照他说的，台湾要设立府衙，分为三个县，归福建省管。今后台湾和澎湖都要派兵驻防,台湾八千,澎湖两千。"

　　台湾回归,让施琅大大出了名。往后一提起台湾来,大家就会想起郑成功,也会想起施琅。不过,在施琅他们家,还有一个人比他的名气更大,清朝那会儿男女老少都知道这个人。他是谁呐?

豆豉青菜

施琅的二儿子叫施世纶，是清代特有名气的官儿。老百姓都叫他施公。这当然跟公案小说《施公案》有关系。《施公案》里的清官施世纶，破案一个一准，人称"青天"，手下还有黄天霸一帮侠客。那些故事都是说书人编造的。可历史上的真施世纶，就是位大清官。

施琅进军台湾那会儿，施世纶也参加了，算是有功人员。他爸封侯荫子，他当上了泰州知州。可他不想靠官二代享清福，要为百姓做点儿事。没多久，湖北那边闹兵变，官军出面镇压，让沿途各地供应粮草。就有些官兵找机会抢劫百姓，要捞笔大财，跟乱兵没两样。可到了泰州地面，他们见施世纶早把粮草准备齐全等着呐，两边还站着衙役，都拿着刑杖。施世纶板着脸对官兵们说："军粮一粒不少你们的，可有敢抢劫扰民的，我抓捕严办就怪不着谁了！"末了儿，官兵在泰州一点儿没敢胡来。百姓打这儿就记住了施世纶。

康熙帝听说施琅的儿子干得不错，也挺高兴，把他升为扬州知府，后来又调他当江宁知府。不管在哪儿，他都秉公办事，自己也清廉不贪。渐渐地，施世纶敢替百姓做主，敢顶不法权势，就出了名。过了些年，湖南缺了个按察使（负责巡视考核官吏的官员），好多大臣都举荐施世纶，说他去最合适。康熙帝摇头说："我知道世纶是廉洁的，可他过于偏执。平民和读书人打官司，他准向着平民；读书人和乡绅打官司，他准向着读书人。办案要中和，哪能感情用事呐？他这种官，去管钱粮最合适。"于是，施世纶就当了湖南布政使（负责财务税赋的官员）。真让康熙帝说着了，施世纶到任没多久，喊里喀喳一整顿，废除苛捐杂税，给百姓减了负担。湖南人感激得没法儿，给他立了块石碑。

往后，施世纶的官越做越大，直到有一天进京当了顺天府尹（相当于北京市市长）。一连好些天，他查访了京城大街小巷，对有些事就看不顺眼。一是有的监狱自己审案判决，管了不该管的；二是不法之徒私下买官卖官，搞地下生意；三是中介人抢占货物，欺行霸市；四是野游娼妓到处演歌舞开宴会，招揽嫖客。这都是伤风败俗的事，他就向上边报告，要求赶快禁止。康熙帝答应了，就把报告作为命令下达。这一来，京城的风气有了好转。

康熙帝夸施世纶能干，又叫他当户部侍郎，还管钱粮，捎带着清理国库，追收欠款。施世纶知道这个差事不好干，欠款的都是皇亲国戚，要不就是皇子，得罪了哪个都够受的。他就耍心眼儿说："听说凤阳那边发救济粮款十万担，有八万担让官吏私分了，这可是大案子，我愿意去查办，要是治不好您就治我的罪。"康熙帝说："你清理好国库，比治好几个凤阳都强。我不放你走。"施世纶只好应承下来。一旦上手，他可就不怕谁是皇亲国戚，也不讲情面了，挺快就把清理国库的事儿给办妥当了。

施世纶一辈子管钱管粮，没当过太大的官，可他刚直的性子让百姓信服，叫康熙帝也信任。算下来，康熙朝出的清官不止一两个,除施世纶以外,还有彭鹏、陈鹏年、陈瑸等等。有一个坐到了巡抚总督高位的大官,还是两袖清风,一身正气,更让康熙帝高兴。

这位叫于成龙,是永宁人(永宁在山西吕梁)。永宁是个苦地方,于成龙从小就粗茶淡饭的,过惯了苦日子,读书也是苦读。四十四岁那年,他才被朝廷任命为罗城(在广西北部)知县。这个罗城比起永宁来,更偏更穷,外边人很少去。家里人都劝他说:"咱们家好歹过得不错,你何苦到南边那么远一个小地方当芝麻官呐?听说那儿常年毒雾烟雨,北方人不服水土,十有八九回不来。你趁早辞了算了。"亲戚们也过来劝他别去。于成龙说:"让你们说的,怪吓人的。古人说'义不辞难',朝廷既然让我去,我就不能怕苦推脱。"他就卖了些家产,凑了些路费,雇了几个随从,也不带家眷,就上路了。临走前,他对儿子于廷翼说:"家里的事都交给你了。记住了:我做官不管你,你治家也别靠我。"说得儿子眼圈儿都红了。

半路上,他去看望了一个要好的同学。同学问他:"这把年纪去当官,你怎么想的?"他说:"我早想好了,要当官就当清官,这一去决不想着自己的温饱,要为百姓着想,不能昧了'天地良心'四个字。"

他抱着这么大的决心,走了好几个月,到了罗城。没人来迎接,他自个儿到了县衙一看,吓了一大跳。县衙连门墙都没有,院子里净是野草长着,三间草房子就是办公的正堂。他转了半天,和几个办事的聊起来才知道,这罗城县因为多年战乱,强盗贼寇横行,百姓都避难逃跑了,眼下全城只有六户人家,没几处像样的房子。城里没有什么人,可是能听得见山里老虎叫,大白天野猴子常来游逛,在院子里玩耍。于成龙走到街上,好容易才看见几个人,都黑黢黢(qū)的,脸瘦成一条儿,看见他就像看见鬼似的,慌慌

清朝故事

张张躲起来。于成龙心一酸,眼泪就下来了。几个随从说:"您到这种地方当哪门子官,趁早回去拉倒!"于成龙说:"我既然来了,就得干出个名堂,吃苦我不怕。"他就把几块石板搭起来当书案,在廊下砌了个灶,支锅做饭。到了晚上睡觉,把刀放在枕头下,身边还有两杆长枪,好防备万一。

那几个随从可不想待了,没过些天,一个病死,其余的都溜了。于成龙也不追究,自己找来衙役和办事的,对大伙儿说:"强盗是谁?原来都是老百姓嘛!谁愿意当强盗?还不是饿肚子刑罚重给逼的。责任在官府。所以先得管好官吏,不许欺民害民,再来端正民风。"他一面张贴布告,让百姓回城;一面组织乡兵,管理治安。这么一整治,还真见效,过了几个月,罗城就安定下来,逃亡的百姓很多都回来了。于成龙赶紧安排生产,当紧的是种庄稼打粮食。

春天一到,田野里农夫就开始种田。于成龙一有空就到地里看望,日子一长,百姓们都认识了这位县太爷,可怎么看也看不出他是个官。原来他平时很少穿官服,一身旧布衣,有时候连帽子也不戴,鞋子也不穿,和当地人一样,光头光脚走了来,和大家待在一块儿。农夫们看他来了,就跟家里人来了一样,围着他坐在树下闲拉呱儿,一口一个"阿爷"地叫他。于成龙说:"大家好好干,到收成的时候,干得好收得多的,我给你门前插彩旗;干不好荒了地的,我也不罚你,让乡邻们围着你臭骂一顿,看你羞不羞!"大伙儿都笑了,说:"阿爷大老远来咱们这儿,图个什么?再不好好干,对不起阿爷!"

于成龙没带家眷,随从也跑了,公事办完,没人做伴,他就看看书或是买点儿当地劣酒,一个人喝几盅。喝醉了随便躺下就睡了。乡邻们知道他闷得慌,就三天两头来找他聊天,和他谈家务

豆豉青菜

农夫们看于成龙来了，围着他闲拉呱儿。

清朝故事

事，什么娶媳妇聘闺女，办红白喜事，都找他商量。谁家盖了新房子，他就给写一副对联贴上。这一来，他也不闷了，和当地人更近乎了。经常来往，大家才知道，于成龙的俸禄不多，外快更没有，都觉得他太苦了，就有好些人凑钱要接济他。百姓救济县官，这可是新鲜事。于成龙可没要。

有一天，大家看于成龙买了一只鸭子，半只煮熟了，半只腌了晒干。一打听，原来他的儿子要来看望他。临到于公子来了以后，好多人都来县衙探望，争着对他说他爸的好话，还拿出钱说："做官养家是常理，公子来了，怎么也得带点儿钱回去呀。你爸没钱，我们凑了些，带上带上！还有些土产，都拿着。"于成龙感动地说："大家的心意我领了。我早就和儿子说定了，别指望靠我过日子。家里有些薄产，够用的。再说这儿离山西几千里地，他带着也不方便，都拿回去吧！"

就这么着，于成龙在罗城当了七年穷县官。上司把他的成绩往上报告，他给提拔到四川合州当知州。罗城百姓舍不得他走，一边送他一边抹眼泪。不用说，他在合州干得也不错，没几年又升任武昌知府，再升为福建按察使，直到成了直隶巡抚。官大了，可他不沾不贪的品行一点儿没变，到哪儿都把心扑在公务上，对钱物什么的没爱好。在福建那会儿，有一回，外邦使节拜见他，送了些贵重礼物。他说不能收礼。使节又拿出一把香说："这是常用的，不算礼，请试用得了。"于成龙接过来，放鼻子底下闻了闻，说："好香好香。我已经试用了，请收回吧！"使节退出来，对大家说："如此清廉，我从没有见过。"

于成龙廉洁自守，传到了康熙帝的耳朵里。他就召见了于成龙，对他说："你的事我都知道了，算是当今清官第一。你的同僚当中，还有和你一样的吗？"于成龙提了几个，说："我没有别的能耐，就是想宣扬您的威德。"康熙帝说："为政要识大体，要小聪明要不得。人贵在始终如一，你一定要记住了。"过后，于成龙就给调到江南当了总督。

地方官坐到总督，算是到顶了。有人说："江南那么富裕的地界，于成龙想俭朴也难啦！"没想到，于成龙不但不讲吃不讲穿，连爱喝酒的习惯也免了，每天吃的以素食为主。大家都管他叫"于青菜"。可查起贪污腐败来，他一点儿不含糊，经常穿便服私访。有些手脚不干净的官员，一见白头发高身量的老人，就以为是于成龙在查访，赶紧老实了。有的官员见于成龙这样，也挺佩服，都学着穿布衣，减随从，少排场，过起了俭朴日子。

公元1684年，六十七岁的于成龙病死在任上。当时他身边除了一套官服以外，就只有几罐盐豆豉。看了的人都流了泪。百姓听说了，也都忍不住哭起来。当地给他建了祠堂。康熙帝接到报告，叹着气说："当官的能像于成龙的有几个？他实在是廉吏第一。"于是追封于成龙太子太保衔，谥号"清端"。

康熙帝表扬了于成龙，他心里还惦着另外一个好官，就是治理黄河的河道总督靳辅。听说靳辅治河挺有成效，他就想亲自到黄河查看一番。

治河定边

这么多年了,黄河的脾气没变,动不动就泛滥闹大水。河道总督换了一个又一个,治河都没什么成效。康熙帝着急,前些年就选中了靳辅,让他去治河。靳辅当过安徽巡抚,政绩挺好,人又清正。可他接到任命以后,心直扑腾,自己从没和洪水打过交道,也没这方面的学问,治河行吗?转念一想,皇上信得过,就是多难也得去。好在有好朋友陈潢当帮手,总能有办法。

陈潢是靳辅的幕僚,专门研究农业水利方面的事,爱动脑子,又有真才实学,就是科举没考上,一直没法儿施展。有一次他到邯郸逛吕祖祠,想起吕洞宾借枕头给人做梦的故事,就在墙上写了几句诗:"四十年来公与侯,虽然是梦也风流。我今落魄邯郸道,要替先生借枕头。"恰好靳辅到安徽上任,打此经过,看见了这首诗,觉得这人挺逗,就让人找到了他。俩人见面一谈,别提多投缘了,靳辅就叫陈潢给自己当幕僚,专门出谋划策。

这一回,靳辅当了河道总督,自然就带陈潢一起上任。陈潢有了用武之地,对治河的事非常上心。两个人视察河道,测地形勘水

治河定边

情，还查阅资料，商量办法。陈潢是内行，靳辅也不当外行，两个人仔细研究治河方案。末了儿，他们提出了好些办法，像把泥沙引到低洼处造田、挖河造坝；把淮河、运河与黄河一块儿治理什么的，又调来好些民工加紧施工。这么干了几年，黄河淮河还真没再泛滥，老实多了。

康熙帝早寻思着去看看黄河，捎带着慰问靳辅。可这时候，从北方传来的消息让他很生气。原来，当时的俄国一直想往东扩张，派兵越过了外兴安岭，占了雅克萨等地方，还往黑龙江和松花江进犯。这些地方是满族的发祥地，清朝怎么会让给俄国人呐？康熙帝派人跟俄国交涉，让他们离开。俄国沙皇霸道惯了，就是不退。康熙帝也火儿了，就决定先去东北一趟。公元1682年，他到了吉林乌喇，坐船在松花江上查看了边防，下决心武力收复失地，对底下人说："咱们先礼后兵，实在谈不了，就打，把他们赶走。"

回到北京以后，又过了些日子，康熙帝就出发到了郯城（在山东南部；郯tán）。靳辅陪着他看黄河和淮河的工程，给他讲都是怎么回事。他听了很满意，又向当地的老人和学子打听，大伙儿也都说靳辅治河有一套，还是个清官，一点儿不贪。康熙帝就对靳辅说："你做事踏实，百姓都夸你，我放心。"靳辅说："都是您的福分，我算不了什么。"康熙帝问他："你身边一定有能人帮衬吧？"靳辅说："敢情是，没有他，光指我也治不了河。"他就把陈潢的功劳说了一遍。康熙帝点着头说："陈潢人才难得，应该给他个名分。"当下就封了个佥事道（相当于助理）的官，正五品，不大也不小。

康熙帝视察完黄河，又到苏州、江宁那儿绕了一圈，就回北京了。不多久，从东北也传来好消息，清军已经打败了俄军，把雅克萨收了回来。俄国只好同意谈判，商定两国东段的边界线。他们派

清朝故事

的代表叫戈洛文。康熙帝决定让索额图当代表,国舅佟国纲、将军萨布素等参加。他正忙乎着这些外交活动,没想到黄河那边又出了事。

原来,上次康熙帝视察黄河的时候,顺便提到说,可以把入海口开宽,让河水痛痛快快流到大海里。可靳辅觉得这个办法不行,就没搭腔。安徽按察使于成龙知道了,就出来说:"靳辅治河不行,太慢,应该赶紧疏通海口才对。"这个于成龙和先前说的清官于成龙不是一个人。两个于成龙,同朝同代同地当官,彼此还特熟悉。为了别弄混,咱们就用前和后岔开。前于成龙已经死了,后于成龙想干点儿名堂,就朝靳辅叫板,说他的路子不对。靳辅实心眼儿,也不管通海口是皇帝说的,就坚决反对。他说:"海口地面比大海低五尺,如果通开,就会让海水倒灌进来,那危险可就大了。说什么也不能干。"后于成龙不服,又说靳辅清淤地造田是劳民伤财。有几个朝臣也跟着搅和,说靳辅治河无功,费钱不少,应当治罪;又说靳辅口气这么硬,都是陈潢给挑唆的。靳辅气得和他们辩论,两边就大吵起来。

康熙帝虽说信任靳辅,可听他批判自己的主意,心里也不高兴,对靳辅说:"你治河能保准不出错吗?这是国计民生的大事,别以为就是你对!"他就免了靳辅的职。陈潢更倒霉,给逮起来要审问。陈潢哪有不委屈的呐?心里一别扭,就得病死了。靳辅坚持不认错,对康熙帝说:"我当不当官没什么,您要是能抽空再去视察一回最好了。"

康熙帝究竟是明事理的,一听这话,就派人暗中查访,才闹清后于成龙他们说的不准。公元1689年春天,他就抽空出京,第二次到了南边治河工地。这一看,真相大白,靳辅他们督造的堤坝很坚固不说，河水流得也顺畅。问问老百姓，大家伙儿都念叨靳辅的好。康熙帝当下决定，还是用靳辅的章法治河。

回到北京以后，康熙帝又忙着张罗和俄国谈判的事。这年夏天，谈判在尼布楚城开始。俄国代表戈洛文不讲理，说要以黑龙江为界线，把江北归他们。索额图就把历史和现实的证据都搬出来，耐着心烦儿对他们说："贝加尔湖往东这片地界，早就是中国管辖的地方，人民都向我国纳税，怎么成了你们的了呐？"双方争执不下。这时候，康熙帝得到报告，说蒙古各部闹了内讧，有人还和俄国勾搭。他担心谈判拖久了，会出变故，就指示说可以让一让。末了儿，中国代表提出以外兴安岭为界，俄方也就同意了。这么着，公元1689年秋天，双方签订了《尼布楚条约》。虽说中国让出了一些地方，可东北方边地安静多了。

康熙帝腾出手来，就来收拾西北边地的乱子。当时蒙古分成了漠南、漠北、漠西三大块。漠西蒙古又叫厄鲁特蒙古，包括准噶尔、和硕特、土尔扈特、杜尔伯特四个部，都在西域天山以北、巴尔喀什湖以东那儿游牧。准噶尔部势力最大，老欺负别的部，排挤人家。土尔扈特部争不过它，就往西迁移，到伏尔加河一带去了。这回闹乱子的叫噶尔丹，就是准噶尔部的头儿。他先是杀了他叔叔和岳父，掌握了大权，随后就出兵四处瞎打，不但把和硕特部打败了，还去进攻漠北蒙古，占了好大一块地盘。明摆着，噶尔丹想独占漠西漠北。为了这个，他还向俄国求援。俄国给了他好些枪炮弹药，同时也派人打漠北，一起争地盘。

漠北蒙古又叫喀尔喀蒙古，当时有土谢图汗、扎萨克图汗、车臣汗和赛音诺颜汗四个部。他们先是闹内讧自己杀自己，接着又抵抗俄国军队，没防备噶尔丹的人打过来，一下子就败了，只好往南

清朝故事

跑到了漠南。噶尔丹带人追过来，眼看着就追到了乌兰布通（在内蒙古克什克腾南）。喀尔喀人只好向朝廷求救。康熙帝派人说和，噶尔丹不听，还跟清军打起来。乌兰布通离北京七百里地，叛军说到就到，康熙帝就下令反击。平乱战争就这么开始了。

公元1690年夏天，康熙帝亲自率领大军出了古北口和喜峰口，到了乌兰布通。噶尔丹想了个主意，让部下把一万多头骆驼绑起来倒卧在地上，背上驮着箱子，身上盖着弄湿的毡子。排起来就像一道围墙，叫"驼城"。士兵就藏在驼城里面放枪射箭。清军不管这一套，用大炮对着驼城就轰。末了儿，骆驼死了不少，叛军给打得吱哇乱叫，争着逃跑。噶尔丹只好派人求和，说要听朝廷的命令撤回去，再不来欺负喀尔喀。清军前方统帅福全以为是真话，就放噶尔丹带人走了。没想到，噶尔丹撤到半路上就停下，补充了给养，回过头要接着打。

康熙帝对将军们说："看来噶尔丹不除，边地就安定不了，早晚非把他灭了不可。"为了平定边境，他多次到蒙古一带巡视。最热闹的是公元1691年那一回。康熙帝在乌兰布通大捷以后，到了多伦诺尔湖（在内蒙古多伦）一带，召集漠北漠南蒙古各地首领开大会。在皇帝的劝说下，喀尔喀蒙古各部首领宣布和好，定了各种制度。会后还举行了阅兵仪式。这样一来，漠南漠北的蒙古就安定下来，可以一致对付噶尔丹了。

回到北京，康熙帝顺便问了一下治河的事，知道那边还有麻烦，就让靳辅再去当河道总督。靳辅报告说："我老了，身体有病，还是叫别人去得了。"康熙帝没答应，靳辅只好带病去了。他想快点儿给陈潢平反，先写了报告，说陈潢功劳那么大，应该恢复他的名誉。康熙帝让人去复查。万没想到，靳辅上任半年多，自己病重

治河定边

康熙帝巡视漠南漠北蒙古,举行阅兵仪式。

清朝故事

去世了。他这么一死,给陈潢平反的事也没人管了。好在陈潢写的治河的书都在,他治河的业绩,后人都记着呐!康熙帝得知靳辅死了,难过得连连叹气,像对待前于成龙那样,给他加封了太子太保衔。后于成龙接着管治河,还是按靳辅的法子办。康熙帝又忙活对付噶尔丹去了。

公元1696年,康熙帝第二次亲征,分三路迎击叛军。他自己带中路,老将萨布素领东路,将军费扬古和孙思克领西路。噶尔丹见中路是皇帝在指挥,不敢恋战,拔营就跑。没料到路上正好被西路军截住了。双方就在昭莫多(在蒙古乌兰巴托东南)这儿打起来,别提多激烈了。简单说,一仗打下来,清军完胜,叛军的主力都给消灭了。噶尔丹带着几个随从逃跑,底下的人也跑了不少。康熙帝派人招降,噶尔丹还是不听。

转过了年,康熙帝第三次亲征,到宁夏带人马出贺兰山追击。噶尔丹这时候只剩下几百人,没吃没喝,马都给杀了吃了。他想去投靠俄国,俄国人也不收。跑到漠北的阿察阿穆塔台这个地方,他只好喝了毒药(也有说是被杀),骨灰让他侄子策妄阿拉布坦交给了清军。

康熙帝三次亲征噶尔丹,到了儿是把北边平定了。这以后,他又四次南巡治河工地。亲政几十年来,这位皇帝就不识闲儿,没怎么歇过脚,满世界跑,把国事处理得还挺好。可到了晚年,康熙帝的身体不如过去结实了,儿子们又惹出一堆麻烦,让他闹了很厉害的疑心病。

皇储之争

康熙帝一辈子生了三十五个儿子，二十个闺女。可其中早亡的不少，后来排上顺序的皇子有二十四个。他要立太子，就得从这些儿子当中选一个。选谁好呐？康熙帝很正统，觉得立嫡长子才合适。老二胤礽（yìnréng）是皇后生的，那就立他。胤礽两岁那会儿，就当了太子。康熙帝为了培养儿子，真下了本儿，给他请了最好的老师，恨不得让他把自个儿复制了。一开始，胤礽挺像回事，文的武的都学得不错。等长大了，康熙帝又叫他跟着处理国事，他也挺用心。可再往后就变了。胤礽觉着自己早晚是皇帝了，就摆起了架子，对大臣们和其他皇子吆三喝四，当着父皇的面，动不动训斥这个那个，还爱打人。他待遇的规格也都向皇帝看齐，有时候还反超，不知道应该低一点儿。最不该的，是他爱搞圈圈，在大臣里培养自己的势力，也就是结党营私。这可叫康熙帝受不了。

康熙帝讨厌儿子们拉拢朝臣抬高自己。他眼瞅着胤礽这么做，心里不痛快，忍了再忍。一转眼过了三十多年，有件事让他再也忍不住了。有一次他外出巡视，让胤礽随行。结果发现胤礽每天夜里

清朝故事

都走到父亲的住处，扒开帐篷的缝往里瞧。康熙帝知道以后，怀疑他要行刺搞暗杀，气得心疼。回来走到半道上，他就当众宣布，废了胤礽太子身份。理由自然不光这一条，有一大串儿，就不细讲了。这一来，可就有热闹看了。胤礽受了刺激得了病不说，其他皇子可就乐坏了。怎么说呐？因为除了胤礽之外，没有谁是皇后生的，大伙儿都是妃子生的，条件一般齐。胤礽不行，再选太子，就都有机会了。于是乎，他们就活动起来，想法显摆讨好，还找大臣帮忙，目标就是当太子。

顶心急的要算长子胤禔（shì）。胤禔这么想：胤礽给废了，我是老大，再选就应该是我了；再说这些年，父皇经常让自己帮着办大事，还封了郡王①，这回立太子肯定没跑儿。哪想到康熙帝当大伙儿的面说："我叫胤禔帮衬，可没有立他为太子的意思。他脾气秉性不成。"胤禔真丧气，转念又想：八弟胤禩（sì）最有能耐，他又是自己母亲给抚养大的，跟自己挺好。要是把他推上去，自己也就有了靠山。他就对康熙帝说："有个相面的先前给胤禩看相，说他有大福呐！胤礽实在太坏，要除掉他，不用您自己动手。"哪承想康熙帝一听就把脸沉下来了。他虽然废了胤礽，可绝不答应他们兄弟之间相互残杀。

康熙帝马上让人追查胤禩相面的事。这个胤禩，论能力在皇子里最强；论人缘，因为待人和气有礼貌，好多朝臣喜欢他，就是皇子里也有好几个服他。九子胤禟、十子胤䄉（é）、十四子胤禵（曾用名胤祯；禵 tí），还有长子胤禔，都跟他一头儿。康熙帝看他能干，挺早就封他当了贝勒，让他管事。这会儿太子被废，胤禩心这

---

①清朝皇室的爵位有亲王、郡王、贝勒、贝子、公、将军等几个等级。

么一动，就找来一个叫张明德的给自己相面。张明德进来一看，说他是福寿绵长，有贵人之相，还说自己有十六条好汉，可以帮他刺杀胤礽。胤禩吓得赶紧说："这话是你该说的吗？不想活啦！"马上轰了出去。他还把这事跟大哥、九弟、十弟、十四弟说了，可就是没向皇帝报告，结果捅了大娄子。

康熙帝听说有人要杀胤礽，就怀疑是胤禩的主使，气得浑身打哆嗦，说："没想到胤禩奸猾成这样子，要谋夺皇位，要杀他哥！他还到处讨好图名声，本来是我让干的事，他都说是他的功劳，这不就又是一个太子了吗？马上给我锁起来审问！"胤禩这就给抓起来，他哭着大喊冤枉。胤禵听说了，赶紧把胤禟找来，要给八哥说情。胤禵胆子大，一进来就冲老爸大声说："我敢担保，我八哥不会干那事，您别错怪他！"康熙帝正在气头上，说："你担保什么？我看出来了，你们要让胤禩当太子，以后他登基做了皇上，都把你们封了亲王！"胤禵犟了几句，康熙帝站起来拔出腰刀，要杀胤禵。胤禟上前一挡，康熙帝就手给了他俩嘴巴。五子胤祺跪下死死抱住康熙帝的腿央求说："您消消气儿，别气坏了身子！"这才把事拦下。康熙帝当场免了胤禩的贝勒爵位，让他和有牵连的皇子们反省交代。

这时候，三子胤祉（zhǐ）来报告，说胤禔前些天叫一个喇嘛念咒，盼着胤礽快死。康熙帝跺着脚说："胤禔行为不端，屡教不改。他母亲也说他不孝，让我治他的罪。我不忍杀他，可出了这事，要免了他的王位，把他一辈子关起来！"这么一来，胤禔就彻底完了。康熙帝一气儿处罚了好几个皇子，别提有多伤心，带着哭音儿说："早晚我死了，你们就会把我放在乾清宫里不管，为争皇位打起来！"

原来，康熙帝虽然废了胤礽，心里可挺难受，究竟父子相处三十多年了。废了太子以后，他就大病了一场，老做噩梦，有点儿后

清朝故事

五子胤祺抱住康熙帝的腿说:"您消消气儿!"

悔。让人一查，胤礽想行刺的事是冤枉了。他就想："皇子们这么闹腾，还不是胤礽被废、太子空位的缘故吗？不如重立胤礽当太子，别的也就没想望了。"有一天，他把满汉大臣们召集起来开会，笑嘻嘻对大家说："这些日子，不少人劝我早定皇太子。今天，你们可以从阿哥当中选一个写上。除了胤禔以外，你们都觉着谁行，我就听从你们的。"这话说得真大度，大臣们都特高兴，可谁也没闹清皇上的意思。他本意是让大家都写胤礽，自个儿也就顺坡下。没想到，大臣们又使眼色又小嘀咕，写的都是"皇八子"，就是没人提胤礽。

康熙帝一看，一股子气直冲脑门儿。他记起来，这些日子，好些大臣跟他推举胤禩，就连老哥裕亲王福全临死前也说胤禩有才有德，能当大任。看来，胤禩的党羽不少，人又精明，他要是当了太子，准比胤礽还难对付。这么一想，康熙帝马上来了个不认账，说："八阿哥不行，他没干过大事，刚受了责罚，他母亲又出身卑微，怎么能当太子呐？你们再想想别人。"大臣们心说："您刚才说听大伙儿的，怎么这么一会儿就变了卦呐？胤礽两岁当太子，更没干大事，就行；胤禩快三十了，反倒不行。再说他妈出身卑微，那也是您的妃子呀！说了不算，让我们说什么！"大伙儿就都不言语。会就散了。

过了些日子，康熙帝又召集开会，皇子们也都到场。这回不用大臣们说了，他先宣布说："胤礽的案子查清了，没事儿。他的病也好了，太子还是他当，就这样。"胤礽接着说："以前都是我的错，可行刺确实没有。今后我要是不改正，天理难容。"再往下康熙帝说的，让大伙儿听傻了眼。他说他要给皇子们封爵位。封三子胤祉、四子胤禛、五子胤祺为亲王；封七子胤祐、十子胤䄉为郡王；九子胤禟、十二子胤祹、十四子胤禵为贝子；八子胤禩也给放出来，还

清朝故事

是贝勒。康熙帝一气儿封了这么多,既保住了胤礽,又让皇子们都得到好处,还给外人留下父子和美的印象,明摆着是要让大家忘了前边那档子事。

没料到刚过了两三年,麻烦又出来了,还是出在皇帝和太子这爷俩身上。康熙帝一直注意看胤礽的一举一动,觉着他不但没改,还比以前更坏。他周围的人简直成了一个太子党,只认太子,不认皇帝。当皇帝的最怕人家对自己不忠心,康熙帝就对大臣们说:"你们都是我提拔的,受我的恩惠五十年,怎么都去奉承太子啦?什么意思嘛!"他就追查起来,结果发现胤礽背地里撺掇心腹上奏,让他早点儿登基。这还了得!想逼父皇让位呀!康熙帝头都大了,气狠狠地说:"国家大事,万万不能托付给他!"接着就宣布,永远废了胤礽太子身份,还给软禁起来。胤礽的心腹也给杀的杀,关的关。

这一回,太子的位子真的空了。皇子们嘴上不说,心里头可都想着去坐坐。胤禔记起那年开会选太子,大臣们都投了他的票,心里像开了花似的,美极了。他就跑去见父皇,问候几句,又说:"我现在不知道该干什么,倒是病一场躺着好。"康熙帝一听就懂了,这是来探我的口气呀,就绷起脸说:"好你个胤禔,不过是个贝勒,就敢越级想往上爬,还来试探我!"胤禔闹了个大红脸。

过了些天,康熙帝要出巡,让皇子们陪着去。恰好胤禔他妈去世两周年,他要去上坟扫墓,就派人请假,还顺便带去两只老鹰献上。不料老鹰给捂得太严,康熙帝看的时候,已经快断气了。康熙帝气得火往上蹿,跺着脚骂:"没想到胤禔这么狠毒,拿要死的老鹰咒我死,比胤礽坏一百倍。父子情分断了!我没他这个儿子!"当下停了胤禔的供应。胤禔给吓蒙了,赶紧写信解释,可康熙帝不听。偏巧胤禔就得了伤寒病,躺着起不来。康熙帝给他写信挖苦说:"人老想邪的歪的，才会得这种病。你要是心术正，也不会病成这样。"胤礽看了，哭都哭不出来了。过了几天，康熙帝也觉着那封信写得太刻薄，又写信安慰说："你想要什么，我这儿都有。就是怕你不喜欢，不敢派人送去。"软话比硬话更损。胤礽看了，浑身毛孔都张了，冷汗直流。他赶紧爬起来跑到康熙帝住处大门口跪下，请求父皇把"不敢"两个字去掉，不然就跪死拉倒。康熙帝看胤礽服了软，自己解了恨，这才算完。

胤礽是个明白人，自打"老鹰事件"挨了他爸一闷棍以后，知道自己当太子没指望，从此就不再出头。大臣们瞧着着急，都劝康熙帝早立太子定大局。可康熙帝一直不吐口，大伙儿说多了，他就说："你们都别担心，我心里有数，到时候准给你们选个能拿主意的主子，不会连累你们。"他不说选的是谁，群臣就只好猜，胤礽给废了，胤礽又不成，那就要数胤禵了。

十四子胤禵年轻要强，敢作敢当，大臣们喜欢，胤禟、胤䄉也都看好。胤禟逢人就说："十四爷要德有德要才有才，我们都不如他，肯定大福大贵。"偏巧那一年，青海那边消息传来，说噶尔丹的侄子策妄阿拉布坦派人进西藏闹事，引起动乱。朝廷决定派大军镇压，康熙帝老了不能去，就点名叫胤禵当抚远大将军，挂帅出征。大将军可不是谁都能当的，支持他的人别提有多高兴，说这是胤禵要当太子的兆头。胤禟赶紧去见胤禵，俩人说了一宿话。出发那天，康熙帝亲自来授印送行，给足了胤禵面子。胤禵悄悄和胤禟说："咱爸老了，我走之后，有什么动静，你赶快派人告诉我，我马上就回来。"胤禟就对左右说："十四爷要是当上了太子，我说话也管用了。"

胤禵到了青海西宁，真就指挥打了胜仗。康熙帝让他回京报告。大臣们都估摸着，这回胤禵立了大功，皇上一准儿要宣布立他为太子了。赶到胤禵回京那天，好多人都去迎接，热闹得别提。胤禵骑在马上，也威风得了不得。可没想到，康熙帝听了报告，夸了几句，不久又让他回青海去了，压根儿没提立太子的事。这一来，胤禵泄了气，胤禛空欢喜，大臣们也都挺纳闷儿。好些人在下边议论说："皇上不立十四阿哥，他心里想的到底是谁呀？"

撰文自辩

胤禵二次去青海那年，公元1722年的冬天，在位六十一年的康熙帝得病去世，活了六十九岁。贴身护卫的大臣隆科多当着皇子的面宣读了他的遗嘱，让四子胤禛即位接班。皇子们一听都愣了，怎么会是他呐？其实，康熙帝到了最后几年，顶重用的就是这个胤禛。胤禛跟胤礽、胤禩、胤禵那几个不一样，是个蔫脾气，又会察言观色。凡是父皇不爱听的话，他从不当面说。胤礽头一回被废的时候，别的皇子都乐不唧儿地看哈哈，胤禛可看出康熙帝很不忍心。他就挺郑重地写信说："我二哥虽然有错，可太子当了几十年了，希望父皇给他的待遇好一点儿。"康熙帝看了，直夸胤禛有情有义。打那儿起，他就有意让胤禛多管事，还封了亲王。临死前几年，像祭天祭祖这些大事，他也叫胤禛替他去。胤禛身边出主意的挺多，可他把当太子的心思藏得严实，从不张扬。这么着，他就用暗劲儿赢了这盘棋。怪不得皇子们一听他要当皇上，想起他那阴样儿，都打了一激灵。

胤禛即位，就是清世宗，年号雍正。雍正帝比谁都明白，自个儿的本事中不溜儿,那些弟兄心里肯定不服,大臣里也有不少看不上的。要想让人家都服从他这个皇帝,就得用些手段才行。眼下最难对付的就是八弟允禩、九弟允禟、十弟允䄉、十四弟允禵(为避讳皇帝名,胤改为允)这一伙。尤其是允禩,朝里有一帮子人向着他,对自己老是待答不理的。怎么办呐?他就有拉有打,软的硬的一起来。即位以后他宣布,任命四个总理事务王大臣,头一名就是允禩。允禩不但管了好几个要害部门,还给封为廉亲王,一下子成了大拿。左右有的不明白干吗这么抬举允禩,雍正帝眨眨眼皮说:"朝里头要论才干,论操守,没人能比得了允禩,我就得重用他呀!"

对那几个小弟弟,雍正帝可就不客气了。大将军允禵手握军权,不好对付。虽说他是雍正帝的同母弟弟,可一向瞧不上这个亲哥哥,倒跟允禩成了铁哥们儿,这回非拆开不可。雍正帝发指示说:"允禵身负重任,按说不便离开青海前线。可国有大丧,他要尽孝道,不回来心也不安。叫他赶紧回京,前方的事由总督年羹尧等人代理。"这么着,允禵就给收回了军权。他一回到北京,就给支派到遵化守皇陵,闲住着去了。

允禟最不安分,还特爱说怪话。雍正帝又发旨意说:"允禵到了京城,一时回不去。青海多么要紧的地方啊,就让允禟去青海西宁驻守吧!"允禟一听就明白了,这是调虎离山,把他和八哥拆开。他推了半天,说了一堆牢骚话,才别别扭扭地去了。青海战事有年羹尧主持,允禟去了没事干,跟软禁差不离。

对允䄉,雍正帝也给他想好了去处。喀尔喀蒙古的大喇嘛进京吊唁康熙帝,因为年纪太大,不久就死在了北京。朝廷决定派个身份高的官儿护送大喇嘛遗体回漠北,再主持新任大喇嘛的就职仪式。这趟差事时间长,路又远,雍正帝点名派允䄉去。允䄉打心眼儿里不愿意,可没办法,只好上路。

再就是允禩一头的官员们,雍正帝也是能拉拢就拉拢,拉不了就撤职调离。这么一来,允禩的党羽就给打散了。允禩一看,明白了一大半,自己虽说封王又升官,可跟笼子里的鸟似的,给拴住了。只要有一丁点儿差池,说完就完。所以好些人来给他道贺,他反倒唉声叹气的,一个劲儿摇头。他媳妇儿嘴厉害,说:"有什么可高兴的?能不能保住脑袋还悬呐!"要想保住自己,他只能一死儿当奴才,无条件顺从新皇帝。可允禩还不是那号人,既然管事,凡事都要拿个主意,大臣们也爱听他的。这就坏了事了。

雍正帝见大臣们老是先听允禩的意思再说话,气就不打一处来。在朝堂上议事,他自己说了以后,大家都不言声儿,瞅着允禩等着他说。雍正帝挂不住,写条批示说:"你们有谁如果觉着廉亲王比我强,我这就让位给他,没什么犹豫的!"大臣们这才明白皇上的心思。一来二去的,雍正帝觉着允禩和自己是两个中心,这可万万不成!拉拢不过来,他就决定除掉这个对手。允禩看皇帝脸色不对,也想退一步,有些事就叫别人代管,自个儿不出面。这么一来,雍正帝更逮住理了,隔三岔五地呲叨允禩,允禩干什么事都能让他挑了眼。比如办事节省点儿,就说他是成心丢皇帝的面子,败了名声;底下人干的活儿出了毛病,就说他有意怠工;他给一个大臣垫付了税金,又说他要买好,搞小集团。雍正帝把这些事攒了一大堆,过了两年就来算总账。他让人把允禩的错处列出清单,连同以前的相面、死老鹰什么的都算上,凑了四十条,是个死罪。允䄉和允禵也给列了罪状,也该死。

雍正帝可不想落个杀兄弟的名声,他对大臣们说:"按说允禩他们的死罪,条条是实,可我有万难的苦衷啊,我不忍心啊,还是关

清朝故事

起来养着得了。"他先把允䄉的爵位撤了,让他回北京,住在景山寿皇殿反省。允䄉去蒙古走到半道,推说有病,住在张家口赖着不去。雍正帝把他爵位也免了,押回北京软禁。允禟在西宁,整天和亲信通消息,用暗语发泄不满。雍正帝恨他恨得牙根儿疼,撤了爵位不算,还把他抓到保定下了狱。剩下允禩,先是给免了爵位撤了职,贬为"民王"。不到一个月,民王也不让当了,单独关押在宗人府,他媳妇儿也给赶回了娘家。雍正帝还不解恨,干脆下令开除允禩和允禟的宗籍,不承认他俩是皇家子弟,得赶快改名字。允禩的儿子弘旺护着他爸,也得改名。

允禩一家子就这么没了。他知道没个好,就给自己起名"阿其那",满语的意思是"案板上的冻鱼",只能任人屠宰了。可他给儿子起名"菩萨保",希望留他一条命。允禟可豁出去了,硬顶着不改名。别人就起哄,管他叫"塞思黑",满语是"讨厌"的意思。①

允禟关在保定,跟犯人似的,整天戴着镣铐。正赶上暑天,他热昏过去好几回,都让家人喷凉水救过来。没出两个月,他就死在牢里。十多天以后,允禩也得了呕吐病,只出不进,身体实在扛不住,最后咽了气。雍正帝听说以后,心里的石头算是落了地,就找辙说:"一定是父皇把他们叫走了,不然怎么这么快,前后脚儿都死了呐?"

雍正帝关起俩弟弟,整死俩弟弟,把他们的亲信下属也杀的杀,贬的贬,发配的发配。发配的到了各地,哪有还说当朝好话的呐?过不多久,民间就传出流言,说雍正帝的皇位不是好来的,他是靠"谋父、逼母、杀兄、屠弟"才当了皇上;又说他"贪财、好

---

① 有人认为"阿其那"是狗,"塞思黑"是猪。笔者以为此说不通,不取此意。

杀、酗酒、淫色、怀疑、株忠、好谀、任佞",坏透了,简直是个顶坏的暴君昏君。有个叫曾静的秀才,还写了一篇文章叫《知新录》,把雍正帝着实骂了一顿,又派他的学生张熙去找川陕总督岳钟琪,撺掇他起兵反清。他觉着岳钟琪保不齐就是南宋抗金大将岳飞的后代,对满洲人肯定腻歪。不料想,岳钟琪反把张熙给逮起来,报告了朝廷。雍正帝一听这事,气个倒仰,马上派人抓了曾静,把他和张熙一块儿审问。曾静和张熙受刑不过,只好认了罪,还写了悔过书。雍正帝看了报告,琢磨着这可是个机会,就下令编一本书,给自己正名。

他编的书,书名叫《大义觉迷录》。书里头把他自己写的批文都收进去,也把曾静的悔过书搁上。然后他就下令多印快印,发给全国大小官吏,人手一册,也让老百姓都知道,规定学校的学生都必须看。雍正帝在这本书里,把自己怎么当上皇帝,怎么尽孝道,怎么好好对待兄弟,详详细细都讲了。他说他不是篡位,而是光明正大接的皇位,既没有谋害父母,也没有杀害兄长。至于弟弟允禩和允禟的死,他说那是他们自找的,自己已经仁至义尽,可为了国家社稷稳固,不能不决断。他还说了自己如何如何勤政,如何如何廉洁,既不贪财也不好淫。自打有皇帝以来,像雍正帝这样在乎名声,自己使劲替自己辩护的,还真少有。对曾静和张熙,他也格外开恩,不但没杀,还叫他们到各地巡回演讲,一来表示悔过,二来歌颂当今天子英明又开明。为了表示自己宽大仁慈,雍正帝还说定了:"将来我的后代不要因为他们诽谤过我,又给他们加罪。"

要说雍正帝宽大仁慈,那可是假招子。谁对他不满他都记着,想法整治,不但把弟弟们往死里整,对三哥允祉,他也下得去手。允祉一门心思做学问,帮康熙帝编书搞研究,对争太子没兴趣。可

清朝故事

雍正帝一天到晚忙着办公,写批文,睡得很晚。

就是因为对新皇帝不满,说了些难听话,雍正帝就免了他亲王爵位,关了禁闭。允祉一别扭就死了。还有总督年羹尧,国舅隆科多,最先都是雍正帝的亲信,立过大功,后来有点儿骄傲耍横,对皇帝不大恭敬。雍正帝立马翻脸,抓点儿贪污的事就叫年羹尧自杀,把隆科多关起来,也给关死了。对百姓也一样,雍正朝的文字狱多了去了,后面再说。

可要说雍正帝勤政,那倒一点儿不假。他一天到晚忙着办公,写批文,还不叫别人代笔,都是自个儿写。白天干不完,就挑灯夜战,睡得很晚。有的批文,他反复琢磨,能写一千多字。外出巡游、打猎什么的,几乎没去过。有几件事经他一决断,就挺有意义。一个是"摊丁入亩",把人口跟土地摽在一起纳税,废除了人头税。二是在西南地区实行"改土归流",用国家任命的官吏代替世袭的土司。三是"废除贱籍",把那些世代当奴仆当贱民的人解放了,让他们上户口成了居民。这三项一改,社会往前迈了一大步。

雍正帝这么用心思治国理政,外带着整人,没法儿不累心伤神。他本来身体就不结实,这一来就支撑不住,第八个年头上闹了一场大病,差点儿死了。大臣们估摸着,这位皇帝怕是活不长远,都挺关心太子的人选。雍正帝也想到了这一层,早早做了准备。他担心再出皇子争位的乱局,就想出了一个新招儿,对大臣们说:"我不立太子,要把选中的皇子名字写下来装到匣子里,放到乾清宫'正大光明'匾额后面。到时候你们一看就知道了。"大臣们都乐了,说:"您这个法子比以前的都好。"秘密立储的办法,就这么成了惯例。

公元1735年秋天,雍正帝病死,在位十三年,活了五十八岁。大家从乾清宫匾额后取出密匣,立刻按遗嘱说的,请皇四子弘历即位。弘历登基,就是清高宗,年号乾隆。

清朝故事

武举状元

　　乾隆帝即位的时候，刚好二十五岁，体力精力正旺。他可不管他爸雍正帝说过什么，一上来就把曾静和张熙又抓起来杀了，还宣布《大义觉迷录》是禁书，下令销毁。过后，他又给允䄉和允禟恢复了宗籍，给允䄂和允䄍封了爵位；对别的叔叔，也尽量善待。乾隆帝敢这么干，因为他底气足实，没人能跟他叫板。他这么说："以往新皇帝都是皇父决定的，我可不一样，是皇祖和皇父一起决定的。"这就是说，他当皇帝早由康熙帝选中，不单是雍正帝的主意。这话还不是一点儿影儿没有。康熙帝晚年，有一次看见十来岁的弘历，立马高兴得不得了，把他接到皇宫亲自教导，还对身边人说，这孩子福分比我大。见到弘历的生母，他又夸她有福气。很多人就此认定，康熙帝把皇位传给胤禛，也有想让弘历将来接班的考虑。康熙帝的威望谁能比呀，要不乾隆帝怎么这么硬气呐！

　　乾隆帝处处学他爷爷的样儿，习武特卖力气，学文也着实用心。他在位那些年，各地战乱还是挺多，他就把精力放在了打仗平乱上面，对军人武将格外看重，还用武举考试招揽人才。

武举状元

科举考试最早只有文科，没有武科，女皇武则天当政以后才有了，为的是选拔武将。到了清朝，武举考试火了起来。先是康熙帝下令，三年来一次武举考试，选拔武进士当军官。雍正帝又规定，武举状元可当一等侍卫，武榜眼、武探花当二等侍卫，其余的当三等侍卫。他还给各省总督巡抚下诏书说："你们要选拔那些武艺出众的男儿，武生、童生、乡间百姓都行，报给兵部。我要专门训练他们，打仗好派上用场。本人和家属的口粮都给足了。"乾隆帝也喜欢用武士，不但要亲自选定武状元，还注意考察提拔。

这么一来，那些个习武的壮士都高兴坏了。只要有身硬功夫，打仗立功，就能当官，光宗耀祖，谁不乐意呐？全国各地，强身练武的就多了起来。河间府（在河北肃宁）那地方人一向好习武，有个叫哈攀龙（哈 hǎ）的回族小伙儿顶厉害。他爸就是个武吏，他从小学过文，更愿意练武，长到十五六岁，身量，块头，都有了。一百二三十斤的大刀铁鞭，使起来跟玩儿似的；三百多斤的石锁，举起来气都不喘。更甭提骑马射箭，没人比得了。武举考试以后，他连中武秀才、武举人，就给选到京城参加全国会试。

会试分外场内场。先考外场，有骑射、步射、开弓、舞刀、搬石头什么的。后考内场，要写一篇"策论"，就是关于兵法的论文。内外场分着计分，有"单好"和"双好"两级。哈攀龙考得自然不错，得了双好，有资格去参加殿试了。殿试就是皇帝主考定名次。

殿试分三天在瀛台紫光阁举行。那天，哈攀龙看见乾隆帝在上面坐着，心怦怦直跳。他定定神儿，沉住了气，按顺序先比骑射。每个选手射六箭，射中三箭算合格。他真不含糊，唰唰唰……连发六箭，箭箭射中靶心，看的人齐声叫好。乾隆帝拿着笔就在他的名字上打了个记号。接着是步射，目标是地下滚动的球。结果，哈攀

清朝故事

哈攀龙连发六箭，箭箭射中靶心。

武举状元

龙又得了第一名。乾隆帝也忍不住乐了。转天，举子们又比了拉弓、舞刀、搬石头，都要有力气才行。哈攀龙这活拿手，都进了前三名。乾隆帝又把大伙儿的笔试卷子看了看，特地细看了哈攀龙写的，感觉他对兵法也挺有见解，文笔还行，就决定哈攀龙为武进士一甲第一名，也就是武状元。

授职那天，满朝文武百官都来了。哈攀龙给带进皇宫，站在金銮殿前边，看那大殿真气派。他在一百二十名武进士的头一排，接着又听他是状元，又当一等侍卫。这个普通人家的小伙儿，眼泪就止不住了，掉雨点儿似的。往后，自己是国家的人啦！

哈攀龙在皇宫里当了五年侍卫，乾隆帝挺满意，又派他到福建、河南当军官，让他学着指挥打仗，他也挺上进。可不久母亲去世了，他按规矩回了老家河间，要给老妈守三年孝。没过半年，忽然有一天，上面来人告诉他，乾隆帝巡视到了河间，让他赶快去接驾。乾隆帝见到哈攀龙，问了几句他家里的事，叹了口气说："唉，你在家守孝苦，我这国事也难啊！"

原来，就在前不久，四川西部的金川那边打起来了。金川有大金川和小金川，都是金沙江的支流，那一带住的多是藏人，头领还是土司。大金川土司叫莎罗奔，挺霸道，老欺负周围的小部落，不是抢东西就是占地盘，还夺人家官印，闹得当地人过不安生。官府派人管教，莎罗奔不听，还来横的，跟官府对抗，不纳贡也不缴税。乾隆帝接到信儿，以为这点儿小事，派兵压压不就行了？他就让官军进剿，没料到这仗真难打。莎罗奔他们也就几万人，可藏在山林里面，让官军没辙。官军越去越多，反倒接连吃败仗。乾隆帝窝了一肚子火儿，就想派几个能手去。这回见到哈攀龙，就特意提起这事儿来。

哈攀龙一听这话就懂了，马上跪下说："忠孝不能两全，我愿意戴孝出征报答您，死了也不在意。您就让我去吧！"乾隆帝马上有了笑模样，说："我让你当总兵，快去，我等着你的建功喜报！"哈攀龙很快动身，就到了金川前线，向川陕总督张广泗报到。

张广泗派他带一队人马去夺寨子。他没强攻，而是带人到了大松林寨，察看了地形，发现周围都是山包，敌方的碉楼石卡也挺多。他就带着大伙儿蔫不溜儿地走小道，爬到一处高地上。从这儿往下看，就把敌方的阵势看了个真。从上往下打，把握就大。于是他下了进攻的命令。敌方没想到有人从山上冲下来，连忙关紧寨门，往外放箭。士兵看哈攀龙跑在最前面，也都壮了胆，冒着箭雨，连夺了几个石卡，打通了到寨门的道。哈攀龙让把火炮架起来，轰轰轰就开了炮。当地人一听给吓坏了，掉头就跑。大松林寨给夺了过来。休整了一下，他们接着往前走，到了渴足寨。因为有了经验，哈攀龙让大伙儿集中火力，别分散，瞅准一处就猛打，结果一连气儿破了四个碉卡，夺了一座水堡。末了儿，敌方泄了气，丢下寨子就跑进林子里去了。哈攀龙就这么打一仗赢一仗，挺顺利。

可是，张广泗这个总指挥打仗不灵，光知道派大军进剿，硬打硬拼，搞人海战术，好像用拳头打地上的跳蚤，打不着，倒把手震得生疼。所以整个来看，官军老处在下风。乾隆帝又派首席军机大臣讷亲到金川，当第一把手。不料想，讷亲会说不会干，打仗也是外行。莎罗奔看出他们俩没本事，就在色尔力石城设下重兵，明着和官军叫阵。讷亲气炸了，派哈攀龙和另一个总兵任举合兵，从正面进攻，死活得把色尔力石城拿下。

任举也是武进士出身，打仗不惜命，立过好些战功。这回打色尔力石城，他和哈攀龙商量好，分头打。随后他带着人马就打了过去。没想到莎罗奔事先在城外埋伏了一些人，从后面出来，反把他们给包围了。任举带人死拼，可还是没冲出来，当场阵亡。在另一路攻打的哈攀龙听说这消息，赶紧过来增援任举这一路。远远看见一群人把任举的尸体当战利品，正抬着跑呐，他马上带人追过去，一阵猛杀，到了儿把任举的尸体给抢了回来。大伙儿看着任举的尸首，都忍不住哭了。讷亲又调人增援，昼夜攻打，可莎罗奔早有准备，不是用小股骚扰，就是内外夹击，弄得官军损兵折将，色尔力石城还是纹丝儿不动。

乾隆帝接到报告，气得眼发红，写信大骂讷亲和张广泗无能，还问："我叫哈攀龙去金川，他怎么样，建功了吗？"讷亲和张广泗害怕皇帝给自己降罪，一嘀咕，就想把责任往下推，报告说："哈攀龙不但没建功，这回也是因为他进攻不力，才使任举战死，城也没打下来。应该降级处分。"乾隆帝一听，当即就要把哈攀龙关起来问罪，可又一想："哈攀龙不是孬种，这回怎么这么尿呐？不能听一面之词。"他就发令说："哈攀龙年富力强，可到了阵前寸功没有，不害臊吗？叫他自己写个折子说说。"

哈攀龙接到圣旨，汗珠子顺着后脊梁缝儿往外冒，把衣裳都湿透了。他万没想到，讷亲和张广泗不但不给自己报功，还栽赃诬陷，拿他当垫背的。没功就没功，可罪名不能白顶。他连夜写了报告，把自己到金川以后，怎么怎么回事都说了。末了儿他说："我真是闹不明白，上司干吗要向您隐瞒真相，给我这个下属加罪名。请您明察。"

乾隆帝这时候已经让人查明了，金川作战失利，讷亲和张广泗要负主责。他批示说："讷亲、张广泗指挥失误，反把过失推给下属，忒不是个东西。"讷亲和张广泗被撤了职，过后又定了死罪。哈攀龙成了攻打色尔力石城的主将。他还是不硬打，而是用夜袭的办法，先拔除城外的碉卡，把敌人困在孤城里，到了儿打胜了。哈攀龙立了功，职位也给提起来了。这个武状元后来成了一省提督，一品武官。

　　起根儿上说，金川之战打得不顺，死伤那么多，和乾隆帝冒失用兵和用人不当关系更大，可谁敢说他不对呐？过后，要不是名将岳钟琪深入敌营，说服莎罗奔归顺（莎罗奔原是岳钟琪的下级），结果还不定怎么样。后来，大小金川又闹事，乾隆帝二次出兵收拾才成功。清朝从此废了土司，改由朝廷任命官吏直接管理，川西那一带才平定了。

容妃进京

当初，康熙帝稳固了漠北蒙古，雍正帝稳固了云南和贵州。眼下，乾隆帝又稳固了四川。可从大处看，要数西域和西藏那边儿最乱乎，经常出事。

康熙朝那阵儿，漠西蒙古（厄鲁特）准噶尔部的噶尔丹发动叛乱，不单对抗朝廷，还跟邻近的回部起了纠纷。这个回部指的不是回族，是维吾尔族。回部信奉伊斯兰教，主要在天山以南一带过活，头领是和卓家的人。噶尔丹的兵打过来，把头领阿布都什特抓走，占了地盘。后来清军打败了噶尔丹，救出了阿布都什特。阿布都什特到北京朝见康熙帝，康熙帝叫他回叶尔羌城（在新疆西部莎车一带）管好南疆的回部。阿布都什特死了以后，他儿子玛罕木特接着当回部的头领。这时候，噶尔丹的侄子策妄阿剌布坦掌了准噶尔部大权，比他叔叔心更野，又来进攻回部。末了儿，玛罕木特全家连同几千百姓都给押到了伊犁（在新疆西北伊宁一带）开荒地。回部人没了自己的家园，难受极了。玛罕木特给气死了，他的儿子波罗尼都和霍集占被关进牢里，不准出来。

清朝故事

到了雍正、乾隆年间，蒙古各部一阵儿归顺，一阵儿又叛乱，还是闹个没完。先是和硕特部的罗卜藏丹津起兵，接着就是策妄阿剌布坦的儿子噶尔丹策零造反，可都让朝廷给打败了。这一来，回部人就有了盼头。乾隆帝下令释放和卓一家，把波罗尼都和霍集占救出来。波罗尼都给护送回了叶尔羌，统领回部。霍集占留在伊犁，管迁移到这里的回部人。不多久，策妄阿剌布坦的外孙阿睦尔撒纳又出来，想当漠西蒙古的四部大头领。朝廷没答应，他就在北疆公开反叛。霍集占也发了昏，跟着阿睦尔撒纳一起折腾。结果倒好，阿睦尔撒纳兵败身死，朝廷这回彻底平定了北疆。对霍集占，乾隆帝没追究，还让他管北疆回部。

按说朝廷上次救了霍集占，这次又放他一马，他应该知恩图报才对，可他没这个品行，光想着自己说了算。于是他就偷偷跑回叶尔羌，找到他哥波罗尼都说："蒙古人打败了，朝廷也打累了，咱们赶紧起来夺权，怎么样？"波罗尼都皱着眉头说："朝廷对咱不错，还是听大皇帝旨意的好。"霍集占瞪圆了眼睛说："不错又怎么了，到了儿比不了自个儿当大王。"波罗尼都让他死乞白赖这么一说，也动了心。公元1757年，这兄弟俩就挑头造了反。跟他们闹的人叫他俩是大和卓木和小和卓木。

大小和卓木没想到，自己家里好多人反对这么干。堂叔叔额色尹、帕尔萨，堂兄弟玛木特、图尔都，还有其他一些亲戚，都说要拥护朝廷。仗一打起来，额色尹干脆带着大伙儿离开这哥儿俩，到别处避难去了。霍集占气个半死，马上带人追打，可没占到便宜。

乾隆帝听说大小和卓木反了，还杀了朝廷的使臣，就派将军兆惠去南疆平叛。可清军人少，路又不熟，一到那地方就转了向，让霍集占的人马围在了叶尔羌东边的黑水河。兆惠给困了三个月，急着等援军。霍集占可来了劲，加紧攻打。正在避难的额色尹得到消息，挺着急，对家人说："朝廷的人马被围，太危险了，咱们得想办法救救。"他侄子图尔都挺有胆量，喊着说："要救非有人马不可，还得快点儿！"叔侄俩说干就干，很快招了一支人马，朝霍集占的军营打过去。帕尔萨和玛木特负责照料家眷。

霍集占听说有人来袭击，以为是清军后援到了，立时慌了，忙着调人迎战，就把围清军的兵力减了不少。过了些天，援军真的来了，兆惠决定里外夹击，请额色尹和图尔都也来帮忙，叫他们带兵进攻，把敌军引开。这么着，清军就给解了围。随后，清军分兵两路，一路打叶尔羌，一路打喀什噶尔。霍集占本来就没打仗经验，看清军呼啦啦压过来，头直发蒙，城也不要了，忙忙叨叨就往城外跑，波罗尼都只好跟着。俩人逃到巴达克山，被当地人逮住杀了。清军就这么收复了叶尔羌，大小和卓木的叛乱也给平了。

兆惠连忙向朝廷报喜，也说了额色尹他们的功劳，建议皇上接见一回。乾隆帝一直希望伊斯兰教徒和佛教徒好好相处，安定地方，就下令让额色尹进京。那年秋天，额色尹带着玛木特先到了北京。乾隆帝很快接见，封额色尹为辅国公，玛木特为一等台吉（清朝封部族首领的爵号，次于公）。听说额色尹想住在京城，他很高兴，说："回部人有自己的信仰和习俗，就给他们建一座回子营，专门给他们来京的人住。"

到了这年年底，图尔都也到了北京。乾隆帝封他也是一等台吉，又发话说："额色尹他们可以不回叶尔羌，就在京城安置，把家属也接来吧！"这时候，回子营已经建好了，离皇宫特近（在北京西城东安福胡同）。这座大院子是伊斯兰教的样式，好看不说，还挺别致。回部来京的人住进去，都喜欢得不得了，忙着安排接家眷。到了转年正月节（元宵节），乾隆帝惦着回部人，派人把额色尹、图尔都、玛木特请到圆明园的同乐园，参加大宴会，看戏听曲，挺乐和。乾隆帝顺便问起来："家眷接来了吗？"额色尹忙说："接去了，快来了！"

春天一到，就有一大批回部家属来到了北京。这些人里，除了帕尔萨这些男人以外，有个漂亮姑娘特别引人注意，谁都愿意多看她几眼。有人就打听，这姑娘这么好看，是谁呀？来的人一说，才知道她是图尔都台吉的妹妹。名字说不清，大伙儿都叫她"伊帕尔汗"。伊帕尔是"香"的意思，因为她喜欢沙枣花，老戴着花，身上也就有了花香。伊帕尔汗的父母死得早，一直由哥哥图尔都照料。她不怎么爱说话，可模样越来越出众。

乾隆帝听说回部家眷来了，图尔都的妹妹也在其内，就想着用联姻的法子，拉近和边地的关系。于是，他决定把伊帕尔汗纳为嫔妃，接进皇宫。这话一传出来，回部人都喜欢极了，从此他们就是皇帝的亲戚啦！迎亲的那天，伊帕尔汗穿着维吾尔族最好的衣裳，打扮得特水灵，进了皇宫。乾隆帝当即封她为"和贵人"，给她单独安排了住处，饮食也是让回部厨子给单做，都按伊斯兰教的规矩。底下人问："和贵人进宫，怎么赏赐呐？"乾隆帝说："拣贵重的给就是了。别忘了，还有南边送来的鲜荔枝。她没见过，一定爱吃。"末了儿，和贵人得了三十三件宝贝，有珊瑚朝珠、金顶圈、金簪什么的，还有十五两金子、二百两银子。

打这儿起，乾隆帝身边就有了一位维吾尔族妻子，模样和穿着打扮跟别的嫔妃大不一样，格外显眼。皇帝每回外出巡游，都指名要她陪着。每逢节日生日，都给赏赐。和贵人也挺有眼力见儿，不是叫回部的杂耍班子进宫表演斗羊、手技，就是让厨子做几样清真

容妃进京

和贵人被接进皇宫,穿着打扮和别的嫔妃大不一样。

清朝故事

点心小菜,给皇帝和太后尝尝。这么一来,乾隆帝高兴不提,太后也喜欢得什么似的。太后就对乾隆帝说:"和贵人那么好,该升级啦!"乾隆帝就下旨说:"和卓氏勤谨恭顺,端庄有礼,尊太后懿旨,晋封容嫔。"又过了些日子,太后又叫乾隆帝给容嫔升级,容嫔就成了容妃,只在皇后和贵妃以下。可容妃一点儿架子也不拿,跟别的妃、嫔、贵人、常在都相处特好,和公主、格格们(王公贵族的女儿)更是常来常往,好得就像亲姐妹。

容妃在宫里级别升高,她哥哥图尔都的级别也跟着往上走,当了郡王,俸禄多了,还单独得了一处大宅院(在北京东四六条)。乾隆帝听说这位内兄还没成家,马上挑了个满族姑娘配给他为妻,各类赏赐自然少不了。回子营里的人越来越多,好多回部人到北京探亲游玩,都住在回子营。乾隆帝就下令扩建,还修了一座清真寺,供大伙儿做礼拜用。这一来,维吾尔人就出了名,在西域的地位比以前高多了,人口也增加了,很快就发展起来。

这些年,漠西蒙古也有好消息传过来。先是杜尔伯特部不愿意跟准噶尔部当邻居,希望向内地转移。乾隆帝答应了,把他们安置在乌兰固木放牧。接着,一百多年前迁到伏尔加河一带的土尔扈特部,因为受不了俄国沙皇的欺压,又回到了老家。乾隆帝也把他们安置了。乱根儿给拔了,西域那么大的地方就平定了,各族百姓都过起了和平日子。

容妃在皇宫里待了快三十年,生了重病。她把自己攒的宝贝分头送给了宫里的姐妹和服侍自己的宫女太监,也送给回子营的亲戚和乡里一些。这位美丽平和的维吾尔族女子就这么安静地离开了人世间。乾隆帝很难过,下令按照伊斯兰教的规矩,把她安葬在东陵。在她的棺椁(guānguǒ)上,特意用金漆写了《古兰经》的一

段话。

  容妃这么有名气，民间就短不了把她的事添枝加叶，当稀罕说。好多年以后，她被传得走了样。有些人用俗套子编故事，管她叫"香妃"，说她本是霍集占的妻子，让乾隆帝给抢了去。她整天哭哭啼啼的，惹烦了太后。太后叫人把她偷偷勒死了。这都哪儿跟哪儿啊！容妃和霍集占是堂兄妹，怎么可能成了夫妻呐？再说了，乾隆帝宠容妃，固然是她人品好相貌美，更是为了西域的安定，犯不着为美色去抢亲。这是明摆着的事。

  乾隆帝把漠西蒙古和回部的事处理得不错，他自己挺满意。藏地那边虽说也不安静，可眼下没大乱子。乾隆帝得了空，就想多做些文化上的事。

清朝故事

编书毁书

乾隆帝对西学外行，比不了康熙帝。可对传统的学问，他兴趣太大了，有空就看书，写字，作诗，对对子，画画儿，收集名人字画，摆弄瓷器玉件，挺像个博学才子，古董行家。除了精通满汉语文以外，他还学会了藏文和维吾尔文。其实，一个当皇帝的，天生就不用为吃穿住行犯愁，学点儿东西不难，给打下手的多得是。就说作诗，乾隆帝统共写了约莫五万首诗，古今第一。一年三百六十五天，一百年三万六千五百天，这么算下来，就是每天不停写，一百年也写不了这么多呀！原来，他的诗，有好多是别人替写的，要不就是他写一两句，说个大概其，底下人再给写出来。这些诗，好的真挑不出多少。

乾隆帝又喜欢藏书编书。他藏的书都是古籍珍本，装了好几座楼。他编的书，包括他自己写的，他下令写的，一本接一本，足够几百种。可他嫌太零碎，琢磨来琢磨去，就动起编一部超大型图书的心思。公元1772年，乾隆帝下了一道旨意说："读书固然要能得其要领，但是多看多读才能研讨得精细。康熙年间编的图书集成，兼收并录，可因为是按类编排，不能看到全文，也就没法儿追根寻源，知道来处。当下我要来编一套全书，把古今的著作都收进来，原文照录。各地要赶快征集各类图书，都送到朝廷来，由专人查看编排。"他要编的这部大书，就是特别有名的《四库全书》。

皇帝这么一下令，各地官员不敢怠慢，紧催急催着往下支派，过不多久，真就收集到一大批民间的藏书。加上宫里有的，凑了好多，堆成了书山，数都数不过来。乾隆帝高兴极了，马上就让开设四库全书馆，搭班子干起来。他一气儿任命了好些王公皇子和大臣当《四库全书》的总裁官，当副总的也不少，不外是挂个名领俸禄。可总编纂这个实干的，就不能随便指一个，必须得有真才实学。乾隆帝想到了大才子纪晓岚。

纪晓岚又叫纪昀，是献县人（献县在河北沧州西），学问在当时全国都数得着。他考中进士以后，进了翰林院当编修，就有机会和皇帝打交道了。乾隆帝爱跟人聊天，作诗对对子，有一天和臣下闲聊，他说："论语上有'色难'这个词儿，要对下联，最难啦！"纪晓岚马上说："容易。"乾隆帝说："容易？那你就对个试试。"纪晓岚说："臣已经对上了，就是'容易'。"乾隆帝一琢磨，真是对上了，连连说妙。打这以后，他挺看重纪晓岚，到哪儿都带着他，好有个诗伴儿解闷儿。有一次游江南，路过一片芦苇荡，看见一只黑羽仙鹤飞过去，乾隆帝就让纪晓岚当场作诗。纪晓岚张口就说了两句："万里长空一鹤飞，朱砂为顶雪为衣。"乾隆帝摇头说："那鹤是黑羽的，怎么用雪字呐？"纪晓岚又接了两句："只因觅食归来晚，误入东坡洗砚池。"把大伙儿扑哧扑哧都逗乐了。

纪晓岚聪明是够了，可有时候也让聪明害了。他的亲家卢雅雨当两淮盐运使，那一年挪用公款，被人告发。乾隆帝下令查抄卢

家，用他的家产补公款。纪晓岚先知道了，想救救亲家，又不敢写信，就抓把盐和茶叶放进信封，叫人送到卢家。卢雅雨看了一想，知道是"查盐"的意思，赶紧把家里值钱的东西运走了。官府来抄家，白忙活一阵。过后，纪晓岚的把戏被戳穿了，乾隆帝把他发配到乌鲁木齐充军，一去就是三年。

这回要编《四库全书》，乾隆帝想起纪晓岚，觉着他当总编纂顶合适了。纪晓岚特愿意干这事儿，整天和书摽在一块儿，带着一帮子文人，看书，挑书，查书，作目录，编次序，从早到晚不闲着。长话短说，经过近十年工夫，《四库全书》编成了。最累的要算抄写，一千多写字好的人誊抄，要抄七套正本，一套副本，这又用了十年。它有经、史、子、集四大部，分四十四类，收入三千五百零三种书，一共三万六千册。光听这个数就叫人晕乎。不用说，里面保存着好些经典名著，意义总能说那么几条。可纪晓岚他们明着高兴，暗含着心里直打鼓，这回编书，不但留下大量古籍，也销毁了不少呐！

原来，乾隆帝早有话，趁着编书的机会，要把那些"坏书"销毁。什么是坏书呐？主要是不满意清朝的，批评朝政的，还有民间的杂书。查出来以后，要么全烧，要么烧一部分，要么删改。这么一来，就有三千多种书给毁了，和《四库全书》收进的差不多。里面有不少其实是名人之作，挺有价值的。编《四库全书》功大还是过大，得看从哪头说了。

再就是搞文字狱，乾隆帝顶拿手。文字狱这种事，古来就有，数清朝最邪乎。康熙朝那阵儿，有人写明史，被认为贬低了清朝，杀了活人不算，已经死了的也要把尸首刨出来斩首。到了雍正朝，文字狱更厉害。雍正帝没让杀反他的曾静和张熙，可对曾静崇奉的学者吕留良，不单是挖坟砍头，还把他的孙子和学生杀了。对别的案子，他也能杀都杀。有个礼部官员叫查嗣庭，那一年当科举主考，出了一道题叫"维民所止"，是从四书的《大学》里摘出来的。检查官说这是故意把"雍正"俩字砍去了头，大逆不道。雍正帝马上把查嗣庭下狱拷问。查嗣庭给气死了，可尸首被斩不算，还被拉出去当街示众，家属都给轰到了边地当苦力。清朝把程朱理学当官学，学者谢济世注释《大学》的时候，没有用二程和朱熹的说法，写了自己的看法。雍正帝说他诽谤程朱理学，是借机会发泄对朝廷的怨恨，下令斩首。

　　乾隆朝的文字狱最多，查得倍儿严，还派人专门挑刺儿。写诗作文，一个字一句话，稍不留神就许掉脑袋。"胡"啊"狄"什么的，都不准用，说是骂清朝。连用"清"字都得小心。有人写诗："清风不识字，何得乱翻书。"查的人说这是笑话满洲人没文化，作诗的就给杀了。有个八旗子弟写诗，管蒙古人叫"胡儿"。乾隆帝看了说："这小子忘了自己的根本，学汉人骂咱们，不想活啦！"叫那人自杀。江苏举人徐述夔写诗，里面有一句是"明朝期振翮（hé），一举去清都"，乾隆帝看了就硬说："这是要恢复明朝，赶走我大清啊！"听说举人和他儿子早死了，他又下令说："那也不能饶，挖出来鞭尸，把他两个孙子斩首。地方官管教不严，也要砍头。"

　　有个叫尹嘉铨的退休官员，因为闹待遇得罪了皇帝，被抄了家。乾隆帝特意嘱咐去抄家的人说："尹嘉铨爱写东西，抄他家的时候，要留心他的诗文和书信，看有没有狂言乱语。"结果真就查出来好些文稿，乾隆帝亲自翻看，找出不少"乱语"，和皇帝的说法不大一样。还有一篇名臣言行录，表扬忠臣。乾隆帝看着看着，脸就阴了，咬着牙说："这家伙敢和天子唱反调，吹捧大臣，压低圣上，肠

清朝故事

乾隆帝说:"敢和天子唱反调,该死!"

肺都烂了呀！该死！"当下就定了个绞刑，把尹嘉铨勒死了。过后，乾隆帝又发通告说："国家社稷都是由天子做主，不靠什么忠臣，也不怕有奸臣。天子英明，就是没有名臣，百姓也是有福气。"这话可就把皇帝抬过了顶，他独裁，别人只要当奴才就行了。

江西有个叫王锡侯的举人，没考上进士，就在家里编书卖书，赚钱养家。他编的都是科举考试题讲解一类的"教辅"读物，按说没什么事儿。可有一次他编了一本辞书，书名《字贯》，是把《康熙字典》的字连起来。书里提到，《康熙字典》的字词不太连贯，用起来容易遗漏。有人就告发他，说他竟敢挑《康熙字典》的毛病，那可是康熙帝主编的呀，就该治罪。乾隆帝下令把《字贯》找来，自己要看看，这一看不打紧，快气疯了。原来书里把康熙、雍正、乾隆三朝皇帝的名字都照直写了，没有避讳。乾隆帝跺着脚嚷着说："从来没人敢这么写，藐视我们天子，真是大逆不道！罪不容诛！"立马把王锡侯抓起来处死，又抄了家，还把人家儿子孙子都定成死罪。江西巡抚海成也因为查禁不严，撤职发配到西域。

有个乡绅叫彭家屏的，他家的家谱当中说，彭家的姓来源于黄帝，是帝王的后裔。谱中提到明朝万历年间的事，可没把"历"字避讳或者少写一笔。因为乾隆帝叫弘历，这就犯了大忌。乾隆帝知道了，把这点儿事也上纲上线说："彭家屏眼里没有君王，就是不忠，为人类所不容，不杀不能正国法！"就叫彭家屏自杀，他的儿子死缓，家产没收。

乾隆帝造了这么多冤假错案，末了儿自己也发毛了，照这么下去，谁还敢写文章呐？大臣们在背后嘀咕，万岁爷是懂文化还是不懂啊！不久，驻西藏大臣庆麟派人报告，说廓尔喀人入侵，请赶紧派兵进藏。乾隆帝正好把文人的事搁下，又张罗军国大事去了。

清朝故事

达赖班禅

廓尔喀就是尼泊尔，和咱们中国一直关系挺好。可这回廓尔喀国王猛不丁儿派兵进攻西藏，是为了什么呐？原来几年以前，喇嘛教首领六辈班禅要来给皇帝祝寿，乾隆帝高兴，下令在避暑山庄外边盖了一处须弥福寿之庙，样子特像班禅的驻地扎什伦布寺（在西藏日喀则）。他先在山庄接见六辈班禅，又让他到京城住下，给的赏赐别提有多贵重。没想到六辈班禅在北京出了痘（天花），治不好就圆寂了。班禅没有家室，皇帝给的，加上各地送的，留下的财宝数都数不过来。他哥哥忠克巴呼图克图抢先一步，都把住归了自己，连弟弟沙玛尔巴也一丁点儿不给。沙玛尔巴恼了，跑到廓尔喀对国王说："班禅的遗物太值钱了，那边的防务禁不住打，您要是派兵过去抢，也给我留点儿，多好啊！"国王想起来什么，也说："藏商做买卖老爱往盐里掺沙土，还压低价钱，我早就憋着这口气呐，这回就抢他一回！"真就出兵打过来，一气儿拿下了好几个地方。

乾隆帝接到报告，赶紧派兵进藏退敌，不料想这个仗挺难打。廓尔喀地方那么小，人那么少，可当兵的健壮耐苦没得比，打仗死活不咎。别提藏兵了，就是八旗兵和蒙古兵也难对付他。西藏地方官们一害怕，就私下答应廓尔喀人，用钱把失地赎回来，也没往上报告。想不到廓尔喀人还惦着班禅的宝贝，退出去又打回来，直奔扎什伦布寺，把财宝抢了个痛快。刚坐床的七辈班禅只好到拉萨避难。乾隆帝又调集了好些精兵强将，这才把廓尔喀兵打败，追到了廓尔喀国内。直到廓尔喀国王求降，退还了抢走的东西，这个仗才算打完。乾隆帝在北京接见了廓尔喀使臣，重新封了国王，两国又好起来。

过后，乾隆帝寻思，藏地的内乱不断，地方官自己瞎拿主意，非得下剂猛药治治不可。他就把藏地以往的事像看戏似的，在心里演了一遍，想找个对症的药方。

西藏自打元朝归入版图以后，和内地的来往越来越多，特别是和蒙古人走得很近，因为他们都信喇嘛教。喇嘛教就是藏传佛教，分红教、白教、花教、黄教等等教派。早先，红教白教势力大，掌握了西藏大权。黄教又叫格鲁派，创始人叫宗喀巴，出世比较晚。可后来信黄教的越来越多，信徒们还到外地传教。喇嘛教各寺大活佛有转世相传的习俗，宗喀巴大徒弟根敦朱巴的第三代转世人叫索南嘉措。他到蒙古传教的时候，被蒙古人尊为"达赖喇嘛"，算作第三辈，前两辈是追尊的。明朝在公元1587年也封索南嘉措为"朵儿只唱达赖喇嘛"，还召他进京见皇上。没想到他走到半道上，就害病死了。

达赖喇嘛传到五辈的时候，黄教的势力超过了别的教派。为了有实权，五辈达赖和后藏扎什伦布寺的住持罗桑确吉坚赞商量好，派人去找蒙古人帮忙。结果他们请来了漠西蒙古和硕特部的头儿顾实汗（又译固始汗，原名图鲁拜琥）。顾实汗带兵进藏，抓住反对黄

清朝故事

教的第巴（执政者）康巴汗，把他杀了；又尊罗桑确吉坚赞是"班禅"，算是第四辈，前三辈是追尊的。这么一来，达赖和班禅①就成了藏地最大的教主，世俗的事也能管。五辈达赖和四辈班禅别提有多感激，就请顾实汗掌握大权。具体的事还是交给第巴去管。第巴的地位在达赖、班禅和顾实汗底下。

虽说那阵儿还是明朝当政，可顾实汗挺有眼光，看出还在关外的清朝早晚能成事，就鼓动五辈达赖和四辈班禅派使者到东北去，跟皇太极拉上关系。使者走了三年才到盛京，皇太极还有不高兴的？他亲自出城迎接，一看公函上称呼他是"大皇帝"，乐得合不上嘴，给了达赖和班禅金的银的玛瑙的水晶的，好些值钱的东西。使者笑眯眯地回去了。

果然没几年，清朝进关坐了天下，皇太极的儿子真当了大皇帝。顺治帝邀请五辈达赖进京会会面，还特地在北京给他盖了所大房子，叫黄寺。公元1652年，五辈达赖到了北京。顺治帝信佛，跟他投脾气，聊得挺热火。临了儿，顺治帝用金印金册，正式封达赖尊号，是"西天大善自在佛所领天下释教普通瓦赤喇怛喇达赖喇嘛"。又封顾实汗尊号"遵文行义敏慧顾实汗"。清朝这就开始管起西藏的政事，说定了，达赖的转世灵童要经朝廷批准。

到了康熙朝，藏地出了一件大事。顾实汗死后，他儿子达延汗、他孙子达赖汗、他曾孙子拉藏汗一直掌握藏地大权。拉藏汗对清朝挺忠心，可跟第巴桑吉嘉措不对付。拉藏汗一直疑心桑吉嘉措毒死了自己的父亲，桑吉嘉措也嫌拉藏汗碍眼，俩人都想把对方轰走。到了公元1682年，五辈达赖圆寂了。桑吉嘉措怕失了权力，就

---

① 达赖是蒙语"大海"的意思。班禅是蒙语"圣者"的意思。后面讲到的额尔德尼，是满语"珍宝"的意思。

瞒着大伙儿不宣布。谁想见达赖，他就说："佛爷年纪大了，爱清静，喜欢一个人念佛。你们有事跟我说，我转告就是了。"暗地里，他偷偷地找好了转世灵童。这一瞒，瞒了整十五年。可哪有不透风的墙呐？到了儿让朝廷知道了，康熙帝立即追查。桑吉嘉措只好认错，说已经有了转世灵童，叫仓央嘉措。朝廷批准以后，仓央嘉措给接到布达拉宫，成了六辈达赖。他那会儿已经十四五岁了。

这个仓央嘉措在民间待惯了，学问挺好，他就老想到各地游玩，听歌看舞，还爱写诗。他写了好些爱情诗，挺有人情味，大伙儿看了都喜欢。可拉藏汗不喜欢，哪儿有这种想恋爱的活佛呢？他就向朝廷报告，说仓央嘉措是个假达赖，应当废除；桑吉嘉措欺骗圣上，也该治罪。这一来，他和桑吉嘉措就闹翻了脸。谁也不让步，就打起仗来。

桑吉嘉措的兵不是拉藏汗兵的对手，末了儿，他被抓住杀了，爱写诗的仓央嘉措也给关起来，要往北京送。刚走到青海湖边上，这个年轻僧人就害病死了。拉藏汗又推出一个大男孩儿，叫伊喜嘉措，说他才是五辈达赖的转世灵童，应当是六辈达赖，报给朝廷批准。这就惹来大麻烦。青海的贵族们都不认可伊喜嘉措，说他才是假的。他们说："仓央嘉措写的诗里，有一句是'洁白的仙鹤，请把羽毛借我。不到远处去飞，只到理塘就回'。咱们就到理塘（在四川西部）找他的转世灵童。"结果真让他们找到了一个小男孩儿，取名格桑嘉措，把他保护起来，上报朝廷。

拉藏汗听说了，正想法子对付，可不知道桑吉嘉措的老部下在算计他。那伙人偷偷跑去找了准噶尔部的头儿策妄阿拉布坦，求他给主人报仇。策妄阿拉布坦早就想进西藏扩张，当下派兵悄悄穿过雪山，一下子打到拉萨。拉藏汗没防备，给抓住杀了。他立的伊喜

清朝故事

嘉措也给关起来（后送到北京居住）。康熙帝一听就着了急，一面让十四阿哥胤禵挂帅，去青海平乱，一面批准理塘的格桑嘉措为转世灵童。此前，康熙帝还正式封五辈班禅为"班禅额尔德尼"，给了金印金册，说如果达赖出了事，就让班禅主持。班禅的转世也要由朝廷批准。

隔不久，清军赶走了策妄阿拉布坦的兵，把格桑嘉措护送到了拉萨，还叫他当六辈达赖。可教徒管他叫七辈达赖，认为会写诗的那个仓央嘉措才是六辈。前后这三个"六辈达赖"闹得挺乱乎。倒是打此以后，蒙古无论是和硕特部的还是准噶尔部的，都退出了西藏。康熙帝决定在藏地驻军四千人，防止动乱；又建立噶厦（官署名）为地方政府，主事官员叫噶伦；指定康济鼐（nài）总管藏地事务，驻拉萨；颇罗鼐专管后藏，驻日喀则。还有阿尔布巴、隆布鼐、扎尔鼐几个协助，大事就请示达赖和班禅。

康济鼐、颇罗鼐办事认真，七辈达赖和五辈班禅都挺满意。可万没想到过了不久，藏人自己又起了风波。到了雍正年间，阿尔布巴、隆布鼐、扎尔鼐他们想夺权，把策妄阿拉布坦再请回来，就策划着把康济鼐杀了，又以达赖的名义要出兵后藏，再杀颇罗鼐。颇罗鼐平日很得人心，训练军队有一套。他赶紧发塘报（中央和各地间的军政情报，由专人传送）给朝廷报信，让派兵来，又担心朝廷军队一时半会儿到不了，就决定自己出兵平乱。

左右有人劝他说："咱们兵少，怕不是阿尔布巴的对手，是不是花钱请印度派兵镇压好些呐？"颇罗鼐绷起脸说："这是咱们内部的事，不用外人管。我就是粉身碎骨，也不能叫他们得势！"临出发前，颇罗鼐到扎什伦布寺拜见五辈班禅，说："我就要出兵走了，佛爷有什么示下？"五辈班禅说："佛家普度众生，不忍杀戮，能和平解决，就不要打仗吧！"颇罗鼐低下头说："佛爷说得是，可阿尔布巴他们不听大皇帝圣旨，杀了康济鼐，包围了达赖佛爷，现在又要来杀我。我是为了发扬佛法才出兵的。请您谅解。"五辈班禅微微点了点头。颇罗鼐又问："这次用兵，佛爷有什么预见？"五辈班禅闭上眼睛，心里默念着，慢慢地说："吉兆，稳操胜券，胜券稳操啊！"

颇罗鼐带领九千藏兵向拉萨进军，他骑上战马，走在最前面。到了拉萨城边，大伙儿把大炮架起来就轰。双方很快交了火。阿尔布巴本来就没人气，底下的兵都不想硬拼。不用说，叛军很快就败了。阿尔布巴、隆布鼐、扎尔鼐三个想逃走，没想到各庙里的喇嘛都出来抓他们，很快都给逮住了。颇罗鼐让把他们关起来，等朝廷的人到了再处置。随后，他就到布达拉宫拜见七辈达赖。这些日子，七辈达赖一直被朝廷驻藏大臣保护着。颇罗鼐对他说："阿尔布巴他们暗杀康济鼐，又假造佛爷您的命令来杀我。我开始还埋怨过您。现在都明白了，是他们欺骗了我和大家。我无意中对您犯了罪，请佛爷饶恕我。"七辈达赖笑着说："咱们都被他们骗了。乱子出来以后，我就向大皇帝报告，请派大军来。现在你先发兵平了乱，再好不过了。你又这么诚实坦白，可见天性高尚，我非常高兴，怎么会生你的气呐？"

过不多久，雍正帝的钦差大臣查郎阿带兵来了，知道颇罗鼐已经平了乱子，也高兴得别提。把阿尔布巴几个人处死以后，雍正帝就重赏了颇罗鼐，封为贝勒，让他主持全藏事务；又决定驻藏大臣一正一副，三年一换。转眼到了乾隆朝，乾隆帝也重用颇罗鼐，升他为郡王，地位仅次于达赖和班禅。颇罗鼐治理藏地很有成效，又重视练兵，结果内部安稳不说，外边的准噶尔部也没敢再来。藏地

清朝故事

五辈班禅默念着，对颇罗鼐说："稳操胜券啊！"

二十年里没出乱子。乾隆帝就把驻军减到了五百人。

到了公元1747年，颇罗鼐得急病死了。他二儿子珠尔默特那木札勒继任郡王，掌管全藏，就出了大乱子。珠尔默特那木札勒脾气特怪，跟七辈达赖合不来，和自己的哥哥也闹别扭。哥儿俩打起来，他哥哥给害死了。驻藏大臣呲叨他，他当面听从，暗里就调兵遣将，准备闹事。隔不久，他要求朝廷撤走五百人的驻军，又下令停发塘报，对朝廷封锁消息。驻藏大臣傅清和拉布敦看出他要造反，来不及报告朝廷，就假说有圣旨，叫珠尔默特那木札勒来接旨，趁机把他杀了。珠尔默特那木札勒的部下马上放火烧楼，造起反来。结果傅清自刎，拉布敦被害。幸亏七辈达赖明白，赶紧派人抓住凶手，又向朝廷报告。乾隆帝派人平了乱以后，就决定不再设郡王，改由驻藏大臣和达赖、班禅共管藏地。驻藏大臣的地位提高了，藏地才安定下来，直到这一回又出现六辈班禅家属引廓尔喀兵进来抢劫的事。

乾隆帝把藏地前前后后出的事回想一遍，心里有了数，就对大臣们说："我看藏地的安危和达赖、班禅周围的人事有挺大关系，和朝廷的控管强弱更分不开，要想法子从根儿上治治。"大臣们说："最好是定个章法，才能长远。"乾隆帝说："章法要快点儿写出来。转世的事，我倒有个主意。做一个金瓶，凡达赖、班禅或是大活佛圆寂，就把找到的灵童名字写在签上，由驻藏大臣抽出一支，写的是谁就是谁。再由朝廷批准。"大臣们说："皇上这个法子高明，一来公平公开，二来也看出朝廷的权威。"乾隆帝说："藏语把瓶子叫奔巴，这个法子就是金奔巴掣签制。金瓶放一个在拉萨大昭寺，再放一个在京城雍和宫，给蒙古活佛转世用。"

公元1793年，章法定出来了，叫《钦定藏内善后章程》，总共二十九条。大意是说，为了西藏的安全，中央政府对藏地的政治、防务、租税、货币、外交、贸易都有最高决策权；驻藏大臣和达赖、班禅地位平等，达赖、班禅和大活佛的转世，要由朝廷主持批准。打此以后，西藏的管理就上了正轨，也安定下来。

千叟大宴

平了西藏动乱,乾隆帝心里的石头落了地。想起在位这些年花了多少心血,总算没白费,他觉着自己是古来少有的大明君。脑子一热,他就写了一篇文章,叫《御制十全记》,下令用满、汉、蒙、藏四种文字刻成石碑。什么是"十全"呐?就是他打了十回全胜的仗,安定了天下。他说:"这十全武功,难道不是上天赏赐给我的吗?"前些年他七十大寿的时候,管自个儿叫"古稀天子",这回改了,改叫"十全老人"。他还刻了一枚印章,就是"十全老人之宝"。可见他对这"十全"有多满意了。

实际上,这十回仗,可不像他自己说的那么圆满。有的真打胜了,有的实际打败了,不愿意承认就是了。这是一。有的真该打,有的就不该打,打了反留下了后遗症。这是二。有的是他指挥对了,有的是他指挥错了,有的是先错后对,勉勉强强算对,还有的是底下带兵将领的功劳。这是三。他现在一股脑儿都记在他自个儿的账上,别人也没辙。不过,乾隆帝的脑瓜儿好使,能琢磨出大道理。在《御制十全记》的末尾,他说:"管咱们中国的事,不能只说修文不提兴武，那就自己对外示弱了，就要连守都做不到了。"说得还挺对。

　　乾隆帝把国内的事看得很透，对国外的事，他可是稀里糊涂。平定西藏那会儿，有个英国来的使者到了广州，想求见中国皇帝。这位使者叫马戛尔尼（戛jiá），带着好几百人，有官员有商人有技师也有特务，还拉着好些仪器、钟表、乐器和模型这些西方新物件。这个英国，早些年出了一场政治革命，又闹了工业革命，眼看着强起来。它就仗着军舰枪炮厉害，铆足了劲往外扩张，抢占殖民地。这回它派人到中国，一是想做生意，二是来探探虚实。可广州地方官不懂，还以为是外邦属国来进贡的，赶紧向上报告。乾隆帝一想，明年八十三岁生日，来个西洋人祝寿挺有面子，就下令让马戛尔尼进京。

　　公元1793年夏天，马戛尔尼坐船到了天津，又被带到避暑山庄见老皇帝。官员对他说："外邦人见我们大皇帝，得行跪拜大礼，你也一样。"马戛尔尼头摇得拨浪鼓似的，说："恼，恼，我是大英使者，不能跪！"双方争了半天，末了儿都让一步，要单腿跪下。乾隆帝这才接见了。马戛尔尼献上英国国王的礼品，乾隆帝回送了玉如意，随后有一搭没一搭说了些官场话。他也没问问英国什么样儿，欧洲怎么回事。当时西方各国大闹反封建革命，科技文艺大发展，还搞殖民扩张，乾隆帝硬是一点儿不知道，听说了也没往心里去。

　　接见完了，管接待的官儿对马戛尔尼说："你来给我们大皇帝祝寿进贡，很好啊。事情办完了，赶紧回国去吧！"马戛尔尼急了，说："我的使命是和你们谈判贸易，怎么还没谈，就轰我走呐？"谈就谈吧，英国人提出要在北京设使馆，开放贸易口岸，双方做买卖互通有无，还要拨给他们一个小岛住人。官员不管合理的还是不合理的，一概拒绝，说："大皇帝说了，我们天朝大国，什么都有，用不着你们那些小玩意儿。看你们缺瓷器没茶叶，卖给你们点儿也就行了嘛！"马戛尔尼一伙儿白来一趟，可他们也暗里摸清了好些情况，画了好些实景图。临走的时候，有个随员发牢骚说："瞧咱们这样，来的时候像乞丐，住下像犯人，离开了又像小偷儿。"马戛尔尼不这么看，他回去对英国人说："中国老了，表面看很富裕，端着大架子，可它好比一艘破烂不堪的战舰，要打败它并不难。"打这儿起，英国人就憋着坏，要用枪炮铁舰轰开中国的大门。

乾隆帝快八十五岁的时候，觉着身体还挺硬朗，脑子也灵，真想一直把皇帝当下去，坚持到最后一口气。可是一想到自己起的誓，他就不敢再当了。原来，他刚即位那阵儿就发过誓，说只当六十年，绝不敢超过爷爷康熙帝的六十一年。一转眼，六十年就快到了，说话不算数多跌身份呐，他就准备退位。

乾隆帝有十七个儿子，他早先也打算立嫡子为太子，可立过两次，小太子都死了，皇后伤心过度也死了。他只好就在长大的儿子里面挑一个，结果挑上了十五子永琰。写好了遗嘱藏在正大光明匾额后头，他又去天坛对天祷告说："我立永琰为太子，如果他行，求上天保佑他。如果他德行不好，就让他及早死了，我再另立好的。不是我不爱自己的儿子，实在是为社稷国家着想啊！"因为是秘密立储，永琰一直不知道这回事。可他挺守皇子的规矩，不该问的从不插嘴，读书学习，孝敬父皇，善待大臣，样样都做得到位，虽说没露多大能耐，可也挑不出多大毛病。这么过了二十多年，到了六十年期限，永琰也都三十大几了，乾隆帝知道不能再渗着，就决定把这事挑明。

那年正月初二，他把儿子孙子重孙子都叫来，当着皇亲国戚的面，说要给晚辈们发过年赏钱。儿孙们都笑不唧儿地领了大元宝，给老祖宗磕头。可直到最后，永琰也没得到银子。他待在那儿直发愣，就听乾隆帝大声说："你还要银子干吗使啊？"大伙儿一听就明白了，咬着耳朵小声说："他是太子啦，要当皇上啦！"永琰真沉得住气，没一点儿得意的样子。

到了这年（公元1795年）秋天，乾隆帝在圆明园开满朝文武大会，把密匣子取出来，宣布永琰为皇太子，改叫颙琰（颙yóng）；又说自己明年退位，当太上皇。到时候太子即位，就是新皇帝了。颙琰赶紧跪下说："让我当太子我接受，可即位万万不成，我还太小，没本事，国家还是要您老把握，退位的事等到您百岁那时候再说。"大臣们也都跟着这么说了一通。乾隆帝乐得满脸笑纹，说："好啊，你们都放心，我当了太上皇，军国大事，用人赏罚，还是我管嘛。新皇帝跟我学着点儿，平时做些礼仪上的事。"这么着，第二年开初，颙琰即了位，就是清仁宗，年号嘉庆。

乾隆帝自己让位，算是德高；当了太上皇还掌大权，算是望重。他心里美得别提，就和嘉庆帝商量，再办一次千叟宴，热热闹闹庆贺一回。他说："千叟宴办过几回了，这次你可别给我丢面子，要多来些人才好。"嘉庆帝哈着腰说："您老放心，儿臣一定尽心尽力。"

千叟宴就是皇帝把老人们请来开宴会，大吃大喝一顿。借这个机会，一来表示敬老尊老，二来显摆是太平盛世，三来做个君民同乐的样子。这个点子还是康熙帝想出来的。公元1713年，他六十整，就把六十五岁以上王公大臣、文武官员，还有士卒和普通闲人，不论是满汉蒙回，也不管在京的外地的，都叫到畅春园吃请。分两天，每次一千挂零，九十岁以上的有几十位。园子里摆不下，就在园外搭席棚。自古以来,这么不分上下的宴会还是头一回。那场面想得出来,比过大年还热闹。赶到康熙六十一年,他觉着自己在位年头超过以往,一高兴就又来了一次,把一千多六十五岁以上的老人召到乾清宫吃了一顿。康熙帝当场作诗一首,让大伙儿都和诗,合在一块儿叫《千叟宴诗》。千叟宴的说法,就是这么来的。

乾隆帝最好热闹,又好大喜功,凡事不让人。公元1785年,他即位五十年,又年过古稀,也开了一次千叟宴,年龄放宽到六十岁以上,人数超过了三千。乾清宫里里外外,犄角旮旯,到处是餐桌。他吩咐让过九十岁的老人近前来,给每人敬酒。除了吃喝以外,又发了礼品,什么诗牌、如意、寿杖、朝珠、貂皮、摆件、银牌、文具等等。有个老寿星快走不动了,也给请来了。乾隆帝问他:"您老高寿啊?"老人大声说:"我一百四十一岁啦!"乾隆帝算了算,就跟身边的纪晓岚说:"'花甲重开,外加三七岁月',我这是上联,下联归你了。"纪晓岚稍微一想,说:"'古稀双庆,还多一个春秋',您看如何?"乾隆帝还没说,旁边的人就直叫好:"绝了,绝对儿!"

前三回千叟宴这么红火,这回嘉庆帝操办,也想办得风光,超过以往,让太上皇满意。乾隆帝说:"我都八十六了,要是像上次那样,过六十都来,我看着就跟看小孩儿似的,一点儿不老绷。"嘉庆帝说:"那这次就改在七十以上,您看呢?"乾隆帝点了头,地方定在皇极殿,邀请的公函这就发出去,能入席的三千多,上名单的还有五千多。除了王公大臣以外,老兵、老农民、老工匠、老学究、老商人也有不少。朝鲜、安南(越南)、暹罗(泰国;暹 xiān)、廓尔喀(尼泊尔)的使者也给请了来。官位大的、过九十的,都给请到前面,由太上皇亲自赐酒。皇家子孙们出来给大臣敬酒,侍卫们

清朝故事

在千叟宴上,乾隆帝和纪晓岚对对子。

给别的老人斟酒。大家伙儿一边吃着火锅、猪肉、羊肉、鹿肉、狗肉、荤菜、小菜、蒸食、炉食、肉丝汤饭什么的，一边看戏班子演戏。有几个百岁以上的老民，还当场给授了六品、七品官爵，高兴得光流眼泪，一个劲儿喊万岁万万岁。

吃完了喝完了看完了，开始发礼品，太上皇和皇帝先退席进去了。大家伙儿看乾隆帝红光满面，嘉庆帝也一脸喜色，觉着这爷儿俩这么合得来，国家有幸，都挺高兴。内里唯独有个官员心里直打小鼓，手心儿攥把汗，担心自个儿的前程。他就是乾隆帝顶重用的心腹和珅（shēn）。

和珅跌倒

和珅本来就是个皇宫护卫，可他比谁都机灵，还读过几年书。有一次，乾隆帝坐在轿子里边走边看文件，知道有个犯人跑了，一时气得慌，就随口说了《论语》上的一句话，大意是说，老虎跑出笼子，是谁的过错呐？别的卫兵没念过书，也听不懂他说什么。可和珅听懂了，大着胆子说："爷是说守护者不能推脱责任吧？"乾隆帝一看这小伙儿，也就二十来岁，长得五官端正，挺精神，就问："你读过《论语》？"和珅忙打躬说："读过，马马虎虎，让爷笑话。"乾隆帝又问他多大了，哪儿的人，他都答得大大方方，还很得体。乾隆帝心说："没想到护卫里还有这么聪明的人！"他就把和珅提了提，让他当了仪仗队的头儿，又是御前侍卫。打这儿起，和珅就走了鸿运。

人到老了，都喜欢精明强干的年轻人，乾隆帝也这么着。和珅到皇上身边当差以后，把内勤外勤这些事都管得纹丝儿不乱。他又会看老皇帝的脸色，腿脚麻利，嘴皮子顺流，乾隆帝一张口一抬手，他就给很快办到了，时不时地还说个俏皮话，逗老人一乐。这么一来，乾隆帝就觉着凡事离不了和珅，对他最放心。末了儿，内务的事归和珅总管不说，就连国家大事也都愿意让他出面料理。转眼过了二十几年，和珅的官职就多了去了，没打过仗可当了兵部尚书，还是户部尚书，税务监督，专管三库（银库、缎匹库、颜料库）；没什么学历可当了《四库全书》总裁，又是都尉、都统，就连军机大臣、大学士都当上了。乾隆帝还把和孝公主嫁给了和珅的儿子。清朝没设宰相，可大伙儿都说，眼下和珅去的就是宰相的角儿（juér）。

和珅有了大权，胆子也跟着大了；名声有了，发财的心也有了。他借着手里的权力贪污、受贿、明拿、暗偷，有什么搂什么，一个劲儿往家里扒拉。就说每年的贡品，各地送来的东西什么值钱的没有啊，乾隆帝也就留下一两件，剩下的按说应交国库。可管这事的和珅都自己收起来。有个叫孙士毅的从安南出差回来，要向皇帝汇报。那天进宫的时候，刚巧碰上和珅过来。和珅看他拿着个东西，就问："你带了什么来啦？"孙士毅说："是把鼻烟壶。"和珅拿过来一看，这鼻烟壶做得好精致，是用一颗宝珠雕成的，有鸟蛋那么大，心里喜欢张口就说："送给我好吗？"孙士毅嗫着牙花子说："我昨儿个已经报告皇上了，说好今儿个送来。不好意思啦！"和珅一仰颏儿说："我就是开个玩笑，你何必在意呐？"过了没几天，他俩又碰上了。和珅说："我也有了一把珠壶，不知道比你进奉的那把怎么样？"说着就掏出来。孙士毅接过来一看，眼珠子都直了，这不就是自己送皇上的那把吗？他这才知道和珅的胆子有多大，敢把皇上的东西拿走归自个儿。

有一次，一个皇子不小心打碎了宫里的大玉盘，怕皇上知道，就去找和珅，求他帮忙。和珅说："这玉盘有一尺宽，我哪儿找去

清朝故事

孙士毅一看和珅的鼻烟壶：这不就是自己送皇上的那把吗？

呀！"皇子吓得直哭。没想到和珅转天就拿来一个玉盘，比打碎的那个还大，更好看。其实，这在和珅来说，就是顺手的活儿。进贡的东西十有八九都进了他家库房。那年回部平定以后，乾隆帝下令用和田玉雕了一匹马，三尺长两尺高，放在宫里。没多久，玉马没了影儿，原来是和珅给偷出来，放在澡堂子里洗澡玩儿。

文武百官知道和珅有权又爱财，还是皇上的亲家，可不好惹。要想办什么事，不通过他不行，要通过他不花钱不行。就有好些人给他送礼，开初无论多少他都收，往后就看不上眼了，少了都懒得瞅。有个山西巡抚要送二十万两银子给他，派心腹登门求见，结果连门儿都不让进。心腹只好花五千两打通门房。半天，有个小小子出来问："黄的白的？"心腹小声说："是白的。"小小子吩咐门房说："抬进去入库！"又随手写个白条说："拿这条子回去当凭证吧！"心腹心说："我家大人热脸贴冷屁股，二十万就这么白扔了，五千两只见了个小小子，连和珅的影儿都见不着！"不用多说了，和珅收的贿赂，他自己都说不清有多少。

和珅这么干，大臣里也有看不惯的，就出来揭发。可是乾隆帝老宠着他，有时候呲儿几句，或是降级罚俸，可没多久又官复原职。这一来，和珅就知道皇帝不会把自己怎么样，底气更足。那一年，乾隆帝八十大寿，主持庆贺仪式的自然是和珅。他变着法儿讨皇上喜欢，不但是大讲排场，还让各地都进献寿礼宝物。内阁学士尹壮图上奏说："当今奢华风气太重，各地的库藏都快空了，就别强派了。"乾隆帝一听就不高兴，说："你说的有证据吗？是哪个强派啦？哪个地方亏空啦？"尹壮图说："我到各地，听官民都不满意风气，至于强派，那都是有人暗里做的，外人怎么说得清？"乾隆帝说："空话，荒谬！"和珅插嘴说："尹大人既这么说了，何不让他去

清朝故事

查看查看呐？"乾隆帝就叫尹壮图到直隶、山西、山东、江南各省查看。和珅赶紧给各省大员打招呼，叫他们想法补窟窿。结果尹壮图到那儿一查，都没亏空。他气得直哭，只好自认倒霉，请求处分。

和珅有了大权发了大财，没个不享乐的。他的三个住处（城里的一处后改为恭王府），都和大花园一样，亭台楼阁，假山真水，比皇宫不差。光是侍候他的男女下人就有一千多。就连死后的墓地，他也早早选好了，造的样子，猛一看就像皇陵似的，门楼、隧道、亭子、正殿、配殿、围墙，一样不缺。占地比亲王的规格还大一倍，人都叫它"和陵"。

和珅对阳宅阴宅都挺满意，可就是有一样，他老犯嘀咕。乾隆帝八十多了，早晚得归天，自己还不到五十岁，能保险一辈子吗？死后真能埋在"和陵"里吗？看来要早做打算，依靠新主子。那天，乾隆帝把转天要宣布立太子的事，和他露了几句。他马上拿了个玉如意，颠颠儿跑到了永琰的住处。见了永琰，他扑通跪下说："给主子道喜啦！"又把如意献上。和珅这一跪一说，永琰就知道自己大位已定，也明白和珅来意了。果然第二天，他就成了准皇帝；第二年，他成了嘉庆帝。

嘉庆帝当皇子那会儿，就瞧着和珅硌硬，即了位也知道大家恨死了他，碍着老皇上的面儿，不敢明里说。老臣阿桂功劳大，地位也不低，活到八十得了重病，可就是不肯咽那口气。身边人说："您还有什么不放心的？"阿桂捯着粗气说："我……不怕死，就是想看……看见嘉庆皇帝亲政那一天，把和……和珅杀了，死才甘心。"嘉庆帝想到这一层，一面对太上皇百依百顺，一面跟和珅穷对付，单等着那一天到了再说。这个劲儿够难拿的。

和珅明白自己招人恨，也特留心嘉庆帝的举动。他想了个办

和珅跌倒

法，给嘉庆帝派了个文书，说替他抄文章诗稿。文书是他的心腹，这一来，嘉庆帝说什么写什么，他都能知道。过些天，文书真就传过来嘉庆帝写的诗。和珅看了，里头没一句不满意谁的词儿，都是写景致的，挑不出毛病。文书还向他报告说："上一回，皇上身边人埋怨了您几句，皇上就让他们闭嘴，说'我要靠和相公管大事，你们哪能这么说他呐？'"和珅听了，嘿嘿乐出声来，好舒服。有一天，和珅碰见嘉庆帝走过来，忙要跪下磕头，嘉庆帝几步上来把他扶住说："您别这样，咱们谁跟谁呀！"又和他聊起家常，忽然绷起脸说："我瞧您烟吸得太多，这可不好，吸烟太多糟蹋了身子，以后我还怎么指着您治天下呀！"说着，把他的鼻烟壶也给没收了。和珅心一热，差点儿掉了泪，这责备多让人高兴啊，皇上把自己搁在心窝里啦！

公元1799年，嘉庆四年头上，八十九岁的乾隆帝病重，很不情愿地闭了眼。他是活得最老当政也最长的一个皇帝。可他再厉害，死了也就完了。嘉庆帝这就成了说一不二的真天子。他当天指定和珅总管丧事，不许他回家，第二天就命令大臣揭发坏人坏事。几个大臣得到这个信号，马上出来揭发和珅。罪状现成的，谁都知道。第五天，嘉庆帝召开大会，宣布免了和珅一切职位，逮捕抄家。他说："三年前，先皇要立我为太子，和珅头天就跑到我那儿道贺。这叫干吗？一是要巴结拉拢我，二是泄露国家秘密。这罪过太大了！"原来，嘉庆帝把和珅干的事一笔笔都记着呐，现在要算总账。顶要紧的，是把和珅的家产没收。

抄家的结果真够吓人的，和珅有房子两千多间，田产八十万亩，银号四十二家，当铺七十五座，赤金五百八十万两，生沙金二百多万两，金银元宝各一千个，银子九百四十万两。别的像珍珠、白玉、宝石、珊瑚、玛瑙、钟表、瓷器、绸缎、古玩，数不过来。光人参就有六百八十八两，貂皮八百多件。这些就甭细说了，他的家产比国家十年收入加一块儿还多。嘉庆帝气得忍不住，亲自来审和珅，问他："你用楠木和水晶柱盖房子，楠木水晶柱哪儿来的？房子按皇宫的样式盖，居心何在？你家的珍珠手串宝石比皇家多好几倍，你帽顶的大珠比我的都大，怎么回事？"和珅只好说："楠木是托人贱价买的，水晶柱是从宫里偷的，房子样式是让太监照宫殿画的。珍珠手串宝石都是各地官吏送来的，我留下了。"

　　大臣评判下来，说要把和珅凌迟处死，千刀万剐。嘉庆帝没同意，看在他侍候乾隆帝那么多年分儿上，让他自个儿上了吊。乾隆帝刚死半个月，和珅就交了命，嘉庆帝处置和珅这么利落，大臣们都高兴。京城百姓也跟着乐和，凑到一块儿说："和珅家的东西够咱大伙儿活几辈子的了。现如今和珅跌倒，嘉庆吃饱，就看往后怎么样了。"

平冤求雨

　　嘉庆帝扳倒了和珅，也就痛快了几天，想起来一件烦心事，又郁闷了。他刚即位那年，四川、湖北、陕西交界的地方，白莲教得了势，鼓动成千上万穷苦农民起义，要来夺权。白莲教的根脉很长，是个民间的会道门儿，信仰没个准，可能够吸引穷人。元朝那会儿，就是白莲教挑头儿造的反，末了儿元朝就完了。这次白莲教又号召反清，一处起来，百处响应，越闹越大，打得官军死伤没个数，报忧的信儿一个接一个。嘉庆帝怕太上皇着急，只好瞒着真相。乾隆帝问起来，他就说打赢了，快平定了。如今太上皇没了，嘉庆帝就软的硬的一起上，安抚加镇压，说什么也得摁下去，不能学元朝的样子。

　　嘉庆帝心里明白，别看乾隆朝那么强势，可积攒的怨气太重，穷百姓不说，就是读书人也怀着不满。有一天，管档案的大臣送来一些卷宗，说："要编乾隆朝实录，有几件案子拿不准，请皇上定夺，看怎么写才好。"嘉庆帝说："留下吧，我看看再说。"

　　他翻开一件，正好就是乾隆帝亲自定的那件王锡侯《字贯》案

（见"编书毁书"一节）。看着看着，他眉头就皱起来了，忙把刑部老臣董诰叫来问他："这个案子怎么定得这么重，你怎么看？"董诰说："恕臣直言，这是一起冤案。第一，王锡侯挑《康熙字典》的毛病，就算是不应该，也够不上大逆之罪；第二，他直写三朝皇帝的名字，是想让大家知道避讳的方法，不是故意。这种事民间多了，法规一般不定死罪。可为了这事，王锡侯给活剐了，子孙七人被杀，其余的贬为奴仆。其实他全部家产才六十两银子。"嘉庆帝又问："江西巡抚海成怎么也发配了呐？"董诰说："海成本来也要杀头的，给拉到菜市口快开刀了，才被免死流放，他在地上磕响头，磕得满脸都是血。"嘉庆帝忙摆手说："别往下说了。"

他又接着看，就看到了那件徐述夔的诗案（见"编书毁书"一节）。知道大学士刘墉当时正在江苏当学政，就把刘墉叫来说："刘驼子，这个案子是你经手，你说说，定案到底错了没错？"刘墉已经八十岁了，背有点儿驼。这个人受过折磨，见过世面，透着精明。他想了想说："这案子也怪徐述夔，也不怪，就看怎么说了。"嘉庆帝说："你照直了说。"刘墉说："读书人嘛，就爱写点儿什么发发牢骚。徐述夔当过知县，可没升上去，就觉着不平，在诗里有不满的话。像那句'明朝期振翮，一举去清都'，把'朝'怎么读法，意思就满拧。他又没印出来给人看，更没造反，就写了几句诗，高高手就过去了……"嘉庆帝撇嘴说："刘驼子，你当时怎么不这么说呐？还往上报。"刘墉苦着脸说："他儿子为纪念他，把诗印了出来，偏巧他孙子和邻居打官司，邻居就抓住这事告发。地方官本想宽办，不料原告把官也告了，告到我这儿。您想想，我要是给扣下不报，他不得连我也告了，我还能活呀？没办法，我才往上报。谁想到乾隆老皇上亲自过问，定性就升了级，死的鞭尸，活的斩首。布政使陶易也判死刑，还没斩，人就在牢里吓死了。"嘉庆帝说："听说有疯病的也给杀了？"刘墉说："是有个疯病人，乱说自己是皇帝，还到孔府去要娶人家闺女。按说，对神经有毛病的，法都不追究，可乾隆老皇上说疯人也不能饶，怕他病死，直接在当地剐的。"

过后，嘉庆帝把老臣王杰、朱珪、董诰和刘墉都叫来，这几个是他顶信得过的。他先开口说："太上皇当年定的案子，都跟文字有关。老人家是为了国家安稳，可也让好多人死得好惨，家也给灭了。现在很多文人不敢写东西，官吏们也没主见，我看跟处置太严有关。可我要平反，会不会让太上皇丢了面子呐？"大臣们听他这么说，也都没了顾虑，说："这些案子明摆着是冤案，王锡侯死得顶冤了。写了几句诗，就算有毛病，值得千刀万剐吗？"有的说："法上的事，该听听专家怎么说。"嘉庆帝就把刑部专家金光悌叫来，问他："虽然错杀了人，可对国家安稳有利，法能遮掩得过去吗？"金光悌说："法不能委屈一个人，只问对不对，不问别的。"嘉庆帝说："有没有变通的法子呐？"金光悌说："您是皇上，要怎么着是您的事。问我，我就是一句：凡事得依法。"

嘉庆帝心里有了底。公元1799年，他发了公告，大意是说："王锡侯、徐述夔他们虽然笔墨不检点，可对他们的处置失当，也开启了诬告之风。刑部要复查一遍，确实是大逆罪的不管，不是的要开单上报。我会酌情处置。"这么一来，那些个冤案就给平了反。死了的没法儿再活，可被关的被流放的家属都给释放了。嘉庆帝告诉编实录的史官，这些事前前后后都要如实写，不许隐瞒。他做了这么一件得人心的事，受害人家属哪有不说好的呐？满朝文武都夸他是仁慈君主，能跟上古尧帝舜帝相比。嘉庆帝也觉着挺受用。可他没料到，自己也差点儿造了一次冤案，给人留下话把儿。

清朝故事

原来,嘉庆帝处置了和珅,又平了冤假错案,想着要开开言路,振振风气,就叫京里京外的官员给朝廷提意见,献计策。大伙儿高兴,就有好些人上书建议这建议那。有个叫洪亮吉的常州人,榜眼出身,正给皇子当老师,也管编史书,平日说话大大咧咧,嗓门儿粗。他听说皇上让提意见整风气,也赶紧写了折子递上去。大意是说:皇上想治理好国家不错,可您亲政以来,形势没大好转,根儿就在您自己那儿。您没有父祖那么勤政,没有改和珅留下的毛病,没有赏罚分明,没有肃清官吏坏作风。我看您近来上朝晚了,恐怕是老跟那些戏子们在一起,和他们瞎玩闹的缘故吧?我看您应该先学学雍正帝的严厉,再学康熙帝的宽仁。

嘉庆帝看了这份奏折,腾地脸就红了,浑身往外冒火似的,没想到洪亮吉冲着自己开了炮。他觉着委屈死了:打从亲政以来,自己干得还少吗?怎么不勤政了?多咱和戏子们瞎玩闹了?这一急,他可就摆出了皇帝的派头,拍桌子说:"洪亮吉瞎说!简直在造谣!给我抓起来!"洪亮吉这就给锁起来下了大牢。他心说:说是让提意见,怎么真提了又有罪了呐?想不通,他就嘿嘿直笑,笑得怪瘆人的。刑部审官把洪亮吉押来审问,刚要用刑,有个太监进来传旨:"圣上有令,洪亮吉体弱有病,不得用刑逼供!"洪亮吉一听这话,又忍不住哭了,也怪瘆人的。

审官问:"你干吗诽谤皇上?"洪亮吉直着脖子嚷着说:"老百姓都能上告,我是翰林,就不能操心国事啦?"审官又问:"你说当今圣上上朝晚,和戏子玩闹,有证据吗?"洪亮吉低下头说:"这句话我是猜着写的,没根据。"审官议了议,给他判了死刑,立即执行。可嘉庆帝不批准。原来抓了洪亮吉以后,他又后悔了。洪亮吉说的话难听,可自个儿这么发脾气,不就显得太没心胸了吗?人家不会

平冤求雨

嘉庆帝看下了雨,心说:"上天反应比呼吸还快呀!"

说我是昏君暴君吗？这么一想，他就发话说："洪亮吉明摆着是瞎说八道，可他公开上书议政，和造反不一样。死刑改为流放，发配伊犁。"

到了第二年春天，天老不下雨，地里干得裂了缝子。农夫没法儿耕田下种，急得到处搭台子拜神仙，烧香磕头，求老天爷降甘霖。朝廷大员，各级官吏，王公皇子也跟着着急，都出来拜天求雨。末了儿连嘉庆帝都亲自设坛祈祷了。可天就是不给面子，烈日炎炎的，一丝儿云彩都没有。嘉庆帝下罪己诏，释放犯人，开粥场救济灾民，都没见成效，急得他直转磨。忽然间他想到了洪亮吉，别是自己办了冤案，得罪了上天吧？真要是今年地里没收成，天下非大乱不可！他就咬咬牙，决定给洪亮吉平反。

于是，他把洪亮吉的奏折找出来又看了看，下诏书说："洪亮吉说的有不实的地方，可没有大错，倒是有爱护君王的心。他说的那些话，可以当我的座右铭，让我时刻警惕小心。往后大家还要多提意见，我也愿意听。现在我决定给洪亮吉平反，把他从伊犁召回来。"嘉庆帝为了表示心诚，还自己把诏书一笔一画写好了，和洪亮吉的奏折一块儿公布。

也巧了，就在下平反诏书的当天晚上，天上轰隆隆轰隆隆，响起了闷雷，接着一道道闪电把天幕撕开，大雨点子就砸下来。嘉庆帝走到廊下看下雨，见小太监都跑到雨里又蹦又叫又笑，鼻子一酸，泪珠儿吧嗒吧嗒往下掉。他心说：上天真是面镜子，反应比呼吸还快呀，让人害怕，当上天的儿子太不容易了。

查赈遇害

洪亮吉从伊犁回来以后，没到北京见皇帝，照直回了老家。幸亏当今皇帝厚道，才捡条命，看来官不是好当的，不如去做学问。这么一想，他就在家里埋头写作，写了《伊犁日记》《天山客话》，记下所见所闻，加上自己的研究，他就变成了一个地理学家。

嘉庆帝下了决心，从自己这儿起，不拿文字的事论罪，也就是不搞文字狱。对下边送来的案卷，他都一一细读，亲自断案三十来起，尤其是官吏贪污的案子，抓住就不放。有一天，他看了一份都察院送来的检举信，越看越纳闷儿，就感觉这案子不清不白。忽然，他跺着脚叫出声来："见了鬼了，这里肯定有事，是个凶案！"

检举信里说的是什么事呐？还原了说，是这么回事：公元1808年闹大水，河水湖水冲出来，把安徽、江苏那一带都给淹了。老百姓吃住没着落，到处逃荒要饭。朝廷就拨了一批款子，赈济（赈zhèn）灾民，又怕地方官从中贪污，还派了一些查赈委员，到各地督办检查。有个叫李毓昌（毓yù）的即墨人（即墨在山东青岛北），三十多岁，刚考上进士，正等着安排官位。这回他就当了查赈

清朝故事

委员，被两江总督铁保派到山阳县（在江苏淮安）。头一回办公事，李毓昌可上心了，一定要按朝廷的法令办得像样子，也图今后有个好前程。

他带了三个仆人，简简单单地到了山阳。三个仆人，一个叫李祥，一个叫顾祥，一个叫马连昇。山阳知县王伸汉听说查赈委员到了，赶紧过来拜访，说："本县赈银都发下去了，大人放心。有什么私事要办就吩咐，我一定效力。"李毓昌听这话别扭，就觉着王伸汉不地道。他没住在公馆，找个庙住下，白天出去查访，晚上自己买菜做饭。乡绅们送来礼品，他一概不收。三个仆人嘟囔说："我们跟您到这儿，就想弄俩钱花，这倒好，自己找苦吃，我们也跟着绕世界跑，什么也捞不着，真倒了八辈子霉了！"李毓昌拉下脸说："我是朝廷命官，清正辛劳是本分。你们谁敢受贿私拿，我知道了，定要严办！"

几天查访下来，李毓昌看出这山阳县放赈漏洞太大。王伸汉上报要来九万两银子，可实际受灾人口没那么多。他到乡里一看，地还是给水淹着，好些灾民还是缺吃少穿，有说没拿到救济，有说给了点儿也不管用。再查查王伸汉的来历，才知道他这个县官是花钱捐来的，这几年捞了不少钱，比刚来那会儿阔气多了。李毓昌仔细一对账，果然查出有两万多两银子让王伸汉贪污了。他就连夜写好了查证材料，准备上报。

王伸汉一直没见李毓昌露面，就感觉不妙，心想，别是让他抓住把柄了？他的仆人包祥看出他心虚，就说："我和李大人的那个李祥老早认识，我可以跟他打听打听。"王伸汉说："你赶快去吧！"包祥就去把李祥叫出来，说想让他探探李毓昌的口气，看看在干什么。李祥看包祥吃得满脸冒油，衣裳是好料子，再看自己，土得掉

查赈遇害

李毓昌拉下脸说:"你们谁受贿,我定要严办!"

渣儿，就气愤愤地说："我们那位，什么都不懂。等我回去看看。"他回来就偷偷翻了翻李毓昌的文卷，知道他准备上报，又趁买东西的空儿去给包祥通气。包祥赶紧告诉了王伸汉。

王伸汉吓出一身冷汗，顾不得脸面，就去拜见李毓昌，可怜巴巴地说："本县小地方，我哪点儿做得不周全，您高高手，遮挡遮挡。我一定有重谢。"李毓昌没拿正眼瞧他，就说："你做的事你明白，等着领罪吧！"王伸汉碰了一鼻子灰，回来和包祥商量。包祥说："李大人任期就快到了，叫李祥把那份材料偷出来一烧，他没了证据，再去查证就来不及了。不过您得给李祥……"王伸汉赶紧说："那是自然，要快！"李祥听包祥一过话，转着眼珠说："他就在办公的地方睡，怎么偷呐？再说顾祥和马连昇也得有打点，等我慢慢找机会得了。"

包祥回来一说，王伸汉急了，说："不能等。我有主意了。"他就把主意告诉了包祥，让包祥去安排。第二天下午，王伸汉把李毓昌请到县衙，说要给他饯行。李毓昌推脱不掉，只好来了。宴席上，王伸汉什么也没说，就一个劲儿劝酒。李毓昌喝了几杯，有点儿头晕，王伸汉忙叫李祥三个把他送回住处歇息。

不料转天天刚亮，李祥就跑来报案："不好啦！我家大人上吊自杀啦！"王伸汉急忙赶到现场，看见李毓昌吊在房梁上，早没了气。他拉着哭腔儿说："李大人有什么想不开的，非自寻短见呀！"吩咐包祥帮李祥他们看着，他就去见淮安知府王毂（gǔ）。俩人说了半天话，王毂带仵作（验尸的人员）来验尸。仵作按王毂说的，写了自杀的鉴定，就算交了差。然后逐级上报，总督铁保也批准了。王伸汉亲自张罗，把尸首装进棺材，钉死了棺盖，又给李毓昌家属发通知，叫来人办后事。这事前前后后，拢共十天半月，办得真叫快。

等到李毓昌的叔叔李太清到了，王伸汉送给他一百五十两银子，说："人死不能复活，快些入土为安，李大人也就闭眼了。"李太清收拾侄子遗物的时候，忽然从一本书里掉出一张纸，上面有李毓昌的字，写的是："山阳知县冒领赈银，又要贿赂我，我绝不敢受。"李太清头皮直发炸，怎么回事？棺材给钉上了，他想找仆人李祥他们问问，这才知道，李祥被王伸汉推荐去长洲当了随从，马连昇也给保送到宝应县当差，顾祥已经回了老家。没办法，他只好护着灵柩回到了即墨。

李毓昌的妻子见了棺材，哭得晕了过去。醒来后，她边哭边翻看丈夫的遗物，就见一件皮袄大襟和袖口上有血迹，心里咯噔一下，忙去找李太清说："毓昌死得不清不白，叔叔要给我做主啊！"李太清想起侄子写的字，攥紧拳头说："侄儿八成叫人害了，我非弄清不可！"这李太清是武秀才，胆量了得。他把家人叫来说："要有证据就得验尸。我今儿个做主，开棺验尸，你们当见证。有干系我顶着！"打开棺材盖儿，大伙儿见李毓昌的脸涂着石灰，可拨开再看，满脸青紫，嘴边有血，脖子上勒痕特深。李太清说："毓昌被害无疑，我要去上告，替他报仇。"家人说："您上哪儿告去，当下官官相护的事还少吗？"李太清一挥胳膊，说："我到北京告御状去！"他连夜把所见所闻都写了，就来到京城，把检举信递到了都察院。官员一看，是查赈委员的案子，不敢耽搁，很快上报皇帝。

嘉庆帝仔细看了告状信，觉着可疑的地方真不少：一是李毓昌赴宴后自杀，不合常理，内里可能有隐情。二是王伸汉一年俸银四十五两，他怎么一下就给了李太清一百五十两？明显是讨好，干吗要讨好呐？三是李祥三个本是仆人，王伸汉亲自推荐安排，莫不是他们之间有猫腻？他当即指令刑部追查。刑部不敢怠慢，挺快归拢了材料，把有关的人都带到京城。李毓昌的尸骨经由法医验骨，断定是中毒后又被勒死的。一开始，受审的一死儿不招。可证据摆在那儿，抵赖也没用。审官短不了动了刑，末了儿包祥先吐了口，李祥、顾祥、马连昇跟着认了罪，王伸汉没辙也画了押，承认自己贪污又害命。

原来，王伸汉见贿赂不行，偷材料也难办，就起了歹心。他买通了李祥，李祥又说动了顾祥和马连昇，三个仆人合计好了。那天李毓昌喝酒以后回到住处，李祥赶紧递过来一杯温茶，叫他解渴。他事先在茶里放了砒霜。李毓昌一口气喝了，和衣躺下歇着，不一会儿就肚子疼，疼得直打滚。嘴一张，血喷出来，溅到衣服上。他刚要叫人，李祥三个就跑过来，把一根带子往他脖子上套。李毓昌使劲儿喊着问："你们干什么？"李祥说："咱爷们儿侍候不着你啦！"说着，三个人一起下手，把李毓昌勒断了气，又吊到房梁上。李祥按事先商量好的，去县衙报案。王伸汉听说李毓昌死了，假模假式地绕了一圈，先烧了材料，就去找知府王毂，说了实话。王毂一听，吓得直打哆嗦，说："你杀害查赈委员，是个死罪呀！"王伸汉冷笑着说："您别忘了，我扣下的赈款，给了您多少？我要是犯了案，说出来您也别想活！"王毂昧着良心，就逼着仵作写了假证书。总督铁保马虎了事，没怎么看就准了。

如今真相大白，嘉庆帝下令严办。这当口儿，铁保送来奏折说："皇上过问李毓昌的死因，我怀疑是宴席上中了毒，已经把做饭的厨子拿住拷问，可都不招认，正想法子骗供。"嘉庆帝气得脑仁儿疼，说："铁保老废物，此前在寿阳一个大案中就弄错了，被降级罚俸，这回又蠢笨到了家，哪能在朝为官！"立马撤了铁保的职，发配乌鲁木齐。

嘉庆帝决定追封李毓昌为知府，令李家给他过继个儿子，封李太清为武举人。判决下来，主谋王伸汉斩首，家产没收；王毂绞死，包祥也立斩。李祥、顾祥、马连昇三个凶手给押到李毓昌坟前凌迟处死；李祥是首恶，要摘心祭奠亡灵。山东各地的官吏都给李家捐款，捐了一千两银子。这么处置完了，嘉庆帝还是没法儿静心安神，又提笔写了一首《悯忠诗》，刻碑立在李毓昌墓前。诗里有几句是："毒甚王伸汉，哀哉李毓昌。造谋始一令，助逆继三祥。义魂沉杯茗，旅魂绕屋梁。棺尸虽暂掩，袖血未能防。骨黑心终赤，诚求案尽详。孤忠天必鉴，五贼罪难偿。"

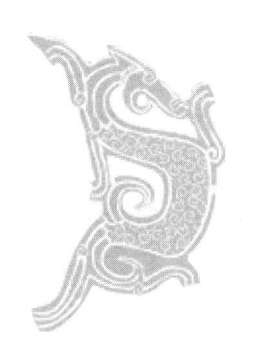

清朝故事

禁门之变

嘉庆帝一边平冤案,惩贪官,一边还加紧镇压白莲教起义,好多战事他都自己过问。这么打了九年多,官军把各路起义军都给打败了。嘉庆帝少不了庆贺一番,可心里高兴不起来,老觉着天下不安稳,说不定什么时候又出乱子。一想起上次有人行刺的事,他特寒心。

前些年有一天中午,嘉庆帝从圆明园回到皇宫,进了神武门刚下轿,从旁边蹿出一个大汉,举着刀朝他砍过来。卫士们从没经过这种事,都惊呆了。幸亏侄子绵恩反应快,上前拦住大汉。嘉庆帝趁机躲进屋里。别的卫兵才拥上去,把刺客逮住了。审问下来,那刺客叫陈德,是个厨子。主审官问他:"你干吗要行刺皇上?"陈德说:"我在京城干了十几年,媳妇儿死了,俩孩子都小,丈母娘有病,自个儿又被雇主赶出来,没处住,怎么活呀!我就想死了算了。又一想,死也要死得有动静,就想进皇宫行刺,死在皇上手里,也好留个名,不白活一回。"过后,陈德和儿子都给杀了,可嘉庆帝心里挺不好受。他对大臣们说:"我即位有些年了,虽说没大功

德，也没亏待百姓，怎么摊上了这种事？眼下风气太坏，百姓太苦，作乱的事就多，我老悬着心。唉，我自己多反省吧！"

他反省什么呐？镇压白莲教那阵儿，四川有个起义将领叫王三槐的，向朝廷投降。嘉庆帝让把王三槐送到京城，要亲自问话。他问王三槐："你说说，到底因为什么事，你们要反叛朝廷呐？"王三槐说："老百姓受不了官府欺压，官逼民反，就这样。"嘉庆帝说："难道官就没一个好的？"王三槐说："我知道好的只有广元知县刘清一个。"嘉庆帝说："我知道那个刘清，是个清官。"过后，他提拔了刘清，又叫各地想办法安抚难民，让他们有生路，别再闹事。他对大臣们说："造反闹事的，都说是官逼民反。依我看也是，老百姓如果能安居乐业，谁会不顾自己和全家性命，铤而走险呐？原因就在官吏身上，刮走了民脂民膏，才激起民变。层层盘剥，结果和珅他们发了财，受苦的是我的百姓。"

大臣们听他说官逼民反，挺新鲜，这历来是造反人才说的呀！这回打从嘉庆帝嘴里说出来，他肯定是过了脑子，在反省什么。可他只怪罪和珅一帮贪官，没往深里想，承认官逼民反，又不想让江山丢在自己手里，那就非镇压不可。打败了白莲教起义，他还不放心，各地会道门明着暗着的，太多了，就怕什么时候又冒出来个什么教，再闹腾起来。

真让他料着了。白莲教起义失败以后又过了八年，有个天理教就在河南那边出了世。天理教又叫八卦教，本来是白莲教的一支。白莲教起义败了以后，天理教的人就跑到北方各地联络起来，秘密计划再来一回。领头的，一个是李文成，是河南滑县的木匠；一个是冯克善，山东人；一个是林清，原籍浙江，家住大兴（在北京）。他们先在滑县开会，尊林清是天皇，冯克善是地皇，李文成是人皇。约定好了，在嘉庆十八年，就是公元1813年，在河南和北京同时起事，时间定在农历九月十五，事成以后再会合。

不料想到了九月初二，滑县方面泄了密，李文成叫官府逮了去，严刑拷打，腿也给打折了。他底下的教徒一着急，聚集起来五千多人，就在初七提前动了手。大伙儿拼死拼活，打下了滑县，救出了李文成。旁边的县也有教徒，就都跟着闹起来，人数达到了七八万人，很快占了浚县、定陶、长垣、曹县。可这个消息，林清他们不知道，还是按原先的计划在大兴准备。这伙人的胆子太大了，谋划着要直接去攻打皇宫。原来，天理教里面就有宫里的好几个太监，知道嘉庆帝这会儿正在木兰围场（在河北承德）主持秋狝（秋天打猎；狝xiǎn），不在京城。皇宫的防卫一定不严实。

十五那天，他们穿着大褂子，里面藏着刀枪，零零散散地进了京城。林清是天皇，在宋家庄家里等信儿。进城的人分成两拨，由太监领着，一拨攻东华门，一拨攻西华门。

攻东华门的教徒快到门前的时候，碰上一队拉煤的马车过来，把道给堵了。等得心急，他们就和车把式吵起来，忍不住拿出家伙要打架。这一来，就惊动了守大门的官兵。官兵赶紧要关大门。领头的教徒陈爽一看不好，自己就和带路的太监刘得财先挤进了大门，后边又跟进来三四个。别的教徒给关在外面，怕成不了事，都四散跑了。进去的五个教徒照直往里跑，进了内宫。官兵在后头一边追一边喊："抓贼呀！"太监总管常永贵忙带着太监们出来，拦住官兵说："内宫都是女的，你们不能进，那几个贼我们能对付。"太监人多，拿着棍棒，把陈爽几个围起来打，不一会儿就打死俩打伤仨。常永贵得了空，忙去向皇子绵宁报告。

绵宁是嘉庆帝的二儿子，可长子早死了，他就是老大，这次没去秋狝，留在了京城。如今他就是宫里主事的。听说有人打进了内宫，他蹦起老高，顾不上细问，抄起一杆鸟枪就跑了出来。大臣们听说皇宫出了乱子，也都赶来了。冲进东华门的教徒虽然给逮住了，可外面肯定还有不少。绵宁和大伙儿一商量，要马上调军队来，马上戒严，马上准备疏散嫔妃。正说着，西边隆宗门那边响起了喊杀声。绵宁赶紧跑了过去。

原来，攻打西华门的教徒，扮成了商贩，挺顺利地挨近了宫门。趁守兵没防备，一下子就冲了进去。带路的太监杨进忠领着六十多人，先到内务府，又到做衣房，把跟他有仇的人都杀了，顺便还把正在编稿子的几个编修也杀了，这就到了隆宗门。隆宗门不大，关得很严。大伙儿找来大木头，嗨嗨一起喊，要把大门给撞开，可就是撞不开。等不及了，有人就蹬着墙往上爬，想爬过墙头跳进去，从里边把门打开。里面的太监就喊叫着拿棍子打，外面的教徒也使劲吼，用刀枪比画着，还拉开弓往里射箭。有一个箭头一直留在了门框上。

绵宁到了一看，有人已经爬上了墙头，对面御膳房的房顶上也站着几个。他举起枪瞄准，开了一枪，叭！一个教徒给打中了，从房上掉了下去。他又开了一枪，又打中了一个。这两枪，真把教徒给镇唬住了，登时有点儿乱。有几个胆儿大的，索性搬来桌椅抱来棉被，要放火烧门，还没来得及点火，火器营的官军赶到了，在外面朝隆宗门围过来。这么一来，局面大变，枪一响，教徒给打死打伤了不少，剩下的四处乱跑。绵宁喊着："快搜人！"皇宫可就成了教徒瞎窜的地界，有的藏到了西华门上，有的噌噌上了午门。官兵四处查找，直到天黑了又天亮了，才都给搜出来。偏巧天上又下了雨，搜的被搜的，都给淋得落汤鸡似的。

清朝故事

天理教教徒攻进皇宫,到了隆宗门外。

禁门之变

被抓住的教徒招了供，官军马上去宋家庄抓林清。到了他家门口，抓的人朝里嚷着说："林大哥，事办成了，赶紧进宫吧！"林清一出来，就给逮了起来。不用说，天理教要攻占皇宫是没了指望。没多久，河南李文成那一路最后也败了。可这伙人的胆量真够大的，皇宫本是百姓的禁地，不许进去。他们不单是打进去了，还敢跟禁卫军较量一番，叫当权的受了惊吓，让朝廷没了面子。

最受打击的要算嘉庆帝。他在回北京的半道上，听到这信儿，身上凉了半截儿，忍不住掉了泪。这是怎么话说的？自己这么用心理政，还有那么多人闹事，他想不明白。回到京城，他重重赏了有功的，狠狠罚了有错的，又亲自审问造反的。他问那几个带路的太监："你们入了邪教，咱们的缘分就没了。可我哪点儿对不起你们，你们敢带人打我的地界？"那几个太监一个劲儿磕头，说："您待我们恩重如山，是我们对不起您，饶命吧！"嘉庆帝又问林清："你造反想干什么？"林清说："也不为什么，都是老天爷安排的，绕不过去。"嘉庆帝下令把他们杀了，又下了《遇变罪己诏》。大意是说，这次变乱，是我的罪过引起的。可我没亏待过百姓，不应当受这么大的打击，唐宋元明几代都没有过的事。想起来，还是官员们不尽力，才酿成大祸。往后，大家都要好着点儿，别再给我加罪了。

打这儿起，嘉庆帝的心气儿差了不少，想着年纪大了，也该享受享受。以前，他一直不让给他大办生日，到了六十岁这年，他答应办一回贺寿庆典。大臣们建议请和尚喇嘛念经祈祷，嘉庆帝本来说别价（biéjie），可禁不住大伙儿死乞白赖念叨，就答应在圆明园到西直门路上，设十三个念经坛。庆典完了，办事大臣请他发赏。他说："念经不是佛门做好事吗？"大臣说："人家那么说，可您不能不赏啊！"嘉庆帝问："赏什么？发文表彰，还是写几个字，让他们

清朝故事

挂起来？"大臣笑笑说："人家是……是要钱。"嘉庆帝一瞪眼："事先说不要钱的！"大臣说："多少得给点儿吧。"嘉庆帝说："给多少？"大臣说："每个坛至少一千两。您是皇上，少了拿不出手。"嘉庆帝没法儿，噎了口气说："出家人也认钱，给他们就是了。"可他马上下了道诏书，说："我七十大寿的时候，不准设坛念经，你们可都记住了。"

他没料到活不到七十岁。第二年秋天，公元1820年，又到了秋狝的日子。朝臣都说："皇上年高，今年就免了吧！"嘉庆帝说："秋狝是咱祖宗留下的老例儿，哪能不去呐？"他就带着绵宁他们去了。一出古北口，风呼呼的，刮得特别大，他感觉不舒服，可没当回事，下了轿骑上马，跑了一大圈。这一折腾，当晚就病了，住在避暑山庄，头晕胸闷。直到转天中午，他还在批公文。底下人一看他写的字，七扭八歪蚂蚁堆似的，赶紧让他躺下歇着。他立马就昏迷了，当晚就断了气。这位有眼光可少时运的皇帝在位二十五年，活了六十一岁。大臣们找出嘉庆帝的遗嘱，和事先猜的一样，是叫绵宁接班。绵宁改叫旻宁（旻mín），即位就是清宣宗，年号道光。

启蒙先生

嘉庆帝到了儿没想明白的事,有些读书人早就明白了,找到了社会不安定的病根儿。他们都是大学者,思想大家,读的书多,也写了不少书,看的想的比一般人长远。从清朝开初一直到嘉庆朝道光朝,这样的学者有好几位。

早在清朝刚进关那会儿,有的读书人不愿意给清朝做事,就隐居起来,做自己的学问。他们都想到了一个题目:国家乱子没个完,官和民成了死对头,矛盾这么大,明朝给灭得那么惨,为什么呀?他们就把明朝和历史上的事好好研究了一番。

有个叫黄宗羲的,是浙江余姚人,因为在梨洲地方住过,还把"梨洲"当别号,大伙儿就管他叫梨洲先生。他父亲就是被明朝阉党害死的黄尊素,后七君子之一。黄宗羲恨死了阉党,赶到阉党完了,他揣着一把铁锥子到了北京,找到害死父亲的阉党头目,把他扎得满脸流血。可他心里的血也翻腾着,平静不下来:阉党这么坏,是谁给惯的呐?明里说,还不是皇帝吗?过后,他写了《明夷待访录》这本书。他说:人都有私利,当权的有,老百姓也有。如

清朝故事

果大家能把私利和天下的公利统一起来，不要用自己的私利妨害别人的私利，妨害公利，就是大公。可是君主们不这样，他们把国家的财产都当成自己的，想怎么用就怎么用，还传给子孙，不管这些财产本应是人人有份。这就是动乱的根源。国家那么大，姓氏那么多，怎么能归了一人一姓呐？所以说，天下最大的祸害，不是别人，就是君主！想让国家安定，就要限制君主的权力，不能让他一个人说了算，也不能代代传子。国家要有政事堂，由首相主持，各部门分管，还要有"学校"（就是议会），是主持大政决定大事的机构，可以反对君主和首相的意见。而这些人都要考核政绩，干得不好，大家能罢免他。黄宗羲否定君主专制，说出了别人不敢说的话，让人听着痛快。

和黄宗羲同代的还有一位叫顾炎武，江苏昆山人，家在亭林湖边上，大家就称呼他亭林先生。明朝灭亡以后，顾炎武走了全国南北好些地方，研究了好些实际的学问，对政治的见解也特高明。他在《日知录》这本书里说：国家和天下不是一回事，国家亡了，顶多是皇帝改名换姓；如果天下亡了，老百姓都得遭殃。保国家是当权者的事，天下的兴和亡，就人人有责了。说明白点儿，咱们不是为保皇帝他一家一人，而是要保人民的天下。不能老是让皇帝一个人独断专行，秦始皇一天看几百斤竹简，累得要死，可秦朝很快就亡了国。所以说，天下不能皇帝独治，而是要大家众治。要让大家都有说话提意见的机会，不能压制。临到大家不敢说话了，就要动刀动枪了。

稍晚些还有个湖南衡阳人，叫王夫之，隐居在湘西石船山，好些人叫他船山先生。他主要是研究物质精神这类哲学上的问题，从理念上说明人和自然和社会的关系，学问挺深的。他也研究政治，

启蒙先生

和黄宗羲、顾炎武想到了一块儿,在书里说:要让咱们中国财力富裕,兵力强大,文化兴盛,就不能让一个人独占天下,也不能天下只为一个人。只有上下都为公着想,发展生产,增加实力,加强军备,才能避免危机,让国家强盛。

梨洲先生,亭林先生,船山先生,这三位老先生,都看出来封建国家的病根儿,就是皇权专制。皇权制度实在太长了,好像全国的人都为皇帝一人活着似的。如今三先生说的道理,和以前的不一样,实际上是民主思想的一道亮光,让当时的人有了新的觉醒。所以大家都叫他们是启蒙思想家。到了清朝康熙、雍正、乾隆三朝,国力挺强,经济也繁荣,有人说这是"康乾盛世",或说是"康雍乾盛世"。可有见识的学者看出来,国家的危险也跟着来了。怎么这么说呐?当时世界上政治大变革,经济大转型,民主思潮大兴起,可咱们这儿还是皇帝大独裁,一点儿没变,思想文化专制比以往什么时候都厉害。就有一些学者出来说话,把是非掰扯清楚。他们也是很高明的启蒙思想家。

安徽休宁人戴震是雍正乾隆时代的人,从小就好学,后来成了名传全国的学者。他和王夫之一样,喜欢研究哲学,对政治看得特清楚。他说:百姓本来都是善的,不善的就是在位的当权人。他们只为个人享受,占了国家财产,欺压百姓,才激起民乱。乱子的根源就是这些在位者。在位者只有和百姓想到一块儿,让百姓富起来,与民同乐,才能治理好天下。

看得顶透的,要数浙江杭州人龚自珍。他活在嘉庆道光年间,大家都说他是开一代新风气的思想家。他自己也说:"一事平生无齮龁(yǐhé),但开风气不为师。"翻成大白话,就是自己只想用文章开开风气,可不想给谁当老师,也就招不来麻烦。他要开什么风气呐？雍正朝乾隆朝的文字狱让好多文化人不敢谈论政事,只好去埋头考据古书,研究文字。嘉庆朝道光朝虽然好了些,可大家心有余悸,思想沉闷得让人憋得慌,多难受啊!

龚自珍就决心变变,他写诗,写文章,发议论,公开批评政治,揭开社会大疮疤,提出改革的主张,说话从不绕弯儿。碰到朋友,他的话题也离不开时政,大声说:"我看不是什么盛世,倒像快落山的太阳,风就要刮起来啦!"朋友瞄了瞄周围说:"你小点儿声。"龚自珍说:"当官的只想发财夸功,有几个能担当的?他们能管好国家吗?"朋友轻轻点着头,听他又说:"官府就知道搜刮百姓,能不出乱子吗?有才华的,要么不用,要么给个官,也成了老爷,也欺压百姓。我看非得来一场改革不可,非有真的人才出来整治不可,看着吧,人才就会有的!"

龚自珍不指望皇帝能转变,他把希望放在一代新人身上,盼着有大批人才出来救国,可又不希望他们被坏风气给带歪了。当时有些人喜欢在家里养梅花,还爱把梅枝绑起来,弄得奇形怪状,歪歪扭扭,有些画家也喜欢把梅枝画得曲里拐弯。龚自珍讨厌他们,管这样的梅花叫"病梅"。他买回来三百盆病梅,移栽到地里,让它们自由生长,慢慢恢复原状。他写的文章《病梅馆记》就记了这事,说的是梅花,实际上是在说人。他认为当权者不能压制人,扭曲人,要是那样就把人才给毁了。

龚自珍这么敢说话,有些老朽就说他是"狂士",是"呆子"。他在官场上得不到重用,想离开京城回老家去。就在这时候,他的好朋友林则徐被道光帝任命为钦差大臣,要到广州查禁鸦片去了。他高兴得别提,像林则徐这样的能人得到重用,国家就有希望了。龚自珍就打报告,说愿意跟林则徐一起去广州。没想到有些大臣说

启蒙先生

龚自珍买回病梅，移栽到地里，让它们自由生长。

他太狂，去了不合适。他只好写信给林则徐，说了些鼓劲儿的话。公元1839年，农历己亥年，龚自珍辞了官职，离开北京回杭州。一路上，他把自己的理想和不平，都写进诗里，一路走一路写，写了三百一十五首，合在一本诗集里，起名《己亥杂诗》。其中顶有名的一首，就是写人才的：

　　九州生气恃风雷，万马齐喑究可哀。
　　我劝天公重抖擞，不拘一格降人才。

　　回到杭州不久，龚自珍得了重病，身上不好受，心里可老惦着广州那边的事。听说林则徐在虎门销毁了鸦片，他跟着高兴；又听说林则徐给撤了职，中国军队在鸦片战争中给英国打败了，他又跟着伤心。过了没多久，开一代风气的龚自珍离开了人世。咱们中国一个新的历史时期也在这时候来了，可龚自珍没看到。

鸦片之祸

中国军队打败仗的这场战争，是鸦片引起来的，所以叫鸦片战争。细说起来，话就长了。鸦片又叫大烟，早先是当药用的，后来被人吸食，就成了毒品。最早向中国输入毒品鸦片的，就是那年来访的马戛尔尼的英国。英国人在他们本国绝对禁止吸鸦片，可在海外大量种植，卖给中国人和其他亚洲人。这缺德营生就是那帮殖民者想出来的。他们办了一个东印度公司，在印度（当时是英国殖民地）那一带种了好多鸦片，制成毒品，跑到咱们国家沿海卖，最常到的就是广州。那边有些奸商也靠走私鸦片发了大财。这么一闹，鸦片就跟乌鸦似的，黑压压进了内地，大量的白银哗哗地流到了英国人和奸商手里。

人但凡吸了鸦片，就会上瘾，一直想吸下去。末了儿，本来挺壮实的人，脸瘦成一条儿，两眼没了神，跟快灭的灯泡似的。道光年间，就有不少这样的大烟鬼，躺在广州大街上或是靠在旮旯里头打哈欠睡懒觉。有一天中国人都成了这德行，国也就亡了。朝廷禁止官员和士兵吸食鸦片，可管不住，归齐不但官兵有吸的，连皇家

清朝故事

人也吸上了。就有好些官员着了急，顶急的要算湖广总督林则徐。

林则徐是侯官人（侯官在福建福州），前些年一直在地方当官，南方北方都待过，管行政、办实业满有一套。眼瞅着鸦片成了灾，他觉着不能不管。公元1838年，他给皇帝上了奏折，建议禁烟。他说了好几条理由，有一句话顶厉害。他说："鸦片祸害太大，治理必须从严。不然的话，再过些年，中国就可能没有能抵抗外敌的士兵，也可能没有发军饷的银子了。"道光帝看了奏折，心里一惊，身上汗毛都立起来，马上把林则徐叫到北京，问他说："你有什么好办法？"林则徐说："假使让我来管这事，就要全面禁烟，而不是又禁又不禁。"道光帝说："那好，你就当钦差大臣，到广州查禁鸦片。"

林则徐离开北京前，接到了龚自珍的那封信。信上说："鸦片是食妖，害人害国，我兄对那些倒卖的，一定不能手软。外国人野心不小，要多带些将士，以防他们开仗。"林则徐回信说："我最担心的，倒不是下边有谁反对，而是上边。这一去真像踩在薄冰上，哪能不小心呐？"他去看望老师沈维鐈。沈维鐈说："我正替你的前程担心呐。"林则徐说："我想好了，只要有利国家，个人的成败名利就顾不上了。"他知道，朝廷里有好多大臣反对禁烟，为首的就是军机大臣穆彰阿。如果他们背地使坏，禁烟可就难了。

公元1839年开春，林则徐动身去广州。走到半路上，他就把知道的奸商开了单子，让人先送到广州，叫地方官把这帮家伙逮起来。到了广州，他一刻都没歇着，马上发布告说："限三天，外国商人要把运来的鸦片都交出来，还得写保证书，保证今后绝不再贩卖鸦片，如若不然，甘愿受罚，人处死，货没收。"这位钦差干事这么麻利，让当地百姓高兴得别提。书院的学生们都写来条子，把知道的奸商检举出来。大伙儿说："以往也禁过烟，可有头没尾的，让人

寒了心。"林则徐说："你们放心，鸦片一天不绝，我一天不离开广州，绝不会半截儿退堂缩头。"两广总督邓廷桢也支持他，俩人都下了决心。

英国贩子一看林则徐动真格的，都挺心虚，准备交鸦片。可住在澳门的英国商务监督义律不愿意，他跑到广州旅馆里，对躲在里面的贩子们说："咱们都别交，想法拖拖。"贩子们说："怎么拖？再拖就给灭了，活不了啦！"义律捂住半拉嘴说："怕什么，咱们的军舰就在海面上。"他这么一说，贩子们好像打了兴奋剂似的，又撅起来，谋划起拖的法子。有几个贩子就想赶紧逃走。哪承想，这事让在这里打工的中国人知道了，大伙儿都说："可不能让他们溜了，要赶快报告林大人。"他们就把旅馆围起来，冲里面直喊："快交出鸦片，不许逃跑！"林则徐接到报告，立刻下了严令。一是派兵封锁旅馆，防止贩子逃跑；二是撤出中国打工的人员，不再提供服务；三是暂时停止贸易。要是再耍赖，就停止食品供给。

义律和贩子们给憋在里面，没了辙，只好答应交鸦片，总共交出两万多箱。那会儿，美国还没英国强，只是跟着英国闹腾，占小便宜。这两万多箱里面，就含着美国贩子的一千五百箱。两万多箱鸦片，大约有二百三十多万斤。这么多毒品，怎么销毁呐？林则徐早想好了主意。他让人在虎门海滩挖了两个大池子。事先把海水引进来，把烟土捣碎了扔进去，再加进石灰，就跟开了锅似的，咕嘟咕嘟乱冒泡，鸦片就给销毁了。

公元1839年6月3日（农历四月二十二日）那天，林则徐带着官员们来到虎门，看着工人们把鸦片烧了，碎渣子跟着海水去了大海，一转眼没了影儿，他脸上这才有了笑纹儿。在场的百姓哪有不高兴的呐？都蹦起来看，乐得没法儿说。就连给请来看的美国商人

清朝故事

林则徐在虎门指挥工人把鸦片销毁了。

930

也直挑大拇哥,朝林则徐鞠躬。林则徐对他们说:"我们禁的是鸦片,不是正当的贸易。你们只要遵守我国的规矩,就别担心什么。"

道光帝在北京听说了以后,也高兴坏了,叫林则徐就地担任两广总督,把原来的总督邓廷桢调走当闽浙总督。林则徐上书说:"只要英国商人悔改,写保证书,应该准许他们继续做生意。"道光帝批示说:"不能这样,这就失了咱们体面。要停止和英人贸易,把他们的船都赶出去。我不怕你们冒失,就怕你们胆子太小。"林则徐没法儿,只好照办。

义律见没了鸦片,又要给轰走,大鼻子差点儿气歪了,赶紧向英国政府报告。英国政府就打算开仗,让议会表决。好多议员投反对票,说这事有伤道德,不该打。可政府不听,光想着借着鸦片找碴儿打仗,挤进咱们这个古老大国。义律打仗外行,他堂兄懿律奉命过来帮他。这洋哥儿俩就带着几十艘军舰到了广东海面上。公元1840年6月,舰队摆开阵势,把珠江口给封锁了。他们以为这么一来,准得把守军吓怕了,没想到自个儿先当了一回海上流浪汉。

原来,林则徐早做了防备。他一面禁烟,一面搜集外国资料,加紧操练军队。水师提督关天培挺配合,跟他一块儿指挥修建工事,换新武器,还让当地百姓当民兵,帮着防卫。前一阵子,英国人好几次挑事动武,都让他们打败了。这回大批英军刚到,民兵就驾着小船到英舰周围假装卖吃的。英军正忙着买东西,没防备民兵冷不丁儿放起火来,好些舰船都给烧坏了。舰队只好跑到远海去躲着。船上缺吃的不说,还没了淡水喝。懿律、义律赶紧叫人到邻近岛礁上找淡水。想不到水里都叫民兵放了毒。官兵们喝了,中毒死了好些。懿律、义律疑心是船上干活的中国人给守军报了信,一生气就把他们辞了。可没了引路的,舰船在大海上瞎转悠,转了好些天，连门也找不着，就别提开仗了。

懿律、义律看得不了便宜，就想着换个地方打。在广州这儿留下几艘舰船守着，他们就往东北溜到了福建厦门。闽浙总督邓廷桢也有防备，英军开了几炮，立刻被守军反击，当地百姓也过来支援。英军只好撤退，又往北走，结果在舟山群岛的定海（在浙江舟山）找到了缺口。他们偷偷进了港，猛不丁儿开了炮。也怪守军太大意，就让入侵者占了上风。英军进了县城，杀人抢劫自是本行。他们闯进百姓家里，金的银的不用说，衣料、字画、连桌椅板凳、米面菜蔬都抢走了。抓住俘虏，就把皮撕开，灌进水银，再把皮剥下来，把尸首吊起来看着乐。英国的什么"绅士风度"，在这儿就成了"妖魔鬼影"。定海知县姚怀祥投水死了。

懿律、义律留下人守定海，又往北走，这回他们直奔天津大沽口，来个恶人先告状，说林则徐欺负了他们，让清政府赔偿烟价和军费，惩罚林则徐，还得给他们一个岛住人。消息传到京城，就把一帮子大臣吓坏了。穆彰阿那些反对禁烟的，都出来挑刺儿，说定海失陷全是林则徐禁烟禁的，惹出了大娄子。道光帝从打即位以来，北京城都很少出去，连避暑山庄都不去，他哪儿知道外国人的心思呐？听底下人说英国人好厉害，一下子就傻了。原来那么傲气，这会儿又软了，赶紧派直隶总督琦善跟英国人谈判，又发文训斥林则徐说："你禁烟除了找来麻烦以外，还有什么？太可恶了！"他不想想自己先前怎么说的，就把林则徐撤了职。邓廷桢支持林则徐，也给罢了官。他俩都给发配到了新疆。

琦善到大沽和义律开始谈判。他耷拉着眉毛说："林则徐虐待你们了，他已经受了惩罚。你们要求别太高，咱们商量着来。"义律瞪眼说："还商量什么？我们的要求，你照办就是。"可天气冷了，英国人怕在北方不好待，双方就说好，到广州接着谈。琦善到了广州，再不提禁烟的事，还把林则徐他们修建的防御工事，连同水下的暗桩都拆了，民兵也叫他给解散了。然后他就私下和义律签订了一个协议，答应赔款不算，还要把香港岛割让给英国。这事叫人捅到了朝廷，道光帝感觉丢了面子，又横起来，把琦善逮起来问罪，说不赔款也不割地，还调集军队到广东，宣布对英开战。英军抢在前头，就向广州发起进攻。

广州的防备叫琦善毁了，就跟敞开大门似的，让英国人一下子破了，关天培和好些官兵都殉了国。往后的事让人不爱细说了。英军沿着上回的路线往北打，清军压根儿没做准备，枪炮什么的都差一大截。厦门、定海、镇海都给占了，英军就到了吴淞口（在上海)，末了儿连吴淞口也没守住，英军就进了长江，逆着江水到了镇江。赶到镇江也丢了，南京可就危险了。道光帝这才醒过味儿，知道这个仗打不赢。他只好答应谈判，接受英国的条件。

公元1842年8月29日，清朝代表和英国人在南京城外的英国军舰上签订了条约，就叫《南京条约》。大意是，中国把香港割让给英国；赔英国钱两千一百万元；开放广州、厦门、福州、宁波、上海为通商口岸；让英国人开租借地，归他们管；还有领事裁判权、最惠国待遇什么的。中国受了侵略，反倒给英国赔不是，所以这是咱们历史上与外国签订的第一个不平等条约。美国和法国也跟着逼清朝签约，也都不平等。这么个结果，让战死的将士都蒙了羞耻。

打这儿起，受外国欺负的日子就开始了。上上下下多少人都为这事起急，想各种法子要改改危险局面，救救咱们的国家。

清朝故事

太平天国

　　湖南邵阳人魏源是研究历史的，也当过知县，跟林则徐老交情了。林则徐被革职去新疆的道上，路过扬州，魏源赶来和他见了一面。林则徐没提怎么受屈，只把自己搜集到的外国资料和图片送给了魏源，说："我老了，盼望老弟能把这些编成书，让国人多知道外国，别再糊涂自大了。"魏源后来就编了有名的大书《海国图志》。他提出来一个救国的办法，叫"以夷制夷"，就是说，要学习西方国家的技术，多制造各种机器，去抵抗它们入侵。

　　广东花县有个念书人叫洪秀全，几次科举都没考中，待在村里教书。他觉着推翻清朝才是上策，也想学学外国。可他没学民主思想，也没学科学技术，学的是西方的宗教。他看过一本基督教的书，感觉基督教的上帝比佛教的佛祖、道教的天师管用，就想把上帝招过来，帮他打倒清朝。于是他见人就说自己是上帝的二儿子，耶稣的弟弟，下凡救苦救难来了。同乡的教师冯云山特聪明，听他说得神叨叨，就对他说："老兄是想闹一场起义吧？妙主意，我来帮你。"洪秀全说："好极啦，咱们就把上帝抬出来啦！"他俩就去砸了孔子的牌位，劝大伙儿都来信上帝，拜耶稣。可当地没多少人爱听，俩人的教师也给撤了。

洪秀全和冯云山离开家乡，到了广西贵县（在广西贵港）乡下。百姓听了他们说教，觉着挺新鲜，有一百多号人就信了上帝。洪秀全嫌少，对冯云山说："我看还是回家去吧，我想写几本书，把拜上帝的好处说透。"冯云山想想说："也好，你回去，我留下。我想到东边的桂平县去，那边儿的穷人多，民风实诚，容易说动。"他们就分了手。

冯云山来到桂平的大山里住下，没多少日子，他就跟当地人混熟了。这儿除了农民以外，还有好些烧炭的工人，日子过得挺艰难。冯云山每天出去拾牛粪，当短工，要么去当老师，碰见人就说上帝，鼓动大伙儿起来反抗。经他一宣传，好多人都想开了，与其受苦一辈子，不如造反一阵子，好歹活个痛快，兴许有个好出路。就有好多人说要拜上帝。冯云山就成立了"拜上帝会"，让他们都入会。这里面，烧炭的杨秀清、萧朝贵，小地主韦昌辉、石达开，算是最能干的，成了头领。洪秀全听说了，也挺高兴，很快就赶过来，和大家会了面。大伙儿听说他是上帝的次子下凡，都尊他是大头领。洪秀全把他写的《原道救世歌》《原道醒世训》几本书拿给认字的看，念给不认字的听。里面净是好听许愿的话，大家看了听了，高兴得什么似的。洪秀全和冯云山再说起义反清的计划，十有八九都愿意干。

这么着，他们就开始召集人马，打造武器，编排队伍。动静一大，就惊动了官府。官府冷不丁把冯云山抓走了。洪秀全一着急，跑回广州，想托关系营救。拜上帝会没了头儿，人心就乱了，不少人吵吵要退会。正在这当儿，杨秀清忽然昏迷不醒，嘴里叽里咕噜说着什么。大伙儿凑近一听,听他说:"我是天父,叫杨秀清替我传话。你们都得听他指派,抱紧团团,不能散摊子。好,我走了!"不一会儿,杨秀清醒过来,大家忙给他跪下,再没人敢说散伙的话。隔了一天,萧朝贵也这么闹了一回,说是天兄附体,说的跟"天父"差不多。天父天兄都比洪秀全这个"次子"大,人心就这么给拢住了。

　　过了些日子,冯云山出了狱,洪秀全也回来了。听说杨秀清和萧朝贵被天父天兄附了体,他俩都明白是怎么回事,可不便说破,只好承认杨秀清是天父代言人,萧朝贵是天兄代言人。好在起义的事也有了着落。到了公元1851年1月11日,各地的人都到了金田村。洪秀全就宣布起义,建立太平天国,不再承认清朝。男人都剪了辫子,留起长发,头戴红头巾。太平军纪律挺严,等级待遇分得特细,头领可以带家眷,当兵的可不行,而且是男女分营,不准私通,不准赌钱,不准吸鸦片,不准酗酒,不准抢劫,不准说谎,不准贪财,只能听从指挥,拼死作战。军事第一,就是这么着。

　　别说,这支太平军真能打仗。从金田出发以后,官军怎么挡怎么堵都告吹,让太平军很快占了永安城(在广西蒙山)。洪秀全自称天王,进了永安,他就宣布封杨秀清是东王,萧朝贵是西王,冯云山是南王,韦昌辉是北王,石达开是翼王。东王最大,管着别的王。按说冯云山是开创者,应该排在第二位,可战士大都是杨秀清、萧朝贵的人,冯云山就把自个儿排到了第四位。没想到再往前打,冯云山和萧朝贵先后受伤阵亡,太平天国损失不小。亏着战士们打仗不惜命,杨秀清、韦昌辉、石达开指挥有一套,太平军还是一路顺风,胜仗一个接一个。进湖南,入江西,闯湖北,起义两年以后,他们就打到了南京城下。

太平天国

公元1853年一开春，太平军二十万大军，坐船顺着长江开到南京城外，把城围了个严实。两江总督陆建瀛刚打了败仗，逃进城里守着。看见城外满眼都是红头巾，他心里小鼓怦怦响，赶紧让底下人把凶神像抬到城门楼上，想吓唬吓唬。可太平军不怕，在城墙根儿掏洞，把火药埋进去。轰隆这么一响，那么结实的城墙也给炸塌了一段，烟雾土灰把天都遮挡了。太平军就从空当冲了进去。不用多说，那阵厮杀短不了，末了儿是攻城的占了上风，陆建瀛给杀了。太平军占了南京，洪秀全从龙舟走出来，带人进了城。

南京这就成了太平天国的都城，改叫天京。洪秀全忙着把总督府改成天王府，自称万岁。杨秀清是九千岁，建了东王府，样子不比天王府差。几个王碰面一商量，想要夺取全国政权，还得接着打。他们就决定分出两支队伍，一支西征，一支北伐。

西征军打得挺威风，把安徽、江西、湖北、湖南好些地方都占了，南方一大片地界都归了太平天国。各地反清民众瞅准机会起来呼应。小刀会占了大码头上海，北方出了捻子军，到处开打。清朝顾了这头顾不了那头，眼看着要撑不住。假使北伐军再朝要害处一捅，说不定它就完了。这要害处就是北京，可见北伐有多要紧，得有大头领带队才行。可洪秀全、杨秀清说离不开，韦昌辉、石达开也不抻头。末了儿是林凤祥、李开芳、吉文元三个二等头领带队去了。

一开始，北伐军打得也挺顺。八旗兵打不过，让他们一直追到了保定，离北京还差二三百里地。这就把新皇帝吓掉了魂儿。怎么是新皇帝呗？原来，道光帝在三年前（公元1850年）已经死了，活了六十九岁。他在位三十年，大伙儿没记住他别的，就记住了他输给了"鸦片"。他自个儿也特窝心，虽说过后又重用起林则徐，可历史没法儿重写。临了儿，他让四子奕詝（yìzhǔ）接位，自己病死

清朝故事

太平军炸塌了南京城墙，冲了进去。

了。奕詝即位,就是清文宗,年号咸丰。

咸丰帝登基那年刚二十岁,论经验本事还不如他爸。道光帝好歹经过些大世面,前二十年还压得住。咸丰帝打小就挺娇气,这回接了皇位,全靠几个老臣给托着。他想振作一番,上来就把穆彰阿那帮人轰走了,又重用汉族大臣。没想到偏就赶上了太平天国起义。眼看"发匪"占了南方那么大地盘,在南京立了都,又朝北京打过来,这位年轻皇帝慌了神儿,以为亡国的末日到了。他流着泪对左右说:"明朝天启那会儿本该亡国可没亡,到崇祯的时候,按说不该亡国可就亡了。我如今就要当崇祯啦!"话这么说,他可不想学崇祯帝去上吊,而是想到避暑山庄去躲着,叫下边把钱物送到承德去。皇帝没了主意,大臣也都乱了套,忙着收拾东西,手脚快的已经跑了。

过了几天,忽然没了动静。原来北伐军没来打北京,往天津那边儿去了。因为后援没接上,北伐到了儿没成功,林凤祥、李开芳他们都给杀了。不多久,从南京又传来了消息,太平天国起了内讧,自己朝自己开了刀。

从太平天国方面说,这事可太糟心了。自打进了南京,洪秀全跟皇帝似的,待在天王府里不出门。杨秀清主管一切,狂得没了边儿,看不起洪秀全,就有了取代他的心思。他一有空就说天父下凡,让洪秀全来听他训话。有一回洪秀全来晚了,"天父"要打他板子,大伙儿死活拦着才没打。公元1856年8月,有一天,"天父"又下凡来了,眯缝着眼对跪着的洪秀全说:"东王和你都是我的儿子,他功劳那么大,怎么才九千岁呐?"洪秀全一愣,赶紧说:"对,东王应当是万岁。等他生日那天,我就宣布。""天父"说:"东王的儿子也不止千岁吧?"洪秀全说:"也是万岁,东王世代都是万岁！""天父"说："那好，我走了。"

从东王府回来，洪秀全快气疯了。他秘密派人把在外地的北王韦昌辉叫回来，对他说："杨秀清玩鬼把戏，逼我封他万岁，这不是要篡位吗？上帝不能饶他！"韦昌辉也受过杨秀清欺压，恨他不死，就说："您要除了他，交给我好了。"洪秀全点了头，韦昌辉就带兵包围了东王府，抽冷子把杨秀清逮住杀了。这还不算，他对东王府的下属也开了刀，杀了足有两万人。翼王石达开赶回天京，责备韦昌辉说："杀杨秀清一个就够了，你干吗杀这么多？都是金田出来的弟兄。"韦昌辉说："关你什么事，这是天王的命令！"俩人吵起来，石达开赌气走了。韦昌辉怕他领兵报复，干脆把他的家眷和部下也杀了。

这一来，韦昌辉闹个里外不是人，特招人恨。洪秀全怕他当第二个杨秀清，下令把韦昌辉抓住处死，请石达开回来主政。这么杀来杀去的，不知道死了多少人。城外百姓看见好多死尸顺着内河流出来，捂着鼻子都闻着臭，这才知道天京城里出了惨事。

石达开回到天京，按说该平定了。可洪秀全犯了疑心病，谁都不信，就信自家亲戚。他叫哥哥洪仁发当安王，洪仁达当福王，跟石达开一起掌权，明摆着要监视石达开。石达开也是个有能耐的人物，哪受得了这份气呐？公元1857年6月，他招呼都没打，带着自己的部下就出了天京。此后他带兵独自打天下，再没回来。①

太平天国这么一折腾，就滑到了下坡路上。咸丰帝得了个便宜，还没来得及怎么高兴，又有一件祸事出来，不但把国家的脸面丢尽了，也要了他的性命。

---

① 公元1863年初夏，石达开的队伍在四川大渡河安顺场被清军包围。他被擒杀。

权归太后

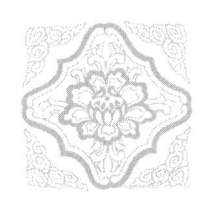

太平天国闹得红火的时候，英国也正找碴儿要跟清朝再打一仗。头一回鸦片战争，让他们得了钱有了地，可不多久他们又嫌亏了，还想多弄点儿。偏巧有那么一天，广州水师扣了一艘走私船，抓了在船上的几个海盗嫌疑犯，都是中国人。英国领事巴夏利听说这艘船早先在香港登过记，虽说过了期，可船长是爱尔兰人。他就说这是英国船，要求水师放人。水师不放，他又向两广总督叶名琛发通牒，说不答复就开战。叶名琛怕事，赶紧让把人交出去。巴夏利没事找事，说这大大损害了大英帝国，非打不成。还有法国，也找了个传教士被杀的由头，对中国宣战。其实，英法两国都看出来，只要一动武，清朝政府准尿，谁叫它落后来着？公元1856年10月，第二次鸦片战争就这么稀里糊涂地开了头。

英法联军很快攻进广州，抓住叶名琛，把他押送到印度加尔各答关着，他再也没能回来。随后，侵略军还是走老路，北上到了天津大沽口。清军还没定过神儿，大沽口炮台就给攻破了。咸丰帝听了报告，赶紧和大臣们商量。大臣们说："当下平发匪还挺费事，要

清朝故事

是再和外国打仗,咱们兵力财力可够不上。"咸丰帝说:"那就只好顾一头,派人议和吧。"结果就和人家签了《天津条约》,赔钱以外,还答应让外国公使驻北京,多开放通商口岸。英法两国得了好处不说,美国和俄国也跟着签约沾光。按说这么一来,战争就结束了,可后来又打起来,是怎么回事呐?

原来,外国人说条约文本要拿回去找他们本国的头儿签字,再到北京和清朝交换,才能生效。咸丰帝一听就不愿意。他顶烦外国人到北京来,像苍蝇似的,在耳朵边儿嗡嗡。他就规定他们不准走大沽,要从北塘(在大沽北)上岸;不许带武器,每国最多来二十人。趁着他们还没来,他下令赶紧加固大沽炮台,安装新炮,增派军队,还在河道上设了障碍物。这不都是一个主权国家的权力吗?可英法两国反倒火儿了。他们觉着他们是战胜国,应当他们说了算,就发话说:"去多少人到北京,我们自己定,不带武器不行,不走大沽也不行。你们设障碍,我们就硬闯,看是谁怕谁!"这话够横的。清军将士都气着了,说:"你敢闯关,我们就敢揍你。"谈不拢,就真打起来了。

公元1859年6月,英法联军的舰队开进大沽口,一边拆障碍一边朝炮台放炮。可这回没料到,清军真不含糊,主将僧格林沁是蒙古人,挺有胆量。双方一交火,清军就占了上风,炮弹大雹子似的,把侵略军砸得晕了头转了向,在烂泥塘里乱爬。末了儿,他们留下几百具尸体,搀着好些伤号逃跑,英军的司令贺布也在当间儿。

咸丰帝听说打跑了英法联军,以为没事了,就把心思转到南方,琢磨怎么消灭太平天国。太平天国自打内讧以后,攻势弱了不少。大头领光剩下了洪秀全一个,他只好从年轻人里头挑几个当主将。顶管用的,一个是英王陈玉成,一个是忠王李秀成。他俩都是战士出身，打仗挺有一套。"二成"搭档，和清军对阵，打了不少胜仗，把清军的江南大营也给拔了。这会儿领头和太平军对抗的是个汉人，叫曾国藩，是湘军的头领。曾国藩本来是个书生，带兵打太平军，吃了好几次亏，差点儿自杀。过后有了经验，他就采取大包围的办法，一步步往里缩，要把太平军困死。咸丰帝见曾国藩这么忠心，就让他当两江总督，专门对付太平军。可太平天国的地盘那么大，一时半会儿镇压不下去。

咸丰帝正这么盘算着，万没想到第二年的8月，英法侵略军又来了。他们明说要报上一次的仇，实际是存心要到北京闹腾，派了两万多人带着最新的枪炮再打大沽。这一回清军没守住，让侵略军硬挤进来，连天津都给占了。天津一失守，北京麻烦就大了。咸丰帝听说侵略军已经到了通州，壮着胆儿说："我要亲自带兵，到通州讨伐他们！"大臣们说："那可太冒险了，咱们没把握呀！"咸丰帝忙说："你们说怎么办？"有的就说："您到木兰秋狝去吧！"咸丰帝刚要点头，好些大臣反对说："皇上走了，人心非乱不可。再说到了外边，更不保险，万一给人家追上就坏了。不如就在皇宫固守，外国人不敢把您怎么着！"掌权大臣肃顺急了，放开嗓门儿说："不行！绝不能让皇上留在宫里，得赶紧走，到热河去！"他不等别人再说，立刻吩咐准备车辆，带足干粮，这就要走。

消息一传开，朝里炸了窝，好多人骂肃顺是坏蛋。咸丰帝的五弟奕誴（cóng）、六弟奕䜣（xīn）、七弟奕譞（xuān）也跑来对哥哥说："您不能丢了祖宗宗庙不管，自己走啊！"咸丰帝忙说："我不走我不走，要和社稷同在！"可这时候，通州那边战败的消息传来了，住在圆明园的咸丰帝再也沉不住气，转天一大早，他就悄悄离开了圆明园，逃到避暑山庄去了。临走前，他把六弟恭亲王奕䜣找来，对他说："我走了以后，京城的事就交给你了，议和不行就只有打，打不成你再来找我。"他可怎么也没想到，这回离开北京，就回不来了。

往后发生了什么事，全世界都知道。英法侵略军进了北京，直奔圆明园，要找中国皇帝算账。咸丰帝不在，他们就把这座最有名的园林给烧了，那么多文物都给毁了，凡是值钱的都叫他们抢走了。不只圆明园，周围的清漪园、静宜园、静明园（后来的颐和园、香山、玉泉山），也让他们连抢带烧，没了原样。西方人自吹的"文明"花花布，这时候让他们自个儿给扯成了烂布条儿。别说中国人恨得牙根儿疼，就是西方有德行的人也出来谴责。法国大文豪雨果这么说："在两个胜利者瓜分赃物的时候，圆明园大规模地遭到了蹂躏。你看，'文明人'对'野蛮人'干了些什么！"

恭亲王奕䜣硬着头皮和英法谈判，他还有还嘴的资格吗？末了儿，又是一个不平等条约签了，就是《北京条约》，答应把九龙半岛南边割让给英国，把天津也开成通商口岸。英法两国这回算是露了脸，得了便宜也挨了骂。可他们也知道，最划得来的不是自己，而是一直当调停人的俄国。俄国趁清朝挨挤对的时候，连哄带吓唬，逼着它签了《瑷珲条约》，把黑龙江以北、乌苏里江以东那么大一片土地都给了它，康熙朝的《尼布楚条约》失了效。

仗打输了，国土丢了，赔了钱又没了脸，咸丰帝这份难受就甭提了，心说："即位十年，烂事怎么都让我给赶上了呐？"这么一想，他连国事都懒得管了。避暑山庄自打嘉庆帝死在这儿以后，道光帝没来过，如今咸丰帝来了，虽说屋子挺旧，天气又冷，可总比在北京待着安稳。他干脆就撒开了享受，每天除了当饭袋酒囊以外，就是听戏看景，要不就跟妃子们玩儿。奕䜣来信说："外国人已经走了,请皇上回京吧!"他回信说:"我身体不合适,等天暖和些再说。"奕䜣又说:"我想到山庄看看您,请您的示下。"他说:"我现在也没什么可说的,等回京再议不晚,你就别来了。"咸丰帝没了精神头儿,病就找上门来,不多久他就得了肺病,又叫痨病,咯痰带着吐血。不能喝酒他可偏喝,喝醉了才完。就这么着,离开北京不到一年,这位年轻皇帝就死在了避暑山庄,才三十一岁。

临死前,咸丰帝安排儿子载淳接班。载淳刚六岁,又叫亲王载垣、端华和权臣肃顺等八个大臣主持朝政,可八大臣下的命令还得叫太后盖章才能发。这么一来,就留下了大麻烦,叫谁都不满意。顶不满意的是恭亲王奕䜣。奕䜣本来最受道光帝的喜欢,差点儿就当上皇太子,没想到他爸还是叫他哥奕詝当了,他特不服气。咸丰帝打小死了亲妈,是奕䜣的生母把他养大,所以即位以后,就让奕䜣当首席军机大臣,除了皇帝就数他大。可后来奕䜣用皇帝的名义封老妈为太后,把咸丰帝惹火儿了。奕䜣胆子这么大,可得防着他夺权。咸丰帝就撤了他的职,直到英法联军打过来,才又叫奕䜣出来,操持北京政务。如今咸丰帝死了,好多人觉着让奕䜣主持朝政顶合适,可八大臣里面偏就没他。明摆着,咸丰帝不想叫六弟掌权,怕他当第二个多尔衮。

奕䜣一听把自己甩了,心想:"合着外国人打进来你跑了,把烂麻团拽给我,你死了又把我扔一边去,这也忒说不过去了吧!"奕䜣正生闷气,热河有人来要见他,叫进来一问,是太后派来的人。太后是哪一个呐?咸丰帝正牌皇后是钮祜禄氏,没生儿子,生载淳的是懿贵妃那拉氏。赶到咸丰帝一死,皇后被尊为母后皇太后,懿贵妃也按习惯当了太后,是圣母皇太后。钮祜禄氏虽说名分大,可比那拉氏小两岁,心软,又不大认字,凡事就都让着那拉氏。那拉氏可了不得，心硬不说，还认得字，爱管事敢拿主意。偏巧八大臣里最有权的肃顺也挺横，喜欢自个儿说了算。两个横主儿碰到一块儿就有戏看了。

八大臣主持着让载淳即位，是清穆宗，年号祺祥。可大臣里有和肃顺不对付的，就放出话说："皇上年幼，该请二位皇太后垂帘听政才好。"钮祜禄氏没怎么着，那拉氏可来了兴头，让大家表表态。肃顺一听就冒火儿说："我们八个执政，先帝早有旨意，谁敢违抗？再说了，本朝开基以来，从没有太后听政的先例！"那拉氏抱着载淳，手点着肃顺说："我是皇上的妈，说话就不灵吗？"八大臣抢着说："我们只知道皇上，不听太后的。"他们这一吵吵，把载淳吓得直哭，尿也给吓出来，滋了那拉氏一身。

那拉氏赌了气，八大臣要下文书，她不给盖章，说："我要看看写的什么才给盖。"肃顺说："怎么写是大臣的事，您只管盖章就是了。"那拉氏说："要是这样，太监干这活儿都行，何必我来盖！"肃顺嘿嘿一笑说："可不是嘛，太后不能过问朝政，您嫌麻烦，把章交出来也行啊！"那拉氏差点儿背过气去。她一寻思，自个儿一个女人家，没兵没卒，斗不过肃顺，就想起了恭亲王奕䜣。奕䜣手里有实权，跟肃顺又向来不和，自己要想听政，非他出来帮忙不行。这么着，她就秘密派人到北京找奕䜣。

来人把意思一透，奕䜣就懂了。皇嫂想听政，让他帮忙把八大臣灭了，随后朝政由他主持。这个政治账挺划算，他当下就答应下来，马上赶到避暑山庄，和两位太后见了面。谁知道他们怎么商量的，反正一切都按他们的意思秘密办了。过了些日子，两宫太后说要回北京，她们先走一步，让肃顺护着咸丰帝的灵柩在后头。肃顺护灵走到密云刚住下，就让人给抓了起来，押到京城。太后已经坐

权归太后

那拉氏和肃顺当面吵起来。

清朝故事

在皇宫里等着，奕䜣早布置好了，当场宣布免了八大臣的权力，罪名还不好安吗？结果是叫载垣和端华自杀，把肃顺砍了头，那五个也都给革职发配。

两个太后这就出来垂帘听政，改年号为同治。公元1861年是农历辛酉年，这次政变就叫"辛酉政变"。有功的都有封赏，头一个就是奕䜣。他当了议政王，首席军机大臣，又是总理各国事务王大臣，跟外国的首相兼外交大臣相当。太后也都有了自己的徽号，钮祜禄氏是慈安，那拉氏是慈禧。慈安太后不爱管事，慈禧太后就成了拿大主意的了。从这时候起，清朝的最高权力落到了慈禧太后手里，皇帝成了活摆设。

开办洋务

奕䜣掌了实权,开头和两宫太后挺处得来。什么事他说了主意,太后多半都同意。眼下最打紧的是镇压太平天国。奕䜣觉着八旗兵实在没用,不如汉军能打仗,就让曾国藩总管江南四省军务。还有一批汉官汉将挺有能耐,奕䜣也都让他们有职有权。一个叫李鸿章的安徽人,曾国藩派他去安徽招兵,他就凑了一支淮军,也来打太平军。美国有个靠打仗挣钱的家伙叫华尔,听中国有仗可打,想起有不少到中国发财的同行,正找活儿干,就把他们都叫来,组成洋枪队,清朝给钱他们卖命,帮着打太平军。这么一来,太平天国四面都是死对头,日子越过越难。偏巧英王陈玉成又牺牲了。

陈玉成十四岁参加太平军,从当童子军开始,打仗就是他的本分。小伙儿不单武艺高,还会用计谋,清军都怕跟他对阵。因为常打胜仗,二十刚出头就当了前军主将。可他心太实诚,就容易上当。有一回,部下苗沛霖来信,请他到寿州去共同作战。苗沛霖本是地方团练的头儿,专防太平军,后来投降过来,可老是不肯出力。陈玉成知道苗沛霖的底儿,可觉着这一回他主动来请,也是好事，就去了寿州。没想到一进城，他就给抓起来。原来苗沛霖已经降了清军，他把陈玉成当大礼献给清军大将胜保。胜保见太平军统帅给抓到了，就亲自劝降，对陈玉成说："你只要归顺，要钱还是要官，都是现成的。"陈玉成说："你是我手下败将，少跟我来这套，我怎么会降你呐？"胜保说："我是替你着想，你还这么年轻嘛！"陈玉成挺直腰杆说："大丈夫不怕死，你要杀就杀，别啰唆了！"公元1862年6月，二十五岁的陈玉成上了刑场，他算是太平军的一位真汉子。

陈玉成死后，太平军里能顶事的是忠王李秀成。李秀成年纪比陈玉成大，心眼儿也多。他带兵打下苏州，在那儿建了地方政权，管理得还挺像样。洋枪队也让他们打败了，华尔也丢了命。曾国藩一看，这么下去可不行，就集中兵力打天京。洪秀全不懂打仗的事，就知道别人得围着他转，命令李秀成回天京保他。李秀成只好放弃苏州，回守天京。这一来，天京就成了孤城。城外猛攻，城里死守，日子一长就断了粮草。李秀成劝洪秀全说："咱们别这么死守，突围出去地方大，还能和他们周旋。"洪秀全说："我是上帝的儿子，天京就是圣地，我哪儿都不去！"眼看着城要破，他一急一病，就死了。也有说他是自杀的。

公元1864年7月，天京城墙又被轰塌了，清军打进去，杀的人没法儿计算。李秀成被逮住，就给曾国藩出主意，说愿意替他去收降下属。曾国藩多精明啊，怕放虎归山，也怕朝廷怪罪，赶紧把李秀成杀了。太平天国坚持十四年，占了小半个中国，最后怎么还失败了呐？挺耐人琢磨。

太平天国完了，别处的起义也陆续着熄了火，清朝总算又活过来了。奕䜣想起一件事，应该赶快办起来。什么事呐？就是要自强。这些年对外老打败仗,他就有个比较,觉着外国的机器好,武器精,所以人家就厉害。他老早就想给学过来,在中国开工厂造机器。用时髦词儿说,就是实现工业化。早先魏源说的"以夷制夷"不就有这个意思吗?恰好,曾国藩和李鸿章这些汉官也想到了这一层。

第二次鸦片战争刚打完,曾国藩就给奕䜣打报告说:"这次虽说跟外国签约议和,可国家一天都不能忘了军备。咱们要学西方造炮造船,先买进来,再培养人才自己造,才是长远之计。"奕䜣看了就说:"曾国藩这是深谋远虑啊!"李鸿章也给曾国藩写信说:"外国的枪炮都进了京城,舰船开到了江湖里,这么霸道,咱们再不图强,中国还能自立吗?"他又向奕䜣报告说:"中国要自强,就非有新式武器不可,就得有自己的技师,我建议要专门设一科,考试征集能人。"奕䜣看了,别提多高兴了,就决定让李鸿章当两江总督,还有左宗棠、沈葆桢(林则徐女婿)、丁宝桢、丁日昌这些人也受到重用。他叫他们赶紧筹集资金,引进人才,先把工厂办起来再说。这就叫办洋务。大家管奕䜣和这些官员叫洋务派。

奕䜣和汉官们走得这么近,就有人看不惯,告状告到太后那儿。慈禧太后整天待在宫里,哪知道外边的情况呐?可她知道大权不能让给外人。近来她看奕䜣在自己面前特随便,说话嗓门儿大不说,还常顶嘴,想起丈夫咸丰帝当初就怕奕䜣夺权,怎么也不能让他压下去。有一天听政的时候,她拿出一个奏折对奕䜣说:"有人参你呐!"奕䜣一愣,说:"是谁?"慈禧太后说:"是翰林院的蔡寿祺。"奕䜣嚷着说:"蔡寿祺不是好人,怎么能听他的?"慈禧太后沉下脸说:"你瞎说!照你的办法,咱们这天下甭要了,送给汉人得了!"奕䜣说:"我多咱这么说过?"慈禧太后说:"你事事为难我和皇上,我革你的职!"奕䜣也不含糊,说:"你革我的职,可革不了

我的皇子!"说着就腾地站起来。慈禧太后以为他要动手,使劲叫着说:"你要打我?来人呐!恭王要打人啦!"随后她把大臣找来,擦着眼泪说奕䜣怎么霸道,怎么不把她娘儿俩当回事,末了儿说:"恭王不能用了,不然皇上长大了不好办。"大臣怎么劝也不成,慈禧太后就自己拿笔写了一份诏书,虽然有好些错字,可格式都对。大意是说,奕䜣不胜任,免职叫他回家。

文武大臣可都不买账,军机处除了奕䜣能主持以外,眼下谁也玩不转。他们就上书要求奕䜣留任,也有的劝奕䜣认个错。奕䜣没料到那个女人这么爱权,想着洋务的事刚开头,不能断了,他只好跑到俩太后那里,把自己数落了一通。慈禧太后也看出朝廷没了他不行,就答应还叫他主持军机处,可不让再当议政王。奕䜣也没争,办洋务才最当紧。

没几年,曾国藩、李鸿章、左宗棠他们张罗着,各地还真办起了好些工厂,最多的是军工厂,各省都有了军工局。顶出名的像江南制造总局、金陵机器局、福州船政局、天津机器局、湖北枪炮厂等等等等。这些都是官办的,还有好些民办的工厂也陆陆续续开了工。这么一来,中国的近代工业就打了底,总归对国家有好处。

奕䜣自己主持着办起了一个新式学堂,叫同文馆。一开始,同文馆招收的学生都是八旗子弟,只学外文,准备当翻译用。可奕䜣又觉着不行,就对助手们说:"办工厂造船造炮,很必要,可那只是学学皮毛,不是根本。根本的是办西式学校,栽培咱自己的人。外文之外,还要学西方各种学问。数学是母,最要紧,当年康熙老皇上不就爱学吗?要学,就得聘请外国老师。"助手们提醒说:"学生也要多招吧?"奕䜣说:"不错!不论满汉,也无论什么身份,只要在二十岁以下,都可以报考。"这一来,同文馆就热闹起来。新派人物都高兴,可旧派的都耷拉起脑袋。内阁大学士倭仁是理学老学究,领头出来反对,他们说:"西学就是些弄机取巧的玩意儿,钻经史、考科举才是正统。咱们要卧薪尝胆,讲贤明,有气节。拿西洋的东西来毒害中国,那是耻辱。"还有人给奕䜣起外号,叫他"鬼子六"。北京前门外,有人贴标语说:"未同而言,斯文将丧。"里头镶了"同文"两字,暗骂奕䜣丢了祖宗。

奕䜣听了,气也不是笑也不是,就发动起一场大辩论,让新派跟旧派打起了嘴仗笔仗。他自己也写了挺长的奏折,反驳倭仁说:"现在中国不能在世界自强,才是耻辱。不改办法就不能强国,就不能防范外敌,空谈气节没用。要卧薪尝胆就要多办实事。西学已经超过了咱们,就应当学人家,有什么不对的?"他这么一坚持,两宫太后也站了过来,不听倭仁的。同文馆就陆续开设了数学、物理、化学、天文、国际法、外国历史地理、西医学、生理学、政治经济学等等新课,成了中国第一所新式高等学校。

有个叫容闳(hóng)的广东人,这会儿也给曾国藩写报告,建议派一批学童到美国留学。容闳早些年跟美国老师去了美国,到耶鲁大学上课,是第一个中国留学生。他觉着西方的大学是出人才的地界,就提了这么个建议。曾国藩和李鸿章联名一上书,奕䜣和新派大臣们也都赞成,马上就着手张罗。公元1872年8月,有三十名学童在上海码头登上海轮。看着好大的太平洋,想着就要到对岸读洋书,学童们都高兴得直蹦高。别看人不多,可他们是咱们中国最早的官派留学生。这么一开头,往后到外国留学就成了风气。

奕䜣他们办洋务这些年,同治帝也长大了。公元1873年,慈安、慈禧两位太后宣布撤帘,让十七岁的同治帝亲政。可慈禧太后掌权掌惯了,还是每天过问朝政。同治帝气得慌,又不敢顶撞,就

清朝故事

三十名学童坐海轮到美国留学。

下令重修圆明园，打算让老妈去那儿住，把她支远点儿。重修圆明园，要花的钱多了去了，同治帝不管这些，大臣们可都反对。奕䜣和七弟奕譞他们劝同治帝说："皇上刚亲政，还是省着点儿，把国事办好比修园子强。"同治帝发了火儿，一仰颏儿对奕䜣说："六叔你别说了，我把这个位子让给你，行了吧？"过后就把奕䜣撤了职。两位太后赶紧出来说合，奕䜣这才复了职。算上这一回，他已经是四上三下了。

　　没想到过了几个月，同治帝忽然得重病死了，亲政也就一年多。据说他也是让痘（天花）要了命。民间有好些别的说法，都不靠谱。谁来接位呐？同治帝没孩子，按惯例该在下一代"溥"字辈的侄子当中找。那会儿，"溥"字辈的只有溥伦一个，刚一岁多，可他爸载治是过继来的，血统不纯。两个太后都说不成，那就在堂兄弟里挑吧。有人说："恭亲王的长子载澂（chéng）十七岁啦，合适！"奕䜣连忙摇头又摆手，慈禧太后抢过话头说："还是找个小点儿的，好调教。我看就让他七叔奕譞的二儿子载湉（tián）当，算是过继给文宗（指咸丰帝）。将来他有了儿子，再过继给大行皇帝[1]。"大伙儿细一咂摸，都明白了：找个同辈里的，太后还是太后，还能掌权，轮不到同治帝的皇后。从婆家来讲，载湉是慈禧太后的侄子；从娘家来讲，载湉的亲妈就是慈禧太后的妹妹，他又是外甥。亲上加亲，还怕他不听话吗？载湉刚四岁，比同治帝即位那阵儿还小。慈禧太后早有主意，说："皇上小，没法子，还是我们老姐俩垂帘听政吧！"就这么着，大权又回到太后手里。没几天，同治帝的皇后喝了毒药（一说是绝食），跟着丈夫走了。载湉给接进宫里即了位，就是清德宗，年号光绪。

[1] 指去世还没下葬也没确定谥号庙号的皇帝。这里指同治帝。

清朝故事

明耻变法

在清朝，除了康熙帝和乾隆帝以外，就数光绪帝在位年头多，总共三十四年。可大家都说，这位皇帝一天好日子都没过过，很少看见他的笑脸；又说他是"悲情皇帝""囚徒天子""最苦皇上"。这到底是怎么回事呐？还得一件一件挨着说。

先说他自个儿，四岁就离开亲爸亲妈，到皇宫里住着，没个边边大的做伴儿。因为过继给死了的咸丰帝，他得管慈禧太后叫妈、叫"亲爸爸"。这让小孩子挺别扭。慈禧太后老是撅着脸呲儿他，这儿不对那儿不对，该怎么着不该怎么着，他打小就怕她也腻歪她。倒是慈安太后挺疼人，跟他说话总是细声慢语的，叫他喜欢。可没想到，刚过几年，慈安太后忽然得了什么病就死了。这么一来，能压着慈禧太后的人没了，她成了说一不二的人物，更不好惹。偏巧光绪帝也是个拧脾气，打小跟这位假妈就没少斗气儿，娘儿俩老是疙里疙瘩的。

一晃他长到了十八岁，该亲政了。慈禧太后说："等皇上大婚以后，我就撤帘。"说好了，给他娶一个皇后两个妃子。其实，慈禧太

明耻变法

后早就定下皇后,是自己娘家侄女静芬。静芬是光绪帝的表姐,比他大三岁,长得不好看不说,背还有点儿驼。备选的一共五个姑娘,除了静芬以外,还有两对姐妹。选皇后那天,慈禧太后对光绪帝说:"你喜欢谁,就把玉如意给她。"光绪帝说:"您定就得了。"慈禧太后说:"你自个儿的事自个儿拿主意。"光绪帝走到大臣德馨的一个女儿身边,刚要把玉如意给她,就听慈禧太后喊了一嗓子:"皇上!"他一激灵,只好塞给了静芬,转身就走,妃子也不愿选了。慈禧太后干脆让人把两个荷包给了大臣长叙的女儿,一个十五(瑾妃),一个十三(珍妃)。合着光绪帝自己要选的一个都没成。婚后他对皇后一直不爱搭理,倒是挺喜欢珍妃,哪料到后来珍妃就死在慈禧太后的手里。结婚本是喜庆的事,可光绪帝的婚事给他的除了烦就是恨,他怎么能有笑脸儿呐?

再说国事,更叫他难受。打小上朝,天天听太后和大臣们议政,就没几件让他高兴,净是怎么挨外国欺负的事。两次鸦片战争以后,西方列强看中国是块好啃的大肥肉,就黑着心谋划着抢地盘,要特权。奕䜣、曾国藩、李鸿章他们办洋务虽说让国防强了些,可比列强还差得远。所以遇到外国来找麻烦,能让就让,怕真打起来又吃亏。可这么一示弱,列强更来了劲,接二连三地挑事儿。

先是俄国和英国串通起来,在新疆捣乱。他们支持一个叫阿古柏的,窜到新疆建了一个哲德沙尔汗国,占了不少地方。俄国也出兵占了伊犁。朝廷讨论的时候,直隶总督李鸿章说:"新疆收回不收回不要紧,随它去吧!"陕甘总督左宗棠挺硬气,说:"咱们退一寸,人家就进一尺。尺寸国土都不能丢!"他带着棺材就领兵进了新疆,结果打败了阿古柏,收回了大部分失地。可还是有好大一块地界让俄国给划拉走了。

清朝故事

英国人又从印度那边偷偷溜进西藏，占地杀人，还控制了锡金（原为中国属国，后被印度吞并）。西藏军队和百姓跟他们打起来，可朝廷怕事闹大，反倒答应让英国保护锡金，还给了它好些特权。打这儿起，西藏的事，英国都要插一手。俄国人看着眼热，也派人到西藏，想让达赖喇嘛受他们保护。这么一来，西藏有外国人搅和，又晃动起来。

西边不安静，东边更悬乎。越南和朝鲜两个邻国都出了大麻烦。公元1862年，法国人强占了越南南方，十年以后又往北进攻。越南阮氏王朝向清朝求救。有一支黑旗军正在边界一带驻扎，领头的刘永福带兵上了阵，把法军打败了。可后来法军攻下了越南都城顺化，阮氏王朝来了个向后转，答应让法国保护它。法军就朝中国开火，占了镇南关（在广西友谊关）不算，又分兵去进攻台湾和福建。这一来，不想打也得打了。公元1884年，中法战争开了仗。镇南关这儿，老将冯子材出马，打了个胜仗；台湾基隆那儿，台湾巡抚刘铭传带人抵抗，也打赢了。就是福建马尾港的海战，让法军占了上风。总的看，还是中国胜法国败。这不挺让人高兴吗？没想到朝廷和法国签的条约，承认越南归法国保护，实际上成了法国殖民地；还答应让法国人进入广西、云南。中国赢了反没了理，法国输了倒得了实惠。

这些窝囊事，都是光绪帝小时候出的。他除了跟着生气以外，也拿不了什么主意。可再往后，他亲政了，日本打上门来，他就得担责任了。日本本来也受过西方人欺负，后来有个明治天皇出来，支持底下人搞了一回变法维新，就成了强国。可日本当权派的胃口比西方人更大，恨不得把全世界吞了，头一个要吃的就是朝鲜，随后是中国。清朝一直有军队驻在朝鲜，帮它防卫。日本就向朝鲜派

明耻变法

兵进攻中国军队。清朝官员气炸了肺,要和日本开战。光绪帝虽说已经亲政,可不敢不听慈禧太后的,他就向太后要主意。

慈禧太后撤帘以后,就忙着要过六十大寿,为了办得风光,把海军军费都拿走修了颐和园。听有人说这么干不合适,她耷拉着老脸说:"我修个园子遛遛腿儿怎么啦?谁要是叫我一时不痛快,我就叫他一辈子不痛快!"一听要打仗,她就往外推,说:"这事该问问李鸿章。"北洋舰队是李鸿章一手经营的,军舰装备都是欧洲货,真要打起来,他怕丢了老本,就说:"只要有别的法子,我就不敢说动武。"他不敢打,日本人偏要打。公元1894年夏天,有一千名陆军士兵坐着商船去朝鲜,北洋舰队派两艘军舰护航。没料到日本军舰冲过来拦截,不叫他们过去。双方谈不拢,日军就开了炮。结果商船"高升"号给打沉了,八百多陆军士兵遇难。这不明摆着欺负人吗?光绪帝忍不了啦,宣布对日开战。日本也说对中国宣战。甲午战争就这么起了头。光绪帝满以为海军实力比日本强,这回又站在理上,有把握打赢。可万万没料到,这一仗输惨了。

甲午战争怎么打的,凡是中国人都忘不了。陆军在平壤给打败了,海军在黄海打个平手。李鸿章怕军舰给日军抢走,下令只守不战,结果让日军来了个包抄,全军覆没。日军爬上岸,占了辽东半岛,就往北京窜过来。结果还用细说吗?李鸿章去谈的《马关条约》,除了赔钱以外,把台湾、澎湖和辽东半岛都割给了日本。后来还是俄国、英国、德国出来反对,日本才松口,吐出了辽东半岛。这么耻辱的结局,该怪谁呐?当权的谁也赖不了。可李鸿章不认账,嘀咕说:"我早就说不能打嘛!"慈禧太后也往后退,对光绪帝说:"任凭你怎么办,别来问我!"光绪帝只好自己把罪过担起来,签字以后对大臣们说:"人心都散了,我还有脸当天下主子吗?"他

清朝故事

记起来，黄海大战那阵儿，"致远"舰管带邓世昌开着受伤的军舰，向日军"吉野"舰撞过去，全体官兵都殉了国。这是甲午战争顶能让人提神儿的一件事，光绪帝决定表彰这位大英雄，赐谥号"壮节"。可国家往后怎么办呐？他整宿整宿睡不着。

就在这时候，一群进京赶考的举子上书，请求皇帝不要签字。领头的叫康有为，是广东南海人。康有为满肚子学问，又挺懂得西方国家的一套，早就想劝皇帝变法维新，把人家的办法学过来。他还写过一本书叫《人类公理》，又叫《大同书》，说应当建立一个人人平等、没有压迫的社会。广东新会人梁启超也是个新派人物，挺佩服康有为，就认他做老师，一起鼓动变法。他们俩一块儿到北京考进士，正碰上《马关条约》的事儿，康有为就串联起考生们开会商量。他说："咱们应当给皇上写信，把意见说出来。"大伙儿说："好啊，就请康先生写吧！"康有为就说，梁启超就写，写了一份万言书。大意是如果割让台湾，就要引起一串儿后果，国家就会被列强瓜分；最要紧的是变法维新，赶快改革。光绪帝已经签了字，万言书没管用，可这件事（历史上叫"公车上书"）让康有为出了名，光绪帝也知道了他。

过了些天，康有为考中进士，当了工部主事。他就连着给皇帝上书，提出改革新办法，还说："再不变法，大清朝恐怕半个中国就没了，皇上想当老百姓都难了。"光绪帝的老师翁同龢（hé）先看了，挺赞成，就报告了皇帝。光绪帝一看，别提多感动了。这么多年，他就盼着有人帮他一把，像俄国彼得沙皇和日本明治天皇一样，来一次大变革，让国家强大起来。如今有了康有为，他眼前一亮，觉着有了希望，就打算召见他。和军机大臣们一提，恭亲王奕䜣头一个反对，说："四品以上的官员才有资格见皇上。康有为算几

明耻变法

品？不够格，可以叫大臣代见，传传话。"这个奕䜣，早年办洋务那阵儿，多开通啊！可老了以后，变成了守旧派的头儿，特讨厌维新派。光绪帝只好让李鸿章、翁同龢、荣禄几个大臣代见康有为。康有为说了自己变法的打算，李鸿章、荣禄听得心烦，只有翁同龢感兴趣。康有为就把想法通过他告诉了皇帝。光绪帝有了变法的心思，就准备起来。

这当口儿，奕䜣得了重病，看着不行了。太后和皇帝都来探望。奕䜣拉着光绪帝的手说："皇上一定要和太后处好，不要重用那帮子小人。"慈禧太后忙说："皇上，恭亲王的话你可记住了！"光绪帝点着头，心里可有了主意。奕䜣死了没几天，他就决定变法。他先跟太后说起这事儿，慈禧太后说："只要你不丢了咱祖宗的牌位，不剪辫子，我就不拦你。"如今要动真格的，他还怕太后不愿意，就对庆亲王奕劻（kuāng）说："你去对太后说，如果不叫我变法，我情愿放弃皇位，决不当亡国天子！"奕劻到颐和园把光绪帝的话一学说，慈禧太后倒乐了，说："他何必这么大的火气，就让他改吧，等改不出样子咱再说！"奕劻回来对光绪帝说："太后没说不能变法。"光绪帝这才放了心。

公元1898年6月11日，农历戊戌年四月二十三，光绪帝宣布开始变法。变法的内容都是康有为、梁启超、谭嗣同这些维新派商量好的，紧着能办的先办。其中有撤销闲散衙门，裁减多余官员，废除八旗包养特权，设立农工商局和国家银行，修铁路，办邮政，废除八股文，办京师大学堂和新式中学，开放言论，自由办报办刊物，等等。

万万没想到，这么个浮皮蹭痒的变法，也让慈禧太后犯了神经。她顶怕她的人给变法整下去，她也就没了权力。变法刚过五

清朝故事

光绪帝对康有为说:"我受人钳制,哪儿能想干就干呐?"

天，慈禧太后就替皇帝下令，叫荣禄当直隶总督，掌管京津一带的兵权；凡是二品以上的新官，必须向太后上奏折谢恩；把翁同龢撤职，让他回家。明摆着，这是夺了光绪帝的人事权，让他没法儿重用新派人物。光绪帝只好照办，可心里有气，转天他就召见了康有为。康有为说："您要变法，就不能不变制度和法律，不能再等了。"光绪帝看看身边说："我受人钳制，哪能想干就干呐？"康有为说："那些守旧的大臣靠不住，要变法成功，非重用维新人士不可。"光绪帝叹气说："我没那个权啊！"康有为鼓劲儿说："皇上变法要有决心，赶到成功了，国家强盛，不但救了中国，您也有面子不是？"光绪帝这才咧嘴乐了乐，可只能给他一个六品官，好在能直接向皇帝上奏折。

过了一个月，光绪帝看太后那边没动静，就大着胆子颁布了新的一轮改革办法，把朝廷的好几个大机构都撤销了，又裁了一批违抗新法的大官，让谭嗣同、林旭、刘光第、杨锐四个新派官员进军机处办事。谁都看得出来，这位皇帝是想让维新派一步一步掌大权，好进行下一步改革。不料这就捅了马蜂窝。

庚子大难

被光绪帝裁减的大官，前后脚跑到颐和园，找慈禧太后诉苦，求她管管皇帝，赶快杀了康有为。御史杨崇伊干脆照直说，请太后回朝，再来一回听政。慈禧太后动了心，见光绪帝来请安，她劈头就问："你干吗裁了那些老臣？干吗任用维新小人？"光绪帝说："变法为了强国，不免了守旧的，不用新人，就变不了。您应当懂得我。"慈禧太后瞪起眼说："你该想想要不要你的皇位！"光绪帝听了一惊，回到皇宫，赶紧给康有为下了一道密旨，让人送出去。怕康有为被害，他又下令，让他去上海出差，马上就走。

康有为接到密旨，和朋友们一起看，见上面写着："太后不让辞退昏庸大臣，不让用通达人士，旧法也不让都改。我怎么不懂中国非改革不可呐？可我的权力有限，要是强行改革，皇位就难保。你和他们几个赶快商量办法。我太着急了！"康有为看完了，忍不住哭出声来，大伙儿也都跟着哭。哭完了，康有为说："咱们得赶紧解救皇上！"大伙儿忙问："您有什么主意？"康有为说："日本前首相伊藤博文来访问了，他当年帮过明治天皇维新，我去见见他，看他有没有办法。"说完,他就去了日本使馆。

过了半天,他回来了,对大伙儿说:"伊藤博文挺客气,可没搭我的话茬儿,看来不行。"大伙儿说:"那怎么办?"康有为说:"只有一条路了,去找袁世凯!袁世凯是新军首领,驻军在天津小站。他跟我说过同意维新的话。我向皇上举荐他,皇上刚刚接见了他一回,他正在北京。如果求他杀了荣禄,再带兵包围颐和园,把老婆子除掉,皇上就有救了。可皇上叫我马上去上海,我得走了,你们谁代我找他呐?"大伙儿都瞧着谭嗣同说:"嗣同兄名气大,胆量也大,他去最合适。"谭嗣同说:"好吧,我这就去!"他揣了把手枪就出了门。谭嗣同是湖南浏阳人,一直主张彻底变法改革,是维新派里顶激进的一个。

到了下半夜,谭嗣同才回来。他对大伙儿说:"我把康先生的意思跟袁世凯说了,他没说行也没说不行,说要回天津再定。我看这个人忒滑头,靠不住。"大伙儿说:"唉,这可怎么好!"几个书生愁眉苦脸的,拿不出办法。他们哪料得到,局面这就大变了。

慈禧太后决定收权,又听说光绪帝要接见伊藤博文,怕他把日本维新的办法学过来,就想提前动手。公元1898年9月21日,她起了个大早,坐船回宫。光绪帝坐轿到颐和园请安,听说太后进了城,知道坏了事,扭头往回赶,刚进皇宫,就看见太后正在那儿指挥查抄文件呐!慈禧太后一见他进来,指着鼻子又一顿训斥,末了儿对大臣们说:"皇上病重,不能主事。我只好出来听政了,带他到瀛台住着去吧!"光绪帝临走的时候,喊着说:"我是生是死都由天定。各位能想着祖宗基业,保全新政,我死了也甘心啦!"

光绪帝给关起来,这场"戊戌变法"也就完了,连头带尾才一百零三天,所以又叫"百日维新"。慈禧太后下令抓康有为和梁启超。

清朝故事

康有为刚到上海,就急忙坐英国船逃到香港,又转道日本去了加拿大。他弟弟康广仁倒给逮起来。梁启超跑进了日本使馆,给送到日本。临走前,他劝谭嗣同说:"你也危险,咱们一起走!"谭嗣同摇头说:"你应当走,可我是不走的。"朋友们都替他着急,他反倒挺沉得住气,说:"各国变法都是要流血的,中国还没有,这正是不能昌盛的原因。既是这样,为变法流血,就从我谭嗣同开始吧!"

再说袁世凯,刚回到天津,就听说慈禧太后又搞了政变,三步两步跑到荣禄那儿,把光绪帝接见和谭嗣同叫他发兵的事都说了。荣禄火烧了屁股似的,立马起身到了北京,向太后报告。慈禧太后气得要疯,下令把谭嗣同他们都抓起来,审也不审就杀了。被杀的就是有名的"戊戌六君子":谭嗣同、林旭、杨深秀、刘光第、杨锐、康广仁。湖南巡抚陈宝箴,因为带头变法搞维新,又是办报又是开新学堂,还把刘光第和杨锐推荐给朝廷,被光绪帝夸奖过。慈禧太后记着他,这回就把他革了职,过后又秘密派人去他家,叫他自杀。①

慈禧太后恨死了维新派,也恨透了光绪帝。她连着召开批斗大会,让光绪帝跪着交代,叫大臣们揭发批判,还带头发言。她对光绪帝说:"你四岁那年,我让你当了皇帝。没想到你和维新小人串通,要害我呀!"光绪帝说:"我没那个意思。"慈禧太后嚷着说:"呸!不作脸的东西。我死了,还会有你这个皇帝吗?"这么说着,她忽然想到光绪帝还不到三十岁,自己可年过六十了,哪天自己死了,还不是他说了算?这一想,她就决定废了他,不能叫他以后翻案。和心腹大臣一商量,她选了十五岁的溥儁(jùn),是端郡王载漪的儿子。即位的时间定在庚子年元旦,年号保庆。对外就说光绪

---

①陈宝箴被慈禧太后秘密赐死一事,见于宗九奇《陈三立传略》《陈宝箴之死的真相》。

帝病重，要天下名医给他瞧病。

不料想，消息一传出去，朝里朝外反对声一大片。连最护着慈禧太后的李鸿章都说："现在都什么年月啦，还随便废皇上？各国抗议怎么办？各地讨伐怎么办？"外国使节听了，都说："换不换皇帝是你们的事，可我们有不承认的自由。"他们还派法国医生给光绪帝看病，医生看完了出去就说："中国皇帝挺瘦，可没什么病。"慈禧太后急得头皮发麻，荣禄就出主意说："咱们可以先立大阿哥（太子），换皇帝缓缓再办。"慈禧太后说："好，就这么着！"她就叫溥儁改当大阿哥，算是同治帝的儿子，管光绪帝叫皇叔。光绪帝给软禁在瀛台，礼仪大典什么的，都是溥儁出面。大臣私下里说："皇帝其实已经换了呀！"

这花花肠子瞒得了谁呐？立太子的宴会，本来邀请外国使节参加，可人家都不来，也就不承认。各地大员也有公开反对的。上海有一千多人签名请愿，反对让光绪帝退位。朝廷要抓领头的经元善，可他逃到了澳门。葡萄牙人说他是政治犯，不能引渡。康有为到了加拿大，成立了"保救大清光绪皇帝会"（简称保皇会），把慈禧太后挤对光绪帝的事一抖搂，海外华侨都打电报抗议。梁启超在日本也办报写文章，光夸皇帝，管慈禧太后叫"逆后"，引得华侨都骂这个老太婆。慈禧太后想到外国人帮康有为和梁启超逃跑，又反对换皇帝，让自个儿下不了台，她把洋人也恨死了。憋着一口气，她就想发泄一番，给洋人一个好瞧的。

可巧这个时候，民间有个叫义和团的组织，闹得正红火。自打鸦片战争以后，西方有好多教徒到中国来，在各地建教堂，仗着势力欺负百姓，骗人敛钱，坏事干了不老少。百姓气得慌，就起来反洋教。各地的教案一起接一起，都是叫洋人给逼出来的。前几年，

清朝故事

山东出了个义和拳组织，拳民们设坛练武，画符念咒，说自己能刀枪不入，能请来各路神仙。然后大伙儿就去找洋人打。地方官先是镇压，后来看义和拳打出"扶清灭洋"的旗号，又觉着挺好，就让他们改叫义和团。这一来，义和团一团烈火似的，越烧越旺，很快烧进天津又烧到了北京，连皇宫外面都有了拳坛。团民们最恨洋人，把好多洋货洋铺子和教堂给烧了，还打死了人。外国人一个劲儿抗议，可义和团杀红了眼，朝廷也管不住。

各国使节就说，你们管不住，我们就来管。跟各自的政府一报告，各国赶紧派军队来了。溥儁他爸载漪叫人假造了一份各国的照会，说洋人要求太后把权力还给皇帝。慈禧太后一听就气炸了，载漪他们又说义和团都是神，专治洋人。慈禧太后马上开大会，商量怎么办好。没想到一直打蔫儿的光绪帝抢先说："干吗不解散义和团呐？这样才能控制局面。"就有好多大臣说义和团那套法术不灵，应当解散。载漪喊着说："解散义和团，是失人心的第一法！"慈禧太后也提高嗓门儿说："法术靠不住，人心还靠不住吗？如果连人心都失了，咱们拿什么立国！"她就决定让义和团打先锋，对外国宣战。可她又说："我这么干也是迫不得已，如果打败了，你们可别怪我一人儿，说太后断送了祖宗三百年天下！"列强侵华当然可恨，可在自己首都宣战，跟谁打呀？北京有使馆，那就打这些地方。

慈禧太后见光绪帝直摇头，就说："皇上，你看怎么办？"光绪帝急着说："不能打使馆，把各国公使护送到天津才对！"载漪一听又叫起来："保护洋人万万不行！"慈禧太后就拍了板，让把宣战诏书发出去。

溥儁看他爸敢顶光绪帝，快活极了。会后他就踩咕光绪帝说："他也配当皇上？说他是洋鬼子徒弟倒差不离！"慈禧太后听见了,把他叫过来说:"皇上是好是歹,轮不上你褒贬!"叫人抽了他二十鞭子。载漪听说儿子挨了打,嘴都给气歪了。那天一大早,他就带人闯进皇宫,扯脖子喊起来:"光绪皇帝是洋鬼子的好朋友,该把他赶出宫去!"慈禧太后给吵醒了,她赶紧出来说:"载漪!你以为你是谁呀?立皇帝废皇帝,我说了才算!你给我出去!往后没我的话,不准你进来!"载漪这才不敢闹了。

公元1900年,农历庚子年,义和团奉了朝廷命令上了阵。结果用不着多说了。团民们真叫勇敢,在京津一带和洋人打起来,还赢了几回。可刀枪棍棒终究打不过洋枪洋炮,末了儿没占上风不说,倒死伤了不少。这时候,各国的军队也到了,有英国、法国、美国、德国、俄国、日本、意大利、奥匈帝国这八个国家的好几千士兵,一窝蜂似的,从大沽登了岸。八国联军先打下天津,又来进攻北京。别说义和团了,就是官军,也挡不住。

眼瞅着八国联军就要进北京,慈禧太后忽然变了脸,先是派人给使馆送吃的,又反过头来大骂义和团是乱民,让官军跟洋人一起杀团民。洋人不领情,放话说要找她算账。她吓得赶紧换了布褂子要逃跑。临出宫前,她忽地想起一个人,是光绪帝的珍妃。珍妃不讨她喜欢,早给关起来,如果活着可是个麻烦。她就叫人把珍妃扔进了井里。随后她带着光绪帝逃出北京,经过山西去了西安。

八国联军进了北京,联军头头下令抢劫三天。其实何止三天呐!上次英法联军进北京,烧了圆明园,这回八国军队直接进了城不说,连皇宫都进去抢了一通。顶遭罪的还是北京老百姓,外国兵见了人就说是义和团,就给杀了,还跑到胡同里,窜到院子里抢东西,奸淫烧杀,坏事做绝了。几天过后,满大街都躺着死人,别提有多惨。不光是北京,天津和凡是闹义和团的地界,都没个好。归

清朝故事

八国联军屠杀北京老百姓。

齐又是李鸿章出面，在公元 1901 年 9 月和外国签了一个《辛丑条约》，要赔各国白银四亿五千万两，加上利息，总共九亿八千多万两。清朝一下子哪拿得出来呀？要三十九年才能赔完，钱自然还得从老百姓身上出。

慈禧太后害怕洋人不饶她，就依着洋人的要求杀了几个支持义和团的官员。洋人要求杀载漪，她只好把他发配到了新疆。这一来，大阿哥溥儁没了支撑，慈禧太后就废了他，让他背起铺盖卷儿自己走了。换皇帝的事也就此打住。慈禧太后回到北京，连着接见各国使者，把各国使节夫人也请来，赔着笑脸儿说好话。随后她就说："咱们今后要量中华的物力财力，讨各国的欢心。国家的好东西，我宁肯给了外国人，也不能给国里的那帮奴才。"听这话说的，和卖国有什么区别呐？

那会儿，各国都在中国找自己的势力范围，国家都快让他们瓜分了。除了各有各的租借地以外，俄国控制了东北；日本占了台湾又死盯着福建；法国占据了广州湾；英国强租九龙，还控制了长江两岸和威海；德国把住了胶州湾。美国来得晚，就说要"门户开放""利益均沾"，想哪儿都有它的一份。朝廷一点儿辙都没有。庚子年的这场大难，让全国人都看清了朝廷有多无能，有多可恶。好多人从此走上了革命的道路，豁出性命也要把清朝打倒。

清朝故事

革命潮起

"革命"这个词儿,早在上古时代就有了。可反清的这次革命,跟早先改朝换代不一样,和民众起义也不相同。以往的造反起义,结局都是新朝代换了旧朝代,新皇族替了旧皇族,君主专制可不变。所以换来换去,还是老一套。这次革命不那么着,不但要推翻清朝,还要把君主专制灭了,不要世袭的皇帝,而是搞定期选举领导人,实行共和制。

反清的革命,算下来,比戊戌变法发生还早,只不过开始影响不大。最早提出要革命的,就是孙中山,不然干吗叫他"革命先行者"呐?孙中山本名孙文,号逸仙,香山人(香山在广东中山)。小的时候,他和穷孩子一样,放牛打猪草,农忙还下地干活儿。后来他哥哥孙眉去美国檀香山(在太平洋夏威夷岛)谋生计,慢慢地有了钱,立了家业。孙中山也上了学,有了文化,还去了檀香山一趟。长大以后,他当了医生,就在广州、香港、澳门一带行医。这么一来,他知道了国外的好些事。再看看国内的烂摊子,他觉着非来一场大变革不行,就试着给李鸿章写了封信,建议变法图强。李

革命潮起

鸿章没理这个茬儿,接着就出了甲午战争吃败仗的事。孙中山看透了清朝没药可救,什么皇帝太后亲王的,都不管用。要救中国,就得像美国和法国那样,用武力解决,建立民主的共和国。

他把想法和最信得过的朋友说了,大伙儿都说对。公元1894年,孙中山二次到了檀香山,牵头成立了一个组织,叫兴中会。兴中会这个组织此前就有,孙中山也是一分子。他喜欢这个名称,就把它拿过来用了。他在章程里这么说:"成立本会的目的,专为振兴中华,联络中外的华人,表达人民的意愿,扶持国家的正宗。"转过了年,他回到香港,跟好朋友陆皓东联络了几百人,又成立了香港兴中会。陆皓东和孙中山是同村人,跟他一个心思。会员们秘密地宣了誓,反清的革命就这么开了头。大伙儿约好到公元1895年10月,在广州打第一枪。会员都到广州集合,由陆皓东具体组织。

到了那一天,会员正准备行动,忽然发现有一队官兵过来了。陆皓东知道出了事,就喊:"一定有人泄密,赶快撤!"大伙儿就分头躲起来。陆皓东正跑着,忽然想起来,兴中会的会员名册还在指挥部里,要是给搜了去可就糟了。他赶紧往回跑,同志们拽住他说:"你回去太危险了!"陆皓东说:"我不回去,百十来号人的命就不保啊!"他跑回来找出名册烧了。可官兵也就到了,把他抓起来。官府审问他说:"你的同伙有谁?不说就杀了你!"陆皓东说:"就我一个。我就是要推翻卖国朝廷,为起义死了是我的荣幸,我死了,还会有千百万人接着来,你们杀不完!"陆皓东和别的同志成了兴中会的第一批烈士。

官府知道了起义的大首领是孙中山,就到处抓他,抓不着就通缉。孙中山只好出国去了日本和欧美各国。在日本,他看见当地报纸管他叫"革命党首领",感觉不错,往后他就把他的反清活动叫革命了。每到一地，他就向华侨宣传革命，筹集资金。公元1896年9月，他来到伦敦住下。有一天他出门去找他的老师康德黎，半道上被三个中国人拦住了。仨人问他："您是孙逸仙先生吧？我们也是中国来的，请您到家里喝茶。"孙中山说："我不认识你们，不能去！"不想那几个人连推带揉把他带到一座房子里关了起来。原来这里是清朝驻英国公使馆，那三个是密探，正找被通缉的孙中山呐！随后他们就钉了一个大木箱，要把他装进去，秘密运回国内处死。孙中山没慌，赶紧写了两封求助信，托送饭女工和清洁工送给康德黎。康德黎马上在报纸上发了消息，说："中国革命家在伦敦被诱捕。"按英国法律，外国使馆不能在本国随便抓人。这一来，清朝使馆就成了抗议对象，好多英国人和华侨都跑了来，要求放人。英国政府也出来干涉。使馆没了辙，只好把孙中山释放。这么一来，倒让孙中山出了名，全世界都知道这么个人。他筹集资金更便利了。

到了公元1900年，孙中山听说八国联军打进北京，气得直跺脚，马上命令国内的会员说："这样的政府早该下台，它不下去，咱们要轰它！"他让郑士良、李少白到惠州（在广东南部）组织起义，又叫史坚如到广州配合。郑士良他们先召集了六百多人，和官军打起来，占领了一片地方，人也扩大到两万人。可因为粮草没接济上，末了儿只好解散。史坚如到了广州，在两广总督德寿的屋子底下挖了一条地道，装上炸药，想把德寿炸死。可惜炸药爆炸以后，德寿只受了伤。史坚如被捕，审官让他供出同党，他说："四万万同胞都是我的同党。"就这么就义了，才二十出头。

最早的革命党虽说经验少，办法也不周全，可那股子冲劲儿叫人佩服，响应的到处都有。跟着兴中会成立的革命组织有很多，像华兴会、光复会、日知会等等。在日本的留学生也有很多人想革

命，在宣传方面下了大力气。有个叫邹容的留日小青年，写了一本小册子，书名就叫《革命军》，发表在上海英租界的《苏报》上。清政府的人一看，里面明着号召革清朝的命，不得了！他们就求英国人把《苏报》的主办人章炳麟（又叫章太炎）逮起来。章炳麟是光复会的，把《苏报》办得别提多有名了。邹容听说他给下了狱，第二天就自己投了案，要跟章太炎一起坐牢。英国人审问，让清政府的人当原告。章太炎对原告说："在中国的地界，中国的官和老百姓打官司，怎么让外国人当主审呐？"原告红着脸说不出来话，一个劲儿催着要引渡。英国人不答应，判了他俩三年和两年徒刑。邹容后来病死在狱里，可他的《革命军》让大家都知道了，越传越广。

另外两本小册子传得更广，是湖南留日学生陈天华写的，一本叫《猛回头》，一本叫《警世钟》。陈天华是华兴会的，性子急，爱动感情。他的这两本书，说的是中国怎么受欺负，列强怎么霸道，太让人难过了，加上都是押韵合辙的唱词儿，谁看了都得流眼泪。浙江金华有个叫曹阿狗的农民看了，就揣着书到处给人念："这中国，哪一点，我还有分；这朝廷，原是个，名存实亡……"县官要办他谋反罪，可听他一念叨，也挺爱听，就放了他。陈天华后来投海自杀，为的是唤醒中国人别再沉睡，起来革命。

华兴会的首领叫黄兴，湖南长沙人。他把家产都给卖了，买来武器，又跟会道门哥老会的老大结拜为兄弟，就为了干一次反清暴动。可是没成功，他只好跑到日本活动，留日学生都佩服他。公元1905年的一个夏天，日本友人宫崎寅藏来找黄兴，还给他带来了一个朋友。黄兴一看就认出来，高兴地喊着说："您是孙先生吧？什么时候来的？"孙中山怎么到日本来了呐？原来他早就想把各地的团体给联合起来，成立一个大政党。这次到日本就为了和留日的各派人

清朝故事

同盟会举行成立大会,选举孙中山当总理。

物商量。宫崎寅藏同情中国革命,和孙中山老早认识。他就对孙中山说:"在日本的中国人当中,数湖南来的黄兴最有声望。您是前辈,我去叫他来见您。"孙中山忙说:"革命不分前后辈,还是我去见他吧!"这么着,孙中山就来找黄兴。

黄兴叫上宋教仁几个,和孙中山聊起来,没说几句话就都乐了,大家想法一样,真是有缘分。在这以前,孙中山跟康有为和梁启超他们也联系过。他俩那么有名气,要是也赞成革命,那影响多大呀。没想到康有为一听就摇脑袋,说:"你们要打倒清朝,我可不同意。光绪皇帝待我那么好,我不能忘了他,怎么会反他的朝廷呐?"梁启超倒是挺动心,觉着君主制度不能再留着,赞成反清。孙中山就想建个联合会,自己当会长,梁启超当副会长。康有为一听就急了,说什么也不让梁启超干。梁启超到了儿还是听他老师的,当了保皇派[①]。联合的事就这么吹了。

这回孙中山和黄兴一谈,目标一致,都认为联合是革命大方向。消息一传出去,各派组织也都赞成。孙中山别提有多高兴,马上就安排各个团体开筹备会,定了新组织名称,叫同盟会。他说:"咱们的纲领,我看应该是驱除鞑虏,恢复中华,创立民国,平均地权。"大伙儿都认可。他的"三民主义"的大概意思都在里面。公元1905年8月20日那天,同盟会举行成立大会,选举孙中山当总理,黄兴负责日常事务。打这儿起,中国就有了一个真正的政党,反清革命也有了具体计划。朝廷知道革命是冲它来的,当然就变着法儿地抵制。

[①]辛亥革命后,康有为参与复辟帝制活动,1927年在青岛病逝。梁启超反对复辟,成为著名学者,1929年在北京病逝。

清朝故事

蹊跷驾崩

慈禧太后怕国人都起来革命,只好装出进步的样儿,把自个儿往开明太后上打扮。看大家喜欢光绪帝的变法,她就说:"这回我和皇上要母子同心,来一次变法。上回康有为他们不是变法,是乱法。这回我变法,才是真的新政。"赶到新政的条文出来,大家伙儿一看,不还是戊戌变法的那些东西吗?不外乎废除了一些早该废的,立了一些早已有的,改了一些名称,换了一些招牌。制度上的改革一条没有,习俗上的事也没见效果。

拿裹小脚和抽大烟来说,这都是恶心人的陋习,以前禁过不止一回,这次也有,就是不管用。为什么呐?因为皇族里有人喜欢。满洲女人本来不兴裹小脚,可进关以后,好些满人瞅着小脚好玩儿,硬叫妇女学着裹,跟汉人女的一样,"小脚一双,眼泪汪汪"。抽大烟是英国人给带进来的,可要叫他们别卖鸦片了,英国人就是不愿意,谈了半天,才答应每年减少一成。对国人说是必须戒大烟,可又说有难处不能戒的也可以从宽。这从宽的人里面,好多都是皇族的。革命党人没工夫搭理新政,就连清朝大官也瞧着可乐。四川总督奎俊就说:"新政信不得。"左右问他:"何以见得呐?"他说:"顽固如故,虚骄如故,贪昏如故,官如故,吏如故,兵如故,秀才如故,都还是老样子,怎么信?"

也别说都是老样子,新风气也有。外国人进来了,中国人也出去了。这些年变法呀,维新呀,叫得震天响,以至于闹出了人命。中国人对西方的好东西也有了兴趣。除了机器轮船火车、电话电报、钟表望远镜、西服皮鞋爵士帽这些实物以外,像欧美小说、诗歌、话剧、照相、电影、作曲、唱歌、跳舞、油画、素描、钢琴、小提琴,这些文化产品也都来了。就有不少人喜欢看,跟着学。慢慢的,这就悄悄地改变了国人的习性,讲起了文明时尚。

政治上也在变。欧洲也有有君主的国家,可都实行君主立宪,不是君主专制。实权在政府手里,政府是议会选出来的。君主只在礼仪上代表国家。大家一比较,就分出好赖。江苏南通有个状元,又是办工厂的实业家,叫张謇(jiǎn),觉得君主立宪挺好。他就撺掇袁世凯、张之洞那几个开了心窍的大臣,给朝廷上书,请求立宪。

慈禧太后压根儿不懂立宪是怎么回事,旁边人就给她解释:"立宪就是制定国家宪法,规定皇上的权力,都按宪法办事。"慈禧太后撇嘴说:"那咱们满洲人不就没了权了吗?"旁边人赶紧说:"再怎么立宪,也是您说了算,这不会改。"慈禧太后想了想说:"如果立宪能让咱大清朝稳固,倒可以试试。先派几个人去外国看看,是不是这么回事,回头再说。"研究下来,就派大臣载泽、戴鸿慈、徐世昌、端方、绍英五个去欧洲考察立宪。

公历1905年9月24日那天,五大臣来到前门火车站,要出国考察。好些官员给他们送行,也到了站台上。汽笛儿一响,五大臣要上车,就听"咣当""轰隆"两声,一枚炸弹在他们身边爆炸了。

清朝故事

一枚炸弹在五大臣身边爆炸了。

火光一亮，碎片乱飞，载泽和绍英给炸倒在地下不能动弹。再看送行的，也给炸倒了好几个。旁边还躺着一个，正是刺客。看来他头一回干刺杀，没经验，本来是想炸火车，没料到火车一动，炸弹提前爆了。结果只炸伤两个，他自己先死了。经过查对，查出刺客叫吴樾，安徽桐城人，在保定上学。他根本不信朝廷会真立宪，就想用炸弹说话，警告当权的。后来大家看到他事先写的遗嘱，上面说："当今的朝廷是中国富强的第一障碍，想指望它，就跟用热汤浇开水，抱柴火救火一样。"

朝廷看五大臣挨了炸，让尚其亨和李盛铎换下徐世昌和绍英，还是五个人出去考察。五大臣到欧洲兜了一圈，第二年才回来，回来就汇报说："立宪有三个好，一好是皇位永远不变，二好是能减轻外患，三好是能消除内乱。"慈禧太后说："那就先把立宪的话说出去吧！"朝廷就发了公告，说要"预备立宪"了。怎么是预备呐？公告说，因为规矩还不完备，百姓还太愚昧，要立宪还得等些年，现在先做准备。

过了两年，到了公元1908年9月，一份《钦定宪法大纲》也给捏咕出来了。里面先就规定，清朝皇帝是中国最高统治者，万世一系，神圣不可冒犯。皇帝有制定法律的专权，有设置官职和任免官员的权力，又是军队最高统帅，可以召开或是停止解散议会。外交、财政、赏赐、赦免什么的，也都是皇帝的事。这么一来，内阁和议会还能干什么呐？懂行的人一看就明白了，这是借着宪法把君主专制给固定了，跟立宪可一点儿不沾边。就是这么个挂羊头卖狗肉的大纲，还得等九年以后，才召开国会定。大纲公布以后，没多少人愿意提它，因为谁都知道，那就是摆摆样子。慈禧太后也这么想："什么宪法大纲的，都是瞎掰，我在就得听我的。"所以她任凭底下人吵吵这些事。眼下，让她顶挂心的，还是光绪帝的动静。

　　光绪帝保住皇位以后，知道太后不会再让他亲政，一直不掺和国事。虽说发的公文都是用皇帝的名义，可实际上他不管用。上朝的时候，太后和皇帝并排坐着。大臣们奏报完了，光听太后一人嘚嘚，皇帝不吭声。有时候，太后扽（dèn）他一下说："你也说几句。"光绪帝老是那么问："外边安静吗？收成还好吗？"声儿小得像蚊子哼哼。他身体本来就弱，这些年没了势，连使唤的太监都不把他当回事。开饭的时候，摆上大盘小碗一桌子，可能吃的没几样，多半都是剩的，肉硬邦邦的嚼不动。营养太差，他瘦得皮包骨头，毛病也添了不少。闲着没事儿，看看《三国演义》，他就跟太监们说："我如今还不如人家汉献帝呀！"有时候远远看见皇宫那边，有老鸹（乌鸦）在天上乱飞，成群成群往下落。[①] 他心说："一定是投食了，我什么时候能回宫里去呐？"心底里，他还敢这么想："只要那一天到了，没准儿自己还有希望。"皇族里的少壮派这会儿也正谋划着救他。肃亲王善耆（豪格的后代）管着消防队，眼瞅着太后那么大岁数了，他就暗里和底下人说："万一朝里有变，咱们就说要灭火，到瀛台把皇上救出来，护着他再掌大权。"

　　慈禧太后知道好些人盼她早死，掐指头一算，光绪帝三十六七，自己可已经七十四五了，怎么也熬不过他呀！一想起这事儿，她就急出一身汗。那天，听说光绪帝的七弟载涛派太监去看望皇兄，她心一紧，立刻对亲信说："快，把那个奴才抓来，问问他，皇上跟他说什么了，带什么话啦？他不说，就给我打！"没想到，那个太监一死儿说没有，结果生生给打死了。这些天，慈禧太后成天思谋怎么

[①] 满洲人以乌鸦为神鸟，在皇宫里有专人投放肉食，引来大批乌鸦在附近搭窝寻食。

办，想得脑仁儿疼，一个吃不对付，就得了痢疾，跑肚拉稀。好汉还经不住三泡稀，何况是个老人呐？吃药不见好，她只好整天躺着，浑身散了架似的。周围人见了，都知道太后日子不多了，忙里忙外伺候着。

光绪帝虽说也是一身病，可还能自己出来活动。那一天听说太后病重，他大清早就走出南海瀛台，步行到了太后住的乐寿堂，要领着大臣们给太后请安。管记录皇帝起居的史官也到了。乐寿堂的门还关着，大伙儿站在外边等。史官看见光绪帝扶着一个太监的肩膀，伸伸胳膊，踢踢腿，不让身体发僵。不一会儿，门开了，一个太监走出来说："太后有旨，皇上也有病在身，今儿个就不要行礼问安了。"光绪帝听了，心里一热，脸上就带了出来。不想就有人把这事告诉了太后，说："皇上听说您欠安，还挺高兴的样儿。"慈禧太后一听这话，脸色立刻变了。待了一会儿，她忽然大声说："我不能死在你前头！"

官员们听说太后病得起不来，就把后事安排好了，等着她咽气那一天。礼部尚书溥良更是日夜守护，不敢离开。那一天，溥良正在门外守护，看见一个太监从里头走出来，手里端着一个盖碗，走得挺急。溥良是管礼仪的，就走过去盘问："你拿的什么？往哪儿去？"太监忙说："这是老佛爷赏给万岁爷的一碗塌喇（满语，酸奶），让我给皇上送去。"溥良听是太后的意思，就没拦着，可心里直疑惑：一碗酸奶，怎么还要专门送去呐？

慈禧太后知道光绪帝活不了了，把王公贵族和袁世凯、张之洞几个大臣叫来，对他们说："要赶快安排谁接着当皇上的事，你们说呐？"有的就说，贝子溥伦见过大世面，能行；有的说，小恭亲王溥伟（奕䜣的孙子）有气派，能干。他们都是大人了，上来就能主事。慈禧太后挥挥手说："你们瞎咧咧什么呀，听我的。就让醇亲王载沣（奕譞的儿子，光绪帝的五弟）的三岁儿子溥仪当。他继承同治皇帝，也兼着继承光绪皇帝。再叫载沣当摄政王，主持议政。大事还要向我报告，我来决定。"大伙儿想起来，溥仪的亲妈是荣禄的闺女，太后的养女，就什么都明白了。这么着，慈禧太后又立了个小皇帝，临死了也不想放权。

这两天，光绪帝觉着浑身哪儿都不好受，头疼肚子更疼。疼起来让他忍不住大叫，躺着打滚儿。他爬起来活动活动，还是好不了。感觉不妙，他就叫人马上发诏书，请全国的名医来救救自己。万万没料到，这道诏书还没来得及发出去，他已经不省人事了。公元1908年11月14日天刚擦黑，三十七岁的光绪帝咽了气。慈禧太后的亲信太监小德张听皇上死了，跑着到太医院宣布，光绪皇帝久病不治，不幸去世。内务府的大臣们一直不知道皇帝病重的事，一听这话，赶紧到了瀛台，要按规矩用万岁轿把遗体运走。可晚了，光绪帝的遗体已经让太监们运回皇宫，入殓完毕了。这就是说，他们谁也没见到皇帝最后什么样儿。

慈禧太后听光绪帝死了，闷着的一口气可出来了，想到彼此相处三十多年，忍不住流了泪，说："唉，这么快，他还没有坟地呐！"谁想这一松快，可就要了她的命。不到一天，她就病危了，躺着光捯气。摄政王载沣他们都来探望。慈禧太后喘着说："让溥仪即位吧。原来说大事要报告我，看来不行了。摄政王今后有事，就报告皇太后！"她指的皇太后就是光绪帝皇后，自己的侄女静芬。这一来，最高权力还在太后手里。光绪帝死后不到二十个钟点，统治国家四十八年的慈禧太后也死了，前后只差一天，偏偏就是光绪帝死在前头。说这是凑巧，有谁信呐？所以光绪帝到底怎么死的，就成了大伙儿都惦着的话题。①

三岁的溥仪即位,年号宣统。静芬被尊为隆裕太后,国事落在了她和摄政王载沣身上。可这时候,革命的势头像洪水似的,一浪一浪冲过来,已经没法儿阻挡了。

---

① 公元2008年,清西陵文物管理处、中国原子能科学研究院、北京市公安局法医检验鉴定中心等单位发表《清光绪帝死因研究工作报告》,确认光绪帝是因砒霜中毒死亡。

清朝故事

武昌起义

　　同盟会成立以后,各地的分部很快都有了,孙中山和黄兴他们就组织武装起义,还跟当地的会道门联合起来。头一次起义在公元1906年夏天。会员刘道一和蔡绍南从日本回到家乡湖南,找到老朋友魏宗铨,又通过他认识了洪江会的"大哥"龚春台。几个人谋划暴动,定的地方在湘赣边界的醴陵、浏阳、萍乡一带。一切都准备好了,参加的人很多,可就是保密没弄好,让官府知道了。打起来以后,官府有了准备,马上派兵镇压。结果好些起义的骨干牺牲了,刘道一、蔡绍南和魏宗铨被捕就义。有个叫禹之谟的学商界领袖,公开支持革命,也给绞死了。湘赣起义损失不小,可让全国上下都知道了革命党是干什么的。

　　这以后,孙中山又组织了六次起义,都在广东、广西那一带。他是被通缉的,不能进内地,只好在边界外边指挥。这让他挺不开心。公元1907年镇南关那一次,他就冒险到了前沿,和战士们一起作战。两边打起了炮战,孙中山当炮兵,抱起炮弹往炮膛里装,还点着火捻,开了几炮。他对大伙儿说:"我革命十几年,今天头

武昌起义

一回自己发炮,真痛快!"可因为力量还是太小,这些起义也都失败了。

安徽和浙江的起义动静特别大,徐锡麟、秋瑾和熊成基这三位烈士,让大家看到了革命党人多有气魄。公元1907年,在安庆巡警学堂当头儿的徐锡麟,趁上司检阅的机会,开枪打死了安徽巡抚恩铭,带着学生起义。失败后他宁死不屈,被挖了心。和他约好呼应起义的秋瑾,正在绍兴大通学堂准备起事,也给逮了去。她一点儿没吐露真情,就上了刑场。秋瑾是个舍家救国的妇女,文武双全,也是第一位为革命掉头的女子。在安徽新军当炮兵连长的熊成基,打心眼儿里佩服徐锡麟和秋瑾,就在公元1908年11月,带领部下起义。可他没经验,起义失败了,自己也被捕。他在刑场上说:"你们杀了徐先生,就出了秋女士;杀了秋女士,就出了我熊成基。革命党越杀越多,你们杀不完!我死了,自由之花就得到了浇灌的鲜血!"

到了公元1911年,农历辛亥这年,形势有了大变化。孙中山在海外筹集资金,南洋和欧美的华侨都拿出钱来支援。有了大笔钱就能买好些武器弹药,大家的劲头更足了,就打算在广州来一次大起义,黄兴当总指挥。时间定在4月27日。可起义的骨干都在香港,联络不灵便,聚齐的时间老定不准。原定要来八百人,可那天赶到广州的只有一百六十多个。有人说:"人不够,还是改期得了。"黄兴说:"那更容易暴露,也来不及。咱们豁出去了,就按点儿发动。"下午五点半,这一百多号人就拿着枪和炸弹,向总督府冲过去,黄兴命令一下,就开了火。总督张鸣岐逃到水师,和提督李准一碰头,开出大队官军镇压,倒把起义的包围了。革命党人一时冲不出去,队伍有点儿乱,只好各打各的,和敌人硬拼。末了儿牺牲了好些人。

牺牲的骨干里头，有不少都是铁了心要革命的年轻书生。四川出来的留日学生喻培伦，自己造炸弹，把三个手指都炸飞了，大家叫他炸弹大王。去年他到北京银锭桥刺杀过摄政王载沣，没成功。这回到广州来，大家说他身体残疾，别到第一线去。他不同意，就带着自制的炸弹当了敢死队员。他脖子上挂着一筐炸弹，一边跑一边扔，炸死了好些敌人，自己也受了重伤。敌人抓住他要杀他，他说："信仰是杀不了的，革命尤其杀不了！"就这么就义了。福建青年林觉民事先就给养父、新婚妻子和儿子写了绝笔书，下了必死的决心来参加起义。受伤被捕以后，他给审他的官儿们讲开了要革命的道理，在场的人听入了神，都挺佩服他。林觉民就义的时候，才二十四岁。他的遗书公开以后，多少人看了都止不住流眼泪。

有人把广州起义的烈士遗体收集起来，一共七十二具，葬在了黄花岗，说他们是黄花岗七十二烈士。其实牺牲的烈士可不止这些。革命受了这么大的打击，有些人扭不过弯，挺难过也挺悲观。孙中山对大家说："广州起义震动了世界，革命的气候已经形成了。"可他也不知道，这会儿革命在湖北武昌的新军士兵里正在秘密进行着呐。

新军是甲午战争以后陆续建立的，编制照着西方军队学，武器都是德国造。武昌这块儿就驻扎着大批新军，士兵多半是汉人，容易接受新思想。早就有革命党人想在新军里找机会，鼓动士兵反清。后来他们干脆也去当兵，到新军里头活动，建立组织。

新军士兵里的革命党人越来越多，大家就秘密成立了"军队同盟会"，到公元1908年又改叫"群治学社"。有个叫杨王鹏（复姓杨王，名鹏）的，是湖南湘乡人，早就立志反清，当兵以后一直计划着起义。他加入群治学社以后，很快冒了尖儿，带着大伙儿做准备。没想到风声给走漏了，只好停下来。看有些社员情绪低，杨王鹏就鼓劲儿说："失败是成功之母。这次不行，咱们再来。群治学社的牌子不能用了，就换个牌子。"公元1910年中秋节那天，一伙儿新军士兵来到武昌黄土坡一座酒楼上，秘密开会，成立了"振武学社"。杨王鹏被选为社长，另一个有文化的士兵李六如当文书。振武学社对外说练武交友，暗里就筹划起义，在新军各标、各营、各队都有代表。代表分别培养有觉悟的士兵，很快就有了上千人加入了学社。可他们的活动也引起了上边注意，协统（相当于旅长）黎元洪知道以后，立刻把杨王鹏和李六如除了名。杨王鹏离开了新军，可一直在外面活动。

振武学社又推出湖南澧县人蒋翊武当领导，骨干有刘复基、彭楚藩、詹大悲几个。蒋翊武对大伙儿说："咱们先蔫不唧儿把组织健全起来，有了机会就大干。这叫静观待变。"詹大悲说："振武学社已经让官府知道了，不如改个名字，避避耳目。"大伙儿都同意，决定改叫"文学社"。公元1911年1月，文学社在黄鹤楼上成立，蒋翊武当社长，詹大悲当文书，刘复基当评议部长。外人都以为他们是一群文学青年，可他们在内部说："咱们要干的是推翻清朝的大事，反对康有为保皇，拥护孙中山的革命。"这话悄悄传出去，新军里的士兵好些都愿意参加。没几个月，文学社就有了三千多人，在汉口、汉阳、信阳都设了支部。为了准备起义，他们叫刘复基到外面找了个地方当联络点，把各处的人团结起来。

当时还有一个革命团体叫共进会，也在新军里有了组织。同盟会总部知道以后，马上派人到武昌，让文学社和共进会联合，成立一个总机关，共同领导起义。文学社的蒋翊武是总指挥，共进会的

清朝故事

孙武是参谋长。可巧这时候，四川那边儿的民众闹起了一场保路运动，反对把修路权让给外国。朝廷调湖北军队去四川镇压，武昌的军力就小了。蒋翊武他们一看，这不就是机会吗？决定马上起义，时间定在10月。通知很快下到了基层，革命士兵就开始准备，一个个别提多兴奋了。

10月9日那天，孙武和几个人在汉口俄国租界里的秘密住所造炸弹。一不留神，炸弹自个儿炸了。这一声响，不光是让孙武受伤进了医院，还把俄国巡捕招了来。巡捕一搜查，把起义的名单、文告什么的都拿走交给了当地官府。这可太悬啦！蒋翊武在武昌总机关接到报告，马上决定提前起义，就在当晚12点。可还是晚了，官府已经来抓人了。警察跑进机关来逮了好些人走，都是起义骨干。蒋翊武面老，土里土气的，警察反倒没注意他，他才逃出了武昌。刘复基、彭楚藩和杨洪胜三个在审讯的时候真有骨气，痛骂朝廷卖国，当夜就成了烈士。这么一来，机关领导死的死，伤的伤，逃的逃，起义还能举行吗？

10月10日这天白天，武昌城里太紧张了，官府到处布防，新军的军官也不停地巡查，怕有人闹事。军营里准备起义的士兵也都提着心，可就是得不到上边的消息。有小道消息传来，说上司要按名单来抓新军里的革命党。大伙儿更坐不住了，凑到一起就议论说："事到如今，咱不能等挨抓，上边没信儿，咱就自己干吧！"到了晚上，谁也不想睡觉，都抱着枪等着。

这时候，第八镇工程营的排长陶启胜带着护兵巡营，看见金兆龙和程正瀛几个士兵正拿着枪小声说话，就问："不睡觉，拿枪干什么？"金兆龙说："防万一呀！"陶启胜说："什么万一，想造反吗？"金兆龙张口就说："反就反了，你能怎么样？"陶启胜马上叫护兵抓他，金兆龙和他扭打起来，喊着说："再不动手，等什么时候啊！"程正瀛急了，就用枪托打陶启胜的脑袋。陶启胜捂着血口子转身往后跑，程正瀛怕他去报告，"啪"一声就开了枪，把他打伤了（后死在家中）。这第一枪，等于是个信号，士兵们一听都跑过来了。八营的革命党代表熊秉坤立刻吹起哨子，喊着说："弟兄们，开始起义啦！去抢军械库啊！"准备很久的武昌起义，就这么让几个普通士兵给打响了。

熊秉坤领着大伙儿朝楚望台军械库冲过去，守库的军队里也有革命士兵，他们赶紧起来配合。军械库很快就给占领了。这时候，别的军营的士兵，还有测绘学堂的学生，也都造了反，一队一队朝军械库跑过来。大家顾不上问候，就打开库房，拉着炮，提着枪，要去进攻总督衙门。可这么多人，哪儿来的都有，谁来指挥呐？熊秉坤这些士兵都没经验，商量下来，大家让队官吴兆麟当总指挥。吴兆麟也没打过大仗，可他挺有勇气，带着大伙儿就冲上去了。

这一夜，武昌城的人都没睡着，就听总督府那边，炮声"轰隆轰隆"响个不停，枪弹"刺溜刺溜"，像是擦着耳朵乱飞。赶到天亮了，大家才知道，一夜之间就变了天。清朝总督瑞澂（chéng）逃走了，武昌被革命军占领。这是革命以来第一次起义胜利，谁不高兴啊！

起义成功以后，下一步就该建立新政权、稳定秩序、部署军队了。士兵们都觉着这是头头脑脑大人物的事，自个儿怕干不来。熊秉坤、吴兆麟也紧着往后退。推来推去，末了儿是镇压过革命的那个黎元洪给硬拽出来当了都督。他昨个儿刚亲手杀了两个要起义的士兵，今儿个就当了起义军最大的头儿。自打群治学社开始，操持

清朝故事

革命士兵攻打总督府，占领了武昌。

革命的都是些有志青年和革命党人。① 可现在军政府里掌权的净是和革命不沾边的，或者是立宪派的人。这也是形势给逼的，好在革命已经得了势，黎元洪他们也不敢明着胡来。

武昌起义成功的信儿一传开，全国各地都跟着学。湖南、陕西、江西、山西、云南、浙江、江苏、贵州、安徽、广西、福建、广东、四川，还有上海，都爆发了起义，宣布脱离清朝。革命气氛盖住了全国，朝廷里乱成了一锅粥，眼看着熬不下去了。

---

① 辛亥革命后，杨王鹏参加反对袁世凯的二次革命，1916年在长沙组织护国军讨袁，失败后被军阀汤芗铭残忍杀害。李六如加入共产党，晚年写了回忆小说《六十年的变迁》，1973年病逝。蒋翊武拒绝袁世凯拉拢，参加讨袁运动，1913年在广西全州被捕遇害。詹大悲加入国民党，1927年大革命时期被杀害。孙武支持袁世凯称帝，后退出政界，1939年病逝。金兆龙归附北洋政府，1933年病逝。程正瀛归附北洋政府，1916年被杀。熊秉坤参加反袁斗争和北伐战争，任国民政府参军，1969年病逝。吴兆麟曾任武昌民军总司令，后皈依佛门，1942年病逝。

清朝故事

帝制归终

　　摄政王载沣上台以后，想好好干一番，把清朝往活路上拉。第一步，他要把大权都揽过来，当紧是军权，就打算撤了袁世凯的职。袁世凯这两年简直成了精，北洋军都归他管，皇族里有好多人都向着他。载沣本想把他杀了，替死了的哥哥光绪帝解恨。可跟大臣们私下商量，大家都摇头。老臣张之洞说："袁世凯势力那么大，杀了他，小心他手下人造反！"载沣只好说："袁世凯脚有毛病，那就让他养脚伤去吧！"把袁世凯赶回老家河南项城以后，他就宣布自己是陆海军大元帅，让六弟载洵、七弟载涛都当大军官，哥儿仨把军队大权包圆儿了。

　　第二步，载沣说要接着变法，加快立宪。他给翁同龢、陈宝箴恢复了名誉，让各省赶快成立咨议局，中央也成立资政院，为以后开国会做准备。公元1910年10月，资政院开了第一次大会，到会的民选议员九十八个，钦选议员（皇帝指定）也是九十八个，开了整整一百天。议员一致要求早点儿开国会，载沣答复说："提前可以，也得等到宣统五年。"议员又弹劾军机大臣，说他们不够格，该换人。载沣拿出摄政王的架势，说这是皇帝决定的事，别人管不着，闹得大伙儿特丧气。这一百天的会，什么也没干成。可它到了儿是有史以来的头一回，议员可以批评政府，还有记者旁听。老百姓瞧着新鲜，觉着世道真有点儿变。

　　第三步，载沣撤了军机处，建了新内阁，按新名词儿任命总理、协理和国务大臣。可他指定的内阁十三个成员，皇族就占了一半，满人九个，汉人四个。总理是庆亲王奕劻，都七十多了，老得走了形。大伙儿都说这是"皇族内阁"，跟宪法不符合，可载沣不听。他扒拉他的算盘珠子，认为还是依靠本族人保险。

　　载沣走了这几步，以为就能稳住局势了，没想到，满意的人没多少。立宪派觉着进度太慢，民意不足，就来了个大请愿运动，鼓动着好些人又是签名又是上书，要求马上就开国会。革命党压根儿不信这一套，照样动枪动炮，非用武力夺权不可。到了公元1911年10月10日，武昌起义一爆发，局面就失了控制。

　　载沣赶紧派陆军大臣廕昌（廕 yìn）带北洋军去湖北镇压，可北洋军磨磨蹭蹭的，不听指挥。有些大臣看出了毛病，说："北洋军都听袁世凯的，除了他谁也没辙，就该让他回来！"美国公使嘉乐恒建议说："当今中国，非得袁世凯出来收拾不可，你们要早下决断！"载沣觉着这会儿救急要紧，只好说："那就叫他当湖广总督，快去湖北吧！"哪知道，送神容易请神难，袁世凯回复说："我脚伤还没养好，没法儿带兵啊。再说国会也不开，内阁也没威信，谁都不满意，我出去干吗？"载沣听出他话里有话，正好奕劻这些天一直闹着要辞职，他只好解散了奕劻的皇族内阁，叫袁世凯当总理大臣，另组责任内阁。袁世凯这才答应出山，脚伤也好了，他就直接去了湖北。

　　袁世凯手底下的一员大将叫冯国璋，打仗挺在行。他带着北洋

清朝故事

军先攻打汉口。起义军把革命首领黄兴请来当总司令，双方打得别提有多激烈。北洋军的武器装备那么好，结果占了上风，把汉口和汉阳给夺了。冯国璋就打算过江再攻武昌，袁世凯忙说："你先别价，等我回北京看看再说。"他就到了北京，先把责任内阁成立起来，宣布军权归总理掌握。总理不必每天见皇帝，可要是有事，能随时入见。这么一来，总理成了老大，皇帝、太后、摄政王都得听袁世凯安排。载沣生气归生气，可也没办法，就想："我这个摄政王还当个什么劲儿，不如辞职算了。"他把这话跟太后说了。隆裕太后这会儿把清朝的命都押在了袁世凯身上，也觉着摄政王多余，就说："你也尽心了，可眼下就是这样，辞职倒也省心。"载沣当下离开皇宫，回到自己的府第，一进门就和家人说："从今儿个起，我可以回家抱孩子啦！"

这个时候，南方各省联合起来，以中华民国的名义要求清朝赶快退位，不然就武力推翻。袁世凯一方面命令北洋军严防南军北上，一方面又派人和南方谈判，想找个和平解决的法子。他托人给黎元洪带话，说君主立宪更好。黎元洪回复说："停战不行，君主立宪也不成。可您要是同意共和，让清朝退位，何愁当不了民国大总统呐？"黄兴也给袁世凯写信说："袁公能支持革命，推倒清朝，您就是中国的拿破仑，中国的华盛顿。"袁世凯一听，能当大总统敢情好了，心里别提有多舒坦，就决定压压朝廷，叫它退位。

可这时候，南方又起了变化。原来，革命大首领孙中山从国外回来了。他一到上海，就给接到了南京。1912年1月，孙中山当了中华民国临时大总统，还颁布了临时约法，成立了政府。黎元洪当副总统，黄兴是陆军总长。袁世凯一听没他的份儿，气得脚又直疼。他就宣布停止谈判，谈好的也不承认。冯国璋、段祺瑞那帮将领也发通电，坚决反对共和，支持立宪。

过了没几天，孙中山传过话来，说只要清朝能退位，自己马上辞职，让袁世凯当临时大总统。袁世凯这才顺了气。双方又谈起来，商定只要清廷退位，可以优待。主要条件是：清朝皇帝保留尊号，还住在皇宫里，私产给予保护；民国政府每年供给费用四百万元；宫里的办事人员留用，等等。袁世凯赶紧写好奏折给隆裕太后，又进宫当面报信儿。他说："咱们一来兵力少；二来财力弱；三来国民醉心民主，很难回心转意；四来如果退位，还能受优待。不然打起来，皇室怎么样就难说了。请皇太后决断，顺应民心。"

隆裕太后一听，眼泪就下来了，怎么也止不住。让大清朝在自个儿手里丢了，怎么向祖宗交代呀！可眼下还有谁能救救大清呐？连袁世凯都靠不住了。她只好召开御前会议，把王公贵族叫来商量。贝子溥伦前几年率团参加过美国的世界博览会，知道清朝太落后，他就说："咱们满洲人再想主导中国，已经不可能。与其硬顶着，不如退位，还能有个优待。听说南边有意让袁世凯当总统，真要这样，他一定会照顾咱们，也是皇室的福气嘛。"奕劻虽说是老王爷，可早就是袁世凯一头的，听了就插嘴说："溥伦说得不错，我也赞成退位。"可小恭亲王溥伟站起来吼着说："你们俩简直瞎说八道！我坚决不同意退位！共和算什么东西！"载沣对儿子退位一时难接受，也说不赞成。双方吵起来，没个结果。

会后，溥伟和良弼几个皇室子弟商量，凑了一个"君主立宪维持会"，因为都是宗室成员，简称宗社党。大家都说："咱就是反对南北和议，就是反对退位，谁要是敢说退位，咱跟他没完！"这话一嚷嚷出去，好些皇族人都挺害怕。赶到再开御前会议的时候，真就没人敢说退位了，连奕劻和溥伦也改了口。几个内阁大臣为难地

清朝故事

隆裕太后一听要皇帝退位，眼泪就下来了。

说:"我们也不想共和,不愿意让皇上退位,就怕人心散了,皇位也难保啊!"

过了几天,隆裕太后又要开会商量。奕劻就说有病,没来。载沣走到地安门,听说奕劻不来,也扭头回去了。溥伟就成了主角,他在会上扯开嗓门儿说:"咱大清三百年基业,怎能给了别人!太后您不要中了奸计!如果给我军队让我打,我就是以死殉国,也不服共和!"隆裕太后看过讲外国的书,兴许听说过英法国王被革命推上断头台的事,她苦着脸说:"要是能打赢当然好,就怕打不赢,可就什么都完了呀!"说着就大哭起来。

到了1月26日,可就出了事。有个同盟会会员叫彭家珍,听说良弼他们搞了个宗社党,一死儿反对共和,就在这一天盯上了良弼,一直跟着他。良弼外出回家刚要进门,彭家珍一个炸弹扔过去,炸断了他的腿,过了两天就咽了气。可彭家珍自己也受伤死了。有些人说这是袁世凯托人干的,为的是吓唬吓唬宗社党。不管是谁的主意,目的达到了。这一天还出了一件事:袁世凯的那些将领由段祺瑞领衔,又发了通电,和前些天的那份通电正好反着,改口说坚决拥护共和,要求清廷退位。冯国璋没签名,他已经当了禁卫军的头儿,不便出面,可私下里也赞同。

这两件事一出来,皇族的人都傻了。再开会的时候,没人敢反对退位,溥伟也成了哑巴。隆裕太后见载沣和奕劻又没来,就说:"等明个儿和他们俩商量了再说。"

转天的会一开始,隆裕太后就说:"不能再渗着了,退是不退,得赶快定。"可谁也不说个准话。隆裕太后到这会儿也明白了,没人会替她拿主意,叹了口气说:"你们都推推拖拖的,既是这么着,我只好自己担这份儿责任了。"她当下就决定接受优待条件,让宣统帝

清朝故事

退位。

　　发布退位诏书那天是1912年2月12日。诏书发下去之前，隆裕太后召开最后一次御前会议。她还没说话就又哭了，引得王公大臣也都咧嘴直哭。末了儿，她抽抽搭搭地对宣统帝说："皇上能有这么个结局，都是袁大臣给争来的。你就降御座谢谢袁大臣吧！"六岁的宣统帝就从御座爬下来，走到袁世凯跟前。袁世凯咕唧着，连连磕头，也听不清他说了些什么。

　　宣统帝退了皇位，清朝就结束了，差两年不到二百七十年。皇族的人一看朝廷散了伙，都各找各的活路去了。[①] 往大处说，秦始皇开始的皇帝专制到了头儿。再往大处说，从夏朝起源的君主世袭制度也就此完结。接下来的中华民国，换了另一拨人管。[②] 咱们中国走上了新的发展道路。这部历史故事集也就讲到这儿。

[①] 清廷退位后，隆裕太后1913年病逝。载沣不参与复辟活动，后反对溥仪建伪满洲国分裂国家，1951年病逝。溥仪1924年被逐出皇宫，后投靠日本，在东北建立伪满洲国，1945年被逮捕，1959年遇特赦，成为普通公民，1967年在北京病逝。奕劻避居天津，1917年亡故。溥伦依附袁世凯，1927年亡故。溥伟投靠日本，妄图复辟，1936年病死于长春。

[②] 民国期间，孙中山发动二次革命讨伐袁世凯，改组国民党，1925年在北京病逝。黄兴参加讨袁斗争，1916年在上海病逝。袁世凯任民国大总统，1915年恢复帝制，准备当皇帝，失败后在1916年病死。黎元洪两度任民国大总统，1928年在天津亡故。冯国璋先后任副总统、代理大总统，1919年亡故。段祺瑞先后任国务总理、临时执政，1936年亡故。